Collection Communications
dirigée par Jean-Louis Morgan

Grammaire du Journal politique à travers Le Devoir et Le Jour
deuxième édition revue et corrigée (1986)
Jacques Rivet

Le Jour
Émergence du libéralisme moderne au Québec
Victor Teboul

Radio française dans l'Ouest
Rossel Vien

L'objectivité de la presse
Le 4ᵉ pouvoir en otage
Patrick Imbert

La mise en page de presse
Jacques Rivet en collaboration
avec André Forgues et Michel Samson

Le Devoir : reflet du Québec au 20ᵉ siècle
Collectif sous la direction de Robert Lahaise,
préface de Lise Bissonnette,
postface de Guy Rocher

LE DEVOIR

reflet du Québec
au 20ᵉ siècle

LE DEVOIR

reflet du Québec au 20e siècle

Sous la direction de

Robert Lahaise

Préface de

Lise Bissonnette

Postface de

Guy Rocher

Données de catalogage avant publication (Canada)

Vedette principale au titre :
 Le Devoir : reflet du 20ᵉ siècle
 (Cahiers du Québec. Collection Communications : CQ 110). Comprend
des réf. bibliogr. et un index.

 ISBN 2-89428-027-0

  1. Devoir (Montréal, Québec). 2. Journaux canadiens-français – Québec
(Province) – Montréal. 3. Journalisme – Québec (Province) – Montréal. 4. Québec (Province) – Histoire – 20ᵉ siècle. I. Lahaise, Robert, 1935-   . II. Collection : Les Cahiers du Québec ; CQ 110. III. Collection : Les Cahiers du Québec.
Collection Communications.

 PN4919.M63D48 1994   071'.14281   C95-940063-X

Le Conseil des Arts du Canada a accordé une subvention pour la publication de
cet ouvrage.

Maquette de couverture :
Olivier Lasser

Illustration de la couverture :
Les « unes » du *Devoir* le 10 janvier 1910 et le 26 janvier 1993

Mise en page :
Mégatexte inc.

Éditions Hurtubise HMH ltée
7360, boul. Newman
Ville LaSalle, Québec
H8N 1X2
Canada
Téléphone : (514) 364-0323

ISBN 2-89428-027-0

Dépôt légal / 4ᵉ trimestre 1994
Bibliothèque Nationale du Québec
Bibliothèque Nationale du Canada

Imprimé au Canada

SOMMAIRE

Préface — Une œuvre de liberté
Lise BISSONNETTE _____ 9

« Ce siècle avait dix ans... », 1910-1939
Robert LAHAISE _____ 15

De la guerre... à la Révolution tranquille, 1939-1964
Jean-Marc LALIBERTÉ _____ 59

Idées et structures, 1964-1993
    — Les directeurs du Devoir *et l'opinion : élections, langue et Constitution*
    Lucia FERRETI _____ 99

    — Un journal indépendant
    Bernard DESCÔTEAUX _____ 111

Les correspondants parlementaires à Québec et à Ottawa, 1910-1993
Jocelyn SAINT-PIERRE _____ 117

L'international, un devoir au quotidien depuis 1910
Antoine CHAR _____ 149

Le Devoir et l'Art du vingtième siècle au Québec
Laurier LACROIX _____ 163

Les pages littéraires, 1910-1993
Réginald HAMEL _____ 183

Science et communauté scientifique, 1910-1993
Yves GINGRAS _____ 215

Modernité et critique musicale, 1910-1961
Normand BAILLARGEON et Jean PICHETTE ⬩ 237

L'éducation : quelques jalons, 1910-1964
Michel ALLARD et Normand BAILLARGEON ⬩ 255

Le syndicalisme, 1910-1978
Jacques ROUILLARD ⬩ 279

Les élections provinciales, 1912-1994
André BERNARD ⬩ 313

Une opposition farouche au suffrage féminin, 1913-1940
Diane LAMOUREUX ⬩ 331

Grandeur et misère d'un antiduplessisme de 1947 à 1959
Suzanne CLAVETTE et Robert COMEAU ⬩ 345

Le Devoir *des années 1947 à 1962*
Jean-Marc LÉGER ⬩ 375

L'économie : un rendez-vous manqué, 1960-1993
Michel NADEAU ⬩ 389

« Fais ce que crois ». La religion après 1960... le déclin
Jean-Pierre PROULX ⬩ 405

Trajectoires du féminisme contemporain, 1970-1990
Chantal MAILLÉ ⬩ 427

De la salle de rédaction : trente ans d'un journal, 1964-1993
Clément TRUDEL ⬩ 443

Postface *Pourquoi* Le Devoir *?*
Guy ROCHER ⬩ 465

Bibliographie

  Le fonds du Devoir
  François DAVID ⬩ 479

  Bibliographie chronologique
  François BOUCHARD ⬩ 485

Index ⬩ 489

PRÉFACE
UNE ŒUVRE DE LIBERTÉ

Si *Le Devoir* n'existait pas, les historiens du Québec et du Canada ne nous édifieraient pas de la même façon. Il n'est à peu près aucun de leurs ouvrages importants qui ne puise largement aux archives du quotidien que fonda Henri Bourassa en 1910 et qui a accompagné tous les débats du siècle qui s'achève. Ils y ont trouvé le rappel des événements, leur chronique, mais aussi le fond et le ton de l'évolution d'une société sans cesse troublée et incertaine, isolée, qui va prendre un temps infini à aborder les voies de la modernité avant de s'y lancer au pas de cavalcade, puis de ralentir et de s'ausculter longuement, dans ce qui ressemble aujourd'hui à une irrésolution.

Curieusement toutefois, les historiens se sont rarement penchés sur *Le Devoir* lui-même, malgré qu'il s'agisse d'une institution absolument originale, dont le statut ne ressemble à celui d'aucun autre journal en Amérique du Nord. À part les chroniques de l'historien de droite Robert Rumilly sur un Henri Bourassa mythifié, à part des articles dispersés dans des revues spécialisées, à part l'ouvrage intéressant mais trop bref et trop «officiel» de Philippe Gingras (*Le Devoir*, Éditions Libre Expression, 1985), le seul quotidien indépendant au Québec n'a fait l'objet d'aucun examen systématique, fouillé, vérifié. C'est ce qui permet encore aujourd'hui à maints amateurs de légendes ou gérants d'estrade de répandre à son sujet des souvenirs qui n'en sont pas, et des ordonnances qui ne sauraient lui convenir. Mal connus, au fond, les dilemmes et difficultés du *Devoir* sont mal diagnostiqués.

Le présent ouvrage ne saurait prétendre faire l'histoire définitive du *Devoir*. Publié à l'occasion du quatre-vingt-cinquième anniversaire du journal, il est le fruit du travail d'un collectif où chacun a apporté sa pierre, mais où il reste sans doute des pans d'ombre, comme souvent dans ces publications qui sont faites d'appositions. Mais sauf pour certains textes où le souci d'histoire est enseveli sous la défense d'une thèse personnelle, on trouvera ici un portrait du *Devoir* où abondent des relectures passionnantes. Elles touchent, par exemple, *Le Devoir* et le nationalisme, et la religion, et la science, et l'éducation, et la musique, et les arts plastiques, et les femmes, et le syndicalisme. Même ceux qui croient connaître le journal, ceux qui y œuvrent ou le fréquentent, y rencontreront petites et grandes surprises.

Rappelons ici que la direction du *Devoir* et la Fondation du *Devoir*, qui ont fait appel aux Éditions Hurtubise HMH et à leurs Cahiers du Québec pour ce projet, n'ont exercé par la suite aucune censure, ni apporté quelque correction. Nous n'avons pas choisi les auteurs, ni ne sommes intervenus de quelque façon dans la teneur des textes, comme on le constatera aisément en les lisant. *Le Devoir*, comme ce livre, est une œuvre de liberté.

◆
◆   ◆

Des centaines de journalistes ont œuvré au *Devoir* depuis 1910. Ils y sont restés des semaines, des mois, des années, des décennies. Ils y ont été reporters, chroniqueurs, correspondants parlementaires, éditorialistes, critiques. Si bien que dire du *Devoir* qu'il a été de droite ou de gauche, progressiste ou réactionnaire, nationaliste, clérical, réformiste, radical, à l'une ou l'autre époque, c'est le réduire beaucoup trop rapidement à sa page éditoriale et à son équipe de direction. Le mérite du présent ouvrage est de le scruter autrement, de le voir évoluer dans son ensemble. De commencer à sortir des mythes qui l'ont enfermé comme une prison et qui font qu'on le juge souvent à des aunes irréelles.

Ainsi le nationalisme du *Devoir*, celui qui l'a fondé et qui est resté sa marque politique la plus constante, oscille-t-il entre le pire et le meilleur.

Il a été, au début du siècle, un magnifique défi à la résignation collective des Canadiens français et à la mollesse de tant de ceux qui les gouvernaient, un admirable engagement — qui ne se démentira jamais — de solidarité avec les francophones des autres provinces, un souci d'autonomie et de développement collectifs qui dépasse les limites sentimentales de la fierté et montre la voie plus difficile de la reconquête. À son meilleur, le nationalisme du *Devoir* a aussi laissé au journal le goût de regarder le Québec et le Canada en face, de s'affirmer en s'appuyant sur l'analyse et en quelque sorte la «science» de la société.

À son pire, durant les années trente et jusque dans l'immédiat après-guerre, il aura été aussi un rejet de l'étranger, une xénophobie manifeste, une méfiance ou une tiédeur envers les combats pour la liberté en Europe, parfois même un rejet des persécutés, et presque une volonté d'ignorance.

C'est à la lumière de tout ce passé, et non de quelque continuité qui ne se serait jamais brisée, que *Le Devoir* d'aujourd'hui doit se situer, soucieux en priorité des intérêts du Québec qu'il sert — de tout le Québec et de tous les Québécois sans distinction —, capable d'envisager toutes les solutions politiques, y compris s'il le faut la rupture avec un Canada paralysé devant le nécessaire changement, mais aussi dégagé de toute tendance à l'exclusion, à la frilosité, à l'esprit de revanche.

Le Devoir est aussi perçu comme une sorte de phare moral, qui aurait résisté à toutes les corrosions. Son fondateur le voulait d'obédience catholique, et l'obligeait aux plus grandes valeurs chrétiennes. *Le Devoir* combattait en croisé, indigné par la corruption ambiante, pétri d'esprit de justice, animé par la charité et la solidarité envers les plus démunis. Des excès qui ont mis une ombre sur ce beau programme, il en a cependant connus aussi. Le cléricalisme a souvent pris le pas sur le catholicisme, aux dernières années du directorat d'Henri Bourassa et chez sa succession immédiate. Et *Le Devoir* n'a pas souffert que de bondieuserie; il a un temps partagé les fermetures de l'Église officielle, son conservatisme d'avant la Révolution tranquille, ses craintes. Ce n'est que sous le directorat de Gérard Filion, véritable âge d'or, que la relation avec l'Église va s'assainir et se distendre, les deux institutions évoluant en parallèle hors de la gangue qui freinait le développement du Québec. *Le Devoir* d'aujourd'hui n'est même plus d'une religion. Mais il lui faut retenir toute son histoire pour n'en garder que les valeurs les plus belles, dont l'humanisme séculier qui est frère de la chrétienneté sans lui appartenir.

Le Devoir a réputation d'éclaireur sans défaillance, à l'avant-garde de la culture sous toutes ses formes. Tel a le plus souvent été le cas. Avec ses pauvres moyens, il a presque toujours ouvert une fenêtre du Québec sur le monde : grand voyageur et grand curieux des affaires de la planète, Henri Bourassa eut plus de mérite que nous à donner à l'information internationale une place importante dans un journal aussi isolé des grands centres mondiaux de décision et d'action. *Le Devoir* n'a jamais cessé de réclamer, et très souvent d'obtenir, le développement de l'éducation, l'accès à la science et aux affaires économiques pour une société à peine consciente d'être exclue de la modernité. Il a été, à cet égard, de toutes les réformes, il les a parfois dessinées lui-même, n'ayant cure des résistances, au combat véritable.

Mais il aura mis bien du temps à inclure la culture au sens propre dans sa culture générale. Sauf des éclairs dus à la sagesse ou à l'information de certains de ses plumitifs, souvent les moins estimés et les plus éphémères, il aura fallu attendre les années soixante pour qu'il cesse d'ignorer ou de bouder régulièrement l'art et l'écriture de son temps. Le Québec aurait-il raté aussi lamentablement sa révolution culturelle, qui n'a jamais eu lieu dans sa Révolution tranquille, si *Le Devoir* avait su être là aussi un inlassable et combatif précurseur?

La symbiose d'aujourd'hui entre *Le Devoir* et le milieu culturel est une réponse permanente aux carences d'hier. *Le Devoir* ne devrait jamais oublier que son frileux «localisme» l'a carrément borné. Et sa présence si forte au milieu culturel d'ici ne devrait plus jamais se priver de la culture universelle. Il devrait d'autant moins l'oublier que, comme on le verra dans cet ouvrage où le chapitre littéraire sera à refaire, les passéistes du «local» à tout prix sont encore sur le sentier de la guerre, et rêvent toujours de nous y conscrire.

Le Devoir a aussi la réputation de n'avoir jamais dévié d'un engagement envers le «progrès social». Il tient cette renommée de ses plus beaux combats, de la lutte de Bourassa contre la corruption des mœurs politiques et des mœurs d'affaires, de la solidité combative de Filion sous le duplessisme retors et vengeur, de sa constance dans la défense de la dignité du travail, à l'époque où elle était le plus bafouée et où il était le plus difficile de se lever pour dénoncer des exploiteurs véritablement sans vergogne. Mais comment un journal peut-il se croire l'image du progrès quand il a combattu si longtemps l'émancipation de la moitié de la société? Il convenait que cet ouvrage rappelle la lutte d'arrière-garde que *Le Devoir* a menée contre le vote des femmes et contre leur participation à la vie active. Il ne suffit pas d'avoir un haut souci moral pour épouser toujours les bonnes causes. *Le Devoir* a été bien souvent conservateur, et en fait timoré, notamment dans la sphère des relations privées. Il lui revient aujourd'hui, à la lumière de son histoire, de savoir mieux conjuguer son souci de justice et d'équité entre les groupes sociaux, et celui du progrès de toutes les libertés, y compris celles des marginaux et des différents.

Enfin *Le Devoir* porte l'étiquette de journal d'élite. Elle est belle quand elle se rapporte à son culte de l'exigence, à son refus de la facilité, à l'accueil qu'il a donné et donne toujours aux meilleurs analystes, gens d'action, gens de débat qui viennent échanger ou se contredire en ses pages, et qui ne craignent pas de faire confiance à l'intelligence des lecteurs. Elle serait moins intéressante, cette étiquette, si on devait confondre élite et *establishment*, comme il est arrivé de temps à autre en période de difficultés, et comme un de nos auteurs le souhaite encore en arguant des investissements du milieu des affaires dans *Le Devoir*. Heureusement que ce même milieu, quand il a soutenu et quand il soutient encore le journal, ne propose pas de faire ainsi abstraction de l'investissement individuel et de l'engagement, impossibles à chiffrer, des lecteurs et des artisans mêmes du *Devoir*.

Les fils à la patte ont la propriété particulière de faire baisser le ton, cela aussi l'histoire du *Devoir* l'enseigne. Il n'est sans doute pas exclu que le journal vive un jour sous un autre mode que le sien, cette structure d'actionnariat si fragile qu'elle finit par atténuer les avantages de l'indépendance absolue dont jouit le journal. Mais les conditions d'exercice de sa liberté, les voies de l'exigence intellectuelle qui en font en effet un «journal d'élite» espérant le demeurer, devront rester les mêmes pour l'essentiel.

Le récent virage qu'a pris *Le Devoir*, sa transformation en un journal contemporain sous toutes ses facettes, présent à l'économie comme aux plaisirs tout autant qu'à la vie politique ou aux questions sociales, mieux informé que jamais et toujours aussi prégnant d'analyses ou d'opinions, a déjà modifié considérablement les modes de gestion du journal. *Le Devoir* a appris à vivre aussi en entreprise responsable, vouée à l'objectif de générer par elle-même les revenus nécessaires à sa vie et à son développement. Mais pour lui, les moyens ne seront jamais une fin, une raison d'être : ils sont la condition, essentielle, de la préservation de sa première tâche, celle de produire le meilleur journal possible, le plus inspiré, le plus exigeant.

◆
◆ ◆

C'est parce que, avec de fameux reculs mais de plus fameuses avancées, il s'est pour l'essentiel de son temps situé aux premiers rangs des forces de changement, qu'il a refusé de se résigner à une normalisation du Québec qui serait une démission, qu'il a mis l'éthique et le souci de justice au service d'un journalisme de qualité, qu'il a eu confiance au pouvoir des idées et en ceux qui le proposent, qu'il n'a jamais connu la servitude, que *Le Devoir* mérite l'estime et l'intérêt soutenus qu'on lui porte. Sa longévité n'est pas un hasard, un simple talent pour la résistance. Elle tient aux valeurs mêmes qu'incarne *Le Devoir*, qui a toujours fait mentir ceux qui se contentaient et se contentent encore de l'analyser avec des mesures sèches, parce que le sens de l'idéal les dérange.

L'histoire, ici, est d'autant plus convaincante qu'elle est le plus souvent sans fard, qu'elle écarte les mythes mais dit encore les passions autour de ce journal. *Le Devoir* est un entêté qui fait ainsi ce qu'il doit. Voici une autre façon de le lire.

Lise BISSONNETTE
Directrice du Devoir

« CE SIÈCLE AVAIT DIX ANS... »
1910-1939

Contexte politico-social. Politicailleurs dénoncés et budgets défoncés, 1910-1914. Guerre et « amis du Kaiser », 1914-1919. Dixième anniversaire et quotidienneté, 1920-1924. Vers l'intégrisme? 1924-1932. Crise : Pelletier discret et Duplessis roitelet, 1932-1939.

CONTEXTE POLITICO-SOCIAL

En 1900, le Canada compte quelque 5 300 000 habitants dont 1 600 000 résident au Québec. Les libéraux de Laurier ont pris le pouvoir à Ottawa en 1896, et ceux de Marchand au Québec l'année suivante. C'est l'ère du *wheat boom*, avec deux millions d'immigrants qui viennent transformer l'Ouest en « grenier de l'Occident », et par ricochet, industrialiser les provinces centrales. Pour ce brassage d'humains et de produits, on ajoute deux chemins de fer transcontinentaux — le National Transcontinental et le Canadian Northern — au Canadian Pacific déjà existant. Ce sera « le siècle du Canada », claironne Laurier, et, jusqu'à la veille du premier conflit mondial, on pourrait peut-être le croire.

Durant ces mêmes années, tout bouge également dans un Québec en train de devenir majoritairement urbain. Alors que quelque 200 000 000 $ de capitaux anglo-américains permettent l'exploitation de nos ressources hydroélectriques et forestières, l'Église accepte enfin la ville — elle n'a pas le choix... — et récupère même les mouvements ouvriers en créant ses propres syndicats à compter de 1907.

Quant à Montréal — alors véritable métropole du Canada, et dont la population passe de 268 000 en 1901 à 468 000 en 1911 —, elle bénéficie de l'arrivée des trois réseaux de chemin de fer et de son port comme ouverture sur l'Atlantique. Centre financier du pays, elle s'avère en outre lieu de création culturelle par excellence pour «les deux solitudes». On y fonde l'Orchestre symphonique en 1894, et, deux ans plus tard, l'École littéraire de Montréal ouvre grandes ses portes aussi bien aux symbolistes et aux parnassiens qu'aux traditionnels régionalistes. En cette même année 1896, on y présente «le premier spectacle de vues animées au Canada», alors que c'est l'âge d'or du théâtre, avec la fondation d'une vingtaine de troupes à Montréal seulement, entre 1898 et 1914.

◆
◆ ◆

1900, c'est également l'apogée d'un *Rule Britannia* mysticisé par Kipling et concrétisé par Chamberlain et Rhodes. Les Anglais voulant les mines d'or du Transvaal découvertes par les Boers en 1884, leur déclarent la guerre quinze ans plus tard. Mais ce qui ne semblait devoir être qu'une simple parade pour glorieux *Rifles* s'avérant rapidement un puissant massacre, l'Angleterre réclame l'aide de ses colonies. Ce sera l'occasion pour un jeune député libéral à Ottawa, Henri Bourassa, de faire ses premières et brillantes passes d'armes parlementaires.

◆
◆ ◆

Né en 1868, ce petit-fils de Papineau par sa mère et fils de Napoléon Bourassa — aussi bon écrivain qu'architecte ou peintre —, Henri Bourassa voit ses «passions politiques[1]» s'éveiller avec la pendaison de Riel. Aussi fait-il campagne dès 1887 pour le Parti national de Mercier. Il se rend alors compte du rôle capital que pourrait jouer en semblables circonstances un journal indépendant de tout parti politique. Il serait de la sorte «beaucoup plus efficace que celui des organes gagés» d'un parti déterminé, puisque ces journaux ne peuvent toujours qu'approuver le parti qui les fait vivre. *Le Devoir* est en germe...

Maire de Montebello en 1890, Bourassa achète deux ans plus tard le journal *L'Interprète* dont la devise «Fais bien et laisse dire» trouvera écho dans un ultérieur «Fais ce que dois». Il collabore ensuite à *La Patrie*, et se fait élire en 1896 député de Labelle à la Chambre des communes. L'année suivante, Laurier, «siré» par *Victoria Regina* lors des ensorcelantes fêtes de 1897 célébrant le soixantième anniversaire de son accession au trône, se laisse entraîner dans la galère impérialiste. Les Boers ont le culot de ne pas céder leurs mines à la douce Albion ? Laissons donc nos 7 000 volontaires canadiens voler au secours de la «plus grande Angleterre», et peu importe les 3 000 000 $ qu'ils nous coûtent. Rien de trop beau pour que 200 000 militaires de l'Empire puissent éliminer ces quelque 200 000 paysans, femmes et enfants boers. Le jeune Bourassa a beau proclamer alors en Chambre que «cette guerre n'ajoutera pas un iota à la gloire du drapeau anglais», les parlementaires lui répliquent par un *shame* tonitruant suivi d'un cathartique *God Save the Queen.* La scission entre les charismatiques Laurier et Bourassa s'ensuit, mais ce dernier avait vu juste : la participation à ce conflit n'ayant pas le moindre rapport avec la politique canadienne créait un dangereux précédent. D'autant plus qu'en ce début de siècle, nul besoin d'être Nostradamus pour prévoir que l'impérialisme effréné des grandes puissances ne pourrait qu'aboutir bientôt à un conflit majeur.

Cette fierté nationaliste trouve rapidement écho au Québec, et les jeunes — excédés par l'inflationniste verbiage des «vieilles ganaches du patriotisme à panache», selon le mot d'Olivar Asselin concernant les Basile Routhier, Thomas Chapais, Adjutor Rivard et autres — s'enflamment pour cet orateur hors pair qu'est Bourassa. Et c'est ainsi que sous la présidence de ce même Asselin, secondé par Omer Héroux et Armand Lavergne, une douzaine de jeunes fondent en 1903 la Ligue nationaliste aux idées bourassistes, savoir : la plus grande autonomie possible du Canada face à la Grande-Bretagne, et des provinces face à Ottawa, tout en maintenant les liens impérial et fédéral. On y réclame, entre autres, «l'abstention de toute participation du Canada aux guerres impériales en dehors du territoire canadien», ainsi que «le respect du principe de la dualité des langues et du droit des minorités à des écoles séparées». Si on ajoute un ardent catholicisme cher à Bourassa, on y retrouve le programme principal du *Devoir.* En attendant, ces jeunes enthousiastes fondent en 1904 leur propre journal, *Le Nationaliste,* pour promouvoir leurs idées qui, d'initialement *Canadian,* deviendront bientôt canadiennes-françaises. Dirigé par Asselin jusqu'en 1908, cet hebdomadaire semble insuffisant à Bourassa pour lutter efficacement contre la «grande presse» quotidienne.

Il faut dire qu'en ce début de siècle, cette dernière, comprenant principalement *L'Événement* et *Le Soleil* de Québec ainsi que *La Patrie* et *La Presse* de Montréal, dépend toujours autant financièrement qu'éditorialement des libéraux ou des conservateurs. En outre, puisqu'il faut des sous, et donc des lecteurs, on y inclut de plus en plus des nouvelles à sensation accompagnées d'une publicité souvent douteuse. En somme, comme le résumait Bourassa : une «presse à tapage, à ramage et à images[2]». Il y aurait donc place pour un «journal à idées», s'inspirant vaguement de l'ultracatholico-québécoise *Vérité* de Tardivel, mais de tendances légèrement plus centristes... et canadiennes!

Et c'est ainsi que, lorsque plusieurs nationalistes insistent auprès de Bourassa pour qu'il se présente aux élections provinciales de 1908 dans la circonscription de Saint-Jacques contre le premier ministre Lomer Gouin, il n'y consent qu'à la condition qu'on lui finance enfin un journal pour diffuser ses idées. Et pour cet orateur extraordinaire, on ne pourra dorénavant plus se contenter d'écrire, comme ce fut le cas après un de ses discours électrisants : «Bourassa a aussi parlé[3]»...

En janvier 1908, Bourassa crée donc à cet effet l'Agence Publicité — présidée par Janvier Vaillancourt, administrateur de la Banque d'Hochelaga — et bat Gouin aux élections de juin! Mais ayant également gagné dans le comté de Saint-Hyacinthe, il laisse aristocratiquement le comté de Saint-Jacques au premier ministre... Le 13 août 1909, il réunit 172 actionnaires investissant 100 000 $, et se fait remettre 50 % plus une des 4 000 actions. Deux mois plus tard, il engage comme principaux collaborateurs Héroux et Asselin au salaire hebdomadaire de 35 $. Homme du devoir — sa vie le prouvera —, il considère tout normal d'appeler ainsi son journal, car

> pour assurer le triomphe des idées sur les appétits, du bien public sur l'esprit de parti, il n'y a qu'un moyen : réveiller dans le peuple, et surtout dans les classes dirigeantes, le sentiment du devoir public sous toutes ses formes : devoir religieux, devoir national, devoir civique. De là le titre de ce journal[4].

Le personnel s'installe alors au 71 A de la rue Saint-Jacques, dans un édifice séculaire de trois étages, «aux trois quarts gelé[5]», et ayant abrité, entre autres, l'ex-gauchisante *Patrie* d'Honoré Beaugrand. Il y demeurera jusqu'en 1914.

POLITICAILLEURS DÉNONCÉS ET BUDGETS DÉFONCÉS, 1910-1914

Le 10 janvier 1910, 30 000 exemplaires du *Devoir*[6] s'envolent. À l'attrait de la nouveauté s'ajoute le prestige d'une équipe regroupant autour de Bourassa les fringants Armand Lavergne, Olivar Asselin et Jules Fournier — ces deux derniers claqueront la porte avec l'arrivée du soleil printanier[7]... — et les modérés Omer Héroux et Georges Pelletier, qui quittaient la catholique *Action sociale* de Québec, fondée en 1907. Les lendemains

Henri Bourassa, 1868-1952. Fondateur et directeur du Devoir, *de 1910 à 1932.*
Source : Photothèque du Devoir.

déchanteront quelque peu — on s'y attendait toutefois — avec un tirage moyen d'un peu moins de 13 000 exemplaires.

Pour les nationalistes, cette fondation «prend les proportions d'un événement historique. Bourassa a fait brèche dans les rangs des partisans politiques, *Le Devoir* fera brèche dans la presse servile[8]».

Après avoir précisé que «*Le Devoir* appuiera les honnêtes gens, [...] dénoncera les coquins», et qu'il sera d'une indépendance totale à l'égard de toute coterie, en «s'occupant de politique sans être lié à la politique», Bourassa expose son programme «trinitaire»: catholicisme, patriotisme, autonomisme[9].

Dès le lendemain, il entreprend sa lutte implacable contre un Laurier entraîné dans l'impérialisme ambiant, et alors désireux de créer «une flotte canadienne en temps de paix, impériale en temps de guerre». Commentaires: «Tous nos grands principes sont *trahis* par Laurier, car il est plus dangereux pour sa religion, pour son pays, et même pour la Couronne britannique que le pire des orangistes[10]!» Quant au «trustard» Lomer Gouin, premier ministre libéral du Québec, la naissance du *Devoir* provoque chez lui le «Rêve du grand soir», où lui

Apparaissait Bourassa que Satan
S'en fut chercher dans le lointain du «laid» vieux temps[11].

Et *La Presse*? Elle «reste fidèle à elle-même: toujours aussi complètement, aussi profondément misérable[12]». Et la franc-maçonnerie, avec sa loge montréalaise L'Émancipation? Elle se concrétise en «boutique de haine et de sectarisme[13]».

Comme on le voit, *Le Devoir* ne perd pas de temps, s'en prenant dès le premier mois aux premiers ministres du Canada et du Québec, au *British Empire* à son apogée, à *La Presse* aux 100 000 exemplaires et aux «ennemis de l'Église»! Tout cela lui va très bien, puisqu'on constate dès le mois suivant que «le succès du *Devoir* dépasse nos espérances[14]».

Il faut dire que, pour la première fois chez nous, des journalistes, aussi brillants que convaincus, ne se contentent pas d'attaquer «tout ce qui bouge» contre le Québec clérico-nationaliste, mais proposent en outre un projet de société fondé sur «le sentiment patriotique [... et] le cœur de la jeunesse», comme le réclame l'abbé Groulx[15]. Et cette jeunesse, ajoute son ami Héroux, «est plus ardemment, plus énergiquement canadienne-française que ses aînés. Elle a une plus claire, une plus haute conscience des destinées de la race[16]».

Et comme modèle pour ces jeunes? Le «sauveur de notre ville, ô Dollard des Ormeaux[17]». Précisons qu'il s'agit du deux cent cinquantième anniversaire de sa mort, et que les Mohawks ne sont pas tous abonnés au *Devoir*. Autre primeur valorisante : les journalistes signent enfin leurs articles, ce qui les motive et les responsabilise d'autant.

Enfin, dans le but de rejoindre un plus grand nombre de lecteurs désirant une certaine diversification, *Le Devoir* offre dès sa première année des chroniques sur «la musique» et «la vie sportive», un «Pour vous, mesdames» prudemment orienté vers la mode et les recettes de cuisine, ainsi qu'une «Page littéraire» où on se contentera initialement de donner surtout des extraits de poètes et essayistes français, tels Louis Mercier, Henry Bordeaux, François Coppée, Théodore Botrel ou Charles Maurras. À l'occasion du deuxième anniversaire du journal, le responsable de cette page, Edmond Léo, pseudonyme du père Armand Chossegros, s.j., proposera de «traiter de choses qui parlent à l'âme et au cœur canadiens». On n'y manquera pas... et, au cours de la trentaine d'années à venir, avec Albert Lozeau, Blanche Lamontagne, Nérée Beauchemin ou le frère Gilles, on sacralisera «la prière de nos ancêtres», en se dodelinant du «ber» au «vieux grenier», sans oublier «l'heure des vaches» et la «corvée du cimetière»...

Mais revenons à 1910, et au «moteur mouvant» du *Devoir*. En fait, la cause majeure de l'impact de ce quotidien réside essentiellement durant cette décennie dans la personnalité écrasante de son directeur. Homme politique d'une intégrité jamais mise en doute, orateur et essayiste au service désintéressé de ses compatriotes, Bourassa le cathartique exorcise tous les démons québécois. Mais tout cela n'est que prélude au «grand soir»...

En effet, le premier congrès eucharistique international à se tenir en Amérique doit se dérouler à Montréal entre les 6 et 11 septembre 1910. Tout le Québec est transporté d'allégresse. Peuples de la terre...

> Franchissez les déserts, les continents et l'onde, [...]
> Jubile Montréal, noble cité choisie,
> Ce grand événement rend ton nom immortel[18].

Car, pour «l'apothéose de Jésus[19]», nous sera ici même donné

> Le Fils incréé de l'Essence éternelle
> Incarné dans le Temps, par l'œuvre de l'Esprit[20].

Souvenons-nous toujours qu'un «mystère est une chose que nous devons croire mais que nous ne pouvons comprendre»... et arrivons au fait.

Pour le congrès, on trouve à Montréal trois Éminences cardinalices, dont le légat de Sa Sainteté, cent sept Grandeurs épiscopales, quelque dix mille religieux, les premiers ministres du Canada et du Québec, et un demi-million de visiteurs! Dans un triomphalisme inégalé, on proclame filialement la double allégeance qui nous unit à Sa Sainteté Pie X et à Sa Majesté Royale George V. Dans la soirée «semi-clôture» du 10 septembre, huit orateurs s'adressent à une foule de «quinze mille personnes[21]» réunies à l'église Notre-Dame et sur son parvis. Parmi eux, Mgr Bourne — «archevêque de Westminster, le personnage le plus élevé de la hiérarchie catholique romaine d'Angleterre», dont la venue avait été claironnée dès le 14 mars par Le Devoir —, et Bourassa[22]. Or, Sa Grandeur Bourne ayant préconisé l'anglicisation des catholiques francophones afin qu'ils puissent mieux s'intégrer au grand-tout-nord-américain-anglo-catholico-saxon... Bourassa répondit! Et quelle réponse...

> ... Que chacun prie dans la langue bénie du père et de la mère. N'arrachez à personne, ô prêtres du Christ! ce qui est le plus cher à l'homme après le Dieu qu'il adore. [...] Quand le Christ était renié par les Anglais, [...] nous l'avons confessé dans notre langue. [...] Nous ne sommes qu'une poignée, c'est vrai; mais ce n'est pas à l'école du Christ que j'ai appris à compter le droit et les forces morales d'après le nombre et les richesses[23].

C'est le délire! Et même le légat du pape — Dieu seul connaît leur doucereuse prudence... —, «le cardinal Vanutelli, alla donner l'accolade à Bourassa à la fin de son discours[24]».

Le peuple québécois retrouvait en Bourassa le petit-fils du Papineau des «92 Résolutions de 1834»[25]. Il faut dire que ce peuple avait bien besoin d'un peu de panache, quand on songe que, durant ce congrès, l'Hôtel de ville de Montréal, par ordre de son maire Edmund-William Guerin, d'ascendance irlandaise, avait arboré en place d'honneur le drapeau vert d'Irlande!

◆
◆ ◆

Pour ce Devoir, dont les adversaires avaient prédit «la mort au lendemain de sa naissance», on comprend que chaque anniversaire sera fêté «religieusement». Aussi, le 8 janvier 1911, «500 convives sans distinction de rang ou de condition» se rendent-ils à l'hôtel Windsor pour s'entendre dire que «les résultats financiers de la première année dépassent de beaucoup [les] plus favorables prévisions[26]». Ce bel optimisme de circonstance, accompagné d'une annuelle auto-congratulation — «nous pouvons nous rendre ce témoignage d'être restés fidèles aux idées qui ont commandé la fondation de notre journal[27] » —, n'empêche pas que les finances soient, et seront..., d'un rouge intemporel !

Car en plus de n'avoir « aucune notion pratique des exigences d'un journal quotidien[28] », Bourassa se permettant de mitrailler sur tous les fronts, nombre de lecteurs se désabonnent et plusieurs commerçants cessent d'y annoncer. Résultats : « le capital de fondation fut vite épuisé ». En février 1913, Bourassa forme donc « une nouvelle société, L'Imprimerie populaire, avec un capital souscrit de cent mille piastres[29] », revigorant ainsi son quotidien pour... quelques années !

On procède également en 1913 à la fondation des Amis du *Devoir* :

> [...] « Compagnie à responsabilité limitée et complètement indépendante de L'Imprimerie populaire — ayant pour objectifs principaux de publiciser *Le Devoir* et de l'aider financièrement par souscription d'actions de 10 $ payables par versements de 1 $, ce qui les rendait accessibles à presque tous[30].

Le docteur Jean-Baptiste Prince — supporteur et ami de Bourassa de 1896 à 1952 ! — en sera le premier président. Sous sa direction, on trouve les comités de promotion, d'actionnaires, régionaux, ethniques, spécialisés — tels ceux des syndicats ou encore des enseignants — et enfin « hors-Québec », mais uniquement au Canada. Ils doivent « contribuer par toute mesure utile au développement et au rayonnement du *Devoir*[31] ».

Dans ce sillage de réorganisation, le lundi de Pâques 13 avril 1914, *Le Devoir* déménage au 43, rue Saint-Vincent, ex-hôtel Richelieu, où, précise-t-on : « Nous disposons, dans notre nouvel immeuble, d'un espace beaucoup plus vaste que rue Saint-Jacques, et cela nous a permis d'augmenter et de perfectionner notre outillage[32]. »

GUERRE ET « AMIS DU KAISER », 1914-1919

Au tournant du siècle, les puissances européennes s'entrechoquent partout dans le tiers-monde à la poursuite de colonies. Une série d'alliances aboutit à la formation de deux blocs agressivement opposés : d'une part la Triplice, comprenant l'Allemagne, l'Autriche-Hongrie et l'Italie, et d'autre part la Triple Entente, incluant la France, l'Angleterre et la Russie. Le ressort monté, il faut un prétexte à l'éternel bellicisme européen, et ce sera l'assassinat par un Serbe, le 28 juin 1914, de l'archiduc héritier d'Autriche, François-Ferdinand. L'Autriche déclare la guerre à la Serbie, laquelle est protégée par la Russie, laquelle est l'alliée de la France et de l'Angleterre, lesquelles ont des colonies qui doivent se faire massacrer pour elles.

Qu'irons-nous faire dans cette galère, après celle des Boers? Rien de très clair... puisque, encore le 13 juillet 1914, un Bourassa — d'une perspicacité douteuse cette fois... — peut écrire que, pour l'Angleterre, ses «millions de miséreux [qui] crient famine [... s'avèrent beaucoup] plus menaçants [... que] le péril allemand et la guerre civile en Irlande»...

Il doit toutefois réajuster rapidement son tir, car devant l'imminence du conflit, et avant même que l'Angleterre ne déclare la guerre à l'Allemagne le 4 août, «l'enthousiasme guerrier envahit notre ville», les foules se réunissent «au square Philipps, devant la statue d'Édouard VII [pour y entonner] successivement *Rule Britannia, La Marseillaise, Ô Canada* et *God Save the King*»[33]!

Bourassa, en Europe de la fin mai à la mi-août, rédige à son retour, entre les 8 et 14 septembre, une série d'articles intitulée «Une page d'histoire». Deux constatations majeures s'en dégagent. Tout d'abord, le Canada n'ayant aucun rôle à jouer dans la politique britannique, il n'a pas à entériner ses conflits, surtout s'ils se déroulent à l'extérieur de notre pays. Ensuite, comme l'Angleterre négocie secrètement avec l'Allemagne depuis des mois pour tenter de laisser le conflit aux autres... «Il nous paraît que le Canada ne saurait mieux démontrer son *loyalisme* qu'en s'inspirant des exemples de la grande nation à qui il a emprunté ses institutions politiques[34].»

Alors que, jusqu'ici, tous — y compris nos évêques, assurés que les clercs ne seraient pas mobilisés — s'écriaient qu'il fallait se battre, soit pour l'Angleterre, soit pour la France, ce froid raisonneur dit qu'on ne doit le faire que pour le Canada! Et devant son sarcastique «Tout pour l'Empire, rien pour le Canada[35]», le fanatisme se déchaîne. «Bourassa est-il un traître[36]?» Assurément, et même un «archi-traître», clame-t-on le 16 décembre au théâtre Russell à Ottawa, où l'émeute éclate contre «Von Bourassa»!

On comprend que, dans cette atmosphère de surenchère, *Le Devoir,* pour fêter le 14 janvier 1915 ses «cinq ans après[37]», insiste sur la «cohérence» qui l'a animé depuis sa fondation, et... même avant! Avec la guerre des Boers s'amorçait l'escalade impérialiste. La Ligue nationaliste de 1903 préconisait l'«abstention de toute participation du Canada aux guerres impériales en dehors du territoire canadien». Pour bien prouver «sa suite dans les idées», *Le Devoir* démontre, avec raison, que sa lutte anti-impérialiste fut de tous les instants. Il a également combattu avec acharnement toute tentative d'interdire aux francophones l'éducation dans leur langue[38], et tout particulièrement depuis qu'en 1912 l'Ontario présentait son fameux Règlement XVII à cet effet. Aussi, dès le 4 août 1914, le cocardier Lavergne établissait-il clairement le parallèle : «Si l'on nous demande d'aller nous battre pour l'Angleterre, nous répondrons : Donnez-nous nos écoles.»

Et c'est ainsi que, pour cette soirée anniversaire tenue au Monument national et où 1 700 Amis du *Devoir* ont payé pour assister, on réaffirme que *Le Devoir* n'est pas fanatique —, comme ses adversaires... —, n'est pas «financé par le Kaiser» — comme on l'écrit en Ontario —, mais suit tout simplement à la lettre son programme initial. Pour donner le ton à cette rencontre, Guillaume-Narcisse Ducharme, président de L'Imprimerie populaire, commence par un dithyrambique : «Il n'y a qu'un Bourassa, [... et] qu'une race capable de produire un Bourassa, et cette race, c'est la nôtre[39].» Le ton est donné, et l'unique Armand Lavergne poursuit : «*Le Devoir* n'a que cinq ans ; il est bien grand pour son âge. C'est sans doute qu'au lieu de s'être développé en épaisseur, comme ses gros confrères, il s'est développé en hauteur.» Et de préciser qu'avant sa fondation, à la suite des démissions successives de nos aînés face à l'affaire Riel, les persécutions de nos minorités et «l'immigration intensive pour nous noyer, [...] une poussière fine tombait sur l'âme de la race». Mais, heureusement, sont arrivés Bourassa, la Ligue nationaliste et *Le Devoir*: «Il n'est plus question de mourir, [...] notre race va vivre, car un homme l'a sauvée[40].» Et cet homme — devinez qui... — expose «durant plus de deux heures» ce qu'est « *Le Devoir*, ses origines, son passé, son avenir».

Après avoir mentionné que «les huit millions d'habitants du Canada ont moins de pouvoir dans l'Empire britannique que le premier balayeur des rues de Londres ou de Liverpool» — celui-ci ayant au moins droit de vote —, Bourassa constate que nos Canadiens auront «le front troué d'une balle allemande durcie par le nickel canadien» au profit des financiers de l'Empire. De toute façon, «le joug anglais n'est pas plus légitime que le joug allemand[41]». À preuve, «la lutte héroïque soutenue par nos compatriotes d'Ontario contre la tyrannie des prussianisants de la province la plus barbare et la plus arriérée du Canada, en matière d'enseignement».

Après cette mise au point d'actualité, il enchaîne sur tous les autres grands thèmes. L'instruction? «L'Église a seule autorité pour définir les principes de foi et de morale qui doivent former la base de tout enseignement.» L'économie? Grâce à Alphonse Desjardins, terminé ce «servilisme colonial» qui nous faisait «croire qu'un Canadien français est, par nature et par éducation, forcément incompétent à traiter toute question économique et financière». En outre, grâce au *Devoir*, on voit enfin «naître chez nous la juste notion du syndicalisme chrétien et national». D'ailleurs, depuis que ce *Devoir* existe, la mentalité a changé au Québec, car maintenant, «il y a des choses qui se disaient qui ne devaient pas se dire et qui ne se disent plus ; il y a des choses qui ne se disaient pas, qui devaient se dire, et qui se disent». En politique, Le Devoir étant totalement indépendant des partis, il leur fixera «une base solide qui les empêche de tomber trop bas, et au-dessus, une pensée dirigeante et maîtresse qui les force à travailler au bien de la nation au lieu d'en corrompre l'esprit». Et enfin, tout en réaffirmant que son journal n'est pas «l'organe du clergé», Bourassa conclut :

> Le Devoir est un journal catholique, [...] l'Église catholique a reçu de Dieu la mission de gouverner la société comme les individus. [...] Nous ne resterons catholiques qu'à condition de rester Français et nous ne resterons Français qu'à condition de rester catholiques.

Mais il vieillira notre Henri...

En attendant, la guerre fait rage, et l'Évangile vient à son secours, car, lit-on dans La Presse du 21 août 1915, «c'est Jésus-Christ qui lui a donné la première sanction en couvrant de sa bienveillance le centurion de Caphar-naüm». On peut comprendre que, dans un tel... capharnaüm, le coût du Devoir, augmentant de 100% — c'est-à-dire passant «à deux sous[42]»... —, n'ébranla point le Dominion!

D'autant plus que, dans un militarisme... scriptural, on multiplie dans ce même Devoir de belliqueux poèmes où paradent glorieusement les «Souvenirs aux morts», «La levée de l'Oriflamme» ou «Le testament d'un poilu», tandis qu'on y annonce le tabac «Héros pur canadien», avec illus-tration d'un soldat fumant sereinement sa pipe dans une tranchée, alors que les bombes explosent dans le lointain[43]... Et on ajoute même que ce Devoir, avec ses «compagnons d'armes, [...] n'est que l'un des soldats de l'armée qui s'efforce de faire revivre la grande tradition nationale[44]». Mais cette fois, ce même Dominion ne semble pas convaincu pour autant. Car on a beau dire, il y a des faits... Il y a panache-Lavergne s'écriant : «Pas un homme, pas un sou pour cette guerre!» D'ailleurs, renchérit-il, «nous ne devons à l'Angle-terre que le pardon chrétien pour le mal qu'elle nous a fait». Ou encore, dans Le Devoir du 2 novembre 1915 : «Ce n'est pas à nous à défendre à l'Angleterre, c'est à l'Angleterre à nous défendre.» Et puisque certains parlent d'arrêter Bourassa : «Qu'ils viennent, s'ils l'osent — s'écrie Lavergne —, j'ai dans mon comté trois mille paysans prêts à le protéger de leur poitrine[45].» Il faut dire que Bourassa n'y va pas non plus avec le dos de la cuiller, avec ses «flots de sang français [qui] feront germer des moissons d'or anglais[46]»! Frank Oliver, député libéral d'Edmonton, demande alors la suspension du Devoir, car il s'agit d'«un journal séditieux[47]», et il est clair que si Borden n'a pas encore sévi, c'est parce que «ce journal a puissamment contribué à mettre le présent gouvernement au pouvoir en 1911». Des «petites sur-prises» attendent toutefois M. Oliver, car Le Devoir, indépendant de tout parti, «change son fusil d'épaule» et, le 17 décembre 1917, demande aux électeurs de «nettoyer la scène politique» à Ottawa, car «la politique unioniste» de Borden — regroupant tous les conscriptionnistes —, «c'est le mal absolu; la politique libérale, c'est le moindre mal ou le bien relatif[48]». Mais face à une propagande hystérique style «A vote for Laurier is a vote for the Kaiser», ou encore, comme le titre le *Toronto News*: «Is The One Disloyal Province to Dominate the Eight Loyal Provinces[49]?», Borden conserve le pouvoir avec 153 députés, alors que les libéraux se retrouvent avec 82, dont 62 viennent du Québec! *The Gazette* résume bien la situation en considérant ce vote comme un *anti-Quebec feeling*.

La conscription ayant été votée le 6 juillet 1917, restait son exécution... Or, si 93% des mobilisables de *toutes* les provinces demandent l'exemption, il semble que, pour le Québec, ce soit davantage *shocking*... Et comme quelque 18 000 ont pris «les champs et les bois»..., Ottawa décide d'envoyer ses *spotters* pour les débusquer. Les citoyens de la ville de Québec se fâchent, et le 1er avril 1918, les «soldats anglais» de Toronto tirent dans la foule: cinq civils tués. Alors que Lavergne déclare: «Je n'aurais jamais cru que les gens auraient assez de cran pour cela», *Le Devoir*, par la plume d'Omer Héroux, demande «du sang-froid![50]». Denrée rare... En effet, le 5 avril, le colonel Arthur William Currie, après avoir précisé devant la Chambre des communes qu'il entend «discuter le sujet avec modération», considère que le gouvernement a «manqué de fermeté» avec le Québec, ajoute que «la cause de toutes les difficultés et de tout le trouble dans la province de Québec doit être attribuée à Henri Bourassa», et conclut: «Cet homme devrait être interné et son journal supprimé.» Et si ce n'est pas encore fait, c'est «parce que l'on dit qu'il serait encore plus dangereux en prison[51]»! Complétons ce décor par 30 000 soldats canadiens tués ou blessés durant les trois derniers mois de guerre et l'apparition de la grippe espagnole[52] qui, de septembre à décembre, touche un demi-million de Québécois, dont plus de 13 000 décèdent! «Nous sommes trop peu nombreux pour nous reposer»... soupire Héroux[53]!

Le 17 février 1919, c'est au repos éternel qu'est convié Laurier. Oublieux de sa boutade de 1911, face au Laurier «accommodeur» — «En arrivant à la porte du paradis, la première démarche de M. Laurier sera de proposer un compromis honorable entre Dieu et Satan[54]» —, Bourassa «l'Honneur[55]», écrit au lendemain de son décès:

> Qui, de ceux qui le connaissaient, partisan ou adversaire, ne l'aimait pas, pouvait ne pas l'aimer? [...] Pour mon humble part, devant cette mort sereine et chrétienne, je ne me sens capable que de déposer sur sa tombe le

tribut d'une amitié déjà vieille de vingt-cinq années, que d'âpres divergences d'opinions n'avaient pas éteinte[56].

Et en effet, les relations entre ces deux Québécois d'exception — malgré quelques différends politiques — avaient toujours été empreintes d'une certaine chaleur. Ainsi, lorsque Bourassa quitte en 1907 les libéraux fédéraux pour la scène provinciale, Laurier précise-t-il au démissionnaire : « Je regrette de vous voir partir. Nous avons besoin d'un homme comme vous à Ottawa, mais je n'en voudrais pas deux ».... Défait aux élections de 1911, et malgré le fait que Bourassa y ait fortement contribué, Laurier n'en réclame pas moins son *Devoir* quotidien puisque — écrit-il à Georges Pelletier — « je dîne chaque jour du *Devoir*[57] ». Dans les années vingt, au fameux presbytère Saint-Enfant-Jésus de Montréal où se réunissaient, entre autres, Omer Héroux, le juriste Antonio Perrault, le futur cardinal Villeneuve, l'abbé Groulx et Bourassa, ce dernier rappelle que Laurier, voulant le rendre plus réaliste, lui disait : « Mon cher Henri, tant qu'on n'a pas 40 ans, on a toujours un peu vingt ans[58]... » Mais le mot de la fin revient à ce « cher Henri », septuagénaire cette fois : « Je crois bien qu'avec M. Laurier, ce ne fut qu'une querelle d'amoureux[59]. »

DIXIÈME ANNIVERSAIRE, ET QUOTIDIENNETÉ, 1920-1924

En 1910, le tirage moyen du *Devoir* s'élevait à 12 259. Dix ans plus tard, il est de 14 389[60], même pas le dixième de « la grosse *Presse* »... Et pourtant, que de rayonnement pour si peu de lecteurs ! Lors de la manifestation au Monument national, le 13 janvier 1920, à l'occasion du dixième anniversaire du *Devoir*, les témoignages de reconnaissance affluent « de toutes parts, à la façon des Roi Mages[61] ». De la lointaine Saskatchewan, le père Auclair écrit dans *Le Patriote de l'Ouest* qu'il s'agit du « journal le mieux fait du Canada, [... ayant] conquis par ses luttes [...] pour la cause franco-catholique [...] l'estime de toute la race française[62] ». Du Manitoba, Mgr Béliveau précise : « Personne n'a plus fait [que Bourassa] pour inspirer aux Anglais le respect des Canadiens français[63] », tandis que Samuel Genest, président de l'Association canadienne-française d'Ontario, ajoute : « Il fut des premiers au combat et est resté constamment à la tâche. [...] Les Canadiens français de l'Ontario lui doivent une grande part de la résistance qu'ils ont si courageusement soutenue[64]. » Quant à L'*Évangéline* acadienne :

[*Le Devoir*] a fouetté à tour de bras toutes les veuleries de nos opportunistes politiques sans s'arrêter à leurs cris ; [...] il a défendu les droits de notre langue et de notre religion avec une énergie sans pitié, apportant dans la lutte une compétence écrasante[65].

En guise de remerciement à ses «frères de la diaspora», *Le Devoir* organisera sous peu des «pèlerinages» chez les francophones de l'Ouest, d'Ontario, d'Acadie, de Nouvelle-Angleterre, et même de Louisiane, pour cimenter par ces retrouvailles le fragile lien d'ancêtres laurentiens.

Revenons toutefois au Monument national, alors que le docteur Prince, président des Amis du *Devoir*, ouvre l'assemblée en affirmant que ce quotidien

> depuis dix ans, [a] combattu pour maintenir ou réhabiliter dans le pays le bon sens et les bonnes mœurs, [et] le respect de la langue française et du droit des minorités. [...Il] a été pour la jeunesse le plus bel éducateur que le Canada français ait jamais produit[66].

Ensuite, Me Antonio Perrault, juriste nationaliste de tous les combats, constate et suggère : «Nous avons suffisamment parlé au Canada de l'union entre les races. Pourquoi ne pas nous occuper enfin de l'union dans la race?[67]» Groulx ne dira pas mieux... Mais pour l'instant, «le chef» nationaliste demeure toujours Bourassa, lequel expose en un long «sermon» ce qu'est «*Le Devoir*, ses promesses d'avenir, ses considérations de survie».

Il implore d'abord «Dieu, dans son infinie miséricorde, [... de le secourir] par ses grâces et ses lumières», secondé par les «prières de tous nos guides religieux». Après avoir rendu hommage à son unique prédécesseur «de la presse catholique laïque au Canada français», Jules-Paul Tardivel, l'homme de *La Vérité*, il constate que malgré ses propres absences répétées du *Devoir*, dues à ses obligations politiques, le journal prouve sa viabilité grâce à des Héroux, Pelletier ou Dupire. Ce «n'est [donc] pas l'œuvre d'un seul homme»!

Plus que jamais désireux de le faire servir «au triomphe de l'Église [et] à la gloire de Dieu vers qui doivent tendre tous nos efforts, toutes nos pensées», ce même *Devoir* ne tombera pas pour autant dans «le mysticisme», car il

> défendra les droits des Canadiens français contre ceux qui veulent les supprimer ou les amoindrir; il poursuivra la lutte contre l'impérialisme ou l'internationalisme, contre le féminisme et le socialisme, contre le ploutocratisme ou le bolchevisme, contre toutes les folies, les sottises et les hérésies de notre temps.

Quant à la situation financière, la deuxième souscription de 100 000 $ en 1913 a permis de subsister durant les trois années suivantes, mais «la guerre, les fréquentes menaces de la censure, l'hostilité des deux *grands* partis, la hausse du papier [de 200 %] et de la main d'œuvre, [... ont

fait qu'] après dix ans d'existence l'œuvre paraissait frappée à mort[68]».
Conséquemment, «nous avons besoin de votre aide[69]».

Et afin de parvenir à «l'unique objectif : le règne social du Christ et le
salut de la nation, [...] pourquoi le clergé n'aiderait-il pas *Le Devoir*?» Car il
reconnaîtra sans peine que cette «presse religieuse laïque [...] a rendu, dans
l'ensemble, plus de services à l'Église et lui a causé moins d'embarras que les
journaux rédigés par des prêtres sous l'autorité personnelle des évêques».
Que *L'Action catholique* se le tienne pour dit...! Et pour conclure, *mes très
chers frères...*

> Demain, au pied des autels, avant de manger le pain de vie, au moment
> d'absorber la chair et le sang du Christ qui font les plus misérables des
> hommes participants de la nature divine, nous prendrons Dieu à témoin de
> la sincérité de nos serments. Présents ou absents, unissez-vous à nous. Sup-
> pliez le Dieu de toute bonté d'agréer le don que nous lui avons fait de notre
> œuvre et de nos personnes.

> Il saura bien, Lui, tirer de cet amas d'impuissances le bien qu'Il voudra, lui
> donner la vie ou la lui ôter, selon qu'Il jugera utile à Sa gloire et au bien des
> âmes.

Comme on le voit, Bourassa — veuf avec huit enfants depuis l'année
précédente — se mysticise effectivement de plus en plus. Aussi, nulle surprise à le voir réunir, le 13 janvier 1921, «plus de trois cents prêtres et
religieux [...] à la salle paroissiale de l'Immaculée Conception» pour leur
tracer un survol du «rôle providentiel» joué par le clergé depuis les débuts
de la Nouvelle-France jusqu'à la première guerre mondiale. Quant à l'avenir, il doit lutter contre «le socialisme d'État mis à la mode», conserver sa
«liberté [...] absolument essentielle au bon ordre social, [... et maintenir
toutes ses œuvres, source d'un] bien immense[70]».

Nulle surprise également à voir *Le Devoir* s'opposer à la législation du
gouvernement Taschereau créant en ce début de 1921 la Commission des
liqueurs — dite «le char de M. Taschereau[71]» — et la loi de l'Assistance
publique, «préjudiciable à la liberté des communautés religieuses». *Le
Devoir* n'est pas un «journal jaune», et se refuse à «ramasser l'argent dans
les cloaques et les abattoirs[72]». Tout cela manifeste sans doute une fière
intransigeance, mais qu'en est-il de la quotidienneté de ce *Devoir*?

◆
◆   ◆

◆

« Patron » apparemment aussi apprécié que respecté[73], dont la « présence était habituellement signalée par les épaisses volutes de fumée[74] » de son éternelle pipe, ou encore par son fredonnement douteux — « c'est l'homme du Canada qui parle le mieux et chante le plus mal[75] » —, Bourassa avait su créer une atmosphère de fierté et de discipline avec ses employés. « S'il n'y avait pas de soleil dans notre salle de rédaction, il y avait de la joie, [... même si on y travaillait] de 7. a.m. à... p.m.[76] ».

Pour pallier les bas salaires — une quinzaine de dollars hebdomadairement pour les journaliers et une trentaine pour les journalistes —, quatre moyens réguliers. D'une part les annonces : Thé Salada, Banque Nationale, « Ne dites pas Bière, dites Dow » et autres, recouvrant environ la moitié des quelque huit pages en semaine et des douze de l'édition du samedi ; d'autre part, les services d'impression offerts par L'Imprimerie populaire, l'édition de livres, tels *Cap Éternité* de Charles Gill, *Nord-Sud* de Léo-Paul Desrosiers, *Ma Gaspésie* de Blanche Lamontagne, et de multiples brochures, telles « *Le Devoir* », *témoignages d'évêques*, *La Conscription*, etc. On y ajoute un « service de librairie » où on ne vend que « Les bons livres de chez nous », tels *Notre Maître le passé* de l'abbé Groulx ou *Les Érables en fleurs* de l'abbé Camille Roy[77]. Enfin, on ajoute un « service de voyages pour aider à la propagande des idées de rapprochement que *Le Devoir* préconise depuis sa fondation[78] ». Mais tout cela s'avérant insuffisant, Bourassa entreprend au cours des années 1922-1923 une troisième campagne de souscription lui permettant de recueillir cette fois « plus de cent dix mille piastres [... pour maintenir une] presse catholique, nationale et libre[79] ». De 1924 à 1930, grâce à cette nouvelle manne et aux services auxiliaires, la compagnie surnage, même si *Le Devoir*, comme tel, demeure déficitaire[80].

VERS L'INTÉGRISME ? 1924-1932

Dans l'attente d'une tour mystique où se réfugiera bientôt Bourassa, le 28 avril 1924, *Le Devoir*, profitant de cette campagne de souscription, « emménage aux 336-340 [qui deviendront par la suite les 430-434] Notre-Dame est, dans l'ancienne « fabrique de chaussures Chouinard ». Toujours dans le quartier historique — au nord de l'église Bonsecours et au sud de l'ancien hôpital Notre-Dame —, « l'intérieur [quatre étages] a été complètement remodelé, et les divers services de notre journal auront enfin l'espace exigé pour leur développement[81] ». Il y demeurera jusqu'en 1972.

Pour le quinzième anniversaire du *Devoir* : promotion et fête. Le tirage — 11 215 début 1925[82] — s'avère insuffisant ? *Le Devoir* prépare un numéro spécial pour le 17 janvier, où on fera la rétrospective des quinze dernières années. Que les abonnés et amis du journal lui envoient une «liste des gens qu'ils croient susceptibles de lire *Le Devoir*[83]», qu'ils y ajoutent trois sous par nom, et les listés recevront ce numéro. Bonne idée sans doute, mais résultats nuls sur un long terme, puisque six mois plus tard, le tirage moyen est tombé à 10 946!

Il faut bien admettre que «le patron» n'aide guère, avec son intransigeance en route vers l'intolérance... Arrêtons-nous à la fête du 15 janvier au soir, alors que plus de huit cents convives s'entassent dans la salle du Gésu, au Collège Saint-Marie, pour y entendre principalement Bourassa, «à la parole véhémente», traiter «durant plus de deux heures [... des] problèmes de l'heure[84]»! Conservateur «castor» — même si dans l'hommage, non critique, qu'on lui rendra à l'occasion de son décès, on écrira sereinement que «Bourassa s'y révèle très en avance sur son temps, [... et que] ses *hérésies* politiques d'hier et d'avant-hier sont les idées reçues d'aujourd'hui[85]» —, «l'avant-gardiste» règle les problèmes!

Le «surpeuplement» métropolitain?

Renvoyer d'où ils viennent et où ils seraient bien mieux les deux cent mille habitants que Montréal compte en trop.

«Le problème scolaire»?

L'éducation des enfants est primordialement le droit inaliénable du père de famille; le droit de l'enseignement est primordialement celui de l'Église.

«Les écoles juives»? D'accord, mais

Méfions-nous des protestants et des Juifs qui sont prêts à éliminer leurs principes religieux et leurs droits familiaux pour une misérable économie de quelques piastres. [... De toute façon], les Juifs sont chez nous et ne peuvent être supprimés, pas plus que les problèmes qui naissent de leur présence[86].

Dans ce même sillage, Bourassa fait paraître peu après à l'imprimerie du *Devoir* sa somme antiféministe *Femmes-hommes ou hommes et femmes*[87]? Il y reprend ses trois séries d'articles déjà parus dans *Le Devoir*, et portant en mars-avril 1913 sur le féminisme, en mars-avril 1918 sur le suffrage féminin, et en mars 1925 sur le divorce. Comme le féminisme à la veille du premier conflit mondial est principalement connu par les suffragettes britanniques aux revendications spectaculaires, il s'agit donc d'un enfantement du protestantisme, menant inéluctablement à la déchéance et à l'avortement. Quant au droit de vote, avec «femmes enculottées», il introduira

la femme-électeur, qui engendrera bientôt la femme-*cabaleur*, la femme-*télégraphe*, la femme-*souteneur* d'élections, puis la femme-député, la femmesénateur, la femme-avocat, enfin, pour tout dire en un mot : la femme-homme, le monstre hybride et répugnant qui tuera la femme-mère et la *femme-femme*.

Car, «plus aveuglément passionnée que l'homme, [elle] arrive plus vite que lui [...] à la plus complète immoralité cérébrale, aux égarements les plus pervers du jugement». Quant au divorce, il mène tout droit à l'avortement et à la désintégration de la société. De toute façon, «les insanités du féminisme» n'ayant que trop perturbé les «cervelles féminines et masculines», il serait enfin temps qu'on revînt à «la principale fonction de la femme : la maternité, la sainte et féconde maternité, qui fait véritablement de la femme l'égale de l'homme, et à maints égards, sa supérieure». Et qu'on ne vienne surtout pas affirmer que Bourassa n'est pas un progressiste, puisque, un demi-siècle avant Jean-Paul II, il proclame : «Le sacerdoce confère au prêtre une dignité supérieure à toute autre et inaccessible à la femme»... Après tout, ne retrouve-t-on pas dans ce *Devoir*, depuis le 6 août 1910, une chronique intitulée «Pour vous mesdames», où on précise ce qu'il en retourne du «bonnet de bain», de «l'école du sourire», et de «quelques sauces»[88]?... Et cette chronique ne se métarmophosera-t-elle pas audacieusement, le 19 mars 1928, en «Page féminine», où, nous prévient sa titulaire, Jeanne Métivier, on traitera de «l'art d'arranger le *home*» et de «la mode féminine, car vous savez, la coquetterie, (la bonne coquetterie, j'entends) est une vertu chez la femme». Et Fadette — née Henriette Dessaules — pourra fièrement écrire, deux ans plus tard, que «*Le Devoir*, qui ne fut pas créé pour les femmes, fut pour elles un don inestimable[89]»...

Et qu'en est-il durant ces mêmes années intégrisantes du nationalisme québécois, pierre angulaire du *Devoir* des années dix? Pour l'ex-collaborateur Asselin, il demeure toujours prioritaire, tandis que Groulx marie sereinement religion et nation. Mais pour Bourassa, cette dernière devient de plus en plus secondaire, et dès 1920 il écrit qu'«on ne saurait trop répéter que la lutte pour la langue et la culture française, légitime en soi, n'est qu'accessoire et subordonnée à la lutte pour la foi». Mais le coup de grâce-Damas survient lors de l'audience privée que lui accorde Pie XI le 18 novembre 1926, lorsque celui-ci lui déclare que «le principal obstacle à l'action de la Papauté, [...] c'est la substitution du nationalisme au catholicisme».

Pour la quinzaine d'années à venir, c'en est fait du héraut du nationalisme transformé en officiant du Christ. Et André Laurendeau pourra proclamer en 1935 : «Bourassa, mort à Rome en 1926», tandis que l'abbé Groulx considère qu'un «mal héréditaire, [...] le scrupule religieux — point d'autre hypothèse possible —, a égaré l'esprit du Bourassa de 1926». S'il demeure logique sur les autres sujets, poursuit-il, « le mot *nationalisme* peut le faire sauter par la fenêtre[90] »...

Aussi, nulle surprise à le voir terminer son article sur le soixantième anniversaire de la Confédération par — une « prière nationale » de son « cru croyant » :

> Oui, tous ensemble, prions le Père de tous les hommes, de tous les peuples, de jeter sur cette terre canadienne un regard de miséricorde ; supplions-le de nous pardonner nos fautes, comme nous pardonnons de bon cœur à ceux qui nous ont offensés, à tous nos ennemis du dedans et du dehors. Promettons-lui de travailler à l'avènement de son règne au Canada : prenons la ferme résolution de conformer notre volonté nationale à la sienne, de subordonner nos désirs égoïstes et nos aspirations légitimes à l'ordre général établi dans le monde par Dieu lui-même, à l'entier accomplissement de ses desseins providentiels sur nous et sur tous les peuples[91].

Et ce même soir, au parc Jeanne-Mance, il précise à la foule : « Nous n'avons pas le droit, par exemple, de saper l'autorité de l'Église pour faire rétablir même un juste droit de race. » Et sur ce, il fait agenouiller son monde pour qu'il répète après lui sa « prière nationale[92] ».

Pour sa part, le mielleux et emphatique Thomas Chapais s'exclame :

> Notre Patrie, c'est le Canada, la terre de l'érable, du Saint-Laurent, des monts altiers et des lacs géants. C'est ce Canada que chantait Georges [erreur, Monsieur le sénateur, le « Siré » victorien signait George] — Étienne Cartier, l'homme franc et sans dol[93].

Et les Muses emmêlées s'en mêlant, Paul Morin — le plus fier des paladins-poètes-exotistes des années dix, l'homme piaffant du chef-d'œuvre *Paon d'Émail* — publie, toujours dans *Le Devoir*, un poème dédié à la Confédération, et commandité par « The T. Eaton Co. Limited »[94].

Mais — « Seigneur, éloignez de moi ce calice ! » — Bourassa enfoncera bientôt son ultime clou avec « l'affaire sentinelliste » ! En Nouvelle-Angleterre — comme en Ontario d'ailleurs — le clergé irlandais veut contrôler les catholiques et, conséquemment, commencer par les angliciser, ou... les ruiner ! Et c'est ainsi que Mgr William Hickey, évêque irlandais de Providence, au Rhode Island, lance en 1922 une souscription de 1 000 000 $ pour la fondation de *high schools*. Chaque paroisse se voit fixer un objectif, et si elle ne l'atteint pas, elle devra s'hypothéquer. Conséquence : elle ne pourra plus soutenir ses propres écoles, en l'occurrence en ce qui nous concerne, françaises ou bilingues.

Les Franco-Américains se divisent — ce qui était prévu par le digne prélat — et tandis qu'Elphège Daignault et son Association canado-

◆

américaine s'opposent à ce projet, Elie Vézina et l'Union Saint-Jean-Baptiste l'appuient. Daignault fonde alors en avril 1924 *La Sentinelle*, journal catholique pour promouvoir ses revendications. Mais nous sommes à l'époque où Pie XI condamne la nationaliste *Action française* de Maurras et adjure Bourassa d'utiliser son influence pour faire cesser «les passions de races». Daignault n'arrive pas dans le bon temps! En avril 1928, lui et 61 de ses collaborateurs sont excommuniés et leur journal interdit. Et comme si cela ne suffisait pas, Bourrassa — encore généralement perçu là-bas comme le défenseur de la langue française qu'il fut jusqu'au début de cette décennie — publie dans *Le Devoir*, du 15 au 19 janvier 1929, cinq articles que s'empresse de reproduire *La Tribune* de Woonsocket. Comme préambule : «Sous prétexte de défendre la langue française, il n'est pas permis à des catholiques de mettre en péril l'unité et l'autorité de l'Église.» Les Sentinellistes, souvent pour une question d'argent, parlent de «bouffonneries» de Rome, incitent à la désobéissance et même au schisme, et sont conséquemment condamnables!

L'effet est dévastateur, les Sentinellistes se soumettent, le ressort franco-américain est brisé, et les ex-disciples du «Maître» — ainsi l'appellent-ils par dérision — sont atterrés!

◆
◆ ◆

Cette crise passée, «la» crise arrive! Le 24 octobre 1929, «Panique dans toutes les Bourses d'Amérique», titre *Le Devoir*, précisant que cet «ouragan [...] a jeté la consternation partout[95]». «La» récession frappe l'Occident, «due — notera Bourassa — à des causes profondes, morales, bien plus qu'économiques et physiques». Si l'économie ne semble pas nécessairement son fort, il n'en demeure pas moins qu'en ce 10 janvier 1930 marquant le vingtième anniversaire du *Devoir* — dont le tirage s'élève alors à 13 885[96] — Bourassa demeure toujours «le patron». Contesté, certes, mais encore auréolé d'un prestige conservant — pour l'instant... — ses collaborateurs dans un aussi inconfortable que respectueux attentisme. Dans un premier numéro spécial du *Devoir* du 18 janvier 1930, pour prouver son immuabilité, Bourassa cite son article du 7 juin 1924, où il écrivait, entre autres :

> *Les droits de la langue ne nous feront donc pas oublier les droits supérieurs de la foi*; nous ne rechercherons pas le triomphe de la race dans la désunion de l'Église ou le retardement de la paix sociale, soit à l'intérieur, soit à l'extérieur. Et en ceci, nous resterons fidèles aux principes directeurs du programme que nous nous étions tracé dès le début.

Donc, ce sont ses détracteurs qui changent d'idée, mais non lui, sans doute possesseur de la vérité[97]... Le jésuite Adélard Dugré enchaînera justement sur « Le Devoir et la vérité religieuse », en soulignant son rôle exceptionnel pour avoir mis à la portée du public les présentes connaissances religieuses. Son confrère, le père Joseph-Papin Archambault — « l'action faite homme », écrivait à son sujet un connaisseur : l'abbé Groulx ! —, témoigne à son tour du soutien que Le Devoir lui a constamment apporté dans toutes ses entreprises socio-religieuses, depuis son Œuvre des retraites fermées en passant pas sa Ligue des droits du français jusqu'à l'organisation de ses Semaines sociales.

L'abbé Groulx — nouveau chef nationaliste ayant remplacé Bourassa ! — n'en écrit pas moins :

> Il n'est aujourd'hui, dans le Canada français, aucune entreprise d'action catholique et nationale, aucune propagande d'idées saines, aucune œuvre vraiment constructive, [...] qui ne soit de quelque façon redevable au Devoir, et, presque toujours, grandement.

La Confédération des travailleurs catholiques du Canada, remercie à la fois Héroux pour « son combat contre l'internationalisme ouvrier américain » et Bourassa pour avoir écrit dès avril 1919 que seul un syndicalisme professionnel, confessionnel et régionalisé pouvait s'avérer efficace pour les syndiqués. En somme, « sans Le Devoir, les syndicats catholiques à Montréal seraient rares comme perles ».

Autre rôle bénéfique — moins prévisible cette fois... —, c'est que, même si nombre de femmes se sont senties « parfois bousculées un peu fort, et repoussées dans l'ombre » par Le Devoir, comme le souligne Fadette, il n'en demeure pas moins que, journal d'idées et catholique,

> il pénétra dans les couvents fermés aux journaux ordinaires, et il ouvrit pour les religieuses de nouvelles fenêtres sur le monde des idées catholiques et des réalités mondiales.

> Rien ne pouvait être plus utile que cette initiation nouvelle aux femmes vivant hors du monde, mais dont la mission est de préparer les jeunes filles à y exercer utilement leur rôle.

Deux semaines plus tard, le 3 février, grande fête pour « le banquet du vingtième anniversaire », avec deuxième numéro spécial le lendemain. Cette fois, Bourassa répond directement à ses « calomniateurs » :

> Sur le fond du problème national et religieux, je loge à la même enseigne qu'il y a dix, vingt ou trente ans, je défends les principes mêmes au soutien desquels j'ai voué Le Devoir dès sa naissance. [...]

Et après avoir démontré que, dans *tous* les domaines, il demeure toujours l'homme du «discours de Notre-Dame», il ajoute : «Si quelqu'un a changé d'avis sur le fond du problème national, ce n'est pas le directeur du *Devoir*»!

Mais malgré tout, et une fois de plus, on multiplie les témoignages élogieux et provenant de partout envers ce *Devoir*, «éveilleur, guide et défenseur» de tous nos droits. Toutefois, l'enthousiasme est à la baisse! Le tirage stagne — en 1910 il était de 12 529, en 1932 il est de 12 421 — et Bourassa, député du comté de Labelle à la Chambre des communes de 1925 à 1935, ne se retrouve que très occasionnellement au *Devoir*. Mais plus que son absentéisme, collègues et lecteurs lui reprochent ses «reniements nationalistes» et son intégrisme négativiste[98].

En 1925, il s'en prenait aux femmes, et en 1929 aux nationalistes par le biais des Sentinellistes. En septembre et octobre 1931, la crise économique lui apparaît d'abord morale. Par «l'orgie de crédit, [...] tout le monde doit à tout le monde», et notre société de consommation s'écroule dans «la sarabande des milliards». Retournons à la pratique «des vertus de justice, tempérance et charité», et retournons à la terre! Quant au gouvernement, qu'il cesse ses «extravagances» et contrôle les banques et compagnies de fiducie.

Insatisfait de ces descentes en règle, le 4 mars 1932, dans une conférence qu'il donne à l'École du Plateau et intitulée «Sommes-nous honnêtes ou canailles[99]?», tout le monde y passe, car «laissé à lui-même, l'homme tend à la canaillerie». Et chez nous, celle-ci commence avec «la crapule» du régiment de Carignan, qui «saoûlait les Sauvages pour les voler mieux», se poursuit avec nos miliciens, «déchaînement de la bête humaine dans toute sa hideur». Quant au parlementarisme résultant de l'Acte constitutionnel, il a créé «l'esprit de parti [...] qui obscurcit les consciences». D'où cette «laxité de conscience» dans toutes nos transactions. Cette «dégringolade [...] a développé le culte du veau d'or». Ajoutons à cette déchéance «les journaux et le cinéma qui, chaque jour et à jet continu, souillent l'intelligence et l'âme de la population». Et qu'en est-il du peuple? Chez les ouvriers, «on se contente de bâcler la besogne avec le moins d'effort possible», alors que chez le paysan se généralise «son manque de probité».

Et les professionnels? Nombre d'avocats «multiplient les frais judiciaires», tandis que «la gangrène de l'improbité» fait que plusieurs médecins, en plus d'honoraires excessifs, reçoivent du pharmacien «un droit régalien sur chaque prescription». Viennent enfin les «pieuses canailleries» de nombreux clercs, investissant «dans des entreprises purement financières. [... De la sorte, ils contribuent davantage] à fournir des armes aux ennemis de l'Église et de la société que toute la propagande bolchévique». Avertissement à ces vendeurs du Temple : «Je préfère voir les membres du clergé fréquenter les maisons de prostitution plutôt que les bureaux de courtage»! Frissons dans l'assistance...

Plusieurs clercs se désabonnent, et Mgr Georges Gauthier considère Bourassa «dangereux»[100]. «La situation financière [du *Devoir* est] très mauvaise[101]», les sujets rendus tabous par «le patron» se multiplient, et les journalistes du «Fais ce que dois» en viennent à cette abdication : «Comme à *La Presse*, nous nous mettons à la recherche du sujet le plus inoffensif, le plus banal[102].» Bourassa se sent las!

Mai 1932 : réunion du conseil d'administration. Bourassa préside et demande : «Que pensez-vous de ma démission?» Silence de mort! Après une minute sans bouée de sauvetage : «Quand voulez-vous que je m'en aille?» «Rien ne presse[103]»... murmure-t-on... Mais en coulisse, on demande à Georges Pelletier — responsable de l'administration courante depuis 1924 — de faire accélérer les choses. Sous l'en-tête du *Devoir* du 2 août 1932 : «Directeur : Henri Bourassa». Le lendemain : «Directeur-gérant : Georges Pelletier. Rédacteur en chef : Omer Héroux». Et on ajoute sous «Rédaction et administration» : «Retrait de M. Bourassa : M. Bourassa ayant démissionné comme directeur du *Devoir*, hier, M. Georges Pelletier a été nommé directeur-gérant et M. Omer Héroux, rédacteur en chef.» C'est tout... Six ans s'écouleront avant que Bourassa ne consente à recollaborer à «son» *Devoir*.

CRISE : PELLETIER DISCRET ET DUPLESSIS ROITELET, 1932-1939

Certes, il n'est pas facile de succéder à Bourassa, surtout à la direction de ce *Devoir* que «le maître» a enfanté et animé si brillamment durant une quinzaine d'années. Mais Georges Pelletier, au *Devoir* dès sa fondation, s'y est rapidement rendu indispensable, principalement durant les absences répétées de Bourassa député, et aussi à cause de l'incapacité de ce dernier de s'attarder à la quotidienneté.

Né à Rimouski en 1882, avocat en 1904, Pelletier débute comme journaliste à l'*Action sociale catholique* de Québec en 1908. Deux ans plus tard, Bourassa l'engage[104] à titre de courriériste parlementaire à Ottawa, où il demeurera jusqu'au premier conflit mondial. Il revient alors à Montréal comme secrétaire à la rédaction et, lors de la restructuration de 1924, devient gérant-administrateur du quotidien. À partir de ce moment, « toutes les questions d'administration courante et de routine relevaient de Pelletier[105] ». « Nationaliste de naissance », il suit « le Bourassa des débuts », dans ses luttes pour défendre les droits des francophones, mais avec une logique temporisant la fougue patronale. Devenu directeur en août 1932, il précise :

> *Le Devoir* continue comme par le passé. Il ne change absolument rien à ses idées, à son corps de doctrine. Il défendra la religion et la langue comme il a toujours fait. Il n'est ni ne sera l'organe d'aucun parti politique.

À ce programme de continuité, il ajoute une constante préoccupation de revalorisation du monde journalistique — il donnera des cours de journalisme à l'École des Sciences sociales durant une vingtaine d'années — désirant regrouper ses membres en corporation professionnelle au même titre que les médecins ou avocats[106].

Son principal assistant, également compagnon de la première heure : Omer Héroux. Aussi ardent nationaliste — il est cofondateur avec Asselin et Lavergne de la Ligue nationaliste en 1903 — que fervent catholique, Héroux a fait ses débuts comme journaliste à *La Vérité* de Tardivel. Infatigable polygraphe — 307 articles, ou articulets... pour la seule année 1910 —, Héroux, rédacteur en chef du *Devoir* de 1910 jusqu'à son décès survenu en 1963, se caractérise principalement par « son indéfectible pondération[107] ». Lors de l'émeute contre la conscription survenue à Québec le 1er avril 1918 et où « les soldats anglais de Toronto » avaient tué cinq civils, Héroux titrait l'éditorial du lendemain : « Du sang-froid ! » Lorsque la guerre éclatera le 1er septembre 1939, il titrera : « Gardons notre tête ! » C'est ce qu'on peut appeler de la suite dans les idées !

La « période Bourassa-panache » terminée, il faut faire face à l'éternel *hic*, les finances ! Et « le patron » n'est plus là pour magnétiser d'éventuels donateurs ! État de la question : « même aux meilleures années, le journal tout seul a toujours eu des déficits d'exploitation[108] », comblés durant les années vingt par « les surplus des autres services : imprimerie, librairie et service des voyages ». Or, avec la crise, le quotidien — qui subissait une perte de 7 534,82 $ 1930 — perd 25 009,55 $ en 1931, et 31 975,13 $ en 1932. De telle sorte qu'« il absorbe plus que les profits des services auxiliaires », lesquels, d'ailleurs, diminuent notablement durant la Crise. Et en ce début de l'année 1933 — la pire période de la dépression — *Le Devoir* perd « 5 000,00 $ par mois » ! Toutefois, grâce à une politique d'extrême austérité demandée par Pelletier et Héroux, et qu'acceptent les Louis Dupire, Jeanne Métivier, Paul Sauriol, Fadette et autres, *Le Devoir* parvient à surnager durant les deux années qui suivent. Nous verrons bientôt que sa

Georges Pelletier (1882-1947). Journaliste au Devoir *à partir de 1910, il en est le directeur de 1932 à 1947, date de son décès. Source :* Photothèque du Devoir.

prise de position contre le régime Taschereau moribond lui permettra même en 1936 une remontée aussi brève que spectaculaire.

Pour l'instant revenons à l'idéologie véhiculée par *Le Devoir*, de droite, il faut bien l'admettre[109]. Évidemment, nous sommes en pleine crise et les solutions préconisées sont à son diapason : extrêmes. Ou on accepte le communisme «égalitaire» — mais son recrutement dans le Québec francophone tendra toujours vers «l'infiniment petit» : 20 en 1930, et à peine 200 en 1939[110] — ou on instaure un coopératisme catholico-bonententiste. Et comme en 1930, il y a 2 500 000 catholiques francophones au Québec, et 20 communistes...

Aussi s'en prend-on souvent aux «déserteurs ruraux» faisant de Montréal — selon le mot de Louis Dupire — «la Mecque des chômeurs» avec ses 240 000 sans-travail[111]! Les responsables? D'une part les trusts — démontrant «quel mépris ils ont envers les hommes du gouvernement qu'ils tiennent dans leur poche et dont ils se gaussent», écrit Pelletier le 20 août 1934 — et d'autre part, il faut bien être de son temps... : les Juifs! Si les farces douteuses se font sur leur compte dès 1910 — «Si vous n'êtes pas Juif, faites vos malles ; les Juifs du Canada vont vous déporter en Russie, et vous remplaceront ici par des frères[112]» —, l'antisémitisme s'active dans les années trente. On cite avec admiration Hitler déclarant en 1933 : «Ma génération a trop souffert de la folie de la guerre pour l'infliger aux autres[113]», on approuve le Barreau de Montréal qui refuse les avocats juifs «au poste de conseiller»[114], et on désire interdire la venue de Juifs allemands au Canada, car il s'agit d'un groupement

> accusé par l'Allemagne de marxisme et de communisme, [... et ne pouvant qu'être] par sa foi, ses coutumes et son caractère inassimilables une source de division et de dispute, et donc de faiblesse pour le peuple canadien[115].

Et dans cette même veine, de 1933 à 1935, *Le Devoir* multiplie les comptes rendus élogieux à l'égard d'un nouveau «mouvement de jeunesse» parrainé par l'abbé Groulx : les Jeune-Canada, dont quelques membres — André Laurendeau et Pierre Dansereau, pour ne mentionner que les plus connus — expriment dans leurs *Tracts*, imprimés au *Devoir*, un antisémitisme virulent. Rien là d'anormal, puisque, précise Laurendeau, «l'antisémitisme est international, comme les Juifs[116]»...

◆
◆ ◆

1935, c'est l'année du vingt-cinquième anniversaire du *Devoir*, d'un Bourassa plus isolé que jamais, et d'un Duplessis bousculant Taschereau.

Commençons par les «noces d'argent», très intimistes, étant donné le récent départ de Bourassa.

Dans *Le Devoir* du 11 janvier, Héroux, faisant part de sa génération qui «commence à descendre la côte», demande de renforcer ce *Devoir* pour «léguer aux jeunes une arme toujours plus forte». Le samedi 19 janvier, «fête de famille» au Cercle universitaire, uniquement pour les administrateurs et employés[117]. Et le lendemain, dimanche, messe d'action de grâces en l'église Notre-Dame-de-Bon-Secours, célébrée par le jésuite Joseph-Papin Archambault, «animateur de nous ne savons combien de mouvements religieux et patriotiques». Et parmi les fidèles — unique allusion au Bourassa maintenant tourivoirisé — «un vieillard illustre, dont le nom est connu dans tous les pays de Droit français». Dans son prône[118] — quelque peu bossuétien... — le père Archambault retrace ce quart de siècle où *Le Devoir*, dressé «fièrement sur le roc solide des principes catholiques, [... s'est] aliéné la tourbe remuante des fourbes et des pleutres». Et s'il a malgré tout survécu, c'est grâce à «la Providence qui vous a tant aidés jusqu'ici [et] ne peut maintenant vous abandonner. Elle se contredirait». Et dans une péroraison empreinte de poésie et d'espoir, il mentionne que dans cette chapelle de Notre-Dame-de-Bon-Secours, les marins suspendaient jadis un navire comme ex-voto après la tempête. Et pourquoi ne pas agir ainsi au *Devoir*? «Quand vous reviendrez au port fêter vos noces d'or, nous suspendrons, nous aussi, [...] un fin voilier, tout resplendissant de lumières, symbole de l'oeuvre lumineuse que vous aurez accomplie.» Décidément, on savait parler... dans «l'ancien Régime»!

Peu après, Héroux répond aux lecteurs du *Devoir* qui lui reprochent «de ne pas faire plus populaire[119]» : «Si *Le Devoir* a vécu [... c'est justement parce] qu'il était différent», et que s'il avait voulu concurrencer *La Presse* dans «le populaire, [...] il serait depuis longtemps au tombeau». En somme, chacun son créneau, et les lecteurs de Montréal seront bien choyés! C'est un peu ce que tentent de démontrer les journalistes du *Devoir* en publiant, le samedi 23 février, un supplément de 72 pages intitulé «Comment se fait le journal que vous lisez».

À la une du quotidien : «Bénédiction de Sa Sainteté» au *Devoir* qui «a mis au service de l'Église tout ce que la Foi et le courage chrétien peuvent porter de saintes énergies dans le bon combat». Suivent deux témoignages d'estime fournis par le cardinal Villeneuve et Mgr Deschamps, évêque auxiliaire de Montréal, auxquels s'ajoutent trois sonnets de Lucien Rainier[120], titrés «Conseils», dont le second se lit comme suit :

> La beauté du devoir n'est pas dans son reflet,
> Ni dans son importance ou sa durée : elle est

Dans son essence, et grande et splendide paraît
La tâche la plus basse à qui raisonne vrai.

C'est là qu'il faut trouver l'exacte récompense,
Si tu fais ce que dois, compte en surabondance
L'éloge éventuel que le succès dispense
Et prends soin que ton cœur n'en perde sa cadence.

Garde le même calme en face du mépris.
Rien d'humain ne pourra compromettre le prix
Qui s'attache immortel au mérite incompris.

Le sage à la valeur de ses œuvres doit croire.
Mais que sa vie en soit inconnue ou notoire,
Le mort qu'il deviendra n'y voit qu'un accessoire.

Vanitas vanitatum, aurait sans doute murmuré l'Ecclésiaste... Mais pour l'instant : *Comment se fait* « *Le Devoir*»? Avec déficits, avoue Héroux dès le départ! «Seuls les services auxiliaires nous firent flotter»! Il faut dire que le tirage à ce moment-là est de 12 334, alors que le seuil de rentabilité requerrait 20 000 exemplaires. Suivent des propos de toute l'équipe, concernant aussi bien les rôles du directeur-Pelletier, du secrétaire de la rédaction-Dupire, que des linotypistes, administrateurs ou chroniqueurs spécialisés. On y apprend entre autres que le critique musical, Frédéric Pelletier, «abhorre : les hocquets des ténors italiens, les notes aiguës filées trois minutes au chronomètre, [...] *La Donna e mobile*, [...] les *crooners* et leurs niaises pleurnicheries», et j'en passe!

Quant à Fadette-bonne-nature, elle considère toujours que ce *Devoir* fut pour «les femmes canadiennes [...] une véritable école de sagesse, [...] porteur de la *bonne nouvelle*». Pour sa part, le chef du tirage, Ubalde Baudry, tout en constatant que tout journal «est une industrie», ajoute qu'«au *Devoir*, cette industrie a une âme», et que nul ne la prostituera pour en augmenter le tirage. Résultat de cette âme, cet encart significatif intitulé « *Le Devoir* est un journal mondial», et où on voit que ses abonnés — c'est l'époque de nos grandes missions — se retrouvent partout dans le monde, aussi bien en Birmanie, qu'en Annam, en Terre de Baffin, en Côte de l'Or, en Tanganyika, au Jehol... ou à Montréal.

Revenons-y! Et un peu péniblement... Comme partout, la crise déboussole son monde, et ce monde réclame «un chef» pour le réorienter. Dans le Québec des années 1907-1923, Bourassa le «sembla». Vint sa «conversion» suivie de l'éclipse. Or, le 8 avril 1935, les Jeune-Canada tiennent une réunion au Monument national. Paul Simard — «petite figure intelligente, jeune homme d'une remarquable distinction», note Groulx dans ses *Mémoires*[121]... — propose à une foule survoltée :

Il nous faut un chef, c'est-à-dire un Canadien français catholique concevant aussi clairement qu'il se peut la mission apostolique à laquelle nous sommes appelés, [...] il nous est impossible de trouver un chef parmi nos hommes publics, c'est vrai. [...] Il se trouve parmi nous un homme sur lequel nous pouvons fonder de grands espoirs, un homme qui, par sa fierté, son indépendance, a su faire passer un frisson d'amour dans l'âme de notre jeunesse, un homme qui est à la fois un profond catholique et un vrai Canadien français, [...] un homme ferme, sage, intègre qui jamais ne s'est souillé dans les boueuses compromissions des politiciens et dont l'œuvre magistrale est pour notre peuple un aliment de vie; un homme qui s'est formé à l'étude du passé, au contact de nos plus purs héros, un homme qui n'a jamais reculé à l'heure du combat, qu'on a toujours trouvé sur les remparts et dont l'âme est trop haute pour flancher aujourd'hui. [...] Un homme qui cristallise dans sa personne toutes les aspirations, tous les désirs, toutes les espérances de notre peuple et qui vit pour lui. Cet homme vous l'avez reconnu : [...] l'abbé Lionel Groulx [122].

Qu'en pense «l'ex-chef»? Bourassa — dont plusieurs «disaient qu'il ne lui serait jamais possible de nous faire assez de mal pour effacer le bien qu'il nous avait fait[123]» — prononce à la Palestre nationale trois conférences «qui feront bien mal[124]», entre le 30 avril et le 9 mai. La première s'intitule «Le nationalisme est-il un péché[125]?» Oui... et Bourassa a même «confessé trois péchés» en ce domaine, tels «le gallicanisme», «la sauvagerie» et «la langue gardienne de la foi»! Dans la conférence du 9 mai, «Le nationalisme dans l'Église», il démontre que le nationalisme est «l'antithèse du catholicisme[126]», alors que dans celle du 15 mai, «Catholiques et non-catholiques», il conclut que le nationalisme mène à «l'antisémitisme et à l'antichristianisme[127]». «Conférences d'un à-propos lamentable», conclut anonymement Groulx dans son *Action nationale* de mai 1935.

◆
◆ ◆

À défaut du chef que Bourassa n'est plus et que Groulx-abbé ne peut être, un «cheuf» *gestationne* en la personne de Maurice Le Noblet Duplessis, dirigeant le Parti conservateur depuis 1933. Batailleur rusé, il bouscule dans ses derniers retranchements le gouvernement libéral de Taschereau éclaboussé de scandales. *Le Devoir* décide alors de prendre parti pour Duplessis : «Que risquons-nous à voter contre le gouvernement?» s'interroge-t-il le 18 novembre. Que des avantages à se défaire d'un parti déphasé par la tranquille possession du pouvoir depuis 1897! Et même si le 25 novembre les libéraux conservent péniblement le pouvoir — 48 députés plutôt que 79, alors que l'opposition passe de 11 à 42 —, Duplessis, appuyé par *Le*

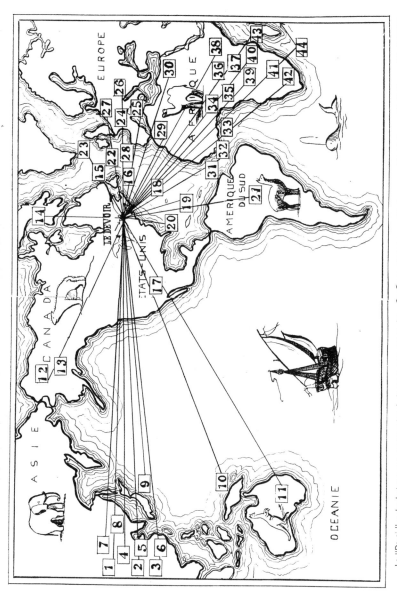

Le "Devoir" a des lecteurs aux quatre coins de la terre ainsi que le fait voir la carte ci-dessus établie d'après nos listes d'abonnés. (Les numéros qui suivent réfèrent aux différents pays) ASIE: — 1, Indes — 2, Bengale — 3, Birmanie — 4, Chine — 5, Tonkin — 6, Annam — 7, Jehol — 8, Mandchourie — 9, Japon; OCÉANIE — 10, Nouvelle-Guinée — 11, Australie; AMÉRIQUE DU NORD: — Toutes les provinces du CANADA — 12, Youkon — 13, Territoires du Nord-Ouest — 14, Terre de Baffin — 15, Terre-Neuve — 16, St-Pierre et Miquelon — 17, États-Unis, dans 31 États — 18, Les Bermudes — 19, La Martinique — 20, Haïti — 21, AMÉRIQUE DU SUD — ; EUROPE: — 22, Irlande — 23,

Grande-Bretagne — 24, France — 25, Italie — 26, Suisse — 27, Belgique — 28, Ile de Jersey; AFRIQUE: — 29, Algérie — 30, Egypte — 31, Afr. occidentale française — 32, Côte de l'Or — 33, Guinée française — 34, Nigéria — 35, Camerou — 36, Ouganda — 37, Tanganyika — 38, Kénia — 39, Rhodésie — 40, Nyassa — 41, Basutoland — 42, Union sud-africaine — 43, Madagascar et 44, Ile Maurice. Le fier voilier voguant sur les flots calmes du Pacifique est le "PAPIN-ARCHAMBAULT". Suivant le voeu de son parrain, dont il porte le nom, c'est le navire que nous irons, au 50ème anniversaire du "Devoir", suspendre à la voûte de Notre-Dame de Bonsecours, après un heureux voyage, grâce à la protection de Marie.

Source : Bibliothèque Nationale du Québec.

Devoir, n'en obtient pas moins la démission de Taschereau et de nouvelles élections pour l'été suivant.

Prise de position on ne peut plus nette : « Nous avons à Québec — peut-on lire dans *Le Devoir* du 25 mai 1936 — un gouvernement d'usurpateurs qui ne possède pas et ne mérite pas la confiance du public et qui ne représente pas l'opinion publique ».

Le 13 août, Georges Pelletier précise qu'il faut que l'Union nationale, ayant regroupé les bleus et les rouges « honnêtes, dégoûtés du régime, [...] nettoie la législation et les mœurs politiques [...] des nombreux excès qui ont à la longue tué le cabinet Taschereau ». Bien lui en prend, car quatre jours plus tard, Duplessis remporte 76 sièges contre 14 pour les libéraux et cette prise de position fait passer le tirage du *Devoir* de 11 966 qu'il était en 1934 à 22 251 à l'automne 1936! Serait-ce enfin la rentabilité ? Mais à quel prix ? *Le Devoir* a toujours refusé de s'acoquiner avec quelque parti politique que ce soit, et ce n'est surtout pas avec Duplessis qu'il faudrait débuter... D'autant moins qu'à peine élu, il réussit à se mettre à dos le monde ouvrier par ses lois patronalistes, « les honnêtes gens » par son patronage éhonté, et les nationalistes par son aplaventrisme devant les capitaux américains. *Le Devoir* devra se réajuster...

◆
◆ ◆

Revenons toutefois brièvement à nos éphémérides significatives. On peut ainsi apprendre en janvier 1935 que « les cinq petites Dionne [concrétisent] une victoire du lait maternel[128] ». Deux ans plus tard, pour notre autre gloire nationale qu'est le frère André : funérailles grandioses à « son » oratoire Saint-Joseph, où devant, entre autres, le lieutenant-gouverneur Patenaude, le premier ministre Duplessis et le maire Raynault, le prince de l'Église Villeneuve déclare humblement : « Songez qu'aucun prince de l'Église et de la terre ne saurait avoir des funérailles qui provoquent des sentiments du plus profond des cœurs que celles de ce jour[129]. »

Conquête sur notre défaite, le 19 juillet 1937 : « Pour la première fois depuis la Confédération, les citoyens canadiens ont pu toucher une monnaie canadienne qui portait, à sa face, les deux langues officielles du pays[130]. »

Le 22 août 1937, grâce à l'acharnement du frère Marie-Victorin — dont le prestige est immense depuis la parution deux ans auparavant de sa monumentale *Flore laurentienne* — et à l'aide de son ancien élève

Camillien Houde, ex et futur maire de Montréal : ouverture officielle du Jardin botanique[131] ayant fourni du travail jusqu'à 10 000 chômeurs en période de crise. Louis Dupire, également un de ses promoteurs, tente en outre de faire utiliser une part des fonds publics pour remplacer par de nouveaux logements les «maisons qui tuent», même si «le taudis, ça ne vote pas[132] !» De ces habitations sinistres qui, dit Bourassa[133] aux Communes, «ne conviendraient pas pour des animaux», proviennent ces éternels laissés pour compte que sont les enfants abandonnés, et qu'en l'occurrence on appellera un jour les «Enfants de Duplessis». Or, écrit Dupire, «dans la plupart des cas, à la sortie de la maison religieuse qui les a hébergés, ils deviennent des abandonnés». Plutôt que de les élever dans des institutions urbaines, ne pourrait-on construire des orphelinats-écoles à la campagne, et où «toute leur éducation tendrait, ensuite, à faire naître et durer chez eux la vocation agricole[134] ?» Mais la terre est triste, hélas — aurait peut-être dit Mallarmé... —, et on ne suivra pas ces conseils. De la terre bien déclinante, passons maintenant à la guerre, bien montante !

◆
◆ ◆

Le bellicisme européen réclamant son hécatombe à chaque génération, il *shylockise* en conséquence ses colonisés. «La» question est évidemment la même que celle posée une vingtaine d'années auparavant : y participerons-nous, et si oui, selon quelles modalités ?

Dans le *Star* du 14 mai 1937, on peut lire : «Nous combattrions en enfer pour sauver l'Empire.» Et Omer Héroux de commenter qu'une telle hystérie, loin d'aider cet Empire, prépare au contraire son morcellement, car

> nous préférons l'indépendance à l'enfer, même si le salut de l'Empire était en jeu. Et l'heure est venue d'envisager froidement la question, de se demander si la rupture avec le *Commonwealth* n'est pas la vraie, l'unique garantie de la liberté, de la vie même du Canada[135] !

Rule Britannia, bramment à nouveau les anglophones. «Prions que la guerre ne vienne pas», répond Georges Pelletier[136]. D'ailleurs, le fameux Statut de Westminster du 11 décembre 1931 — dont l'anniversaire est célébré, sept ans plus tard, «par une grande manifestation» des nationalistes demandant «que le 11 décembre soit reconnu et célébré comme fête de l'Indépendance du Canada»[137] — n'est-il pas notre meilleur garant contre toute éventuelle participation à une guerre hors-Canada ? Angleterre et ex-colonies étant devenues «des collectivités autonomes de statut égal», tout devrait donc dépendre des décisions d'un chacun ! Sauf que, ajoutait-on à cette égalité, ces collectivités «sont unies par une allégeance commune à la même Couronne»! Devant cette «quadrature du cercle», Héroux a beau réaffirmer que «notre gouvernement et notre parlement sont maîtres de notre destin, [...et] que nous n'entendons pas sacrifier sur les champs de bataille de la Bohême ou de la Moravie l'œuvre de trois siècles[138]», il n'en demeure pas moins que «l'Europe glisse vers l'abîme», et que selon sa bonne habitude, elle y entraîne les autres!

Et pour nous y préparer, rien de mieux que roi et reine en carrosse doré pour réchauffer nos cœurs. Et c'est ainsi que le 17 mai 1939 — comme ça, par hasard, trois mois avant la guerre — Leurs Gracieuses Majestés débarquent à Québec, dans un climat «d'une émouvante splendeur[139]». Le sénateur Raoul Dandurand rappelle alors à «Nos Gracieux Souverains» que notre race leur «est d'autant moins inconnue» qu'il y a neuf siècles les Normands s'établissaient en Angleterre, et que six cents ans plus tard, «c'est la progéniture de ces Anglo-Normands qui est venue rejoindre ici même, en 1760, ses cousins franco-normands». Une affaire de famille, quoi. On peut toutefois retrouver dans ce même Devoir du 17 mai deux affirmations légèrement moins euphoriques, provenant de deux députés libéraux au fédéral. J.-Alphida Crête, député de Saint-Maurice, déclare que «le Canada se prépare à répéter l'aventure de 1914», tandis que Pierre Gauthier, député de Portneuf, précise qu'il est «contre la course aux armements et toute participation aux guerres extérieures».

Revenons aux choses sérieuses : dans le Train Royal qui les mène à Montréal, Leurs Gracieuses Majestés voulant offrir un «précieux cadeau» à Duplessis, «le firent venir dans leurs appartements particuliers et lui remirent deux magnifiques photographies autographiées, l'une de Sa Majesté George VI et l'autre de notre gracieuse Souveraine[140]».

À Montréal, le 18 mai — quantième de sa fondation —, en une

> vision de rêve fugitive et sous un ciel magnifique, [...] la foule acclame et admire les Souverains du Canada. Heures trop brèves, [... car] sur leurs lèvres, se sont associés la grâce et la sagesse, le charme et le respect des hautes valeurs humaines. Les Canadiens français en garderont un indéfectible souvenir[141].

Pour Camillien Houde — son faubourien maire qui avait déclaré trois mois auparavant qu'en cas de guerre entre l'Angleterre et l'Italie, ses sympathies iraient à cette dernière — on n'a pas pris de risque! La veille de l'arrivée des Souverains, on pouvait lire son «adresse» dans les journaux :

> Nous vous prions donc, Augustes Majestés, d'agréer avec l'assurance de notre indéfectible loyauté, l'expression de notre profonde reconnaissance pour votre trop court passage au milieu de nous[142].

Court passage qui leur permet quand même de voir, de leur carrosse, «qu'une centaine de membres du clergé régulier et séculier du diocèse, alignés devant le portique de la cathédrale, ont présenté leurs hommages aux souverains, pendant que le roi et la reine les saluaient [143]».

Primat de ce clergé bien loyal depuis que l'Acte de Québec lui a accordé pleine liberté religieuse en 1774, le cardinal Villeneuve s'agite à son tour sur l'échiquier des lèche-visites. Ce même 18 mai, il part pour la France, choisi par Pie XII pour le représenter à titre de légat aux fêtes qui se dérouleront à Domrémy en l'honneur de Jeanne la Pucelle. Nul doute que

> les Canadiens français n'oublieront pas [...] celui qui, avec tant de souriante noblesse, avec l'incomparable éclat qui tient à sa personne et à ses fonctions, leur sert aujourd'hui d'ambassadeur extraordinaire auprès de la vieille France[144].

Avant de revenir au Canada au début de juillet, Sa Toujours Humble Éminence déclare: «Jeanne d'Arc offre une nouvelle force de rapprochement de tout ce que je représente: l'Église de Rome, la France, le Canada, et l'Empire britannique». Et alouette...

Mais même si Sa Perspicace Éminence disait à son retour que «l'heure de la guerre [était] passée, de l'avis de militaires bien renseignés[145]», les *Canadians*, eux, la croient au contraire imminente. Constatant qu'il y a «près de 14 millions d'hommes sous les armes en Europe», ils réclament à grand prix que nous les rejoignions! «Le Canada doit-il être pour l'Angleterre un simple réservoir d'or et de sang?» s'interroge Héroux le 31 août[146]. Sans doute... Car le lendemain, 1er septembre, l'Allemagne ayant envahi la Pologne alliée de la France et l'Angleterre, Héroux a beau titrer: «Gardons notre tête!» et, le 2 septembre, Pelletier: «Le Canada n'est pas pays d'Europe», l'engrenage de la Comédie des horreurs est enclenché!

◆
◆ ◆

La Crise s'en va, la guerre arrive, *Le Devoir* reste. Celui qui devait mourir dans ses langes va bientôt fêter son trentième anniversaire. Quel en est le bilan?

Sur le plan matériel, certes, il s'agit d'une pénible survivance. Par contre, son rayonnement dans les domaines nationaliste, culturel et religieux s'avère immense. Évidemment, le charisme de son fondateur y fut pour beaucoup durant les quinze premières années. Devait-il mourir avec son départ? Ce qui est remarquable, notera Filion, c'est qu'il ait «échappé en quelque sorte au sortilège du nom de Bourassa[147]»! Sans doute parce que, d'une part, il «sut admirablement choisir ses collaborateurs et leur laissa toujours une grande latitude», et que, d'autre part, Le Devoir est le seul journal francophone laïc indépendant au Canada ayant toujours pris la défense des «Canadiens français» catholiques, pour ensuite tenter de les orienter.

Dès le départ, il manifeste son anti-impérialisme en s'en prenant au projet Laurier sur la marine : canadienne en temps de paix, impériale en temps de guerre! Suit sa lutte pour les droits à l'enseignement chez les Franco-Ontariens. La Première Guerre mondiale, avec l'hystérie participationniste, séquelle de notre «galère chez les Boers», démontre que Bourassa s'était avéré plus perspicace que politiciens et clercs loyalistes. À nos militaires qui reviennent s'ajoutent bientôt ces «exilés de l'Europe centrale et de l'Allemagne, incapables de s'assimiler[148]». Qu'en faire... et contre tous!

Bourassa se mysticisant de plus en plus, Pelletier, Héroux et Dupire assument la relève. Le panache fait place à la pondération, Bourassa s'enfonce dans sa foi, l'économie dans sa Crise, et Taschereau dans ses scandales. Duplessis, populiste et rusé, semble incarner un possible renouveau et Le Devoir l'appuie. Son tirage double et dépasse les 22 000 en septembre 1936. Mais alors que Duplessis réussit à se mettre à dos gauche, centre et droite après deux ans de patinage seulement, Pelletier s'acharne à l'appuyer — par défaut d'ailleurs — car avec les libéraux de Godbout, peut-on lire dans Le Devoir du 24 octobre 1939 : «Québec ne pourrait vivre, penser, souffler, bouger, sans l'autorisation d'Ottawa»...

Mais, souvenons-nous en, un des objectifs fondamentaux du Devoir a toujours consisté à œuvrer en dehors de toute influence de quelque parti politique que ce soit. Duplessis n'est plus crédible, il perd les élections du 25 octobre 1939, le tirage du Devoir tombe à 12 776 — case départ... à 12 529 en 1910! — sans compter la perte de toute publicité gouvernementale, et par ricochet, des annonceurs caméléons. Morale? Ne te lie pas, mais «Fais ce que dois»...

La Crise s'en va, la guerre arrive, Le Devoir reste!

Robert LAHAISE
Professeur
Département d'histoire
Université du Québec à Montréal

1. « Le discours de M. Henri Bourassa », *Le Devoir*, 4 février 1930.

2. Henri Bourassa, « *Le Devoir*, ses promesses d'avenir, ses conditions de survie », *Le dixième anniversaire du Devoir*, p. 80.

3. Cité par Lionel Groulx, *Mes Mémoires*, II, p. 196.

4. H. Bourassa, « Avant le combat », *Le Devoir*, 10 janvier 1910.

5. Omer Héroux, « Après la fête », *ibid.*, 11 janvier 1926.

6. À un sou l'exemplaire de six pages, comprenant près de la moitié en annonces « honnêtes » — Fourrures Desjardins, Cigarettes turques Murad, Photographe Albert Dumas, etc. —, un feuilleton débutant avec *La Terre qui meurt*, de René Bazin, le tout permettant de « démasquer et déshabiller les farceurs et les exploiteurs ».

7. Reprochant à Bourassa « son embarras constant sur le terrain des faits, son inaptitude foncière à l'action. [...] Enfin, son inexpérience et son dédain des hommes ont fini par faire de lui, dans notre vie publique une manière de stylite ». Jules Fournier, « La faillite du nationalisme », (article rédigé en 1916), *Mon encrier*, Montréal, Fides, 1965, p. 272.

8. L. Groulx, *op. cit.*, II, p. 195.

9. Et dans ce même premier numéro, on trouve comme hors-d'œuvre du socialiste Albert Saint-Martin concernant les orateurs des partis traditionnels :
   Des petits et des grands,
   Défiez-vous en.
   Malgré leurs paroles de miel,
   Leur cœur est de fiel.

10. *Le Devoir*, 11 janvier 1910 et 22 août 1910. Les attaques multiples de Bourassa contre le « Laurier impérialiste » contribueront grandement à la défaite de ce dernier le 21 septembre 1911. Plusieurs Québécois ne le lui pardonneront jamais !

11. Gailhard, « Le Rêve du grand soir », *ibid.*, 13 janvier 1910.

12. Omer Héroux, « Fidèle à elle-même », *ibid.*, 15 janvier 1910.

13. Omer Héroux, « L'Émancipation », *ibid.*, 21 janvier 1910.

14. « Le succès du *Devoir* », *ibid.*, 26 février 1910.

15. « L'âme de la jeunesse catholique canadienne-française », *ibid.*, 12 février 1910.

16. « À toi, jeunesse ! » *ibid.*, 10 septembre 1910.

17. Lucien Rainier, « Un sonnet pour Dollard », *ibid.*, 30 mai 1910.

18. Nérée Beauchemin, « In hymnis et canticis », *ibid.*, 9 septembre 1910.

19. E. Mayrand, « Venite adoremus », *ibid.*, 27 août 1910.

20. Lucien Rainier, « Eucharistie », *ibid.*, 10 septembre 1910.

21. « Scène inoubliable d'éloquence et d'enthousiasme à Notre-Dame », *Le Devoir*, 12 septembre 1910.

22. Ne nous préoccupons surtout pas de l'aussi loyaliste qu'aplaventriste Thomas Chapais, parlant après Bourne et expliquant par la suite qu'« il faillit écarter son discours pour répondre, sur-le-champ, à l'archevêque de Westminster. [... Mais...] il ne recula — il lui fallait se décider très vite — que devant la

crainte de provoquer d'excessives manifestations». (Omer Héroux, «En quelles circonstances Bourassa a parlé», dans *Hommage à Henri Bourassa*, p. 100.)

23. «M. Bourassa à Notre-Dame», *Le Devoir*, 15 septembre 1910.

24. Pierre Vigeant, «Comme Canadien», dans *Hommage à Henri Bourassa*, p. 58.

25. Et non du Papineau de décembre 1837 qui, après avoir laissé les habitants s'enferrer dans l'escalade de la violence, fuyait aux États-Unis.

26. «L'anniversaire du *Devoir*», *Le Devoir*, 10 janvier 1911.

27. Omer Héroux, «Quatrième année», *ibid.*, 10 janvier 1913.

28. «Le discours de M. Henri Bourassa», *ibid.*, 4 février 1930. Les deux citations qui suivent en proviennent.

29. Guillaume-Narcisse Ducharme, président de la société d'assurances La Sauvegarde, y investira d'abord 10 000 $, auxquels il ajoutera 30 000 $. (R. Rumilly, *Henri Bourassa*, p. 339.)

30. Omer Héroux, «Les amis du *Devoir*», *Le Devoir*, 5 janvier 1920.

31. «Amis du *Devoir*», Centre de recherche Lionel-Groulx, Fonds J.-Z.-Léon Patenaude : P30 - 14,1. Également : «Les soupers des *Amis du Devoir*», *Le Devoir*, 20 février 1941.

32. *Ibid.*, 13 avril 1914.

33. «La guerre à Montréal», *ibid.*, 3 août 1914.

34. Bourassa, «Une page d'histoire», *ibid.*, 14 septembre 1914.

35. Titre de son article du 20 octobre 1914.

36. «Nationalisme devant la raison», *ibid.*, 24 octobre 1914.

37. Omer Héroux, «Cinq ans après», *ibid.*, 12 janvier 1915.

38. «Personne n'a plus fait [que H. Bourassa] pour inspirer aux Anglais le respect des Canadiens français». (Mgr L.-P.-A. Langevin, archevêque de Saint-Boniface, 21 avril 1914, dans *Le dixième anniversaire du Devoir*, p. 14.)

39. *Le cinquième anniversaire du Devoir*, Montréal, «Le Devoir», 1915, 75 p. À moins d'indications contraires, les citations qui suivent en proviennent.

40. Et comme on le félicite, pour son rôle à Ottawa, il répond : «J'eus à choisir entre les honneurs et l'honneur.»

41. Pour sa part, Lavergne, alors qu'en janvier 1916 on lui demande à la Chambre d'assemblée si, détestant les Anglais comme il le fait, il préférerait voir les Allemands envahir le Canada, répond : «Comme dirait ma défunte tante, mordu par un chien ou mordu par une chienne, c'est tout pareil.»

42. Henri Bourassa, «Le *Devoir* à deux sous», *Le Devoir*, 5 septembre 1914. Son antibellicisme ayant provoqué «la diminution constante des annonces», il faut tenter de compenser par cette hausse.

43. *Ibid.*, 12 juillet 1917.

44. Omer Héroux, «Pour notre anniversaire», *ibid.*, 12 janvier 1916.

45. «Les morts sont encore debout!» *ibid.*, 13 janvier 1916.

46. «L'Empire est fait», *ibid.*, 1er mai 1917.

47. Ernest Bilodeau, «Les journaux seront bâillonnés». *ibid.*, 13 juillet 1917.

48. Henri Bourassa, «Comment voter?» *ibid.*, 17 décembre 1917.

49. « La seule province déloyale va-t-elle dominer les huit provinces loyales ? »
Citation dans *Le Devoir*, 18 décembre 1917.

50. « Du sang-froid ! », *ibid.*, 2 avril 1918.

51. Ernest Bilodeau, « Long et vif débat aux Communes », *ibid.*, 6 avril 1918.
Quant à Lavergne, il « devrait être envoyé dans un camp de concentration ».

52. « Les fidèles dispensés de la messe », *ibid.*, 10 octobre 1918.

53. Omer Héroux, « Neuf ans après », *ibid.*, 10 janvier 1919.

54. Dans P.-P. Gingras, *Le Devoir*, p. 41-42.

55. À l'enterrement de Bourassa le docteur Jean-Baptiste Prince, son ami de
toujours, dit : « C'est l'*Honneur* qu'on enterre. » (*Hommage à Henri Bourassa*,
p. 25.)

56. H. Bourassa, « M. Laurier », *Le Devoir*, 18 février 1919.

57. Omer Héroux, « Pour ceux qui n'ont pas l'habitude de nous lire », *ibid.*,
17 janvier 1925.

58. L. Groulx, « Henri Bourassa ou le causeur prestigieux », dans *Hommage à
Henri Bourassa*, p. 92.

59. Ernest Bilodeau, « Cinquante années de souvenirs », *Hommage à Henri Bourassa*,
p. 163. Également, alors qu'il est interrompu au Communes, par un « Pourquoi avez-vous trahi Laurier ? », il répond : « Je l'ai aimé toute ma vie et il le
savait. » (*Le Devoir*, 23 janvier 1935.)

60. André Beaulieu et Jean Hamelin, *La Presse québécoise*, IV, p. 328.

61. *Le Devoir*, 14 janvier 1920.

62. « Deux témoignages », *ibid.*, 13 janvier 1920.

63. *Le dixième anniversaire du Devoir*, p. 14.

64. *Ibid.*, 19.

65. « Deux témoignages », *Le Devoir*, 13 janvier 1920.

66. « Discours de M. le Dr Prince », *ibid.*, 14 janvier 1920.

67. *Le dixième anniversaire du Devoir*, p. 36. À moins d'indications contraires, les
citations qui suivent en proviennent.

68. « Le discours de M. Henri Bourassa », *Le Devoir*, 4 février 1930.

69. *Le dixième anniversaire du Devoir*, p. 85. Les citations qui suivent proviennent
des pages 90 à 101.

70. « Une soirée magnifique », *Le Devoir*, 14 janvier 1921.

71. Louis Dupire, « Le char de M. Taschereau », *ibid.*, 20 novembre 1921. Ce qui
n'empêchera par *Le Devoir* d'accepter sa publicité vantant la « Sage économie
[réalisée grâce à] la Commission des Liqueurs », *ibid.*, 1er août 1925. Et dans
sa page sportive du 17 novembre 1938, on y annonce : « Gin De Kuyper »
[contre la grippe...], « Bière Dow », « Cognac Frapin », « Cognac Bisquit », et
« London Dry Gin ». Et nulle autre sorte d'annonces...

72. Georges Pelletier, « Les misérables, c'est nous », *ibid.*, 27 juillet 1923.

73. Aimé Leblanc, « Le patron et l'ouvrier », dans *Hommage à Henri Bourassa*,
p. 146.

74. Léon Trépanier, « De 7h. a.m. à... p.m. », *ibid.*, p. 151

75. Louis Dupire, cité par Ernest Bilodeau, « Cinquante années de souvenirs »,
ibid., p. 160.

76. Léon Trépanier, *op. cit.*, p. 151.

77. *Le Devoir*, 23 janvier 1922, etc.

78. «Mémoire [anonyme] sur *Le Devoir*, 23 mars 1933. Centre de recherche Lionel-Groulx, P. 56/B 2.1.

79. «Le discours de M. Henri Bourassa», *Le Devoir*, 4 février 1930.

80. «Mémoire [anonyme]...», 23 mars 1933.

81. «Le nouvel immeuble du *Devoir*», *Le Devoir*, 26 avril 1924.

82. À partir de 1925, tirage et distribution du *Devoir* se retrouvent dans l'*Audit Bureau Circulations*. À moins d'indications contraires, les statistiques que nous fournirons en proviennent aux dates concernées.

83. Omer Héroux, «Pour ceux qui n'ont pas l'habitude de nous lire», *Le Devoir*, 17 janvier 1925. Un ami enverra ainsi une liste de 850 noms avec 850 fois trois sous!

84. «Quelques problèmes de l'heure analysés par M. Henri Bourassa», *ibid.*, 17 janvier 1925.

85. Marine Leland, «Bourassa vu par une Américaine», dans *Hommage à Henri Bourassa*, p. 122. Citation entérinée par «La Rédaction», p. 7.

86. «Quelques problèmes de l'heure analysés par M. Henri Bourassa», *Le Devoir*, 17 janvier 1925.

87. 1925, 84 p. À moins d'indications contraires, les citations qui suivent en proviennent.

88. Mieux encore, moins de cinq mois après sa fondation, un article titré «Le vrai féminisme» démontre que «la femme chrétienne française, à l'instar de Jeanne d'Arc, méritera encore une fois l'honneur de sauver son pays». *Le Devoir*, 8 juin 1910.

89. Fadette, «*Le Devoir* et les femmes», *ibid.*, 18 janvier 1930.

90. L. Groulx, *Mes Mémoires*, II, p. 257-259.

91. H. Bourassa, «La Confédération», *Le Devoir*, 1er juillet 1927.

92. Émile Benoist, «Examen de conscience national au parc Jeanne-Mance», *ibid.*, 2 juillet 1927.

93. «Nous sommes, nous devons être par-dessus tout Canadiens», *ibid.*, 2 juillet 1927.

94. Paul Morin, «Anniversaire», *ibid.*, 30 juin 1927.

95. *Le Devoir*, 24 octobre 1929. «Dernière heure», pages 1 et 8.

96. Abonnement par porteur, 9 $ par année, mais pour clercs, à compter de 1934 : 6 $. Au numéro : trois sous. Abonnement postal à 6 $ par année, mais avec taux spécial à 3 $ pour les «électeurs du comté de Labelle» — que Bourassa représente à Ottawa — et à 4 $ pour les membres de l'Union catholique des cultivateurs. «*Le Devoir* a fait sa large part pour l'UCC. Pendant deux ans [de janvier 1927 à février 1929], il a hébergé gratuitement le secrétariat de notre association, qui disposait de deux pages par semaine dans le journal». (Albert Rioux, «*Le Devoir* et l'agriculture», *Le Devoir*, 22 janvier 1935.)

97. Jules Leblanc, «Il est ridicule de nier que Bourassa ait changé d'idée», *Le Devoir*, 12 janvier 1960.

98. «Il est encore à attendre, après vingt années de la vie publique la plus laborieuse, la plus fertile en efforts, la plus riche d'idées, la réalisation d'une seule

de ses conceptions essentielles, soit dans la sphère provinciale soit dans la fédérale.» (Jules Fournier, «La faillite du nationalisme, dans *Mon encrier*, p. 271.)

99. *Le Devoir*, 7 mars 1932. À moins d'indications contraires, les citations qui suivent en proviennent.

100. L. Groulx, *Mes Mémoires*, II, p. 221.

101. Georges Pelletier au docteur Eugène Tremblay, cité par Groulx, *ibid.*, II, p. 222.

102. *Ibid.*, II, p. 218.

103. *Ibid.*, II, p. 218-220.

104. Alors que *La Presse* lui offre un salaire supérieur. (Pierre Vigeant, «L'histoire lui [Bourassa] fera une large place», dans *Hommage à Henri Bourassa*, p. 53.)

105. Paul Sauriol, «Le grand orateur [Bourassa] au déclin de sa carrière», *ibid.*, p. 165.

106. Maurice Huot, «Georges Pelletier», dans *Journalistes canadiens*, Éditions du Bien public, 1950, p. 17.

107. L. Groulx, *Mes Mémoires*, IV, p. 354.

108. «Mémoire [anonyme] sur *Le Devoir*», 23 mars 1933, Centre de recherche Lionel-Groulx. À moins d'indications contraires, les citations qui suivent en proviennent.

109. Dans l'analyse réalisée par Pierre Dandurand — «Le cas du journal *Le Devoir*» —, on constate que les orientations dites «progressistes» des «éditorialistes sur les sujets d'ordre économique et social» se répartissent comme suit : 25 % pour 1911-1916; 12,5 % pour 1921-1926; 7,5 % pour 1931-1936; 35,2 % pour 1941-1946; 36 % pour 1951-1956. (*Idéologies au Canada français, 1930-1939*, PUL, 1978, p. 48.

110. R. Comeau et coll., *Le droit de se taire*, Montréal, VLB, 1989, p. 495.

111. Et ce même Dupire de souhaiter que « nous voyions enfin abolie, ou du moins restreinte, la pratique des secours directs [6,73$ hebdomadairement pour une famille de neuf personnes] et travaux publics», *Le Devoir*, 2 août 1933.

112. Patrice Granville, «Un *Canayen*», *ibid.*, 10 septembre 1910.

113. *Ibid.*, 17 mai 1933.

114. «Le Barreau de Montréal et les Juifs», *ibid.*, 2 mai 1933.

115. «Un bloc de Juifs allemands immigreront au Canada», *ibid.*, 1er juin 1933; «Qu'on ferme la barrière à cette immigration», *ibid.*, 6 juin 1933.

116. André Laurendeau, *Notre nationalisme*, Montréal, «Le Devoir», Tract 5, octobre 1935, p. 26.

117. Omer Héroux, «Après vingt-cinq ans», *Le Devoir*, 21 janvier 1935.

118. «Le 25e anniversaire du *Devoir*», *ibid.*, 21 janvier 1935. Et il y glisse, entre autres : «Le régime de la Confédération vivra-t-il? Doit-on tendre vers la séparation?» Mais en bon jésuite : «Là aussi des opinions se heurtent, des écoles s'opposent.»

119. O. Héroux, «À propos de journal populaire», *ibid.*, 9 février 1935.

120. Pseudonyme de l'abbé Joseph-Marie Melançon, ami d'adolescence de Nelligan.

121. III, p. 285.

122. P. Simard, «Il nous faut un chef: M. l'abbé Groulx», *Le Devoir*, 9 avril 1935. Il faut dire que l'abbé — pour lequel *Le Jour* titrera le 16 septembre 1937 : «M. Lionel Groulx, Premier ministre» — ne cessait, depuis la crise surtout, de réclamer «le chef». Et c'est ainsi qu'on peut lire dans *Le Devoir* du 21 septembre 1932 un article intitulé : «Réforme d'un parti ou réforme d'une politique?», signé par A. Marois (pseudonyme de l'abbé Groulx), où ce dernier précisait : «Une seule ressource demeure donc : se tourner vers des hommes nouveaux, un parti nouveau. À pareil mouvement sauveur, il faut un programme de grande politique, un programme politique général à la fois sage et audacieux, capable de parler aux instincts profonds du peuple, saisissant à bras-le-corps, oserons-nous dire, les problèmes, tous les problèmes de l'heure dans une vue vigoureusement coordonnée. Derrière ce programme, il faut ensuite l'élite de la province, tous ceux qui ont encore foi en sa destinée et qui croient que les honnêtes gens ont au moins de temps à autre le devoir de payer de leur personne. Il faut enfin, si possible, *le chef,* ce phénomène rare, esprit net, sinon vaste, caractère élevé, puissance entraînante, opiniâtre, personnification de la race, capable d'enflammer la jeunesse et la foule. Il faut tous ces éléments, ces facteurs : car il n'y a pas à se faire d'illusion, le régime actuel, avec les forces et les audaces dont il dispose, ne peut être emporté que par un mouvement d'opinion irrésistible, peut-être faudrait-il un véritable ouragan populaire.»

123. L. Groulx, *Mes Mémoires*, II, p. 213.

124. «Serai-je taxé d'exagération si je dis que [...] M. Bourassa, à lui seul, a fait plus de tort à sa cause que tous les adversaires du nationalisme ensemble?» (Jules Fournier, *op. cit.*, p. 271.)

125. *Le Devoir*, 1ᵉʳ mai 1935.

126. *Ibid.*, 10 mai 1935

127. *Ibid.*, 16 mai 1935.

128. Louis Dupire, «Les cinq petites Dionne — Une victoire du lait maternel», *ibid.*, 19 janvier 1935.

129. «Le service du Frère André à l'Oratoire», *ibid.*, 12 janvier 1937.

130. Omer Héroux, «Il ne faut oublier ni l'histoire ni ses leçons», *ibid.*, 20 juillet 1937. Dix ans auparavant, pour le soixantième anniversaire de la Confédération, nous avions les premiers timbres bilingues, alors qu'on ajoutait «Postes» à «Post».

131. Louis Dupire, «Le jardin botanique devant l'opinion anglaise», *ibid.*, 27 août 1937. Et Dupire avait contribué largement à ce qu'il fût dans «l'Est francophone».

132. *Ibid.*, 16 novembre 1934; 2 juillet 1938. «La tuberculose prend les adultes, le rachitisme prépare les enfants aux atteintes de celle-ci».

133. Le 12 juillet 1938, vaguement raccommodé avec ses ex-collaborateurs, Bourassa entreprend le premier de neuf articles sur ses «Impressions d'Europe». «Dérouillons donc la vieille plume. Si elle gratte et crache — écrit-il — tant pis.»

134. Louis Dupire, «Ne manque-t-il pas aux orphelins un organisme essentiel?» *ibid.*, 22 août 1938.

135. Omer Héroux, « À propos d'un discours de M. Bourassa », *ibid.*, 27 mai 1937. Dans *Le Devoir* du 3 avril 1937 : grande annonce du généalogiste Drouin titrée : « Contre l'impérialisme et la guerre ». En légende : « Depuis 330 ans et 10 générations, nous défrichons, colonisons et évangélisons le Canada. [...] Écrivez-nous pour renseignements. » Même la paisible généalogie bénéficie de la guerre !

136. Georges Pelletier, « How British is Canada ? », *ibid.*, 12 juillet 1938.

137. « L'anniversaire du statut de Westminster », *ibid.*, 12 décembre 1938.

138. Omer Héroux, « Guerre ou paix ? », *ibid.*, 26 septembre 1938.

139. « L'arrivée des souverains », *ibid.*, 17 mai 1939.

140. « Cadeau des Souverains à M. Duplessis », *ibid.*, 19 mai 1939.

141. Omer Héroux, « Grâce et sagesse », *ibid.*, 19 mai 1939.

142. « L'adresse du maire de Montréal à nos Souverains », *ibid.*, 17 mai 1939. Le 5 août 1940, ce même Camillien sera incarcéré pour quatre ans, pour s'être opposé à la conscription.

143. « Hommage du clergé aux souverains », *ibid.*, 19 mai 1939.

144. Omer Héroux, « Notre ambassadeur en France », *ibid.*, 22 juin 1930.

145. *L'Action catholique*, 2 août 1939.

146. « *La Gazette* nous rend un nouveau service », *ibid.*, 31 août 1939.

147. Gérard Filion, « Cinquante ans », *ibid.*, 9 janvier 1960.

148. « Lisez *Le Devoir* », *ibid.*, 24 décembre 1938.

DE LA GUERRE À LA...
RÉVOLUTION TRANQUILLE
1939-1964

La campagne du plébiscite. Deux poids, deux mesures. Et l'après guerre? Le Devoir sous la direction d'un homme qui n'aime pas écrire. Un homme à faire battre.

Alors que la guerre devient imminente, Georges Pelletier s'inquiète. Ce qui le tracasse le plus c'est la réaction de la jeunesse québécoise. Il craint la violence, l'affrontement. Il sent peser sur ses épaules la responsabilité du *Devoir* d'orienter les jeunes et tous les nationalistes.

Il n'a pas encore atteint la soixantaine mais il fait figure de sage. Son directorat, durant la crise, l'a miné. Les finances du *Devoir* le préoccupent. Le tirage est à son niveau le plus bas et les revenus de la publicité sont à la baisse. Heureusement qu'à cette période il peut compter sur l'appui de membres du conseil d'administration assez fortunés pour pouvoir y aller de leurs deniers personnels afin de permettre au *Devoir* de subsister.

L'état de guerre amènera des changements très profonds dans la vie quotidienne. Après dix années de crise économique, le premier souci est de trouver du travail. Les contrats «à commission» font l'affaire des financiers et l'argent sort des coffres.

Cinq mois avant la déclaration de guerre, Pelletier demande aux autorités gouvernementales d'établir immédiatement qui doit payer pour la guerre si nous devons y entrer.

Si [...] le gouvernement King allait, comme il paraît devoir le faire, passer outre aux conseils de la prudence essentielle, nous jeter dans la nouvelle aventure belliciste qu'on nous propose, que faudra-t-il faire?

D'abord faire payer personnellement les financiers, les hommes d'affaires, les industriels, les banquiers, les administrateurs de grandes sociétés anonymes qui poussent à la guerre, pour quelque motif que ce soit, les plus avouables comme les moins avoués. Les faire payer de leur fortune, de leur argent, de leurs biens, prélever à même eux tous la majeure partie des frais énormes à venir; prélever cet argent sitôt la participation décidée car, il se peut qu'il n'y ait pas de conscription des hommes — à croire du moins sur parole MM. King, Lapointe, Manion — il faudra tout de même la mobilisation, la conscription de l'argent, si nous allons à la guerre[1].

Un mois plus tard, Léopold Richer consacre une longue série d'articles bien documentés (entre le 16 juin et le 14 juillet) pour démontrer comment les deux grands partis politiques, libéral et conservateur, s'entendent comme larrons en foire pour conduire le Canada en politique extérieure.

Le cas est réglé. Les chefs de nos deux vieux partis politiques sont d'avis qu'une déclaration de neutralité de la part du Canada ne serait ni possible — il est juste de rappeler que M. Lapointe affirme que le Canada pourrait surmonter les obstacles qui existent sur la voie de la neutralité — ni désirable, et qu'à tout prendre, lorsque l'Angleterre est en guerre, nous sommes en guerre[2].

Le 4 septembre 1939, le Canada est en guerre. Grâce à la collaboration de son personnel qui renonce au congé de la fête du Travail, *Le Devoir*, en cette circonstance bien particulière, tient ses lecteurs au courant de la situation. Georges Pelletier a commencé sa chronique de guerre et Omer Héroux signe le premier-Montréal.

Son éditorial, intitulé «C'est la guerre», est sobre, non alarmant. «Nous demandons simplement que le Canada fasse une politique canadienne; qu'il s'occupe d'abord de ses intérêts et de son avenir», écrit-il en guise de conclusion. Cette requête reviendra constamment au cours des années suivantes.

Georges Pelletier était bien préparé pour faire face aux problèmes soulevés par l'état de guerre. Déjà, en 1914, lorsque Bourassa s'est lancé à fond de train dans la lutte anticonscriptionniste, il avait été rappelé au journal pour prêter main-forte à Omer Héroux alors que *Le Devoir* était sérieusement menacé de sanctions et même d'actes de représailles.

Il vit donc, en 1939, du déjà vécu avec la différence qu'aujourd'hui il compte de nombreux amis parmi les hauts fonctionnaires et chez les hommes politiques. Il est très près du ministre de la Justice, Ernest Lapointe, dont il est aussi le confident.

La première préoccupation de Pelletier sera donc de tracer la stratégie à suivre dans la lutte contre la participation à outrance du Canada dans ce conflit.

Il sait qu'avec les mesures de censure et de contrôle qui s'en viennent, nul ne pourra s'opposer aux mesures de guerre sans risquer l'internement. Il ne veut pas que *Le Devoir* soit cadenassé, ni que les arrestations se multiplient, ce qui aurait pour effet de soulever la colère et d'entraîner des affrontements qui pourraient être mortels. L'opposition aux mesures de guerre doit se traduire par la mise en opposition des hommes publics contre eux-mêmes. Leur rappeler leurs promesses et leurs serments du passé pour les confronter aux actes qu'ils posent ou s'apprêtent à poser au nom de l'effort de guerre.

La première manifestation publique contre l'entrée du Canada en guerre eut lieu le soir même du 4 septembre. Sous l'égide de l'Action libérale nationale avec, comme principaux orateurs, Paul Gouin, Paul Bouchard et René Chaloult. *Le Devoir* donne, le lendemain, sur quatre colonnes, un compte rendu très détaillé de cette manifestation qui, même si elle avait réuni une foule très considérable, au Marché Maisonneuve, n'a suscité aucun événement déplorable.

La fin de l'année 1939 est particulièrement marquée par l'élection d'un nouveau gouvernement provincial. Ce fut le premier affrontement Ottawa-Québec depuis le début de la guerre et le Québec l'a perdu !

Le Devoir s'oppose à l'élection du Parti libéral et de son chef, Adélard Godbout, en soutenant qu'avec un tel gouvernement le Québec ne saurait bouger sans l'autorisation d'Ottawa.

> À nous de dire si nous voulons le retour à Québec du régime Taschereau sous les apparences d'un ministre Godbout tenu en laisse par Ottawa ; d'un ministère tout au service, tout à la dévotion d'Ottawa, au lieu que notre province reste l'État souverain qu'elle est et doit continuer d'être. Elle ne le restera que si ce n'est pas une créature complaisante d'Ottawa mais un homme énergique qui gouverne et dirige le Québec sans prendre ni recevoir ses ordres d'Ottawa, pas plus en temps de guerre qu'en temps de paix[3].

Jamais, semble-t-il, on avait vu un tel déploiement des forces libérales au Québec. Alors que Duplessis défend l'autonomie du Québec, sans faire allusion à la guerre, les libéraux déploient tous leurs efforts à démontrer que l'unité nationale est d'une absolue nécessité en cette période difficile.

À ces arguments de l'unité nationale, les libéraux ajoutent les promesses de la non-conscription. «Le volontariat suffira», affirment-ils. M. Godbout part le bal, lors de son assemblée d'ouverture à L'Islet, par une déclaration fracassante :

> Je combattrai de toutes mes forces le gouvernement fédéral qui imposera la conscription dans la province de Québec et cela, quel que soit le parti au pouvoir, qu'il soit libéral ou conservateur. Je suis contre la conscription tant que les Allemands ne seront pas rendus dans notre pays[4].

Les fédéraux ont joué un rôle prédominant dans cette campagne. À la tête des troupes, Ernest Lapointe, ministre de la Justice et premier lieutenant de King dans la province de Québec, en fait une affaire personnelle. Il démissionnera si Godbout n'est pas élu.

Au soir du scrutin, l'équipe Duplessis est réduite à quatorze membres tandis que les libéraux entrent en force avec soixante-neuf élus.

Début 1940, *Le Devoir* connaît un regain économique. Les revenus en publicité qu'il a perdus du gouvernement provincial, il les regagne en augmentant son tirage et grâce à la publicité fédérale. Son tirage atteint les 20 000 exemplaires[5] et son influence prend de l'ampleur. Dans les milieux politiques, on le craint et l'on veut connaître son opinion sur tous les sujets épineux.

À l'occasion du trentième anniversaire du journal, Georges Pelletier rappellera que *Le Devoir* n'a jamais connu la fortune, ni même l'aisance, qu'il a vécu et, manifestant sa foi en l'institution, il proclame que *Le Devoir* vivra[6].

LA CAMPAGNE DU PLÉBISCITE

Devant la montée de l'opposition à la conscription, qui s'est raffermie au cours de l'année 1941, le gouvernement King décide d'avoir recours au plébiscite pour se faire libérer de ses engagements.

Immédiatement *Le Devoir* prend position pour le NON et Pelletier dit pourquoi :

> [...] ici le dilemme s'impose : ou M. King est anticonscriptionniste et alors il nous faut le protéger contre toutes les influences extérieures, ne pas aller le leur livrer ; ou M. King est, au fond, conscriptionniste, et alors, pourquoi le délivrerions-nous ? Afin qu'il puisse envoyer notre jeunesse aux armes ? Jamais ! [...]

À la question du plébiscite, de toute façon, il faut répondre : NON. Ne donnons de mandat en blanc à personne. N'endossons en blanc personne. Autrement nous risquerions d'avoir, nous pourrions avoir, nous aurons la conscription outre-mer, d'ici 1943, avant cela. Et pour des raisons qui «ne peuvent être divulguées» comme a dit M. King. Si nous allions répondre OUI, nous aurions d'avance permis et voulu tout ce qui arrivera. Ne nous laissons point abuser, une fois de plus, par l'esprit du parti, par la foi aveugle en qui que ce soit. À l'heure qu'il est et pour longtemps, nous ne serons bien défendus que par nous-mêmes. Défendons-nous[7].

Pelletier rassemble les éléments nationalistes et dès le 7 février 1942 la Ligue pour la défense du Canada publie son manifeste.

La lutte s'engage sous le thème : «Pourquoi demande-t-on au reste du Canada de délier les libéraux de promesses faites à Québec[8]?»

La Ligue pour la défense du Canada, animée par André Laurendeau, Maxime Raymond et Jean Drapeau, recevra l'appui d'Henri Bourassa, revenu en public l'année précédente. Elle multipliera les assemblées populaires et utilisera l'antenne de postes privés parce que M. King refuse les ondes de la radio d'État aux tenants du NON.

À la veille du scrutin, devant la rumeur qu'on lance, en certains milieux, du départ de M. King si le Québec ne l'appuie pas, Georges Pelletier écrit :

[...] M. King sait aussi que s'il s'en allait avant les prochaines élections générales — fin 1944 ou au début 1945 — il ruinerait du coup son parti, sa réputation, son prestige personnel et que même l'on pourrait regarder son départ comme une trahison[9].

Les Québécois ont suivi *Le Devoir*. En bloc ils ont voté NON, soit 993 663 contre 376 188. Dans l'ensemble du Canada, 1 643 006 Canadiens ont voté NON et 2 945 514 ont voté OUI.

Le directeur du *Devoir* se demande ce qui va arriver. Le pays s'est divisé comme en 1917-1918. Si ce n'est la conscription, pourquoi alors avoir tenu un plébiscite qui a divisé le pays? Si c'est la conscription, pourquoi alors M. King, ses ministres et ses députés ont-ils affirmé durant la campagne que «le plébiscite n'avait rien à faire avec la conscription»?

Que va-t-il arriver? M. King le sait-il mieux que M. Manion? La campagne conscriptionniste a commencé. Si M. King résiste, il aura l'appui de 1 600 000 vrais Canadiens qui ont voté NON. Il doit se rappeler que M. Lapointe ne l'a pas délié de ses engagements avant de mourir[10].

Dès le 11 mai, King déposera le projet de loi amendant la loi de la mobilisation de 1940, malgré la démission, la veille, du ministre québécois, P.-J.-A. Cardin. Un long et vif débat s'engage aux Communes. La thèse soutenue par M. King : nous avons déjà la conscription depuis 1940 ; nous ne faisons que nous préparer à l'étendre s'il le faut. M. King déclare :

> Je veux que l'on me comprenne bien. Si le Gouvernement a déposé son projet d'amendement au moment où il l'a déposé ce n'est pas faute de bien interpréter le résultat du plébiscite, mais pour des motifs strictement conformes à l'objet visé par le plébiscite[11].

Georges Pelletier voit dans la conscription la division et la destruction du pays :

> Ce que la conscription nous apporterait, ce ne serait pas la paix durable entre Canadiens, paix qui seule peut être le fondement solide de notre société ; ce serait la guerre civile, des ruines, un pays marqué du sang des siens, une nation fratricide[12].

Le jour même de cet éditorial pessimiste, Pelletier perd un ami sincère, un collaborateur dévoué en la personne de Louis Dupire, décédé prématurément, à l'âge de 54 ans. Pendant ses trente années avec Le Devoir, il aura été correspondant parlementaire à Québec puis à Ottawa. Au moment de sa mort il s'intéressait, depuis plusieurs années, aux affaires municipales. Il occupait le poste de secrétaire de rédaction et était membre du conseil d'administration.

Aux Communes, la loi de la conscription pour outre-mer est votée avec une concession aux anticonscriptionnistes. On limite à 46 000 le nombre de conscrits susceptibles d'être envoyés sur le front européen. L'armée s'organisera cependant pour inciter les conscrits à signer pour les forces actives avant leur embarquement. Tous les arguments seront bons pour décourager un conscrit de traverser avec son étiquette de conscrit. Cette manœuvre permettra au ministre de la Défense d'affirmer que le quota de conscrits envoyés outre-mer n'est pas atteint.

Durant toute cette période de la bataille de la conscription, Le Devoir a pris position sur plusieurs autres sujets connexes ou non au conflit mondial.

La célébration du troisième centenaire de Montréal a été l'objet, de la part du journal, d'une préoccupation constante. Depuis la création de la Commission du IIIe centenaire, en avril 1939, Louis Dupire et Omer Héroux ont insisté pour que l'anniversaire de Montréal soit, en 1942, marqué de réalisations dignes de la métropole et surtout profitables à son essor.

Omer Héroux, rédacteur en chef du Devoir *de 1910 à 1963 date de son décès.*
Source : Photothèque du Devoir.

Après de nombreuses expositions et conférences publiques majoritairement offertes par des communautés religieuses, les manifestations du IIIᵉ centenaire de Montréal se terminent par un grand ralliement au pied du Mont-Royal, dans le parc Jeanne-Mance.

Il n'est peut-être pas à regretter que les circonstances, en écartant tant d'autres projets, aient fait saillir de pareille façon le caractère spirituel du Troisième Centenaire, qu'elles nous aient donné le loisir de réfléchir davantage, qu'elles nous y aient vigoureusement incités.

À ce commentaire positif, Omer Héroux ajoute :

Les manifestations extérieures, sauf cet admirable hommage à l'Eucharistie, auront été moins éclatantes qu'on l'avait projeté, mais le travail en profondeur aura probablement été plus considérable. On aura davantage étudié, on aura davantage tourné vers l'essentiel [...]. Les bruyantes manifestations que l'on projetait nous eussent peut-être empêchés de donner à cette glorieuse partie de notre passé, autant de respectueuse attention[13].

L'un des plus grands changements socio-économiques que la guerre nous aura apportés est le travail des mères en usine. Dès le début de l'année 1942, le premier ministre King, en annonçant les nouvelles dispositions des mesures de conscription, avait déclaré qu'au travail, les hommes conscrits seraient remplacés par des femmes.

Au même moment les évêques du Canada publient une lettre collective sur les problèmes de l'heure et soulignent «l'inquiétude» que leur causent les mesures destinées à attirer les femmes, et les mères surtout, hors du foyer.

Omer Héroux, dans un éditorial intitulé «Le problème angoissant des mères de famille aux usines de guerre», écrit que «l'Épiscopat, avec son habituel souci de la prudence et de la modération, mais avec le sens profond de son devoir pastoral, vient de rappeler des principes généraux et de jeter un cri d'alarme que l'on fera bien de méditer[14]».

Déjà, en 1942, les chiffres démontrent que dans les usines le personnel féminin varie entre 25 et 27 % de femmes mariées et de mères de famille. En Ontario on a même décelé que la qualité de l'alimentation des familles diminue et une considérable augmentation de la mortalité infantile. On y enregistre aussi une augmentation de la criminalité juvénile par suite du vagabondage des enfants sans surveillance.

Le rédacteur en chef du *Devoir* admet qu'il ne peut être question de supprimer tout travail féminin à l'extérieur, «mais au moins», écrit-il, «qu'on prenne les moyens de le maintenir dans des limites raisonnables, de l'entourer de toutes les précautions possibles[15]».

Alors qu'à Toronto l'on considère que le nombre de mères de famille au travail augmente de même que le nombre d'enfants négligés, en Australie, les fabricants de munitions décident de ne plus employer de femmes mariées.

À Québec, le premier ministre Godbout, qui appuie toutes les politiques du fédéral, se contente d'affirmer que «les mères de famille ne devraient pas être à l'usine la nuit, mais au domicile».

En décembre 1942, alors que plus de 1 700 femmes, mères de 3 136 enfants d'âge scolaire et préscolaire travaillent dans 19 des 25 usines de guerre de Montréal, on ouvre cinq garderies!

Un an plus tard, le gouvernement maintenant toujours une politique favorisant le travail des femmes dans les usines de production de guerre, sans considération de leur état, l'opinion publique s'émeut car on parle de conscription des femmes.

Des manœuvres préparatoires sont lancées pour «assouplir» cette opinion publique, mais *Le Devoir* lance un appel à la vigilance. «La conscription des femmes, elle est légalement possible, mais soyons sur nos gardes. Le gouvernement hésitera devant le sentiment hostile du Québec», écrit Omer Héroux[16].

Même si la conscription des femmes n'est pas mise en vigueur, le gouvernement réussira, par la publicité et la propagande, à maintenir la présence des femmes en grand nombre dans les usines de production de guerre.

DEUX POIDS, DEUX MESURES

Le sort fait aux Canadiens français dans l'administration fédérale, dans l'armée et dans l'application des principes lors de procédures prises pour violation de mesures de guerre, a occupé tant les colonnes d'information que les éditoriaux du *Devoir* durant toute la guerre.

Régulièrement le journal rapporte et dénonce les injustices faites aux Canadiens français. C'est particulièrement dans la Marine et la Royal Air Force que l'ostracisme se fait le plus sentir.

Le ministère de la Défense a ouvertement manifesté son mépris pour les Canadiens français, lorsqu'en 1942 il a créé une armée de réserve pour la garnison de Montréal, ville à majorité francophone : onze régiments anglais et trois de langue française !

Émile Benoist écrit :

> Ambitionnerait-on de répéter ce qui s'est fait trop souvent dans le passé, de remplir les cadres de régiments anglais, commandés par des officiers de langue anglaise, avec des recrues de langue française ! N'y a-t-il pas lieu, sans mettre la moindre intention maligne, de le supposer ? Les faits sont là et semblent parler d'eux-mêmes[17].

Un autre domaine où l'on peut évaluer l'attitude des autorités fédérales envers les Canadiens français est celui des procédures judiciaires intentées en vertu des mesures de guerre.

Le 9 septembre 1942, sur les ordres du ministre de la Justice, M. Louis Saint-Laurent, Tim Buck, chef communiste, et seize de ses partisans, qui avaient été internés en juin 1940, sont relâchés, alors même que la Ligue pour la défense du Canada réclame un procès pour Camillien Houde, interné au même moment.

Mai 1942, René Chaloult, député à la Législature, est arrêté pour avoir déclaré, dans un meeting public, le 19 du même mois : « Je crois qu'après cette guerre se rompra net le lien qui nous relie actuellement à l'Angleterre. » Huit accusations sont portées contre lui : avoir causé de la désaffection à Sa Majesté, nui au recrutement des armées, attenté à la sécurité de l'État, répandu des rumeurs de nature à causer préjudice à la bonne poursuite de la guerre.

Juin 1942, le chef tory ontarien, le colonel George Drew, critique sévèrement le rapport d'enquête du juge Lymann P. Duff sur la malheureuse expédition de Hong Kong. Drew est arrêté et il est, lui aussi, accusé en vertu de la loi des mesures de guerre, de nuire à l'enrôlement, de causer de la désaffection, etc.

Après son arrestation, le colonel Drew déclare : « J'espère que ce fait fera réaliser aux Canadiens que nous avons, ici même, chez nous, une bataille à livrer pour la liberté[18]. »

Chaloult comparaît et on lui refuse le droit à un procès devant jury. Son procès s'instruira le 6 juillet. Quatre jours plus tard, le 10, le ministre de la Justice renonce à sa cause contre le colonel Drew, parce que « le moment ne serait pas opportun pour de telles procédures ». Le 3 août, le juge Édouard Archambault acquitte René Chaloult parce qu'il y a doute possible sur la question de bonne foi.

La représentation du Québec aux Communes est aussi une question où *Le Devoir* a pris l'initiative d'attirer l'attention de la population sur une situation révélée par le recensement de 1941 : la province d'Ontario compte huit sièges de plus aux Communes que ce que la Constitution lui accorde.

Durant les dernières années de la crise économique, l'immigration a considérablement été réduite alors que le taux de natalité s'est maintenu au Québec.

Paul Sauriol sonne l'alerte au début de 1942. Il rappelle qu'en vertu du pacte confédératif, le nombre de sièges aux Communes est basé sur la population du Québec ; qu'à la suite du recensement de 1933 on avait déjà constaté une légère anomalie dans la représentation. Mais en 1941 on en est rendu à huit sièges de différence.

Pourquoi le gouvernement ne la [la démocratie] respecte-t-il pas plus dans son propre sein ? Comment prétendre que nous vivons sous le régime «one man, one vote», si ces votes n'ont pas la même valeur, si le vote d'un Ontarien est plus pesant que celui d'un Québécois[19] ?

L'année suivante, Sauriol revient à la charge : «C'est une entrave de plus à la réalisation de l'unité nationale que de laisser se perpétuer cette situation antidémocratique, surtout à un moment où le pays est en guerre pour défendre les principes essentiels de la démocratie[20]. »

Dans l'une de ses chroniques, Léopold Richer annonce que le gouvernement d'Ottawa a pris la grave décision de se soustraire à l'obligation constitutionnelle de remanier la carte électorale d'après les données du recensement de 1941, qu'il préfère plutôt faire amender la loi de l'Amérique du Nord britannique par le gouvernement de Londres afin de remettre à la première session qui suivra la fin des hostilités la tâche d'allouer à chaque province le nombre de comtés fédéraux qui lui revient.

«Cette manœuvre», écrit Richer, «est un coup direct à l'influence du Canada français dans le domaine de la politique fédérale[21]. »

La manœuvre du gouvernement King a pour but évident de conserver un avantage électoral en Ontario advenant une élection générale avant la fin du conflit. Un nouveau gouvernement, élu pour cinq ans, pourrait retarder d'autant le remaniement de la carte électorale et, comme selon toutes les probabilités, on se propose de faire venir des centaines de milliers d'immigrants immédiatement après la fin du conflit, la province de

Québec perdra, pour dix ou quinze ans, les avantages des sacrifices qu'elle s'est imposés pour accroître sa population.

King, devant la levée de boucliers au Québec, s'empresse d'expédier une demande d'amendement à la loi à la Chambre des Lords et souhaite que le tout soit terminé avant le 24 juillet. C'est la politique de *blitzkrieg.* Les opposants n'ont que cinq jours pour faire valoir leur point de vue.

Omer Héroux sonne l'alarme... ou le tocsin:

> On est singulièrement pressé à Ottawa par le temps qui court. Raison de plus d'user du téléphone — et peut-être de plus — pour faire entendre à Londres la voix des protestataires. La parole appartient d'abord à M. Godbout, le chef politique de la province la plus directement affectée par le projet de loi[22].

M. Godbout reste coi. Il dira, après l'orage, qu'il a écrit à M. Churchill. Duplessis entre en scène et communique directement avec King en lui disant qu'il ne peut violer ainsi la Constitution et les droits du Québec.

Le Bloc populaire tente aussi des démarches qui restent vaines.

Le 22 juillet, tout est consommé, et M. King déclare qu'il était de son devoir de résister à toute ingérence des autorités provinciales dans ce qu'il appelle le domaine exclusivement réservé à la juridiction fédérale.

ET L'APRÈS-GUERRE ?

En 1943, alors que le gouvernement Godbout a abandonné les droits de la province aux mains du fédéral en matière d'impôt sur le revenu, de droits successoraux, d'assurance-chômage et autres, *Le Devoir* s'inquiète de l'après-guerre.

Georges Pelletier, en commentant le budget de quatre milliards de dollars pour l'année 1942-1943, souligne que les œuvres de mort coûtent autrement plus cher que les œuvres de vie et que le gouvernement n'a jamais demandé autant à ses contribuables pour l'hygiène publique, le logement sain, la lutte à la tuberculose, au cancer, à l'alcoolisme et à tant de maux qui affaiblissent la santé, surtout dans les classes moyennes et les moins élevées[23].

À cette période parviennent au Québec des nouvelles selon lesquelles les autres provinces, particulièrement l'Ontario et la Colombie-Britannique, sont à préparer des plan économiques pour faire face à l'après-guerre.

Le Québec est sans plan de développement économique. Godbout, qui a tout cédé à Ottawa, semble attendre des directives du grand frère. Devant cette situation *Le Devoir*, sous la plume de Paul Sauriol, s'inquiète et expose l'apathie du gouvernement Godbout qui compromet l'avenir du Québec.

«Comment pourrions-nous défendre notre autonomie contre les assauts des centralisateurs si notre armature économique et sociale se trouvait déclassée?» écrit-il[24].

Peu de temps après il revient à la charge :

L'inaction du gouvernement provincial constitue un danger très sérieux. Québec, la deuxième province en importance, celle qui doit être la plus vigilante dans la Confédération canadienne, parce qu'elle est la plus menacée, reste en arrière [...][25].

Le 13 mai 1943 on annonce, à Québec, la création d'un Conseil provincial d'orientation économique pour étudier les conditions économiques de la province en vue de l'après-guerre.

Regardant toujours le futur, *Le Devoir* a largement contribué à la création d'un nouveau parti politique, le Bloc populaire, dirigé par M. Maxime Raymond, leader des députés nationalistes québécois aux Communes.

Le Devoir [...] en a toujours contre l'esprit de parti qui tient en état d'esclavage tant de bonnes gens de chez nous, [...] il ne fut et ne sera l'organe d'un aveugle, complaisant et étroit parti, mais il sera toujours disposé à collaborer avec des hommes, dont le véritable but ce sera la libération du Québec et celle du Canada de toute influence tant extérieure qu'intérieure, qui nous paraîtrait déplacée. Le Canada aux Canadiens, le Québec aux Québécois[26].

En écrivant ces lignes, Georges Pelletier encourage le Bloc populaire à mettre en pratique son programme, «pénétré d'esprit chrétien, soucieux de la chose sociale et nationale».

Novembre 1942, Jean Drapeau, avocat de 26 ans, fait la lutte au général Léo-Richer Lafièche, ministre désigné des services nationaux de guerre, dans une élection complémentaire à Outremont. Le 20 novembre, soit onze jours avant l'élection, la Gendarmerie royale interne l'organisateur de Drapeau. *Le Devoir* ouvre toutes grandes ses pages à M. Drapeau et à ses supporteurs, dont Henri Bourassa.

Au soir de la défaite, Jean Drapeau peut dire qu'il a mené une très belle lutte puisqu'il a récolté plus de 33% des votes enregistrés. Toute la machine gouvernementale n'a pas réussi à lui faire perdre son dépôt.

Quelques mois avant la fondation du Bloc populaire, après le décès de M. Lapointe, M. Louis Saint-Laurent est entré sur la scène politique fédérale, à titre de ministre de la Justice, en se faisant élire dans Québec-Est.

La première expérience du Bloc populaire au fédéral eut lieu le 9 août 1942, dans les comtés de Stanstead et de Montréal-Cartier avec MM. Armand Choquette et Paul Massé.

La lutte fut acharnée. Dans Stanstead, les organisateurs de M. Choquette réclament des exemplaires du journal *Le Devoir*, dont les colonnes sont remplies des discours prononcés par les nationalistes, mais les restrictions de temps de guerre interdisent tout tirage supplémentaire. *Le Devoir* lance donc un appel à ses lecteurs, leur demandant d'expédier leur exemplaire du journal après lecture. C'est par milliers que les exemplaires du journal affluèrent dans le comté de Stanstead.

Dans le comté de Cartier, M. Paul Massé a comme principal adversaire Fred Rose, communiste, disciple de Tim Buck récemment libéré du camp de concentration, sur les ordres de M. Saint-Laurent.

Le Bloc remporte haut la main dans Stanstead et perd par quelques voix dans Montréal-Cartier.

Déjà l'on sent que les nationalistes québécois sont encore loin de l'unification. Pierre Vigeant, dans un éditorial intitulé «Les mouvements nationalistes du passé et le Bloc populaire canadien[27]», exprime les craintes du *Devoir* :

> L'avenir dira si le Bloc populaire canadien accomplira les espoirs que l'on fonde sur lui : s'il réussira à faire le bloc des Canadiens français pour leur permettre de jouer le rôle politique qui lui revient. On peut noter dès maintenant qu'il a évité, jusqu'ici, les écueils qui causèrent la perte des mouvements nationalistes précédents, et qu'il s'est refusé aux alliances assimilatrices. Il a voulu et il veut construire sur du neuf, et rien que sur du neuf.

Les luttes internes, entre nationalistes, auront raison de l'idéologie du Bloc.

En 1944, à l'élection provinciale, le Bloc, en dépit d'une campagne qui a réuni des foules de 20 000 à 30 000 personnes, n'a pu faire élire que quatre candidats, dont André Laurendeau, dans Montréal-Laurier.

C'est à cette occasion que l'on a pu se rendre compte que *Le Devoir*, privé de son directeur, était tombé dans une léthargie presque complète.

La maladie l'ayant terrassé, alors qu'il était en voyage à Edmonton, en octobre 1943, ce n'est que le 21 décembre que Georges Pelletier reviendra à son domicile de la rue Cherrier pour y poursuivre une convalescence de plusieurs mois, qui ne lui redonnera jamais tous ses moyens.

Il a repris la plume pour appuyer le Bloc à l'élection provinciale sans toutefois attaquer vraiment Duplessis[28].

Durant cette période, qui fut pourtant très agitée et propice à des prises de positions vigoureuses, *Le Devoir* fait figure de navire sans gouvernail ballotté par les vagues.

Le monde ouvrier est en effervescence, la guerre achève et les centrales syndicales veulent s'imposer. Bien que l'on soit encore sous les mesures de contrôle des prix et des salaires, les conflits de juridiction se multiplient. Les éditorialistes du *Devoir* réclament l'arbitrage obligatoire.

La ville de Montréal connaît, coup sur coup, des grèves du tramway, de ses employés manuels, de ses pompiers, policiers et, en fin d'année, une grève de trois semaines de ses cols blancs. À chaque occasion Omer Héroux revient à la charge pour réclamer l'arbitrage obligatoire.

«Nous vivons sous un régime de guerre civile[29]», écrit-il, en soutenant que la solution convenable et permanente à cette situation est l'arbitrage obligatoire qui «assurerait à toutes les parties le minimum de justice possible».

Au début de février, le Gouvernement annonce que la réforme réclamée par *Le Devoir* sera soumise à la Législature.

Après l'élection du régime Duplessis, la lutte au communisme éclate. Tout est mis dans le même bateau. Communistes, Témoins de Jéhovah, travailleurs jugés non respectueux de l'ordre public y passent. D'autre part on parle aussi de moralité publique. Une enquête succède à l'autre sans rien changer. La loi de l'instruction obligatoire entre en vigueur mais il n'y a pas d'écoles pour accueillir les enfants! Le Fédéral institue les allocations familiales à taux décroissant et le processus de la nationalisation de la Montreal Light Heat & Power votée par le gouvernement Godbout continue de faire couler de l'encre[30].

À l'automne 1946, *L'Action catholique,* puis *Le Soleil* de Québec donnent de l'importance à une rumeur voulant que *Le Devoir* soit à la veille de tomber sous le contrôle de l'Union nationale. «Pas un mot de vrai dans cette rumeur», rétorque Omer Héroux[31], qui affirme que «si *Le Devoir* n'est pas encore riche à jeter l'argent par les fenêtres [...] il traverse à l'heure actuelle l'une des périodes les plus heureuses de sa vie». Émile Benoist, alors directeur intérimaire, écrit que «*Le Devoir* est hors de la portée des politiciens[32]».

Émile Benoist avait été désigné par le conseil d'administration pour diriger les destinées du journal alors que l'on était à la recherche d'un successeur à Georges Pelletier. Son administration fut désastreuse. *Le Devoir* devait perdre la plupart de ses rédacteurs en quelques mois. Léopold Richer quitte le journal, déçu de n'être pas considéré comme candidat à la succession. Roger Duhamel, Alfred Ayotte, Maurice Huot, Lucien Desbiens partent à cause de conflits de personnalité. Benoist est relevé de ses fonctions et remplacé par Alexis Gagnon, trop gentil garçon pour être exigeant. Les jeunes journalistes sont laissés à eux-mêmes, sans directives.

Le Devoir, qui, à la fin de la guerre, tirait à 20 821 exemplaires, a déjà perdu 1 000 lecteurs au printemps 1946 et six mois plus tard, en septembre, il enregistre une autre perte semblable, pour tirer à 18 901 exemplaires[33].

Le 20 janvier 1947 mourait Georges Pelletier, suivi dans la tombe par deux de ses proches amis et supporteurs, Candide Dufresne, le 13 février, et J.-Alfred Bernier, le 18, tous deux membres du conseil d'administration de l'Imprimerie populaire limitée.

Le Devoir vient de traverser une période extrêmement difficile, mais la porte s'ouvre sur un autre champ de bataille où il reprendra sa vigueur à nouveau.

LE DEVOIR SOUS LA DIRECTION D'UN HOMME QUI N'AIME PAS ÉCRIRE

Gérard Filion, qui n'a jamais aimé écrire[34], prend la direction du *Devoir* le 10 avril 1947.

Depuis 1945, il est pressenti par Me Jacques Perrault, qui, au nom du conseil d'administration, l'invite à entrer au journal en qualité de directeur adjoint avec l'assurance de la succession de Georges Pelletier. Filion refuse. Il ne veut pas de belle-mère dans la maison[35]! Il verra, plus tard, si l'on n'a pas trouvé un autre candidat.

Après le décès de M. Pelletier, Filion est nommé au conseil d'administration. Il étudie la situation économique du journal de même que sa structure. Il constate que certains membres du conseil et quelques journalistes sont très près de l'Union nationale, sinon même compromis. À la suite des décès de MM. Candide Dufresne et Bernier, deux nouveaux directeurs, dont on est sûr de l'indépendance, sont nommés. Il s'agit de M. René Paré, président de la Société des artisans, et de M. Gérard Picard, président de la Confédération des travailleurs catholiques du Canada.

Pendant deux mois Filion poursuit l'évaluation de la tâche qui l'attend, et, le 10 avril, *Le Devoir* publie, à la une, une courte notule annonçant à ses lecteurs que Gérard Filion a été nommé au poste de directeur-gérant du *Devoir* «avec les pleins pouvoirs qui furent ceux de MM. Bourassa et Pelletier, avec la pleine liberté pareillement, qui fut la leur».

Au *Devoir*, comme chez ses lecteurs, Gérard Filion est reconnu un ardent nationaliste qui, depuis plus de quinze ans, milite aux côtés des André Laurendeau, Lionel Groulx, François-Albert Angers, Esdras Minville, Édouard Montpetit et autres.

Diplômé en 1934 de l'École des Hautes Études Commerciales, il entre, en 1935, à l'Union catholique des cultivateurs où il accédera très rapidement au poste de secrétaire général, avec la responsabilité du journal *La Terre de chez nous*. Il a participé, durant la guerre, à presque toutes les manifestations anticonscriptionnistes et aux ralliements du Bloc populaire. Il prêchait surtout en faveur de la République du Canada.

Avant même d'avoir mis les pieds au journal, Filion convie à la cabane à sucre les journalistes et les cadres des services de la composition, de l'imprimerie, de la publicité et de l'administration, histoire de faire connaissance. La journée se déroule dans une atmosphère tout à fait détendue. L'hôte, accompagné de son épouse, vêtu en chemise à carreaux et bottes de cuir, accueille tout le monde avec bonhomie. Les jeunes employés sont en vêtements de sport et les aînés, probablement plus préoccupés de leur avenir, portent veston et cravate. À la fin de la journée tous sont d'accord : le nouveau patron est un homme abordable! Pourtant il n'a soufflé mot, de la journée, des problèmes qu'il anticipe.

UN PATRON, UN RESPONSABLE

Dès les premiers jours au bureau, Gérard Filion établit sa position, son autorité, non pas pour subjuguer les employés, mais pour que tout le monde sache, employés et lecteurs, que *Le Devoir* est toujours un journal indépendant. Dans le premier éditorial qu'il signe[36], et qu'il intitule «Positions», il coupe court aux rumeurs voulant que *Le Devoir* appartienne à l'Archevêché de Montréal. «Je suis et je serai le seul responsable du *Devoir* [...] on devra m'attribuer le mérite ou le blâme», écrit-il. Ce n'est pas pour rien que l'annonce de sa nomination et son premier éditorial insistent tant sur les pouvoirs que le nouveau directeur détient.

Gérard Filion, né en 1909, directeur du Devoir *de 1947 à 1963.*
Source : Photothèque du Devoir.

Effectivement, Georges Pelletier, au cours de sa maladie, se rendant aux instances de son frère et de quelques membres du conseil d'administration qui sentaient les dangers que courait *Le Devoir*, avait, pour éviter une mainmise sur le journal par l'Union nationale, transféré à l'archevêque de Montréal, Mgr Joseph Charbonneau, les actions de la première fiducie de L'Imprimerie populaire ltée, éditrice du *Devoir*.

C'était un geste de confiance que posait Pelletier, et son ami, Mgr Charbonneau, ne l'a jamais démenti. Filion apprendra plus tard que, lors de sa retraite forcée à Victoria, il avait pris la précaution d'apporter avec lui tous les papiers concernant cette affaire, n'en laissant aucune trace à l'Archevêché[37].

Mgr Charbonneau conservera les actions jusqu'à sa mort, en 1958, alors que, par testament, elles furent remises au directeur du *Devoir*.

REBÂTIR

La tâche la plus urgente pour Filion était de remettre *Le Devoir* sur pied. Il lui faudra plus de cinq ans pour financièrement y réussir. Établir une équipe et assurer l'unité de pensée lui prendront quelques mois, mais aller chercher des lecteurs et des annonceurs fut autrement plus ardu.

La «boîte» en 1947 fait peur. C'est un quasi-taudis, infesté de rats et mal aéré. Le rez-de-chaussée est occupé, côté rue, par la Librairie du *Devoir* et, côté cour, par la vieille rotative qui depuis fort longtemps devrait occuper une place d'honneur dans un musée d'histoire de l'imprimerie, et par la fondeuse à plomb qui dégage des gaz d'antimoine à plein nez.

Sur la rue Notre-Dame, deux portes : le 432 qui ouvre sur la librairie et le 434 qui donne accès à un escalier droit et étroit qui conduit à l'étage des bureaux : administration, rédaction, publicité, imprimerie et tirage, ce dernier logé sous l'escalier en colimaçon qui conduit à l'atelier de composition.

Le troisième plancher est occupé par le minuscule logement du concierge, quelques petites presses pour les travaux de ville et l'expédition. La tour à feu, dans la cour intérieure, sert aussi à l'expédition.

Ce vieil immeuble qui, avant d'abriter *Le Devoir*, était une manufacture de chaussures, loge aussi une manufacture de chandelles qui devra déménager pour faire place à une nouvelle presse «reconditionnée».

«Au plan technique et financier, l'Imprimerie populaire montre tous les signes d'une entreprise qui se meurt[38]», écrira Filion, plus tard.

Pour essayer de relever l'entreprise, il procédera tout d'abord à la réorganisation des services tout en mettant la hache dans ceux qui sont déficitaires sans espoir de retour, soit la librairie et le service des voyages. Quelques années plus tard, en 1955, il cessera d'imprimer l'hebdomadaire *Le Nationaliste*, publié à l'intention des lecteurs éloignés, particulièrement les missionnaires, et reproduisant les principaux articles parus dans *Le Devoir* au cours de la semaine.

Filion remania complètement le service du tirage et confia la responsabilité de la publicité à un spécialiste dont les méthodes de travail correspondaient mieux aux exigences d'après-guerre.

Au mois de mars 1948, ayant à faire face à une augmentation du prix du papier, à un nouveau contrat de travail avec les typographes et à d'autres augmentations de frais d'administration, il augmente le coût du journal à cinq sous l'exemplaire[39].

Au cours de cette période de réaménagement, Filion se voit contraint de congédier deux journalistes comptant plus de trente ans de services à cause de leurs accointances avec le régime duplessiste. Il confiera alors à ses proches collaborateurs que ce geste a été le plus difficile à poser, non pas parce qu'il n'était pas justifié, mais parce qu'il lui a fait réaliser le grand dénuement du *Devoir*.

Conscient que ces employés avaient sincèrement tout donné à Bourassa et à Pelletier et qu'au cours des trois dernières années, de 1943 à 1947, ils avaient probablement été manœuvrés par certains membres du conseil d'administration qui voyaient en Duplessis un sauveur, il lui a fallu gratter tous les fonds de tiroirs pour leur assurer l'équivalent d'une année de salaire. C'est alors que Filion prit la décision de doter *Le Devoir* d'un fonds de pension, qui ne vit le jour qu'une douzaine d'années plus tard.

Filion a dû faire preuve d'une détermination farouche pour résister à la tentation d'abandonner la barque, car en dépit de tous ses efforts, de ses attitudes fermes et claires devant les problèmes de l'heure, il n'arrivait pas à augmenter le tirage qui, au contraire, baissait inexorablement.

On sentait que les forces occultes de l'Union nationale n'abandonneraient pas de sitôt la lutte pour empêcher *Le Devoir* de percer.

Au moment de son arrivée, *Le Devoir* tirait à 18 271 exemplaires, dont seulement 8 036 étaient vendus à Montréal. Cette situation a toujours été le talon d'Achille du journal. Il a toujours compté à peine le tiers de ses lecteurs à Montréal, et les annonceurs tenaient compte de cette situation. En mars 1950, fort probablement sous l'influence de la campagne de moralité, le tirage «grimpe» à 21 851, mais, dès septembre 1951, il rechute à 19 053, puis, en mars 1952, la baisse se poursuit à 17 688 et, en 1953, à la veille du «grand coup», *Le Devoir*, ce journal qui fait parler de lui partout, a un tirage net de 15 521 exemplaires dont 4 939 vendus à Montréal. C'est le «fond du baril[40]»!

Le 26 mars 1953, *Le Canada*, organe libéral paraissant le matin, publie pour la dernière fois. Le 27 au matin, on retrouve *Le Devoir* dans les kiosques. Ce fut le «grand coup» de Filion. La veille, sans consulter personne, il décide de prendre, sans perdre de temps, la place laissée libre chez les quotidiens du matin. *Le Devoir* a donc, en moins de dix-huit heures, sorti deux éditions, prenant tout le monde par surprise. Son tirage atteint les 28 000 exemplaires et se stabilisera autour de ce chiffre jusqu'à la fin de la décennie[41].

Le Devoir aura, au cours de ces six dernières années, combattu visière baissée, toujours confiant que ses fidèles lecteurs ne le laisseraient pas tomber et qu'un jour il connaîtrait enfin un sort meilleur.

ANDRÉ LAURENDEAU

La formation de la nouvelle équipe de rédaction n'aura pas pris autant de temps que la reconstruction financière. En quelques mois, Filion a inculqué une unité de pensée à une équipe beaucoup plus jeune. Il a d'abord établi les conditions de travail, en les améliorant sensiblement, des journalistes demeurés au service du *Devoir*, et il en a recruté quelques nouveaux, dont Jean-Pierre Houle à la page littéraire et Gérard Pelletier, aux enquêtes sociales.

Son futur bras droit, André Laurendeau, siégeait alors à Québec en qualité de député de Montréal-Laurier, élu en 1944 sous la bannière du Bloc populaire.

Filion, avant même sa nomination, avait prévenu le conseil d'administration qu'il tenait à avoir André Laurendeau à ses côtés.

Laurendeau et lui se connaissaient depuis 1933, à l'époque des Jeune Canada. Plus tard, Filion expliquera :

> Je ne sais trop pourquoi ni comment nous avons développé l'un pour l'autre une certaine estime, pour ne pas dire un brin d'admiration. Lui, c'était le type du jeune intellectuel engagé. Sa façon de jongler avec les mots et les

concepts me fascinait. J'enviais la facilité avec laquelle il coupait les cheveux en quatre tout en ne perdant pas de vue l'objet vers lequel il fallait tendre, soit la rénovation des valeurs spirituelles et morales des Canadiens français. Il m'avait remarqué, m'a-t-il avoué beaucoup plus tard, pour le réalisme de mes positions, pour ma façon d'arriver rapidement à des conclusions de sens commun...

[...] Nous avions assez d'estime l'un pour l'autre pour savoir que nous pourrions travailler ensemble, en harmonie, tout en étant conscients de nos convergences et de nos divergences... Je n'eus pas à me livrer à du « tordage de bras ». Laurendeau savait que son avenir était ailleurs que dans la politique. Aussi accepta-t-il d'emblée mon invitation[42].

André Laurendeau, né en 1912, fit ses études classiques au Collège Sainte-Marie. En 1935 il épousa Ghislaine Perrault et se rendit à Paris poursuivre ses études. Il s'inscrivit à la Sorbonne et à l'Institut catholique et suivit les conférences au théâtre du Vieux Colombier. L'éveil de sa conscience nationaliste procède d'une révolte contre la pauvreté culturelle du Canada français[43].

De retour en 1937, il entre à L'Action nationale à titre de directeur. Durant la guerre il fut très actif dans l'organisation et le rassemblement des Canadiens français. Avant d'entrer définitivement au Devoir, il tiendra à terminer son mandat de député à l'Assemblée législative. Il démissionnera du Bloc populaire, le 7 juillet 1947, à la suite de profondes divergences d'opinions avec plusieurs dirigeants du parti qui, cédant aux pressions des nationalistes pro-duplessistes, veulent que le Bloc populaire soit exclusivement un parti fédéral laissant à l'Union nationale la responsabilité d'enrayer les tendances centralisatrices d'Ottawa.

Filion approuve le geste de Laurendeau :

La question qui se pose, a-t-on ou n'a-t-on pas confiance en M. Duplessis ? Il semble que Maxime Raymond opte pour l'affirmative. [...] en matière d'autono-mie, M. Duplessis a, jusqu'à présent, résisté aux tentatives d'empiétement du fédéral... Par contre, sa politique sociale est absolument indéfendable ; elle est celle d'un bon bourgeois conservateur qui se méfie instinctivement de tous les groupements et de tous les mouvements sociaux qui échappent à l'emprise de l'État et des partis... On comprend que M. Laurendeau ait préféré quitter son poste de chef provincial du Bloc populaire, et même démissionner comme membre du parti, plutôt que de se compromettre avec la politique anti-sociale de Duplessis[44].

Laurendeau ayant rempli l'une des principales conditions posées par Fillon — se détacher de tout parti politique —, les colonnes du Devoir lui étaient ouvertes.

André Laurendeau, 1912-1968
Source : Photothèque du Devoir.

Dans un éditorial intitulé «Pour continuer la lutte», rappelant les visées de Bourassa et particulièrement son appel : «[...] il reste nécessaire que des catholiques, n'engageant que leur personne, mais engageant toute leur personne, se portent à l'avant-garde et réclament ce qu'impérieusement exige la justice», Laurendeau proclame que c'est à cette œuvre qu'il vient collaborer avec le directeur du *Devoir* et son équipe, comme il continuera d'y travailler à Québec, à titre de député de Montréal-Laurier[45].

MATRAQUE ET JUSTICE SOCIALE

Effectivement, c'est d'abord à la politique sociale ou plutôt à l'absence de politique sociale de Duplessis que s'attaquera l'équipe Filion-Laurendeau.

Dès son arrivée au *Devoir*, Filion, dans une série d'éditoriaux, avait établi ses positions dans tous les domaines de la vie canadienne et québécoise en insistant particulièrement sur toute l'attention qu'il porterait à M. Duplessis : «*Le Devoir* ne fera pas défaut d'étaler devant l'opinion publique toute maladresse ou toute lâcheté qu'il pourrait commettre[46].»

Dans les deux ou trois années suivant la guerre, le climat social s'envenimait dans la province de Québec. Les luttes intersyndicales, commencées durant la guerre, se poursuivaient souvent dans la violence, et le patronat ne manquait pas d'exploiter cette situation. Durant les dernières années de Georges Pelletier, *Le Devoir*, dans la plupart des conflits ouvriers, insistait plutôt sur la nécessité d'améliorer les relations de travail, conciliation et arbitrage, afin de mettre fin à ces luttes intersyndicales interminables.

Il était de notoriété publique que, depuis son retour au pouvoir, l'Union nationale mettait tout en œuvre pour exercer son emprise sur tous les groupes pouvant exister dans tous les domaines de l'activité humaine, des fabriques de paroisses aux chambres de commerce, en passant par les organisations de loisirs et les groupements sociaux.

Dès mai 1947 Filion se place carrément sur le chemin de Duplessis. Un double conflit ouvrier, à Lachute, Dominion Shuttle et Ayers Co., lui en donne l'occasion. Les dirigeants ouvriers sont Madeleine Parent, Kent Rowley et Azellus Beaucage. Duplessis en profite pour brandir la menace communiste et faire intervenir en force sa police provinciale.

Filion écrira alors son premier éditorial à faire époque : «La justice sociale à coups de matraques», dans lequel il fustige Duplessis et lui dit qu'«on ne règle pas les conflits sociaux par la force policière[47]».

Comme le spectre du communisme est servi à toutes les sauces — sur la scène internationale, et particulièrement aux États-Unis, c'est le début de la guerre des nerfs et de la chasse aux sorcières —, Filion soutient que pour combattre efficacement le communisme il faut commencer par le comprendre. «Ceux qui prétendent combattre le communisme, tout en refusant de traiter le travailleur comme un homme, s'agitent et parlent en vain; ce sont des cymbales retentissantes[48].»

Faisant la part des choses, *Le Devoir* n'endosse pas automatiquement toutes les positions des chefs ouvriers. Dans le conflit des salaisons, impliquant le Congrès canadien du travail et le CIO, *Le Devoir*, tout en reconnaissant le bien-fondé des demandes des ouvriers, n'hésite pas à confondre les idéologies des dirigeants syndicaux qui réclament à grands cris l'intervention du *Big Brother* fédéral.

C'est là une attaque directe à l'autonomie provinciale. «Nul syndicat n'a le droit d'exiger qu'un État provincial abandonne ainsi l'exercice de ses prérogatives essentielles[49]», écrit André Laurendeau, qui ajoute que les chefs ouvriers (un de ses proches est impliqué dans ce conflit) devraient d'abord songer au bien-être des ouvriers en cause et moins à leurs idéologies centralisatrices. «Après tout il s'agit d'une grève des abattoirs et non d'une grève CCF[50].»

On ne compte pas le nombre de conflits qui ont éclaté en cette période. Laurendeau, avec le doigté qu'on lui connaît, essaie de faire la part des choses et de ne pas mettre tous les blâmes du même bord. Il écrit :

En matière de conflits ouvriers, il n'y a que des cas d'espèces. La mystique de la grève à tout prix ne vaut pas mieux que la condamnation de toutes les grèves. Il ne faut pas voir des bandits là où il y a des ouvriers persécutés, ni des martyrs là où sont des coupables[51].

C'est le moment choisi par la revue *Relations*, dirigée par les pères jésuites, pour introduire sur la scène des problèmes sociaux, celui des maladies industrielles, plus précisément la silicose. L'exemple fourni est la China Clay de Saint-Rémi d'Amherst. Pour des raisons assez obscures, l'archevêque de Montréal intervient dans le débat. *Relations* doit faire des excuses et son directeur, le père D'Auteuil Richard, doit démissionner.

Le Devoir prend la relève et, après vérification des faits, réclame une «enquête publique et immédiate[52]».

Avec le même collaborateur qu'avait *Relations*, Burton LeDoux, il transpose le problème dans la région de l'amiante et l'on parlera par la suite de l'amiantose.

À la veille de l'élection de juillet 1948, André Laurendeau se demande si le gouvernement ne profitera pas de l'occasion pour étouffer l'affaire de Saint-Rémi et écraser son ministre du Travail, Antonio Barrette, qui a déjà pris position en cette affaire[53]. Quelques mois auparavant, Laurendeau avait félicité le ministre pour ses interventions rapides et efficaces dans les conflits du textile[54], Empire Shirt à Louiseville et Dominion Textile à Montréal.

Le Devoir n'a pas permis à Duplessis de reléguer le problème des maladies industrielles aux oubliettes. Au lendemain de l'élection, Burton LeDoux expose la situation non moins reluisante d'East Broughton[55]. À peine un mois plus tard, la grève éclate à Asbestos, puis à Thedford-Mines. Le Devoir, il est à peu près le seul, s'engage dans la lutte. Il dépêche Gérard Pelletier sur les lieux. Cela deviendra le conflit majeur de tout le règne duplessiste.

L'archevêque de Montréal entre, lui aussi, dans la bataille, du côté des ouvriers, et des quêtes auront lieu dans les églises pour organiser des convois de vivres destinés aux familles des ouvriers en grève.

À ceux qui pouvaient douter de l'opportunité des gestes posés, André Laurendeau écrit :

> Si j'étais ouvrier de l'amiante, je refuserais de travailler un jour de plus dans cette atmosphère empoisonnée, que mon acte soit légal ou pas, car au-dessus de la loi il y a le droit à la santé et le droit à la vie. Et il est faux, contraire à la doctrine chrétienne, qu'une cause soit nécessairement injuste parce qu'elle est illégale[56].

Pour Duplessis, tout ça revient à une affaire de communisme. Par la voix de son journal, Montréal-Matin, il

> regrette que Le Devoir s'ingénie à dénaturer les faits, à faire de la basse démagogie, et à imiter, même en la dépassant, la campagne des communistes, qui procèdent toujours suivant une tactique bien connue : celle de tenter de déprécier les lois et l'autorité, et encourager le désordre et le sabotage[56].

À l'intention des lecteurs qui pourraient être partagés entre la «conduite du Devoir» et les diktats du «cheuf», Laurendeau, dans son style très clair, écrit :

> Nous sommes opposés au communisme, c'est vrai, et aussi profondément qu'on peut l'être. Non pas un anticommunisme primitif, d'origine financière, mais d'abord pour des motifs spirituels et religieux. Et nous savons qu'on écrase rarement les idées avec des matraques ou des canons[58].

Après l'intervention de Mgr Charbonneau et devant l'ampleur du conflit, les grands journaux et la radio ont emboîté le pas. En fin d'année, une sentence arbitrale accordera une majoration de salaire de dix cents l'heure, et autres avantages, ce qui mettra fin au conflit au début de 1950.

Le Devoir verra son influence prendre de l'ampleur, mais il perdra un ami précieux en la personne de Mgr Charbonneau qui doit précipitamment s'expatrier à Victoria.

LA MORALITÉ PUBLIQUE À MONTRÉAL

Au cours de la guerre, le vice organisé a pris une ampleur telle à Montréal que l'armée canadienne a dû interdire aux militaires l'accès au quartier connu sous le nom de *Red Light* compris entre les rues Sanguinet, Craig, aujourd'hui Saint-Antoine, Saint-Dominique et Ontario. L'enquête Cannon (1944) sur l'escouade des mœurs de la police provinciale et les tentatives de Me J.-J. Penverne, au nom de la Ligue de vigilance, d'obtenir une enquête approfondie sur le vice commercialisé à Montréal (1946) n'ont rien donné. Au Service de la police de Montréal, un climat de suspicion s'installe et les dénonciations inter-services vont bon train.

Me Pacifique Plante, greffier de la Cour municipale, devenu conseiller juridique à l'escouade de la moralité, puis chef de l'escouade et directeur adjoint du Service, est congédié par l'administration municipale à la suite d'une dénonciation présentée par le chef de police, Albert Langlois.

C'est une période où Filion s'amuse. Il a bien mis son personnel en garde contre les actions en diffamation ou en dommages, mais il ne peut s'empêcher lui-même de dépasser quelque peu les bornes, histoire de se dilater la rate.

Sa première victime est le sénateur T.D. Bouchard qu'il traite de fripon en parodiant Boileau : «Nous appellerons un chat un chat, et Bouchard un fripon.» Le procès lui a valu une pinte de bon sang et une amende de 200 $, amende que plusieurs lecteurs se sont empressés de lui rembourser. Même le sénateur Bouchard a souscrit 100 $, lors de la campagne des Amis du *Devoir* qui a suivi[59].

Au début de juillet 1947, *La Presse*, dans son supplément du samedi, publie une grande photo en couleurs de Miss Montréal et de Miss Québec, récemment élues. Ayant appris que les deux demoiselles étaient de «petite vertu», Filion demande à son «chef de pupitre» d'emprunter le cliché de *La Presse* (parce qu'il n'a pas les moyens de s'en faire faire un) et le publie[60] avec, en complément d'information, le très long casier judiciaire des demoi-selles. Il s'ensuit, évidemment, deux actions en dommages de 15 000 $ chacune.

Le congédiement de Pax Plante suscite des commentaires de la part de Filion. Ils impliquent deux *recorders* qui se seraient consultés avant de dénoncer Pacifique Plante. Ce qui fait dire au directeur du *Devoir* que le congédiement de Pax Plante est le fruit d'une conspiration.

Le *recorder* Léonce Plante proteste et veut expliquer pourquoi il a consulté son collègue Mᵉ Lagarde. Filion titre la nouvelle : «Le *recorder* Plante admet avoir eu une entrevue avec le recorder Lagarde». Le lende-main, *Le Devoir* publie le rapport qu'un troisième *recorder* fait parvenir à l'administration, rapport favorable à Pax Plante. Et Filion de titrer : «L'opi-nion d'un recorder intelligent et honnête».

Le *recorder* Plante intente une action. C'est Filion qui rédige la nou-velle sous le titre : «Mᵉ Léonce Plante s'estime endommagé pour 10 000 dollars». Et la nouvelle précise :

> Notons toutefois que Miss Montréal et Miss Québec (le *recorder* Plante les a sans doute jugées plusieurs fois) estiment, elles, leur honneur à 15 000 dol-lars. Elles ont d'ailleurs, avec beaucoup de jugement, laissé tomber leurs actions. Il serait étonnant que le recorder Plante ne fît pas la même chose»[61]...

Le *recorder* Lagarde, jusque-là demeuré silencieux, intenta une action à son tour, mais les deux retirèrent leur plainte après avoir demandé au *Devoir* de publier une rectification. Ce que fit Gérard Filion, de bonne grâce, mais dans un billet de son pseudonyme, le notaire de la Rabastallière. De nombreux lecteurs ont cru que Filion avait poussé l'outrecuidance jusqu'à inventer de toutes pièces la demande des *recorders*.

Environ un an après, Pax Plante, qui s'était retiré après son congédie-ment, se présente à Filion pour le convaincre qu'il peut, à l'aide des milliers de documents en sa possession, prouver l'existence d'un réseau de protec-tion favorisant le vice organisé.

Filion n'hésite pas. Il met Gérard Pelletier, qui en a terminé avec le conflit de l'amiante, à la disposition de Plante, et *Le Devoir* se lance dans la publication d'une série d'articles sous la rubrique «Montréal sous le règne de la pègre»[62].

Parallèlement aux articles de Plante, Pierre Laporte publie une série de reportages pour démontrer que les tripots du temps de guerre continuent leurs activités florissantes sous le regard complaisant de la police.

Il va sans dire que *Le Devoir* était sous une surveillance constante de la part de la police, chaque étage était protégé par un ou deux sergents-détectives.

Par la suite un comité de moralité publique, appuyé par les Ligues du Sacré-Cœur, réclame une enquête publique. «Ce qui s'ensuivit eut un impact énorme sur le destin de Montréal. C'est à partir des articles de Pax Plante que commença l'ère de Jean Drapeau.» Le rôle de chien de garde joué par *Le Devoir* aura une fois de plus éveillé la conscience publique.

L'enquête publique, présidée par le juge François Caron, débutera le 11 septembre 1950 pour se terminer, après de nombreuses tergiversations, le 2 avril 1953.

Jugement a été rendu le 8 août 1954. Dans un éditorial intitulé «Condamnation d'un système de tolérance», Paul Sauriol, rappelant que le pouvoir d'enquête s'arrêtait au 1er mai 1950 et portait sur des actes incriminables déterminés, signale que le jugement politique que doivent rendre les électeurs le 25 octobre suivant n'est pas du même ordre.

> Il peut et doit porter, lui, sur «les erreurs de jugement», comme sur l'apathie et l'inaction à l'égard des besoins les plus urgents de la population montréalaise, d'une administration qui trouvait tant de vigueur pour étouffer une enquête dont la nécessité éclate[63].

Le 25 octobre 1954, l'équipe Drapeau-DesMarais entrait à l'Hôtel de ville, «*Le Devoir* a mené à bien une autre campagne»[64].

UN HOMME À FAIRE BATTRE

1950, c'est le quarantième anniversaire du *Devoir*. À cette occasion, Gérard Filion en profite pour faire le point et dresser un parallèle entre *Le Devoir* d'hier et celui d'aujourd'hui[65].

Il rappelle tout d'abord que *Le Devoir* fut fondé alors que les libéraux étaient tout-puissants et qu'il a acquis dès ses débuts, dans les milieux populaires, même s'il persistait à se proclamer indépendant, la renommée de journal anti-libéral.

En 1931, l'on retrouvait la situation de 1950 à l'inverse. Le seul élément d'opposition réelle à la toute-puissance des libéraux, *Le Devoir* faisait figure d'organe conservateur.

En 1948, faute de mieux, *Le Devoir* appuie mollement Duplessis. Deux années plus tard il ne reste qu'une poignée de libéraux et *Le Devoir* est le seul à faire face au gouvernement en place.

> Duplessis n'est pas un mauvais garçon, mais il est tellement entouré de flatteurs qu'il finit par se croire plus fin que tout le monde et à l'abri des erreurs et des fautes.

> [...] nous avons condamné, chez le gouvernement actuel, une libéralité scandaleuse dans l'aliénation de nos richesses naturelles, la mainmise de la politique sur les écoles, l'utilisation de la force brutale pour le règlement des conflits sociaux, une négligence coupable en matière d'hygiène industrielle, une attitude stérile en matière de lutte contre le communisme ; ces positions sont toutes dans la tradition du *Devoir*.

D'autre part Filion insiste pour faire valoir que *Le Devoir*, mettant de côté son antipathie naturelle envers Duplessis, n'a pas ménagé son appui au gouvernement de la province quand il a résisté, autrement que par de vaines paroles, à la politique accapareuse d'Ottawa. «Cela aussi», dit-il, «est dans la tradition du *Devoir*.»

> Selon que nous attaquons les rouges ou les bleus, les bleus ou les rouges se réjouissent. Quand nous faisons la vie dure à M. Duplessis, les rouges disent : «*Le Devoir* c'est un journal intéressant.» Quand nous secouons le chignon des libéraux, les bleus disent : «*Le Devoir* se replace.» Quand nous pourfendons les uns et les autres, les deux disent :«Maudit *Devoir*!»

Face à Ottawa, *Le Devoir* n'a pas été plus tendre. Il a combattu l'impérialisme sous toutes ses formes et a préconisé ouvertement la République du Canada. Quand, à l'instigation des États-Unis qui voulaient faire adopter le plan Marshall, on a créé une psychose de guerre, *Le Devoir* s'est fortement élevé contre les politiques impérialistes du gouvernement King[66].

Le logement et l'éducation ont aussi préoccupé *Le Devoir* durant cette première période de l'administration de Filion. Dans le premier cas, Filion et Laurendeau n'ont eu de cesse de talonner le gouvernement provincial, qui semblait faire la sourde oreille aux demandes multipliées des autorités religieuses et des mouvements sociaux tels que la Ligue ouvrière catholique[67].

C'est à l'occasion de son quarantième anniversaire que *Le Devoir* est allé puiser pour la première fois de la décennie cinquante dans les goussets de ses lecteur[68].

Il devra le faire à quelques reprises par la suite. Il reçoit un appui encourageant de jeunes hommes d'affaires gagnés au nationalisme, de membres de professions libérales et du bas clergé, car la hiérarchie s'abstient. *Le Devoir* ira ainsi chercher environ 400 000 $ qui auront servi à lui maintenir la tête hors de l'eau, chaque fois qu'il a frôlé la noyade.

Le Devoir a eu à clarifier certaines situations avec les autorités religieuses, mais chaque fois cela s'est passé à l'insu des lecteurs et du grand public.

En 1952 on a beaucoup parlé des religieuses qui priaient pour la protection de l'âme de Filion, mais il s'agissait là beaucoup plus des effets d'une campagne de dénigrement dans les milieux politiques que d'une préoccupation de l'autorité religieuse.

Filion s'était alors rendu à Pékin, assister à un congrès pour la paix. Avant d'accepter l'invitation, il avait eu la sagesse de consulter l'archevêque de Montréal et le ministère des Affaires extérieures. Pour sa part, Mgr Léger, sans autoriser le voyage, n'y avait vu aucune objection. Il avait cependant prévenu Filion : « Attendez-vous à être sévèrement critiqué. »

Effectivement, ce voyage a fait beaucoup de bruit. Le « mccarthysme » a connu ses plus beaux jours au pays du Québec. Dans ses mémoires, Filion consacre plusieurs pages à ce moment de sa vie[69].

Les divergences de vues entre *Le Devoir* et l'autorité religieuse, durant les années cinquante, ont fait l'objet de plusieurs échanges entre la direction du journal et des représentants de l'autorité religieuse. Dans ses Mémoires, Filion révèle le détail de ces « pourparlers[70] » qui ont commencé avec Mgr Léger, sur une question purement administrative, le directeur du *Devoir* ayant cru bon d'intervenir pour protester contre la concurrence faite aux laïcs par des communautés religieuses faisant commerce de l'imprimerie. Mgr Léger a défendu la position des communautés tout en profitant de la circonstance pour suggérer à Filion de reprendre Léopold Richer et de fusionner l'hebdomadaire *Notre Temps* au *Devoir*. Cette intrusion de l'archevêque dans les affaires du journal n'a pas eu l'heur de plaire à Gérard Filion.

En 1955, l'évêque auxiliaire de Québec, Mgr Garant, informe Filion que « les évêques ont étudié les attitudes du *Devoir* et sont arrivés à la conclusion que celui-ci ne se comporte pas comme un journal catholique dans les jugements qu'il porte sur les autorités qui nous régissent ». Immédiatement Filion demande : « Dans quelles circonstances précises, dans quels cas concrets *Le Devoir* ne s'est pas comporté comme le voudrait l'Assemblée des évêques ? »

L'incident se termine par une visite chez Mgr Papineau, à l'évêché de Joliette, et « une délicate allusion à la prudence qu'il est bon d'observer dans la conduite des affaires humaines ».

À cette époque, les dissidences se manifestent au sein même de l'Église du Québec. La Faculté des sciences sociales de l'Université Laval, avec le père Lévesque, et la revue *Relations* «seront les deux principales sources de l'opposition cléricale au conservatisme ambiant[71]».

C'est aussi l'époque des abbés Dion et O'Neil qui publient, dans *Ad usum sacerdotum*, un texte dénonçant les mœurs électorales du temps. Les syndicats catholiques, se sentant limités dans leurs actions, songent à modifier leur statut pour devenir la Confédération des syndicats nationaux.

La hiérarchie prend conscience de cette évolution. En 1957, la haute rédaction du *Devoir* répond à une invitation de Mgr Gérard-Marie Coderre, évêque de Saint-Jean, où, au souper, l'on discute des problèmes du journal dans une «atmosphère détendue; pas l'ombre d'un reproche».

À la fin de la décennie, le rédacteur en chef du *Devoir* soulèvera une certaine tension avec l'autorité religieuse à cause de l'appui qu'il apportera au frère Untel, mais le tout rentrera dans l'ordre au début de 1962 alors que le cardinal Léger et Gérard Filion auront une rencontre très amicale.

L'ère du Concile, de la laïcisation marquera la fin des ennuis du *Devoir* avec les autorités religieuses.

DÉPARTS ET GRÈVE

La décennie cinquante sera assombrie par le départ des deux plus grandes figures qui ont fait leur marque au *Devoir*, et par un conflit de travail qui laissera des traces d'amertume tant chez les employés que chez les lecteurs et amis du journal.

Le 1er septembre 1952 s'éteignait le fondateur du *Devoir*, Henri Bourassa. Même s'il avait quitté la direction du journal depuis plus de vingt ans, il demeurait toujours l'image du *Devoir*, dont il était le père et que, dans plusieurs cas, l'on continuait de lire à cause de lui.

Le samedi 25 octobre, *Le Devoir* publie un imposant «Hommage à Henri Bourassa», supplément de quarante pages rappelant les grands moments et les principales prises de position de son fondateur.

C'est aussi au cours de cette décennie que la maladie forcera Omer Héroux, collaborateur de la première heure d'Henri Bourassa, à quitter *Le Devoir*, après avoir œuvré pendant quarante-six ans à défendre toutes les causes qui se sont présentées à lui et laissant un souvenir ineffaçable particulièrement chez les minorités françaises des autres provinces du Canada, de la Nouvelle-Angleterre et de la Louisiane.

En 1955, *Le Devoir* traverse l'une des plus dures épreuves de son histoire. Le 20 avril, un conflit avec les typographes déchire le personnel de toute la boîte, jusque-là très uni.

Les typographes, membres de l'Union internationale Jacques-Cartier, exigent le même salaire que dans les autres ateliers. *Le Devoir* n'a pas les moyens financiers de répondre à cette exigence. Filion, prévenant la grève, décrète le lock-out. Les journalistes, membres du Syndicat national des journalistes, sont invités, par leurs dirigeants syndicaux, à ne pas traverser la ligne de piquetage. La majorité des membres veulent sauver le journal et rentrent au travail, et sont expulsés du syndicat. Ce n'est que plusieurs années plus tard qu'ils réintégreront les rangs. Ce conflit aura laissé des traces d'amertume que seules les aventures des années qui suivront réussiront à atténuer.

Il faut mettre fin à l'autoritarisme

Durant les années cinquante, *Le Devoir* a consacré toutes ses énergies à mettre fin à l'autoritarisme de Duplessis.

Ce gouvernement réactionnaire, qui pratiquait la «politique du bas de laine» à outrance, n'avait aucune politique sociale, son principal souci étant d'éviter les dettes. *Le Devoir* a tenté alors de rallier les opposants, de les regrouper et de présenter un front commun à ce gouvernement qui devenait de plus en plus autoritaire.

C'est alors que l'on a pu évaluer la faiblesse des libéraux, des créditistes et des nationalistes. Toutes les stratégies élaborées ont échoué lamentablement. *Le Devoir*, à la veille de l'élection de 1956, publie un numéro spécial pour étaler les tares de l'Union nationale[72].

Pierre Laporte obtient un congé pour se lancer en politique active. Il sera candidat indépendant dans le comté de Montréal-Laurier. Rien n'y fait. Duplessis et son parti balayent encore une fois la province. Ce qui fera écrire à Filion: «La population est prête à pardonner les faiblesses et les scandales pourvu qu'elle mange bien et qu'elle s'amuse[73].»

Le dernier grand coup

Le dernier grand coup porté par *Le Devoir* à l'Union nationale sera celui du scandale du gaz naturel. C'est aussi à cette occasion que Duplessis tentera le tout pour le tout contre le journal qu'il ne peut plus endurer, mais ce sera en vain.

À la suite de la loi du 21 février 1957 autorisant l'Hydro-Québec à vendre son réseau de gaz à la Corporation de gaz naturel du Québec, fondée en 1955, Filion flaire quelque chose de louche. Il demande à Pierre Laporte de faire enquête. Déjà à Ottawa a éclaté le scandale de la Trans-Canada Pipeline, qui a entraîné le départ du ministre Donald Fleming. À Toronto, trois ministres sont forcés de démissionner dans une affaire de moindre importance.

Le 13 juin 1958, *Le Devoir* titre à la une : « Scandale à la Corporation de gaz naturel du Québec » et étale au grand jour comment des membres du gouvernement de l'Union nationale ont voté une loi autorisant la vente du réseau de gaz, et comment, comme individus, ils ont acquis des actions de la compagnie devant acheter le réseau.

Quotidiennement *Le Devoir* revient à la charge en donnant plus de détails. Le 28 août c'est le grand coup. Une édition spéciale mentionne les noms de profiteurs : huit ministres et cinq conseillers législatifs.

La saga judiciaire commence. Duplessis perd son calme. Il engueule Mario Cardinal publiquement, en utilisant les plus vulgaires expressions dont il est capable. Quelques semaines plus tard, il fait expulser, *manu militari*, Guy Lamarche, d'une conférence de presse donnée en son bureau.

Voulant écraser *Le Devoir*, Duplessis, malhabilement, fait prendre des actions en dommages de 1 000 $ par chacun des accusés, et ce, dans à peu près tous les districts judiciaires où est distribué le journal. Cette manœuvre qui avait visiblement pour but de faire juger *Le Devoir* par des tribunaux de juridiction provinciale a effectivement eu pour effet d'attirer des sympathies insoupçonnées au journal. De tous les coins de la province des avocats ont offert leurs services bénévolement pour défendre *Le Devoir*.

Des menaces politiques sont en même temps proférées contre les livreurs du journal en dehors de Montréal. On leur fait valoir que la plaque « F » est un privilège et que le détenteur doit « mériter » ce privilège. (On se rappelle les explications fournies par M. Duplessis quand, une dizaine d'années plus tôt, il a enlevé le permis du restaurateur Roncarelli qui soutenait les Témoins de Jéhovah !)

Encore là *Le Devoir* a pu compter sur ses amis. Des propriétaires de PME n'ont pas hésité à mettre leurs camions à la disposition du service du tirage pour faire transporter illicitement *Le Devoir* à Trois-Rivières et à Québec.

La Police provinciale, malgré sa surveillance, n'a pu déjouer la manœuvre des Amis du *Devoir*, lequel, tous les matins, continuait à être distribué à l'intérieur des murs de la Vieille Capitale.

Cette saga a continué jusqu'au décès prématuré du chef de l'Union nationale. Par la suite, un à un les ministres et conseillers législatifs ont laissé tomber les procédures judiciaires[74].

LA FIN D'UNE ÉPOQUE

Le 5 septembre 1959 devait marquer la fin d'une époque. En tournée sur la Côte nord, où il devait présider l'ouverture d'une usine, Maurice Duplessis est terrassé. Il est impossible de le transporter et il mourra sur place au milieu de ses collaborateurs et amis politiques.

Dans un billet signé «La Direction» et publié en première page du *Devoir*, laquelle est consacrée entièrement à l'événement, Filion, sous le titre «Un adversaire politique n'est pas un ennemi», écrivait :

Ce que nous avons combattu chez M. Duplessis ce sont quelques idées et certaines méthodes politiques et administratives.

C'était notre droit. Mais au-delà des divergences de vues, nous avons toujours entretenu, pour l'homme, beaucoup d'estime, et une certaine admiration[75].

Dans la même page du *Devoir* du 7 septembre, Laurendeau signait un autre billet intitulé : «Sans avoir connu l'amertume de la défaite, Maurice Duplessis tombe comme un combattant.»

Trente ans plus tard, dans ses Mémoires, *Fais ce que peux*, Gérard Filion sent encore l'obligation d'expliquer : «Pour nous, Duplessis était un adversaire qu'il fallait faire battre, mais pas un ennemi qu'il fallait abattre.»

UNE NOUVELLE ÈRE

Aussitôt après le décès de Maurice Duplessis, on a ressenti au Québec, et particulièrement dans les couloirs du Parlement, le souffle d'une ère nouvelle. Son successeur, Paul Sauvé, a fait naître des espoirs dans tous les domaines, mais la mort a fauché cet homme prometteur cent jours plus tard. L'ancien ministre du Travail, Antonio Barrette, même s'il était très estimé, ne possédait pas l'envergure voulue pour redresser l'Union nationale.

Après l'élection de 1956, peut-être la plus sale de l'histoire du Québec, le leader libéral, Georges-Émile Lapalme, s'était mis à la tâche pour renouveler le Parti libéral. Malgré les fédéralistes à tout crin, il a réussi à modifier sensiblement la philosophie de son parti, travail qui a bénéficié à Jean Lesage, venu d'Ottawa, mais qui, dès ses premiers gestes, a démontré qu'il entendait faire respecter les droits et privilèges du Québec. C'est dire que sur le plan provincial *Le Devoir* devenait «observateur» avant de porter jugement.

D'autre part, depuis l'élection de Diefenbaker à Ottawa en 1956, la situation des Canadiens français s'est détériorée. «Jamais, depuis Bennett, croyons-nous, les Canadiens français ne se sont sentis absents des affaires du pays, au point où ils le sont sous Diefenbaker.»

Le Devoir s'en prend aussi à Trudeau «qui affiche une volonté de ne pas comprendre et de tout confondre» et insiste, devant la montée du nationalisme, sur la nécessité de repenser la Constitution.[76].

L'arrivée au pouvoir de Pearson jette, en quelque sorte, un baume sur le malaise nationaliste. *Le Devoir* est temporairement placé en situation de réflexion. Vieux soldat qui a combattu farouchement un régime au cours de la dernière décennie, il n'a plus de cible précise. Il doit se faire observateur, surveiller les nouveaux dirigeants, les jauger et voir à ce qu'ils remplissent les promesses qu'ils ont faites. *Le Devoir*, tout comme son directeur, tout juste sorti de deux décennies de luttes féroces, traverse une période difficile. «Habitué à critiquer, souvent avec hargne, je n'arrivais pas facilement à trouver le ton calme, à cultiver la sagesse qui sied en pareilles circonstances», écrira Filion avec trente ans de recul[77].

C'est à ce moment que Gérard Filion décida de tenter de réaliser ce qu'il avait prêché au cours des vingt dernières années.

Il accepte de siéger à la Commission royale d'enquête sur l'enseignement, l'un des organismes provinciaux qui a amorcé la Révolution tranquille. Puis, il accepte de siéger au Conseil des Arts du Canada et, une fois parti, pourquoi pas se rapprocher de sa petite patrie[78], la mairie de Montarville, la commission scolaire locale et la Commission scolaire régionale de Chambly.

Celui qui n'aime pas écrire se détache petit à petit de son cahier de devoirs! En 1962, avant son départ définitif, il appuie allègrement le Parti libéral qui préconise la nationalisation de l'électricité. *Le Devoir* ne pouvait pas manquer d'être partie à une réalisation qui devait marquer l'orientation du développement économique de la province de Québec.

La même année, Claude Ryan lui fait part de son acceptation de l'invitation qu'il lui avait faite, l'année précédente, de se joindre à l'équipe du *Devoir*. Un comité de trois administrateurs est formé pour diriger *Le Devoir*: Laurendeau, Sauriol, Ryan. Filion, qui avait refusé la présence d'une belle-mère en 1945, demeurera, quelques années, membre du conseil d'administration.

Sur la scène fédérale, Pearson dès son arrivée au pouvoir, crée la Commission royale d'enquête sur le caractère multiculturel et le statut bilingue de la société canadienne.

Laurendeau, qui a écrit à maintes et maintes reprises sur le sujet, est invité à coprésider cet organisme qui sera connu sous le nom de la Commission Laurendeau-Dunton. À son tour il devra s'absenter de plus en plus du *Devoir* et Ryan se verra dans l'obligation d'administrer seul les affaires du journal. Le 1er mai 1964 il deviendra officiellement directeur pour un mandat de dix ans.

Le Devoir, qui, depuis 1960, a vu son tirage passer de 38 600 à 48 284 exemplaires[79], a déjà modifié sensiblement sa facture. Depuis la mort de Duplessis, il avait commencé une certaine mutation. Selon un désir exprimé par Filion dix ans auparavant, *Le Devoir* se devait de devenir un véhicule d'information. Michel Roy, qui a vécu cette période intensément, écrivait, dans son dernier article avant son départ pour *La Presse* :

> *Le Devoir* réalisa une synthèse qui le distingua dans le journalisme d'ici et en fit une sorte de précurseur de la révolution tranquille dans l'information. [...] *Le Devoir* constituait aussi un instrument de combat et de promotion politique ; les dernières années du régime Duplessis et les premières années de la révolution tranquille lui ont conféré, grâce à cette action conjuguée, ce rôle prodigieux de chroniqueur journalier des transformations qui secouent la société québécoise[80].

C'est dans cet esprit que *Le Devoir,* sous un nouveau directorat, entreprend, avec confiance, une nouvelle décennie.

Jean-Marc LALIBERTÉ
Journaliste au *Devoir*
de 1939 à 1965

1. « Si nous devons partir en guerre », *Le Devoir,* 15 avril 1939.

2. « Nos deux partis politiques », *ibid.,* 21 juin 1939.

3. *Ibid.,* éditorial, 23 octobre 1939.

4. Tel que rapporté dans *Le Devoir,* le 2 octobre 1939.

5. André Beaulieu et Jean Hamelin, *La presse québécoise,* IV : 1896-1910, Québec, PUL, 1979, p. 328.

6. *Le Devoir,* numéro du 30e anniversaire, 24 février 1940.

7. *Ibid.,* éditorial, 31 janvier 1942.

8. *Ibid.,* 21 février 1942.

9. *Ibid.,* 25 avril 1942.

10. *Ibid.,* éditorial, 2 mai 1942.

11. *Ibid.,* chronique de Léopold Richer, 11 juin 1942.

12. *Ibid.,* 30 juin 1942.

13. *Ibid.,* éditorial, 18 mai 1942.

14. *Ibid.,* 10 juin 1942.

15. *Ibid.,* 13 octobre 1942.

16. *Ibid.,* 17 juin 1943.

17. *Ibid.,* 17 juin 1942.

18. *Ibid.,* 25 juin 1942.

19. *Ibid.,* 30 janvier 1942.

20. *Ibid.,* 13 février 1943.

21. *Ibid.,* 21 juin 1943.

22. *Ibid.,* 19 juillet 1943.

23. *Ibid.,* 24 juin 1943.

24. *Ibid.,* 25 mars 1943.

25. *Ibid.,* 10 avril 1943.

26. *Ibid.,* 17 octobre 1942.

27. *Ibid.,* 8 septembre 1943.

28. *Ibid.,* 22 juillet 1944.

29. *Ibid.,* 22 décembre 1944.

30. *Ibid.,* 7 octobre 1946.

31. *Ibid.,* 3 octobre 1946.

32. *Ibid.,* 6 octobre 1946.

33. *Canadian Advertising* (CARD), vol. 19, n°s 1-4, 1946; vol. 20, n° 1, 1947.

34. Pierre-Philippe Gingras, *Le Devoir*, Libre Expression, 1985, p. 130.

35. *Ibid.,* p. 129.

36. *Le Devoir*, 11 avril 1947.

37. Gérard Filion, *Fais ce que peux*, Boréal, 1989, p. 205-208, 214, 217, 222, 223.

38. *Ibid.,* p. 211.

39. *Le Devoir*, 21 février 1948.

40. *Canadian Advertising*, vol. 20, n° 3, p. 23, n° 4, p. 25, n°s 1 et 3, p. 27, n°s 4 et 5.

41. *Ibid.,* p. 31 n° 5.

42. Gérard Filion, *op. cit.*, p. 208-209.

43. Denis Monière, *André Laurendeau*, Québec-Amérique, 1983, p. 47.

44. *Le Devoir*, 8 juillet 1947.

45. *Ibid.,* 9 septembre 1947.

46. *Ibid.,* série d'éditoriaux entre le 14 et le 22 avril 1947.

47. *Ibid.,* 11 mai 1947.

48. *Ibid.,* 14 juin 1947.

49. *Ibid.*, 16 sept. 1947.

50. *Ibid.*, 30 sept. 1947.

51. *Ibid.*, 11 oct. 1947.

52. *Ibid.*, reportage de Gérard Pelletier, 17 avril 1948.

53. *Ibid.*, 16 juin 1948.

54. *Ibid.*, 29 sept. et 10 nov. 1947. Dans le second cas, Laurendeau a écrit : «C'est fort un gouvernement qui met tout son poids du côté de la justice.»

55. *Ibid.*, 12 janvier 1949.

56. *Ibid.*, 29 mars 1949.

57. Pierre-Philippe Gingras, *Le Devoir*, p. 141 (1985).

58. *Le Devoir*, «Blocs-notes», 6 avril 1949.

59. Gérard Filion, *op. cit.*, p. 253-254.

60. *Le Devoir*, 5 juillet 1947.

61. *Ibid.*, 11 et 12 mai, 3 juin 1948.

62. *Ibid.*, du 28 novembre 1949 au 19 février 1950.

63. *Ibid.*, 9 août 1954.

64. Gérard Filion, *op. cit.*, p. 235-236.

65. Pierre-Philippe Gingras, *Le Devoir*, p. 152 et 154.

66. *Le Devoir*, voir entre autres : 3 et 6 avril et 1er mai 1948.

67. *Ibid.*, 18 sept., 18 oct., 20 nov. 1947, 24 fév. 1948.

68. Gérard Filion, *op. cit.*, p. 252 et 253.

69. *Ibid.*, p. 254 à 264.

70. *Ibid.*, p. 219 à 229.

71. Denis Monière, *op. cit.*, p. 204, 205.

72. *Le Devoir*, 29 mai 1956.

73. Pierre-Philippe Gingras, *Le Devoir*, p.163.

74. On trouvera des récits détaillés de ce dernier coup porté par *Le Devoir* au régime Duplessis, dans les ouvrages déjà cités : *Le Devoir*, de Pierre-Philippe Gingras, p. 163-181, et «*Fais ce que peux*», de Gérard Filion, p. 265-279.

75. *Le Devoir*, 7 septembre 1959.

76. *Ibid.*, 5 mars et 18 sept. 1961.

77. Gérard Filion, *op. cit.*, p. 283 et 284.

78. *Ibid.*, p. 284.

79. André Beaulieu et Jean Hamelin, *La Presse québécoise*, tome IV, 1896-1910, Québec, PUL, 1979, p. 328.

80. *Le Devoir*, 19 février 1982.

IDÉES ET STRUCTURES
1964-1993

LES DIRECTEURS DU *DEVOIR* ET L'OPINION : ÉLECTIONS, LANGUE ET CONSTITUTION*

Qui ne se souvient de ce NON (9 juillet 1992) lancé comme un coup de poing par la directrice Lise Bissonnette à l'occasion de son commentaire sur la conclusion des accords de Toronto en juillet 1992 ? Il y avait dans ce simple mot toute l'essence d'un bon éditorial du *Devoir* : la capacité d'analyser à chaud des événements marquants et complexes en se référant notamment à ceux qui les ont précédés, un style, une prise de position claire. Et un accord avec l'état général de l'opinion, comme allait d'ailleurs le prouver le résultat du référendum de Charlottetown, l'automne suivant.

Ce court texte voudrait être une sorte de parcours libre des rapports qu'entretiennent depuis une trentaine d'années *Le Devoir* et l'opinion québécoise. L'appareillage archivistique s'y est fait léger : quelques éditoriaux des directeurs successifs qu'a connus le quotidien depuis Claude Ryan ; des éditoriaux qui portent d'ailleurs presque seulement sur les élections provinciales, la langue et la Constitution. Juste de quoi suggérer que *Le Devoir*, tout journal de l'«élite intellectuelle» qu'il soit, a traduit globalement plus fidèlement qu'on serait porté peut-être à l'estimer (à l'exception notoire de son jugement sur la loi 101) l'état de l'opinion, la réflexion de la société québécoise sur elle-même, ses choix et ses hésitations.

Prenez les élections provinciales. La dernière fois que *Le Devoir* les a perdues, c'était en 1956. Gérard Filion, alors directeur, s'était prononcé en faveur des libéraux de Georges-Émile Lapalme[1]. Mais malgré cet appel,

---

* L'auteur tient à remercier M. Gilles Paré, directeur du Centre de documentation du *Devoir*, ainsi que M. Yvan Lamonde, professeur à l'Université McGill.

malgré la télévision de Radio-Canada et *Cité libre*, malgré les grévistes de Louiseville un peu auparavant et malgré, enfin, ceux des Montréalais qui avaient porté à la mairie le Jean Drapeau de l'enquête sur la moralité, le régime Duplessis réussit à survivre à sa propre décomposition. L'heure de la Révolution tranquille ne sonnerait qu'à l'élection suivante. Depuis ce temps, par contre, les convictions des directeurs du *Devoir*, avec lesquelles aucun d'eux n'a jamais transigé, se sont d'une fois à l'autre trouvées accordées à celles de l'électorat. Même en 1976, lorsque Claude Ryan, à la surprise de plusieurs, a souhaité l'élection d'un gouvernement péquiste[2]. Et même en 1989, quand, rompant assez clairement avec l'orientation nationaliste du journal, Benoît Lauzière s'est dit suffisamment rebuté par l'option souverainiste pour préférer l'équipe libérale (22 septembre 1989).

◆
◆ ◆

Lisez maintenant *Le Devoir* des années 1965 à 1971. On trouve sous la plume de Claude Ryan à la fois la formulation de l'idéologie dominante de l'époque et son écho. Les éditoriaux qui analysent le processus de mise en place du régime québécois d'assurance-maladie témoignent bien des options plus générales du quotidien quant au rôle de l'État, au partage des juridictions, à la nature des relations qui doivent exister entre les deux ordres de gouvernement. Elle est bel et bien disparue la méfiance tradition-nelle envers les interventions de l'État dans les champs qui relèvent des services sociaux. Claude Ryan l'appelle au contraire, tout comme la société québécoise de la Révolution tranquille, surtout si cette intervention est «raisonnable et modérée» (4 septembre 1970). Le fédéralisme souple à la mode de Pearson lui convient également : bien que l'instauration des normes «nationales» en santé par le fédéral heurte les dispositions de la Constitution, les exigence d'Ottawa sont si minimales, d'une part, et, d'au-tre part, les discussions entre les provinces pour parvenir aux mêmes fins risquent d'être si longues qu'il vaut mieux, juge Claude Ryan en 1965, ne pas s'en tenir rigidement aux principes et accepter en ce cas l'initiative fédérale (21 juillet 1965).

Ce qui marque le passage de Claude Ryan au *Devoir*, c'est justement ce souci, bien dans la ligne de la recherche du consensus au centre caracté-ristique de l'opinion québécoise, de promouvoir une position mitoyenne, pragmatique, loin de ce qui est perçu comme des intransigeances. Ce qui conduit le journal à s'opposer autant au Trudeau de la charte de Victoria qu'au Laurin de la Charte de la langue française.

Ni indépendantiste comme le Rassemblement pour l'indépendance nationale puis le Parti québécois première mouture, ni centraliste comme le gouvernement fédéral de Pierre Elliott Trudeau, *Le Devoir* des années soixante soutient les gouvernements de Lesage, Johnson puis Bertrand dans leur revendication d'un statut particulier pour le Québec. Un statut fondé sur un nouveau partage des juridictions propre à assurer non plus seulement la survie mais le développement de la collectivité francophone. Ottawa s'attache pendant ce temps surtout à obtenir le rapatriement de la Constitution et une formule d'amendement dispensant du recours à Londres. Tout cela mène entre autres à la Conférence de Victoria, en juin 1971, et aux quatre éditoriaux de Claude Ryan sur le sujet.

À quelques mois à peine du dénouement de la crise d'Octobre, au cours de laquelle sa passivité a valu au premier ministre du Québec les critiques acerbes du *Devoir*[3], Claude Ryan n'accorde pas d'emblée sa confiance à Robert Bourassa. Que le premier ministre, écrit-il, s'en tienne à l'échéancier du Québec : la révision constitutionnelle d'abord, le rapatriement et la formule d'amendement ensuite seulement. La conférence commence bien. À l'ouverture, le premier ministre prononce un discours qui sait rallier ses partisans, les souverainistes et *Le Devoir*; il s'y fait le « porte-parole d'une société distincte qui tient par-dessus tout à la préservation et à l'affirmation de son identité propre »; il y exprime « les aspirations de son peuple » (15 juin 1971). Mais les premiers ministres s'enferment ensuite trois jours à huis clos. La rumeur veut que Robert Bourassa laisse alors « entendre à ses collègues qu'il serait enclin à partager leur point de vue sur la plupart des questions mais que des facteurs politiques l'empêcheraient de s'en ouvrir publiquement » (18 juin 1971). Toujours est-il que la charte de Victoria, qui ne retient rien de l'esprit de Pearson, consacre trop la prépondérance fédérale, surtout en matière de politique sociale, pour qu'on y souscrive à la légère (18 juin 1971). Et *Le Devoir* de se joindre aux leaders des mouvements sociaux et nationalistes, à l'Union nationale, à *La Presse* et aux milieux d'affaires pour presser le premier ministre Bourassa de dire NON. Chose finalement faite le 23 juin, au soulagement de tous : « On redécouvre dans ces grands moments combien est intense la réalité d'une conscience nationale distincte au Québec; aucun pouvoir extérieur n'y pourra jamais rien » (25 juin 1971). La recherche d'une troisième voie entre centralisme et indépendance peut ainsi continuer, à laquelle Claude Ryan finira par se consacrer entièrement.

Au nom toujours de la recherche d'une position mitoyenne, le quotidien, sous Ryan, s'oppose aussi à la Charte de la langue française en 1977.

En dépit des affrontements violents qu'a suscités leur application et peut-être même en partie à cause d'eux, les lois 63 et 22, votées en 1969 et

en 1974, ont contribué à ancrer auprès des francophones l'idée que la
protection et la valorisation du statut du français nécessitent le secours
d'une législation touchant des domaines aussi cruciaux que la langue d'enseignement et celle du travail. En 1965 encore, les choses ne paraissaient
pourtant pas si claires. Et lorsque, dans la foulée du rapport préliminaire de
la Commission royale d'enquête sur le bilinguisme et le biculturalisme,
Claude Ryan avait en novembre joint la voix du *Devoir* à celles qui com-
mençaient à réclamer de l'État québécois l'élaboration d'une véritable politique de la langue, il n'avait pu s'empêcher d'avouer se méfier *a priori* d'une
intervention de l'État en ce domaine (20 novembre 1965). La politique
qu'il avait alors proposée était du reste très strictement balisée. Elle se
limitait à encourager l'amélioration de la langue orale et écrite utilisée dans
toutes les activités relevant de l'autorité de l'État, et ne voulait d'une loi et
de règlements que pour affirmer le droit des citoyens à être servis en français
par les entreprises privées de services publics (banque, hôtel, téléphone,
transport, etc.) ainsi que leur droit à lire du français dans l'affichage commercial dans les quartiers ou municipalités où les francophones étaient
majoritaires (20 novembre 1965). Rien par contre pour faire du français la
langue commune au Québec. À la longue, cependant, le directeur du
Devoir avait suivi le même cheminement que ses concitoyens francophones,
ce qui lui avait permis d'approuver même davantage qu'eux le fait que la loi
22 accorde non seulement l'égalité mais la priorité au français, «assortie
d'une reconnaissance libérale des droits de la minorité» (2 avril 1977).

Cette libéralité, il ne la retrouve ni dans le *Livre blanc* sur la langue
que dépose en avril 1977 le ministre Camille Laurin, ni dans le projet de
loi 101 qui lui succède en juillet après trois mois d'un débat musclé auquel
Le Devoir prend part à au moins quatre reprises. Le directeur Ryan analyse
alors la charte dans des termes qui colleront à celle-ci jusqu'à nos jours. La
pensée du *Livre blanc*, en effet, lui paraît «rigide, monolithique, possessive»
(4 avril 1977). Elle traduit «une vision exagérément pessimiste du rapport
des forces linguistiques au Québec et une conception à la fois abusive et
naïve du rôle qui incombe à l'État en ces matières». Et Ryan de montrer
d'emblée du doigt les chapitres qui, précisément, seront plus tard invalidés
par la Cour suprême : ceux qui traitent de la langue de l'Assemblée nationale et des tribunaux en passant outre aux prescriptions de l'article 133 de
la Constitution de 1867 (6 avril 1977), la fameuse clause Québec limitant
l'accès à l'école anglaise aux seuls enfants de foyers anglophones résidant au
Québec avant l'adoption de la loi (14 juillet 1977), ainsi que les dispositions sur l'affichage commercial unilingue français, qui sont pour lui «un
affront direct et intolérable à la liberté du commerce, à la liberté du
consommateur et à la liberté d'expression tout court» (*ibid.*). *Le Devoir* va

même jusqu'à prédire, ce que la suite de l'histoire démentira, que l'adoption de la loi sera suivie de violences plus graves encore que celles qui ont accueilli les deux premières lois linguistiques. Comme si, à cette occasion, le journal avait perdu contact avec une opinion francophone généralement favorable à la charte.

◆
◆ ◆

Puis *Le Devoir* perd son directeur. Claude Ryan accepte en effet de se lancer activement en politique et devient chef du Parti libéral du Québec, l'auteur d'un *Livre beige* qui continue, contre les vents qui malmènent la troisième voie, à prôner un fédéralisme renouvelé dans le sens des aspirations du Québec. Le temps passe, on est à la veille du référendum, le journal n'a toujours pas de directeur. Le 12 mai 1980, la page éditoriale est séparée en quatre : comme la moitié des francophones s'apprêtent à le faire, Michel Roy se prononce pour le «non»; Jean-Claude Leclerc, Michel Nadeau et Lise Bissonnette optent pour le «oui». Ensuite les choses se précipitent; en avril 1982, la reine est invitée à Ottawa pour fêter le rapatriement et la mise en œuvre d'une Constitution élaborée contre le Québec et sans lui. Jean-Louis Roy, le directeur que *Le Devoir* s'est finalement donné en novembre 1980, signe alors deux éditoriaux qui, sur un ton très digne, condamnent sans équivoque et la démarche suivie par Ottawa, et le texte de la nouvelle Constitution en plusieurs de ses parties.

L'entreprise célébrée en cette mi-avril paraît en effet au directeur-historien dénuée de sens pour le Québec. Les libéraux fédéraux, écrit-il, n'ont cherché qu'à imposer à tous, sans leur consentement, un ordre nouveau défini par eux exclusivement. Et Jean-Louis Roy de marquer sa solidarité avec Claude Ryan, chef isolé de son propre parti, dont les députés sont allés festoyer à Ottawa (16 avril 1982).

Or, dans la perspective même du fédéralisme, l'entente constitutionnelle de 1982 paraît à Roy inacceptable. N'offrant aucune des «garanties puissantes» dont le Québec français a besoin pour assurer sa préservation, l'entente va aussi à l'encontre de vingt ans d'histoire puisqu'elle diminue, au lieu de les augmenter, les responsabilités et les prérogatives de l'Assemblée nationale. La formule d'amendement, en outre, consacre le droit de veto du Parlement fédéral et instaure en pratique celui de l'Ontario sur tous les changements constitutionnels à venir, tandis que l'enchâssement de la Charte des droits dans la Constitution révolutionne le partage traditionnel des responsabilités entre le pouvoir judiciaire et le pouvoir politique sans que l'accompagne une révision des modes et des critères de nomination des juges à la Cour suprême apte à rassurer le Québec sur la capacité du plus haut tribunal à saisir sa situation spécifique (17 avril 1982).

Sur cette question de la Charte des droits, Jean-Louis Roy se fait d'ailleurs particulièrement cinglant. Il rappelle quelles pressions les femmes et les autochtones ont dû faire avant de voir, à la toute dernière minute, la protection de leurs droits inscrits dans une charte soucieuse avant tout de celle des droits linguistiques. Et il souligne la géométrie variable des dispositions qui traitent de ceux-ci :

> La formule actuelle limite les pouvoirs du Québec, sans son consentement, au sujet notamment de ses politiques scolaires et linguistiques, mais elle ne crée aucune restriction comparable au gouvernement de l'Ontario par exemple. Il est répugnant de constater que les minorités francophones [...] sont laissées à elles-mêmes et forcées de relancer des batailles juridiques qu'une Constitution convenable devrait éteindre à tout jamais par la reconnaissance de droits réels et précis (17 avril 1982).

Après une charge aussi implacable, on est un peu surpris que Jean-Louis Roy enregistre néanmoins le rapatriement de la Constitution «avec satisfaction». L'étonnement grandit encore lorsqu'en septembre 1982, le directeur du *Devoir* commente favorablement le jugement Deschênes, qui se fonde sur l'article 23 de la Charte canadienne des droits pour invalider la clause Québec de la loi 101. «Avant de lancer une nouvelle guerre sainte, écrit Roy, on ferait bien de réexaminer la conception qui a prévalu chez nous ces dernières années du droit des personnes membres de la minorité anglophone» (9 septembre 1982). Deux jours plus tard, réfléchissant à haute voix sur «la guerre des chartes», Jean-Louis Roy tient la loi 101 responsable en grande partie de la «faillite de la politique linguistique actuelle» et de l'assoupissement des Québécois dans une fausse sécurité linguistique qui les dispense de veiller à la qualité du français qu'ils emploient et de s'attacher à la défense de leur culture. Contre la loi 101, Roy veut faire de chaque Québécois une sentinelle, tout comme Ryan, en 1977, voulait contraindre chacun d'eux «à une double loi d'excellence (en français et en anglais) qui leur permettra de rivaliser aussi avec leurs futurs voisins et collègues du continent» (4 avril 1977).

Au fond, les directeurs Jean-Louis Roy puis Benoît Lauzière après lui ne souhaitent pas se figer dans le dénigrement éternel du coup de force constitutionnel de 1981, fêté au printemps de 1982. L'histoire continue ; et pourvu qu'on accorde au Québec quelque réparation, ils sont prêts à s'accommoder du fait accompli.

Or, comme les propositions d'entente du gouvernement Lévesque en mai 1985, «beau risque» oblige, puis celles du gouvernement Bourassa, qui conduisent à l'accord du lac Meech d'avril 1987, s'inspirent de la recherche d'un statut particulier pour le Québec à l'intérieur du cadre fédéral, Roy et Lauzière se reconnaissent globalement en elles. À Roy, deux des conditions du gouvernement péquiste paraissent excessives : celle qui accorderait au Québec le droit exclusif de déterminer sa langue officielle et de légiférer en matière linguistique dans les domaines de sa compétence, et celle qui accorderait primauté à la Charte québécoise des droits et libertés sur la Charte canadienne des droits (21 et 22 mai 1985). Deux des termes de l'accord du lac Meech laissent aussi Lauzière insatisfait, cette fois non parce qu'ils réclament trop mais parce qu'ils ne protègent pas assez. Ainsi du pouvoir fédéral de dépenser dans les domaines de juridiction provinciale, qui reçoit une reconnaissance constitutionnelle, ce qui est à ses yeux «une grave erreur» (26 mai 1987). Ou de cette conférence annuelle sur la Constitution à laquelle seraient tenus les premiers ministres, qui ne console que par l'espoir la déception de constater que l'entente de Meech non seulement n'offre au Québec aucun nouveau pouvoir mais ne prévoit pas formellement de prochaine discussion sur la question du partage des compétences (*ibid.*). Quant à la «société distincte», qui devient une règle d'interprétation de la Constitution, Lauzière y voit «pour les Québécois et les Canadiens français un pas en avant et une capacité d'en faire d'autres» (27 mai 1987). Au total, donc, pour *Le Devoir* du milieu des années quatre-vingt, un arrangement même imparfait est préférable à l'absence de statut, à la prolongation de l'exclusion du Québec.

L'époque est toutefois divisée, plus que d'autres. Quand Claude Ryan avait dit le «non» du *Devoir* à Victoria, c'était le «non» de tout le monde. Quand Benoit Lauzière soutient presque à fond l'entente du lac Meech, il heurte non seulement les indépendantistes, non seulement les péquistes qui trouvent que le marché est conclu à trop vil prix, mais encore bien des fédéralistes. Des personnalités aussi engagés que Jean-Luc Pépin, ancien coprésident de la Commission sur l'unité canadienne, ou l'éditorialiste Marcel Adam de *La Presse* ne reprochent-ils pas à Meech qui son inspiration trudeauiste (quoique dénoncée par Trudeau lui-même), qui son caractère arbitraire et surtout peu démocratique[4]? C'est-à-dire que les positions du *Devoir* lui valent bien des critiques notamment de la part de ceux qui l'accusent d'avoir renié son orientation nationaliste.

◆
◆   ◆

On connaît la suite. *Le Devoir*, une fois de plus, traverse une période de difficultés financières qui obscurcissent son horizon. Le débat constitutionnel se disperse dans des sentiers où même les exégètes ont du mal à se retrouver. Conduites par Robert Bourassa et Gil Rémillard, les équipes québécoises de négociation se contenteraient de peu, de moins, de moins que rien pour signer un accord. Les choses vont d'ailleurs assez mal pour elles.

D'abord, sur le front de la langue. Une séquence en trois temps. 1) Mai 1988 : la Cour suprême invalide les dispositions de la loi 101 relatives à l'affichage en établissant un lien, déjà fait par Claude Ryan dès 1977, puis Jean-Louis Roy (21 février 1985), entre liberté d'expression et liberté d'affichage commercial dans la langue de son choix. 2) Fin 1988, le gouvernement libéral provincial adopte la loi 178 sur l'affichage commercial qui doit recourir à la clause nonobstant pour se soustraire à tout l'impact du jugement de mai sur le «visage» du Québec. 3) À la suite de l'entrée en vigueur de cette loi, les anglophones du Québec mènent une telle cabale et soulèvent tant l'opinion au Canada anglais que la loi 178 devient le prétexte tout trouvé pour assassiner l'accord du lac Meech, dont les détracteurs se sont multipliés depuis 1987 au Canada anglais. Par ailleurs, les francophones finissent presque par se persuader qu'ils briment les droits fondamentaux de la minorité anglophone québécoise. Parallèlement, les enchères montent sur le front constitutionnel. La série de négociations qui s'ouvre après Meech est toute en «substance»...

Après le départ de Benoît Lauzière, *Le Devoir* retrouve enfin une voix forte. Aussi forte que celle de Ryan au tournant des années soixante-dix. Et aussi capable qu'elle de rassembler autour de positions à la fois très claires et nuancées ce que l'ancien directeur appelait «les esprits sincères» (14 juillet 1977). Ainsi, sans jamais tomber dans ce qui avait pu au cours des années quatre-vingt ressembler à une argumentation partisane, Lise Bissonnette ramène les lecteurs au *Devoir* parce qu'elle sait débrouiller les écheveaux.

Contre la tentation du gouvernement Bourassa, en décembre 1991, de troquer sa loi 178 contre un accord constitutionnel à tout prix, puis contre le surréalisme du Conseil de la langue française, qui suggère en avril 1993 de distinguer selon le mode de propriété des entreprises pour leur appliquer des règlements différents en matière d'affichage, Lise Bissonnette rappelle quelques faits têtus.

Le particularisme de la Cour suprême, par exemple. «Les droits linguistiques ne font pas partie des droits fondamentaux de la personne», écrit la directrice du *Devoir*, malgré ceux qui voudraient le faire oublier. Rien de comparable au droit à la vie ou à la liberté d'opinion (10 décembre 1991). C'est d'ailleurs «contrairement aux juges d'autres pays» que la Cour suprême a inclu l'affichage commercial dans la langue de son choix dans la liberté d'expression (1er avril 1993). Cette décision, les juges canadiens l'ont du reste nuancée eux-mêmes, en reconnaissant que le droit du commerce pouvait souffrir des limitations compatibles avec le maintien d'une société démocratique. Le ministre Claude Ryan, rappelle en outre Bissonnette, qui s'en fait tant à l'idée de recourir à la clause «nonobstant» dans la question de l'affichage, n'hésite plus lorsqu'il s'agit de protéger le système scolaire confessionnel qui pourrait contrevenir au droit autrement fondamental à la liberté de religion (10 décembre 1991 et 1er avril 1993). Et contre tous ceux qui réussissent à culpabiliser les francophones, Bissonnette écrit :

> Plus que jamais il est temps de dire, et le Conseil aurait pu le rappeler, qu'il n'y a pas de souffrances linguistiques au Québec, aucune qui vaille l'indigna-tion mélodramatique dont tout un théâtre nous afflige. Mais il y en a partout ailleurs dans les autres provinces, et des vraies, et tout le monde le sait (1er avril 1993).

C'est cependant dans ses éditoriaux sur les négociations constitution-nelles en cours durant l'été de 1992 que Lise Bissonnette révèle toute l'ampleur et la vitesse de ses capacités d'analyse, faisant ainsi du *Devoir* un interlocuteur incontournable du débat et une digue contre les démissions qui tentent tant le premier ministre Bourassa. L'entente constitutionnelle de Toronto, que s'apprêtent à proposer au Québec les neuf provinces anglaises et le gouvernement fédéral, semble alors au *Devoir* irrecevable parce qu'elle aboutit directement à «l'encerclement du Québec» (10 et 11 juillet 1992). Elle offre en effet moins que Meech et elle réduit le poids du Québec dans la fédération.

Moins que Meech parce que le droit de veto sur les changements aux institutions fédérales qu'obtiendrait le Québec ne pourrait s'appliquer qu'après la réforme du Sénat et qu'une fois celle-ci effectuée, ce n'est pas demain la veille que le Canada se paierait le luxe de nouvelles discussions sur ses institutions fédérales. Moins que Meech aussi parce que la clause de société distincte, en laquelle Benoît Lauzière et les tenants de l'accord de 1987 avaient vu la clé de la négociation à venir pour un partage des pouvoirs plus à l'avantage du Québec, est elle aussi vidée de son potentiel, réduite à la reconnaissance d'une langue (celle d'individus), d'une culture et d'un Code civil distincts; tandis que des huit pouvoirs cédés au Québec par l'accord de Toronto, sept lui appartiennent déjà et tous sont soumis à un mécanisme d'entente avec Ottawa (10 juillet 1992).

Revenant ensuite à la réforme du Sénat selon le modèle «triple E», Bissonnette montre pour l'une des premières fois au Québec, sinon même la première, combien cette proposition est centralisatrice, et combien son esprit s'oppose à tout partage des pouvoirs plus favorable aux provinces. En somme, écrit-elle, les petites provinces ayant perdu l'espoir de faire de leurs gouvernements provinciaux les leviers politiques de leur développement, leur stratégie consiste à se faire plus décisivement entendre auprès du pouvoir central. Défavorisées aux Communes par le système de représentation selon la population, elles misent donc sur le Sénat. Avec un Sénat «égal», c'est-à-dire dans lequel le Québec et l'Ontario ne compteraient plus que pour 10% des sièges chacun, elles pourraient peser réellement sur les Communes et les forcer à tenir compte de leurs besoins et projets. Mais pour cela, il faut non seulement que le Sénat soit «efficace» et jouisse de la légitimité d'un corps «élu»; il faut encore que les Communes soient un vis-à-vis consistant. Ce que veulent les petites provinces, bref, c'est une sorte de fédéralisme à l'américaine,

> un fédéralisme hiérarchique qui est tout le contraire de la souveraineté du chacun dans sa sphère, notion fondatrice mais si souvent bafouée de la Constitution de 1867. [...] Le Québec ne peut accepter de réduire l'autorité québécoise à peu près au niveau de celle d'un État américain, qui regarde au loin ses intérêts se débattre entre le Congrès et le Sénat, en poussant dans le dos de ses sénateurs «égaux» (11 juillet 1992).

Finalement, tout comme à Victoria en 1971, le premier ministre Bourassa laisse entendre en privé à ses collègues qu'il accepterait les propositions de Toronto, pour ensuite les rejeter publiquement sous la pression d'une opinion publique que le *Devoir* a contribué à alerter. Le rejet populaire des minces compromis de Charlottetown un peu plus tard allait sceller cette autre manche.

Souhaitons au Québec un *Devoir* de cette vigilance lorsqu'il faudra bien rouvrir ces dossiers névralgiques que sont la langue et la Constitution.

Lucia FERRETTI
Historienne

1. Cité par Pierre-Philippe Gingras, *Le Devoir*, Montréal, Libre Expression, 1985, p. 162-163.
2. *Ibid.*, p. 249-250.

3. Claude Ryan, *Le Devoir et la crise d'octobre 70*, avec la collaboration de Berthio, Jean-Claude Leclerc, Claude Lemelin et Paul Sauriol, Ottawa, Leméac, 1971.

4. Michel Vastel, « Un texte d'inspiration trudeauiste », *Le Devoir*, 14 mai 1987 ; Marcel Adam, « Une réforme imprudente et arbitraire », *La Presse*, 14 mai 1987 ; Pierre Elliott Trudeau, « Comme gâchis total, il serait difficile d'imaginer mieux », *La Presse*, 27 mai 1987. Tous ces textes ainsi que d'autres réactions sont rapportés dans *Le Québec et le lac Meech*, un dossier du *Devoir*, Montréal, Guérin littérature, 1987.

IDÉES ET STRUCTURES
1964-1993

UN JOURNAL INDÉPENDANT

Né indépendant au début du vingtième siècle, *Le Devoir* est, à la fin de ce siècle, le seul journal indépendant qui demeure au Québec et l'un des rares qui le soit encore au Canada. Aujourd'hui, les journaux sont membres de conglomérats, d'empires, de multinationales toutes-puissantes qui entretiennent parfois entre elles des liens complexes. Dans ce monde d'interdépendance, *Le Devoir* est une exception, une curiosité presque.

Journal indépendant, c'est ce que son fondateur, Henri Bourassa, avait désiré qu'il fût en le créant en 1910. C'est aussi ce que sa directrice actuelle, Lise Bissonnette, a voulu qu'il demeure lorsqu'en janvier 1993, elle a revu la structure juridique de l'entreprise. L'arrivée de nouveaux actionnaires n'a rien changé à l'héritage d'Henri Bourassa.

Toute sa vie, Henri Bourassa érigea l'indépendance en vertu. Il était reconnu pour son indépendance d'esprit. Dans le prospectus qu'il rédige en 1904 en vue de créer La Publicité, compagnie qui en janvier 1910 publiera *Le Devoir*, il décrit ce futur journal en ces mots :

> Ce journal sera à la fois un vulgarisateur d'idées et un organe de combat. Inutile d'ajouter qu'il sera absolument indépendant des partis politiques et de toute influence financière [...]

Homme de son époque, il ajoute toutefois :

> [...] qu'en matière religieuse il sera soumis de cœur et d'esprit à l'autorité de l'Église...

L'indépendance de ce journal n'allait pas être pour Henri Bourassa une simple vue de l'esprit. Une série de dispositifs juridiques qu'il imagina fit que personne ne pût lui dicter quoi que ce soit. Pas plus les pouvoirs politiques que les pouvoirs financiers. Pas même ses amis et admirateurs qui l'appuieront inlassablement et généreusement en investissant dans ses projets «sans anticiper ni poursuivre aucun avantage pécuniaire personnel». Ces dispositifs jouent encore aujourd'hui leur rôle.

Dans l'esprit des actionnaires du *Devoir*, et de Henri Bourassa au premier chef, il n'y avait qu'une seule façon d'assurer l'indépendance recherchée. Il fallait accorder à son directeur l'entier contrôle de l'entreprise, ce que l'on fit en 1913. Cette année-là, on mit sur pied L'Imprimerie populaire, limitée, qui prit la relève de La Publicité comme société éditrice du *Devoir*. Les fondateurs de la nouvelle compagnie soulignent dans leur bulletin de souscription ce qui suit :

> La moitié, plus une, des actions de la compagnie seront attribuées à J.-Henri-N. Bourassa, actuellement directeur général de La Publicité (limitée) et directeur du journal *Le Devoir*, à titre d'indemnité pour les services qu'il a rendus à la nouvelle compagnie, en préparant son organisation et en lui assurant la continuation de ses services comme directeur du *Devoir*; et aussi parce que les sous-signés reconnaissent que le contrôle ainsi attribué audit Bourassa constitue la principale garantie du succès de l'entreprise et assure l'unité et la permanence de la direction des journaux publiés par la compagnie.

Ce bulletin de souscription sera ratifié par tous les actionnaires de L'Imprimerie populaire, qui autoriseront de plus l'attribution à Henri Bourassa de 2 501 actions de la compagnie. Le 30 novembre 1914, L'Imprimerie populaire acquerra tout l'avoir de La Publicité. On profitera de cette occasion pour renforcer encore l'autonomie du directeur en lui reconnaissant dans le contrat de vente «la direction complète et absolue de la rédaction des journaux» et en lui accordant un droit de veto strict sur la vente du *Devoir*.

Cette indépendance du directeur, Henri Bourassa et les autres actionnaires de L'Imprimerie populaire voudront la perpétuer, conscients qu'ils sont de la nécessité de mettre *Le Devoir* et L'Imprimerie populaire à «l'abri des inconvénients qui pourraient résulter de la transmission des actions, par héritage ou autrement, en élaborant un mécanisme «qui assure à Henri Bourassa le contrôle absolu de l'entreprise». Ils créeront à cette fin, par un acte notarié le 31 décembre 1928, un dispositif assez unique : les fiducies. Ce sera en quelque sorte le testament des fondateurs du *Devoir*, qui désirent «assurer la permanence et le succès du journal *Le Devoir* et de ses œuvres».

On constitue d'abord ce qu'on appelle la première fiducie, à qui Henri Bourassa confiera les 2 501 actions de L'Imprimerie populaire qui faisaient de lui l'actionnaire majoritaire. Henri Bourassa continuera, tant qu'il sera directeur, à exercer le droit exclusif de voter comme porteur de ces actions. Ce droit sera accordé à ses successeurs, ce qui leur donnera un contrôle effectif de l'entreprise, à titre d'actionnaire majoritaire et de chef de direction.

On crée aussi la deuxième fiducie à qui l'on confie 951 actions de *L'Imprimerie populaire*. L'objectif est de s'assurer un contrôle absolu de l'assemblée des actionnaires lorsqu'il s'agit de faire approuver des décisions qui exigent une majorité plus élevée que la moitié plus une des actions. Contrairement à la première fiducie, le droit de vote des 951 actions est exercé par les fiduciaires eux-mêmes.

Les deux fiducies ont succesion perpétuelle. Elles ne peuvent «vendre, échanger ou céder lesdites actions, si ce n'est avec l'autorisation du conseil d'administration». Ensemble, les deux fiducies détiennent 70 % des actions de L'Imprimerie populaire.

Des deux fiducies, la première est la plus importante. Ses membres participent à la nomination du directeur avec les membres du conseil d'administration de L'Imprimerie populaire. Ils sont aussi les garants du respect de l'objectif moral poursuivi par les fondateurs et défini au prospectus de La Publicité. À ce titre, ils pourraient, si besoin est, intervenir pour rappeler le directeur à l'ordre ou lui retirer leur confiance.

Le contexte juridique dans lequel agit le directeur du *Devoir* lui fait obligation de respecter les objectifs définis par les fondateurs du journal. Il va de soi que les directeurs successifs l'ont fait en tenant compte du contexte de leur temps, l'important étant que «leur essence soit conservée et respectée». Dans une analyse de la structure juridique de L'Imprimerie populaire, publiée en janvier 1974 dans la revue *Maintenant*, Me Denys Pelletier[1] notait que ce n'est que si le directeur «déviait gravement de ces objectifs et d'une saine interprétation» que la première fiducie pourrait intervenir.

L'édifice juridique mis en place en 1928 ne peut être modifié ni par le conseil d'administration, ni par le directeur, ni par les fiduciaires, tous et chacun devant respecter l'intention des signataires de l'acte fiduciaire de 1928. Aussi, lorsqu'au début des années quatre-vingt-dix apparaît clairement la nécessité de recruter de nouveaux actionnaires-investisseurs afin d'asseoir le journal sur de nouvelles bases financières solides, il faudra faire preuve d'imagination pour faire place à ces nouveaux actionnaires tout en respectant les intentions exprimées par les fondateurs du *Devoir*.

La formule choisie fut la création d'une filiale, Le Devoir Inc. Cette nouvelle filiale, qui a L'Imprimerie populaire comme actionnaire majoritaire, poursuit depuis le 31 décembre 1992 les activités et la mission du journal *Le Devoir* à la place de celle-ci.

La directrice et les fiduciaires de L'Imprimerie populaire se sont
assurés que, dans le cadre de cette restructuration, le principe de l'indépendance du directeur du *Devoir* serait respecté. C'était pour eux, compte tenu
des obligations de l'acte fiduciaire de 1928, une exigence incontournable.
Une convention entre les actionnaires de Le Devoir Inc. prévoira ainsi que
L'Imprimerie populaire pourra acquérir, pour une somme nominale, tout
nombre d'actions nécessaires afin de conserver en tout temps la majorité des
actions du capital-actions Le Devoir Inc. Cette formule permet d'accroître,
lorsque nécessaire, le capital-actions sans diluer le contrôle de L'Imprimerie
populaire. (Notons que ses actions ne lui donnent droit à aucun dividende.)
La convention prévoit aussi que celle-ci peut en tout temps désigner la
majorité des membres du conseil d'administration de Le Devoir Inc.

Ces deux prérogatives assurent la pérennité de l'édifice juridique mis
au point par Henri Bourassa. La première fiducie est toujours l'actionnaire
majoritaire de L'Imprimerie populaire et, avec le concours de la deuxième
fiducie, elle exerce un contrôle absolu sur cette entreprise. Le directeur du
Devoir continue d'être nommé par le conseil d'administration de L'Imprimerie populaire et les membres de la première fiducie. Une fois nommé, il
est le mandataire de la première fiducie et détient le contrôle à la fois de
L'Imprimerie populaire et de Le Devoir Inc.

Ce contrôle du directeur sur Le Devoir Inc. a toutefois été pondéré
pour établir un équilibre entre l'indépendance éditoriale du directeur et ses
responsabilités administratives à l'endroit des nouveaux actionnaires. Au
nombre de sept (les principaux sont le Fonds de solidarité du Québec, le
Fonds de coopération Desjardins, le Fonds de soutien des travailleuses et
travailleurs du Québec, les employés du *Devoir* réunis dans une SPEQ et
des amis et lecteurs du *Devoir* réunis aussi dans une SPEQ), les actionnaires
ont convenu de certaines dispositions sur le plan administratif. Ainsi, deux
actionnaires, le Fonds de solidarité et le Fonds de coopération Desjardins,
ont un droit de veto sur certaines décisions de nature administrative. On a
aussi convenu dans un protocole d'entente, signé par certains actionnaires,
que tout différend quant au rôle administratif du directeur pourra être
soumis à un arbitrage indépendant.

Ces dispositions ont été acceptées et approuvées par les fiduciaires qui
les ont jugées conformes aux volontés d'Henri Bourassa. Expliquant ces
dispositions lors de l'assemblée des actionnaires de 1993 de L'Imprimerie
populaire, la directrice du *Devoir*, Lise Bissonnette, concluait ainsi :

> De telles conventions m'apparaissent une réponse contemporaine aux objec
> tifs d'Henri Bourassa. D'une part la gestion du *Devoir* est mieux encadrée et
> son conseil d'administration a un rôle beaucoup plus actif, qui met le journal

à l'abri des errements d'une gestion individuelle qui pourraient le fragiliser de façon irrémédiable.

D'autre part la direction du *Devoir* a toujours pleine charge de son orientation éditoriale, dans une interdépendance qui a fait l'objet de garanties renouvelées et plus explicites que jamais.

Bref, l'héritage d'Henri Bourassa est toujours là.

Bernard DESCÔTEAUX
Rédacteur en chef du *Devoir*

1. Me Pelletier est membre de la première fiducie en compagnie de MM. Jean-Guy Paquet et Jean-Denis Vincent.

LES CORRESPONDANTS PARLEMENTAIRES
À QUÉBEC ET À OTTAWA
1910-1993

La Tribune de la presse à Québec. La Tribune de la presse à Ottawa. Correspondant parlementaire, un métier difficile et exigeant. Le Devoir, témoin de la vie parlementaire. Quelques correspondants parlementaires du Devoir.

Depuis près d'un siècle, *Le Devoir* est aux premières loges des grands débats politiques de la société québécoise, que ce soit sur la scène fédérale ou sur la scène québécoise. Ce journal a souvent délégué des hommes et des femmes de talent à la Tribune de la presse d'Ottawa et de Québec, instrument incomparable de communication politique[1]. *Le Devoir* a même été un acteur politique important. Rien d'étonnant à cela quand on se donne pour mission de « réveiller dans le peuple, et surtout dans les classes dirigeantes, le sentiment du devoir public sous toutes ses formes : devoir religieux, devoir national, devoir civique[2] ». Dès sa fondation, ce journal d'opinion envoie des journalistes à la Tribune de la presse, ce « temple[3] » du journalisme ayant pour mission de rendre compte des débats parlementaires et de scruter les faits et gestes de nos députés, sénateurs ou conseillers législatifs. Et cela n'a pas cessé depuis.

À défaut de pouvoir faire une étude détaillée des journalistes qui ont œuvré au *Devoir* (notre histoire de la presse est encore embryonnaire[4]), nous décrirons sommairement ici une catégorie de journalistes, les correspondants parlementaires, de 1910 jusqu'à aujourd'hui, aussi bien à Québec qu'à Ottawa. Après avoir retracé les origines de cette institution méconnue, nous essayerons de décrire le rôle et le travail des journalistes du *Devoir* pour enfin tracer le portrait de quelques-uns d'entre eux.

Le Parlement de Québec et celui d'Ottawa ont presque toujours accueilli des journalistes chargés de rendre compte de leurs travaux. Comme plusieurs institutions parlementaires, la Tribune de la presse est d'origine britannique bien qu'il en existe une à l'Assemblée nationale française et au Congrès américain depuis fort longtemps. En Angleterre, il a fallu des années de lutte contre la royauté et le Parlement pour que les journalistes puissent diffuser les débats parlementaires. La reconnaissance de ce droit s'insère dans le grand combat pour la liberté de la presse. Le journalisme d'ici a, en quelque sorte, récolté les fruits de ces luttes.

Lorsque les correspondants du *Devoir* font leur entrée à la Tribune de la presse de Québec et d'Ottawa, ces deux institutions parlementaires, qui peuvent être considérées comme les yeux et les oreilles des citoyens, sont bien assises. Et elles évoluent souvent de pair. Les médias électroniques, pour citer un exemple, y entrent en même temps; la même chose se produit pour la radiotélévision des débats.

LA TRIBUNE DE LA PRESSE À QUÉBEC

L'origine de la Tribune de la presse de l'Assemblée législative prête à controverse. Damase Potvin soutient qu'elle remonte à 1869[5]. Mais, comme l'a établi Marcel Hamelin, elle date de 1871, année où l'association des courriéristes parlementaires prend forme[6]. Pourtant, dès 1792, des journalistes assistent aux débats de la Chambre d'assemblée du Bas-Canada, mais ils ne font pas partie d'un organisme constitué en tant que tel. Les correspondants parlementaires du Parlement québécois ont toujours eu droit de cité dans le salon vert et dans le salon rouge. À cette époque, l'Assemblée législative ne peut accueillir qu'une vingtaine de journalistes. Tous les quotidiens du Québec, certains journaux publiés à l'extérieur de la province et quelques hebdomadaires régionaux en délèguent un. Dans l'édifice actuel dont la construction fut achevée en 1886, les journalistes occupent les premières rangées des tribunes du public; on les place ensuite sur le parquet de la salle des séances; puis, en 1907, on les installe à l'arrière du trône et, finalement, on érige en 1910 une tribune à l'arrière du salon vert, le perchoir, endroit qu'ils occupent encore aujourd'hui.

Les journalistes ont toujours disposé d'une salle de presse. Les plans de l'édifice actuel permettent de la situer d'abord au deuxième étage de l'aile nord. Elle a ensuite été aménagée dans la tour centrale[7]. «C'est là qu'on enferme les courriéristes parlementaires dans des conditions de déconfort inouïes comme pour leur rappeler que [...] leur liberté est précaire[8]», ironise Louis Dupire. Elle quitte la tour de pierre pour le deuxième étage de l'aile de la Grande-Allée. En 1979[9], les membres de la Tribune se retrouvent dans l'édifice André-Laurendeau[10].

À ses débuts, le Parlement siège un ou deux mois par année, généralement à l'hiver ou au printemps. La journée de travail des journalistes est longue[11]. Chaque session obéit à un même rythme de travail bien illustré par Alexis Gagnon : «La session, écrit-il, suit le cours de la saison. Lorsque arrivent le soleil et les tièdes journées d'avril, les députés sentent le printemps, ils courent à bride abattue vers la fin de la session[12].» Louis Dupire, qui ne manque jamais de dénoncer ces fins de session affolantes, commence ainsi une de ses chroniques en 1916 : «Le travail accompli par la Chambre, mardi, est fantastique. Mais il faut voir de quelle façon cela a été fait. Ce fut un vrai massacre[13].»

Contrairement à son confrère d'Ottawa, le chroniqueur parlementaire québécois de l'époque n'a pas de journal des débats, lequel est mis sur pied en 1964[14].

La galerie de la presse est un rouage important dans la machine parlementaire. L'absence d'un journal officiel de la Chambre, comme il en existe un à Ottawa, rend la tâche des courriéristes parlementaires plus onéreuse, mais aussi plus importante. Ils sont chargés de renseigner le public comme les hommes politiques eux-mêmes sur les débats[15].

Pendant des années, ces journalistes ont rendu un service important à la collectivité.

Le courriériste parlementaire doit assister aux débats et écouter tous les discours. Après avoir écrit son texte, il l'achemine au journal. Pour un quotidien du matin comme *Le Devoir*, l'heure de tombée est 20 heures. Le journaliste fait, comme l'écrit Alexis Gagnon, sa «copie à la plume pour l'expédier par télégraphe sans délai[16]». À cette fin, au rez-de-chaussée de l'édifice du parlement, il existait un service de télégraphie. En fin de séance, il faut faire vite car on ferme de 15 à 20 minutes après l'ajournement. Dans de telles conditions, le journaliste n'a pas le temps de fignoler son article autant qu'il le voudrait. Ce qui fait dire à Louis Robillard, en 1924 : «Si le courriériste est tant soit peu puriste, il souffrira de ne pouvoir donner à ce qu'il tape hâtivement sur sa machine tout le fini désiré[17].» Alexis Gagnon reprend un peu la même idée en 1935 : «[...] le lecteur ne doit pas lui être impitoyable et exiger de chroniques au fil de la plume les fignolages de l'article de revue[18].» Pendant longtemps, les journalistes du *Devoir* ont été les seuls à signer leurs articles comme l'avait souhaité Bourassa :

> Le genre de journalisme que j'ai choisi, écrit-il, celui des articles signés, a entretenu ou développé chez chacun de mes collaborateurs le sentiment de sa dignité personnelle et le souci de sa réputation. Il assure à tous une ample mesure de liberté[29].

Contrairement à la pratique retenue par les journaux de l'époque, lesquels publient des chroniques parlementaires relativement neutres où le parti pris politique ne transparaît généralement pas, *Le Devoir* aime mettre son grain de sel. Ses chroniques parlementaires abondent de commentaires plus savoureux les uns que les autres. En 1916, Louis Dupire écrit : «M. Gault a prononcé un discours de carême. [...] Le député de Saint-Georges a distillé l'ennui pendant vingt bonnes minutes. L'étonnant c'est que personne ne dormait quand il eut conclu[20].» Même si, selon Henri Bourassa, les correspondants parlementaires doivent rapporter les faits exacts, quitte s'ils le veulent à les apprécier comme ils l'entendront par la suite[21], la chronique du *Devoir* est légèrement entachée de parti pris, répondant ainsi aux nécessités du combat politique.

Les reportages parlementaires semblent avoir plu aux lecteurs puisqu'en 1915 *Le Devoir* offre un rabais à ses abonnés postaux pour la durée de la session[22]. Plus tard on peut lire le commentaire suivant au sujet de ses chroniques parlementaires québécoises qui «sont une des rubriques les plus intéressantes et les plus lues[23]». À cette époque, on constate un intérêt nouveau pour la politique intérieure québécoise[24]. Louis Robillard explique que les lecteurs veulent avoir leur compte rendu des débats à digérer le lendemain.

> Le bon bourgeois, écrit-il, qui, le matin, en prenant tranquillement son petit déjeuner, lit la relation de ce qui s'est passé la veille, dans cette cour du roi Pétaud qu'on appelle la Législature, ne se doute pas du travail qu'a coûté les cinq ou six colonnes de texte qu'il déguste en même temps que son bol de céréales[25].

Les journalistes parlementaires entretiennent avec les élus du peuple des relations habituellement cordiales, même si de temps à autre un député croit bon de lancer quelques diatribes contre les journaux qui ne lui sont pas favorables. Certains journalistes, ceux du *Devoir* en particulier, ne s'en inquiètent pas trop : «[...] car rares sont les représentants du peuple qui un jour ou l'autre ne seront pas pris en flagrant délit d'imbécillité. Le nouvelliste n'a qu'à raconter la chose de façon impersonnelle pour tenir sa vengeance[26].»

À peu de chose près, les façons de faire de la Tribune des années vingt se perpétuent sans grand changement jusqu'aux années soixante, même si l'emprise de Maurice Duplessis sur le groupe est très forte, comme nous le verrons plus loin. Ces années marquent l'arrivée de concurrents de taille pour les journaux, les médias électroniques. L'arrivée de la radio et de la télévision est tardive ; les premiers correspondants d'une station de radio et d'une station de télévision font leur entrée à la Tribune en novembre 1959[27]. La présence des médias électroniques a relégué dans l'ombre la presse écrite. La télévision s'est imposée comme le média le plus populaire auprès des citoyens à partir du débat Johnson-Lesage de 1962. Gilles Lesage a raison d'écrire que ce débat marque une rupture, « la fin de l'hégémonie, du règne incontesté de la presse écrite, et les débuts flamboyants de l'écran magique[28] ». Les journalistes de la télévision sont beaucoup plus nombreux et prennent beaucoup de place ; il faut avoir assisté à l'ouverture d'une séance de l'Assemblée nationale et à ses « points de presse » pour comprendre toute l'importance que les médias électroniques occupent dans la vie parlementaire.

Pendant près de 170 ans, écrit Gilles Lesage, les valeureux scribes, ces historiens du quotidien, furent les seuls à prendre des notes, à rédiger des comptes rendus, à rendre compte des débats, à constituer un rouage important, voire essentiel, de la grande famille parlementaire.

Tout cela changea, bascula même à l'orée de la Révolution tranquille. [...] Les nouveaux messagers arrivent en trombe. La presse parlementaire, à la fois miroir et reflet de cette débâcle printanière, n'y échappe pas. L'écrit y perd son monopole incontesté. À côté du stylo, il y a désormais un micro, le carnet de notes voisine avec une lourde caméra, le scribe doit partager son temps et son espace avec un reporter de la radio, puis un autre de la télévision, puis trois, quatre, cinq autres. Un envahissement pacifique, accordé à l'humeur du temps nouveau, au besoin d'informations directes et rapides [29].

Les années soixante sont marquées également par un effort de rajeunissement des institutions parlementaires. Le Conseil législatif est aboli en 1968 et l'Assemblée législative devient l'Assemblée nationale. Les commissions parlementaires remplacent les comités permanents, offrant ainsi aux députés la possibilité d'exercer plus efficacement leur rôle de législateurs et de contrôleurs.

Période aussi de l'arrivée des attachés de presse[30]. Les hommes politiques et la nouvelle fonction publique sentent le besoin de présenter aux citoyens une meilleure image. Désormais, les attachés de presse feront le lien entre le pouvoir et la presse. Au Parlement québécois, cela se traduit notamment par l'installation d'une salle de conférence de presse où le premier ministre s'adressera à une meute de journalistes[31]. Le contact entre scribes et hommes politiques devient plus formel. Finies les confidences, finies les entrevues faites à la sauvette, entre les deux Chambres, dans les corridors. On se rappellera également l'engouement de certains hommes politiques de l'époque pour leur image[32]. Selon Gérald LeBlanc, la bonne entente qui existait antérieurement fit place, au début des années soixante-dix, à la méfiance, voire à l'animosité, devant le refus de certains de reconnaître le droit et le devoir de la presse parlementaire d'informer le public[33].

La fin de cette décennie marque aussi des changements fondamentaux dans la vie de la Tribune de la presse à Québec. L'atmosphère un peu familiale du grand collège où députés et journalistes fraternisaient devant un verre d'alcool, parfois plusieurs, qui avait dominé pendant plus d'un siècle, s'estompe peu à peu pour faire place à des relations plus formelles, plus distantes. Bernard Descôteaux explique ce changement par divers facteurs : déménagement des journalistes à l'édifice André-Laurendeau (les députés et les journalistes n'étaient plus dans le même édifice), arrivée de plusieurs femmes, rajeunissement de l'ensemble de la profession, transformation des journaux eux-mêmes, tous devenus des quotidiens du matin. La volonté des journalistes de prendre leurs distances face aux hommes politiques pour ne pas se faire manipuler semble être la principale raison de ce changement.

La radiotélévision des débats de l'Assemblée législative fait son apparition en 1978. On mesure encore mal l'impact de l'entrée dans chaque foyer d'images en provenance de l'Assemblée nationale. Quotidiennement, les citoyens québécois peuvent scruter le travail de leurs députés. Ces derniers ont un contact direct avec les électeurs. La transmission électronique des débats complète ainsi le travail effectué par la presse écrite[34]. Pour les besoins de la télévision, le salon vert devient bleu, les députés adoptent de nouveaux complets de couleurs sombres[35].

Pendant longtemps, le correspondant parlementaire a été presque le seul lien entre les électeurs et les députés. Les temps ont bien changé. Les sondages scientifiques donnent désormais aux hommes politiques un état des humeurs de l'électorat et, de la sorte, ils peuvent en sentir le pouls au jour le jour. Ils n'ont plus vraiment besoin de «la médiation journalistique[36]».

De nos jours, le courriériste parlementaire est inondé de nouvelles. Il a l'embarras du choix. Les travaux parlementaires de plus en plus longs, dix mois par année, les campagnes électorales, les commissions qui se réunissent plus souvent, font que le travail de correspondant parlementaire est une occupation à plein temps. Parfois submergé de communiqués et de conférences de presse, il a peu de temps pour la réflexion. «Obnubilés par une routine quotidienne, inlassable et exigeante, bien peu savent ou peuvent sortir des sentiers battus[37] », écrit Gilles Lesage.

Pour arriver à sélectionner l'information, les journalistes politiques, que ce soit à Ottawa ou à Québec, privilégient l'information polémique[38]. La période des questions est encore très courue, c'est même le seul moment des débats qui fait se déplacer les courriéristes parlementaires, ordinairement installés dans leur bureau pour suivre les discussions à la télévision ou au «perroquet». Même si le pouvoir exécutif et le pouvoir administratif prennent souvent le pas sur le pouvoir législatif, les débats sont encore privilégiés par les journalistes[39]. Ils constituent la source d'information la plus importante. Les correspondants n'ont pas de temps pour la recherche, ils «s'abreuvent aux sources officielles et tiennent la chronique du prévisible, de l'attendu[40]». La Tribune de la presse est donc toujours au centre de l'information politique.

La Tribune de la presse a été beaucoup critiquée. On a déploré son esprit de clocher, son instinct grégaire (le journalisme de meute), on a dénoncé sa collusion avec le pouvoir politique et on lui a reproché de bouder les travaux des commissions. L'importance des points de presse créés par la télévision, qui prennent une dimension démesurée[41] par rapport aux débats eux-mêmes, soulève également la critique. Plusieurs sont d'accord pour dire que la Tribune n'a plus le prestige d'autrefois, même si le nombre de journalistes s'est considérablement accru. Les journalistes y sont de plus en plus jeunes et ils ont de moins en moins d'expérience ; le taux de roulement est à la hausse. Les correspondants parlementaires ont même perdu de l'importance face à leurs éditeurs ; ils doivent parfois se battre pour avoir de l'espace dans leur journal[42].

LA TRIBUNE DE LA PRESSE À OTTAWA

La plupart des considérations qui précèdent valent également pour la Tribune de la presse du Parlement fédéral. Dès les premiers jours de la Confédération, des journalistes de tout le pays, mais surtout des grands centres comme Toronto ou Montréal, sont en poste à Ottawa pour rendre compte des débats du nouveau Parlement.

Le professeur P. B. Waite, qui a étudié cette période, a été déçu de constater que les journaux francophones font de très courts reportages parlementaires. Selon lui, la presse francophone s'intéresse beaucoup plus aux délibérations de l'Assemblée législative de Québec[43]. Elle néglige souvent de relater ce qui se passe au Parlement fédéral, sauf dans des occasions

spéciales ou lorsqu'un député du Québec prend la parole. Ce comportement s'explique en bonne partie par le problème de la langue. À Ottawa, la
majorité des députés sont anglophones unilingues et la plupart des interventions se font en anglais ; même les députés francophones qui veulent être
bien compris utilisent l'anglais. En 1875, les autorités fédérales posent un geste
important qui va faciliter le travail des correspondants parlementaires. Elles
mettent sur pied un « Hansard » qui reproduit intégralement les débats.

Les journalistes ont disposé dès 1867 d'un espace bien à eux à la
Chambre des communes et au Sénat, de même que d'une salle de presse. Au
Sénat, ils sont placés dans les tribunes à l'arrière du trône. À la Chambre des
communes, les journalistes se retrouvent derrière le trône du président, sur
la première rangée des tribunes, endroit qu'ils occupent encore aujour-
d'hui[44]. Au début, la *Reporters' Room* occupe une pièce du même étage, à
l'extrême droite de l'édifice lorsqu'on lui fait face[45]. Après l'incendie du
parlement en 1916, les architectes, répondant aux vœux du président et des
dirigeants de la *Press Gallery*, prévoient des espaces pour les journalistes et
des locaux ailleurs dans les édifices parlementaires[46].

Les journalistes membres de la Tribune de la presse au Parlement
fédéral ont un pied à terre dans l'édifice central, la *hot room*, et une vingtaine de bureaux. Cette salle de presse, appelée « salle des dépêches », est
aménagée au troisième étage[47]. D'autres bureaux sont situés dans l'Édifice
de la presse, sur la rue Wellington, juste en face du parlement, avec une
annexe sur la rue Sparks. La Tribune de la presse d'Ottawa est un regroupement volontaire de journalistes *bona fide* travaillant pour des journaux
reconnus ou pour des agences de presse qui se sont donné leurs propres
règles de fonctionnement et est sujette au droit de regard du président de la
Chambre des communes[48]. Il est difficile de faire partie de cette association,
le nombre de places disponibles et les coûts engendrés en limitent l'accès, de
sorte que le nombre de correspondants n'est pas très élevé ; une douzaine
seulement au début[49] et une trentaine en 1916. Comme à Québec, les
journalistes d'Ottawa sont bien traités : espace, fournitures de bureau,
service de téléphone et de messagerie gratuits[50].

Pour expédier leur compte rendu, les correspondants du *Devoir* utilisent, au début du siècle, la franchise postale. Georges Pelletier a rarement
recours aux dépêches télégraphiques, seulement lorsque c'est vraiment important. Il préfère la poste. Les textes sont envoyés par la « malle » de 20 h 30
ou par celle de 3 h 30[51]. Benoist, pour sa part, qui a reçu la permission de
Bourassa de se servir de son cachet assurant la franchise postale pour
l'envoi de ses chroniques[52], essaie de ne pas trop accabler les « facteurs de la
princesse[53] ».

Longtemps chasse gardée de la presse écrite, la Tribune de la presse a dû accepter les médias électroniques. Les journalistes de la télévision et de la radio font leur entrée au Parlement d'Ottawa le 29 mai 1959[54]. On est en plein régime Diefenbaker. L'emprise des médias électroniques sur le Parlement s'accentue avec la télédiffusion des débats qui débute le 17 octobre 1977. L'électronique devient omniprésente à la Tribune, supplantant la presse écrite comme principale source d'information pour les citoyens. Souvent, grâce à l'ampleur des moyens dont ils disposent, les médias électroniques ont plus facilement accès aux hommes politiques que les médias écrits. Les hommes politiques vont donc avoir tendance à leur accorder plus fréquemment des entrevues.

Même si, pour un journaliste en provenance du Québec, la Tribune de la presse d'Ottawa constitue l'endroit idéal pour tâter le pouls du Canada anglais, il semble bien que le poste n'ait pas toujours été très couru. D'après Michel Vastel, les journalistes québécois ne considèrent pas une affectation à Ottawa comme un poste prestigieux[55]. Ce ne serait plus la consécration d'une carrière[56].

Tous les journalistes francophones doivent connaître parfaitement l'anglais : «Nous traduisons tous constamment[57]», déclare Vastel. La version française d'un discours prononcé en anglais se fait toujours attendre. Les débats se sont presque toujours majoritairement déroulés en anglais. (On constate cependant que l'arrivée du Bloc québécois à Ottawa a changé les choses.) De plus, les cabinets des ministres et la fonction publique outaouaise sont surtout unilingues anglophones, ce qui ne facilite pas le travail du correspondant d'un journal québécois.

L'homogénéité entre les membres de la Tribune, que l'on trouve à Québec, n'existe pas. Du reste, les intérêts du correspondant parlementaire du *Winnipeg Free Press* ou du *Vancouver Sun* sont souvent aux antipodes de ceux du correspondant du *Devoir* ou du *Journal de Montréal*. Ces derniers se spécialisent dans les dossiers qui ont un impact sur le Québec. Les journalistes francophones constituent donc une minorité dans un monde à part. Les anglophones, journalistes, attachés de presse ou ministres, ne lisent pas les journaux francophones et connaissent peu le Québec. Les journalistes québécois doivent souvent expliquer le Québec aux anglophones. Bernard Descôteaux a constaté qu'il existe, à Ottawa, une solidarité exceptionnelle entre les représentants des journaux québécois. À maintes reprises, pour pallier l'absence de moyens, les journalistes francophones s'entraident et partagent le travail. Avec pour résultat une meilleure couverture de l'actualité. Cette solidarité se retrouverait également chez les fonctionnaires fédéraux francophones. Un journal québécois à Ottawa n'est finalement qu'un journal régional. D'ailleurs, existe-t-il un média qui peut se targuer de rejoindre tous les Canadiens? Aucun, en dépit des prétentions du *Globe and Mail* ou de la CBC/SRC. À Ottawa, *Le Devoir* n'est qu'un quotidien régional comme les autres et il n'a pas, par conséquent, l'influence qu'il peut avoir à Québec.

Le correspondant parlementaire du *Devoir* a plus de visibilité dans son journal que tout autre confrère dans un journal plus important. Il arrive souvent que la correspondance parlementaire soit placée en première page alors que c'est rarement le cas ailleurs.

On ne se surprendra pas d'un roulement rapide des journalistes, auquel n'échappent pas ceux du *Devoir*; par contre, certains ont fort apprécié leur séjour à Ottawa. Pour expliquer ce roulement, ils invoquent la diversité des dossiers à traiter et une solidarité très forte. L'actuelle directrice du *Devoir*, Lise Bissonnette, et le rédacteur en chef, Bernard Descôteaux, conservent un excellent souvenir de leur passage à la Tribune de la presse d'Ottawa. Mme Bissonnette se rappelle avoir travaillé avec des moyens techniques dérisoires, un bélinographe servait à envoyer ses textes au journal.

D'inspiration britannique, la Tribune de la presse est une institution parlementaire. D'ailleurs, Mackenzie King la considérait comme «une annexe du Parlement[58]» dont le rôle est de diffuser les débats parlementaires. Elle a beaucoup évolué depuis sa création.

CORRESPONDANT PARLEMENTAIRE, UN MÉTIER DIFFICILE ET EXIGEANT

La carrière de chroniqueur parlementaire, que ce soit à Québec ou à Ottawa, exige plusieurs qualités. Le journaliste doit écrire rapidement, connaître le français et l'anglais, allier intelligence, esprit de synthèse, bonne mémoire et jugement[59]. Il doit par-dessus tout avoir une solide formation, posséder une grande culture, mais surtout être capable de suivre une procédure complexe. Forcé d'admettre que les journalistes ne peuvent tout connaître, *Le Devoir* constate: «Il est difficile d'exiger des courriéristes des connaissances universelles assez profondes pour leur permettre de se débrouiller instantanément et toujours au milieu de tout cela[60].» Cela exige un grande agilité intellectuelle. On s'étonne souvent de voir les correspondants écrire des papiers fort pertinents sur des sujets aussi différents que la culture ou les finances publiques. C'est qu'ils ont l'habitude. Ils s'appuient sur de bons dossiers de presse et sur leur expérience et leurs souvenirs s'ils sont là depuis plusieurs années. Ils connaissent les principaux dossiers pour en avoir traité régulièrement.

La carrière de chroniqueur parlementaire semble un bon tremplin pour faire de la politique. Plusieurs courriéristes parlementaires deviennent députés. D'autres poursuivent leur travail en journalisme ou fondent et dirigent des journaux. D'autres enfin, ceux qui ont pu faire valoir leur amitié politique, réussissent à se dénicher une sinécure dans la fonction publique fédérale ou québécoise.

Les conditions de travail des chroniqueurs parlementaires sont difficiles. Ils sont installés loin de l'action. Ils voient mal et entendent mal. L'acoustique de la salle de l'Assemblée législative ou de la Chambre des communes est mauvaise. À l'origine, ces salles n'étaient pas équipées de microphones comme maintenant. Elles sont chaudes en été et froides en hiver. Les journalistes doivent composer avec un va-et-vient continuel.

À ces mauvaises conditions de travail s'ajoute la difficulté d'ingurgiter chaque jour quatre à cinq heures de débats indigestes, souvent à des heures impossibles, dans un climat quelquefois survolté. À Québec et à Ottawa, les débats se font dans les deux langues : le français domine à l'Assemblée législative et au Conseil législatif ; à la Chambre des communes et au Sénat, l'anglais est omniprésent. En dehors des débats, le journaliste se retrouve en « bras de chemise », dans une salle de presse bondée, enfumée, où se mêlent le bruit des machines à écrire et les conversations animées. La journée de travail est longue. Le correspondant parlementaire doit être disponible en tout temps. Le travail est stressant, il y a toujours l'heure de tombée. Il faut aussi pouvoir faire face à l'imprévu. Vous pouvez avoir travaillé pendant des heures sur un dossier et l'actualité vous oblige à passer à autre chose.

Les reporters qui rendent compte des discussions des députés ne le font pas sans risques. Ils sont susceptibles d'être poursuivis en justice pour diffamation, en vertu du Code criminel. Ils peuvent également être traduits à la barre de la Chambre et même emprisonnés. Plusieurs seront étonnés d'apprendre que, au sous-sol des édifices parlementaires de Québec, il y avait des cellules. Olivar Asselin y a fait un court séjour après avoir frappé un ministre[61]. Enfin, le règlement permet au député d'intervenir sur une question de privilège s'il juge que l'on a déformé ses paroles.

Les travaux des Parlements de Québec et d'Ottawa comportent une vie mondaine importante. C'est l'occasion pour députés et journalistes de discuter et de fraterniser. Aux deux endroits, il y a une salle à manger. À Québec, Le Parlementaire, jadis appelé le Café du parlement, est depuis

toujours l'un des endroits les plus fréquentés par les députés et les journalistes. Ces derniers y ont même une table réservée.

Le Café du parlement lui [le journaliste] réjouira l'œil pour quelques
moments. Dans la grand'pièce dallée et haute comme un temple, où les
mandataires du peuple viennent prolonger leur farniente et écouler leur
indemnité. Il y trouvera matière à exercer son observation. C'est ici, autour
des tables, et en face d'un verre de Vermouth ou d'une bouteille de Grand
vin d'Anjou, que ministres, députés et délégués deviennent égaux. Tous
deviennent communicatifs. Le bleu fraternise avec le rouge[62].

Les relations cordiales entre journalistes et hommes politiques ont
longtemps été favorisées par les clubs de presse. D'inspiration américaine, ils
furent mis sur pied pour atténuer les tensions entre les hommes politiques
et la presse. Le plus célèbre de ces clubs est le Gridiron Club de Washington. Il permet aux membres de la presse et aux congressmen de se rencontrer annuellement autour d'une bonne table où le vaudeville est à
l'honneur. Il appert que cette institution fut importée telle quelle au Québec et
à Ottawa. À Québec, pendant longtemps, à chaque année, les membres de
la Tribune de la presse préparent une réception d'envergure à laquelle les
hommes politiques de l'heure sont invités. Pour la circonstance, les adversaires politiques déposent les armes et fraternisent[63]. C'est un événement de
la session[64] fort animé, il constitue une sorte de « revue humoristique, en
sketches et en chansons, comme au collège[65] ». Ces agapes ont normalement
lieu dans un endroit prestigieux, le plus souvent au Café du parlement, au
Kent House, près de la chute Montmorency, au Club de la garnison ou au
Château Frontenac. Selon l'usage, le repas est agrémenté de discours, de
chansons, de poésies, de danses et bien sûr de toasts. Chacun y allant de son
talent. Cette pratique est abandonnée. On a songé à la rétablir, mais finalement les journalistes se résignent à une recontre plus intime, sans cérémo-
nies. Aujourd'hui, cette pratique n'a plus cours à Québec. Elle serait encore
très présente à Ottawa, avec le Press Club, fréquenté davantage par les
journalistes, les attachés de presse et les lobbyistes, et très peu par les
hommes politiques.

Pour un métier valorisé mais difficile, un maigre salaire. Jusqu'à leur
syndicalisation dans les années cinquante, les journalistes étaient sous-payés.
Heureusement que les indemnités votées par la Chambre, les cadeaux de
Noël en argent ou en alcool, les petits verres offerts par le président à la
buvette du parlement après la séance, les voyages de pêche annuels organisés
par certains ministres, les petites enveloppes glissées dans une poche de
veston, les laissez-passer gratuits sur les trains ou le bateau[66] compensaient
ces salaires dérisoires. Sauf de rares exceptions, les journalistes vivaient
pauvrement.

De nos jours, les journalistes ne restent pas très longtemps à la Tribune de la presse. Les salaires ne sont pas en cause. C'est plutôt la nature du travail qui les rebute. L'horaire est irrégulier. C'est un travail stressant qui n'offre aucune sécurité d'emploi. Alors, on le quitte pour la fonction publique ou la politique. Selon Gérald LeBlanc, les journalistes ne résistent guère au rythme trépidant de la vie parlementaire. Seuls les mordus de la politique en font une carrière, les autres se contentant d'un stage de deux ou trois ans avant d'aller poursuivre leur carrière ailleurs[67]. À Québec, les plus anciens correspondants parlementaires sont actuellement Robert McKenzie du *Toronto Star*, Rosaire Pelletier et Gilles Morin de Radio-Canada, Normand Girard du *Journal de Montréal*, Gisèle Gallichan, maintenant à Radio-Québec, et Gilles Lesage du *Devoir*. Ce dernier est, sauf erreur, le correspondant parlementaire du *Devoir* ayant le plus d'ancienneté.

Le métier de correspondant parlementaire a été pendant longtemps un métier d'hommes. La Tribune de la presse est un monde d'hommes, surtout à Ottawa. *Le Devoir* a été le premier journal québécois à faire confiance à une femme, tant à Québec qu'à Ottawa. En 1962, Évelyne Dumas crée un précédent en devenant la première femme correspondante parlementaire à Québec[68]. L'actuelle directrice du *Devoir*, Lise Bissonnette, fut la première Québécoise à faire partie de la Tribune de la presse d'Ottawa.

Un regard sur l'avenir. La Tribune de la presse vit la crise qui secoue les médias. On constate une désaffection pour la couverture des débats parlementaires. Plusieurs réseaux de radio ne sont plus représentés à Québec. Les médias se contentent de plus en plus des agences de presse, ce qui amène une certaine uniformisation des points de vue. Cette pratique a d'ailleurs été dénoncée récemment par la ministre de la Culture et des Communications, Liza Frulla, qui a même conseillé aux militants libéraux de ne plus lire les journaux qui ne donnent qu'un seul son de cloche[69].

En somme, la Tribune de la presse peut être considérée comme une institution parlementaire animée par des hommes et des femmes qui exercent un métier difficile. Voyons maintenant comment les journalistes du *Devoir* se sont acquittés de leur tâche.

LE DEVOIR, TÉMOIN DE LA VIE PARLEMENTAIRE

On comprendra sans peine qu'il est impossible en quelques pages de rendre compte de tout ce qui s'est passé durant quatre-vingt-cinq ans

d'histoire parlementaire. En réalité, ce serait faire l'histoire politique québécoise.

Le Devoir est fondé alors que Bourassa et Lavergne viennent de
quitter Ottawa pour faire leur entrée à l'Assemblée législative de Québec.
Dans les semaines qui suivent, Donat Fortin est désigné comme correspondant parlementaire à Québec et Georges Pelletier occupe le même poste à
Ottawa. Le Devoir prend le relais du Nationaliste. Le nouveau journal
attaque inlassablement les libéraux de Gouin et de Laurier. Il dénonce le
patronage, la corruption, les trusts, prône la colonisation que l'on néglige au
profit de l'industrialisation. Sur la scène fédérale, les grands débats portent
sur la marine de guerre et sur la réciprocité avec les États-Unis.

Armand Lavergne, à l'époque député, collabore régulièrement au
Devoir. Parfois, ses articles tardent à venir. Un jour, Omer Héroux le
menace amicalement :

> [...] si dans les quarante-huit heures qui suivront la réception de cette lettre,
> vous ne m'avez pas fait, confectionné et adressé, au bureau du Devoir, un
> article pour ledit journal, je ferai et confectionnerai, ou ferai faire ou confec-
> tionner un article louant [...] le nez de sir Lomer et la mâchoire d'Alexandre,
> et que ledit article, je publierai dans la première page du journal Le Devoir,
> sous les nom et signature d'Armand Lavergne, député de Montmagny[70].

On imagine que Lavergne s'exécuta rapidement. L'année suivante, il
écrit au rédacteur en chef du Devoir : « Je voudrais envoyer l'article que vous
me demandez, mais la fréquentation prolongée des ministres et des députés
m'a totalement abruti[71]. » Héroux encourage Lavergne, le félicite pour ses
bons coups. « Vous avez donné une jolie attelée à Gouin », écrit-il en
1910[72].

Jean-Baptiste Dumont, sur lequel nous reviendrons plus loin, est
correspondant parlementaire en 1911. Son style est incisif, mordant, sans
pardon pour les libéraux. Après le départ des nationalistes, il accorde ses
faveurs aux conservateurs dans ses chroniques. Pendant toutes ces années,
Le Devoir n'a qu'un seul correspondant, sauf dans les moments importants
comme à l'époque de l'affaire Mousseau où Léon Trépanier vint prêter
main-forte à Dumont[73]. Selon Gilles Lesage, ce n'est d'ailleurs qu'à partir
de 1974, à la suite de l'arrivée du Jour, que Le Devoir aura deux journalistes
permanents agréés à la Tribune[74].

Alors que Dumont est à Québec, Pelletier est à Ottawa. « Il me faut,
écrit-il, écumer les couloirs à toute heure de la journée afin de voir ce qui
bout dans la marmite et je vous assure qu'il faut avoir l'oreille tendue.
Heureusement que je l'ai un peu longue[75]. » À plusieurs reprises, dans sa

correspondance à Héroux, Pelletier se plaint de la difficulté du travail. Le 1er mai 1910, il lui écrit : « Il y a un mois que nous en sommes à trois séances par jour, de onze heures du matin jusqu'à minuit, et mes lettres m'ont donné beaucoup d'ouvrage[76]. » Toujours à la recherche de textes auprès des députés, il lui arrive parfois de manquer des débats importants. Georges Pelletier a raté toute la discussion sur le pont de Québec parce qu'il était allé reconduire Bourassa à la gare, ce qui lui fait dire : « Dorénavant, j'y penserai à deux fois avant de m'absenter[77]. » Ses lettres auraient été « vivement goûtées[78] ». Finalement, Pelletier gravit les échelons et se retrouve à la direction du journal. Il est remplacé à Ottawa par Émile Benoist.

Soulignons, au passage, qu'Émile Benoist apprit d'une façon inusitée le départ de Bourassa du *Devoir*. Après avoir démissionné du journal, Bourassa retourne à son travail de député aux Communes. Il avait autorisé Émile Benoist à se servir de son cachet assurant la franchise postale pour l'envoi des chroniques parlementaires. Il lui ordonne : « Vous cesserez naturellement d'utiliser ma signature pour correspondre avec votre journal. » Benoist, qui ignore que Bourassa vient de quitter *Le Devoir*, répond : « Mon journal est d'abord le vôtre, Monsieur Bourassa. » Et Bourassa de répondre : « Je n'ai plus rien à faire avec cette feuille[79]. » Benoist trouve lui aussi le travail difficile. Il écrit à Pelletier en 1929 :

> [...] une session parlementaire représente une besogne assez lourde pour le journaliste qui en est chargé. La besogne est encore plus lourde s'il s'agit, comme c'est le cas depuis que je suis à Ottawa, de s'occuper d'une façon toute particulière d'un député qui parle assez fréquemment et toujours abondamment[80].

Allusion, bien sûr, à Bourassa. Assumer la couverture d'un tel homme ne devait pas être un travail de tout repos.

Le Devoir avait traité Laurier sans ménagement ; il ne fut guère plus tendre envers Mackenzie King et son lieutenant québécois Ernest Lapointe, surtout à l'époque de la conscription. Ottawa doit être subordonné à Québec dans l'esprit du correspondant du *Devoir* de 1943, Pierre Vigeant :

> Pour les Canadiens français, la politique fédérale doit être subordonnée à la politique provinciale. Il faut coordonner nos efforts à Québec et à Ottawa, mais la direction doit demeurer centralisée dans le Québec. Le chef politique des Canadiens français, ce doit être le premier ministre de la province de Québec [...]. Le chef de la députation fédérale ne doit être que son lieutenant, son représentant à Ottawa[81].

Le quotidien nationaliste est resté célèbre pour ses attaques envers Duplessis. Pourtant, au début de sa carrière, Duplessis reçoit l'appui du

Devoir, appui qui durera jusqu'à la grève d'Asbestos en 1949. D'ailleurs, le fondateur de l'Union nationale aurait compté Louis Dupire, Alexis Gagnon et Louis Robillard parmi ses amis. Louis Dupire, qui fut l'un des rédacteurs du fameux *Catéchisme des électeurs*[82] publié au moment des élections de 1936, écrira un jour à Duplessis : «Garder sa tête au milieu des honneurs, c'est déjà quelque chose; garder son cœur, c'est mieux — c'est même presque sans précédent. Tes intimes peuvent témoigner que c'est ce que tu as fait[83].» Georges Léveillé, qui a déjà travaillé à *La Patrie*[84], se lie lui aussi d'amitié avec Duplessis. Méthodique et dévoué, il deviendra son chef de cabinet[85]. Alexis Gagnon aurait été «l'œil» de Duplessis au *Devoir*[86]. Duplessis soutiendra plus tard qu'il a été «flanqué à la porte» pour la seule raison qu'il était un de ses amis[87].

Au début, les relations entre Pierre Laporte et Maurice Duplessis sont bonnes. Duplessis appréciait les jeunes avocats compétents et talentueux. Il fait monter Laporte dans sa limousine à l'occasion[88]. En 1951, Laporte fait même appel au premier ministre pour une question personnelle, soit l'adoption d'un projet de loi privé qui annulerait une donation de son grand-père Alfred Leduc à un de ses fils, au profit des autres membres de la famille, dont Laporte lui-même. Duplessis, qui force l'adoption du projet de loi, croyait sans doute pouvoir s'attirer les bonnes grâces du correspondant du *Devoir* en lui faisant une faveur. Peine perdue, Laporte continue ses attaques. Apparaît alors un nouveau projet de loi pour restaurer le fils Leduc dans ses droits[89]. Pour *Le Devoir*, Duplessis avait privé Pierre Laporte d'un juste héritage[90]. Après le projet de loi Picard et le projet de loi Guindon, il y eut donc le projet de loi Laporte. À plusieurs reprises, Duplessis fera allusion à cette question en Chambre, singulièrement pendant le débat sur la Bersimis. En parlant de Laporte, il utilise des mots très durs : sale individu, serpent, pourceau et sans-cœur[91]. Une charge inqualifiable qui force Gérard Filion à prendre la défense de son journaliste : selon lui, le premier ministre se conduit comme un charretier et il utilise «le langage d'un chauffeur parisien[92]».

Dans son ouvrage sur Duplessis, Pierre Laporte[93] décrit les rapports qu'entretenait le premier ministre avec les journalistes, et ceux de la Tribune de la presse en particulier. Selon lui, la plupart des propriétaires de journaux étaient favorables à Duplessis, de sorte que les membres de la Tribune avaient «instruction de passer par les diktats de cet homme[94]». Laporte parle de cette prétendue conférence de presse du vendredi où Duplessis recevait les journalistes dans son bureau. Conférence de presse assez particulière où l'on posait rarement des questions. Au lieu de répondre, Duplessis sermonnait les journalistes ou leur faisait des remontrances. Après son prône, il commençait sa conférence de presse qui tenait de la dictée. Duplessis revenait toujours sur les mêmes sujets, avec les mêmes demi-vérités. Il vérifiait minutieusement tout ce que les journaux écrivaient sur la politique provinciale et sur les activités de l'Assemblée législative. Pendant longtemps lecteur assidu du *Devoir*, il aurait annulé son abonnement le 15 décembre 1949[95]. Il tançait vertement le journaliste qui lui déplaisait, le menaçant même de le dénoncer auprès de son patron, comme ce fut le cas pour Fernand Renaud du *Montreal Star*[96]. Même s'il se trompait, les journalistes ne pouvaient donner tort au premier ministre. Selon Pierre Laporte, Duplessis se conduisait comme en pays conquis. Un jour, il admonesta Henri Dutil, secrétaire de la Tribune, parce qu'il avait voulu féliciter Mackenzie King pour la nomination d'un journaliste au Sénat. Il l'apostropha en ces termes dans la salle de presse : « Si je t'y reprends encore, je préviendrai tes patrons. Je vais te faire sortir d'ici, moi[97] !» Les mauvais journalistes, dont Pierre Laporte, qu'officiellement Duplessis ne lisait pas, étaient dénoncés aux réunions du Cabinet et aux caucus des députés.

L'épisode du scandale du gaz naturel mit à dure épreuve les relations entre Duplessis et les journalistes. Voici les faits : plusieurs ministres unionistes ont spéculé sur les actions de la Corporation du gaz naturel avant qu'elle n'achète le système de distribution de gaz d'Hydro-Québec. L'orage éclata le 13 juin 1958 avec ce titre : « *Le Devoir* accuse : Scandale à la Corporation du gaz naturel de Québec[98] ». Quelques jours plus tard, Duplessis refuse d'admettre Guy Lamarche, le remplaçant de Laporte qui avait jugé prudent de s'éclipser, à sa conférence de presse et le fait expulser de son bureau par son chauffeur[99]. Ce geste malheureux fut condamné par tous les journalistes. André Laurendeau, dans un éditorial intitulé : « La théorie du roi nègre », dénonce « cet arbitraire [qui] va contre la démocratie et les coutumes d'un régime parlementaire[100] ». Cet incident a constitué un point tournant dans les relations du pouvoir politique avec la Tribune de la presse. Désormais la Tribune est une société incorporée en vertu des lois québécoises. Elle se donne des règlements et décide que tous ses membres seront traités sur le même pied, ou alors tout le monde s'abstiendra de participer aux manifestations[101].

Le jugement de Pierre Laporte contre Duplessis est sans appel : « D'une façon générale, monsieur Duplessis a été dur pour les journalistes. Ils les a réduits en esclavage. Ils étaient surveillés, épiés, toujours exposés à ce que leur patron soit mis au courant des reproches qu'il avait à formuler à leur endroit[102]. »

Laporte, avec l'appui des libéraux, se lance dans l'arène politique. En 1956, il se présente comme libéral-indépendant dans Montréal-Laurier.

Contre Laporte, les unionistes utilisent la vieille tactique, pas très honnête, mais qui avait fait ses preuves, de présenter un candidat libéral-indépendant portant presque le même nom, Lionel Laporte[103], pour diviser le vote. Bien plus, en raison du système du recenseur unique, des milliers de noms avaient été omis des listes électorales[104]. Laporte fut battu.

À Ottawa, la fin des années cinquante constitue une étape importante pour la Tribune de la presse. À l'occasion du fameux débat sur le pipeline, en 1956, où le premier ministre Louis Saint-Laurent voulut bâillonner l'opposition, la presse s'érigea en chien de garde du gouvernement[105]. À la fin de la décennie, la radio et la télévision font leur entrée au Parlement canadien.

Durant toutes ces années, tant à Ottawa qu'à Québec, *Le Devoir* a presque toujours été dans l'opposition. L'élection de Lesage en 1960 va changer les choses. La Révolution tranquille marque un consensus entre le gouvernement et les élites intellectuelles, dont les journalistes. Les grands débats de cette période attirent plusieurs journalistes à Québec : leur nombre passe, entre 1959 et 1962, de 17 à 36[106]. Il est évident, à la lecture du *Devoir* de ces années-là, qu'il est favorable au gouvernement Lesage, l'artisan de réformes réclamées pendant longtemps. En lisant Évelyne Dumas (Gagnon) et Marcel Thivierge, qui remplacent Pierre Laporte, on sent une sympathie certaine pour l'équipe du tonnerre et ses réformes et une antipathie pour l'Union nationale et son chef Daniel Jonhson[107]. Filion écrit : « M. Daniel Johnson n'aime pas *Le Devoir*, c'est son droit. *Le Devoir* n'aime pas M. Daniel Johnson ; c'est aussi notre droit [...]. Il a cultivé tous les défauts, tous les vices de son ancien maître sans en avoir les qualités[108]. » La défaite des libéraux en 1966 laisse *Le Devoir* orphelin du pouvoir. D'ailleurs, l'ensemble de la presse manifeste, envers le nouveau premier ministre et son parti, une « hostilité impertinente[109] ». Le journal prend ses distances avec le gouvernement Bertrand en raison de ses hésitations sur la langue. On le sent plus sympathique au gouvernement Bourassa qui lui succède.

Sur la scène fédérale, la période fut caractérisée par deux grands événements : l'arrivée des trois colombes — cette heureuse expression est de Jean-V. Dufresne — et la crise d'Octobre 1970[110]. M. Trudeau eut des relations difficiles avec la presse, et en particulier avec *Le Devoir*, même si certains de ses ministres maintenaient le contact avec ses correspondants. Dans les années quatre-vingt, le moins que l'on puisse dire, c'est que la presse « n'était pas en odeur de sainteté[111] » à Ottawa ; les attaques des hommes politiques contre la presse ont été virulentes. Époque aussi des conférences fédérales-provinciales où s'affrontaient le gouvernement péquiste de M. Lévesque et le gouvernement libéral de M. Trudeau. L'arrivée des conservateurs change les choses; plusieurs cabinets de ministre s'abonnent au *Devoir*, les ministres francophones accordent beaucoup d'importance au *Devoir*. Le gouvernement libéral de Chrétien entretient de meilleures relations avec la presse québécoise que le gouvernement Trudeau. L'arrivée du Bloc change bien des choses. Sa critique plus serrée du fédéralisme en indispose plusieurs. Le correspondant qui relaie les critiques du Bloc et du Reform Party est parfois accusé de «faire le jeu des séparatistes», de donner trop de place aux partis régionaux, ces «deux belles bandes de rouspéteurs qui ne comprennent rien[112]».

À Québec, l'élection du Parti québécois rappelle un peu celle des libéraux en 1960. On a même posé la question : Les journalistes au pouvoir[113]? Le régime péquiste fait des razzias dans les salles de rédaction. «La confrérie journalistique se sent à nouveau en confiance, elle fait partie en quelque sorte du pouvoir[114].» *Le Devoir* eut lui aussi à subir le départ de journalistes pour le monde politique.

Ce rapide survol montre bien que *Le Devoir* a été pour plusieurs Québécois un témoin privilégié du combat politique. En cela, il est resté fidèle à la mission que lui avait assignée son fondateur.

QUELQUES CORRESPONDANTS PARLEMENTAIRES DU *DEVOIR*

Le chercheur qui s'attardera à la liste des correspondants parlementaires du *Devoir* constatera que plus d'une quarantaine ont occupé ce prestigieux poste à Ottawa ou à Québec. Plusieurs des plus illustres journalistes d'ici y figurent. Il est évident que nous ne pouvons parler de tous.

Jean-Baptiste Dumont, un «bleu d'entre les bleus[115]», entreprend sa carrière au *Quotidien* de Lévis vers 1890[116]. Il travaille à trois autres journaux avant d'entrer au *Devoir* en décembre 1910 à titre de correspondant parlementaire à Québec. Dans sa «Lettre de Québec», il relate les débats avec humour, parfois avec cynisme. Journaliste engagé, il s'attaque sans relâche aux libéraux de Parent et de Gouin, ce qui lui vaut plus d'une fois des démêlés avec eux. Ainsi, en 1907, il fait l'objet d'une motion lui interdisant l'accès à la Tribune pour les avoir qualifiés de misérables, de menteurs, de traîtres et de fous[117]. En 1911, le premier ministre Gouin l'apostrophe en ces termes, en pleine Chambre, alors qu'il est assis à la Tribune : «[...] cet écrivain fielleux, ce filet [*sic*], ce raté qui a été à la rédaction d'une feuille conservatrice de cette ville pendant des années [...]

chassé de *L'Événement*; il n'y avait qu'au *Devoir* qu'il pouvait descendre [...]. Sa figure porte la marque de tous les vices[118].»

Dumont quitte le journalisme en 1915 et devient le secrétaire du ministre des Postes. À son départ, Omer Héroux fait son éloge en soulignant «l'ampleur, la précision et la variété de son information politique et économique», en disant qu'il fut «l'un des journalistes les plus estimables et les plus respectés de notre génération[119]». Il a été dix-neuf ans à la Tribune. Il termine sa carrière à la Chambre des communes comme réviseur puis traducteur des débats à partir de 1921, un service presque entièrement composé de «journalistes en rupture de ban[120]». On explique cette nomination en disant: «Il avait une famille nombreuse à élever[121].» Il prend sa retraite en 1935. Dumont avait eu une expression heureuse en parlant de l'Assemblée législative: «Notre législature devient de plus en plus une usine de législation privée[122].»

En 1908, un jeune avocat, Georges Pelletier, fait son entrée à *L'Action sociale*. Il n'a que 26 ans[123]. Deux ans plus tard, il se joint à l'équipe du *Devoir*. Rapidement Georges Pelletier est envoyé en poste dans la capitale fédérale. À Ottawa, il rend compte des derniers jours du gouvernement Laurier. Il est confronté aux problèmes des races, de l'impérialisme et de la langue. En 1910, il couvre les débats parlementaires à Québec et à Ottawa. À Québec, il est assisté de Donat Fortin. Ce dernier exige 8 $ par semaine[124]. Cette demande fut probablement jugée excessive puisqu'on retrouve Fortin à *L'Avenir de Jonquière* l'année suivante[125]. Pelletier, qui était le protégé de Louis-Philippe Pelletier, ministre conservateur à Québec puis à Ottawa[126], a suivi Bourassa dans plusieurs de ses voyages, et notamment en Alberta[127]. Il a regretté vivement le départ d'Asselin et de Fournier[128]. Promu secrétaire à la rédaction, il est remplacé par Ernest Bilodeau. Pelletier a enseigné le journalisme à l'École des sciences sociales, économiques et politiques de l'Université de Montréal entre 1921 et 1944[129]. Selon Schenck, «Pelletier fut le plus brillant courriériste parlementaire que la presse québécoise ait jamais eu à Ottawa[130]».

Ernest Bilodeau était «un chroniqueur-né, possédant cette aptitude si rare d'écrire comme il parlait[131]». Originaire du Lac-Saint-Jean, il a été successivement directeur de banque et journaliste dans l'Ouest canadien avant d'entrer au *Devoir* comme correspondant parlementaire à Ottawa. Ce poste très accaparant ne l'empêche pas de fonder une revue littéraire, *Un Canadien errant*, dont il voulait faire la revue nationale des Canadiens français. Elle sera publiée entre 1915 et 1919[132].

Auteur de plusieurs romans[133], Léo-Paul Desrosiers, qui peut vivre de sa plume, n'est pas le seul correspondant parlementaire à avoir été écrivain.

Il remplace Bilodeau à Ottawa. Âgé de 24 ans, il est bien jeune pour une si lourde tâche[134]. Marié à Marie-Antoinette Tardif (pseudonyme : Michelle Le Normand), romancière et collaboratrice au *Devoir*[135], ils forment tous deux un «ménage de lettres[136]». Desrosiers, comme d'autres, délaisse le journalisme pour la sécurité de la fonction publique ; il devient traducteur au *Journal des débats*, poste qu'il occupera jusqu'en 1941. Il quitte Ottawa pour devenir directeur de la Bibliothèque municipale de Montréal jusqu'à sa retraite en 1953[137]. Membre de la Société des Dix, il collabore à plusieurs revues littéraires[138].

Louis Dupire, dont les parents viennent de Ploërmel dans le Morbihan, est né en mer. Ses parents s'installent en Amérique trois ans après sa naissance[139]. Il est de «ce type de Français dont la venue enrichit notre culture[140]». Il arrive au *Devoir* en 1912, après avoir débuté au *Canada* et à *La Presse*[141]. Léon Trépanier, son camarade, l'aurait fait entrer au *Devoir*[142]. Très actif, toujours aux aguets, on lui doit plusieurs primeurs dont celle de la démission de Gouin[143] ; il est aussi spécialiste des questions municipales montréalaises. Sa chronique est vivante ; elle dépasse souvent la terne description du train-train parlementaire. Dupire connaît les problèmes de Montréal (urbanisme, hygiène, pauvreté). Il participe à plusieurs œuvres sociales et charitables, celles qui s'intéressent à la jeunesse en particulier. Les plus âgés se souviendront de ses articles sur «le petit monde». Ses confrères l'appelaient «le ministre de la charité[144]». Très près du frère Marie-Victorin, il participe activement à la création du Jardin botanique de Montréal. Dupire se lie d'amitié avec Arthur Sauvé, le chef de l'opposition[145], et bien sûr avec Maurice Duplessis. «Au contraire de ses corédacteurs du *Devoir*, Dupire possédait un caractère liant, de l'indulgence et une bonne fourchette. Il attirait merveilleusement, au dessert, les "tuyaux", les confidences[146].» En 1922 il se limite à la politique municipale. Il meurt subitement en 1942[147].

Émile Benoist était porté vers les questions économiques. Une de ses enquêtes sur les chômeurs provoqua la fondation d'un refuge de jour pour les miséreux, la Maison Ignace-Bourget[148]. Directeur intérimaire du *Devoir* en remplacement de Georges Pelletier, il réussit, par son mauvais caractère, à dresser tout le monde contre lui[149]. Travailleur acharné, sa curiosité le poussait à fouiller et à creuser les problèmes. Adepte du journalisme d'enquête, il aurait laissé une documentation importante[150]. Benoist a eu le mérite de franchir tous les échelons dans la boîte, de journaliste à directeur. Il aurait été évincé afin de détruire l'influence de Duplessis au *Devoir*[151]. Benoist dut poursuivre sa carrière dans le fonctionnarisme québécois. Il a lui aussi publié plusieurs ouvrages[152].

Léopold Richer commence sa carrière au *Droit*. C'est Pelletier qui le remarque et l'amène au *Devoir* pour remplacer Benoist[153]. Pourfendeur du gouvernement King, d'Ernest Lapointe en particulier, voilà un rude combattant. Il s'attire les foudres du cardinal Villeneuve pour son impertinence[154]. Richer a été très actif dans la fondation du Bloc populaire de Maxime Raymond[155]. Il quitte même *Le Devoir* pour la direction du journal de cette formation politique, *Le Bloc*. Pierre Vigeant, qui avait signé des chroniques sur la guerre, le remplace à Ottawa[156]. Fondateur du journal *Notre Temps*[157], un hebdomadaire littéraire, Richer engage une polémique avec son ancien employeur[158]. *Notre Temps* passe dans l'orbite de l'Union nationale. Richer combat les gauchistes et les communistes, et soutient les unionistes jusqu'à son décès en 1962[159].

Le plus connu de tous les correspondants du *Devoir* est probablement Pierre Laporte. Le destin de cet homme est hors du commun. Cet avocat fera une brillante carrière de seize ans au *Devoir*. Sa correspondance parlementaire est parfois incendiaire, ses «propos du samedi» où il montre les dessous de la politique sont dévastateurs. Même ses adversaires les plus irréductibles reconnaissent ses mérites. Robert Rumilly, ce chantre du duplessisme, lui concède «du talent, une plume concise, une réelle facilité d'exposition[160]». Cible des attaques de Duplessis, comme nous l'avons vu, Laporte a eu à l'endroit du premier ministre et de l'Union nationale quelques bons mots. En 1955, il compare l'Union nationale à une marmotte bien engraissée[161]. De Duplessis, il dira: «Grand homme? Il a les biceps puissants, une langue bien pendue. Mais ça ne suffit pas à faire les grands hommes[162].» Laporte était un nationaliste; il aurait été très actif dans l'Ordre de Jacques-Cartier avec Pierre Vigeant, chef suprême de cette société secrète vouée à la défense des Canadiens français[163].

Laporte quitte *Le Devoir* pour la carrière politique. Battu dans Montréal-Laurier en 1956, il est élu en 1961. Ministre des Affaires municipales, des Affaires culturelles, premier leader parlementaire du gouvernement, ministre de l'Immigration et du Travail, il meurt en 1970 dans les circonstances que l'on sait[164].

Un autre chroniqueur, Marcel Thivierge, a travaillé au *Foyer rural* comme Gérard Filion[165]. On connaît le calembour de Duplessis à son endroit: «Thivierge, quand je te regarde, je me demande si t'es un ti-vierge ou bien un ti-crisse[166].» Mais il fut aussi victime de la colère de Daniel Johnson qui l'accusa de malhonnêteté:

> Je suis informé que M. Thivierge a reçu la promesse de Me Pierre Laporte que sa candidature serait acceptée aux prochaines élections. [...] Cela, c'est sans compter la promesse de changer sa voiture à chaque année chez un conseiller législatif libéral sans que cela ne lui coûte un sou[167].

Accusation que s'empressa de réfuter Thivierge. Lui-même n'était pas tendre pour Johnson qui perpétuait «la tradition poussiéreuse des débats touffus et longs qui se soldent par une perte pure et simple du temps de la Chambre[168]». Cela n'empêchera pas Johnson d'engager ce même Thivierge dans ses services d'information. Thivierge fut l'un de ceux qui attaquèrent régulièrement le Conseil législatif, ce «conseil des cent compagnies[169]».

Voilà, nous n'avons certes pas épuisé le sujet. Loin de là. Il y aurait encore beaucoup à dire sur la Tribune de la presse, sur ses courriéristes et, en particulier, sur ceux du *Devoir*. Sur Alexis Gagnon, «un ben bon gars, qui aimait la bonne chère et le bon vin[170]»; sur Clément Brown qui collabora au *Temps* avant d'entrer au *Devoir*[171] pour se retrouver au *Montréal-Matin*[172]; sur Gilles Lesage, fidèle à la Tribune depuis vingt-cinq ans et qui a été avec Damase Potvin l'un des rares à s'intéresser à l'histoire de cette institution; sur Michel Roy qui a quitté la profession pour le monde politique et la diplomatie; sur Laurent Laplante qui a délaissé le journalisme pour la fonction publique et y est revenu; sur Jean-V. Dufresne qui a connu l'expérience emballante mais courte du *Nouveau journal*[173] et qui est maintenant au *Journal de Montréal*; sur ses artisans actuels. Et sur combien d'autres.

C'est encore Alexis Gagnon[174] qui a le mieux décrit le travail du courriériste parlementaire du *Devoir*:

> L'un des aspects les plus séduisants du journalisme est l'information poli-
> tique. C'est le reportage par excellence, le plus chargé d'humanité, de pitto-
> resque et d'imprévu, le plus fécond dans sa diversité et son charme. Il fait du
> nouvelliste le spectateur privilégié d'un immense spectacle où s'élaborent les
> plus vastes projets, où les intérêts, les vanités et les appétits se livrent les luttes
> les plus sauvages. Et le nouvelliste est spectateur non des illusions du parterre,
> mais de la coulisse. Il voit la farine qui blanchit les faces, le gras-blanc qui
> masque les rides, les toiles défraîchies et craquelées que l'on monte en
> trompe-l'œil électoral. Les acteurs répètent devant lui avant d'aller devant
> la galerie[175].

Même si la Tribune de la presse n'a plus l'importance qu'elle a déjà eue, elle n'en demeure pas moins un lieu où se fabrique la nouvelle poli-tique. Il suffit pour s'en convaincre d'écouter les nouvelles de fin de soirée. La Tribune compte une centaine de membres à Québec et près de 350 à Ottawa, dont la moitié représente une station ou une chaîne de télévision. Le travail du correspondant parlementaire a bien changé, les journalistes transcrivent leur article sur des ordinateurs, souvent sans sortir de leur bureau, et le transmettent presque instantanément au journal. On est loin du télégraphe et du dactylographe.

Cette institution plus que centenaire a permis au peuple québécois de suivre le travail de ses élus. Le correspondant parlementaire, tant à Québec qu'à Ottawa, a joué un rôle important, il a été un témoin privilégié de notre histoire.

Le grand intérêt dans la vie d'un nouvelliste politique, c'est surtout d'assister à ce qu'on pourrait appeler l'élaboration de l'histoire, d'en présenter les actions et l'évolution. Car les lois, les projets qui s'élaborent en Chambre et dans les coulisses, c'est de quoi l'histoire du pays sera faite, qui orientera nos destinées en bien ou en mal. Et alors l'observation grandit le métier au rôle d'historien, humble et incomplet sans doute, mais qui a cependant une importance de premier ordre[176].

Pourtant, ces deux organismes de presse attendent encore leur historien. Les correspondants parlementaires francophones, contrairement à leurs confrères anglophones, ont peu écrit sur leur expérience à Québec ou à Ottawa. Il faut le déplorer et souhaiter que certains d'entre eux le fassent. Nous nous sommes penché sur une quarantaine seulement de journalistes du *Devoir*. Mais il y en eut bien d'autres. La chronique parlementaire, même si elle a été un genre journalistique important, ne doit pas faire oublier la chronique judiciaire, la chronique municipale, la chronique sportive, la chronique littéraire, etc. Voilà autant de sujets qui mériteraient d'être étudiés.

Jocelyn SAINT-PIERRE
Responsable du service de la reconstitution des débats
Bibliothèque de l'Assemblée nationale

◆

1. Groupe de travail fédéral sur l'information gouvernementale, *Communiquer*, Ottawa, 1969, vol. 2.

2. Henri Bourassa, « Avant le combat », *Le Devoir*, 10 janvier 1910.

3. Le mot est de la Commission Kent (voir : *Rapport de la Commission royale sur les quotidiens*, Ottawa, Approvisionnements et Services Canada, 1981.

4. Une équipe de chercheurs y travaille actuellement : le Groupe de recherche en histoire des médias au Québec (GRHIMEQ). Voir aussi : Jocelyn Saint-Pierre, *Les chroniqueurs parlementaires, membres de la Tribune de la presse de l'Assemblée législative de Québec, 1871 à 1921*, Québec, Université Laval, thèse de Ph. D. en histoire, 1993.

5. Damase Potvin, *Aux fenêtres du Parlement de Québec. Histoire, traditions, coutumes, usages, procédures, anecdotes, commissions et autres*, Québec, Les éditions de la Tour de Pierre, 1942.

◆

6. Marcel Hamelin, *Les premières années du parlementarisme québécois (1867-1878)*, Québec, Les Presses de l'Université Laval, 1974, Coll. Les cahiers d'histoire de l'Université Laval, n° 19.

7. *Le Devoir*, 10 janvier 1928.

8. Louis Dupire, «Le Parlement de Québec. De l'affaire Bérard à l'affaire Roberts», *Le Devoir*, 18 janvier 1930.

9. *Le Devoir*, 12 septembre 1978.

10. Incidemment, André Laurendeau n'a jamais été membre de la Tribune de la presse, mais il fut député de Montréal-Laurier, à Québec, de 1944 à 1948.

11. Omer Héroux, «Le "Hansard" provincial», *Le Devoir*, 23 mars 1922.

12. Alexis Gagnon, «Le nouvelliste politique à Québec et à Montréal», *Le Devoir*, 23 février 1935.

13. *Le Devoir*, 20 décembre 1916.

14. Cependant, Alphonse Desjardins, Narcisse Malenfant et Louis-Georges Desjardins ont produit un compte rendu d'époque pour la période de 1878 à 1893. Marcel Hamelin a réalisé la reconstitution des débats de 1867 à 1878. L'équipe d'historiens de la Bibliothèque de l'Assemblée nationale a poursuivi ce travail de 1893 à 1930. La documentation officielle et les chroniques parlementaires publiées dans les journaux, dont celle du *Devoir* évidemment, constituent leurs sources principales.

15. Louis Robillard, «La journée d'un scribe parlementaire», *Le Devoir*, 4 février 1924.

16. Alexis Gagnon, *loc. cit.*

17. Louis Robillard, *loc. cit.*

18. Alexis Gagnon, *loc. cit.*

19. Henri Bourassa, *Le 5ᵉ anniversaire du* Devoir. *Compte rendu de la grande manifestation du 14 janvier 1915*, Montréal, Le Devoir, 1915.

20. *Le Devoir*, 22 novembre 1916.

21. *Débats de l'Assemblée législative du Québec. Session 1911*, texte établi par Mireille Barrière et Jocelyn Saint-Pierre, Québec, Bibliothèque de l'Assemblée nationale (à paraître en 1994), séance du 3 mars.

22. *Le Devoir*, 8 janvier 1915.

23. *Le Devoir*, 11 janvier 1921.

24. *Ibid.*

25. Louis Robillard, *loc. cit.*

26. Alexis Gagnon, *loc. cit.*

27. *Les membres de la Tribune de la presse. Liste chronologique 1871-1989*, Québec, Bibliothèque de l'Assemblée nationale, 1990 (s.p.), coll. Bibliographie et documentation, n° 34.

28. Gilles Lesage, «L'information politique à Québec. De Duplessis à Lévesque : les journalistes au pouvoir?», *Dans les coulisses de l'information. Les journalistes*, Montréal, Québec-Amérique, 1980.

29. André Fournier, *Les nouveaux messagers (Du stylo au micro)*, Montréal, Éditions du Méridien, 1992.

30. Voir à ce sujet le numéro sur la communication administrative dans *Recherches sociographiques*, vol. XVI, n° 3, septembre-décembre 1975.

31. Gilles Lesage, *op. cit.*

32. Jacques Benjamin, *Comment on fabrique un Premier ministre québécois*, Montréal, Éditions de l'Aurore, 1975.

33. Gérald LeBlanc, «Le pouvoir vu de la galerie», *Perspectives*, 11 mars 1978, vol. 20, n° 10.

34. *Rapport sur la diffusion des délibérations parlementaires*, Québec, Éditeur officiel du Québec, août 1977.

35. Bernard Descôteaux, «La télévision fait son entrée à l'Assemblée nationale», *Le Devoir*, 4 octobre 1978.

36. Gilles Lesage, «L'information politique à Québec. De Duplessis à Lévesque : les journalistes au pouvoir?», *op. cit.*

37. *Ibid.*

38. Marcel Gilbert, «L'information gouvernementale et les courriéristes parlementaires au Québec», *Revue canadienne de science politique*, vol. IV, n° 1, mars 1971.

39. Hélène G. Cantin, *La Tribune de la Presse du Parlement de Québec*, Paris, thèse de doctorat, Université de droit, d'économie et de sciences sociales de Paris, 1981.

40. Louis Martin, «Le rôle des médias dans le processus politique», *Communication et Information*, vol. 11, n° 3, automne 1978.

41. Christopher Harris, «Les médias et le Parlement», *Le Gouvernement parlementaire*, vol. 7, n°s 1-2.

42. Frederick J. Fletcher, *Les quotidiens et les affaires publiques*, Ottawa, Approvisionnements et Services Canada, 1981, Commission royale sur les quotidiens, vol. 7.

43. *Débats de la Chambre des communes. Première législature. 1ère session (1867-1868)*, texte établi par P. B. Waite, Ottawa, Imprimeur de la reine, 1968.

44. *Le guide de la capitale du Canada*, Ottawa, Commission de la capitale nationale, 1979.

45. Voir un plan du premier étage de l'édifice du Parlement dans *Handbook to the Parliamentary and Departmental Buildings*, Canada, Ottawa, G. E. Desbarats, 1867.

46. W. H. Kesterton, *A History of Journalism in Canada*, Toronto, Macmillan Company of Canada Limited, 1979, coll. Carleton Library, n° 36.

47. George Bain, «Dateline Ottawa. The Parliamentary Press Gallery», *Saturday Night* (Toronto), juillet 1985.

48. W. H. Kesterton, *op. cit.*

49. Victor Mackie, «La presse et le sectarisme», *Le Gouvernement parlementaire*, vol. 7, n°s 1-2, 1987.

50. *Ibid.*; George Bain, *loc. cit.*

51. Voir à ce sujet deux lettres de Georges Pelletier à Omer Héroux, 12 février 1910 et 30 novembre 1911, Service des archives, Centre de recherche Lionel-Groulx, Fonds Gérard-Filion.

52. Robert Rumilly, *Histoire de la province de Québec*, Montréal, Fides, 1940, tome XXXIII.

53. Lettre d'Émile Benoist à Georges Pelletier, 16 mai 1929, Service des archives, Centre de recherche Lionel-Groulx, Fonds Gérard-Filion.

54. Alex Shprintsen, «La Tribune : histoire et évolution», *Le Gouvernement parlementaire*, vol. 7, nᵒˢ 1-2.

55. Christopher Harris, *loc. cit.*

56. Alex Shprintsen, *loc. cit.*

57. Christopher Harris, *loc. cit.*

58. *Rapport de la Commission royale sur les quotidiens.*

59. Georges Pelletier, «Je veux faire du journalisme», *Le Devoir*, 23 février 1935.

60. Omer Héroux, «Le "Hansard" provincial», *Le Devoir*, 23 mars 1922.

61. Voir : *Débats de l'Assemblée législative du Québec. Session 1909*, texte établi par Richard Ouellet, Québec, Service de la reconstitution des débats, Bibliothèque de l'Assemblée nationale, 1993, vol. 2, séances des 18 et 19 mai. Durant ce débat, Bourassa utilise, au sujet de cette prison, les expressions savoureuses de «cellules du tsar de Québec» et «oubliettes du Parlement».

62. *Le Devoir*, 4 février 1924.

63. *L'Hôtel du Parlement témoin de notre histoire*, Québec, Les Publications du Québec, 1986, p. 117; *La Patrie*, 29 novembre 1895, p. 2.

64. *Le Canada*, 2 décembre 1916, p. 1.

65. Voir le texte de Gilles Lesage, «L'information politique à Québec. De Duplessis à Lévesque : les journalistes au pouvoir», *op. cit.*

66. M. Duplessis est passé maître dans l'art de distribuer ces petits cadeaux aux journalistes amis sans qu'il n'y paraisse. Alfred Hardy, directeur général des achats du Québec sous son gouvernement, raconte qu'un correspondant parlementaire recevait une commission sur chaque tonne de charbon vendue au gouvernement; qu'un autre touchait une commission de vendeur pour la vente de boyaux d'incendie. (Alfred Hardy, *Patronage et patroneux*, Montréal, Les Éditions de l'Homme, 1979.)

67. Gérald LeBlanc, *loc. cit.*

68. *Les membres de la Tribune de la presse. Liste chronologique.*

69. *Le Journal de Québec*, 11 mai 1994.

70. Lettre d'Omer Héroux à Armand Lavergne, 15 avril 1910, Service des archives, Centre de recherche Lionel-Groulx, Fonds Gérard-Filion.

71. Lettre d'Armand Lavergne à Omer Héroux, 18 février 1911, Service des archives, Centre de recherche Lionel-Groulx, Fonds Gérard-Filion.

72. Lettre d'Omer Héroux à Armand Lavergne, 1ᵉʳ juin 1910, Service des archives, Centre de recherche Lionel-Groulx, Fonds Gérard-Filion.

73. Robert Rumilly, *Histoire de la province de Québec*, tome XVIII.

74. Gilles Lesage, «*Le Devoir* au cœur de la vie parlementaire à Québec. 75 ans dans les coulisses de l'histoire québécoise», *Le Devoir*, 30 juillet 1985.

75. Lettre de Georges Pelletier à Omer Héroux, 21 juillet 1911, Service des archives, Centre de recherche Lionel-Groulx, Fonds Gérard-Filion.

76. Lettre de Georges Pelletier à Omer Héroux, 1ᵉʳ mai 1910, Service des archives, Centre de recherche Lionel-Groulx, Fonds Gérard-Filion.

77. Lettre de Georges Pelletier à Omer Héroux, 6 février 1910, Service des archives, Centre de recherche Lionel-Groulx, Fonds Gérard-Filion.

78. *Le Devoir*, 17 novembre 1916.

79. Robert Rumilly, *Histoire de la province de Québec*, tome XXXIII.

80. Lettre d'Émile Benoist à Georges Pelletier, 16 mai 1929, Service des archives, Centre de recherche Lionel-Groulx, Fonds Gérard-Filion.

81. Robert Rumilly, *Maurice Duplessis et son temps*, Montréal, Fides, 1973, tome I; et *Le Devoir*, 18 janvier 1943.

82. Conrad Black, *Duplessis. L'ascension*, Montréal, Les Éditions de l'Homme, 1977; et Robert Rumilly, *Maurice Duplessis et son temps*, tome I.

83. Robert Rumilly, *Maurice Duplessis et son temps*, tome I.

84. André Beaulieu et Jean Hamelin, *La Presse québécoise des origines à nos jours*, Québec, Les Presses de l'Université Laval, 1975, tome 2.

85. Robert Rumilly, *op. cit.*, tome 1.

86. Robert Rumilly, *Histoire de la province de Québec*, tome XLI.

87. *Le Soleil*, 5 février 1954, p. 12.

88. Conrad Black, *op. cit.*

89. Robert Rumilly, *Maurice Duplessis et son temps*, tome II; et Conrad Black, *op. cit.*

90. Conrad Black, *op. cit.*, tome II.

91. *Le Soleil* et *Le Devoir* du 5 février 1954.

92. *Le Devoir*, 6 février 1954.

93. Pierre Laporte, *Le vrai visage de Duplessis*, Montréal, Les Éditions de l'Homme, 1960.

94. *Ibid.*

95. Conrad Black, *op. cit.*, tome II.

96. Pierre Laporte, *op. cit.*; et *Les membres de la tribune de la presse. Liste chronologique.*

97. *Ibid.*

98. Voir *Le Devoir* du 13 juin 1958. Le scandale s'étale dans le journal jusqu'à la fin du mois de juin.

99. *Le Devoir*, 28 juin 1958.

100. *Le Devoir*, 4 juillet 1958.

101. Pierre Laporte, *op. cit.*

102. *Ibid.*

103. *Répertoire des parlementaires québécois 1867-1978*, Québec, Bibliothèque de la Législature, 1980.

104. Conrad Black, *op. cit.*, tome II.

105. Paul Rutherford, *The Making of the Canadian Media*, Toronto, McGraw-Hill, 1978; et Alex Shprintsen, *loc. cit.*

106. *Les membres de la Tribune de la presse. Liste chronologique.*

107. Mario Cardinal, «Johnson et la presse», dans *Daniel Johnson. Rêve d'égalité et projet d'indépendance*, Montréal, Les Presses de l'Université du Québec à Montréal, 1991, colloque de l'UQAM, Les leaders politiques du Québec contemporain.

108. Gérard Filion, «Le retour aux origines», *Le Devoir*, 22 septembre 1961.

109. Paul Gros d'Aillon, *Daniel Johnson, l'égalité avant l'indépendance*, Montréal, Stanké, 1979.

110. Claude Ryan, Le Devoir *et la crise d'octobre 70*, Montréal, Leméac, 1971.

111. Christopher Harris, *loc. cit.*

112. Jean Dion, «La désunion nationale», *Le Devoir*, 29 avril 1994.

113. Le «30"», vol. 1, n° 1, décembre 1976.

114. Gilles Lesage, «L'information politique à Québec. De Duplessis à Lévesque : les journalistes au pouvoir?», *op. cit.*

115. Robert Rumilly, *Histoire de la province de Québec*, tome XVI.

116. Gilles Gallichan, «Jean Dumont, un journaliste engagé», *Le Devoir*, 30 juillet 1985.

117. *Débats de l'Assemblée législative du Québec. Session 1907*, texte établi par Denys Trudel, Québec, Bibliothèque de l'Assemblée nationale, 1990, séance du 1er mars.

118. *Le Nationaliste*, 22 janvier 1911, p. 4 ; et *Débats de l'Assemblée législative du Québec. Session 1911*, texte établi par Mireille Barrière et Jocelyn Saint-Pierre, séance du 11 janvier.

119. Omer Héroux, «M. Jean Dumont», *Le Devoir*, 25 octobre 1915.

120. Ernest Schenck, *Silhouettes de journalistes*, Montréal, 1960.

121. *Ibid.* ; et aussi une lettre de Jean Dumont à Omer Héroux, 2 décembre 1913, Service des archives, Centre de recherche Lionel-Groulx, Fonds Gérard-Filion.

122. *Le Devoir*, 21 décembre 1911.

123. Pierre-Philippe Gingras, *Le Devoir*, Montréal, Libre expression, 1985.

124. Lettre de Georges Pelletier à Omer Héroux, 12 mai 1910, Service des archives, Centre de recherche Lionel-Groulx, Fonds Gérard-Filion.

125. André Beaulieu et Jean Hamelin, *op. cit.*, tome 5.

126. Robert Rumilly, *Histoire de la province de Québec*, tome XVII.

127. *Ibid.*

128. Lettre de Georges Pelletier à Omer Héroux, 10 mars 1910, Service des archives, Centre Lionel-Groulx, Fonds Gérard-Filion.

129. Pierre-Philippe Gingras, *op. cit.*

130. Ernest Schenck, *op. cit.*

131. Robert Rumilly, *Histoire de la province de Québec*, tome XX.

132. André Beaulieu et Jean Hamelin, *op. cit.*, tome 5.

133. Maurice Lemire, *Dictionnaire des œuvres littéraires du Québec*, Montréal, Fides, 1978, tome II.

134. Robert Rumilly, *Histoire de la province de Québec*, tome XXVI.

135. Maurice Lemire, *op. cit.*, p. 104.

136. Robert Rumilly, *Histoire de la province de Québec*, tome XXVIII.

137. Maurice Lemire, *op. cit.*

138. André Beaulieu et Jean Hamelin, *op. cit.*, tome 7.

139. Claire Couillard, *Essai de bio-bibliographie sur Louis Dupire*, Montréal, École de bibliothécaires, 1952.

140. Ernest Schenck, *op. cit.*

141. Claire Couillard, *op. cit.*

142. Robert Rumilly, *Histoire de la province de Québec*, tome XVIII.

143. *Ibid.*, tome XXV; et *Le Devoir*, 9 juillet 1920.
144. Claire Couillard, *op. cit.*
145. Robert Rumilly, *Histoire de la province de Québec*, tome XXVI.
146. *Ibid.*, tome XXVI, p. 65.
147. *Ibid.*, tomes XXVII et XL.
148. *Ibid.*, tomes XXX et XXXII.
149. Pierre-Philippe Gingras, *op. cit.*
150. Maurice Huot, *Journalistes canadiens*, Trois-Rivières, Éditions du Bien Public, 1959.
151. Ernest Schenck, *op. cit.*
152. *Ibid.*
153. Robert Rumilly, *Histoire de la province de Québec*, tome XXXVI.
154. *Ibid.*, tome XL; et *L'Action catholique*, 10 novembre 1942.
155. André Beaulieu et Jean Hamelin, *op. cit.*, tome 7; et Paul-André Comeau, *Le Bloc populaire, 1942-1948*, Montréal, Québec-Amérique, 1982.
156. Robert Rumilly, *Histoire de la province de Québec*, tome XLI.
157. André Beaulieu et Jean Hamelin, *op. cit.*, tome 8; et Robert Rumilly, *Maurice Duplessis et son temps*, tome II.
158. *Notre Temps*, 18 août 1956; et Robert Rumilly, *Maurice Duplessis et son temps*, tome II.
159. *Ibid.*, tome II.
160. *Ibid.*
161. *Le Devoir*, 23 février 1955.
162. *Le Devoir*, 18 février 1955.
163. Robert Rumilly, *Maurice Duplessis et son temps*, tome II; G.-Raymond Laliberté, *Une société secrète*: l'Ordre de Jacques-Cartier, Montréal, Hurtubise HMH, 1983; et Pierre Godin, *Daniel Johnson*, Montréal, Les Éditions de l'Homme, 1980, tome 1.
164. Bibliothèque de l'Assemblée nationale, *Dictionnaire des parlementaires du Québec. 1792-1992*, Québec, Les Presses de l'Université Laval, 1993.
165. André Beaulieu et Jean Hamelin, *op. cit.*, tome 7.
166. Pierre Laporte, *Le vrai visage de Duplessis*.
167. *Le Devoir*, 31 juillet 1965.
168. *Le Devoir* 10 février 1966.
169. *Le Devoir*, 1er février 1965.
170. Pierre-Philippe Gingras, *op. cit.*
171. André Beaulieu et Jean Hamelin, *op. cit.*, tome 7.
172. *Ibid.*, tome 6.
173. *Ibid.*, tome 9.
174. Gilles Lesage a repris, en 1985, cette citation. (Gilles Lesage, « *Le Devoir* au cœur de la vie parlementaire à Québec. 75 ans dans les coulisses de l'histoire québécoise», *Le Devoir*, 30 juillet 1985.)
175. Alexis Gagnon, *loc. cit.*
176. *Ibid.*

ANNEXE I
Les correspondants et correspondantes parlementaires du *Devoir* à Québec

Noms	Dates
Donat Fortin	15 mars-16 mai 1910
Georges Pelletier	17 mai-4 juin 1910
Jean-Baptiste Dumont	1911-1916
Léon Trépanier	1914
Louis Dupire	1916-1922
Louis Robillard	1923-1924
Laurent (pseudonyme)	1925
Émile Benoist	1926-1927
Georges Léveillé	1928-1929
Alexis Gagnon	1929-1942
Louis Robillard	1943-1947
Marcel Thivierge	1947-1952
Charles-Eugène Pelletier	1946-1947
Pierre Laporte	1948-1960
Jean-Marc Laliberté	1956
Marcel Thivierge	1961
Évelyne Dumas (Gagnon)	1962
Marcel Thivierge	1963-1965
Michel Roy	1966-1968
Gilles Lesage	1968-1971
Gérald LeBlanc	1972-1975
Laurent Laplante	1974
Normand Lépine	1970-1974
Gilles Provost	1971
Pierre O'Neil	1972-1973
Gilles Lesage	1974-1975
Bernard Descôteaux	1976-1980
Jean-Claude Picard	1977-1980
Clément Trudel	1981
Bernard Descôteaux	1982-1983
Gilles Lesage	1982
Jean-Claude Picard	1983
Gilles Lesage	À partir de 1984
Marie-Angnès Tellier	1985
Bernard Descôteaux	1988-1989
Michel Venne	À partir de 1990

Source : Cette liste a été établie à l'aide de : *Les membres de la Tribune de la presse, liste chronologique, 1871-1989*, Québec, Bibliothèque de l'Assemblée nationale, 1990, s.p., coll. Bibliographie et documentation, n° 34.

ANNEXE II
Les correspondants et correspondantes parlementaires du *Devoir* à Ottawa

Noms	Dates
Georges Pelletier	1910-1914
Ernest Bilodeau	1915-1920
Léo-Paul Desrosiers	1920-1928
Émile Benoist	1929-1934
Léopold Richer	1935-1944
Pierre Vigeant	1945-1955
Pierre Laporte	1956
Pierre Vigeant	1957
Clément Brown	1958-1962
Fernand Bourget	1963
Jean-Pierre Fournier	1964-1966
Jean-V. Dufresne	1967-1968
Pierre O'Neil	1969-1970
Jean-Pierre Bonhomme	1971-1973
Claude Lemelin	1974-1975
Michel Guénard	1976
Lise Bissonnette	1977-1979
Claude Turcotte	1981
Michel Vastel	1982-1983
Paule Des Rivières	1983-1985
Jocelyn Coulon	1985
Bernard Descôteaux	1984-1987
Michel Vastel	1988-1989
Chantal Hébert	1989-1993
Jean Dion	À partir de 1993

Source : Cette liste a été établie à l'aide du *Canadian Parliamentary Guide* de 1928 à 1993 et du *Devoir*.

L'INTERNATIONAL, UN DEVOIR AU QUOTIDIEN DEPUIS 1910

Hier, comme aujourd'hui... L'international après Bourassa.
L'Éditorial, un point fort. Pas replié sur lui-même.

Lorsque Victor Hugo et ses amis décidèrent de lancer un quotidien, ils lui trouvèrent un titre banalement journalistique. Paru pour la première fois le 1ᵉʳ août 1848, *L'Événement* claironnait ceci : «Nous donnerons la place la plus visible à l'événement de la journée, quel qu'il soit, quelle que soit la région de l'âme ou du monde d'où qu'il vienne... »

C'est là une fort belle citation qui irait certes comme un gant au mastodonte *New York Times* qui se targue d'imprimer «all the news that are fit to print» mais sûrement pas au lilliputien *Devoir* avec ses quatre (parfois cinq) pages quotidiennes.

Alors, jusqu'au premier conflit mondial, le quotidien qui «fait ce que doit» va se «spécialiser» dans les faits divers internationaux qu'il rassemblera à l'aide essentiellement de l'agence Havas (l'ancêtre de l'Agence France-Presse).

Ces faits divers (catastrophes, crimes, accidents) viendront rompre la prose de la vie politique quotidienne au Canada vue par Henri Bourassa et son fidèle bras droit, le «brave Omer Héroux», qui, en cette année 1910, va aller au front avec sa plume pour défendre la langue française menacée en Ontario «non plus seulement par la majorité anglo-protestante, mais par le clergé irlandais[1] ».

Tous les faits divers internationaux sont rassemblés sous une rubrique intitulée «Petites dépêches» et quand l'événement répond à la «loi psycho-affective et culturelle», il devient presque une catastrophe nationale.

Ainsi, lorsque la Seine fait des siennes, déborde sous les fortes pluies et inonde quelques rues du Quartier latin, *Le Devoir* couvre tous les jours l'événement presque en direct : «La consternation règne à Paris... les eaux ordurières envahissent les maisons, jettent des germes de mort dans les familles[2].» Cascade d'autres titres les jours suivants sur le même sujet : «L'inondation à Paris : cette nuit le niveau de la Seine devient station-naire...[3]», «Le niveau de la Seine baisse, les soldats tuent plusieurs apaches surpris à piller[4]». «La joie renaît dans Paris, les camelots vendent des cartes postales de l'inondation[5]».

On le voit, *Le Devoir* débordait de dépêches sur l'inondation et ce n'est qu'aux alentours de la mi-février que la nouvelle finit par se tarir après une vingtaine de jours de couverture assidue.

C'est ce même mois, qu'une «Lettre de France» hebdomadaire va être publiée à la «une». Écrite par des pigistes de l'époque, cette longue lettre informera les lecteurs du *Devoir* de choses et d'autres de la «mère patrie».

Parmi les vagues d'événements internationaux qui s'écrasent quoti-diennement sur le parvis du journal de la rue Saint-Vincent, les nouvelles de France ont préséance. L'autre «mère patrie» n'est cependant pas en reste surtout lorsque c'est le roi qui meurt. Voici donc comment le journal annonce la disparition d'Edouard VII : «Notre bien-aimé souverain est mort hier soir, il est immédiatement remplacé par George V[6].»

Suivront, pendant plusieurs jours, éditoriaux et analyses de toutes sortes sur les conséquences de cette mort sur l'Empire.

HIER, COMME AUJOURD'HUI...

Hier, comme encore aujourd'hui, c'est avec de maigres moyens que le journal fondé par le plus nationaliste de ses directeurs couvre l'actualité internationale.

Et, hier comme aujourd'hui, quel est le meilleur moyen de parler du monde extérieur sans avoir des correspondants à l'étranger qui grèveront un budget en équilibre sur une corde toujours raide ?

L'éditorial, bien sûr. La vitrine de tous les quotidiens. Le phare du *Devoir* avec lequel il balayera les événements internationaux d'un faisceau qu'il cherchera à rendre le plus lumineux possible.

Le quotidien consacre certes la presque totalité de ses pages à prendre la température du pays et à se soucier de la collectivité francophone du Canada.

À la fin du mois de novembre 1910, Henri Bourassa s'embarquait même pour l'Europe à l'invitation de certains évêques soucieux de voir quelques laïcs porter à Rome la cause des Canadiens français de l'Ontario. « Son voyage sera rapide. Il sera de retour le 13 janvier. À peine cinq semaines, partagées entre Paris et Rome, avec arrêts à Lourdes et à Florence[7].» Universaliste ouvert sur le monde, il fera plusieurs autres séjours sur le Vieux Continent (y compris au plus fort de la Première Guerre mondiale). Même si son combat est celui d'un nationaliste, il a des «atomes crochus» avec les nouvelles venues d'ailleurs.

En fait, selon Jean-Marc Léger (éditorialiste et responsable des pages internationales de 1957 à 1968), «bien souvent ce sont les nationalistes québécois qui sont les plus internationalistes[8]». Bourassa ne faisait pas exception à cette «règle» et, ayant «conscience de sa propre nation, il avait automatiquement conscience du dialogue des nations[9]».

Peut-être, mais il trempait rarement sa plume dans l'encrier international, laissant cette tâche au discret mais efficace Omer Héroux qui, pendant une trentaine d'années, va signer la plupart des éditoriaux portant sur les «questions étrangères».

Lorsque les canons de la Grande Guerre se mirent à tonner d'un bout à l'autre de l'Europe à la suite de l'assassinat de l'archiduc héritier d'Autriche à Sarajevo («François Ferdinand et la princesse de Hohenberg n'échappèrent à un meurtrier que pour tomber sous les coups de révolver d'un autre[10]»), Héroux souligne, dans son éditorial intitulé «La Guerre», qu'«aucune époque n'a vu une guerre dont les conséquences s'annoncent aussi graves que celle d'aujourd'hui».

> C'est la première fois qu'un conflit de proportions aussi considérables s'engage sous le régime de la nation armée; c'est la première fois que des armes nouvelles comme l'aéroplane et le sous-marin seront employées sur une aussi vaste échelle. Et les liens intimes créés entre tous les peuples par les moyens modernes de communications font que toutes les nations, même celles qui ne seront pas directement intéressées, ressentiront, dans une proportion qu'on ne peut encore apprécier, le contrecoup du conflit[11].

Henri Bourassa séjournait sur le Vieux Continent lorsque la guerre éclata, et dans un éditorial Omer Héroux résumait ainsi une conversation avec son directeur :

> L'impression dominante qu'il rapporte de son passage en France, c'est l'extraordinaire sursaut, l'admirable exemple d'union donné par le peuple français.
>
> Du jour au lendemain, dit-il, il semble que les rancœurs politiques se soient abolies. La voix du sang a fait taire toutes les querelles [...] Un grand souffle de foi passe sur le pays. Les confessionnaux ont été remplis tous les jours qui ont précédé et suivi la déclaration de guerre. Paris a presque l'air d'une ville religieuse [...]
>
> Mais ce sont les femmes françaises surtout qui méritent la plus respectueuse admiration. Elles donnent quotidiennement et sur toute l'étendue du territoire l'exemple de l'héroïsme calme, et quasi joyeux. On voit les mères, les sœurs, les épouses, les fiancées reconduire les soldats — et sans un pleur souvent. Les sanglots éclateront après le départ du train — mais tant que les soldats sont là, on se contient énergiquement pour ne pas les affliger, pour ne pas rendre plus lourd leur chagrin[12].

Avec souvent cartes à l'appui, la page frontispice du *Devoir* sera une feuille de route fidèle des hauts et des bas des armées canadiennes, françaises, anglaises et américaines. Les éditoriaux d'Omer Héroux (et, de plus en plus, ceux de Georges Pelletier) feront régulièrement le point sur le conflit.

Enfin, le 7 novembre 1918, dans une édition de «dernière heure», *Le Devoir* barre toute sa première page du titre suivant : « L'armistice est signé avec l'Allemagne».

À Montréal, c'est «la joie intense» écrit le journal (qui est passé à dix pages).

> La nouvelle, bien que non confirmée, de la signature de l'armistice avec l'Allemagne, s'est répandue ce midi comme une traînée de poudre dans toute la ville. Toutes les sirènes des usines, des manufactures, des automobiles, ont fait retentir un tintamarre indescriptible pendant plus d'une heure; le gros bourdon de l'église Notre-Dame se mit en branle et sonna pendant quelques minutes.
>
> Ce fut le signal de l'éclosion d'une joie facile à concevoir; dans toutes les parties de la ville les gens sortaient sur le pas des portes, les fenêtres s'ouvraient, on se questionnait dans les rues pour apprendre la bonne nouvelle, les téléphones des bureaux de journaux furent pris littéralement d'assaut par les gens qui voulaient avoir la confirmation de la grande nouvelle[13].

La «grande nouvelle» était en fait une «fausse nouvelle» colportée par la *United Press* (l'ancêtre de la *United Press International* — *UPI* — aujourd'hui moribonde).

À l'instar de tous les quotidiens nord-américains ayant transmis la «bonne nouvelle» à leurs lecteurs, *Le Devoir* était, bien sûr, outré.

> On devra expliquer un de ces matins comment la *United Press* a pu lancer, hier le canard gigantesque qui a fait tant de bruit en Amérique [...] L'*Associated Press* (que *Le Devoir* recevait également par le service de la *Canadian Press*) signale ce matin avec complaisance l'impair de sa rivale. Il y a là plus qu'une querelle de boutique. Malgré leur souci de se renseigner et de renseigner le public, les agences de presse, comme l'affaire d'hier en témoigne, peuvent, avec une fausse dépêche, bouleverser tout un continent. Et c'est là le danger[14].

Enfin, le lundi 11 novembre la paix est bel et bien signée avec l'Allemagne et *Le Devoir* prend bien soin de titrer ce jour-là : «Officiel : La guerre est terminée.»

Accompagne la nouvelle un éditorial d'Henri Bourassa qui, sous le titre «Paix et révolution. Le doigt de Dieu — Le devoir de la prière», rappelle ceci :

> [...] À l'heure actuelle — comme à toute heure, du reste — une seule certitude reste aux esprits lucides et réfléchis : la toute-puissance de Dieu, qui se joue des calculs humains et commande les événements ; une seule règle de conduite s'impose à tous, gouvernants et peuples : implorer de Dieu les lumières, le courage, la force et l'endurance nécessaires pour remettre l'ordre dans le chaos des ruines morales et matérielles annoncées par les folles passions des hommes[15].

L'INTERNATIONAL APRÈS BOURASSA

Henri Bourassa allait encore être à la barre du *Devoir* pendant dix-huit ans et, après son départ, on notera un certain affaiblissement dans l'intérêt pour les affaires internationales. La Grande Dépression (qui suivit le krasch boursier du 29 octobre 1929) balayait tout sur son passage («de 7,7 % qu'il est cette année, le taux de chômage chez les syndiqués du Québec passe à 26,4 % en 1932[16]»).

Le quotidien mit alors davantage l'accent sur les problèmes intérieurs, d'autant que le Québec commençait à bouger dans les années trente, qui seront une période de revendications à la fois idéologiques, sociales et politiques à laquelle n'importe quel quotidien de combat se devait d'être une caisse de résonnance. Georges Pelletier succéda à Bourassa le 3 août 1932 et les lecteurs en furent informés par un simple entrefilet de quatre lignes à la une.

Pelletier n'avait peut-être pas l'ampleur de la culture universaliste de son illustre prédécesseur, mais il fit néanmoins un effort pour ne pas reléguer les questions internationales aux oubliettes.

Il fit même mieux : à la une du journal, il créa une colonne passant en revue la quotidienneté internationale.

C'est bien évidemment avec le second conflit mondial que l'«international» va faire un retour en force dans les pages du *Devoir*.

«L'Europe en guerre — Le Canada suit — Blocus anglais du Reich», peut-on lire en première page lorsque le conflit éclate le 3 septembre[17]. Et qui signe le premier éditorial sur la guerre (comme ce fut le cas vingt-cinq ans plus tôt)? Omer Héroux, bien sûr.

> Donc c'est la guerre! [...] Il n'est personne qui puisse s'empêcher de frémir à la pensée de ce qu'elle peut réserver à l'Europe et au monde. Mais l'on comprendra que cette effroyable crise, nous l'envisagions d'abord dans ses relations avec notre pays.
> Nous ne pouvons rien faire pour l'Europe. Si les Canadiens ne s'occupent pas du Canada, ce ne sont pas les Européens qui le feront. Et l'on ne saurait point leur en faire grief.

On voit, dans ces lignes, défiler le sentiment de toute une classe politique de tout un peuple contre la conscription, mesure que «le premier ministre MacKenzie King et son bras droit, Ernest Lapointe, avaient pourtant promis de ne jamais imposer[18]».

Lors du plébiscite de 1942, la grande majorité des Québécois disent non à la conscription, «sans succès toutefois, puisque la majorité anglophone du Canada y est largement favorable[19]».

Trois ans plus tard, lorsque l'Allemagne se rend, Omer Héroux a le même message, la même amertume que lors de son éditorial écrit au premier jour de la guerre.

> [...] nous sommes entrés dans la mêlée, et nous y sommes restés, parce que l'Angleterre s'y était d'abord jetée, — sans nous consulter naturellement, et parce qu'elle estimait que tel était son devoir.
> Et cela risque, encore une fois, de se répéter demain, si nous ne nous décidons, enfin, [...] à agir en nation souveraine, à n'accepter avec docilité ni

de la Grande-Bretagne, ni des États-Unis, ni de qui que ce soit d'autre, l'attitude qu'il faut prendre envers le monde[20].

Dans ces lignes se profile l'ombre politico-idéologique du premier directeur du *Devoir*, qui devait mourir sept ans plus tard.

«Henri Bourassa est mort», titra alors le 2 septembre 1952 le journal en encadrant la nouvelle du même gros filet noir qui servit à annoncer la mort de Pie X le 20 août 1910.

L'ÉDITORIAL, UN POINT FORT

Ce jour-là, la seule nouvelle internationale qui mérita d'être à la une avec Bourassa fut une courte dépêche de Reuter en provenance du Vatican : «Rio de Janeiro sera le siège du Congrès eucharistique de 1955».

Entre-temps, Gérard Filion devint le troisième directeur du *Devoir* en 1947.

Il avait certes de nombreuses qualités, mais n'était pas très sensible aux affaires du monde.

«Ça le prenait moins aux tripes», affirme Jean-Marc Léger, qui sera quand même engagé pour dépoussiérer les colonnes vermoulues de l'international — «une section extrêmement pauvre et triste qui n'avait pas d'argent pour s'abonner à l'AFP ni d'avoir des collaborateurs à l'étranger[21]».

À partir des années cinquante (la «tradition» se poursuit aujourd'hui), *Le Devoir* va consacrer une à deux fois par semaine un de ses éditoriaux aux affaires étrangères. Heureusement d'ailleurs parce que la couverture factuelle des événements mondiaux laissait à désirer et il fallait se rattraper avec des analyses en profondeur de ces événements.

En 1956, l'Union nationale de Maurice Duplessis est reportée au pouvoir avec 73 députés contre 19 libéraux et 1 indépendant, pendant qu'à Ottawa est votée la Loi de l'assurance-chômage et qu'à Oslo Lester B. Pearson (alors ministre des Affaires extérieures) reçoit le prix Nobel de la paix[22].

À Budapest, les nouvelles sont moins bonnes pour les Hongrois en mal de liberté. En octobre de cette année, les troupes soviétiques envahissent le pays des Magyars pour mettre fin à toutes velléités d'indépendance à l'égard du «grand frère» de Moscou.

Voici ce qu'écrit Paul Sauriol dans son éditorial «Les massacres de Budapest» :

[...] La tragique épreuve qui vient de s'abattre sur un peuple qui a déjà tant souffert, devrait rendre évident pour tous, et notamment pour l'Asie, le mensonge des sourires soviétiques. Même à un moment où le monde craint de voir s'embraser le Proche-Orient et où la crise de l'Afrique du Nord prend une nouvelle acuité, tout le monde attendait avec angoisse les nouvelles de Budapest. L'empire soviétique sort de là ébranlé ; et cette crise s'étendra peut-être aux autres satellites, qui sait même si elle ne menacera pas la dictature soviétique en Russie. Dans ces heures angoissantes, nous avons le devoir de répondre à l'invitation du Pape en adressant au Ciel nos prières pour la protection et la libération du peuple hongrois et de tous les peuples opprimés par le communisme[23].

Le temps finira par donner raison à Paul Sauriol.

En attendant, c'est par le nombre de ses éditoriaux consacrés aux affaires du monde que commença à se distinguer, comme encore aujourd'hui, le plus petit des quotidiens montréalais.

Autre signe de distinction : son abonnement (depuis 1953) au *Monde*. Filion, très habilement, avait réussi à s'entendre avec Hubert Beuve-Méry (le fondateur de l'influent quotidien parisien) qui lui permettait d'utiliser les grands reportages de son journal.

Aujourd'hui, *Le Devoir* est le seul des 112 quotidiens canadiens à être abonné au *Monde* et il reçoit directement (par satellite) les meilleurs articles qui paraissent le même jour dans l'édition parisienne.

L'indépendance de l'Algérie (pays pour qui se passionnèrent les intellectuels de la Révolution tranquille) fut l'objet d'un des derniers éditoriaux de Gérard Filion sur la politique étrangère.

La libération des peuples est difficile quand elle se fait par voie de discussion. Elle l'est davantage, quand elle résulte d'une guerre longue et cruelle. Aussi ne faut-il pas se scandaliser que les Algériens ne paraissent pas totalement d'accord sur les voies où le pays doit s'engager. Là comme ailleurs, l'expérience seule donnera la maturité[24].

Filion démissionna l'année de l'assassinat de John F. Kennedy et voici ce qu'écrivit celui qui devait lui succéder :

[...] Il y avait, chez Kennedy, l'homme politique et le gouvernant. Le premier était nettement un homme de progrès : la plupart de ses options, depuis le tout début de sa carrière au sénat, furent des options libérales. Le second était souvent hésitant, contradictoire : il posait parfois des gestes, choisissait des hommes, que l'on arrivait mal à identifier à ses convictions profondes. Nous ne saurons jamais quelle synthèse se serait établie, à la longue, entre ces deux aspects de l'homme qui vient d'entrer dans la légende[25].

Quelques mois après cet éditorial sur «Feu John F. Kennedy», Claude Ryan deviendra le quatrième directeur du *Devoir*.

Ryan n'était pas du tout indifférent à la chose internationale, mais il en parlait rarement dans ses éditoriaux.

Mais la mort de Charles de Gaulle, le 9 novembre 1970, pouvait-elle laisser quiconque indifférent?

> L'homme qui vient de s'éteindre à Colombey-les-Deux-Églises était trop entré dans notre histoire pour que nous puissions juger sa personnalité et son œuvre avec le détachement qu'inspirerait le départ d'un ancien président américain ou indien. Certains d'entre nous bénirent de Gaulle à la suite des mots célèbres qu'il prononça du haut du balcon de l'hôtel de ville de Montréal le 24 juillet 1967. D'autres le condamnèrent, jugeant qu'il avait commis un acte d'ingérence impardonnable dans les affaires d'un pays ami. Seule l'histoire pourra trancher ce débat qui nous rejoint au plus profond de nous-mêmes. Rien ne saurait nous empêcher, cependant, de considérer avec l'opinion mondiale unanime que la France et l'humanité ont perdu, avec la mort de Charles de Gaulle, l'une des plus grandes figures du vingtième siècle[26].

En cette année 1970 marquée par la crise d'Octobre et l'élection quelques mois plus tôt du Parti libéral dirigé par Robert Bourassa et où est adopté le régime universel d'assurance-maladie pendant que Montréal est choisie comme site des Jeux olympiques de 1976, Claude Ryan a d'autres chats à fouetter que l'international.

Il fera d'ailleurs venir du Liban Georges Vigny (un pseudonyme), journaliste d'origine arménienne à qui il confiera la tâche de réfléchir en page éditoriale sur les questions du monde.

Le «pape» de la rue Saint-Sacrement finira par quitter «son» journal en 1978, pour diriger les destinées du Parti libéral du Québec, mais c'est véritablement avec lui que *Le Devoir* deviendra le seul quotidien au Québec à payer un journaliste pour écrire uniquement des éditoriaux de politique étrangère.

Michel Roy (aujourd'hui ambassadeur du Canada à Tunis) sera directeur par intérim jusqu'à la nomination de Jean-Louis Roy. C'était le 10 janvier 1981, onze jours avant la libération à Téhéran de 52 otages américains en détention dans leur ambassade depuis 444 jours.

Comme tout le monde ce jour-là, *Le Devoir* annonça la nouvelle à la une: «Les otages enfin libres; l'Amérique laisse éclater sa joie».

Il est arrivé au journal de faire des «ratages» — tous en font... certains néanmoins un peu plus que d'autres! Pas cette fois heureusement, mais l'éditorial sur le sujet de l'heure tardait à venir. Il n'arriva que le 24 janvier (quatre jours après l'annonce de la libération). En fait, il faillit ne pas arriver du tout puisque l'éditorial de Jean-Louis Roy porta sur «le contentieux Canada-États-Unis», à l'issue de la victoire électorale de Ronald Reagan.

Avant d'en parler à fond, l'éditorialiste consacra tout de même les premières lignes de son «édito» à la fin de la crise de Téhéran.

> Les événements spectaculaires survenus ces derniers jours dans la vie politique américaine, tout autant que l'euphorie qui les a accompagnés, s'estomperont dans les prochaines semaines. Les otages seront fêtés, entendus puis lentement réintégrés[27].

Il faudra également deux longs jours à Albert Juneau pour commenter l'explosion de *Challenger* soixante-quinze secondes après son lancement, le 28 janvier 1986.

Ce n'est en effet que le surlendemain, le 30 janvier (date de l'annonce officielle du départ de Jean-Louis Roy pour Paris comme délégué général du Québec), que l'éditorialiste parlera de «l'avenir de la navette spatiale».

> [...] Le terrible accident de mardi risque non seulement de retarder le développement du programme actuel de la NASA mais aussi d'affaiblir la position des Américains dans la bataille pour la commercialisation de l'espace[28].

Le 16 août 1986, Benoît Lauzière devient le sixième directeur du journal. Rien de particulièrement important à signaler ce jour-là dans le monde. Le mois d'août, toutes les salles de rédaction de la planète vous le diront, est un mois «sec» où il ne se passe généralement rien... même si c'est ce mois que furent larguées les deux bombes atomiques sur Hiroshima et Nagasaki, que Marilyn Monroe choisit de se suicider, que les troupes soviétiques décidèrent d'envahir l'ex-Tchécoslovaquie ou que Nixon démissionna de la présidence pour mettre fin au scandale du Watergate.

Lauzière fut remplacé le 12 juin 1990 par Lise Bissonnette qu'il avait congédiée quatre ans plus tôt.

L'année 1990 fut marquée bien sûr par le rejet de l'Accord du lac Meech et à l'étranger par la libération de Nelson Mandela, commentée ainsi en éditorial par Paul-André Comeau :

> [...] Une question s'impose avec d'autant plus de force que le temps devient maintenant un élément fondamental dans la nécessaire et inévitable transformation du régime sud-africain : le gouvernement de Pretoria pourra-t-il

mener à bien le processus de démantèlement de l'apartheid avant l'éclatement de la fureur populaire[29] ?

Cette question que tout le monde se posait au lendemain de la libération du leader noir, le gouvernement de Frederik De Klerk y a répondu positivement puisqu'il a reçu avec Mandela le prix Nobel de la paix, cuvée 1993.

PAS REPLIÉ SUR LUI-MÊME

C'est connu, moins de 10 % de l'espace des douze quotidiens québécois est consacré à l'information internationale et Le Devoir (avec ses seize à vingt pages) ne fait pas exception à cette «règle».

Quatre journalistes (un record) se partagent la tâche de remplir «le huitième» du journal six jours par semaine et le quotidien de la rue de Bleury (il y a déménagé en novembre 1992) consacre près de 10 % de son budget à l'«inter».

Malgré ce «manque chronique de sous», Le Devoir a toujours retroussé ses manches pour «couvrir» les événements internationaux (avec Le Monde, les agences AFP et Reuter ainsi qu'un maigre réseau de pigistes) et surtout les analyser (avec ses éditoriaux, sa page «idées» et sa nouvelle colonne de «perspectives» à la une).

«Le Devoir a l'ambition d'être le journal qui réfléchit plus que les autres. Il se doit donc d'être un journal qui témoigne d'un certain effort pour l'international», estime l'éditorialiste François Brousseau[30].

Depuis 1991, Brousseau écrit en moyenne deux (et souvent trois) éditoriaux par semaine. Aucun quotidien québécois ne consacre autant d'éditoriaux hebdomadairement aux «choses du monde».

J'en ai écrit entre 200 et 250», rappelle Brousseau qui «aime faire une lecture nationaliste québécoise des événements internationaux — même si cela n'est pas une quête exclusive —, et cela a influé sur ma façon de regarder des événements comme l'accession à l'indépendance de la Slovanie et de la Croatie[31].

Les événements dans l'ex-Yougoslavie ont marqué les pages internationales du Devoir ces deux dernières années. Un peu plus que les autres quotidiens québécois, car Brousseau, en plus de connaître le pays, a comme spécialité l'Europe de l'Est.

Sur la Bosnie-Herzégovine, il a ainsi écrit une vingtaine d'éditoriaux.

Le Devoir a fait sur l'«ex-Petite Yougoslavie» un suivi assez exhaustif, mais Brousseau craint par-dessus tout que, «devant la répétition continuelle de l'horreur, la Bosnie-Herzégovine pose un défi à notre cynisme journalistique[32]».

Pendant les «jeunes années» du *Devoir*, la lutte contre l'impérialisme britannique fut le thème international le plus fréquemment exploité.

Le Devoir était encore un quotidien de «combat», d'opinion, cherchant à définir ce que pouvait — ou devait — être le Canada face à la «perfide Albion».

Peu importe si aucun autre thème international ne fut aussi passionnément embrassé, ce qui compte c'est que *Le Devoir* (qui à tort ou à raison a souvent été comparé au *Monde*) n'a jamais été un quotidien replié sur lui-même. Moins occupé que d'autres à scruter le quotidien, il a souvent cherché à avoir une vision sur le monde, grâce surtout à ses éditoriaux.

Depuis 1960, avec l'ouverture du Québec sur le monde, la presse francophone a accordé relativement plus d'importance à l'information internationale que la presse anglo-canadienne et même que la presse américaine qui est plutôt provinciale en dehors de quelques grands quotidiens.

En règle générale, estime François Brousseau, la presse francophone québécoise «ressemble aux journaux de petits pays européens qui ont des moyens aussi limités que les nôtres et offrent à leurs lecteurs une ou deux pages internationales[33]».

Tous les jours donc, des dizaines d'articles paraissent sur les «horreurs du monde» sous la «signature anonyme» des agences de presse, parfois de pigistes et quelquefois des «journalistes-maison».

Jocelyn Coulon, responsable de la section internationale, vient de mettre fin à plusieurs séjours à l'étranger qui l'ont conduit tour à tour en Bosnie-Herzégovine, en Asie et en Afrique.

«Lorsqu'on couvre l'international, on est toujours frustré. On voudrait être partout dans le monde[34]», déclare celui qui a visité une trentaine de pays depuis son entrée au *Devoir* en 1985.

À défaut d'avoir le don d'ubiquité (ses faibles moyens ne le lui permettent d'ailleurs pas), «*Le Devoir* essaie toujours d'avoir une nouvelle internationale à la une. La direction fait d'ailleurs un effort pour qu'il y en ait tous les jours. Il y en a tous les jours. il y en a en tous cas trois ou quatre sur nos six jours de publication[35]», rappelle Coulon.

Le Devoir ne se démarque pas de ses concurrents. À une différence près : il incarne encore un type de journalisme personnalisé qui n'a jamais cherché à traiter l'information internationale «au jour le jour» et «coup sur coup». C'est là sa force ou sa faiblesse, en tout cas sa grande marque de commerce.

Antoine CHAR
Chargé de cours
Département des communications
Université du Québec à Montréal

1. André Bergevin, Cameron Nish et Anne Bourassa, *Henri Bourassa, biographie. Index de la correspondance publique, 1895-1945*, Éditions de l'Action Nationale, 1966, p. XLII.

2. *Le Devoir*, 28 janvier 1910.

3. *Ibid.*, 29 janvier 1910.

4. *Ibid.*, 31 janvier 1910.

5. *Ibid.*, 1er février 1910.

6. *Ibid.*, 7 mai 1910.

7. A. Bergevin *et al.*, *op.cit.*, p. XLIII.

8. Interview réalisée à Montréal le 15 juillet 1993.

9. *Loc. cit.*

10. *Le Devoir*, 29 juin 1914.

11. Omer Héroux, «La Guerre», *ibid.*, 3 août 1914.

12. Omer Héroux, «Conversations avec M. Henri Bourrassa», *ibid.*, 22 août 1914.

13. *Le Devoir*, 7 novembre 1918.

14. *Ibid.*, 8 novembre 1918.

15. Henri Bourassa, «Paix et révolution — Le devoir de la prière», *ibid.*, 11 novembre 1918.

16. Jean Provencher, *Chronologie du Québec*, Boréal, 1991, p. 151.

17. *Le Devoir*, 3 septembre 1939.

18. Omer Héroux, «C'est la guerre!», *ibid.*, 4 septembre 1939.

19. Paul-André Linteau, René Durocher, Jean-Louis Robert et François Ricard, *Histoire du Québec contemporain. Le Québec depuis 1930*, Boréal, 1986.

20. Omer Héroux, «Il faut en finir!», *ibid.*, 18 avril 1945.

21. Interview, *loc. cit.*

22. Jean Provencher, *op. cit.*, p. 178.

23. Paul Sauriol, «Les massacres de Budapest», *Le Devoir*, 30 octobre 1956.

24. Gérard Filion, «L'indépendance de l'Algérie», *ibid.*, 4 juillet 1962.

25. Claude Ryan, « Feu John F. Kennedy », *ibid.*, 22 novembre 1963.

26. Claude Ryan, « Un géant de l'histoire », *ibid.*, 11 novembre 1970.

27. Jean-Louis Roy, « Le contentieux Canada-États-Unis », *ibid.*, 24 janvier 1981.

28. Albert Juneau, « L'avenir de la navette spatiale », *ibid.*, 30 janvier 1986.

29. Paul-André Comeau, « Libération de Nelson Mandela », *ibid.*, 12 février 1990.

30. Interview réalisée à Montréal le 3 août 1993.

31. *Loc. cit.*

32. *Loc. cit.*

33. *Loc. cit.*

34. Interview réalisée à Montréal, le 20 mars 1994.

35. *Loc. cit.*

LE DEVOIR ET L'ART DU VINGTIÈME SIÈCLE AU QUÉBEC

Je n'ai aucune aptitude pour la critique d'art : mes yeux sont trop bons. Pour atteindre à la distinction dans cet art difficile, il convient, en effet, d'avoir de très mauvais yeux, d'être myope, bigle, borgne ou presbyte, ou de posséder un juste mélange de ces infirmités ophtalmiques. L'idéal serait la cécité complète, mais la plupart des critiques modernes ont imaginé un moyen ingénieux d'atteindre à cet idéal sans cependant se crever la rétine. Ils tournent franchement le dos au tableau à juger et l'étudient dans le catalogue. Le regarderaient-ils du reste, ils ne seraient pas plus avancés; ils promèneraient sur les formes et sur les couleurs des prunelles dilatées mais vides, traitées à l'atropine du snobisme. Le beau n'est plus chose objective, réelle, existante, mais chose purement subjective. Qu'un peintre se déclare de l'école moderne, il est assuré de tous les succès et de toutes les indulgences.
JACQUES CŒUR, « La critique », *Le Devoir*, 20 avril 1918.

C'est en ces termes que le rédacteur du *Devoir*, Ernest Bilodeau alias Jacques Cœur, commente les difficultés de l'exercice de la critique d'art pour laquelle il admet n'avoir aucune aptitude, parce qu'affublé d'une vision qui ne lui permet que d'apprécier la beauté. Devant le despotisme aveugle mais triomphant de l'art moderne, peut-on encore, s'interroge le critique, proclamer et défendre les règles de l'art? Dans ce contexte, quel peut être le rôle du journaliste-critique travaillant pour un quotidien au service de la cause nationale des Canadiens français, chargé de les élever en tant que citoyens et en tant que chrétiens? Les pratiques déstabilisantes de la modernité exigeaient du spectateur d'autres façons d'approcher les œuvres et des connaissances nouvelles. Quelle position devait prendre le critique d'un périodique qui apparaît au même moment que ces nouveaux courants artistiques commencent à se développer, quelle attitude adopter devant ses lecteurs, en partie constitués d'intellectuels déjà endoctrinés aux idées des courants artistiques plus novateurs?

Quelles furent les conditions d'exercice de la pratique de la critique d'art dans un périodique francophone montréalais au vingtième siècle et quelle place *Le Devoir* a-t-il occupé dans ce domaine? La question posée dans le contexte de l'histoire d'un journal d'idées et d'opinions présente un défi à plusieurs niveaux[1]. Il s'agit d'une histoire toute en méandres, qui s'inscrit en filigrane du quotidien qui n'a accordé, avant le début des années 1960, qu'une place somme toute secondaire à ce sujet dans ses pages. Même si le propos occupe relativement peu d'espace dans ce quotidien consacré principalement aux questions politiques, sociales et religieuses, *Le Devoir* a reconnu que l'art pouvait jouer un rôle au service de la cause nationale et aussi a-t-il cru bon de l'utiliser lorsqu'il portait sa cause.

> Quand une minorité engage la lutte contre une majorité riche, puissante, deux fois plus nombreuse, renforcée de plus par une nation voisine de plus de cent millions d'habitants qui parlent la même langue, a les mêmes coutumes et la même mentalité, cette minorité doit faire flèche de tout bois, ne négliger aucune arme de résistance.
> L'art comme la littérature figurent parmi les plus puissantes de ces armes. [...]
> Ne négligeons aucun moyen de défense, bannissons du langage, de la mode, de nos mœurs et même de nos arts l'américanisme et l'anglicisme. Être soi-même en tout, c'est le meilleur moyen de survivre[2].

Entre la description d'observations et la formulation de moyens pour apprécier une œuvre, entre l'information et le commentaire, voire la prise de position, le journaliste-critique dispose d'un vaste terrain de manœuvre. Il connaît son rôle qui est d'informer et d'éduquer le public. Ce public et les artistes d'ailleurs demandent régulièrement aux quotidiens de servir de véhicule à des débats, de les éclairer et de prendre le relais dans le traitement de sujets culturels. Très tôt, l'on a reconnu que la réception critique des œuvres d'art était partie intégrante d'un ensemble de moyens nécessaires au développement d'un milieu créateur. L'importance de centres de formation, d'un marché, de lieux de diffusion et d'une réception critique comme conditions essentielles au développement du milieu artistique francophone est longuement discutée par Paul Dupré lorsqu'il commente l'infériorité apparente et réelle de plusieurs de nos artistes canadiens-français vis-à-vis les artistes canadiens-anglais. [...] Il n'y a pas à nous le cacher, ces derniers ont le dessus. Sont-ils mieux doués? Non. Travaillent-ils plus? Peut-être. En plus ils ont les moyens matériels d'activer leur production artistique, ce qui manque dans notre milieu canadien-français, aussi épris assurément des choses de l'art, mais beaucoup moins en état de s'en faire le Mécène.

Nous n'avons pas d'école de peinture ni de sculpture vraiment caractéristique, parce que nous n'avons pas encore un public capable d'apprécier à sa juste valeur l'effort de nos artistes et discerner judicieusement la mauvaise de la bonne peinture. La critique d'art, ici, n'existe pas.

Nos journaux, à de rares exceptions — *Le Devoir* en est une que je souligne avec plaisir, — sont pris par toutes sortes d'autres préoccupations. Quand ils daignent donner l'hospitalité à l'art et à ses multiples manifestations, ils le font presque toujours avec parcimonie et un aveuglement désespérant, décernant force louanges à de rutilantes croûtes et ne soulignant presque même pas d'un bout de phrase des œuvres de véritable mérite, de grande beauté.

Beaux sont les discours qui prônent la mission civilisatrice de l'art; belles sont les promesses de fonder des écoles et des musées de beaux-arts.

Mais il y a une chose qui presse plus et qui serait beaucoup plus logique : l'éducation du goût, l'éveil du sentiment du beau chez le public. Qu'une place à l'histoire de l'art soit accordée dans les programmes de notre enseignement supérieur; que des expositions plus fréquentes aient lieu; que la presse accorde, dans ses colonnes, une attention plus large et mieux avertie à l'art; que nos musées des beaux-arts soient ouverts le dimanche, comme la chose, d'ailleurs, se pratique dans toutes les autres grandes villes, pour permettre aux foules de les visiter[3].

Il m'apparaît donc imprudent de présenter, comme je m'apprête à le faire, la place des arts visuels au *Devoir* sans procéder à une étude comparative avec ses concurrents et ainsi de comprendre le traitement du même sujet dans le reste de la presse montréalaise[4]. Cette absence de moyens de comparaison s'accompagne de l'absence d'une politique ou même d'une position éditoriale claire et continue dans le traitement des arts plastiques au *Devoir*[5]. Le sujet est confié à des journalistes réguliers, ou à des membres de l'équipe éditoriale lorsque l'événement et les enjeux semblent plus importants, mais les collaborateurs spécialisés ou critiques n'ont pas de statut permanent. Lucien Desbiens décrit ainsi cette situation en 1934 :

> On se plaint souvent, sinon de l'abaissement du niveau intellectuel et artistique de notre pays, du moins de son état stationnaire. Pour notre part, nous croyons que cette situation vient en bonne partie de la complaisance évidente et trop générale de la critique. [...] Prenons les critiques de nos journaux, par exemple. On ne saurait exiger de nos quotidiens — presque tous pauvres — de se payer des critiques professionnels en littérature, en poésie, en peinture,

en sculpture, en histoire, en économie politique. Non, ils sont forcés de se contenter le plus souvent de jeunes gens plus ou moins inexpérimentés qui n'ont pour tout bagage que leur plume, leur goût naturel et leur bonne volonté[6].

En l'absence d'une volonté de couvrir systématiquement ce domaine et dans des conditions d'exercice précaires, les pigistes restent peu de temps au *Devoir*. Les prises de position qu'ils endossent sont leurs points de vue, que plusieurs véhiculeront ensuite dans un autre périodique[7]. Ces textes expriment certes une opinion que *Le Devoir* entérine, mais ils parlent surtout de la difficulté de la pratique de la critique d'art dans ce quotidien[8].

Il y aurait différentes façon d'aborder le traitement des arts visuels au *Devoir*. L'une des plus prometteuses serait justement une recherche sur les différents auteurs qui ont collaboré au journal. L'analyse de leur formation, de la durée de leur participation, du contenu de leurs propos et des sujets abordés fournirait un portrait nuancé et plus riche. Cette approche pourrait se doubler d'une étude sur les différents genres journalistiques. La complémentarité et parfois l'opposition des points de vue proposés dans les textes qui se retrouvent dans des pages ou des sections différentes du journal, révéleraient un autre niveau de discours qui nourrirait notre compréhension du *Devoir*. Ainsi, les prises de position éditoriales, les comptes rendus d'exposition, les commentaires critiques, les entrevues avec des membres du milieu artistique, les communiqués, les transcriptions de conférences ou d'articles d'autres périodiques et les textes des lecteurs forment un ensemble littéraire complexe dont l'évolution au fil des ans nécessiterait un décodage plus poussé. Cette étude, doublée de l'investigation de la place accordée à ces textes tant par leur longueur que par leur position dans la mise en page du journal, permettrait d'arriver à des conclusions plus définitives que la lecture en diagonale opérée ici.

Mon texte propose dans un cadre chronologique un survol, en forme de collage, des questions qui ont marqué l'histoire du *Devoir* en regard des valeurs qu'il a défendues[9]. Le ton linéaire et positiviste de cet article est inhérent à la forme choisie qui tente de fournir dans un premier temps le plus d'informations possible dans ce recueil portant sur *Le Devoir*.

Le père du fondateur du *Devoir*, Napoléon Bourassa, fut un artiste, professeur d'art, critique et auteur important de la vie montréalaise de la deuxième moitié du dix-neuvième siècle; aussi est-il étonnant de remarquer que le quotidien, au cours du mandat de son premier directeur et de son successeur immédiat, n'a accordé qu'une place secondaire aux sujets reliés à la vie artistique, une position subordonnée aux questions centrales qu'il s'est donné comme mandat de défendre. Henri Bourassa aura l'occasion de préciser les objectifs du quotidien à plusieurs reprises :

L'influence de la presse catholique et nationale n'est pas moins nécessaire aux activités intellectuelles qu'aux œuvres religieuses.
Personne n'est plus persuadé que moi de l'insuffisance du journal comme instrument de culture intellectuelle. [...]
Par sa rédaction il [*Le Devoir*] tend à inspirer à ses lecteurs un idéal élevé et d'intelligentes préoccupations; il les oriente vers les sources de la vraie et solide culture; ses rédacteurs font de leur mieux pour donner à leur pensée une forme convenable. En résumé, le *Devoir* se croit tenu de respecter l'intelligence de ses lecteurs et la noblesse de la culture française.
Enfin, [...] il ne perd pas de vue sa mission principale, qui est de faire aimer le beau, le bon, le vrai. Il n'oublie pas que deux dangers menacent la vie intellectuelle du Canada et, par répercussion, sa vie morale et sa vie nationale : l'utilitarisme anglo-saxon, qui l'étoufferait, et le dilettantisme français, qui l'anémierait.
Par-dessus tout, le *Devoir* se préoccupe de ramener sans cesse ses lecteurs à cette idée fondamentale que toute préoccupation littéraire ou artistique, toute activité de l'esprit doit tendre à servir Dieu et, par conséquent, rester subordonnée à la pensée religieuse tout en lui faisant appui[10].

Face à ce mandat d'ordre moral et éthique, *Le Devoir* adoptera une mission éducative[11], visant à lutter contre les valeurs véhiculées par la culture britannique et américaine, et ainsi, à promouvoir celles associées à la culture française, à condition qu'elles servent le catholicisme.

L'architecture et l'urbanisme sont deux sujets auxquels *Le Devoir* accordera préséance. Ces domaines qui occupent une place majeure dans la vie de la cité sont aussi ceux où la culture et le goût d'une société s'expriment publiquement. Ils permettent de s'opposer aux influences étrangères et à l'une de leur manifestation fonctionnaliste parmi les plus méprisables, les escaliers extérieurs. Le journal prend non seulement la défense des bâtiments anciens, des valeurs et du passé qu'ils représentent, mais il traite avec régularité et ferveur des questions esthétiques, sociales et économiques reliées à l'architecture[12].

Dans le domaine plus spécifique des arts plastiques, chaque chroniqueur s'oblige à proposer la grille à partir de laquelle il formulera ses commentaires, à fournir les clés nécessaires au public pour apprécier les œuvres selon ses propres références. Le peintre Henri Fabien traduit les termes de Bourassa dans le domaine des arts visuels :

Pour juger une œuvre d'art il faut partir de quelques principes. À moins qu'un artiste fasse de l'art pour l'art, c'est-à-dire sans aucun but moral ou social, et qu'il ne produise que pour étaler une habileté acquise à représenter les objets selon leur forme et leur couleur, [...] il doit avoir comme idéal la manifestation du beau et de là du bien et du vrai, par l'interprétation de la nature.

Chaque art a ses lois en même temps que ses limites; et nous trouvons singulier qu'on attribue à la peinture des qualités qui sont d'un autre domaine. La peinture, comme tous les arts plastiques, a pour principe agissant *la nature*, et pour élément créateur l'imagination de l'artiste. Il faut donc au point de vue technique que le tableau soit rendu, c'est-à-dire qu'il soit bien dessiné et bien peint; ceci constitue le métier, c'est ce que l'école peut enseigner. Au point de vue esthétique ce tableau doit être la pensée émue et objectivée de l'artiste; c'est ce que personne ne peut lui enseigner[13].

Fabien rappelle le rôle de l'imagination, la part d'originalité propre à la création qui doit s'appuyer sur les modèles et les valeurs fournis par la nature. Mais il insiste, comme le feront ses successeurs, sur le métier et l'exécution qui fournissent les mesures de la valeur et de la qualité de l'œuvre. Le maintien d'une tradition artisanale est garant du travail de création, et «l'ouvrage bien faite» restera un critère objectif d'évaluation de la qualité des artistes et artisans qui ne devront pas céder aux produits et aux procédés étrangers, aux influences néfastes développées par l'industrialisation. Le journaliste Ernest Bilodeau écrit au sujet des étudiants de l'École polytechnique :

> Ils dessinent des meubles de style, au lieu d'apprendre le droit ou la médecine, les deux débouchés presque obligatoires de tout jeune Canadien qui a «fait son cours»! Mais quel est ce miracle? Allons-nous nous mettre à discipliner notre goût et à manifester triomphalement des «possibilités» presque infinies auxquelles notre sang latin nous a toujours permis de prétendre?
> Au fait, pourquoi pas? Il a toujours été reconnu que le Canadien français est d'instinct habile de ses mains. Donnez-lui une bûche et un canif et voyez les créations de son esprit inventif et de ses doigts obéissants. Que nous manque-t-il en somme, pour produire une moisson d'artistes habiles sinon l'ambiance et des directions éclairées[14]?

Ce genre de commentaires, que l'on trouve également sous la plume de peintres, laisse à penser que ceux-ci, collectivement, n'ont pas encore atteint un statut socioprofessionnel qui les distinguerait des exécutants, où la conception et l'invention seraient favorisées au profit de la réalisation. Aussi toutes les occasions de faire apprécier et comprendre le travail de l'artiste sont-elles présentées :

> Ce que l'on ignore, généralement, c'est la façon de travailler de l'auteur, le soin qu'il prend pour arriver au naturel, à la vérité. Or le public peut, à cette occasion, comprendre les procédés de l'artiste, car à ses tableaux et ses compositions au point il a joint ses croquis, ses esquisses, ses études rapides qui donnent une excellente idée du labeur intelligent que s'imposent ceux qui veulent faire œuvre méritoire[15].

Le respect du travail est un des sujets qui se rapproche des valeurs que l'on cherche à inculquer à la jeunesse. La formation des jeunes par l'art et l'éducation du goût des élites, auxquelles les rédacteurs s'adressent, seront des leitmotive du quotidien repris tout au long de son histoire[16], au fil de l'actualité et des différents débats sur l'enseignement au Québec[17].

Ainsi, l'une des questions débattues au moment de la fondation de l'École des beaux-arts de Montréal fut celle de l'affluence des étudiants. Plus de cinq cents inscrits en 1926 offraient une occasion de dénigrement de la part de ses détracteurs, inquiets du nombre élevé de chômeurs spécialisés que préparait cette école. Clarence Hogue y voit au contraire un lieu propice au développement et à la diffusion de critères esthétiques devant guider la société[18].

> Il est indéniable, écrit-il, que ces jeunes gens et jeunes filles ne deviendront pas tous des artistes. Et le deviendraient-ils que très peu d'entre eux, faute d'une démarche suffisante, pourraient vivre de leur art. Mais tous ces élèves, même ceux qui n'auront jamais pu dépasser la médiocrité dans l'exécution, n'en auront pas moins acquis des connaissances fondamentales en art. Et ce sera déjà bien, si on considère qu'ils seront malgré eux, des apôtres du beau et qu'ils tendront à répandre ce goût dans toutes les couches de la société.

Les arts plastiques sont donc valorisés pour leur mission civilisatrice mais ils sont aussi perçus comme un terrain de lutte. Henri Bourassa posait lui-même la mission de la presse en ces termes : «Après tout, un journal est essentiellement une machine de guerre, quel que soit le terrain où il se pose, quel que soit le sujet dont il s'occupe, il doit combattre[19] [...] », pour affirmer une identité propre et pour s'opposer aux phénomènes d'américanisation et d'anglicisation de la population. *Le Devoir* demeure à l'affût de sujets montrant l'ingérence du gouvernement fédéral dans le secteur de la culture. Le sujet du financement de programmes et de services reliés au développement des arts et de la culture qui est de jurididiction provinciale est l'objet de nombreux débats non encore clos. L'aide accordée aux provinces et à plus forte raison aux municipalités, sans politique claire, est régulièrement remise à l'ordre du jour[20]. L'absence d'une politique de bilinguisme de la part du gouvernement central a longtemps été un sujet d'éditoriaux au *Devoir* qui a défendu l'accessibilité à des services en français au Canada, y compris dans le domaine culturel[21].

Les rapports avec les États-Unis fournissent l'occasion de prises de position plus complexes. Cette puissance mondiale peut servir de modèle, toute la question est de savoir distinguer à quels moments il est recommandé de l'imiter[22]. Certainement pas dans les aspects vulgaires de la culture de masse, mais dans ceux qui peuvent permettre à notre société

d'atteindre les objectifs qu'elle s'est fixés. La question de l'influence américaine dans l'affichage, par exemple, fut posée à la fois dans les termes de la
protection de la langue mais aussi de l'esthétique urbaine.

> Ce contrôle [des affiches] s'impose, disons-nous, à un double point de vue,
> l'esthétique commande, en effet, qu'on ne pose pas au tort et travers des
> affiches bariolées, du plus mauvais goût. [...] Dans une ville française comme
> Montréal, en effet, on ne peut lire sans un sentiment d'horreur certaines
> affiches. Il existe une censure pour les mœurs; on en devrait créer une pour
> l'orthographe[23].

> Nous subissons l'américanisme sous toutes ses formes, s'écrie Jean-Marie
> Gauvreau. Je n'ai pas ce soir à faire le procès de la civilisation voisine. Nous
> les copions volontiers. Si, au lieu de prendre d'eux tout ce qu'ils ont de
> répréhensible; si, au lieu de les copier dans leurs gratte-ciel, leurs cinémas,
> leur gomme à mâcher et leur crème glacée, nous regardions un peu les efforts
> de chaque jour qu'ils font pour le développement de leur art rural[24].

Les formes d'art qui seront valorisées, avant 1950, portent sur la
représentation de sujets associés à des valeurs locales. Selon le rédacteur
Georges Pelletier, le concept de terroir connaîtra un regain d'intérêt et de
signification au début des années 1910 :

> L'expression n'est pas de nous. [...] Et si nous ne l'avons pas employée
> précédemment, ce n'est pas pour ne pas avoir demandé, nous aussi, avec
> beaucoup d'autres collaborateurs de notre journal, le retour au terroir à nos
> littérateurs et à nos artistes[25].

Ce sont ces manifestations artistiques que Le Devoir favorisera au
détriment de l'art moderne, pseudonyme d'un art étranger qui est ridiculisé. Ernest Bilodeau écrit au sujet de l'exposition des œuvres de Rita
Mount, Claire Fauteux et Berthe Lemoyne :

> Dès l'entrée, on éprouve une impression de couleur locale. Cette exposition
> de talents canadiens est en même temps un hommage à la nature canadienne.
> On se sent «chez nous», dans cette salle aux murs couverts de toiles représen-
> tant des fermes, des paysages familiers, des poules tout à fait nature, des
> femmes au rouet et au «métier». Voilà au moins qui nous repose des dan-
> seuses grecques, des jardins anglais, des vaches tricolores et cubiques[26]!

Louis Dupire reprendra les mêmes propos en des termes différents,
mais aussi conservateurs, plus de dix ans plus tard.

> Mais l'industrialisation gagne petit à petit les campagnes et ce qu'elle apporte
> d'abord avec elle ce sont les laideurs et les vices citadins. Dans quelques
> années la transformation des mœurs agrestes sera également profonde. [...] La
> vraie famille canadienne est toujours à trois générations comme le poêle à
> trois ponts. [L'œuvre de Massicotte permet] de freiner cette course folle qui,

au rythme du jazz, nous conduit vers l'américanisation des mœurs comme de l'industrie, vers la perte de notre personnalité morale comme économique[27].

La liberté prise avec le sujet représenté[28], l'utilisation de la couleur pure par les artistes contemporains sont les talons d'Achille des critiques, incapables de regarder, serait-ce une vache, ainsi rendue en peinture[29]. L'influence du postimpressionnisme, du symbolisme et de ce que l'on croit être le cubisme est décriée. La fortune des termes cubisme et futurisme au Québec mériterait d'ailleurs qu'on leur accorde plus d'attention. Alors qu'aucun peintre n'a travaillé en employant des éléments stylistiques de ces formes d'art élaborées en Europe avant 1915, ces «styles» servent à définir de façon péjorative chez nos critiques, et pas seulement au *Devoir*, toute forme de peinture non académique, et ce jusque vers 1940. Ces termes représentent l'essence même de la dégénérescence en art et ce contre quoi il faut lutter le plus farouchement[30]. Le terroir fournit des sujets dignes d'émulation, peu importe le traitement plastique. Ernest Bilodeau, par exemple, suggère d'amener tous les élèves voir une exposition de Delfosse à la Bibliothèque Saint-Sulpice[31]. Le travail d'appui à l'art se fera donc au détriment des pratiques plus contemporaines.

> Ainsi nos peintres se sont toqués depuis quelques années sur la représentation de maisons ou de rues d'une inénarrable banalité, qui relève proprement de l'annonce commerciale. Sans doute le dessin est parfait, les proportions exactes, les nuances et teintes appropriées, et cependant c'est d'une mortelle banalité. De même la représentation d'une plaie gangrenée et purulente, si réaliste soit-elle, est élément d'art très discutable. Ce qui revient à dire qu'un tableau doit représenter un sujet qui de sa nature offre un véritable intérêt. [...] Que nos prétendus artistes apprennent à dessiner, qu'ils regardent la nature, ses coloris[32].

Tout en favorisant la consommation de biens symboliques produits par nos artistes[33], *Le Devoir* pointe les «horreurs artistiques» produites à l'époque comme la cause principale de l'engouement pour l'art ancien, davantage susceptible de représenter des valeurs durables, fondatrices de la société à ériger.

> Au lieu de la représentation du beau dans les limites de la vérité, on s'attache à une monotone et stupide reproduction du réalisme laid et morose tout comme si le spectacle d'une plaie cancéreuse par exemple pouvait faire l'objet d'émotions esthétiques au sens ordinaire et intelligent du mot. C'est probablement à cette manie de la peinture moderne que l'on doit le goût des œuvres anciennes[34].

Au cours des années 1940, la multiplication du nombre d'artistes francophones, amateurs et professionnels, le développement du secteur des arts visuels (enseignement compris) en rapport avec les autres formes d'art, la spécialisation du marché (galeries, marchands) suivie de celle des professionnels de l'art (professeurs, critiques et auteurs) vont entraîner une relative autonomie du secteur des arts plastiques et marquer l'affirmation des tendances de l'art moderne. La présence de nouvelles personnalités fortes dans le domaine des arts visuels et de débats publics va fournir une autre dimension à la scène artistique. À la suite du mandat de Georges Pelletier à la direction du *Devoir* (1932-1947), qui est la période où les arts visuels sont traités avec le plus de parcimonie et de façon la plus irrégulière de toute l'histoire du quotidien, *Le Devoir* — sous la direction de Gérard Filion, à partir de 1947, puis de Claude Ryan en 1964 — va traduire et témoigner de cette nouvelle situation par une attention accrue aux arts visuels.

Certes *Le Devoir* reste près des positions traditionnelles défendues par les professionnels de l'École des beaux-arts et de l'École du meuble. Les conférences et déclarations de Charles Maillard[35] et des professeurs sont reproduites, leurs activités sont couvertes. La participation, même irrégulière, de Maurice Gagnon, professeur à l'École du meuble, assura le traitement d'événements comme les expositions de la Société d'art contemporain[36], la venue de Fernand Léger à Montréal, dont il fut l'instigateur, ou encore le compte rendu de ses propres ouvrages[37]. *Le Devoir* fournit une excellente couverture à Alfred Pellan[38], même s'il ne traita pas du scandale qui entoura la démission de Maillard comme directeur de l'École des beaux-arts en 1945. Il ouvrit largement ses pages à la polémique entourant la publication du manifeste *Prisme d'yeux* de Jacques de Tonnancour, et signé par Pellan et quelques-uns de ses amis et élèves[39]. Si la publication de *Refus global* par Borduas et le membres du groupe des automatistes donna prise à peu de commentaires dans les pages du *Devoir*, le renvoi de Borduas de l'École des beaux-arts fut suivi d'une note éditoriale d'André Laurendeau, désapprouvant à la fois le texte du manifeste et la façon dont on avait imposé la démission de l'artiste-professeur[40].

Depuis la fin des années 1940, *Le Devoir* a cherché à offrir un traitement plus régulier des arts visuels et s'est attaché, parfois pour quelques années, des collaborateurs spécialisés dans le domaine. La liste des auteurs qui ont tenu des chroniques au cours des quarante dernières années révèle, de la part de la direction, une volonté de guider les lecteurs dans une meilleure compréhension de l'art contemporain[41]. Plusieurs collaborateurs furent au fait des grandes questions théoriques présentes dans le milieu de la création plastique. Tant par les formules éditoriales variées[42] — que l'on pense à des numéros thématiques[43], à des entrevues de fond[44], à des chroniques de l'étranger ou à des séries de reportages, *Le Devoir* a proposé, sinon des positions novatrices, du moins une information au fait des tendances et des questions qui animent le monde des arts visuels.

Il va sans dire que les changements socioculturels que le Québec a connus au cours de cette période et les façons différentes dont les diverses équipes éditoriales du *Devoir* ont eu à prendre position face aux idéologies qui se sont succédé sur la scène nationale et canadienne, ont amené de nouvelles manières de traiter les sujets liés à la place de l'art dans la culture. Celle-ci est d'ailleurs perçue et définie à l'aide de l'anthropologie et de la sociologie, d'une façon plus globale[45].

Le ministère des Affaires culturelles, créé par le gouvernement de Jean Lesage, a profité d'une attention soutenue de la part du quotidien. Ses politiques, son autonomie et son pouvoir au sein du gouvernement, ainsi que ses moyens (le fameux budget de 1 % consacré à la culture) sont régulièrement analysés[46]. Comme l'écrivait Jean-Marie Léger :

> Au moment où il entre dans sa cinquième année, le ministère des Affaires culturelles n'a plus à faire la preuve de son utilité : sa nécessité est désormais incontestée. Ce n'est pas une entreprise de prestige mais la réponse à un besoin fondamental d'une société qui a pris conscience d'elle-même et de son époque, et qui doit savoir que la vitalité culturelle est non seulement un aspect important mais, à certains égards, une des conditions du progrès social global[47].

Si *Le Devoir* est resté près de la représentation de la création artistique locale — que l'on pense, entre autres, à l'intérêt qu'ont porté Jean-René Ostiguy, Noël Lajoie, Laurent Lamy et Guy Robert aux artistes de « l'École de Montréal » et à l'abstraction lyrique —, les débats se sont multipliés depuis le début des années 1960. La reconnaissance de la place des femmes sur la scène artistique, les enjeux de l'art public et de l'intégration des arts, ainsi que les retombées du développement de la technologie sont venus tour à tour alimenter les pages du quotidien depuis vingt ans. Les expériences de création en direct (symposiums de sculpture), le développement du métro de Montréal et la mise sur pied du programme du 1 % furent quelques-unes des occasions de discuter du rapport de la place de l'art actuel dans la société. Pour leur part, au début des années 1970, les articles de Christian Allègre présentèrent les enjeux liés aux technologies de communication pour montrer comment ils modifient notre perception et notre rapport à la création. La vidéo a même eu au cours de ces dernières années un observateur attentif en la personne de Daniel Carrière.

La peinture est restée le médium le plus souvent traité, mais les critiques ont discuté des pratiques des plasticiens, ainsi que de celles plus iconoclastes des artistes de l'*underground* ainsi que de celles de l'art multidisciplinaire favorisant l'intégration des techniques et des approches. Les journalistes se sont montrés attentifs aux jeunes artistes, dits de la relève, qui ont proliféré au cours des années 1970 et 1980. L'extension du marché de l'art, la multiplication des institutions (musées, centres culturels et d'exposition, centres autogérés d'artistes) ont amené des problématiques qui ont posé différemment la question de la création, de la diffusion et de la réception de l'art. Le Devoir fut l'un des quotidiens francophones les plus vigilants pour informer de façon critique ses lecteurs et analyser l'impact de telles modifications dans notre société[48].

La présence de Lise Bissonnette au sein de l'équipe éditoriale à partir de 1981, puis maintenant à la direction, a confirmé la place faite aux arts plastiques qui est devenue une des caractéristiques du quotidien. L'éditrice a su partager sa connaissance et ses intérêts avec les lecteurs, pour affirmer la place de la culture et, en particulier, des arts visuels parmi les préoccupations majeures de la société québécoise. Les actions culturelles et leurs conséquences occupent régulièrement la chronique de la page éditoriale. Les lecteurs se souviendront sans doute des billets qu'elle rédigea au cours des années 1982-1983[49] et des positions fermes qu'elle a prises sur les questions d'actualité qui sont venues agiter notre quotidien.

Le Devoir est maintenant — espérons que cette place n'est pas provisoire — un interlocuteur privilégié pour le milieu artistique québécois. Il agit de concert avec une majorité des décideurs et des créateurs, leur offrant l'espace d'une réflexion et le lieu d'une action. La présence de collaborateurs réguliers couvrant géographiquement un territoire plus vaste que la région montréalaise, combinée à une attention soutenue aux phénomènes de société, ne peut que mieux servir la place qu'occupent les arts à la croisée de ces deux axes. Historiquement Le Devoir n'a pas toujours su accorder une attention proportionnelle à l'importance des événements et de l'actualité artistiques. L'intérêt grandissant qu'il leur a prêté, à la suite de la Révolution tranquille, témoigne par contre de la valorisation et du statut que les artistes ont su acquérir collectivement et socialement et de la place que leurs œuvres occupent dans les représentations idéologiques contemporaines.

Laurier LACROIX
Professeur
Département d'Histoire de l'Art
Université du Québec à Montréal

◆

1. Jean-Louis Roy écrivait dans la préface du livre de Pierre-Philippe Gingras, *Le Devoir* (Montréal, Éditions Libre Expression, 1985, p. 9) : « Seule une équipe de spécialistes en sciences humaines — historiens, sociologues, politicologues, spécialistes en communication — pourrait tracer une histoire exhaustive du *Devoir*, à la condition d'y consacrer plusieurs années de recherches exigeantes. »

2. L. D. (Louis Dupire), « L'architecture canadienne », 7 août 1918. Tous les articles cités sont tirés du *Devoir*.

3. « Au Salon du printemps IV », 18 avril 1922.

4. L'étude de la critique d'art au Québec a jusqu'ici surtout porté sur la critique « moderne » des années 1930 à 1960. Ce sont en général des recherches monographiques auxquelles l'on a procédé. Les titres suivants pourraient former une bibliographie de base pour aborder un tel sujet : Hedwidge Asselin, , *Inédits de John Lyman*, Montréal, Bibliothèque nationale du Québec, ministère des Affaires culturelles, 1980 ; Mario Béland, *Marius Barbeau et l'art au Québec. Bibliographie analytique et thématique*, Université Laval, coll. Outils de recherche du Celat, n° 1, août 1985 ; Janet Braide, « John Lyman : A Bibliography of his Writings », *Annales d'histoire de l'art canadien*, vol. IV, n° 2, 1977, p. 130-140 ; Marie Carani, *L'œuvre critique et plastique de Rodolphe de Repentigny*, mémoire, Université du Québec à Montréal, 1982 et publié depuis aux Éditions du Septentrion ; Louise Déry, *L'influence de la critique d'art de John Lyman dans le milieu artistique québécois de 1936 à 1942*, mémoire, Université Laval, 1982 ; Francine Farand, *La critique d'art dans les journaux montréalais de 1940 à 1948*, mémoire, Université de Montréal, 1985 ; Michèle Grandbois, *Guy Viau, critique d'art québécois*, mémoire, Université Laval, 1985 ; Michel Huard, *Polémiques et Art sacré. Recueil de textes choisis de Wilfrid Corbeil, c.s.v.*, Musée d'art de Joliette, 1990 ; Jean Paquin, *Le développement de la critique culturelle marxiste au Québec de 1968 à 1978*, mémoire, Université de Montréal, 1980 ; Fernande Saint-Martin, « D'une théorie de la modernité aux périls de la critique d'art », dans Coll., *À la découverte du patrimoine avec Gérard Morisset*, Québec, ministère des Affaires culturelles, 1981, p. 151-172 ; Hélène Sicotte, *Walter Abell, Robert Ayre, Graham McInnes : aperçu de la perspective sociale dans la critique d'art canadienne entre 1935 et 1945*, mémoire, Université du Québec à Montréal, 1989 ; Esther Trépanier, « Modernité et conscience sociale : la critique d'art progressiste des années trente », *Annales d'histoire de l'art canadien*, vol. VIII, n° 1, 1984, p. 80-108 ; Esther Trépanier, « L'émergence d'un discours de la modernité dans la critique d'art (Montréal 1918-1938) », dans *L'avènement de la modernité culturelle au Québec*, Québec, IQRC, 1986, p. 69-112 ; Esther Trépanier, « Un nigog lancé dans la mare des arts plastiques », dans Coll., *Le Nigog*, coll. Archives des Lettres canadiennes, tome VII, Montréal, Fides, 1987, p. 239-267 ; Esther Trépanier, « Deux portraits de la critique d'art des années vingt : Albert Laberge et Jean Chauvin », *Annales d'histoire de l'art canadien*, vol. XII, n° 2, 1989, p. 141-172 ; Esther Trépanier, « Peinture et modernité au Québec », thèse, Université de Paris, juin 1991 ; Louis Valliant, *Robert Hugh Ayre (1900-1980) : Art — A Place in the Community. Reviews at* The Gazette, Montreal (1935-1937) *and at* The Standard, Montreal (1938-1942), mémoire, Université Concordia, 1991.

◆

Plusieurs des articles réunis sous le titre *Mises en scène de l'avant-garde*, Cahiers du Département d'histoire de l'art de l'Université du Québec à Montréal, printemps 1987, portent sur la critique des années 1960.
De plus en plus on procède à l'étude de la réception critique de l'œuvre des artistes auxquels sont consacrées des expositions monographiques (ex. Ozias Leduc, Adrien Hébert, Alfred Pellan, Jean-Paul Lemieux...). Ces textes sont une autre façon de saisir des tendances idéologiques et esthétiques de la presse québécoise.

5. D'autres périodiques ont accordé aux arts visuels une place régulière et importante, tant sur le plan de l'information que sur celui de la critique. *La Revue populaire* avec Jean Chauvin et Henri Girard, ou *La Presse* qui a eu à son service des critiques tels Albert Laberge et Rodolphe de Repentigny, ou encore *Le Canada* (Éloi de Grandmont, Roland Boulanger) et *Le Jour* (Charles Doyon) qui ont offert à leurs lecteurs des positions plus au fait de l'actualité.

6. «Critique», 14 avril 1934. Lucien Desbiens signe quelques articles en 1934 et en 1935.
De nombreux collaborateurs du *Devoir* ont une formation artistique (beaux-arts, arts décoratifs); citons, à titre d'exemples; Émile Vézina, Henri Fabien, René Chicoine, Jean-René Ostiguy, Noël Lajoie et Laurent Lamy. Cet état de fait n'est pas particulier au quotidien, les historiens et critiques d'art, avant la professionnalisation dans ces secteurs socioprofessionnels, ont souvent été des artistes, comme en témoigne l'écriture de l'histoire de l'art en Europe. C'est le rôle qu'a joué par exemple Napoléon Bourassa à *La Revue canadienne*.

7. Nous ne disposons pas de statistiques sur la «durée» d'un journaliste spécialisé ou d'un pigiste couvrant le secteur des arts au *Devoir*, non plus que pour d'autres périodiques. Le calcul mériterait d'être fait tout comme l'étude sur les mouvements des «journalistes indépendants» qui passent d'un quotidien à un autre. Citons, à titre d'exemples, Éloi de Grandmont qui passe au *Canada* en 1945 après un court séjour au *Devoir*; même parcours pour Renée Normand en 1949, ou encore Adrien Robitaille que l'on retrouve à *Photo-Journal* en 1954.

8. L'évolution de la perception du rôle de critique d'art serait elle-même à étudier. Un article anonyme, «La critique d'art» en date du 11 janvier 1933, rapporte les propos d'Henri Girard à l'Alliance arts et lettres : «M. Girard a déclaré que le critique d'art est un écrivain indépendant, avide d'émotion esthétique, dont le rôle est de signaler le beau au grand public souvent trop occupé pour le voir. On ne doit pas confondre, dit-il, le critique avec le publiciste, ni avec le simple reporter. [...] Le beau se reconnaît, dit M. Girard, à l'émotion artistique qu'il crée chez la personne qui y arrête un peu longuement ses regards. Tout le monde n'a pas le temps d'avoir des émotions artistiques. C'est au critique d'art, homme de loisir, que revient de droit ce rôle.»
On pourra juger l'écart qui sépare ces définitions de l'art et du rôle du critique en les comparant au texte de Christian Allègre, «Quelques notes sur la "critique d'art"», paru le 15 août 1970.

9. Je remercie Hélène Boily qui m'a assisté dans le dépouillement du quotidien et Francine Couture qui m'a fourni l'accès à la documentation accumulée dans le cadre d'un projet de recherche sur les arts visuels au Québec au cours des années 1960.

10. Henri Bourassa, «La presse et les œuvres, IV», 8 novembre 1920. Ailleurs
   Bourassa continue : «Nous avons voulu remettre les idées en honneur. Nous
   avons voulu créer un lien entre les diverses activités intellectuelles, empêcher
   l'isolement des travailleurs, le rétrécissement des idées qui en résulterait, combattre le dilettantisme naissant. Nous avons voulu aussi rappeler la hiérarchie
   des idées et des devoirs, donner, dans la pensée de nos lecteurs, à la nation, à la
   race, à la société, à l'Église, à Dieu la place qui leur appartient, rappeler
   qu'au-dessus de toutes les causes humaines, il y a celle de Dieu et de son
   Christ.» («La presse et l'action intellectuelle», 15 décembre 1920, extrait
   d'une conférence de Bourassa devant l'ACJC.)

11. «L'esprit démocratique est producteur de mauvais goût. Le peuple joue le rôle
   de souverain et par conséquent il commande et il paie.
   Mais sa formation est bien incomplète, et son éducation esthétique est encore
   à entreprendre; [...]. Dans nos cités, les citoyens qui gouvernent sont rarement
   les plus éclairés, jamais les plus artistes. Ils n'ont pas besoin d'avoir du goût, ça
   les gênerait, mais ils ont des prétentions, ce qui n'est pas la même chose; aussi
   entre leurs mains l'enlaidissement de nos pays, de nos villes, prend des proportions grandioses et énormes, il est élevé à la hauteur d'une institution.
   [...] Ce qu'il importe donc de faire, sans tarder, c'est de former le goût du
   peuple, et de commencer chez les enfants très jeunes, à la maison; plus tard, à
   l'école, dans les couvents et les collèges, en développant en eux le sens esthétique, le goût du beau, et l'horreur du clinquant et du vulgaire. C'est une
   éducation que les maîtres eux-mêmes sont mal préparés à faire ... il est temps
   d'y songer si nous ne voulons pas sombrer définitivement dans la banalité et la
   laideur incorrigibles.» (G. de Montenach, 21 janvier 1915, p. 5.)

12. Les nombreux articles de Paul St-Yves, Louis Dupire, Paul Leclaire, Clarence
   Hogue au cours des années 1920 abordent des questions d'actualité et de
   fonds pour le développement de Montréal et du Québec. Ces sujets sont
   abordés par des journalistes ou des chroniqueurs réguliers, que l'on pense à la
   place de Jean-Claude Marsan au cours des années 1970 et 1980, ce qui
   donnera au sujet une meilleure visibilité et une couverture relativement plus
   complète et cohérente que celle des arts plastiques.

13. «Beaux-arts : le Salon d'automne à la Galerie des arts I», 26 novembre 1915.

14. «À l'École polytechnique», 21 avril 1915. Bilodeau signe aussi d'autres
   articles sur l'art en 1915 et en 1916.

15. Anonyme (Émile Vézina?), «Notes d'art, Exposition artistique à la Bibliothèque Saint-Sulpice», 10 avril 1916, au sujet de l'exposition des œuvres
   d'Edmond-J. Massicotte. Le peintre et écrivain Émile Vézina signera pour
   Le Devoir les critiques des expositions d'Ozias Leduc, Adrien Hébert, et
   C. W. Simpson tenues à le Bibliothèque Saint-Sulpice. Il signalera la venue
   du peintre français Albert Besnard à Montréal, le 25 juin 1921.

16. Louis Dupire («Les arts décoratifs», 14 octobre 1918, p. 1) favorise l'enseignement des arts plastiques dans l'enseignement secondaire masculin, et «l'enseignement de l'esthétique au moins dans les dernières classes du cours classique».
   Ainsi à l'automne 1930 lors d'un débat sur l'enseignement au secondaire,
   l'apprentissage du dessin est valorisé par rapport à celui des sciences.

17. Le dépôt des rapports de la Commission Parent (1963) et de la Commission
   Rioux (1969) tout comme les différents projets de réforme des programmes

d'enseignement fourniront l'occasion de raviver ce sujet en rapport avec les théories contemporaines de l'apprentissage.

18. Clarence Hogue, «À l'École des Beaux-Arts», 31 mai 1926.

19. «La presse catholique, M. Henri Bourassa en définit l'œuvre», 28 février 1928.

20. Voir, par exemple, Claude Ryan, «Bloc Notes. La politique culturelle peut-elle relever indistinctement de tous les gouvernements à la fois?», 15 juillet 1967.

21. Deux exemples dont l'actualité risque de faire sourire : «Quant à l'île Sainte-Hélène, il faut lui rendre justice : c'est une merveille de verdure et de fraîcheur. Pourquoi n'y placerait-on pas quelque «attraction» choisie? Et pourquoi n'avons-nous pas à Montréal, au moins une ébauche de jardin zoologique? Pourquoi pas un musée de la faune et de la flore canadiennes? Il y a tout cela en d'autres endroits du Canada, à Ottawa, à Banff, ailleurs. Pourquoi pas à Montréal? On pourrait même demander aux ministres fédéraux de nous prêter les belles étiquettes exclusivement anglaises qui expliquent les spécimens de plantes ou d'animaux sauvages des musées d'Ottawa. C'est ça qui défendrait le salut de l'Empire contre les empiètements des extrémistes de la *réserve* de Québec!» (Ernest Bilodeau, «Promenades montréalaises. L'Île Sainte-Hélène», 9 juin 1916.)

Pour sa part, Émile Benoist a le beau rôle pour dénoncer la Galerie nationale du Canada qui publie en anglais seulement les textes critiques parus en France lors de l'exposition du Jeu de Paume en 1927 («Le rapport de la Galerie Nationale, 28 juin 1929»). «La commission des fiduciaires de la Galerie Nationale a pris la peine de tout faire traduire cela afin de le reproduire dans son rapport. Celui-ci n'est publié qu'en anglais. Il eût été si facile, étant donné les circonstances, de publier simultanément un rapport français et un rapport anglais. [...] La publication d'un rapport français n'eût donné lieu à aucun inconvénient. C'est à se demander si, dans ce cas, il n'y a pas eu de la mauvaise volonté quelque part?»

22. Louis Dupire («L'art américain», 13 juin 1919) cite l'auteur américain Joseph Pennell pour justifier le «peu de valeur au point de vue esthétique du magazine ou du journal américain illustrés [...]. Nos journaux ne valent pas mieux que les journaux américains — nos journaux illustrés sont pires que les journaux américains — et par ailleurs les journaux américains, à cause de notre proximité de la frontière, nous submergent.»

Paul Anger (Louis Dupire) signale que les deux Prix de Rome accordés par les États-Unis sont offerts à des artistes ayant traité des sujets religieux : «Il est particulièrement intéressant de voir que la même année dans deux branches des beaux-arts [peinture et sculpture] les élèves les plus brillants se tournent en pleine Babylone moderne, vers des sujets d'inspiration religieuse.» («L'art religieux triomphe aux États-Unis», 12 mai 1930.)

23. Louis Dupire, «Affiches et parcs», 12 mai 1916. Dupire poursuit sa campagne contre les affiches électriques qui déparent les rues de nos villes dans «Les affiches», 8 avril 1919.

24. N.s., «La renaissance des arts domestiques», 9 juillet 1932, citant le texte d'une conférence de Jean-Marie Gauvreau à Sherbrooke.

25. «Le retour au terroir», 23 janvier 1918. Marius Barbeau jouera un rôle important dans la diffusion de la place du terroir dans la définition de la culture canadienne-française. Voir «L'étude de nos traditions orales», 26 jan-

vier 1918, et les articles portant sur les Festivals du terroir, aussi appelés Festivals du Pacifique Canadien (24 mai 1927; 21 octobre 1930) et ceux reliés au renouveau des arts domestiques (23 janvier et 30 janvier 1932; 19 et 27 avril 1932).

La notion et les valeurs du terroir sont opposées dans un premier temps à celles associées à l'exotisme. Voir Jobbard (Ernest Bilodeau?), « L'exotisme », 11 mars 1920, qui reprend, pour dénigrer les influences extérieures, les termes de l'article sur la déformation visuelle cité en épigraphe, Le Devoir, 20 avril 1918.

26. « Notes d'art. À Saint-Sulpice », 18 décembre 1916.

27. « La dernière composition de M. Edmond-J. Massicotte », 19 décembre 1928.

28. « Dans une autre salle, on trouve plusieurs tableaux énigmatiques; en examinant de près, on distingue de vagues animaux dans des décors inconcevables; mais il reste impossible de découvrir ce qu'ont voulu dire les artistes, quelles pensées, quels sentiments, quelle beauté ils ont voulu évoquer. C'est de l'art moderne, on commence par tout déformer le dessin, puis on met des couleurs criardes et contrastantes, et on a un chef-d'œuvre. Défense surtout de respecter les nuances, de graduer la lumière. Et enfin, pour plus de mystère, on ne met pas de titre, en sorte que de cent admirateurs, il n'y en aura pas deux à dire la même chose. On peut bien laisser le champ libre à l'inspiration de l'admirateur dillettante, mais ce n'est pas une raison pour lui présenter un casse-tête. » (C.-P. S., « Les Beaux-Arts, Une exposition d'élèves », 3 juin 1929.) Esther Trépanier (voir note 4) a longuement discuté des difficultés qu'a posées la question du sujet en peinture pour la critique québécoise de cette époque.

29. « Croiras-tu que le cubisme a fait des adeptes jusqu'en notre lointain pays? Il proclame sa présence en tons criards et superposés, qui trouvent leur plus belle manifestation dans un groupe de bovins — trois vaches aux champs — dessiné par petits carrés alternativement rouges, jaunes et verts. As-tu jamais vu une vache ayant la queue tricolore, les pattes vertes, la tête jaune? » (Robert Val (Ernest Bilodeau), « Billet du soir. Beaux-arts », 22 novembre 1916.)

30. On retrouve cette même liberté dans l'utilisation de concepts et de termes qui risquent davantage de déconcerter le public que de l'infomer; voir Henri Fabien, « Beaux-arts. Le vernissage à l'Académie royale », 19 novembre 1915 : « Il y a généralement chez nos peintres des tendances à l'impressionnisme; mais heureusement, c'est un impressionnisme qui se rattache à la grande peinture, c'est-à-dire poussée, finie et non pas bâclée. » Paul St-Yves (Louis Dupire), « Au Salon du printemps », 30 mars 1927 : « On n'y trouve presque plus de ces tableaux aux couleurs criardes jetées pêle-mêle sur une toile et qu'on croirait être des œuvres de fous enragés si on ne savait que le seul but des auteurs en question n'est que d'attirer un peu de l'attention qu'on leur aurait refusée autrement. C'est à peine cette année si on trouve encore un semblant de cubisme dans un ou deux tableaux. » Il est à noter que l'historien d'art Gérard Morisset ne publiera qu'un seul article au Devoir portant justement sur l'impressionnisme : « Lettre sur l'art, l'impressionnisme dans les musées parisiens », 11 et 13 juillet 1931.

31. « Nous sommes d'avis qu'elle devrait être offerte aux regards de toute notre population et que les éducateurs y devraient y conduire leur élèves : meilleure leçon d'histoire du Canada ne saurait se trouver. » (Ernest Bilodeau, « Le

Vieux Montréal à Saint-Sulpice», 19 mars 1917.)

Pour sa part Nemo (Louis Dupire?) trouve illogique que la Ville achète la série de tableaux du Vieux Montréal de Delfosse, alors qu'elle n'a rien fait pour conserver ces bâtiments («Le vieux Montréal», 15 mai 1926.)

32. Alexis Gagnon, «En marge de l'*Independant Art Association*», 29 octobre 1932.

33. Louis Dupire («Les arts décoratifs. Le régionalisme», 15 octobre 1918) invite le public à acheter des œuvres d'artistes locaux, à passer des commandes à ces artistes. «La renaissance du régionalisme a fait des miracles. Telle industrie qui chômait a vu ses métiers vibrer d'une activité fébrile; [...]. Le régionalisme a pour opposé le snobisme, cruel et bête, qui met à la mode, d'ordinaire, des produits étrangers; il sert les artistes, les fabricants et les industriels, et partout, les ouvriers du dehors, mais il dessert, en règle générale, les artistes locaux.» Cet appui est somme toute abstrait car rarement des noms d'artistes sont indiqués et le lecteur est laissé à lui-même quant au meilleur choix à faire.

34. Marcellus, «Peintures», 13 décembre 1927. Paul Anger (Louis Dupire), à la suite d'une vente de tableaux anciens à Londres, écrit: «Pour comprendre l'engouement du public pour les peintures classiques, il suffit de regarder les peintures contemporaines. Les auteurs de celles-ci ne peuvent les faire passer tout le temps. Il y a un terme aux gageures. S'ils les donnaient pour des caricatures, elles pourraient commander un prix raisonnable. [...] Si les artistes contemporains voulaient flatter raisonnablement le goût du public au lieu de le prendre à rebours comme ils le font, ils auraient plus de succès, [...]. Mais encore une fois, si les peintres d'aujourd'hui veulent vendre, qu'ils apprennent à dessiner d'abord, à peindre ensuite, et qu'ils rendent leur art moins ésotérique, moins laid, plus humain.» («Vieux tableaux», 23 juin 1930.)

35. Ainsi les comptes rendus de deux de ses conférences: «Au Cercle universitaire, l'Art canadien et l'école d'art canadien», 26 janvier 1931; «Plaidoyer pour l'art», 4 mai 1933, ou plus tard son texte controversé «L'enseignement des Beaux-Arts devant l'opinion», 24 mai 1941, qui suscita la riposte de François-Marie Couturier, o.p., «Réponse à M. Maillard», 28 mai 1941.

36. Voir, entre autres, les articles du 20 mai 1939, du 15 novembre 1943 et du 11 février 1948. C'est sans doute par l'intermédiaire de Gagnon que des expositions comme Peinture moderne au Séminaire de Joliette (15 janvier 1942) ou celle des Sagittaires au Collège de Sainte-Croix (12 avril 1944) furent couvertes.

37. Maurice Gagnon, «Exposition des Indépendants chez Morgan», 26 mai 1941; «Fernand Léger à l'Ermitage», 31 mai 1943; Roger Duhamel, «Pellan vu par Gagnon», 24 décembre 1943; Alceste, «Le Pellan de M. Maurice Gagnon», 9 septembre 1944; Alceste, «Peinture canadienne par Maurice Gagnon», 10 mars 1945.

38. Ainsi les articles du 2 novembre 1940, du 18 décembre 1941, des 26 et 30 décembre 1944 et du 25 mars 1946.

39. On compte pas moins de sept articles parus entre le 10 février et le 23 février 1948.

40. André Laurendeau, «Blocs-notes. Intervention politique», 23 septembre 1948. Sur ce sujet, voir aussi: 18, 22, 28 septembre; 13 et 20 novembre; 4 décembre 1948. François-Marc Gagnon a analysé la portée de ces articles

dans son ouvrage *Paul-Émile Borduas. Biographie critique et analyse de l'œuvre*, Montréal, Fides, 1978.

41. Citons pour mémoire la liste incomplète suivante : Adrien Robitaille, Jean-René Ostiguy, Noël Lajoie, René Chicoine, Gilles Hénault, Guy Robert, Laurent Lamy, Jean Basile, Christian Allègre, René Viau, Gilles Daigneault, Claire Gravel, Jean Dumont, Marie-Michèle Cron, Mona Hakim. La journaliste Marie Laurier et depuis peu Stéphane Baillargeon signent des articles faisant état d'événements de la vie artistique à Montréal et dans la région.

42. En raison de la multiplication des galeries au début des années 1960, Laurent Lamy, par exemple, présentait chaque samedi deux expositions sous une chronique maintenant bien identifiée, comme celle que tenait déjà René Chicoine au milieu des années 1950 et qui s'intitulait « Formes et couleurs ». La présentation d'un Cahier Arts/littérature/spectacles a pris, sous la direction de Jean Basile à partir de 1965, une tenue et une rigueur exceptionnelles.

43. Ainsi les numéros thématiques qui rendirent hommage à quelques-uns des créateurs québécois comme ceux consacrés à Ozias Leduc le 14 janvier 1956 ou à Alfred Pellan le 21 avril 1962.

44. Par exemple, les questionnaires de Jean-René Ostiguy, « Questions et réponses », 9 et 11 juin 1956, sont des sources souvent citées.

45. Lise Bissonnette a signalé les embûches que pouvait poser un tel élargissement d'une telle conception de la culture sur le plan politique. (« Le prix d'une incurie collective », 8 février 1978.)

46. Gilles Lesage, « L'improvisation culturelle. Québec excelle dans l'art de ne pas tenir ses promesses », 1er mai 1990.

47. Jean-Marie Léger, « Bloc-Notes. Un ministère en expansion : les Affaires culturelles », 6 janvier 1966.

48. *La Presse*, avec Yves Robillard et Normand Thériault, a connu son heure de gloire au cours des années 1970. Au *Devoir*, la combinaison de nombreuses enquêtes auprès de représentants du marché, la couverture régulière des événements et des grandes expositions, des entrevues avec les responsables d'institutions artistiques, des prises de position de nature polémique ont permis d'en faire une antenne très sensible aux différents mouvements du milieu artistique.

49. Je cite pour mémoire les textes : « Le bas de laine », 4 décembre 1982 ; « Quêter dans l'honneur », 29 janvier 1983 ; « L'impossible scandale », 23 avril 1983 ; « L'art au marché », 7 mai 1983, qui sont des pièces d'anthologie. On pourra relire dans *La passion du présent*, Montréal, Boréal Express, 1987, quelques-uns de ces articles et d'autres éditoriaux choisis par Lise Bissonnette.

LES PAGES LITTÉRAIRES
1910-1993

Première étape : les causeries, les essais, la langue et les feuilletons. Deuxième étape : les pages canadiennes. Troisième étape : de la fin de la guerre au 25ᵉ anniversaire. Quatrième étape : 1936-1941, de la crise économique à la Seconde Guerre mondiale. Cinquième étape : 1942-1944 et puis vint Roger Duhamel. Sixième étape : 1944-1947, la curée d'«À travers les livres et les revues». Septième étape : 1947, ce sont les idées et les hommes. Huitième étape : 1949-1955, la Vie des lettres. Neuvième étape. Dixième étape. Onzième étape. Douzième étape : 1978-1983, culture et société (Nouvel âge d'or). Treizième étape : 1983-1993, dix ans après : pour le prêt-à-porter, le prêt-à-penser.

À la question que se pose l'abbé Élie J. Auclair (10 janvier 1910, p. 4), qu'est-ce que «l'Âme canadienne» en matière culturelle, Hector Filiatrault répond au nom de l'élite que les Canadiens[1] n'aiment pas autant les conférences formant une suite de discours qu'un vaste sujet dont l'orateur donne une synthèse... Ce qu'ils aiment, poursuit-il, c'est l'érudition, la souplesse, la clarté et l'élégance du discours «dont les meilleurs représentants sont du côté européen, toujours selon Filiatrault, Brunetière et Doumic, et du côté canadien, Henri Bourassa.» Eût-il été prophète, il aurait ajouté... un jour Pierre Bourgault. Ainsi, c'est dans cet esprit que l'on doit situer les premières pages littéraires du *Devoir* (sous la direction de Jules Fournier), et ce choix de textes que la direction (Henri Bourassa) effectuera dans les périodiques français[2], textes empruntés à «l'élégance du discours». Durant les dix premières années (1910-1920), ce sont surtout les articles tirés de *La Croix* et de la *Bonne Presse* qui seront privilégiés dans ces pages dites littéraires. Dès ces premières années, il n'y a pas comme tel une page littéraire, mais des pages littéraires où sont éparpillés, çà et là, les nouvelles, les articles de combat, les chroniques pieuses, et la pensée surtout européenne. À proprement parler, il ne semble pas y avoir une ligne de conduite ou encore une «politique» éditoriale en cette matière : «la chose littéraire».

Ce qui ne fait aucun doute, c'est le choix de l'écriture «feuilleto-nesque» que l'on trouve surtout au bas de la page féminine dirigée durant plusieurs années par Jeanne Métivier (Jeanne) et par Henriette Dessaules (Fadette), puis par Germaine Bernier. Néanmoins, dès le 10 janvier 1910, puisque le choix du discours est celui de *La Croix*, donc européen, celui des feuilletons sera généralement européen, si ce n'est dans quelques cas exceptionnels dont nous reparlerons plus loin. La nature de ces feuilletons? «De haute portée morale, traversés par une délicieuse et touchante histoire d'amour... que des choses saines et intéressantes à la fois.» Ce programme s'inscrit dans la continuité de celui établi par les sulpiciens dans l'œuvre des bons livres, œuvre fondée en 1844. Il s'agissait alors «d'opposer une digue aux mauvaises lectures, d'occuper les loisirs des longues soirées d'hiver et de continuer l'instruction chrétienne des familles» (Olivier Maurault). Or, en février 1857, Louis Regourd, en se fondant sur ces principes sacro-saints (nous le verrons en 1935), fait paraître la revue *L'Écho du Cabinet de lecture paroissiale* (1858-1873) à laquelle collaborera activement Napoléon Bourassa, le père d'Henri Bourassa. Ainsi ce dernier adoptera la même ligne de conduite à l'égard de tout ce qui est littéraire et les feuilletons feront partie de cette ligne de conduite mise de l'avant cinquante-deux ans plus tôt. Durant plus de quarante ans le choix des romans feuilletons s'effectuera chez les René Bazin (*La Terre qui meurt* en 1910), les Mario Donal (pseudonyme de Marie Chômbon), les Du Bourg, les Duchatel, les De Wailly, les Fiel, les Gondureau, les Greissar, les André Bruyère, les de Boisselle, les Jean Vézère et combien d'autres auteurs dont même les historiens les plus férus de littérature et de bibliographies ont oublié les noms. Nous avons relevé plus de deux cents de ces oubliés des manuels et des dictionnaires spécialisés. Les lecteurs du *Devoir* pouvaient se procurer à peu près tous ces romans au service de librairie[3] du journal. À Québec, *Le Soleil* et *L'Action* (qui avait aussi son service de librairie) faisaient paraître à peu près les mêmes feuilletons, et les mêmes auteurs; toutefois la disposition typographique dans presque tous ces périodiques était telle que le lecteur pouvait à la fin de la parution faire relier ces ouvrages.

Dès le 12 janvier 1910 paraissent les premières colonnes (p. 4) réservées aux «Arts et littératures». Il s'agit en effet de chroniques décrivant les activités culturelles : les concerts du Trio Beethoven; les spectacles des

Soirées de famille au Monument national : le *Voyage de M. Perrichon* (Labiche), *L'Anglais tel qu'on le parle* (Péguy) et quelques récitals de poésie sur «L'Épopée napoléonienne». Au fur et à mesure, ces pages (elles sont multiples) feront paraître des poèmes de Rodenbach, de Villon, de Hérédia, parfois ceux de quelques Canadiens : Lozeau, Ferland, Mayrand, Tremblay. Ce sont surtout les pages féminines qui accueillent les poètes et les notules littéraires. Ces pages livrent certaines polémiques. Pour citer quelques exemples, l'on ne peut s'empêcher de rappeler ces lourdes discussions autour de la mise aux enchères de la bibliothèque Gagnon pour 31 000 $ que l'Université Laval (de Montréal) n'arrivera pas à rafler parce que la Ville de Montréal réussit à réunir les fonds et à en faire la célèbre collection Gagnon sise rue Sherbrooke. L'on a peut-être oublié aussi que Victor Barbeau, qui n'a que 16 ans, commence à rompre quelques plumes sous le pseudonyme de «Turc». Il s'agit d'une chronique théâtrale sur la *Scie* de Lavedan. Ces brefs propos de Barbeau laissent déjà entrevoir le styliste le plus remarquable que nous ayons lu entre les années vingt et les années quarante. D'une manière générale, les pages de ces premières années seront un salmigondis de chroniques nécrologiques d'écrivains (Édouard Rod), de textes de Rostand (*Chantecler*), de conférences de Groulx, de poèmes de Rodenbach, de Bourget, des articles sur la «Société du parler français», des textes de Lemaître, de Daudet, de Bocquet, de Theuriet, de Tremblay, des frères Tharaud, de Tynaire, d'Hanotaux, de Barbey d'Aurevilly, des préfaces d'ouvrages comme celle de Charles Gill sur *La Jonchée nouvelle* de Doucet, même un dossier sur le casier judiciaire de ce Jules Verne des Allemands, Karl May, bref, sans ordre, sans méthode, de tout et de rien. Ces pages semblent avoir adopté la devise de Pierre Larousse «Je sème à tout vent».

Qu'en est-il des pages féminines où l'on taquine les Muses? Henri Bourassa n'est certes pas reconnu pour être un féministe, toutefois les pages féminines sont essentielles à la mise en marché du *Devoir*, car déjà depuis 1898, Gaëtane de Montreuil dirige «Pour vous Mesdames» dans *La Presse*. D'ailleurs après son départ de *La Presse*, elle donnera le même titre à sa revue (1912-1914) ; et à *La Presse* elle sera remplacée par Colette (Lesage) qui dirigera «Entre nous Mesdames» ; au *Soleil*, l'on trouve Ginevra ; à *La Patrie*, Françoise et Madeleine ; au *Nationaliste*, Marjolaine ; enfin à *La Revue moderne*, Madeleine Huguenin, etc. Dans de telles circonstances, il est difficile d'ignorer les lectrices du *Devoir*. Dans les autres pages féminines, il y avait de nombreuses colonnes réservées à la littérature et aux arts, il sera donc normal qu'au *Devoir*, les pages féminines réservent aussi un coin aux «frivolités» littéraires.

Avant de poursuivre notre examen de ces quatre-vingts années des activités littéraires au *Devoir*, il est bon de voir d'une manière synthétique quelles furent les étapes principales de cette écriture. Ce tableau qui livre les grands jalons n'a pas par ailleurs la prétention d'être le dernier mot sur les questions. Il pourra permettre aux chercheurs de raffiner leurs grilles analytiques. Il ne s'agit pas d'une étude exhaustive et définitive car il aurait fallu tenir compte non seulement des autres pages du *Devoir* qui peuvent influer sur l'évolution et l'interprétation de ces étapes, mais aussi des autres pages littéraires, celles du *Canada*, de *La Presse*, de *La Patrie*, du *Nationaliste*. On y trouve donc : les étapes, la chronologie, les caractéristiques de chaque étape, enfin les principaux animateurs.

CHRONOLOGIE DES PAGES LITTÉRAIRES

Étapes	Chronologie	Caractéristiques	Animateurs et directeurs
A	1910-1940	**Sous Henri Bourassa (1910-1932)**	
I	1910-1913	De la fondation à la Seconde Guerre mondiale « Je sème à tout vent » : les causeries, les essais, la langue et les feuilletons	Abbé Élie J. Auclair et Jules Fournier
II	1915-1919	Les pages canadiennes (auteurs du XIXe siècle)	Collectif
III	1920-1935	De la fin de la Première Guerre mondiale au 25e anniversaire de la fondation	Une trentaine de collaborateurs
	1) 1920-1922	La littérature se loge aux pages féminines.	Jeanne Métivier et Henriette Dessaules
	2) 1924-1926	Foi, Patrie, Famille, Terre natale, ordre établi sous le signe de Pie XI	Olivier Maurault
	3) 1927-1930	La Vie musicale canadienne fait bon ménage avec la littérature.	Frédéric Pelletier
	4) 1931	Le Nord découvre le Sud : la Louisiane, les missions d'Afrique et d'Asie font du recrutement.	Antoine Bernard Abbé Camille Roy Omer Héroux

CHRONOLOGIE DES PAGES LITTÉRAIRES

Étapes	Chronologie	Caractéristiques	Animateurs et directeurs
	5) 1932-1933	**Sous Georges Pelletier (1932-1946)** À la remorque de *La Croix* et «sur le front... des missions»	Antoine Bernard, Alexandre Dugré, Paul-Émile Farley et Doncœur
	6) 1934	Le *Supplément du samedi* où la littérature est absente.	Collectif
	7) 1935	Un 25ᵉ anniversaire où la littérature passe aux pages féminines. La «main de Dieu» est à l'œuvre.	Jeanne Métivier Germaine Bernier Michelle Le Normand
IV	1936-1941	De la crise économique à la Seconde Guerre mondiale	
	1) 1936-1938	Les livres et leurs auteurs et les missions d'Afrique	Camille Bertrand et ses collaborateurs
	2) 1939-1940	Les livres et leurs auteurs de chez Spes	Maurice d'Auteuil
	3) 1941	Les livres et leurs auteurs depuis les officines des revues religieuses	Hermas Bastien Paul Sauriol Archange Godbout et Louis Lalande
B	1940-1965	De la Seconde Guerre mondiale aux grands exploits financiers	
V	1942-1944	**Sous Georges Pelletier (1932-1946)** Les lettres au Canada français	Roger Duhamel et sept collaborateurs réguliers
VI	1944-1971	**Sous Gérard Filion (1947-1963)** La curée d'«À travers les livres et les revues». À l'ombre de Maurice Duplessis	Les communautés religieuses et les laïcs de service
VII	1947-1948(50)	Les idées et les hommes	Jean-Pierre Houle
VIII	1949-1955	La Vie des lettres	Gilles Marcotte

CHRONOLOGIE DES PAGES LITTÉRAIRES

Étapes	Chronologie	Caractéristiques	Animateurs et directeurs
IX	1955-1960	a) La Vie des lettres s'ailleurise (De Lanson à De Granpré)	Pierre de Grandpré et Jean Hamelin
	1959-1961	b) La Vie des lettres et les élites « Qu'allons-nous faire ? »	Gilles Hénault et ses collaborateurs : Clément Lockquell, Jean-Éthier Blais, Gilles Derome, C. Tainturier, Jean Pellerin, Michel Brûlé, Gérard Laurendeau.

Sous Claude Ryan (1964-1977)

X	1961-1964	a) La Vie des lettres et l'information (Vie... Arts... Lettres...) (esthétique et élitisme)	Jean Hamelin Jean-Éthier Blais, Gilles Henault, Pierre Baillargeon, Jean-Charles Falardeau, Naïm Kattan, Michel Brunet et Cie
	1965-1970	b) La Vie des lettres, un âge d'or (Création et récréation vers le désordre)	Jean Basile et ses prestigieux collaborateurs
XI	1971-1976	a) Culture et Société (Multiplicité des approches)	Robert-Guy Scully et plus de trente collaborateurs
	1976-1978	b) Culture et Société, une vision élargie ?	

Intérim Michel Roy (1978-1980)

Michel Roy et des collaborations inégales

Sous Jean-Louis Roy (1980-1986)

XII	1978-1983	Culture et Société (Nouvel âge d'or)	Jean Royer et plus de cent collaborateurs

◆

CHRONOLOGIE DES PAGES LITTÉRAIRES

Étapes	Chronologie	Caractéristiques	Animateurs et directeurs
C	1983-1993	Dix ans après Pour le prêt-à-porter, le prêt-à-penser	
XIII	1983-1984	a) Tout à la manière de...	Paul Morisset
		b) À la manière du *Livre d'ici*	Mario Pelletier
		c) Une troïka qui cherche sa route	Robert Lévesque Jean-V. Dufresne Michel Bélair
		Sous Benoit Lauzière (1986) Sous Lise Bisonnette (1990 à nos jours)	
	1991-1993	d) Il faut faire populaire ou laisser porter (le plaisir de lire ailleurs)	Odile Tremblay
	1993	e) À la manière de... mais de qui et de quoi!	Pierre Cayouette

PREMIÈRE ÉTAPE : LES CAUSERIES, LES ESSAIS, LA LANGUE ET LES FEUILLETONS

Dans un grand ensemble chronologique, allant de 1910 à 1940, nous avons, croyons-nous, une première étape de 1910 à 1913, c'est-à-dire de la fondation à la veille de la Première Guerre mondiale. Cette première étape est surtout marquée au coin des causeries, des essais, de la langue et des feuilletons que l'on trouve tant à travers des pages féminines qu'à travers les pages littéraires proprement dites. Le 7 octobre 1911, dans un «Avis aux lecteurs», Fadette déclare que non seulement elle répondra à la correspondance des lectrices, mais que, les samedis, elle leur réservera des colonnes consacrées à la littérature : «une collection de lectures agréables et instructives pour le dimanche». Ce sont les premiers efforts pour donner aux lecteurs et lectrices des pages qui soient un peu différentes de celles traitant des grands problèmes de l'heure et des polémiques que l'on sait. Jusqu'à la Première Guerre mondiale, dans ce coin littéraire paraîtront les articles des Européens : Doumier, Jacques Banville, Théodore Botrel, François Lemaître, André Beaumier, Léon Daudet, Jules Gautheron. Enfin les deux périodiques européens qui marquent le plus ces premières années, sont *La Croix* et *L'Action française*.

DEUXIÈME ÉTAPE : LES PAGES CANADIENNES

Ces pages ne sont pas nées d'un goût effréné du terroir ou d'un nationalisme exacerbé par la crise de la conscription, comme ce sera le cas de la naissance de la revue *Le Terroir* (1909) de l'École littéraire de Montréal, ou encore en 1918 *Le Terroir* (de Québec) de Damase Potvin et du groupe de « La Tour de pierre » (entendons le Parlement provincial).

La cause est beaucoup plus banale. Les bateaux en provenance de France arrivent irrégulièrement en Amérique, et *Le Devoir*, comme d'autres quotidiens, doit avoir recours aux talents autochtones. L'on aurait pu s'attendre à lire dans ces pages les écrits des contemporains ; pourtant ce n'est pas le cas. *Le Devoir* choisit des textes anciens, ceux du milieu du dix-neuvième siècle. Ce sont des écrits éprouvés par le temps, fondus dans le creuset du « vieux pays » ! *La Légende du Père Romain Chouinard* d'Aubert de Gaspé, *Le Noyeux* de Jean-Charles Taché et un texte pathétique, *Devant le cadavre de Verdunoy* (13 mars 1915), en somme des écrits qui ne remuent pas les cendres de Mgr Bourget. Le 10 avril et les 1er et 15 mai 1915, Camille Roy livre à ses lecteurs un texte de tout repos avec « La nationalisation de notre littérature » et « Études littéraires » sous l'éclairage prudent de Charles Ab Der Halden ; « L'Avenir du français » de F.-X. Garneau et les écrits de l'abbé Casgrain ne sont pas de nature à soulever les foules. Le 15 juin 1915 nous en sommes pratiquement aux contemporains avec une conférence de Mgr Langevin, donnée lors du Congrès du parler français en 1912. Pour compléter cette série, l'on déniche quelques vieux textes de René Doumic et de Léon Daudet. Ce n'était pas certes ces quelques « exploits » qui devaient changer les mentalités des lecteurs du *Devoir*. Dès que les navires français réussissent à atteindre New York ou Halifax, l'on voit réapparaître régulièrement des articles déjà publiés dans les périodiques cités plus haut. De 1916 à 1919, on note les articles-critiques de Mgr Chartier sur une conférence d'Édouard Montpetit — « Programme d'action (sociale) » sous l'égide de l'École sociale populaire — ; « Les Survivances françaises au Canada » font aussi l'objet de longs commentaires les 13 et 26 juin 1913. Le 15 avril nous avions eu droit à un texte un peu oublié de Groulx, «Les droits du français au Canada». Cette seconde étape se termine par des textes fort importants de Groulx : «La Naissance d'une race», conférences prononcées à l'Université Laval en 1918 et en 1919 et publiées ensuite par la Librairie de *L'Action française*. Si la pensée de Groulx à cette époque n'est pas étrangère à *L'Action française* (1908-1944) de Charles Maurras, par ailleurs son style s'apparente étrangement à celui de Maurice Barrès dont on trouve les meilleurs exemples dans *Le Roman de l'énergie nationale* (1897-1902). Selon Marcel Dugas dans sa *Littérature canadienne-française* (1929), ce sont ces mouvements d'idées propres au *Devoir*, qu'il qualifie «d'École du Devoir», qui militèrent pour la fondation du *Nigog* (1918). Cette revue devait donner de la France contemporaine d'alors une meilleure idée de sa littérature et de ses littérateurs. Un examen attentif des pages du *Devoir* entre 1910 et 1920 ne nous laisse pas croire à une «École» propre à ce périodique. Il aurait fallu que Dugas examine d'autres quotidiens pour se rendre compte qu'il s'y retrouvait des écrits de même farine.

TROISIÈME ÉTAPE :
DE LA FIN DE LA GUERRE AU 25e ANNIVERSAIRE

De 1920 à 1935, nous pouvons, semble-t-il, dégager sept moments particuliers.

Premièrement : de 1920 à 1922, la littérature au sens large se retrouve dans les pages féminines de Jeanne et de Fadette. Ces deux journalistes savent exactement ce que doit être une page féminine : non seulement un lieu pour traiter de recettes de cuisine et de chiffons, mais aussi et surtout de questions culturelles. On y trouve toujours le feuilleton qui occupe le tiers de la page, puis viennent les poèmes «émouvants», ceux de Francis Jammes par exemple, comme *La Mort de l'aïeul* dont voici le dernier distique :

Et l'aïeul fut au Ciel lorsque l'Eucharistie
S'éleva en tremblant au-dessus de la vie.

Ceci nous montre quelque peu le ton du programme qu'animent ces feuilletons moralisateurs tels ceux de Charles Peronnet, dont *L'Erreur de Gertrude*. Si Fadette et Jeanne tirent largement leurs articles de *La Croix*, elles n'hésitent pas à faire paraître aussi de nombreux textes canadiens, dont de larges extraits de *L'Huis du passé* (poésie) de Mme Boissonnault.

Deuxièmement : de 1924 à 1926, la page littéraire est prise en main par Olivier Maurault. Ce pédagogue de carrière effectue une analyse fouillée (24 février 1924) des *Énergies rédemptrices* d'Hermas Bastien et d'autres textes canadiens contemporains; toutefois un tour d'horizon de l'ensemble de ses collaborations durant ces deux années nous montre qu'il se cantonne dans des valeurs éprouvées : Foi, Patrie, Famille, Terre, Ordre établi. L'ensemble est à la remorque de la pensée de Pie XI, dans le domaine scolaire comme dans le domaine littéraire. Comme il collabore très régulièrement à cette page, il doit de temps à autre faire quelques remplissages avec ses articles maison : «Les Sulpiciens d'autrefois»; «La généalogie des Gagnon», émaillés ici et là des poèmes de Pamphile Le May et de Marguerite Duportal, cette dernière tirée de *La Croix*. Enfin le pédagogue-historien conclut l'année 1926 en déterrant une vieille polémique : «L'Écho d'une controverse d'autrefois», c'est-à-dire *La Correspondance d'Augustin Cochin* (1825-1872).

Troisièmement : de 1927 à 1930. Constatant que Maurault manque d'enracinement, Frédéric Pelletier, qui dirige «La vie musicale canadienne» et qui se croit plus enraciné, fait paraître dans ses colonnes de nombreux textes littéraires sur Mme de Sévigné, sur Louis Veuillot et Mozart, des sonnets de Blanche Lamontagne, des articles sur la linguistique : «Les Aittites et leur langue». Le 11 juin 1930, l'on retient même la collaboration d'Étienne Gilson, de la Sorbonne. Il s'agit d'une «chronique de voyage» de Gilson parue dans *L'Européen* : «Vues prises d'un "Observation car"». Entre Montréal et Québec, le philosophe analyse l'évolution de l'âme canadienne-française en regard de celle de l'Américain. Il s'agit de déterminer le degré d'influence des Américains sur les Canadiens français. Le dialogue, imaginaire ou réel, se déroule de la manière suivante :

> Envoyez-nous vos cerveaux, dit un Quidam canadien-français, et revenez à Québec dans 10 ans, vous y trouverez les gratte-ciel de notre Américain, mais les hommes qu'ils abritent seront encore des Français.

Comme pour donner plus de force à ces propos de Gilson, l'on fait appel à la poésie «Le Rouet» de Millicent (sœur Amélie Leclerc), un sonnet dont voici la chute :

> C'est tout le passé qui vibre et qui chante en toi!...

On le notera, il ne s'agissait pas d'attendre la parution des textes de Jean-Jacques Servan-Schreiber dans les années soixante-dix, textes rédigés en vingt-sept heures, sur le *Défi américain*, pour se rendre compte que les penseurs français livraient déjà quelques vérités sur les Canadiens français. Il ne manquait à cet article de Gilson qu'une expression consacrée : «Ah! ces sacrés cousins du Canada!» Tout de même!

Cependant si l'on se tourne du côté des pages d'Olivier Maurault, il faut lui reconnaître un certain sens de l'animation littéraire. C'est sans doute pour cela qu'en décembre 1930, il aura déjà obtenu depuis plus d'une année la collaboration de Marc-Antonin Lamarche, Lemaire, Duguay, Jean Deshayes, Wilfrid Villeneuve, Nérée Beauchemin, Clara Lanctôt et bien d'autres. C'est sans doute pour cela que Marcel Dugas effectue une espèce de synthèse historique entre 1918 et 1929, pour qualifier le tout « d'École du Devoir ».

Quatrièmement : en 1931, c'était trop beau pour durer. Le Nord (à travers un voyage culturel ?) découvre le Sud, c'est-à-dire la Louisiane et la Californie. Pendant que « Le Liseur » résume l'ouvrage de Desrosiers (*Nord-Sud*) en ces propos lapidaires :

> Le Nord c'est l'isolement et les privations.
> Le Sud c'est le mirage lointain des mines d'or de la Californie ;

Camille Roy, Lionel Groulx, Omer Héroux, Antoine Bernard et enfin Alfred Roy de *L'Évangéline* ne font pas la découverte de la Californie — ceci sera l'affaire de Claude-Henri Grignon en 1933 et en 1934 —, mais de la Louisiane qui a héroïquement survécu à toutes les persécutions. Alcée Fortier, en 1912, lors du Congrès de la langue française, avait été plus discret à l'égard de cette survie de la culture française dans le delta du Mississipi. Là, c'est une tout autre affaire. Les propos publiés dans *Le Devoir* ne peuvent que se loger au superlatif. Tout est excessivement qualifié de miracle, et cela durant des mois et des mois. Cet enthousiasme de l'ailleurisme vers le Sud dure jusqu'au 21 octobre 1931, à telle enseigne que, manquant d'espace, on laisse même tomber le gris titre de « Page littéraire ».

Cinquièmement : en 1932 et 1933. Il ne fallait pas attendre la fin de l'année 1931 pour se rendre compte qu'encore une fois, discrètement, Fred Pelletier avait repris en main la chose littéraire et que Jeanne des « Pages féminines » se taillait aussi une large part dans ce domaine. D'une manière générale, en 1931 naissaient d'autres rubriques : automobilisme et tourisme — le péché mortel, la richesse des crèches et des orphelinats, n'était pas encore au programme des banquettes moelleuses de ces infernales machines — petits traits de plume, la radio, la vie sportive, le coin des jeunes, le commerce et la finance.

Et les pages littéraires là-dedans ? L'on reproduisait les pages de *La Croix*. Ceux qui occupaient tout l'espace de cet ailleurisme se nommaient : Adélard Dugré, s.j., Antoine Bernard, Paul-Émile Farley, François Doncœur, s.j. Où trouve-t-on les propos littéraires en 1932 ? Toujours chez Jeanne et chez Fadette. Les feuilletons sont de Jeanne de Coulombe et de Claude Renaudy, où l'action est nulle, et où les lieux se situent nulle part. Pour paraphraser une expression consacrée : un drame sous un lustre. Nous allions oublier un événement majeur : les bandes illustrées sur la vie héroïque de Robert Giffard, sur les textes de l'abbé Ivanhoë Caron.

À peine les cendres pour l'enthousiasme louisianais sont-elles refroidies, que les bonnes âmes qui s'occupent d'ailleurisme portent leurs regards sur le lointain : « Sur le front... des missions ». Il s'agit de la Chine occupée par les jésuites et de l'Afrique par les pères blancs.

Sixièmement : 1934 est marquée par le Supplément du samedi. À la mi-avril 1934, Alice, chroniqueuse aux pages littéraires, pose cette question : « Lisez-vous ? » Sa réponse se résume en ces quelques lignes :

> Si le Canadien n'est pas le plus savant de tous les peuples, il est certainement le plus curieux, le plus impressionnable, le plus disposé à se donner en entier à l'influence, bonne ou mauvaise, d'un volume ou d'un journal : de là l'obligation de ne choisir que des livres sans reproches, des journaux dont les nouvelles ne vous feront pas sursauter d'indignation.

Nous verrons plus loin (1943-1944) que Roger Duhamel a toutes les raisons de s'inquiéter de cette soi-disant tradition de lecture. Néanmoins, pour l'heure, depuis 1926 les lecteurs du *Devoir* semblent plutôt friands de ces descriptions des « martyrs » jésuites passés par les armes de toutes les factions chinoises sans exception, factions qui s'affrontaient après le décès de Sun Yat-Sen ; bref, rien qui fasse « sursauter d'indignation » les lecteurs dont la mort de ces gens et leurs cendres allaient nourrir les lotus. En juin 1934, *Le Devoir* lance un « Supplément du samedi », devant paraître le quatrième samedi de chaque mois. Les rubriques sont les suivantes : les cercles d'études des Canadiennes françaises ; la colonisation ; les cheminots catholiques ; les syndicats catholiques ; Jeune Canada (mouvement d'extrême droite) dont l'un des animateurs, bachelier de l'Université d'Ottawa en 1935, était nul autre que Jean-Louis Gagnon ; Action catholique des jeunesses canadiennes ; la jeunesse militante ; les chevaliers sans peur de Carillon et de la Valise ; la fiancée, l'épouse et la mère, en somme des rubriques qui devaient sans nul doute plaire à la « Société des gens de chez nous » et à celle des « Canadiens natifs » qui prônaient la haine des étrangers et le retour à la terre tant en Gaspésie qu'en Abitibi. Quant à la critique littéraire, elle avait trouvé refuge sous la plume de l'abbé Félix Charbonnier, dans *La Presse.*

Septièmement : un vingt-cinquième anniversaire pas comme les autres ? Voyons cela de plus près. À la fin de l'année 1935 et au début de l'année 1936, les pages littéraires sont toujours entre les mains délicates de Jeanne Métivier et de Germaine Bernier, et pour comprendre ce conservatisme, il faut remonter au 23 février 1935, à l'article « Culture et bon journal » de

Michelle Le Normand, dans ce numéro spécial consacré au vingt-cinquième anniversaire de la fondation du *Devoir* :

> Au *Devoir*, écrit-elle, on néglige trop l'information littéraire, nous disent nos détracteurs. Peut-être bien… Comment un journal catholique qui a promis d'éclairer le peuple, pourrait-il rester tel, et jeter en pâture à une proportion de ses lecteurs non préparés ces titres d'ouvrages dont la lecture risquerait au moins de les troubler fort ?

En tant que prophètes du passé, pouvons-nous parler de «la main de Dieu»? C'est toujours «la main de Dieu» qui vient voiler la face et surtout le cerveau de ces «lecteurs non préparés», et les «bien-pensants» ne se privent guère de trouver refuge derrière la prudente morale, en évoquant «des questions plus urgentes, plus utiles, réclamant le talent, le travail intelligent des rédacteurs du *Devoir*».

QUATRIÈME ÉTAPE : 1936-1941, DE LA CRISE ÉCONOMIQUE À LA SECONDE GUERRE MONDIALE

Trois moments marquent ces quatre années.

Premièrement : En février 1936 naît la page dite : «Les livres et leurs auteurs» sous la direction de Camille Bertrand. Ce dernier fera appel aux collaborations suivantes : Alphonse Désilets, Anselme Longpré, Théophile Hudon, Alfred Ayotte, Maurice Lamontagne, Paul Sauriol, Michelle Le Normand, et à l'occasion à Omer Héroux qui noircit d'autres pages. À travers ces pages et durant ces mois à venir, non seulement l'on affectionne «la propagande de la littérature honnête» — entre la pornographie et la révolte il devait bien y avoir autre chose —, mais encore l'on insiste sur cette chronique des jeunes naturalistes canadiens où l'on trouve des morceaux de bravoure. Enfin le tiers de la page inférieure est réservé aux «Missions d'Afrique», c'est-à-dire qu'il faut bien, un peu, recruter des pères blancs qui seront régulièrement dévorés par des lions, le roi des animaux, disait la Fable, et c'est moins effrayant à imaginer que des jésuites empalés sur des baïonnettes et puis fusillés. Avec le recul du temps l'on devrait se demander, sur l'écologie de la mort méritoire, lequel de ces deux ouvrages fut un *best seller* : *Canadiens en Chine* (1930) d'Édouard Lafortune, s.j., ou *Connaissance de l'Est* de Paul Claudel ? À n'en pas douter, de nos jours, Claudel remporterait la palme avec ce chapitre «Ville la nuit» où il donne les bonnes adresses du passé sur les fumeries d'opium. Il reste que l'ouvrage d'Édouard Lafortune est abondamment illustré.

Deuxièmement : En septembre 1939, à la veille de la Seconde Guerre mondiale, Maurice d'Auteuil, s.j., prend la direction de la page littéraire. Alors qu'en 1914 la Première Guerre mondiale était un fléau du ciel afin de punir la France de ses nombreux péchés, c'est du moins ce que prônaient certains penseurs canadiens-français, en 1939, ces penseurs ont quelque peu acquis de la profondeur. Ainsi Maurice d'Auteuil va-t-il chercher des explications plus intelligentes sur les causes de cette nouvelle guerre européenne dans laquelle l'Amérique sera entraînée tôt ou tard. Pierre Benaertz analyse l'*Unité allemande*, André Rousseau, du *Figaro*, examine à la loupe *L'Allemagne* de Jacques Bainville et *Portrait de l'Allemagne* de Maurice Betz. C'est aussi à cette époque que naissent *Mes fiches* de Fides, vous vous en souvenez sans doute, de ces petites bibliographies analytiques d'ouvrages «à Lire, à ne pas lire et à proscrire[4]». Enfin les ouvrages européens les plus commentés paraissent à plus de 90% chez Spes, et Paul Sauriol en fait ses délices. Lucien Desbiens, un penseur du Lac-Saint-Jean, quant à lui, se cantonne dans la littérature canadienne : *Réminiscences* de Blanche Lamontagne, par exemple. Néanmoins c'est le père d'Auteuil qui donne le ton à toute la critique littéraire de l'année 1940. «Mes lecteurs, déclare-t-il, me savent dénué de préjugés, porté aux plus extrêmes indulgences» (février 1940), et ensuite il passe au fil de l'épée la poésie de Pallascio-Morin, de Cécile Chabot et de Dion-Lévesque. Pallacio : «Un agglomérat de signes typographiques»... Dion-Lévesque : «Un manque de franchise et d'unité»; pour Cécile Chabot, son ton se fait indulgent : «C'est un jalon, mais elle n'atteint pas dans ces pages ni au style sûr et varié, ni à l'originalité certaine que je voudrais», conclut-il. «Dur dur» le père Maurice, et avec le Tricentenaire des fêtes de Montréal, *exit* d'Auteuil.

Troisièmement : sous le signe d'Hermas Bastien. Effectivement, il s'agit d'une direction collégiale surtout animée en sous-main par Paul Sauriol. L'on retrouve les mêmes collaborateurs que durant les années précédentes : Alfred Ayotte, Joseph Ledit, Robert Fortin, Hervé Biron, puis les *Fiches* de Fides, ces dernières toujours discrètes, mais néanmoins présentes. Les sujets sont des plus variés. Les 76 000 titres du *Catalogue Ducharme* font des gorges chaudes, et l'on espère que les acheteurs ne «se lanceront pas surtout sur les livres à l'index». Puis les journaux européens, avec quelque retard, car nous sommes en guerre avec l'Allemagne, réapparaissent sur les tablettes des libraires. D'une manière générale ce sont surtout les ténors des revues *Relations*, avec Louis Lalande, et *Culture*, avec Archange Godbout, qui viennent à tour de rôle éclairer les lecteurs du *Devoir*. La collaboration la plus intelligente de l'heure est celle d'Ernest Gagnon — qui a marqué profondément notre génération de 60 ans —, un «homme d'ici» qui avait le «sens du risque», qui n'hésitait pas à aborder un sujet controversé, ainsi l'art du père Couturier dont l'église, décorée par Dufy, avait subi les foudres des autorités religieuses. Dans « Art et catholicisme », Gagnon remet avec intelligence les choses en place. Il a déjà l'étoffe du grand universitaire qu'il sera à l'Université de Montréal dans les années soixante. Quant à Marcel Bélanger, il fait l'apologie de l'œuvre de Van der Meersch, le maître à penser, comme Maritain d'ailleurs, des jeunes catholiques engagés. Et pendant ce temps, *La Relève*, devenue *La Nouvelle Relève* (1933-1944), s'est mise à l'école du « personnalisme » du directeur de la revue *Esprit*, Emmanuel Mounier, qui sera aussi pour un moment le maître à penser de François Hertel dont il ne reste plus que quelques heures à être jésuite (laïcisé en 1946).

CINQUIÈME ÉTAPE : 1942-1944, ET PUIS VINT ROGER DUHAMEL

Entre le 19 septembre 1942 et janvier 1944 (16 mois), Roger Duhamel devait diriger la page littéraire : « Les lettres au Canada français ». Duhamel est le premier depuis la fondation du quotidien à avoir une véritable notion de ce que doit être une page littéraire. Il voit à tout personnellement : la mise en page est différente de celle des autres rubriques. Il y a premièrement une chronique éditoriale chaque semaine, qui occupe trois bonnes colonnes ; une autre partie de cette page a pour titre « En lisant les revues » ; une autre se nomme « Courrier des lettres ». Il s'agit, dans cette dernière, de critiques et d'analyses d'ouvrages, moitié à l'étranger, moitié au pays ; enfin ses « Échos » sont des notules sur les activités culturelles et artistiques à travers le Québec. La publicité dans cette page n'occupe pas 1 % de tout l'ensemble durant toutes les années de sa direction. Sa première chronique porte sur « Le parler canadien-français ». Il effectue une critique fort intelligente d'un ouvrage de Stephen Leacock et, le 4 novembre 1942, Duhamel couvre le premier « Salon du livre » sous la direction de Victor Barbeau de la Société des écrivains canadiens. L'événement se déroule à l'École du meuble, alors dirigée par Jean-Marie Gauvreau. À maintes reprises, Duhamel, dont les propos sont intarissables, n'hésite pas à déborder sur la septième page, afin de compléter tout son programme. Il n'est pas tendre à l'endroit des écrivains. Le 19 décembre 1942, par exemple, il analyse *Fumées* de Solange Chaput-Rolland, paru chez Beauchemin. Elle en prend pour son rhume. « L'auteur de *Fumées*, note-t-il, aurait dû se livrer à un travail de coupes sombres. »

Dans les semaines qui suivent, Duhamel évalue la responsabilité de l'écrivain dans la société. Il faut se souvenir que jadis un jésuite avait commis, sur le même sujet, un article virulent contre les écrivains. Il rendait même André Gide responsable de la Seconde Guerre mondiale. C'est à cette occasion que Duhamel explique la pensée de Fernand Baldensperger, du *Bulletin des Études françaises*. Duhamel reprend tous les arguments et partage ses propos sur les rapports entre l'esthétique et la morale. À cette occasion, il dénonce ces «pervertis» qui cherchent dans les œuvres de Maritain des phrases teintées de «communisme» et chez Mauriac des «passages cochons». Il n'évite pas non plus les polémiques dans ses propos sur le sacro-saint baccalauréat que décrochent les demoiselles. Si l'on n'est pas d'accord avec lui, il n'hésite pas à publier les lettres qui le contredisent (20 mars 1942), celle de Lise Fortier qui lui répond assez vertement sur les questions d'éducation des jeunes filles. Néanmoins, Duhamel a toujours le dernier mot et il reprend son argumentation le 10 octobre 1943. On l'a mal compris, déclare-t-il. «Que deviennent les bachelières...? Il est bien évident qu'elles doivent ensuite se plier à la loi commune.» Le mariage, la vie religieuse ou le célibat. Tout ce qu'il demande aux autorités, c'est que le baccalauréat des jeunes filles soit adapté aux carrières féminines... des sciences domestiques, peut-être? Nous avons souligné plus haut les gorges chaudes sur les vertus des lecteurs québécois. Qu'en est-il tout au juste, se demande Duhamel. Au Québec, 25 000 emprunts dans les bibliothèques publiques et collégiales; en Ontario, 680 000 emprunts. Et les Canadiens français lisent beaucoup? À compter du 28 avril 1943, Duhamel garde les mêmes rubriques dans sa page, toutefois il place en plein centre de la page sa chronique. Cette tradition sera maintenue plus tard par Pierre de Grandpré.

Jusqu'à son départ à la mi-janvier 1944, Duhamel prendra la défense de ceux qui sont contestés par les autorités, tout particulièrement André Gide, la bête noire du clergé québécois. Duhamel joindra sa voix à celle des élites qui demandaient inlassablement que l'Université de Montréal mît sur pied une véritable Faculté des lettres sur le modèle de celle de Laval qui avait inauguré la sienne le 6 décembre 1937. Il voudra aussi que l'on modernise le cours classique qui ne menait nulle part s'il n'était pas terminé. C'en était trop! *Exit* Roger Duhamel. *Vade retro, Satana*! C'est dans les pages roses!

SIXIÈME ÉTAPE : 1944-1947, LA CURÉE D'« À TRAVERS LES LIVRES ET LES REVUES »

Maurice Duplessis, entre 1944 et 1959, rêvait d'investir les pages du *Devoir*, de nous raconter Gilles Marcotte. Ainsi, c'est le retour à la case départ dans cette page littéraire qui adopte un nouveau titre : «À travers les livres et les revues». Et qui occupe tous les postes? Qui sont les véritables collaborateurs? Les s.j., les o.f.m, les o.s.b, les c.s.s.r, les s.m.m, les p.s.s. et les c.s.c., et nous en passons tellement cette curée est remarquable. Voyons tout de même quelques noms de laïcs qui se recrutent tant au Canada qu'à l'étranger : Michelle Le Normand, Alfred Bernier, Vincent Monty, Alexis Gagnon, Jean Augé, Camille Bertrand, Germaine Bernier (toujours aux pages féminines), Léon Bouvier, Ernest Bilodeau, Clément Saint-Germain, Albert Alain, Hippolyte Baril, Don Raoul Hamel, Pierre de Varennes, docteur Roméo Boucher qui dirigera *L'Action médicale et paramédicale*, Maurice Lebel, Philippe Perrier (un vicaire général), Albert Bolduc, Simone Routier, Yvon Charron, Hervé Biron, Guy Boulizon, Olivier Fournier, Henri Guindon, Paul Sauriol et enfin un certain Alceste (Ernest Shenck) qui semble bien avoir son mot à dire dans cette page. Toujours est-il qu'en 1947, l'on ne peut passer sous silence cet entrefilet de Camille Bertrand : «Les livres à passer dans cette chronique, écrit-il, doivent nous être envoyés personnellement à 5540, boulevard Gouin est, Montréal-Nord.» Quant aux quelques laïcs cités plus haut, il arrive souvent qu'ils reprennent leurs articles publiés ailleurs. C'est le cas de Maurice Lebel qui reprend ici et là ses articles de *La Vie française*. Il ne faut pas délaisser, dans cet inventaire, les articles de *La Liberté et le Patriote* (Saint-Boniface) ou du *Travailleur* (Lowell). Germaine Bernier, qui n'hésite pas à empiéter sur les prérogatives des littérateurs cités plus haut, semble choyer les romans pour jeunes filles de Berthe Bernage.

SEPTIÈME ÉTAPE : 1947, LES IDÉES ET LES HOMMES

C'est du moins ce que déclare Jean-Pierre Houle à qui l'on confie la page littéraire. Comme au temps de Duhamel, ses «idées» paraissent au centre de la page, tandis qu'à gauche il aborde «les livres et d'une revue à l'autre», et qu'à droite il traite des activités culturelles. Quatre-vingt pour cent de ses articles portent sur la littérature étrangère, et la publicité occupe 25% de la page. En 1948, Jean-Pierre Houle s'attarde plus aux arts qu'à la littérature et, avec le quarantième anniversaire du journal, «Les idées et les hommes» s'amenuisent au point de pratiquement disparaître.

HUITIÈME ÉTAPE : 1949-1955,
LA VIE DES LETTRES
. . . .

En 1949, on confie la page littéraire à Gilles Marcotte, qui fait déjà partie de la maison et qui avait fait ses premières armes à *La Tribune* (Sherbrooke). Il n'a que 23 ou 24 ans, mais c'est déjà un journaliste remarquable. Nous pouvons nous en rendre compte à la lecture de son premier article sur *Les élus que vous êtes* (1949) de Clément Lockquell, suivi d'un autre non moins estimable sur *La fille laide* d'Yves Thériault. Pendant ce temps, Pierre de Grandpré occupera très honorablement cette page littéraire ; il fait parvenir depuis Paris son « Courrier de France » qui paraît à la première page. Entre le départ de Jean-Pierre Houle et l'arrivée de Marcotte, il semble y avoir une période plus ou moins creuse où les colonnes sont occupées par Ernest Gagnon, Jean-Guy Blain, Victor Barbeau, Maurice Blain, ce dernier que l'on aurait pressenti pour diriger cette page, et Jean Pellerin. C'est à Gilles Marcotte que l'on doit ce nouveau titre : « La Vie des lettres ». Jusqu'à son départ au moment de la grève des typographes (avril 1955), cette page fut l'une des plus brillantes qu'ait connues *Le Devoir*, par sa variété, par son équilibre, même par sa mise en page qui était particulièrement soignée. En d'autres mots, Marcotte était partout, écrivait tout, voyait à tout, et son influence débordait largement sur la disposition des pages féminines et des pages musicales.

À la suite de cette grève, Gérard Filion faisait paraître un « Supplément hebdomadaire » (du dimanche) dit pour le foyer et dont Gilles Carle devait occuper les quelques maigres colonnes de ses « livres et auteurs » car la publicité occupait plus de 90 % de cet espace. Pour Filion, les intellectuels, c'étaient les autres. « La femme au foyer et dans le monde », pendant ce temps, reprenait régulièrement les questions littéraires.

NEUVIÈME ÉTAPE :
. . . .

a) 1955-1960 De Lanson à De Grandpré

À la fin de l'année 1955, Pierre de Grandpré devait diriger « La vie des lettres » et imposer un nouvel ailleurisme à cette page littéraire. Son approche, lorsque nous jetons un regard rétrospectif, correspond à la fois à celle de Gustave Lanson, de J. Calvet, de Marcel Braunschvig puis de Castex et Surer. Ce n'est pas encore du Bornecque ou du Lagarde et Michard mais c'est déjà du Grandpré. C'est un heureux éclectisme que l'on retrouvera dans son *Histoire de la littérature française du Québec* (1967-1969). Le titre même de cet ouvrage n'est-il pas évocateur de cet ailleurisme auquel nous faisions allusion plus haut ?

Grandpré n'hésite pas, comme ses prédécesseurs, à repasser des articles déjà parus ailleurs, par exemple sur Graham Greene (20 octobre 1956). Quant à Marcotte, il poursuit sa collaboration avec des articles fort intelligents sur Marie Noël et sur les *Écrits du Canada français* qui ne lui sont pas étrangers.

b) 1955-1961 «Qu'allons-nous faire ?»

«Qu'allons-nous faire ?» se demande Gilles Hénault. «Vie des lettres» poursuit sa route sur la lancée imprimée par Pierre de Grandpré. Jean Royer, dans *Le Devoir* du 2 mars 1985 (75ᵉ anniversaire), nous rappelle les propos d'Hénault : «Qu'allons-nous faire ? Copier ce qui nous vient du dehors et donner des sous-produits, ou bien assimiler et à partir de là, produire des œuvres originales ?» C'est sans doute ce dont se souviendra Royer lorsqu'il prendra la direction des pages culturelles du *Devoir*... mais n'anticipons pas à ce moment de notre examen. En avril 1960, Gilles Hénault prépare le Cahier spécial sur la littérature où paraîtront de nouvelles collaborations dont celles d'Éloi de Grandmont, de Gilles Derome, de C. Tainturier, de Gilles Pellerin, de Michel Brûlé et de Gérard Laurendeau, tandis que Clément Lockquell et Jean Éthier-Blais maintiennent ce ton élitiste qui force les autres collaborateurs à être à la hauteur.

DIXIÈME ÉTAPE :

a) 1961-1964 La Vie des lettres et l'information

Sous la direction de Jean Hamelin (1920-1970), la page devient : «Vie... Arts... Lettres». Ce dernier était venu au *Devoir* en 1958, puis il était passé à *La Presse* en 1959. Après un bref séjour au «plus grand quotidien français d'Amérique», il était donc de retour au *Devoir* en 1959. Il prend la relève de Gilles Hénault. C'est un humaniste et aussi un homme de l'information. Durant son règne, il insiste particulièrement sur l'esthétisme et l'élitisme dans ce supplément littéraire. C'est là que l'on voit d'autres signatures intéressantes s'ajouter à celles déjà recrutées par Hénault. Il faut se souvenir qu'en mai 1960, Gilles Marcotte obtient une bourse du Conseil des Arts. Il part pour l'Europe. Il cède sa place, lit-on dans *Le Devoir*, à

Clément Lockquell, qui rédige alors un article exceptionnel sur Anne Hébert. Cette dernière, d'ailleurs, sera assez déconsidérée par Basile, comme nous le verrons plus loin. Gérard Laurendeau s'occupe des événements culturels dans «D'un libraire à l'autre» et «La vie des lettres» oscille entre trois pôles: Vie... Arts... Lettres où l'on retrouve durant quelque temps de prestigieux collaborateurs, tous aussi originaux les uns que les autres. Vallerand, le protégé de Marcotte, poursuit ses chroniques musicales. Il nous faut aussi signaler les articles de Gilles Hénault, Baby, Clark, Gilles Derome, Jules Golliet, Jean Éthier-Blais, Pierre Baillargeon, Jean-Charles Falardeau, Naïm Kattan, Maurice Lebel, Michel Brunet. D'ores et déjà, il faut noter que ces collaborateurs appartiennent à des groupes d'âge parfois fort éloignés les uns des autres et à des écoles de pensée parfois diamétrale-ment opposées. Ceci donne à «Vie des lettres» un coloris peu banal. Quoi-que son passage fût fort bref, Jean Hamelin, qui était parti pour Paris en 1965, laissait au *Devoir* une riche succession que Jean Basile se devait de faire fructifier. C'est à ce moment que Claude Ryan est nommé à la haute direction du *Devoir*. Malgré son conservatisme assez évident, cette équipe d'universitaires peu dociles ne se serait pas facilement inclinée devant cette lourdeur intellectuelle de Claude Ryan qui ne détenait «même pas un simple baccalauréat» (Brunet *dixit*). Aussi verrons-nous arriver dans le décor, durant les années qui viennent, une pléiade de journalistes formés sur le tas, sans compétences particulières sur lesquelles ils auraient pu se rabattre si jamais ils étaient vidés du saint des saints, c'est-à-dire *Le Devoir*.

b) 1965-1970 La Vie des lettres, un âge d'or vers une certaine décadence et un désordre certain: «Création et récréation»

On le sait, Jean Basile collabore déjà sporadiquement au *Devoir*. Il est remarqué par Ryan qui voit en lui la docilité faite homme. Il lui confie alors la direction des pages culturelles. Ici nous sommes particulièrement à l'aise dans cette période de la vie du *Devoir* car nous avons pris de nombreuses notes lors de nos interviews pour la rédaction de notre premier dictionnaire (Hamel — Hare — Wyczynski), et de plus nous avons connu intimement Basile. Comme son «Grand Cheuf» (l'expression est de Basile), Jean Basile éprouvait le plus souverain mépris pour tout ce qui était universitaire, d'ailleurs il ne s'en cachait guère. En juin 1961, Basile (Bezroudnoff) entre au *Devoir*. Dès les années 1962 et 1963, l'on peut se rendre compte qu'il est déjà le dauphin désigné pour remplacer Hamelin lorsque ce dernier s'envo-lera vers Paris en 1965. D'ailleurs n'est-ce pas ce qu'il nous rappelle dans sa rédaction de la chronique nécrologique d'Hamelin le 3 octobre 1970? Il faut encore une fois rappeler, croyons-nous, qu'Hamelin avait injecté beaucoup de sang nouveau dans ces pages littéraires : Paul Toupin, André Langevin, Colette Paradis, Jean-Paul Pinsonneault, André Lussier, Claude Jasmin, Jean Simard, Gérard Bessette, Roger Viau, Gilles Archambault, Monique Bosco, Serge Losique, Laurent Lamy, Guy Robert, Léo Bonneville au cinéma, Alain Pontaut, Gilbert Tarrab, Yves-Gabriel Brunet célèbre pour son poème «Les hanches mauves», et combien d'autres qui signèrent brièvement des articles durant ces années d'ébullition. Paraissent alors, deux fois l'an, des «Suppléments littéraires» d'une originalité remarquable. Ainsi, en juin 1964, Basile se voit-il confier la lourde tâche de réorganiser ces pages littéraires. En homme intelligent qu'il est et conscient du lourd historique qui lui échoit, non seulement il maintient cette prestigieuse collaboration (sporadique sous Hamelin), mais la «Vie des lettres» devient «Création et récréation». Tant par le choix des collaborateurs que par l'originalité du contenu, l'on pourrait qualifier cette première étape du règne de Basile (qui chevauche sur celle d'Hamelin) d'âge d'or des pages littéraires du *Devoir*. D'une manière générale, Basile conçoit ces pages à la façon d'une revue non seulement en ce qui a trait au contenu littéraire, mais aussi avec des perspectives tous azimuts dans les divers domaines de la culture, en faisant appel à une variété de disciplines. C'est ce à quoi s'emploiera d'ailleurs Jean Royer lorsqu'il occupera cette direction. Pour la première fois, il faut souligner que les Salons du livre de Montréal sont fort bien couverts, et par des articles puissants et par des interviews de première main. Deux temps marquent le passage de Basile entre 1965 et 1971 : premièrement, un âge d'or débutant en 1963 et allant jusqu'à 1970 ; deuxièmement, une période de décadence et de confusion peu avant 1971, ce que nous expliquerons plus loin. Au cours des dernières années, il ne faut pas oublier que ces pages littéraires ont reçu plusieurs baptêmes : «Arts, littérature, spectacles (1966), «Arts et lettres» (1967), «Création-récréation» (1967-1970), pour redevenir «Arts et lettres» sous Robert-Guy Scully le 12 juin 1971.

Sous Basile, les polémiques sont nombreuses. Celle autour des «Temples» de Félix Leclerc par exemple, où Basile se montre profondément contre tout ce qu'il considère «trop québécois» ou «trop nationaliste». Nous étions là, à effectuer l'enregistrement de ce texte de Leclerc, lorsque Basile, qui était au beau milieu de la pièce, a quitté la salle en hurlant des injures à l'égard des nationalistes. Quand nous lui fîmes remarquer cette attitude plutôt étrange, il nous répliqua qu'il s'alignait sur la conduite de son «Cheuf». Après avoir interviewé plusieurs journalistes de cette époque, soit ceux de la section littéraire, ils nous répétèrent à l'unanimité que l'air était devenu de plus en plus irrespirable et que s'ils avaient dérogé aux vues du «cheuf», Basile ne les aurait pas défendus. Durant le premier moment du règne de Basile, Jean Éthier-Blais et Naïm Kattan demeurent les piliers des pages littéraires et culturelles. Viennent se joindre à l'équipe : Mery Devergnas, qui aborde avec beaucoup d'intelligence la littérature slave ; Jean-V. Dufresne, qui fournit une importante contribution, ainsi que Guy Robert, qui, comme l'on s'en souviendra, devra démissionner du Musée d'art contemporain (Pavillon Dufresne), alors sous le ministère de Pierre Laporte, ce dernier un ancien du *Devoir*. Si, en février 1966, l'on consacre des pages entières à Léo-Paul Desrosiers et à François-Xavier Garneau, par ailleurs l'on n'aborde que discrètement les articles de neuf écrivains qui parlent de leur «Société des écrivains», dont Jacques de Roussan est le trésorier général et Claude Jasmin le vice-président.

Peu à peu la section littéraire perdra de l'importance par rapport à l'ensemble de ce périodique. En avril 1966, Claude Ryan voit à ce que les pages littéraires publient une «cote morale des films» et l'on s'attarde longuement à analyser la pensée «profonde» de « *Cité libre* [qui] change de formule». L'on ne fait pas de quartiers à Guy Poisson, p.s.s., du *Monde nouveau*, qui a eu le malheur de se prononcer pour l'indépendance. Ce bouillant polémiste indépendantiste est envoyé à Rome «pour y étudier». Ryan était allé étudier à Rome... autres temps, autres mœurs ! Maintenant la littérature est distribuée sur l'ensemble de la semaine et non plus surtout le samedi. Basile, comme nous le signalions plus haut, déclenche une autre polémique au sujet de l'ouvrage d'Anne Hébert intitulé *Le Temps sauvage*. Les lettres françaises et américaines occupent une large part des pages littéraires. Le bilan de l'année 1966 est marqué au coin d'un ailleurisme exceptionnel. Dans le «Supplément d'octobre», Berger insiste beaucoup sur «la grande misère de l'écrivain québécois». Les éditeurs québécois, à Paris ou à Francfort, ne semblent rien comprendre, toujours selon *Le Devoir*. Quel est ce mal qui ronge nos écrivains et nos éditeurs ? Être trop québécois ! *Le Devoir* se garde bien par ailleurs de reprocher aux Britanniques, aux Américains, aux Russes et aux Francais d'avoir des appartenances marquées à l'égard de leurs cultures respectives. En janvier 1967, Basile occupe tous les postes et l'on trouve sa signature à la musique, au théâtre, à la danse, aux variétés et à la littérature. Ainsi Ryan n'aurait pu choisir un meilleur repré-sentant de l'ailleurisme (i.e. promouvoir l'aliénation collective) la veille du Centenaire de la Confédération. Néanmoins le Centenaire s'annonce avec beaucoup de fla-fla et une grande richesse dans les domaines des arts et des lettres. Tous les niveaux de gouvernement ont ouvert les vannes de la finance. D'une part si Jean Basile et Jean Éthier-Blais s'auto-congratulent pour leurs propres écrits, d'autre part Claude Ryan se charge d'élargir la vision des Canadiens français en leur signalant dans «Sur quelques livres récents» les ouvrages des Canadiens anglais. Ceci s'inscrit sans doute dans les suites interprétatives de la «convention collective» du *Devoir*, dont la version anglaise, plus floue, prime dans son interprétation sur le texte français.

C'est durant ce Centenaire qu'André Major est engagé par Basile pour s'occuper tout particulièrement des écrivains d'ici. Coup sur coup, l'on traite des «États généraux du Canada français» (16 avril 1967) où se retrouvent plus de 1 620 délégués de tous les milieux, et les vingt ans de la *Revue d'Histoire de l'Amérique française*.

Le numéro spécial du 7 octobre 1967 inaugure une nouvelle mise en page. Le numéro de *Sexus* (de Mornard) est confisqué par la justice et André Major se demande : «Saisir *Sexus*? Pourquoi pas!» À cette époque nous effectuions déjà depuis quelques années l'inventaire de plus de 560 périodiques (1964-1969) en plus de tenter un dépouillement exhaustif de tous les périodiques du Québec depuis la défaite des Plaines d'Abraham. En comparant les pages du *Devoir* à celles des autres périodiques québécois, nous notons que, s'il y a indéniablement dans *Le Devoir* de grands moments, il y a aussi de curieuses lacunes. Par exemple, sous Basile, il n'y a que deux interviews de chansonniers, qui sont alors des personnages fortement engagés dans les luttes et les revendications sociales. Tous ne célèbrent pas les grandeurs et les misères de la «Manic» et des «Rues sales et transversales». Pourtant Dassylva à *La Presse* couvre à peu près tout en cette matière. Un autre exemple troublant porte sur Pierre Vallières. En effet, lors de la parution des *Nègres blancs d'Amérique* (1969) (dont nous avons protégé le manuscrit), à peu près tous les journaux de langue anglaise et de langue française consacrent de nombreuses lignes à cet ouvrage, excepté, nous vous le donnons en mille... *Le Devoir*!

Nous en arrivons maintenant à cette seconde étape du règne de Basile. Depuis le 30 décembre 1967, au moment où Basile se plonge dans l'ère du Verseau et du psychédélisme qui débouchera en octobre 1970 sur le premier numéro de *Mainmise* et la contre-culture, revue animée par Linda Gaboriau, Christian Allègre, Jean Basile, Kenneth Clark, Georges Kahl et Denis Vanier, les pages du cahier littéraire du *Devoir* deviennent de plus en plus inégales pour ne pas dire déliquescentes. C'est à ce moment que nous situons cette décadence et ce désordre. Si l'année 1968 fut marquée par *Hamlet Prince du Québec* (Gurik) et par *Pygmalion* (Shaw-De Grandmont), il reste que l'article de Thérèse Bernier «Tels furent les arts en 1968» est d'une médiocrité lamentable, à peine une énumération ou une nomenclature sans aucun sens critique. Pour ceux qui pourraient douter de nos propos, nous les renvoyons à nos *Cahiers bibliographiques* où ils pourront se rendre compte de la très grande richesse de cette année littéraire.

En 1969, quels sont les principaux collaborateurs du *Devoir* littéraire? Victor-Lévy Beaulieu, dit V.L.B., sur *Jack Kérouac*, Gisèle Tremblay sur le célèbre *Papillon*, puis Michel Bélair, Jean-Claude Bonenfant, Louis Martin-Tard avec ses «Horizons du monde», Christian Allègre, Mathieu Galley, Lise G.-Gauvin, Pierre St-Martin, Bernard Cassen, sans oublier Richard Dubois qui reproche à Jean Éthier-Blais «d'accabler le peuple québécois pour son inculture». Le «Supplément» du 14 avril 1970, malgré de bonnes collaborations, nous paraît assez inégal et mal organisé dans son ensemble. Pour bien comprendre ce que nous affirmons ici, il ne s'agit que de relire cette fameuse conférence de Basile à l'UQAM «Pour une information culturelle magique» où se trouvent réunis le plus magnifique coq-à-l'âne et les inepties les plus inimaginables sur le monde des communications. «L'art est un zipper... etc.», de conclure Jean Basile. Enfin, pour l'année 1970, le «cahier» est un désordre complet et l'arrivée de Robert-Guy Scully on ne peut plus bienvenue.

ONZIÈME ÉTAPE :

a) 1971-1976 Culture et Société, multiplicité des approches

Jean Royer note très justement, dans son article du 2 mars 1985 intitulé «De l'autoportrait à l'ouverture au monde», «Robert-Guy Scully fait des pages culturelles du *Devoir* un magazine hebdomadaire autonome.» Scully est un universitaire et un polyglotte remarquable, et son cahier culturel sera, dès les premiers mois de son entrée en fonction, à son image. «J'essayais, déclarait-il à Royer lors d'une interview, de donner droit de cité à une foule de choses. De Victor-Lévy Beaulieu à Jean Éthier-Blais, il y avait de la place pour toutes les écoles (dans «D'abord les hommes de lettres», 2 mars 1985). Ses collaborateurs au «Cahier» seront nombreux et auront des approches variées, parfois diamétralement opposées. Nous retrouvons donc dans ces pages : Pontaut, Kattan, Cassen, Éthier-Blais, Archambault, Robert, Tadros, Proulx, Laplante, Bélair, Laliberté. Il n'est pas évident que tous ces collaborateurs logent à la même enseigne. En janvier 1973, Scully donne au cahier un titre marcusien, «Culture et Société». Il touche à tout, et pas toujours avec bonheur. Mais comme il est un humaniste, il sait s'entourer encore une fois, comme jadis Marcotte et Hénault, des meilleurs collaborateurs de sa génération : Ferretti, Spicer, Grand'Maison, Trottier, Ferron, Legris, Godard, Dumont, Aucouturier, Beaulieu, Dufresne, Brie, Potvin, tout en allant chercher au besoin d'anciens collaborateurs qui avaient marqué ces pages du *Devoir* comme Marcotte, Hénault et Pilon.

Durant les années 1973-1974 et 1975, le courrier au *Devoir* est abondant. Il y aura des pages exceptionnelles sur Olivar Asselin, Soljenitsyne, Richler, et *Les Ordres* de Brault. Aux olympismes du journalisme, si l'on ne peut lui attribuer «l'or» à cause de l'éclectisme de ses choix, du moins il se mérite «l'argent».

Sur le plan sociologique, Montréal et le Canada français avec l'événement des «Olympiques» précédé de l'Expo 67, fait remarquer Scully, étaient en pleine effervescence, et les valeurs culturelles et nationalistes étaient en quelque sorte transférées du côté des performances financières. C'est à cette époque que l'on parlait de «Québec Inc.», et il n'y en avait que pour les exploits économiques des Cascades, des Provigo et quoi encore! C'est aussi à cette époque, en janvier 1978, que Claude Ryan a entendu des voix, c'est-à-dire celles du peuple. Il se devait d'aller diriger ses brebis vers les pâturages célestes du fédéralisme renouvelé.

b) 1976-1978 Culture et Société, une vision élargie?

Entre 1976 et 1978, il y a une période de flottement dans les pages culturelles du *Devoir*; non pas que les collaborateurs ne soient des plus intéressants, mais ce «Cahier» pompeusement qualifié de «Arts et lettres» n'a pas de véritable ligne directrice sous l'intérim de Michel Roy qui doit veiller en même temps à la bonne marche de l'ensemble du périodique. Néanmoins jetons un coup d'œil rapide sur cet «interrègne». Si Philippe Haeck effectue un bilan à peu près correct de la poésie de l'année 1975 (3 janvier 1976), car en tant que poète, il suit de près ce qui se déroule dans sa spécialité, par ailleurs Gilbert Grand n'en a que pour la science-fiction européenne. Il oublie ou ne sait pas tout simplement qu'Esther Rochon, avec la revue *Imagine*, et Élisabeth Vonarburg, avec *Requiem* (Solaris), se sont taillé de solides réputations dans ce domaine, en se situant d'une manière fort originale entre l'Europe et les États-Unis. Quant à Jean-Pierre Boucher, il ne trouve rien de mieux qu'un titre bouffon: «Des essais sauce rétro et le frère Jacques» pour donner aux lecteurs du *Devoir* une idée de ce que furent les essais durant l'année 1975. Chez les autres collaborateurs, le pendule de la pensée oscille entre l'excellence et la médiocrité. Qui sont ces quelques collaborateurs? Gruslin, Potvin, Kattan, Blais, Devergnas, L'Heureux, Leroux et V.L.B. Et la fin du mois de janvier 1976 se terminera sur une petite polémique entre Michel Wyl et V.L.B.-Bergeron et cie au sujet de la faillite de *L'Aurore*.

À l'automne, le «Special edition» a une assez bonne tenue. Avec la fin de l'année 1976, le cahier revient au titre de Scully, «Culture et Société».

Durant cette année 1976, V.L.B. a beaucoup écrit. Est-il un temps où il
n'écrit pas? Donc V.L.B. en a profité pour donner aux lecteurs du *Devoir*
une sorte de feuilleton littéraire constitué d'extraits de son ouvrage *N'évoque
plus... etc.* (6 novembre 1976). Au sujet de V.L.B. toujours, peut-on passer
sous silence ses prises de bec avec le ministre O'Neill (du Parti québécois) à
l'égard des prix littéraires. Selon notre humble analyse, cette année se
résume par «potins et nouvelles». L'année 1977 pourrait également se
résumer de la même manière si ce n'est que l'on y trouve de très bons
collaborateurs : Robert Melançon, Michel Roy, Jacques Renaud, Bolard,
Jungfer, Jean-Claude Leblond, Jean-Pierre Tadros, Pierre Maheu, Nathalie
Petrowski, Han Suyin, Léonard, Mazel et Jean Basile, ce dernier assez
régulièrement.

DOUZIÈME ÉTAPE : 1978-1983
CULTURE ET SOCIÉTÉ (NOUVEL ÂGE D'OR)

Tout est en place pour le départ de Claude Ryan, et Jean Royer, qui
fut approché par Michel Roy dès octobre 1977 pour prendre la direction du
cahier littéraire, écrit un article assez percutant sur *Le Québec impossible* de
Vallières, (5 novembre 1977). Pourtant parler de Vallières, n'est-ce pas
l'expression même des largeurs de vue de Ryan? Sans doute puisque le
«Québec est impossible»! Ainsi, aussitôt que Ryan est parti, Royer se voit
confier officiellement la direction du cahier «Culture et Société» qui,
durant la semaine, était temporairement entre les mains d'Angèle Dagenais
mais sous la direction véritable de Michel Roy. Son bureau, comme dans le
cas de Scully, est à la salle de rédaction. Il doit ménager les susceptibilités,
car bien qu'il soit déjà un journaliste chevronné qui a fait ses preuves à
Québec, pour les autres journalistes, il vient d'une «ville de province», et
il devait bien y avoir des collègues qui désiraient décrocher ce poste
prestigieux.

Aux deux jeunes journalistes en place, Royer ajoutera de nombreux et
prestigieux pigistes. Comme il est de formation universitaire, Royer connaît
bien les mentalités des facultés de lettres. Qui se retrouve dans ces pages?
Melançon, Tadros, Jacques Larue-Langlois, Jungfer, Francine Laurendeau,
Robert Lévesque, Richard Gay, René Viau, Gilles Marcotte, Noël Audet,
Mailloux, Christian Allègre, Clément Trudel, Georges Leroux, Cormier,
Pierre Rolland, Comte, Yvan Lamonde, Lise Richer-Lortie, René Lapierre,
Joseph Bonenfant, Madeleine Ouellette-Michalska, Andrée Ferretti, Lise
Gauvin, Claude Beausoleil, Heinz Weinmann, et puis Jean Éthier-Blais est

de retour avec ses «Carnets»; en somme «une équipe diversifiée, nous confie-t-il, qui se loge aux différents pôles de la vie culturelle, et qui pourra donner une information complète sur ce qui se passe, en plus de fournir des critiques selon des esthétiques variées. Pour la première fois depuis l'époque de Marcotte, le lecteur se rendra compte (ou aurait dû s'en rendre compte) que les cahiers du samedi possèdent des «fils conducteurs reliant les diverses œuvres commentées et présentées». En quelque sorte, le cahier est une revue à très grand tirage qui doit apprendre quelque chose non seulement à l'élite, mais aussi aux néophytes. «Ma priorité, nous déclare-t-il, sera de faire circuler les idées.» Très tôt, semble-t-il, cette façon de voir et d'organiser le «Cahier» viendra heurter les intérêts «supérieurs» des éditeurs. Il faut noter que dès que l'on s'occupe un peu trop de ses affaires, l'on est rapidement taxé de xénophobie et d'incompétence. L'endroit où paraît la critique et la qualité «laudative» de la dite critique, dicteront les entrées publicitaires de la part des maisons d'édition et de diffusion. Ce qui plaît le plus à certains éditeurs, c'est que l'on répète les communiqués de presse. Et combien de magazines «dits littéraires» ne sont en fait que les officines des communiqués de presse de certains éditeurs et distributeurs! Dans *Le Devoir*, Royer devra, avec l'appui de Michel Roy, définir les règles du jeu, et cela sans équivoque. En 1982, *Le Devoir* fait paraître un cahier spécial de toutes les communications de la 10e rencontre des écrivains réunis par la revue *Liberté*. *Le Devoir*, dans cette chasse aux lecteurs, n'est pas seul. Il doit se tailler une place chez une clientèle qui consomme également des revues de bon calibre, comme celle de Thério (*Livres et auteurs*), des revues universitaires et les émissions MF de Radio-Canada.

Ces cinq années sous la direction de Royer représentent pour nous un autre âge d'or des pages littéraires du *Devoir*. L'on ne saurait passer sous silence les nombreux numéros thématiques, les Salons du livre, les rencontres internationales, les interviews de nos grands écrivains, enfin la place exceptionnelle réservée avec équilibre aux écrivains d'ici et d'ailleurs. Pour reprendre une expression de Roland Giguère, ces années furent celles de «l'âge de la parole».

TREIZIÈME ÉTAPE : 1983-1993 DIX ANS APRÈS, POUR LE PRÊT-À-PORTER, LE PRÊT-À-PENSER

Durant ces dix dernières années la morosité s'installe, et tout est écrit à la manière de... même après la grande toilette de 1993. Sept directeurs s'occuperont tant bien que mal des pages littéraires du *Devoir*: Paul

Morisset, Mario Pelletier, Robert Lévesque, Jean-V. Dufresne, Michel
Bélair, Odile Tremblay et Pierre Cayouette, et la chronologie peut s'établir
en cinq moments principaux qui auront leurs caractéristiques propres, leurs
thèmes et variantes.

a) Sous Paul Morisset (1983-1984), il faut surtout écrire à la manière
de... mais laquelle, voilà la question! Jean Royer quitte à la fin novembre
1983 la direction des pages littéraires, alors que son départ avait été décidé
dès septembre. Il voit à ce que la nouvelle équipe poursuive le même
chemin qu'il a construit patiemment pendant cinq ans. Le 22 octobre,
premier signe, donc, de cette valse hésitation, l'Agence du livre prépare le
cahier n° 4 : «Groulx : Vivre et écrire l'histoire» où l'on trouve des collaborateurs remarquables : Andrée Ferretti, Jean-Pierre Wallot, Maurice Lemire,
Ryerson, Panneton, Trofimenkoff, Brunet, Desaulniers, Huot, Bergeron et
quelques autres. Nous n'en sommes pas encore à l'ère des «traiteurs»,
comme dans le domaine alimentaire, mais cela pourrait se produire. Le
29 octobre, on annonce la venue du professeur-romancier François Hébert
dont le premier article, dans le style qu'on lui connaît avec d'autres collaborateurs, est intitulé : «Racontages et placotages». Et le 5 novembre, le cahier
consacré au Salon du livre est fort bien présenté par un excellent article de
Laurent Mailhot. Bref tout ce cahier à proprement parler est rédigé par des
professeurs et des écrivains prestigieux. François Hébert, qui connaît l'art
d'attiser quelques passions, s'attire des lettres polémiques de la part de
Spehner et de Blondeau.

À compter de janvier 1984, alors que le cahier «Culture et Société»
devient petit à petit «Le Devoir culturel» et «Le Devoir à Loisir», l'ensemble de tous les cahiers où se sont logés des écrivains exceptionnels et des
critiques chevronnés, correspond à une sorte d'anthologie de textes où
chacun vide ses fonds de tiroirs et surtout où chacun teste son vocabulaire
universitaire accessible aux seuls initiés.

b) La direction de cette époque était confiée à Mario Pelletier. Qui
sont les collaborateurs? Lévesque, Auclair, Trottier, Yvan Lamonde, Marie
Laurier, François Hébert, Quesnel, Gay, Francine Laurendeau, Simard,
Bergeron, Brunet, Gilles Daigneault, Gilles Potvin, Jean Royer, Weinmann,
Gérard Étienne, Alexis Klimov, V.L.B. et Pierre Nepveu. Jusqu'au numéro
spécial du 2 mars 1985 (celui du 75ᵉ anniversaire), on a l'impression de
retrouver dans cette mise en page, dans ce fatras de propos, la technique de
Livre d'ici, préparé par la Société de promotion du livre inc., de la rue
Saint-François-Xavier, dans les années 1975-1981. Thériault avait mis sur
pied *Le Livre d'ici* le 12 octobre 1975 (qui paraît jusqu'à nos jours) mais de
moins bonne tenue que la feuille de langue anglaise concurrente, en ayant

recours à un bon nombre d'excellents collaborateurs que l'on retrouvait régulièrement aux pages du *Devoir*. La fonction de cette «Société», c'était de fournir du prêt-à-porter et du prêt-à-penser, sous forme de capsules ou de *clippings* destinés aux journaux de province qui les incorporaient tels quels sur leurs *offsets* respectifs. Beau, bon, pas cher, quoi! L'on comprend que dans un tel contexte il n'était pas nécessaire à *Livre d'ici* d'avoir une pensée directrice. La «Société de promotion» s'étant muée en «traiteuse», l'on n'avait pas besoin de se poser de questions, à savoir de quelles écuries venaient tous les textes.

Donc, ce numéro anniversaire auquel collabore Jean Royer (il est toujours là!) est d'une belle tenue.

c) Morisset et Pelletier ayant passé la main, Robert Lévesque essaie de remettre le cahier sur les rails à partir de 1984. Robert Lévesque se joindra un moment à Jean-V. Dufresne et à Michel Bélair pour reprendre la direction jusqu'en 1991. Hormis une petite polémique entre Jean Royer et Claude Godin, qui a remplacé Jean-Guy Pilon à Radio-Canada, et tout ceci au sujet du choix des auteurs qui devaient rédiger les textes de Radio-Canada, l'année 1985 est particulièrement terne.

Comment s'annonce 1986? Robert Lévesque est d'attaque et ses grands coups se portent sur *Bye Bye 85*.

Local, trop local, le *Bye Bye 85* était d'une cuvée maison, gros rouge Saint-Hyacinthe — T.D. Bouchard doit bien se retourner dans sa tombe, ceci est de nous — «juste pour nous autres», poursuit Lévesque, et malgré les boules roses électroniques... le rire québécois devait désespérément demeurer local, trop local. Et même souvent *inside joking*.

La cause?

C'est l'équipe de scripteurs pour nourrir et faire fonctionner qu'il faut au plus pressant aller chercher.

Pourquoi cette sortie contre le «localisme» des comiques? Et qu'en est-il des Bernard Haller, des Raymond Devos, des Américains, des Russes et des Britanniques? L'épouvantable affaire que l'insignifiance des *Bye Bye*! À partir du 4 janvier, les collaborateurs de Lévesque, dont Stéphane Lépine, consacreront beaucoup de pages à «l'intelligence» exotique. C'est aussi à ce moment (mai 1986) que Stéphane Lépine découvre les vertus de l'écriture de la science-fiction. Pour cela il fallait qu'Esther Rochon remporte un prix littéraire en ce domaine. Au fur et à mesure que Robert Lévesque avance dans les années de sa direction, il démontre un sens de l'organisation dans ces pages littéraires (ces pages qui auraient été fondées par Jean-V. Dufresne et Paul-André Comeau). Le 2 mai 1987, le «Cahier» se partage en deux

parties et l'on trouve dans «Plaisir des livres» une très grande variété ;
néanmoins, avec la fin de l'année 1987, la morosité s'installe à nouveau. Le
7 novembre V.L.B. «vend» aux lecteurs son *Héritage* à travers quelques
extraits, et le Salon du livre (14 novembre) est fort bien couvert. En 1988,
jusqu'en septembre, le «Plaisir des livres» se fait de plus en plus mince. Les
bons numéros se font de plus en plus rares. Les numéros de l'automne 1988
et 1989 sont bons et variés et, le 9 décembre 1989, «L'Écrivain et l'esprit
des lieux» est un très bon numéro. Pour comprendre la marche du cahier
littéraire, il faut aussi suivre celle des émissions MF de Radio-Canada où les
mêmes collaborateurs ergotent sur les mêmes sujets et sur les mêmes
auteurs, tout ceci pour l'auditeur ou la lecture des «petits copains» qui se
trouvent brillants entre eux. Rien n'est vraiment bon selon ces aristarques
des formules consacrées montées sur le dénominateur commun du «Oui...
mais» et en conclusion voyez : «À quel point l'on est intelligent devant un
texte qui ne l'était pas !» Cette attitude exclusiviste n'est pas étrangère à ce
que Robert Lévesque, directeur fort intelligent, finisse par se demander,
dans le «Cahier» culturel, ce qu'est la critique tout au juste. Ainsi, le
10 novembre 1989, «Plaisir des livres» porte sur la critique et les critiques.
«On rencontre rarement en notre contrée des admirateurs de critiques,
note-t-il. J'ai l'impression qu'on ne s'est jamais vraiment interrogé sur la
critique.» Il serait inutile de lui rappeler ici combien de revues savantes ont
passé au peigne fin cette notion de la critique, ne serait-ce que dans le
Magazine littéraire (de France) et combien de revues canadiennes et québécoises ont abordé le sujet, et tout particulièrement Northrop Frye qui fut
un excellent théoricien sur cette question épineuse. Néanmoins, Robert
Lévesque réunit une excellente équipe de collaborateurs afin de traiter de la
critique : Marcotte, Basile, Ferland, Éthier-Blais, Gauvin, Royer, Audet,
Melançon et également Yves Navarre avec ses «Carnets». L'on ne peut que
regretter que Georges-André Vachon (1926-1994), qui avait abordé le sujet
vingt ans plus tôt à Laval, n'ait pas été convoqué au banquet de ces gens
intelligents. Durant l'année 1990, les collaborateurs se multiplient, ils se
remplacent, ils reviennent. En évaluant l'année 1990 sur le plan de la
statistique, article par article, numéro par numéro, nous arrivons à démontrer que plus de 80% portent sur la littérature étrangère, alors que d'autre
part nos services de presse (au Dictionnaire des auteurs de langue française
en Amérique du Nord) nous montrent une production canadienne-
française et «Canadian» fort importante. C'est aussi le même modèle qui
est reproduit sur la bande MF. Les mêmes causes produisent les mêmes
effets, notait Thomas d'Aquin (1225-1274), au Moyen Âge (toujours aux
pages roses). Avec le départ de Benoit Lauzière (12 juin 1990) et malgré
l'arrivée de Lise Bissonnette à la haute direction, nous constatons que rien
n'évolue vraiment du côté du cahier «Culture et Société» qui est plus étoffé

durant la semaine que le samedi. Et c'est la valse des « logos » culturels sous Michel Bélair, comme sous Robert Lévesque.

d) Au tournant de l'année, Odile Tremblay (jusqu'en juin 1993) dirige ou administre tant bien que mal ce cahier littéraire. Les collaborateurs remarquables sont les suivants : Jean-François Chassay (qui occupe également le MF à Radio-Canada), Anne Dandurand, Jean Royer et l'incontournable V.L.B. qui dilue pour les humbles lecteurs que nous sommes son *Melville*, qui date de 1978. Que note-t-on de remarquable ? Un numéro sur Robert Choquette (1905-1991) le 26 janvier 1992, dirigé par Jean Royer ; un autre numéro (18 février 1991, dirigé par Jean Royer ; un autre numéro (18 février 1991) sur Rimbaud fut bien tourné d'ailleurs ; enfin dans les cinquante-six pages du « Cahier » consacrées au Salon du Livre (9 novembre 1991) l'on trouve du meilleur et du pire. Donc beaucoup de lieux communs et surtout des critiques qui ne lisent à peu près pas les ouvrages mais diluent *ad nauseam* les communiqués de presse. Et le 13 janvier 1991, Fernande Saint-Martin, interviewée par Royer, déclare : « Nous vivons dans un Québec sans valeur... et l'anti-intellectualisme reste la tradition la plus vivace. » En 1992, nous obtenons la même statistique qu'en 1990, c'est-à-dire que 80 % des articles souffrent d'un ailleurisme, comme si l'équipe des collaborateurs voulait entrer en compétition avec *Le Monde, L'Express, Le Nouvel Observateur* et même *Le Figaro* ; à la différence près que les Français ne lisent pas les éclairs de génie de nos collaborateurs « devoirdiens » et dans ce dernier cas, il s'agit souvent d'un « Oui... mais » dilué avec une semaine de retard sur les parutions françaises.

e) En juin 1993, Pierre Cayouette remplace Odile Tremblay et qui trouve-t-on aux signatures ? Hervé Guay, Louis Cornellier, Andrée Maillet, Roch Côté, Lisette Morin, J.-F. Chassay, François Bordeleau, Yukio Endo et Gabrielle Mathieu. Pour ces premiers mois de 1993 (jusqu'en septembre), on peut dire que la mise en page, comme le reste des périodiques, est très très belle et que l'ailleurisme est de bon goût puisqu'il est à la manière de... mais de quoi ?

CONCLUSION

De tous les périodiques que nous avons dépouillés depuis 1769 (voir, pour les incrédules, notre fichier à la bibliothèque Bronfman, qui compte plus de deux millions d'entrées), *Le Devoir* (sans vouloir alourdir inutilement cette conclusion), durant ces quatre-vingt années traversées par de très sérieuses crises (déficit de 40 000 $ en 1913) — (menace de faillite en 1919)

— (crise financière en 1920-1921) — (émission d'obligations en 1947) et (emprunt en 1948) — (lock-out en 1955) — (grève en 1975 et 1981) — etc., etc., a réussi à maintenir avec des hauts et des bas des pages culturelles exceptionnelles et d'une grande qualité... un miracle culturel, et c'est un phénomène qu'il faut reconnaître et saluer bien bas.

Réginald HAMEL
Professeur
Département d'études françaises
Université de Montréal

1. Il faut noter que dans les années 1910 et tant, par Canadiens l'on entend Québécois de langue française, les autres étant des «Canadians», comme le notera plus tard Michel Brunet.

2. *La Croix, La Libre parole, Le Figaro, L'Écho de Paris, Le Gaulois, L'Univers, La Revue française, Le Temps, L'Européen* etc. *La Croix* fut fondée en 1880 par le R.P. Vincent de Bailly, assomptionniste, et Louis Veuillot (1813-1883) et Eugène Veuillot (1818-1905), tous deux de *L'Univers*, y collaboreront un moment.

3. Plusieurs de ces romans étaient réédités par la société «La Publicité limitée», éditrice du *Devoir*. Le 6 février 1913, Bourassa fonde «L'Imprimerie populaire limitée» qui publiera jusqu'à la fin du régime de Gérard Filion plusieurs ouvrages d'écrivains canadiens-français.

4. Il faut reconnaître avec Pierre Savard qu'en 1939, *Mes Fiches* dénonçaient l'ouvrage du père Charles, s.j., (et belge) sur *Les Protocoles des sages de Sion*, d'où on peut conclure que ces bibliographies ne firent pas toujours montre d'étroitesse d'esprit.

SCIENCE ET COMMUNAUTÉ SCIENTIFIQUE
1910-1993*

*Marie-Victorin et Le Devoir: une relation privilégiée.
L'ACFAS. Louis Dupire et le Jardin botanique de Montréal.
Le concours de botanique et les cercles des jeunes naturalistes.
La bombe atomique: une question morale. Conclusion.*

Le 10 janvier 1910, les francophones du Québec feuillettent un nouveau journal: *Le Devoir*. Quotidien à vocation politique d'abord, il devient rapidement aussi célèbre que son fondateur, Henri Bourassa. Si aujourd'hui historiens, sociologues, politologues et autres érudits le relisent, c'est encore essentiellement pour analyser ses prises de position politiques et idéologiques. Pourtant, il ne faudrait pas croire que les lecteurs du quotidien n'y trouvaient que cela. En fait, dès le 14 janvier, ils pouvaient y lire un article sur les problèmes de droit international soulevés par le projet de barrage sur le fleuve au Long Sault, à la frontière américaine, conçu pour produire «une force motrice de 500 000 chevaux vapeurs». Le lendemain, sous le titre «Un projet gigantesque», le journal rapportait l'opinion d'un expert sur le projet du canal de la Baie Georgienne, qui venait d'être déposé à la Chambre des communes. Les «méga-projets» hydroélectriques ne datent pas d'hier... Quelques jours plus tard, le journal offrait au lecteur le résumé d'une conférence de l'égyptologue Alexandre Moret sur la médecine

* L'auteur remercie Martine Foisy pour ses commentaires et son aide dans le dépouillement des articles de même que Rachel Caux et Stéphane Ouellet qui ont aussi participé à cette étape du travail. Merci aussi à Robert Gagnon et à Camille Limoges pour leurs suggestions.

égyptienne, qu'il avait présentée devant les membres de la Société pour l'avancement des sciences, des lettres et des arts au Canada[1].

Ces quelques exemples suffisent pour montrer que bien que le commentaire politique fût sans contredit le cœur du journal, cela n'empêchait nullement ses lecteurs d'y trouver des informations sur des sujets d'intérêt scientifique et technique. Au cours de la seule année 1910, le journal traitera de sujets aussi variés que les appareils de stérilisation de l'eau — à la suite de l'inauguration de celui de la Montreal Water and Power Company —, de l'exploration des pôles Nord et Sud, du passage de la comète de Halley et des progrès de l'aviation, pour ne nommer que les sujets les plus fréquemment abordés. Sans compter les informations sur les épidémies et les annonces de réunions à caractère scientifique, on peut dire qu'au cours de la première année d'existence du *Devoir*, les sciences et les techniques font l'objet de nouvelles environ un jour sur deux, même s'il s'agit souvent d'entrefilets. Bien sûr, la couverture fluctue au fil des ans. En 1915, par exemple, la guerre préoccupe les esprits et les nouvelles scientifiques sont moins nombreuses (environ un article tous les trois jours) et sont davantage reliées aux questions militaires. Ainsi, on rapporte l'utilisation du zeppelin[2] et on explique la nature des gaz chimiques[3]. L'hygiène, les maladies infectieuses, l'astronomie et l'exploration des régions polaires sont également au menu scientifique du *Devoir* cette année-là. Après la guerre, la couverture augmentera à nouveau[4].

Henri Bourassa avouera lui-même lors du cinquième anniversaire du journal que «les luttes politiques ont occupé dans le journal une place considérable [mais] moins exclusive qu'on ne le croit généralement[5]». Cinq ans plus tard, il rapportera qu'Omer Héroux, «après une revue complète de ces cinq premières années», se disait «étonné de tout ce que nous avons écrit et publié d'étranger à la politique[6]».

En fait, la présence à peu près régulière d'articles à contenu scientifique et technique ne doit pas surprendre outre mesure car le programme social du *Devoir*, publié dans le premier numéro, notait l'importance de donner à la jeunesse «le goût de l'étude». Le journal se promettait également d'encourager la production des œuvres scientifiques et, dans le domaine de la politique provinciale, son programme visait la diffusion de «l'enseignement populaire des sciences appliquées à l'agriculture et à l'industrie[7]». Dès le 20 janvier 1910, il consacrait d'ailleurs un article à la question de l'enseignement agricole. Ces objectifs étaient aussi ceux du gouvernement de Lomer Gouin qui venait de donner un nouvel élan à l'enseignement avec la création d'écoles techniques à Québec et à Montréal, de l'École des Hautes Études Commerciales (HEC), la construction d'un nouvel édifice pour l'École polytechnique de Montréal et l'aide apportée à la mise sur pied par l'Université Laval de l'École d'arpentage et de foresterie, pour ne nommer que les principales initiatives.

L'intérêt des rédacteurs pour la santé publique explique également la présence de plusieurs articles consacrés à l'hygiène et aux maladies infectieuses. Le journal ouvre ses pages à la Ligue de Montréal contre la tuberculose, pour qu'elle publie des articles sur les moyens de prévenir cette maladie contagieuse qui affecte surtout les plus démunis. Louis Dupire consacre même un éditorial à expliquer que l'exposition au soleil est un bon moyen de la prévenir[8]. Le même mois, il en consacre deux à la promotion de la pasteurisation du lait[9]. À la suite de la mise au point du vaccin BCG au cours des années trente, l'intérêt pour la tuberculose diminuera au profit d'autres maladies comme la leucémie, la poliomyélite, l'hémophilie et le diabète. Les questions médicales formaient ainsi, en 1950, la plus grande partie des articles à caractère scientifique dans *Le Devoir*.

Les nouvelles à caractère scientifique et technique sont donc loin d'être absentes du *Devoir*, mais comme il est impossible de faire ici un relevé exhaustif du traitement de ces questions de 1910 à nos jours, nous nous attacherons plutôt à faire ressortir le fait que le quotidien, malgré sa vocation politique, n'a pas complètement ignoré ces sujets et surtout qu'il a été un allié très important dans la cause du développement scientifique du Québec, particulièrement au cours de l'entre-deux-guerres. C'est au cours de cette période que le milieu scientifique canadien-français s'est structuré en liant la question scientifique à la question nationale — raison d'être en quelque sorte du *Devoir*, qui ne pouvait dès lors ignorer la science en tant qu'outil d'émancipation du peuple canadien-français.

MARIE-VICTORIN ET *LE DEVOIR*, UNE RELATION PRIVILÉGIÉE

Le frère Marie-Victorin, des Écoles chrétiennes, est sans conteste la figure dominante du mouvement scientifique qui secoue le petit milieu intellectuel canadien-français au cours de l'entre-deux-guerres. Et c'est par son intermédiaire que *Le Devoir* deviendra l'organe privilégié de diffusion de la culture scientifique auprès des Canadiens français. Comme on va le voir, les cercles des jeunes naturalistes, le Jardin botanique et l'ACFAS (Association canadienne-française pour l'avancement des sciences) doivent beaucoup à l'appui actif des artisans du *Devoir*.

Dès la fondation du journal, le jeune frère, alors professeur au Collège de Longueuil, est un fidèle abonné[10]. Il suit de près son évolution et note même dans son journal intime — au moment du premier anniversaire du quotidien — «Le Devoir a paru! C'est le grand événement de la saison[11].»

Sa collaboration au *Devoir* débute à l'automne 1915 — il a tout juste trente ans. Le 10 septembre, il signe un premier «Billet du soir» imprimé en première page sous le pseudonyme «M. Son Pays». C'est l'époque du fameux Règlement XVII qui limite l'usage du français dans les écoles primaires de l'Ontario, brimant ainsi les droits des francophones. Sous le titre «Not' Langue», Marie-Victorin décrit sa rencontre avec des jeunes francophones d'une école primaire d'Ottawa fiers d'avoir gagné l'accès à l'école française. Il rédigera dix de ces petits morceaux littéraires à saveur patriotique — son humeur dictant le sujet — dont le dernier paraîtra le 26 juin 1916. Déçu de cette interruption, Omer Héroux espère que «M. Son Pays n'a point perdu son joli pinceau», et lui fait savoir que «les lecteurs du *Devoir* le regrettent et nous le disent[12]».

Mais la fin de sa collaboration littéraire au journal de Bourassa n'allait pas entamer sa relation privilégiée avec Omer Héroux, Georges Pelletier et Louis Dupire qui allaient appuyer constamment son combat pour le développement scientifique du Canada français. Entre 1922 et 1944, année de son décès, il signera au total près d'une quarantaine de textes importants dans *Le Devoir* — sans compter les nombreuses notules consacrées à la botanique pour les cercles des jeunes naturalistes —, dont une quinzaine sont consacrés essentiellement à la question du rapport des Canadiens français à la science.

Une première occasion se présente à la rentrée universitaire de 1922. La Faculté des sciences de l'Université de Montréal — où il enseigne depuis sa création — n'a que deux ans, mais Marie-Victorin croit qu'il est déjà temps de proclamer publiquement le sens de cette œuvre. Recevant copie de l'article, Héroux lui accorde la première page du *Devoir* sur deux colonnes: «Cela devrait appeler sur votre œuvre, écrit-il, l'attention d'un public considérable[13].» Le frère y présente les éléments d'une position qu'il défendra constamment par la suite: «Un peuple vaut non seulement par son développement économique, industriel ou commercial, mais encore et surtout par son élite de penseurs et de savants, par son apport au capital scientifique de l'humanité.» Grâce à la Faculté des sciences, ajoutait-il, «nous allons enfin travailler à nous élever graduellement de ce colonialisme du savoir, un peu humiliant, en somme, au degré où nous le subissons [et marcher] ferme vers une émancipation intellectuelle de bon aloi[14]».

Ce sentiment de faire partie d'un peuple colonisé lui pesait lourd, et, trois ans plus tard, il se décidera à faire paraître dans *Le Devoir* un texte à valeur de manifeste dans lequel il livrera ses pensées et exprimera son indignation : « La province de Québec, pays à découvrir et à conquérir[15] ». Lors de ses nombreuses excursions botaniques sur la Côte-Nord et en Gaspésie, il avait observé de près l'exploitation à laquelle étaient soumis les travailleurs des chantiers, ceux de la Côte-Nord en particulier. Au cours de l'été de 1925, il était retourné faire des recherches botaniques aux îles Mingan. Revenu complètement « écœuré et navré » de ce qu'il avait observé en cours de route, il se décida de publier le texte probablement le plus violent qu'il ait écrit. Il vaut la peine qu'on s'y arrête.

Ouvrant sur une critique brève mais sévère d'un système d'éducation qui prétend offrir une culture générale mais « qui ne prend pas la peine de se pencher vers la science » et ignore tout du monde naturel qui nous entoure, il dénonce ensuite l'exploitation économique « de grands troupeaux de nos compatriotes » :

> [...] hommes, femmes et enfants [qui], poussés par la misère et l'inéluctable [...] déterminisme des conditions économiques, sont jetés au cœur de cette forêt boréale, lointaine et inhospitalière, pour y mener une vie de paria dont nous n'avons pas idée [...]. Et pour que les siens ne crèvent pas de faim, pour ramasser quelques piastres que lui jette le *jobber* lui-même serré à la gorge par la compagnie, l'homme bûchera des étoiles jusqu'aux étoiles. Pour se reposer, il passera à son cou le collier de cuir et *chiennera* — c'est le verbe expressif créé par ces pauvres gens — les billes de bois en lieu et place des bêtes de somme.

Selon Marie-Victorin, ce visage du Québec, les intellectuels le méconnaissent car il ont « pris l'habitude de passer l'été à Paris et l'hiver chez nous ». Et à ceux qui seraient enclins « à porter au compte d'un pessimisme systématique » ces affirmations, il suggère de parcourir « leur pays à loisir et autrement que sur les trains et les bateaux de luxe ». Il dénonce également le fait qu'aucun Canadien français

> n'a le droit de présenter la mouche au saumon dans les rivières poissonneuses de la province de Québec ni de tirer un coup de feu sur Anticosti, ni de tuer, où que ce soit, le gibier de mer. Tout concourt à protéger le plaisir des *messieurs* et des *officiers*, comme on dit là-bas, et à couper les moyens de subsistance aux résidents du pays.

Après cette sortie magistrale, il aborde le terrain scientifique où « la situation est la même et plus grave encore »; il lance un appel pour une « science nationalisée, celle qui consiste à scruter pour le connaître le milieu physique, biologique ou minéral où nous vivons », seule façon de mettre fin à l'absence chronique de savants canadiens-français. Et pour bien montrer le lien entre des réalités qui, à première vue, semblent bien éloignées les unes des autres, Marie-Victorin insiste, en conclusion, sur l'union étroite entre l'économie et la science en souhaitant

> que ceux qui ont à l'heure actuelle la mission de diriger les pas de notre jeune peuple et de lui donner des mots d'ordre, se rendent à l'évidence de ces vérités, un peu dures peut-être, et qu'ils favorisent de toutes leurs forces la formation de l'élite scientifique dont nous avons un immense besoin; c'est cette élite qui, en nous donnant, dans un avenir que nous voulons rapproché, la libération économique, fera de nous une véritable nation.

Il serait probablement difficile de trouver dans Le Devoir de l'époque un texte qui dénonce de façon aussi explicite la misère de ses compatriotes et qui remet si radicalement en question les traditions jusque-là dominantes. Les réactions ne tardent d'ailleurs pas à venir, le valeureux frère se faisant même traiter de «fumiste» et d'«imbécile» par un avocat de Rimouski qui adresse sa plainte à Georges Pelletier. Ce dernier prend bien sûr la défense de Marie-Victorin et lui fait voir les lettres de son correspondant[16]. Refusant «de perdre une heure à soutenir des polémiques inutiles», le professeur de botanique refuse de publier sa réponse mais fait tout de même savoir à Pelletier qu'il est «parfaitement certain de ses renseignements» obtenus en «vivant avec les petites gens et recevant leurs confidences», renseignements qui sont d'ailleurs «corroborés par ceux que la chose regarde». Il ajoute même qu'il «tient en réserve beaucoup de précisions au sujet de la vie dans ces chantiers, au sujet aussi des conditions de la pêche tant sur la Côte-Nord que dans la Gaspésie» et qu'il «s'en servira au besoin, non pour embarrasser ou brimer qui que ce soit, mais par un simple sentiment d'humanité[17]».

Comme beaucoup d'autres publiés par la suite, ce texte laisse des marques et, deux ans après sa publication, le Secrétaire de la province, Athanase David, refusera une demande de subvention que lui adresse le frère en lui rappelant cette intervention à la mémoire[18]. Outré, Marie-Victorin lui répond qu'on ne peut tout de même pas lui refuser «une liberté d'expression dont, avec raison, vous usez largement vous-même, surtout quand cette liberté d'expression reste largement au-dessus de tout souci politique[19]».

Chaque fois qu'il doit livrer bataille pour atteindre un but qu'il s'est fixé, Marie-Victorin le fait par l'intermédiaire d'une publication dans Le Devoir. Un an après sa dénonciation tous azimuts des carences des Canadiens français, il revient à la charge en publiant le texte de son discours présidentiel prononcé devant les membres de la Société canadienne d'histoire naturelle, «La science et nous», dans lequel il continue «une campagne d'idées qui lui est chère» en analysant la situation scientifique du Canada français[20]. Heureux de publier cette pièce polémique, Omer Héroux lui fait tout de même observer qu'il touche «à trop de questions délicates pour qu'il n'y ait pas lieu d'attendre certaines réponses» qu'il devra, «sauf circonstance extraordinaire», publier.

Se limitant cette fois à «l'un des aspects de la situation scientifique en ce pays, que l'on pourrait peut-être appeler l'aspect psychologique de cette situation», Marie-Victorin raille «l'attitude enfantine et naïve» de ceux qui croient «que nous tenons une place importante dans le monde scientifique d'aujourd'hui». Rappelant que «nous n'avons pas encore de milieu scientifique saisissable», il dénonce le manque d'intérêt porté aux sciences, lequel se reflète dans les salaires dérisoires reçus par les professeurs «qui le plus souvent n'atteignent pas à ceux des maîtres-charpentiers et des chauffeurs de taxi». Même au gouvernement, écrit-il, on offre 3 000 $ à un jeune avocat sans pratique et 1 600 $ à un chimiste de trois ou quatre années d'expérience. «Étonnons-nous après cela, ajoute-t-il, que nos jeunes gens, même à vingt ans où la volonté est riche et le sang généreux, hésitent devant le seuil austère des carrières scientifiques!» Il appelle donc à un redressement des valeurs pour «encourager les travailleurs scientifiques indépendamment des services qu'ils peuvent rendre, simplement parce qu'ils sont de bons serviteurs de la vérité et qu'ils aspirent vers elle» et non seulement «pour des motifs extrinsèques : souci utilitaire, concurrence économique, et surtout fierté de la race». Que la science «soit l'instrument des conquêtes économiques, on se lasse de le répéter, bien qu'un nombre surprenant de gens s'obstinent à l'ignorer pratiquement. Nous avons nous-même trop insisté sur ce truisme pour y revenir aujourd'hui».

Il aborde ensuite un sujet encore plus délicat : les relations entre la foi et la science, et critique ceux qui mettent en cause le fait de l'évolution. Il cite comme exemple à ne pas suivre ces pauvres protestants américains qui en sont rendus à former «des jurys composés de fermiers du Tennessee [qui] décident, à la majorité des suffrages, de l'origine des espèces». Il faisait là référence au procès de John Thomas Scopes, professeur dans une école secondaire du Tennessee, qui s'était déroulé au printemps de l'année précédente. Scopes avait été trouvé coupable d'avoir enfreint une loi de l'État interdisant l'enseignement de l'évolution humaine. Pour ne pas mêler la science et la foi, Marie-Victorin suggère «d'adopter le *modus vivendi* des pays éclairés» et de laisser l'une et l'autre «s'en aller par des chemins parallèles, vers leurs propres buts; de continuer d'adorer Dieu en esprit et en vérité, et de laisser les biologistes travailler paisiblement dans l'ombre de leurs laboratoires». Il critique explicitement «le concordisme» qui cherche à lier science et religion :

> À toutes les époques et malgré les meilleures intentions du monde ces tentatives concordistes, lorsque poussées un peu loin, ont nui à la religion aussi bien qu'à la science elle-même. Est-il besoin de rappeler la querelle Galilée ; Luther dénonçant le chanoine Copernic comme un ignorant ennemi de la Bible.

Écrites en 1926, ces lignes étaient avant-gardistes, et pas seulement au Québec. Car du point de vue théologique, Rome n'avait pas encore arrêté une position aussi nette, comme en feront foi les réactions aux publications de Teilhard de Chardin sur l'évolution et plus tard encore, au début des années cinquante, les interventions de l'abbé Georges Lemaître auprès du pape Pie XII pour le convaincre d'abandonner son attitude concordiste et d'adopter une position qui sépare radicalement science et foi[21].

Marie-Victorin n'était pas peu fier de ce texte, «dont le seul mérite est le courage», et confiera à sa sœur, mère Marie-des-Anges, que sa publication «a fait quelque tapage comme il fallait s'y attendre. Cependant, personne ne s'est risqué d'y répondre[22]».

Trois ans plus tard, Omer Héroux reçoit une copie de son étude sur «Le dynamisme dans la Flore du Québec», — façon subtile de parler d'évolutionnisme — et offre au frère d'en rendre compte dans Le Devoir[23]. Marie-Victorin est ravi «pour diverses raisons et particulièrement parce que cette publicité [...] est nécessaire ici pour obtenir l'aide matérielle nécessaire» à la continuation de ses travaux[24]. Comme le sujet est «délicat» et qu'il «est difficile de trouver quelqu'un suffisamment au courant de la partie», il suggère de demander au père Ceslas Forest qui s'était dit intéressé à publier un papier sur le sujet, sans préciser où. L'offre étant peut-être venue trop tard, le texte de Forest parut trois semaines plus tard dans La Presse. Le dominicain rassurait les lecteurs inquiets :

> [...] resserrée dans ses limites, la thèse du Frère Marie-Victorin échappe à toute critique, même de la part du traditionaliste le plus intransigeant. D'ailleurs, si l'on met à part la question de la descendance de l'homme, qui se heurte à des difficultés exégétiques et côtoie des affirmations dogmatiques, le problème de l'évolution reste un problème entre savants[25.]

Conscient de l'importance de publiciser ses travaux, Marie-Victorin savait aussi doser sa propagande et refusait parfois les offres de Héroux par crainte que «le public ne se fatigue d'en entendre parler[26]».

On ne peut reprendre ici systématiquement tous les textes polémiques que Marie-Victorin a publiés dans Le Devoir. Mentionnons toutefois

«Dans le maelström universitaire» (paru le 31 mai 1932), consacré à la défense de l'Université de Montréal, menacée de compressions importantes en pleine crise économique. Dénonçant ceux qui songent à fermer la Faculté de philosophie, la Faculté des lettres et une partie des laboratoires de sciences, dont ceux de botanique, il se dit étonné «que de pareilles énormités puissent germer dans le cerveau de certains chefs de file universitaires[27]». Comme il l'écrit à Georges Pelletier, ce texte lui vaut de nouveaux ennemis, car «les gens [qu'il a] attaqués visière levée n'ont pas été lents à demander à l'autorité ecclésiastique de [lui] fermer la bouche». Pour cette raison, il remet donc son «deuxième article à une date ultérieure, lorsque les événements auront un peu marché[28]». Le silence n'est en effet que temporaire car il récidive l'année suivante en publiant «Si l'Université de Montréal fermait ses portes» (3 octobre 1933), et deux ans plus tard «Une génération de jeunes professeurs sacrifiés» (18 décembre 1935)[29]. En 1937, il revient sur les thèmes abordés en 1926 dans deux conférences prononcées à titre de président de l'ACFAS : «Nous nous mourons d'académisme vide» (13 octobre 1937) et surtout «La science et notre vie nationale» (10 et 13 octobre 1938). Dans certains cas, les textes du frère sont tellement longs qu'ils doivent être publiés en plusieurs parties. Ainsi, «La tâche des naturalistes Canadiens français» paraît durant cinq jours de suite[30]; «Pour un Institut de Géologie» est publié en trois parties[31] et plusieurs autres textes paraissent en deux parties.

À la lecture d'un autre texte de Marie-Victorin paru dans *Le Devoir* les 6 et 7 octobre 1930 — «L'enseignement supérieur des sciences naturelles» —, Omer Héroux, attiré par une référence à Faraday, lui demande de lui trouver quelqu'un pour écrire «un ou deux articles [...] pour le centenaire du grand savant» — il s'agissait en fait du centenaire de sa découverte de l'induction électromagnétique, principe de base de la dynamo. Selon le futur rédacteur en chef du quotidien :

> L'un des moyens d'enfoncer dans la tête de nos gens cette idée de l'importance des études scientifiques serait de profiter d'occasion[s] comme celle-ci pour faire voir les lointaines répercussions d'une découverte. Malheureusement, ce sont des sujets avec lesquels les journalistes professionnels sont rarement familiers. Ils ne savent même pas toujours où s'adresser pour trouver des collaborateurs compétents [...]. Ainsi, j'aimerais beaucoup publier quelque chose sur la question générale des dirigeables, et même de l'aéronautique en général. Mais à qui s'adresser?

Il déplore aussi le fait que «le monde de sciences et celui de la presse n'ont pas encore de très intimes relations[32]» — situation qui, il faut l'avouer, n'a pas beaucoup changé depuis, aucun quotidien de la province n'ayant les moyens de se payer — comme le *New York Times* — des journalistes affectés uniquement à la couverture de la science et de la technologie. L'année suivante, ayant reçu de nouvelles «contributions du Laboratoire de botanique de l'Université de Montréal» consacrées à la flore algologique du Québec (par Jules Brunel) et à l'étude du *Gentiana Victorini* (par Jacques Rousseau), il ne peut s'empêcher d'en faire mention dans le Bloc-notes pour saluer au passage «ne fût-ce que d'un rapide coup de crayon, l'œuvre de ces bons travailleurs[33]».

Il est frappant de constater à quel point les combats de Marie-Victorin pour la cause de la science au Canada français ont reçu l'appui constant du *Devoir*. Héroux demanda même au frère de s'entendre avec la directrice de la page féminine au sujet «des services qu'elle pourrait rendre à [sa] cause [dans cette] page particulière[34]». Et le botaniste — de même que toute son équipe — était d'ailleurs parfaitement conscient de tout ce qu'il devait à Omer Héroux.

En 1946, soit deux ans après le décès de Marie-Victorin, son successeur à la direction de l'Institut botanique de l'Université de Montréal, Jules Brunel, écrit à Héroux pour le féliciter à l'occasion de son cinquantième anniversaire de journalisme[35] :

> Nous connaissons tous, au centre botanique de Maisonneuve, le rôle de premier plan que vous avez joué dans la formation de l'opinion publique en ce qui a trait à l'Institut botanique, à la Société canadienne d'histoire naturelle, à l'ACFAS, et plus récemment, au Jardin botanique, couronnement de toutes ces œuvres. Chacun sait que nous vous devons une immense dette de gratitude pour l'aide très efficace et l'appui constant que vous avez si généreusement apportés au frère Marie-Victorin, instigateur de tous les projets mentionnés ci-haut, projets qui sont tous devenus de magnifiques réalités, concrètes et vivantes.

Et lorsque, en 1950, le Comité des Amis du *Devoir* lancera une campagne de souscription, le personnel du Laboratoire se fera

> un plaisir d'apporter [sa] modeste contribution, car tous sont unanimes à reconnaître le rôle unique joué par [*Le Devoir*] dans le développement des sciences naturelles et de la botanique en particulier parmi notre population [...] Aujourd'hui c'est *Le Devoir* qui demande l'aide de ses Amis. L'Institut botanique ne peut évidemment pas rendre au *Devoir* tout ce qu'il lui doit, mais il tient à lui apporter le témoignage de reconnaissance et à lui montrer qu'il se souvient[36].

L'ACFAS

Comme l'écrivait Jules Brunel, *Le Devoir* a toujours soutenu les projets mis de l'avant par Marie-Victorin et les scientifiques de son entourage. Parmi ces nombreux projets figure celui de l'ACFAS qui, avec le Jardin botanique, est sans doute le plus important à voir le jour.

Le 16 juin 1923, ayant peut-être eu vent de la réunion tenue la veille à l'Université de Montréal pour fonder l'Association canadienne-française pour l'avancement des sciences (ACFAS), ou faisant référence à celle tenue six jours plus tôt pour créer la Société canadienne d'histoire naturelle, Omer Héroux fait savoir au frère que son journal est à sa disposition s'il veut «faire quelque réclame» pour ces sociétés[37]. Fin stratège, Marie-Victorin le remercie de son offre mais lui dit que lui et ses collègues ont résolu de ne faire aucune publicité avant l'automne et qu'il sera alors heureux d'utiliser *Le Devoir* pour faire connaître au public leurs activités[38]. Dès l'automne, Héroux revient à la charge et demande «s'il n'est pas à propos maintenant de publier un ou deux articles sur [la] Société des naturalistes et les projets qui s'y rattachent[39]». Lorsque l'ACFAS annonce la tenue d'un premier dîner officiel, Héroux fait aussitôt savoir que son journal désire donner à cet événement une large publicité et il demande à Marie-Victorin — qui est secrétaire de l'ACFAS — s'il peut «d'avance [lui] faire tenir le texte des discours qui seront prononcés» pour faciliter leur publication[40].

À compter de 1933, l'ACFAS organise un congrès annuel réunissant les scientifiques francophones. Dès le premier congrès, tenu à l'Université de Montréal, *Le Devoir* réserve une bonne partie de sa page trois pour imprimer le programme complet et résumer les discours d'ouverture du Congrès et de l'exposition des cercles des jeunes naturalistes qui a lieu parallèlement au Mont Saint-Louis.

Le congrès annuel de l'ACFAS fournit parfois l'occasion de réfléchir, en page éditoriale, sur l'importance des sciences pour le développement du Québec. Faisant écho à un discours de Marie-Victorin au congrès de 1936, Louis Dupire signe un éditorial dans lequel il présente ses «réflexions inspirées par une allocution au Congrès de l'ACFAS» sur le développement économique de l'est de Montréal suscité par la construction du Jardin botanique[41]. L'année suivante, c'est son collègue Omer Héroux qui profite de cette réunion de chercheurs pour rappeler que «si nous avions jadis favorisé la recherche scientifique, nous aurions réalisé on ne sait combien d'économies, ouvert au commerce, à l'agriculture, à l'industrie des domaines nouveaux et profitables[42]». Sans être fréquentes, ces interventions éditoriales de la part du *Devoir* ne sont pas exceptionnelles et on en retrouve jusqu'au milieu des années soixante[43].

L'élection, le 17 août 1936, du gouvernement de Maurice Duplessis — dont le parti avait, pendant la campagne électorale, reçu l'appui de plusieurs des membres actifs de l'ACFAS — est accueillie par Marie-Victorin comme la «vire d'un temps nouveau[44]». Sans perdre de temps, il utilise une nouvelle fois les pages du *Devoir* pour faire connaître au nouveau gouvernement les revendications des chercheurs et lui demander de confier

> définitivement à l'ACFAS les destinées de la culture scientifique du pays [...] Munie des ressources et des encouragements de la province, l'ACFAS est capable, dans ses cadres actuels, d'exécuter un travail de géant, de changer graduellement le climat de notre microcosme intellectuel et de nous permettre d'accéder à une place honorable parmi les petits peuples[45].

La semaine suivante, c'est au tour de Jacques Rousseau, secrétaire général de l'ACFAS et bras droit de Marie-Victorin, d'intervenir pour présenter «Quelques aspects scientifiques de la restauration nationale», texte qui esquisse une véritable «politique scientifique» avant la lettre et dans lequel il réclame la mise en place d'un «Conseil provincial des recherches», organisme central relevant directement du Conseil des ministres, de même que la création de musées et parcs nationaux[46]. Enfin, à la veille du quatrième congrès de l'ACFAS, tenu à Québec les 11, 12 et 13 octobre 1936, Rousseau publie un autre texte important, «L'œuvre de l'ACFAS», qui expose en détail les activités de l'association et rappelle que seules des finances insuffisantes l'ont empêchée de réaliser tous ses objectifs[47]. La stratégie porta fruit car le Gouvernement annonça lors du congrès que la subvention annuelle — qui était de 1 000 $ sous Taschereau — était portée à 5 000 $. Cinq textes importants publiés en moins de trois semaines : sans l'appui du *Devoir*, les porte-parole de l'ACFAS auraient difficilement pu intervenir de façon aussi efficace sur la place publique pour faire avancer la cause de la recherche scientifique.

Après la Seconde Guerre mondiale, les relations entre les scientifiques et *Le Devoir* seront moins suivies qu'elles ne l'étaient auparavant. Au *Devoir* comme à l'ACFAS, une nouvelle génération est à la barre et, la professionnalisation des métiers de chercheur et de journaliste aidant, l'époque laisse peu de place aux grands leaders et aux relations fortement personnalisées entre journalistes et savants comme celles que nous avons décrites plus haut et qui étaient courantes pendant l'entre-deux-guerres.

Malgré cette évolution, les relations privilégiées nouées au cours des années vingt ne s'estompent pas complètement. En 1985, de même que les deux années suivantes, *Le Devoir* publiera un cahier spécial contenant l'ensemble du programme du congrès et, de 1986 à 1991, il financera un nouveau prix de l'ACFAS destiné à reconnaître les contributions des meilleurs chercheurs œuvrant en études humaines : le prix André-Laurendeau.

LOUIS DUPIRE ET LE JARDIN BOTANIQUE DE MONTRÉAL

Omer Héroux n'était pas le seul de l'équipe du *Devoir* à encourager le développement des sciences. Son collègue Louis Dupire allait également jouer un rôle important dans la réalisation des «œuvres» de Marie-Victorin. Le 14 décembre 1929, à peine revenu d'un long périple de six mois à travers trois continents, au cours duquel il a pu visiter les plus grands jardins botaniques du monde, Marie-Victorin lance, devant les membres de la Société canadienne d'histoire naturelle, le projet de construire un jardin botanique à Montréal. Ce petit cénacle où il prêchait à des convertis était insuffisant et il savait très bien que c'était la population et surtout les élus qu'il fallait convaincre de la nécessité d'un tel jardin. Prononcée le samedi, la conférence est publiée dans *Le Devoir* dès le lundi suivant en première page et sur trois colonnes. Jusque-là, le quotidien s'était limité à offrir sa tribune au savant botaniste. Avec le projet du jardin botanique, il fait un pas de plus et décide d'appuyer activement l'idée. Et c'est Louis Dupire, chargé des affaires municipales, qui prend le dossier en main. Dès le lendemain de la publication, il attire l'attention sur son contenu dans un éditorial intitulé «Un jardin botanique à Montréal. En marge de la magistrale conférence du frère Marie-Victorin» dans lequel il demande aux «lecteurs qui veulent le progrès bien entendu de Montréal, qui tiennent à l'embellir et à rendre à la classe laborieuse le contact si nécessaire et si tonique avec la nature» de le lire et de le faire lire. Comme le frère, dont il reprend le texte, il veut «placer Montréal sur la carte des villes que l'on peut visiter et où il y a quelque chose pour l'œil et pour l'esprit[48]».

Un projet d'une telle envergure ne pouvait qu'avancer lentement et ses promoteurs se devaient de tirer profit de toutes les circonstances favorables. Sous la mairie de Camillien Houde, ancien élève de Marie-Victorin au Collège de Longueuil, le projet reçoit un appui favorable. Mais à peine le Comité exécutif, le 4 mars 1932, eut-il voté l'affectation de 100 000 $ aux travaux de construction du jardin qu'un mois plus tard, les élections municipales amenaient au pouvoir un nouveau maire, Fernand Rinfret[49]. Toujours chargé des Affaires municipales, Dupire revient pour l'occasion sur le projet du jardin botanique[50]. Notant que «le nouveau maire est un homme très cultivé [alors que] son prédécesseur n'était guère qu'un autodidacte [mais qu'il] a eu le mérite de saisir la valeur éducative de ce jardin botanique et d'en favoriser l'établissement», il conclut que «M. Rinfret doit à sa culture de recommander fortement à l'exécutif et au conseil municipal d'achever rapidement l'entreprise désormais en bonne voie». Sans tarder, Marie-Victorin le remercie d'avoir «très habilement tracé son programme à la nouvelle administration et au nouveau maire». Patient, il ajoute : «Nous aurons peut-être un mauvais moment à passer, et il est bon de soutenir une idée qui passe au-dessus d'une solution de continuité[51].» L'année suivante, alors qu'il se prépare à quitter Montréal pour se rendre en Colombie-Britannique, il demande à son ami Dupire de «veiller au grain et [de] tenir la question [du jardin botanique] devant le public[52]».

À quelque chose malheur est bon : la crise économique, qui oblige les pouvoirs publics à créer de l'emploi, permettra de construire le Jardin botanique plus rapidement que prévu grâce aux fonds consacrés par les gouvernements aux travaux de chômage. Il faut dire que le retour au pouvoir des amis du frère — Houde est réélu à la mairie en 1934 et Maurice Duplessis devient premier ministre en 1936 — facilite également la tâche.

Le dimanche 22 août 1937, plus de 25 000 personnes fouleront pour la première fois le sol du Jardin botanique de Montréal[53]. Louis Dupire consacrera encore une fois un éditorial à cet événement, soulignant que ce projet «a marché si bien parce que la politicaillerie s'en est tenue écartée jusqu'ici. Du jour où elle y toucherait ou ferait seulement mine d'y toucher, ce serait l'anarchie et le désastre[54]». Il faisait ainsi écho aux propos du frère qui disait que le développement du Jardin se fera à bonne allure mais que «toute ingérence extérieure pourrait compromettre le succès de l'entreprise[55]».

Rumilly a raconté en détail les péripéties de la construction du Jardin botanique[56]. Laissons à Marie-Victorin lui-même le soin de résumer la part qu'y a prise Louis Dupire[57] :

> L'œuvre la plus personnelle et la plus hardie du puissant journaliste qui vient de tomber les armes à la main, est sans contredit la part qu'il prit dans la genèse du Jardin botanique de Montréal. Il en avait fait son affaire, et tout le monde le savait. On ferait — on fera — un fort volume des éditoriaux percutants qui, jour après jour, s'attaquèrent au roc dur de l'indifférence ou de l'hostilité, suivant un rythme et avec une force rappelant l'outil du carrier forant le trou de mine[...] Vingt fois, le Jardin botanique, œuvre d'éducation et monument à la science de la vie, faillit chavirer dans l'humaine et inéluctable mêlée des intérêts. Chaque fois le bras vigoureux de Dupire donna le coup de barre nécessaire. Le journaliste — de par son médium d'expression

qui n'est ni le marbre, ni la toile, ni le livre, mais le feuillet mobile qui ne vit qu'un jour — est bien exposé à mourir tout entier. Mais Louis Dupire vivra, car son nom sera désormais inséparable de l'histoire de la grande institution qu'est le Jardin botanique.

Marie-Victorin disait vrai et aujourd'hui encore le «complexe Louis Dupire» du Jardin botanique rappelle aux visiteurs la mémoire du journaliste.

LE CONCOURS DE BOTANIQUE ET LES CERCLES DES JEUNES NATURALISTES

Au printemps 1930, Omer Héroux demande à Marie-Victorin «comment le journal pourrait susciter de la curiosité, de l'intérêt actif autour des questions scientifiques. Il faudrait essayer de frapper entre autres l'esprit des jeunes[58]». Au moment d'écrire ces lignes, Héroux venait de signer un éditorial dans lequel il s'indignait de l'absence de jeunes Canadiens français dans les carrières scientifiques et, comme Marie-Victorin, il cherchait une façon de mettre fin à cet état de choses[59].

Peu de temps après, Louis Dupire rencontre Oscar Dufresne, propriétaire — avec son frère Marius, ingénieur diplômé de l'École polytechnique — de Dufresne Construction et de Dufresne Engineering. Il habitait une riche maison de leur conception, devenue depuis le Château Dufresne, rue Sherbrooke, et se dit prêt à aider financièrement tout projet éducatif dirigé vers la jeunesse. Le projet du Jardin botanique ayant été lancé quelques mois plus tôt, l'idée germe d'organiser un concours de botanique. Enthousiaste, Marie-Victorin et son équipe de l'Institut de botanique en définissent les règlements et *Le Devoir* patronne l'événement, annoncé le 14 juin 1930. Le concours consiste à construire un herbier comprenant au moins 35 plantes accompagnées d'observations personnelles. Il s'adresse aux «jeunes des deux sexes fréquentant les classes de l'enseignement primaire et de l'enseignement secondaire». Pour chaque section, des prix distincts sont attribués pour les dessins, les photos et même la «cinématographie[60]». Une centaine de participants s'inscrivent au concours et, à l'automne, une séance officielle de distribution de prix a lieu à l'Université de Montréal pendant que les herbiers sont exposés à la bibliothèque Saint-Sulpice, située elle aussi rue Saint-Denis, à proximité de l'Université[61].

Fort de ce succès éclatant et de l'engouement des jeunes pour la botanique, le frère Adrien, clerc de Sainte-Croix, lance l'idée de créer des cercles de jeunes naturalistes. Organisateur hors pair, Marie-Victorin s'empare de l'idée et en fait l'objet d'une causerie diffusée à l'émission radiophonique *L'Heure provinciale*. Non seulement *Le Devoir* la reproduit dans ses pages quelques jours plus tard, mais Louis Dupire lui consacre un éditorial : «En marge d'une causerie du frère Marie-Victorin», dans lequel il appuie la pédagogie active du frère qui veut sortir les enfants de leurs livres pour leur faire découvrir la nature. Dupire rappelle d'ailleurs que «la croisade pacifique pour le retour à la nature», dont parle Marie-Victorin, est le «résultat de notre concours de botanique de l'an dernier», et que «les répercussions d'un geste fécond sont incommensurables comme les vibrations que l'antenne de TSF détermine dans l'éther[62]».

Depuis un mois déjà, *Le Devoir* consacrait une chronique hebdomadaire — le samedi — aux activités des cercles des jeunes naturalistes. Louis Dupire lui-même avait présenté aux lecteurs cette nouvelle initiative :

> Le Coin des jeunes offre aujourd'hui à ses lecteurs une nouvelle rubrique : les jeunes naturalistes. [Il] était tout désigné pour servir d'agent de liaison intercercles : cette fondation est née, en effet, du concours de botanique que nous lancions l'été dernier.
>
> De ce que ces notes figureront dans le Coin des jeunes, il ne s'ensuit pas que les adultes doivent s'en désintéresser [...] Les maîtres d'écoles [...] trouveront là [..] de quoi piquer la curiosité de leurs élèves et prolonger le plus efficacement possible l'enseignement littéral. Les sciences naturelles, on l'a dit, ne s'apprennent bien que sur le terrain.

Le journaliste conseille également aux parents d'encourager leurs enfants à lire cette rubrique et à ne pas persécuter le «naturaliste en herbe» sous prétexte que «les spécimens encombr[ent] telle ou telle pièce, saliss[ent] la maison, la peupl[ent] de sales insectes». Car il ne faudrait pas tuer dans l'œuf «la vocation d'un futur Cuvier ou d'un futur Fabre [..] comme les chenilles et les cocons du petit collectionneur, sous les coups de balai maternels[63]»... ou paternels, ajouterions-nous aujourd'hui! Alimentée par les collaborateurs de Marie-Victorin, elle sera publiée chaque semaine pendant vingt-trois ans, soit de 1931 à 1954, totalisant ainsi plus de mille chroniques[64].

LA BOMBE ATOMIQUE : UNE QUESTION MORALE

En plus des articles consacrés chaque année au congrès de l'ACFAS, les agences de presse étrangères fournissent le gros des nouvelles d'importance mondiale comme le premier voyage transatlantique de Lindberg[65], l'explosion des deux bombes atomiques sur le Japon, le lancement du satellite russe *Spoutnik*, pour ne nommer que les événements les plus marquants qui font l'objet d'un suivi de la part du journal.

Le 7 août 1945, *Le Devoir* titre : « La bombe atomique : nouvelle arme des Alliés contre le Japon ». Paul Sauriol parle aussitôt du « problème moral que pose cette découverte » et conclut :

> Le monde moderne n'a pas su tirer un véritable profit des progrès matériels dont il a tant bénéficié, il n'a pas su les orienter vers son avancement social parce qu'il a méprisé les valeurs spirituelles. L'usage qu'il fait des découvertes scientifiques pour la guerre [indique] que l'épreuve ne lui a pas fait trouver la vraie voie du salut. La libération des forces atomiques prépare-t-elle pour l'humanité un nouveau châtiment[66] ?

Convaincu que « toutes les grandes puissances pourront dans un avenir prochain produire de ces engins de mort », il se demande, le lendemain, ce qu'il adviendra « le jour où deux pays puissants se serviront réciproquement de tels engins de destruction[67] ». Le 9 août, le quotidien annonce « une autre bombe atomique sur Nagasaki ». Après cet événement, Alexis Gagnon revient en éditorial sur les conséquences de l'invention de la bombe atomique qui « a non seulement rempli l'ennemi d'épouvante mais [..] a été accueillie avec une sorte de terreur lugubre même parmi les Alliés ». Il croit que cette nouvelle arme entraînera « la progressive mise au rancart des dernières barrières d'humanité que les peuples avaient réussi à ériger péniblement, au cours des derniers siècles, pour rendre la guerre moins affreuse aux populations sans défense ». Sa conclusion est également morale : « La fin de la guerre laisse [...] un monde de haines inexpiables, et d'inexprimables détresses, qui vivra désormais sous le signe des bombes atomiques et de la mort [...] Dieu, pour punir le monde, n'a qu'à le laisser à lui-même. C'est son plus terrible châtiment[68] ». *La Presse* couvre également ces événements tragiques, mais aucun éditorial ne vient souligner leur portée morale[69].

Quelques jours plus tard, le journal peut expliquer plus en détail le principe de fonctionnement de la bombe, qui a été rendu public dans un communiqué émis par le ministère canadien de la Reconstruction[70]. La curiosité est grande car le journal rapporte qu'une conférence sur le sujet, prononcée par le professeur Ernest Gendreau de l'Université de Montréal, a attiré une foule importante :

> Malgré une chaleur suffocante, l'auditorium du Plateau était rempli à pleine capacité par la foule massée jusque dans le vestibule. Sur le perron, beaucoup d'autres personnes attendaient leur tour pour remplacer ceux que la chaleur faisait sortir du balcon de l'arrière.

Gendreau rappela à son auditoire l'histoire de la théorie atomique et expliqua la différence entre l'uranium 235 et l'uranium 238, seul le premier ayant la propriété de fission. Il expliqua également le principe de la masse critique, en-deçà de laquelle l'explosion atomique est impossible. Quant à savoir «comment provoquer l'explosion à volonté? Comment régulariser cet éclatement? C'est là précisément que se trouve le secret des hommes de science alliés[71]».

CONCLUSION

Comme le montre bien l'exemple de la bombe atomique, les découvertes scientifiques et technologiques jouent dans les sociétés modernes un rôle central non seulement par les bouleversements qu'elles entraînent dans les habitudes de travail et de production, mais également par les questions morales et éthiques nouvelles qu'elles soulèvent. Propulsées à l'avant-scène par la mise au point de la bombe atomique, les sciences physiques ont d'abord retenu l'attention des médias jusqu'au début des années soixante-dix. Depuis ce temps, les développements des sciences bio-médicales — en particulier le génie génétique et les avenues ouvertes par la biologie molécu-laire — ont pris le devant de la scène en posant à leur tour des problèmes éthiques et moraux concernant cette fois la nature humaine et la capacité de modifier le cours même de l'évolution. Sous des formes modernes, des questions plus anciennes comme celles de l'euthanasie ont également refait surface.

Les quotidiens se devant de refléter les préoccupations de la société, on a vu apparaître dans les journaux une section ou une page hebdomadaire consacrée aux développements des sciences et de la technologie. Au cours de l'année 1960, *Le Devoir* publie une chronique «Sciences et techniques» dans laquelle on trouve diverses informations concernant l'électronique, la mécanique automobile et surtout l'astronautique, sujet qui dominera les années soixante et dont le sommet sera l'atterrissage sur la Lune en juillet 1969. De nos jours, la page «Découvertes» du mercredi continue à couvrir l'actualité scientifique en proposant des articles provenant des quotidiens *Le Monde* ou *The New York Times*, de même que de journalistes d'ici. Bien que, comme le déplorait Omer Héroux il y a soixante ans, le monde des sciences et le monde de la presse aient encore peu de relations intimes, il semble bien que ce dernier ait maintenant compris que, au même titre que la politique, les arts ou l'économie, les sciences et la technologie sont au cœur des sociétés modernes et que seul le manque de ressources financières

empêche la production d'un véritable « Cahier des sciences et de la technologie » dirigé par un journaliste spécialisé.

Mais au-delà de la couverture journalistique des événements à caractère scientifique et technologique — qui est le lot de tous les quotidiens —,
la spécificité du *Devoir* dans ce domaine aura sans doute été d'avoir suivi de
près et encouragé activement le mouvement scientifique de l'entre-deux-
guerres, qui se manifesta par des initiatives aussi importantes que la création
de l'ACFAS, du Jardin botanique et des cercles des jeunes naturalistes et, de
manière plus générale, par la croisade du frère Marie-Victorin et de ses
disciples pour la diffusion de la culture scientifique et la formation d'une
élite scientifique canadienne-française.

Yves GINGRAS
Professeur
Département d'histoire
Université du Québec à Montréal

1. *Le Devoir*, 18 janvier 1910. Pour plus de détails sur cette société fondée en
   1908, voir Léo Pariseau, « Et avant l'ACFAS il y eut la SPASLAC », *Annales de
   l'ACFAS*, vol. 9, 1943, p. 177-194.

2. *Le Devoir*, 23 juin 1915.

3. *Ibid.*, 4 août 1915.

4. Environ un article par jour de parution en 1925, 0,75 en 1950 et en 1960 et
   un article par jour en 1970. L'échantillonnage a été fait comme suit : pour
   chacune des années choisies (1910, 1915, 1925, 1950, 1960, 1970), on a
   dépouillé une semaine complète pour chaque mois en avançant d'une semaine
   à chaque mois, de façon à éviter un biais systématique. En 1970, par exemple,
   on a dépouillé la première semaine de janvier, la deuxième semaine de février
   et ainsi de suite. Pour calculer la moyenne, on a simplement divisé le nombre
   total d'articles recensés par le nombre de jours de parution. Il aurait bien sûr
   été intéressant de comparer ces résultats avec la couverture de *La Presse* pour
   les mêmes années, mais le temps nous a manqué pour faire cette comparaison.
   On a ajouté à l'échantillon tous les textes de Marie-Victorin parus dans *Le
   Devoir*.

5. *Le cinquième anniversaire du Devoir*, Montréal, « Le Devoir », 1915, p. 27.

6. *Le dixième anniversaire du Devoir*, Montréal, « Le Devoir », 1920, p. 63.

7. *Le cinquième anniversaire du Devoir*, Montréal, « Le Devoir », 1915, p. 2.

8. *Le Devoir*, 13 juillet 1925.

9. *Ibid.*, 15 et 18 juillet 1925.

10. Robert Rumilly, *Le Frère Marie-Victorin et son temps*, Montréal, Frères des
    Écoles chrétiennes, 1949, p. 30.

11. Frère Marie-Victorin, « Mon miroir », 22 janvier 1911, Archives des Frères des Écoles chrétiennes.

12. Omer Héroux à Marie-Victorin, 9 novembre 1916, Archives de l'Université de Montréal, Fonds de l'Institut botanique (ci-après noté F.I.B.), E 118, A1/703.

13. Omer Héroux à Marie-Victorin, 25 septembre 1922, F.I.B., E 118, A1/703.

14. Marie-Victorin, « Vers la haute culture scientifique », Le Devoir, 30 septembre 1922.

15. Marie-Victorin, Le Devoir, 25 septembre 1925.

16. Georges Pelletier à Marie-Victorin, 14 décembre 1925, F.I.B., E 118, A1/1309.

17. Marie-Victorin à Georges Pelletier, 15 décembre 1925, F.I.B., E 118, A1/1309.

18. Athanase David à Marie-Victorin, 9 septembre 1927, F.I.B., E 118, A1/427.

19. Marie-Victorin à Athanase David, 12 septembre 1927, F.I.B., E 118, A1/427.

20. Marie-Victorin, « La science et nous », Le Devoir, 13 et 15 novembre 1926. Publié ensuite dans La revue trimestrielle canadienne, n° 48, décembre 1926, p. 422-438.

21. Sur cette question, qui demanderait une étude plus fouillée, voir : Jean-François Robredo, « Lemaître entre fiat lux et big bang », Ciel et Espace, numéro spécial, 1993, p. 38-43 ; Georges Minois, L'Église et la science, Tome II. De Galilée à Jean-Paul II, Paris, Fayard, 1991.

22. Marie-Victorin à mère Marie-des-Anges, 6 janvier 1927, reproduite dans Marie-Victorin, Confidence et combat, Montréal, Lidec, 1966, p. 27.

23. Omer Héroux à Marie-Victorin, 3 avril 1929, F.I.B., E 118, A1/703.

24. Marie-Victorin à Omer Héroux, 4 avril 1929, F.I.B., E 118, A1/703.

25. Cité par Luc Chartrand, Raymond Duchesne et Yves Gingras, Histoire des sciences au Québec, Montréal, Boréal, 1987, p. 320.

26. Jules Brunel à Omer Héroux, 12 février 1932, F.I.B., E 118, A1/703.

27. Cité par Luc Chartrand, Raymond Duchesne et Yves Gingras, op. cit., p. 261.

28. Marie-Victorin à Georges Pelletier, 8 juillet 1932, F.I.B., E 118, A1/1309.

29. La Presse publiera également un résumé de cette allocution prononcée au Cercle universitaire sous le titre « L'appel de la science doit être mieux entendu », 11 décembre 1935.

30. Ibid,, 16, 17, 18, 19, 21 janvier 1935.

31. Le Devoir, 27, 28, 29 janvier 1937.

32. Omer Héroux à Marie-Victorin, 8 octobre 1930, F.I.B., E 118, A1/703.

33. Le Devoir, 10 février 1933.

34. Omer Héroux à Marie-Victorin, 20 mars 1928, F.I.B., E 118, A1/703.

35. Jules Brunel à Omer Héroux, 15 mars 1946, F.I.B., E 118 Al/931.

36. Lettre du personnel de l'Institut botanique de l'Université de Montréal au Comité des Amis du Devoir, 13 mai 1950, F.I.B., E 118, A1/931.

37. Omer Héroux à Marie-Victorin, 16 juin 1923, F.I.B., E 118, A1/703.

38. Marie-Victorin à Omer Héroux, 22 juin 1923, F.I.B. E 118, A1/703.

39. Omer Héroux à Marie-Victorin, 6 septembre 1923, F.I.B., E 118, A1/703.

40. Omer Héroux à Marie-Victorin, 10 mai 1924, F.I.B., E 118, A1/703. Le dîner eut lieu le 15 mai suivant et *Le Devoir* en fit largement part le lendemain sous le titre «Pour l'avancement des sciences» — sur trois colonnes. Sur l'histoire de l'ACFAS, voir Yves Gingras, *Pour l'avancement des sciences. Histoire de l'ACFAS 1923-1993*, Montréal, Boréal, 1994.

41. Louis Dupire, «Un grand réveil pour l'Est», *ibid.,* 14 octobre 1936.

42. Omer Héroux, «Le Congrès de l'Acfas», *ibid.,* 7 octobre 1937.

43. Voir par exemple, «1 sur 65», *ibid.,* 3 avril 1930, «La botanique et la santé», *ibid.,* 12 mai 1939, «Du côté des sciences», *ibid.,* 9 octobre 1942, «L'âge de l'ACFAS», *ibid.,* 5 novembre 1954, «L'ACFAS et la réflexion sur une politique de la recherche», *ibid.,* 6 novembre 1965. Par comparaison, notons que *La Presse,* n'en fait aucun avant le milieu des années soixante, comme si elle prenait alors le relais du *Devoir* en cette matière : «Au premier rang de nos priorités», *La Presse,* 7 novembre 1966, «L'ACFAS devant de nouveaux défis», *ibid.,* 26 mai 1980, et «La science et l'avenir», *ibid.,* 18 mai 1982.

44. *Le Devoir,* 25 septembre 1936.

45. Marie-Victorin, «Après la bataille les œuvres de paix», *ibid.,* 25 et 26 septembre 1936, cité par Raymond Duchesne, *La science et le pouvoir au Québec,* Québec, Éditeur officiel, 1978, p. 31.

46. *Le Devoir,* 3 et 5 octobre 1936.

47. *Ibid.,* 10 octobre 1936.

48. *Ibid.,* 17 décembre 1929.

49. Robert Rumilly, *Histoire de Montréal,* tome 4, Montréal, Fides, 1974, p. 176, 179.

50. «Le jardin zoologique de Québec», *Le Devoir,* 9 avril 1932. Les élections avaient eu lieu le 4 avril.

51. Marie-Victorin à Louis Dupire, 10 avril 1932, F.I.B., E 118, A1/507.

52. Marie-Victorin à Louis Dupire, 25 mai 1933, F.I.B., E 118, A1/507.

53. *Le Devoir,* 25 août 1937.

54. *Ibid.,* 27 août 1937.

55. *Ibid.,* 25 août 1937.

56. Robert Rumilly, *Le Frère Marie-Victorin et son temps, op.cit.*

57. Marie-Victorin, «Louis Dupire, bienfaiteur de la jeunesse», *Le Devoir,* 27 janvier 1942.

58. Omer Héroux à Marie-Victorin, 28 avril 1930, F.I.B., E 118, A1/703.

59. «1 sur 65», *Le Devoir,* 3 avril 1930. Le lendemain de la parution de ce texte, Marie-Victorin adressait ses félicitations à Héroux : «Là où d'autres voient toujours l'ostracisme de race, vous voyez une insuffisance formidable, et vous osez le dire. Combien vous avez raison!» (Marie-Victorin à Omer Héroux, 4 avril 1930, F.I.B., E 118, A1/703.)

60. «Pour connaître notre domaine sous le ciel», *Le Devoir,* 14 juin 1930.

61. «La distribution des prix du concours de botanique du Devoir», *ibid.,* 10 novembre 1930.

62. *Ibid.,* 13 mai 1931.

63. *Ibid.*, 4 avril 1931.

64. Marie-Jean-Eudes, s.s.a., *Les cercles des jeunes naturalistes. Pages d'histoire*, Lachine, Éditions Sainte-Anne, 1981, p. 46. À Québec, la chronique est sous la direction de Louis-Philippe Audet et paraît dans *L'Action catholique* de 1932 à 1964. Voir aussi Pierrick Malissard, *Le mouvement scientifique au Québec et les cercles des jeunes naturalistes, 1931-1961*, mémoire de maîtrise en histoire, UQAM, 1993.

65. *Le Devoir*, 20, 23 et 27 mai 1927.

66. *Ibid.*, 7 août 1945.

67. *Ibid.*, 8 août 1945.

68. *Ibid.*, 10 août 1945.

69. *La Presse*, 8, 9, 10, 13 et 14 août 1945.

70. *Le Devoir*, 13 août 1945.

71. *Ibid.*, 14 août 1945 ; voir également *La Presse*, 13 et 14 août 1945.

MODERNITÉ ET CRITIQUE MUSICALE
1910-1961*

Ouverture sur un thème pédagogique. Une figure méconnue : Frédéric Pelletier. Entre continuité et rupture. L'aggiornamento musical du Devoir. Persistance d'une tradition.

OUVERTURE SUR UN THÈME PÉDAGOGIQUE

Dès ses tout débuts, *Le Devoir* ouvre ses pages à la musique. C'est parfois sa couverture de l'actualité «scientifique» qui l'amène à en traiter. Ainsi cet extrait d'un pittoresque article du 12 novembre 1910, dans lequel on se réjouit des résultats prometteurs, sur le plan médical, de l'exécution d'œuvres classiques par un quatuor à cordes devant un auditoire d'enfants malades : «Un enfant paralysé des jambes, au bout d'un mois, battait la mesure avec ses pieds[1]». Mais on trouve au même moment, dans *Le Devoir*,

---

* Le texte qu'on va lire traite de la vie et de la critique musicales dans *Le Devoir*. L'ampleur de l'information que recouvre un tel sujet, la relative méconnaissance qui entoure encore l'histoire de la vie et de la critique musicales au Québec au vingtième siècle, le peu de pages qui nous étaient allouées, tout ceci nous a conduits à restreindre notre problématique. Tout d'abord, en n'étudiant que le seul cas de la musique classique, par opposition à la musique populaire. Puis, en traitant essentiellement des transformations et des mutations de cette modalité de l'approche réflexive de la vie musicale que constitue la critique. D'autant que l'examen de la critique musicale dans *Le Devoir* permet de montrer comment se joue, sur ce terrain-là, la question de la modernité et de l'accès du Québec à cette modernité, thème dont nous avons fait le fil conducteur de notre exposé.

l'amorce d'une véritable couverture de l'actualité musicale et d'une
réflexion sur la musique elle-même.

Certes, il arrive que ces billets ne s'élèvent guère au-delà d'un certain
impressionnisme qui apparente ces premiers écrits journalistiques au reportage mondain[2]. On le voit, par exemple, à propos de cette «Soirée à l'opéra»
qui s'étale en première page du *Devoir* du 12 novembre 1910 : l'article est
consacré essentiellement aux toilettes de ces dames et à d'autres détails du
même ordre[3]. Mais depuis quelques mois, et pour environ une année,
Paul-G. Ouimet tient une chronique consacrée à la musique, sous des titres
variés[4]. Ces premières incursions du jeune *Devoir* dans le domaine musical
témoignent déjà des préoccupations que le quotidien fera siennes sur une
période de plusieurs décennies.

Ouimet assigne ainsi à la critique une dimension pédagogique fondamentale. L'inculture qu'il prête sans ambages au public canadien-français
entraîne chez lui la volonté de contribuer à la formation du goût du public.

> [...] notre peuple n'est pas sérieux au point de vue de l'art. Il ne sait pas
> vraiment ce qui est beau ; il ne comprend pas l'idée d'une œuvre ; il ne saisit
> pas tel ou tel passage remarquable. [...] Je me suis laissé dire que pareille
> chose n'existait pas [en France, en Espagne, en Angleterre, en Italie][5].

Ces comparaisons avec l'étranger — en l'occurrence, la tradition
européenne — lui paraissent d'autant plus éclairantes qu'il identifie expres-
sément la culture américaine comme le grand danger menaçant son peuple.

> L'invasion américaine avec ses *coon-songs* et ses vaudevilles grotesques, voilà le
> fléau qui s'abat sur notre peuple. On préfère applaudir un bouffon ou une
> drôlesse qu'un chanteur distingué ou une diva de renom[6].

Le voisinage avec l'ennemi se traduit naturellement chez Ouimet par
la promotion de la musique et des artistes d'ici[7] : il propose d'ailleurs, sur le
terrain politique, des innovations susceptibles de contribuer à son essor. Le
18 juin 1910, Ouimet propose ainsi à Sir Lomer Gouin, alors premier
ministre, d'octroyer par concours un prix à un compositeur canadien-français :
il conçoit ce genre d'intervention étatique comme un moyen d'assurer «le
commencement sérieux de notre musique canadienne-française[8]».

Mais l'éducation demeure aux yeux de Ouimet l'arme fondamentale
dans ce combat pour la survie. Cette visée didactique constituera pendant
plusieurs années l'axe central de la couverture musicale du *Devoir*.

> Notre peuple se perd dans le domaine de la musique : il n'a pas de guide [...]
> pourquoi ne pas tenter de lui insuffler un peu d'âme, de le réveiller de sa

torpeur et de son insouciance ? Cela s'appellerait une œuvre, et une grande, un apostolat digne des plus spontanés éloges[9].

Les contours de cette formation publique du «bon goût», à laquelle doit contribuer le critique, évolueront bien sûr au fil des ans. À cet égard, il faut rappeler que le contenu de l'héritage culturel à transmettre est marqué au sceau de la connaissance — ou de l'ignorance — qu'on a des créations modernes et de la conception qu'on se fait d'une «œuvre merveilleuse». L'absence de Debussy, Ravel, Fauré ou Satie, dans le passage suivant d'un article de Ouimet, s'avère ainsi hautement significative de sa conception de la musique à promouvoir.

> [...] c'est aux artistes persévérants et consciencieux que j'en appelle [...]. Qu'ils ne craignent pas les difficultés qu'offrent, dans leurs œuvres merveilleuses, des auteurs modernes comme Vincent d'Indy, Pierné, Massenet, Messager, Charpentier [...][10].

La «modernité» musicale dépeinte par Ouimet fait évidemment la part très belle à la musique religieuse, ce qui n'étonne guère dans le contexte québécois de l'époque. Nulle surprise, dans cette optique, de constater que *Le Devoir* ait consacré, chaque samedi, de novembre 1910 à janvier 1911, des colonnes entières à la reproduction et au commentaire du Règlement de Pie X sur la musique sacrée. De même, *Le Devoir* rend compte, dans un article non signé du 15 septembre 1915, de l'inauguration solennelle de la *Schola Cantorum*, qui s'inscrit encore aisément dans la foulée du règlement pontifical. «S.G. Mgr Forbes [...] fit le sermon de circonstance [...] un éloquent exposé de l'origine, des sources, de l'inspiration, du but et du caractère de la musique religieuse[11].»

Mais, depuis 1911, le *Devoir* compte un nouveau collaborateur dans le domaine musical, en la personne de Frédéric Pelletier. Sous sa gouverne, pendant plus d'une trentaine d'années, la couverture musicale du quotidien connaîtra une inflexion originale, dans une direction résolument moderne.

UNE FIGURE MÉCONNUE : FRÉDÉRIC PELLETIER

Issu d'une famille de musiciens[12], Frédéric Pelletier est né le 1er mai 1870. Médecin, il délaisse bientôt cette carrière pour se consacrer à la musique. Il sera maître de chapelle, professeur, compositeur[13], auteur[14] et, bien sûr, critique musical. De 1911 à sa mort, le 30 mai 1944, Pelletier exerce cette activité critique dans diverses publications[15]. En octobre 1914, il amorce sa collaboration régulière au *Devoir* à titre de critique musical.

De 1917 à 1944, il assure, le samedi, une chronique hebdomadaire intitulée
« La vie musicale ».

Pelletier demeure une figure méconnue de la critique musicale du
Québec de la première moitié du vingtième siècle. Pourtant, il mérite
amplement d'être comparé à cette autre grande figure de la critique musicale de l'époque, Léo-Pol Morin[16], et ne peut être simplement considéré
comme celui ayant repris le « programme » de Ouimet. Celui-ci concevait la
critique comme un outil pédagogique favorisant la transmission dogmatique
d'une tradition musicale propre à renforcer le peuple canadien-français dans
sa lutte contre la modernité américaine : avec Pelletier, la critique, fût-elle
conservatrice, prend un tour résolument moderne. Il s'agit maintenant
d'assumer pleinement l'idée de critique, en ce qu'elle comporte de distance
réfléchie à l'égard de la tradition musicale. Une telle position critique
n'entraîne nullement un rejet de la tradition, au nom de la modernité. C'est
la posture — critique —, qui fait le critique, et non le contenu — la
musique — sur lequel il jette son dévolu : en ce sens, l'idée d'une critique
conservatrice, loin d'être une hérésie sur l'autel de la modernité, garde toute
sa signification. Et c'est précisément cette position qui nous semble caracté-
riser toute la démarche de Pelletier.

À la critique impressionniste ou mondaine ; aux billets non signés qui
favorisent, dans leur anonymat, l'émission d'opinions plus ou moins infor-
mées et qui confinent parfois au règlement de compte ; à cette critique dans
laquelle les directions de journaux interviennent sans cesse, Pelletier substi-
tue l'idée d'une critique libre et autonome, signée et personnelle, par
laquelle le critique prend subjectivement et réflexivement position. De
nombreux textes témoignent de la fidélité à cet idéal de la part de celui pour
qui « l'impersonnalité en art est une absurdité[17] ».

> Plus que tous les autres, le critique musical a le devoir de se servir du modeste
> pronom de la première personne puisqu'il ne peut émettre que des opinions
> personnelles et noter ses réactions propres. En art, il ne peut y avoir d'opi-
> nion collective [...]. Je me suis toujours efforcé de n'écrire que ce que je pense
> moi-même et d'éviter le psittacisme[18].

Pelletier avançait déjà cette idée dans la profession de foi que contenait sa chronique du 3 mai 1917 : « En art, il ne peut y avoir que des
appréciations subjectives[19]. » La véritable critique demeure néanmoins pour
lui étrangère au relativisme subjectif. Car cette appréciation subjective se
doit d'être informée.

> Le critique musical doit commencer par connaître l'art dont il parle, son
> histoire, ses fondations scientifiques, sa théorie. [...] il doit être capable de

fonder ses appréciations sur quelque chose de plus que sur son sentiment subjectif et ses réactions cérébrales[20].

C'est pourquoi Pelletier croisera souvent le fer avec ses collègues d'autres journaux ou revues, relevant là des erreurs, dénonçant ici l'incompétence et pourfendant l'ignorance partout où il la décèle[21]. En cela, Pelletier incarne bien le rôle d'éducateur que Ouimet assignait au critique musical. Mais cette visée pédagogique se trouve ici délestée de sa finalité dogmatique, pour être assumée pleinement, ce qui n'exclut pas, encore une fois, l'acceptation d'une esthétique musicale révolue aux oreilles de plusieurs.

La chronique de Pelletier est ouverte aux lecteurs. Il y discute des idées ou opinions que ceux-ci avancent, répond à des questions et fournit diverses informations. Ainsi se constitue un véritable lieu d'échange et de dialogue. Il ouvre même sa chronique à ses confrères et aux musiciens. Si le ton est parfois brutal, ces pratiques témoignent néanmoins de l'ouverture de Pelletier aux autres points de vue et de sa fidélité au rôle d'animateur qu'il s'est assigné. Sa passion pédagogique le pousse d'ailleurs à prendre position à diverses reprises sur la question de l'enseignement de la musique[22]. Le 10 mars 1917, il intervient ainsi pour réclamer que soit dispensé un véritable enseignement de la musique dans nos écoles, tout en précisant que cet enseignement doit d'abord être consacré au solfège[23]. Dix ans plus tard, il avance des propositions pour assurer l'excellence de cet enseignement : il développe en particulier l'idée qu'en art, il convient de partir de l'ensemble pour saisir les détails[24]. En 1943, il réclame même que soient nommés des inspecteurs de l'enseignement musical[25] :

> L'enseignement du solfège est obligatoire sous certaines conditions mais on ne saura jamais combien de commissions scolaires travaillent [...] pour échapper à la loi tant qu'on n'aura pas nommé un inspecteur spécial de l'enseignement du solfège.

Il soulève la question de la création d'une École de musique à de nombreuses reprises. En 1927, il n'hésite pas à lier les difficultés que rencontre ce projet à l'incompréhension du public et des pouvoirs publics à l'égard de la musique.

> Il y a trop de préjugés contre la musique pour qu'elle puisse les vaincre. On a pour elle cette indulgence dédaigneuse qui accompagne tout ce qu'on considère comme inutile et impratique [...]. Le côté intellectuel et moralisateur de la musique est absolument ignoré ; sa valeur économique est niée [...]. Et cela menace de durer encore longtemps[26].

La visée pédagogique de Pelletier déborde ainsi de beaucoup la discussion des compositeurs et de leurs œuvres dans le seul but d'informer le lecteur et d'éclairer son jugement. Bien sûr, le critique ne cache pas ses préférences : mais il favorise les échanges sur la musique contemporaine, au-delà de ses goûts beaucoup plus classiques. Dans un texte publié à l'occasion de la venue à Montréal de Darius Milhaud, on peut mesurer l'acceptation distante des innovations modernes qui caractérise le traditionalisme modéré et réfléchi de Pelletier.

> Satie, malgré des titres et des indications d'une bizarrerie voulue, n'en fut pas moins un compositeur qui savait ce qu'il voulait et qui possédait les moyens d'y réussir. On peut ne pas s'enthousiasmer pour sa musique et n'en demeurer pas moins un véritable musicien de bon goût et avisé, mais il faut reconnaître l'influence qu'il a exercée, ne serait-ce que sur le Groupe des Six[27].

Pelletier n'ignore pas les pratiques et théories musicales modernes : sa critique, résolument ancrée dans une connaissance et une maîtrise de la tradition, demeure ouverte sur l'actualité et curieuse des innovations qui y apparaissent. En décembre 1927, la tenue du Festival Debussy, organisé par Léo-Pol Morin, permet ainsi à Pelletier de présenter l'œuvre du compositeur en la situant dans la tradition française.

> [Debussy] osa, peut-être un des premiers, voir combien l'œuvre géniale de César Franck enchaînait Rameau à l'évolution musicale post-frankiste et ouvrait toute grande la porte à la rénovation des procédés harmoniques courants[28].

Cette ouverture de Pelletier se manifeste du reste clairement dans un article qu'il consacre à Ravel, à l'occasion de la tournée américaine et du passage à Montréal du compositeur français. Le critique déplore alors notre méconnaissance de l'œuvre de Ravel, qui « manie l'orchestre avec une rare virtuosité et qui a donné au théâtre des œuvres qui, hélas!, nous resteront longtemps inconnues[29] ».

Bien sûr, Pelletier ne se veut pas le héraut de la révolution musicale ayant alors cours en Europe. Ainsi, en 1937, le passage de Stravinsky à Montréal suscite très peu de commentaires de sa part. On est alors très loin de l'enthousiasme dont fera preuve le critique Jean Vallerand, vingt ans plus tard, lors de la première exécution du *Sacre du Printemps*, par l'OSM, sous la direction d'Igor Markevitch.

> L'auditoire a été sincèrement subjugué par l'œuvre parce qu'elle lui est parvenue vivante : Igor Markevitch a fait accomplir à la musique contemporaine un pas de géant dans le goût musical montréalais[30].

Vers la fin de sa vie, Pelletier, conformément à ce qui l'avait guidé durant sa longue carrière, se trouvera d'accord avec Vallerand pour condamner, en matière de critique musicale, toute forme d'idolâtrie : l'admiration véritable d'une œuvre en exige la compréhension et ne saurait simplement résulter d'un effet de mode ou de la gloire du compositeur.

> Les grands maîtres n'ont pas toujours écrit de grandes œuvres [...]. Haydn a écrit peut-être cent-quarante symphonies ; combien en demeure-t-il au répertoire ? [...] Beethoven a écrit des pois-bouille, comme les *Écossaises* : cela ne vaut pas cher, mais un pianiste s'est fait applaudir et la critique s'est extasiée sur les *Écossaises* par la magie du nom. Chopin [...] s'est débarrassé de [...] l'importune gentillesse [de ses admiratrices mondaines] en leur dédiant des valses qui ne lui coûtaient pas cher [...]. Autrefois, un programme d'organiste n'était pas complet s'il ne présentait au moins un *Prélude* ou une *Fantaisie* et une *Fugue* de Bach. Aujourd'hui la mode n'en veut plus, elle demande des choses auxquelles elle ne comprend rien[31].

Le même refus de toute complaisance à l'égard des idées reçues guide Pelletier sur la question du nationalisme en musique. Le sujet, alors délicat, a suscité de son vivant de brûlantes controverses. Dans toute cette polémique, la position de Pelletier paraît toutefois relativement claire, conséquente et modérée. Il l'expose dès 1917, en rappelant que si, à son avis, le nationalisme en art et en littérature ne peut manquer d'exister, «en musique, il en va autrement [car] ce n'est pas dans la production que l'on trouve [...] l'extériorisation de l'âme nationale[32]». En musique, poursuit-il,

> [...] le nationalisme peut se pratiquer d'une autre façon qui est la préférence à donner aux œuvres des nôtres chaque fois qu'on le peut. [...] Voilà du vrai nationalisme en art. Faire connaître nos contemporains, montrer qu'ils peuvent écrire aussi bien que n'importe quel étranger[33].

Pelletier maintiendra cette idée tout au long de sa carrière, comme l'indique encore un texte publié en 1942, deux ans avant sa mort.

> [...] nos musiciens, quand ils se hasardent à livrer leurs inspirations à l'auditeur, mettent à les écrire autant de soin et de science que leurs illustres confrères de France ou d'ailleurs et [...] ce voisinage ne diminue en rien l'œuvre qu'ils ont imaginée[34].

Le combat de Pelletier pour faire connaître et jouer la musique du Canada français trouve ici toute sa justification. Toutefois, il ne croit pas en l'existence d'un style musical proprement canadien.

> Il n'y a pas d'École canadienne de musique. Il peut être désirable qu'il y en ait une, mais le contraire peut se soutenir. Il n'y a qu'une chance bien éloignée que le Canada [« de race française »] ait un jour sa formule musicale propre[35].

Pelletier pouvait ainsi, sans contradiction, réclamer que la musique d'ici soit jugée pour elle-même et, dans le même souffle, tout en s'opposant à ceux pour qui «tout ce qui est signé d'un nom de chez nous ne mérite [...] que dédaigneuse condescendance[36]», avouer régler comme suit son jugement critique face au travail des artistes d'ici :

> Pourvu qu'ils ne tombent pas dans l'amateurisme, ou — ce qui n'arrive que bien rarement — qu'ils ne promettent pas plus qu'ils ne peuvent tenir, je crois qu'ils ont droit qu'on ne les étrangle pas. Autrement, il arriverait vite que toute production cesserait chez nous — elle est déjà bien mince, — et nous en serions réduits à l'importation perpétuelle[37].

On le constate : la personnalité de Pelletier aura permis au *Devoir*, pendant toutes ces années, de jouer un rôle de tout premier plan sur la scène musicale d'ici[38]. Eugène Lapierre, qui deviendra lui-même critique au *Devoir* en 1948, évoquait d'ailleurs en ces termes le rôle central joué par Pelletier :

> On commença par le trouver «terrible». Cinq ans plus tard, il n'était plus que «pas commode». Puis, il devint tout bonnement «à idées arrêtées». En somme, tout le monde le lisait, surtout chez les dirigeants, dont certains n'ont jamais eu, en musique, d'autre opinion que la sienne[39].

Le 2 juin 1944, Arthur Letondal rendait hommage à Pelletier, à la une du *Devoir*, en mentionnant que la réunion en volume de ses diverses chroniques constituerait «un apport précieux à l'Histoire». Plus de cinquante ans plus tard, l'intérêt d'une telle publication demeure entier.

ENTRE CONTINUITÉ ET RUPTURE

En 1945, la chronique «La vie musicale» continue de paraître, tenue cette fois par Romain-Octave Pelletier, fils du précédent. Les grandes orientations données par son père sont maintenues, en particulier la vocation didactique de la couverture des événements musicaux[40]. Mais une nouvelle ère s'ouvrira bientôt avec l'arrivée au *Devoir* de Jean Vallerand, en 1952, qui permettra à la musique contemporaine d'entrer résolument dans les pages du quotidien. L'intermède, de 1948 à 1951, sera assumé par Eugène Lapierre, qui clôturera ainsi les quarante premières années de vie musicale au *Devoir*.

«Organiste, professeur, compositeur, musicographe, administrateur[41]», Eugène Lapierre, né en 1899, étudia d'abord l'orgue avec Étienne Guillet et Benoît Poirier. Il étudia ensuite à Paris, de 1924 à 1928, à l'Institut Grégorien puis à la *Schola Cantorum*; il y sera aussi l'élève de Vincent d'Indy, de Georges Caussade et d'autres encore. À son retour au Québec, il réorganise le Conseil national de Montréal, dont il avait été le secrétaire en 1921 et dont il restera le directeur jusqu'à sa mort en octobre 1970. Auteur de nombreux ouvrages, Lapierre composa aussi une œuvre considérable et connut une carrière couronnée de prix et de décorations[42] au cours de laquelle il acquit une grande réputation dans l'enseignement de l'accompagnement grégorien.

Son passage au *Devoir*, de 1948 à 1951, témoigne d'une pratique et d'une conception de la critique qu'on pourrait qualifier de dogmatiques, marquées au coin d'un idéal de musique nationale et dont l'enracinement dans la tradition — voire dans une certaine tradition — n'a d'égal que le rejet et l'incompréhension de certaines entreprises et recherches contempo-raines : par exemple, et le mot est souvent cité, il trouve le jazz «démentiel». C'est dans le traitement d'activités musicales plus conformes à ses goûts et à son idéal que se trouve sans doute le meilleur de la critique que pratique Lapierre.

Mais au moment même où est ainsi assurée une forme de continuité dans le traitement de la vie musicale dans *Le Devoir*, s'amorce également une rupture, contemporaine de l'arrivée au journal d'André Laurendeau, nommé éditorialiste et rédacteur en chef adjoint en 1947.

Fils d'Arthur Laurendeau, chanteur, et de Blanche Hardy, pianiste, Laurendeau a étudié le piano avec Léo-Pol Morin et porte à la musique un intérêt qui n'a rien de passager ou de superficiel. Adepte de Debussy, de Beethoven, mais aussi de Mussorgski, de Honneger et de Berg, il tient même, au *Devoir*, sous le pseudonyme d'A. Rivard, une chronique de disques[43].

Sous sa gouverne, *Le Devoir* effectue un important virage en matière de critique musicale et s'oriente encore plus résolument dans la voie de la modernité[44]. La critique, avec toutes les nuances et les réserves que suggè-rent les pages précédentes, avait jusque-là tendu à être nationaliste, morali-sante, conservatrice, didactique et épithétique[45] : elle se fera désormais internationalisante, descriptive et moderniste.

L'AGGIORNAMENTO MUSICAL DU *DEVOIR*

La figure de Jean Vallerand domine la période qui va de 1952 à 1961, alors qu'il est responsable de la couverture musicale du quotidien de la rue

Saint-Sacrement. Né à Montréal le 24 décembre 1915, Vallerand est à la fois administrateur, professeur, musicien (violoniste), chef d'orchestre, essayiste et critique. Mais il est d'abord un compositeur de renommée internationale qui, depuis *Le Diable dans le beffroi* (1942), inscrit son œuvre dans le courant de la musique contemporaine[46]. Il sera, à ce titre, au *Devoir* comme dans ses autres activités, le porte-parole de la jeune musique québécoise, comme le suggère M.T. Lefebvre[47]. Nous nous contenterons ici de présenter quelques textes de Vallerand témoignant de cette rupture, au *Devoir,* dans la façon d'aborder la musique contemporaine.

Dans un article consacré à la décadence de la musique religieuse, le 29 décembre 1956, Vallerand invite le lecteur à reconnaître que «la majorité des œuvres pseudo-religieuses ne sont que de piètres œuvres d'art[48]». Il donne aussi à entendre que c'est dans les modalités sociales et culturelles de leur inscription dans le monde que les formes d'art vivent et meurent : les causes de la dédadence de la musique religieuse sont donc à chercher de ce côté. «Il n'y a qu'une explication, écrit-il, à la décadence de la musique religieuse. Cette explication est dans ces terribles paroles : "Homme de peu de foi"[49].» Constat terrible, certes, dans le contexte religieux du Québec de l'époque; mais surtout, réalité incontournable pour celui qui faisait du «devoir strict d'écrire ce qu'il croit être la vérité[50]» la première responsabilité du critique.

C'est dans cette optique qu'il faut comprendre la place accordée par Vallerand à la musique contemporaine dans les pages du *Devoir.* Il ne peut ignorer que la profonde mutation en cours dans la société québécoise constitue un puissant levier de transformation de l'expérience musicale. Lui-même au cœur des recherches d'une nouvelle esthétique musicale, il saisit bien la portée sociale de cette révolution musicale. Conscient que ce qui est en jeu déborde de toutes parts les oppositions esthétiques, il ne peut, comme critique, qu'accompagner ce mouvement de la nouvelle musique. Il ne s'agit bien sûr pas ici d'adhérer de façon immédiate, a-critique, à ce mouvement : en cela, Vallerand perpétue la tradition clairement établie par Pelletier. Mais, dépassant son illustre prédécesseur, il achève en quelque sorte son parcours critique en appuyant sa démarche non plus sur les canons esthétiques du passé, fussent-ils problématisés, mais sur les promesses offertes par l'acte libre de la création.

La couverture du célèbre *Concert de musique contemporaine* donné le 1er mai 1954 par François Morel, Serge Garant et Gilles Tremblay, au cours duquel ceux-ci interprétèrent, outre leurs propres œuvres, des pages de Messiaen et de Boulez, demeure à cet égard exemplaire. Vallerand ne manque pas l'occasion de souligner l'importance de l'événement auquel il convie le public. Mais il fait aussi œuvre d'éducateur et de vulgarisateur en expliquant ce que signifie l'avant-garde artistique et en précisant les places occupées dans ce mouvement par Boulez et Messiaen. Après avoir rappelé que l'avant-garde, comme l'académisme, a ses cabotins, il pose la question la plus fondamentale peut-être du point de vue de l'esthétique.

> La question que pose le récital de musique contemporaine de ce soir est donc la suivante : « Quelque chose de neuf nous est-il proposé ? Si oui, ce neuf en vaut-il la peine ? » Aucun auditeur ne pourra, après une seule confrontation, résoudre cette question, mais il pourra en discuter en meilleure connaissance de cause[51].

Dans la critique de ce concert, deux jours plus tard, Vallerand explique que la vie musicale québécoise vient d'entrer dans une ère nouvelle. Mais, plus encore, il pointe parfaitement la mutation civilisationnelle qui s'exprime à travers ce bouleversement du paysage musical.

> Il y a longtemps que je souhaitais dans notre vie musicale un événement comme celui-là. Bon an, mal an [...] les mêmes répertoires, les mêmes esthétiques : il était temps que quelqu'un cassât les vitres [...]. Beaucoup de gens [...] ont assisté [au concert] : les sceptiques, les snobs [...] et aussi quelques sincères [...] une inquiétude a été créée et ce dont notre vie musicale a le plus besoin c'est précisément d'une inquiétude [...]. J'ai l'impression, en écoutant la musique de Webern, d'être confronté avec l'expression musicale d'une civilisation et d'une philosophie qui n'ont rien de commun avec l'héritage européen[52].

Un an plus tard, Vallerand rapporte que près de 700 personnes[53] ont assisté à un concert de musique contemporaine consacré essentiellement à Webern. Son texte se termine ainsi : « [...] concert d'un intérêt palpitant et qui a d'ailleurs failli à certains moments soulever des réactions presque violentes chez certains auditeurs. C'est magnifique[54] ».

La première du Festival de musique actuelle, en 1961, constitue aussi un événement. Vallerand le couvre avec un enthousiasme qui ne l'empêche nullement de formuler de sévères critiques. Il y eut là le pire : « Monsieur John Cage et ses disciples nous auront valu la plus vaste supercherie dont les Montréalais aient jamais été victimes dans le domaine artistique[55] » ; mais aussi le meilleur avec, entre autres, la *Cantate pour ruban magnétique et piano* de Stockhausen : « [...] à côté de Stockhausen, les Américains ont l'air de garçonnets de cinq ans[56] ».

Il avait rappelé quelques jours plus tôt que les œuvres présentées étaient, pour l'essentiel, des « travaux de recherche », à prendre comme tels, à l'exception d'*Anerca*, de Garant, et du *Poème électronique*, d'Edgar Varèse. À cette occasion, il avance d'ailleurs une thèse cernant l'opposition entre la musique traditionnelle et les musiques actuelles, à travers leur rapport propre au temps.

> Ce qui rend [...] la participation difficile à la réalité de cette œuvre, c'est son refus d'accepter les données de l'organisation du temps. Et, peut-être touchons-nous là le secret fondamental des tendances les plus actuelles de la musique : son refus d'accepter le temps, c'est-à-dire les techniques spirituelles par lesquelles l'homme a conscience du temps. C'est dire que cette musique n'est accessible qu'à ceux qui réussissent — même temporairement — à se débarrasser des réflexes spirituels acquis au contact de la musique traditionnelle ; et par musique traditionnelle, j'entends avant tout celle qui se veut une organisation sonore de la durée[57].

On le constate, cette méditation soutenue sur la musique actuelle n'a pas empêché, bien au contraire, le maintien des préoccupations pédagogiques ayant meublé, au fil des ans, les chroniques musicales du *Devoir*. Le «Petit guide du mélomane», paru le 19 janvier 1957, en témoigne, tout comme la chronique du 16 février suivant, consacrée à *Wozzeck*, d'Alban Berg, qui demeure un modèle d'exposé didactique concernant une œuvre difficile et rarement jouée.

Par contre, le traitement de la question du nationalisme en musique se trouve ici profondément modifié. Le temps où une longue argumentation devait fonder toute velléité de défendre artistes et musique d'ici est définitivement révolu. Mais il ne s'agit pas non plus, à l'inverse, de s'incliner devant tout ce qui vient de l'étranger. Vallerand se livre ainsi, avec une certaine virulence et non sans humour, à une charge en règle contre une certaine forme de colonialisme pratiqué outre-Atlantique à l'endroit du Canada. C'est que Vallerand, comme certains de ses confrères musicologues et musiciens, reçoit des lettres d'Européens plus ou moins connus affirmant tout de go vouloir venir diriger ici un orchestre ou enseigner au Conservatoire ou à l'Université.

> [...] tous semblent croire qu'il leur suffira de débarquer au Canada pour trouver en arrivant les situations les plus mirifiques [...]. C'est à croire que l'on prend le Canada pour un désert où il y a un spectacle de théâtre tous les dix ans et un concert tous les vingt ans. Ou c'est à croire que, forts de leur nationalité, trop d'Européens dans la périphérie de l'activité artistique s'imaginent qu'au Canada n'importe qui s'empressera de «faire le nègre» pour un cousin d'outre-Atlantique[58].

À travers la critique musicale, Vallerand a défendu, au *Devoir*, les profondes transformations qui allaient bientôt déboucher sur la dite Révolution tranquille. Mais, par dessus tout, il a œuvré pour la défense de l'art, cette «belle aventure», comme il l'a écrit, en particulier, dans un fort beau texte consacré à son esthétique, qui se termine comme suit : «Grâce à l'art, l'homme se rapproche de l'Éternité et défie la mort. Cette victoire sur le néant est sans doute la plus noble et la plus pure fonction de l'artiste[59].»

PERSISTANCE D'UNE TRADITION

En 1961, Gilles Potvin[60] succède à Jean Vallerand. Il occupera la fonction de critique musical au *Devoir* de 1961 à 1966, puis de 1973 à 1985. Entre ces deux passages, Jacques Thériault signera bon nombre d'articles. C'est lui qui couvre, par exemple, le Festival de musique présenté dans le cadre de l'Expo 1967. Dans son édition du 7 janvier de cette même année, *Le Devoir* suggère aux lecteurs les concerts susceptibles de satisfaire leurs goûts particuliers dans le cadre de cet événement qui présente au public une grande variété de genres et d'esthétiques musicales. Tout cela fut couvert par Thériault[61] et c'est encore lui qui couvre, en 1968, la venue de Bério à Montréal. Il vaut la peine de relire les textes consacrés par *Le Devoir* à ce compositeur dans l'édition du 21 novembre 1968 et, en particulier, l'entrevue qu'on y trouve. La dimension pédagogique dont *Le Devoir* s'est fait une tradition se poursuit ici encore, de manière exemplaire. De même lors de cet autre événement majeur de notre histoire musicale que constitue le passage à Montréal de Loriod et de Messiaen, qui fait également l'objet de textes de Thériault.

> [...] le plus extraordinaire de toute cette affaire, c'est que le concert s'est effectivement présenté comme une sorte de rêve, trop beau pour être décrit totalement sous ses aspects les plus séduisants et trop riche en moments essentiels pour qu'il soit possible de s'attacher à tous ses détails. C'est tout à fait le genre de manifestation musicale qu'on ne peut oublier : cet accord sublime et indiscutable entre la méditation des mains sur un clavier et le silence approbateur d'une salle, tirée pour un soir de sa petite vie quotidienne. Bref, un événement historique[62].

Le concert donné par Stockhausen à la SMCQ fait lui aussi l'objet de plusieurs textes signés par Potvin et Thériault. Le 4 mars 1971, Thériault offre aux lecteurs un document intitulé «Une journée de Karlheinz Stockhausen». L'optimisme de certains passages est notable :

> Musique thérapeutique ? Musique intuitive ? Musique libératrice ? Musique plurivalente ? L'œuvre de Stockhausen, c'est un peu tout ça. Chacune de ses partitions est unique et constitue un choc pour l'auditeur, qui la perçoit comme une sorte «d'information électrique», comme une ouverture sur un nouveau monde qui ne doit pas être constitué comme «Le meilleur des mondes» d'Huxley, mais bien plutôt par des individus qui ont pris

conscience d'eux-mêmes et qui ont pu se libérer individuellement pour pouvoir ensuite libérer le monde de toutes ses absurdités[63].

Il devient malaisé, parvenus à cette date, d'isoler des événements et, plus encore, faute du recul nécessaire, de prétendre prendre la mesure de la critique musicale dans *Le Devoir*. Ajoutons simplement que la critique musicale est assumée, depuis quelques années, par Carol Bergeron et Marie Laurier[64], dont les textes sont connus de tous les mélomanes. Par là se perpétue la tradition amorcée par Ouimet en 1910, poursuivie et enrichie depuis par tous les autres critiques qui se sont succédé au *Devoir*. Bergeron écrivait ainsi les lignes suivantes, en 1984, à propos du rôle du critique musical :

> C'est [...] dans le prolongement de l'acte musical [...] qu'elle [la critique] doit se situer. La critique musicale devrait servir d'intermédiaire entre les dispensateurs de musique et ceux à qui elle s'adresse. Mais plutôt qu'une réflexion sur l'acte musical lui-même, elle devrait être une réflexion sur les conditions dans lesquelles cet acte se réalise.[...] Partant du principe que l'objet de la critique n'est jamais globalement ineffable [...] la critique n'est par conséquent pas inutile. Mais pour éclairer, le critique doit comprendre. [...] pour accepter [d'] exercer [le métier de critique], il faut croire à la nécessité de la critique, il faut également aimer follement la musique et respecter autant ceux qui la font que ceux qui l'écoutent. Et puis, le critique n'est-il pas un témoin privilégié de l'activité musicale d'une ville, d'un pays, d'une époque[65]?

L'écho qu'elles rendent nous paraît en conformité avec cette tradition du journal que tous les critiques ont perpétuée depuis Ouimet.

Normand BAILLARGEON
Professeur,
Sciences de l'éducation
Université du Québec à Montréal

Jean PICHETTE
Assistant de recherche
Sciences de l'éducation
Université du Québec à Montréal

1. *Le Devoir*, 12 novembre 1910.

2. John Beckwith et June Countryman font justement remarquer cet aspect des écrits journalistiques consacrés à la musique au Canada, en particulier à la fin du XIXe siècle. Voir : John Beckwith et Countryman, « Critique », *Encyclopédie de la musique au Canada.*, p. 249.

3. Cependant, *a contrario*, voir le texte que Ouimet consacre, le 5 novembre 1910, aux représentation de *La Tosca* et de *Lakmé*.

4. « La musique dans la Province », « La musique à Montréal », « La musique au Canada », entre autres.

5. P.G. Ouimet, *Le Devoir*, 4 juin 1910. Sur le même thème : P.G. Ouimet, *ibid*, 11 juin 1910.

6. P.G. Ouimet, *ibid*, 4 juin 1910.

7. P.G. Ouimet, « La musique à Montréal », *ibid*, 11 juin 1910.

8. P.G. Ouimet, « La musique dans la Province », *ibid*, 18 juin 1910.

9. P.G. Ouimet, « La musique à Montréal », *Le Devoir*, 11 juin 1910.

10. *Ibid*

11. Anonyme, *Le Devoir*, 15 septembre 1915.

12. De précieuses indications biographiques se trouvent dans les articles consacrés aux membres de cette famille ayant fait leur marque en musique (*Encyclopédie de la musique au Canada*, Montréal, Fides, 1983, p. 800 et suivantes). Dorénavant cet ouvrage sera cité ainsi : EMC.

13. On lui doit diverses oeuvres pour orchestre, chœur et voix : un oratorio (*La Rédemption*), un *Triptyque d'oraisons* et un *Stabat Mater*. Il est aussi l'auteur d'une *Messe de Requiem*, dont *Le Devoir* rend compte, avec éloge, de la première exécution, le 3 novembre 1920, sous la signature d'Arthur Letondal. Une grande partie de la carrière de Pelletier est liée à la musique religieuse.

14. On lui doit, outre de nombreux articles non colligés, la préface à *Musiciens canadiens* et surtout une *Initiation à l'orchestre* (1948).

15. Voir à ce sujet le très intéressant article de Viviane Émond, « Frédéric Pelletier et la critique musicale à Montréal dans la première moitié du XXe siècle », *Cahiers de l'ARMUQ*, n° 12, avril 1990, p. 62-74. Le présent passage de cet article doit beaucoup à ce texte.

16. Viviane Émond, *op. cit.*, a très bien montré l'importance de Pelletier dans la critique musicale de l'époque au Québec.

17. F. Pelletier, « La vie musicale », *Le Nationaliste*, 8 septembre 1912, p. 3. Cité par V. Émond, 1990, *op. cit.*, p. 63.

18. F. Pelletier, « Critique musicale », G. Pelletier *et al.*, *Comment se fait* Le Devoir, 1935, p. 63.

19. F. Pelletier, « La vie musicale », *Le Devoir*, 3 mars 1917.

20. F. Pelletier, G. Pelletier *et al.*, *op.cit.*, p. 63.

21. Ainsi de la chronique du 13 mars 1943 (*Le Devoir*, p. 7) où il relève coquilles et perles. L'article est malicieusement intitulé : « Des journaux français avaient leur Parc aux Huîtres : j'ai pensé faire plus canadien en l'appelant le Parc aux Malpèques ».

22. Le thème de l'enseignement de la musique chez Pelletier demanderait à lui seul un long développement qui déborde très largement le cadre de cet article.

23. F. Pelletier, «La vie musicale», *Le Devoir*, 10 mars 1917.

24. *Ibid.*, 22 octobre 1927.

25. *Ibid.*, 13 mars 1943.

26. *Ibid.*, 8 janvier 1927. On consultera aussi l'article de Pelletier à l'occasion de la création du Conservatoire, paru dans *Le Devoir* du 6 juin 1942.

27. *Ibid.*, 21 janvier 1927.

28. *Ibid.*, 10 décembre 1927.

29. *Ibid.*, 3 décembre 1927.

30. J. Vallerand, «Une date dans notre histoire symphonique», *Le Devoir*, 8 mars 1957.

31. F. Pelletier, «La vie musicale», *Le Devoir*, 24 janvier 1942, p. 4. Pelletier écrivait encore, dans la livraison du 24 avril 1929, à la p. 3 : «En ces jours où l'on croirait diminuer si, aux harmonies bizarres, on avoue préférer la belle ordonnance des thèmes amoureusement développés [...] c'est un mérite que d'avouer courageusement ses goûts». Cité par V. Émond, *op. cit.*, 1990, p. 67.

32. F. Pelletier, «La vie musicale», *Le Devoir*, 10 novembre 1917.

33. *Ibid.*

34. *Ibid.*, 1er juin 1942.

35. *Ibid.*, 10 mars 1917.

36. *Ibid.*, 1er juin 1942.

37. F. Pelletier, «Critique musicale», G. Pelletier *et al.*, *Comment se fait* Le Devoir, 1935, p. 64.

38. Léo-Pol Morin lui-même reconnaissait l'importance du travail de Pelletier. Voir «Notre critique musicale», *La Presse*, 27 décembre 1930, p. 57.

39. E. Lapierre, «À la mémoire de Frédéric Pelletier», *Le Devoir*, 10 juin 1944.

40. Le 3 mars 1945, R.-O. Pelletier explique ainsi au lecteur le rôle du chef d'orchestre; la chronique du 10 du même mois est consacrée aux «emprunts» de mélodies d'un compositeur à l'autre et à une discussion du thème du plagiat.

41. EMC, p. 556.

42. On en trouve la liste à l'article que consacre à son nom l'EMC. Soulignons que Lapierre est, en 1930, le premier récipiendaire d'un doctorat en musique de l'Université de Montréal.

43. Sur A. Laurendeau et la musique, on pourra consulter le témoignage de son fils Jean : «André Laurendeau, la musique et l'ambiance», N. Pirotte, (sous la direction de), *Penser l'éducation. Nouveaux dialogues avec André Laurendeau*, Montréal, Boréal, 1989, p. 121-134.

44. Le terme est, nécessairement, polémique et pas du tout univoque. Nous nous contenterons ici, en suivant en cela Marie-Thérèse Lefebvre, de tenir la modernité musicale comme écart, infidélité, contestation de la tradition. Voir : M.T. Lefebvre, «La modernité dans la création musicale» Y. Lamonde et E. Trépanier, *L'avènement de la modernité culturelle au Québec*, Québec, IQRC, 1986, p. 173-186.

45. Ces termes sont ceux que retient Yves Chartier dans «Musique et critique au Canada Français», *Cahiers canadiens de la musique*, n° 7, automne et hiver 1973, p. 75-77.

46. En 1955, il utilise la technique sérielle et la reprendra encore par la suite. Vallerand n'a pas fait exécuter de nouvelle œuvre après 1969. Toutes ces informations sont tirées de l'EMC, article «Vallerand», p. 1036.

47. Entre 1948 et 1950, plusieurs œuvres québécoises témoignent, dans le monde musical, de l'amorce d'une rupture avec la tradition, rupture déjà largement entamée en arts visuels et en littérature avec le surréalisme. Voir sur cette question, M.T. Lefebvre, *op. cit.*

48. J. Vallerand, «Décadence de la musique religieuse», *Le Devoir*, 29 décembre 1956, p. 8.

49. *Ibid.*

50. J. Vallerand, «Sur les droits et les devoirs de la critique», *Le Devoir*, 27 août 1956.

51. J. Vallerand, «La vie musicale. Concert de musique contemporaine», *Le Devoir*, 1er mai 1954.

52. J. Vallerand, «Garant, Morel et Tremblay et la musique contemporaine», *Le Devoir*, 3 mai 1954. Le même jour, en première page du *Devoir*, le cardinal Léger révèle son intervention dans un récent conflit municipal et loue l'esprit chrétien des fonctionnaires!

53. Le chiffre est énorme, et Vallerand commente : «Je ne crois pas qu'un concert de même ordre aurait attiré, à Paris, à Londres, ou à New York, plus de monde.» (J. Vallerand, «Concert de musique contemporaine au Conservatoire de la Province», *Le Devoir*, 6 mai 1955.)

54. *Ibid.*

55. J. Vallerand, «Le Festival de Musique Actuelle : du bluff à la création authentique», *Le Devoir*, 9 août 1961.

56. *Ibid.*

57. J. Vallerand, «Le premier concert de musique actuelle», *Le Devoir*, 5 août 1961.

58. J. Vallerand, «Les étrangers, les métèques et nous», *Le Devoir*, 29 février 1957.

59. J. Vallerand, «Au seuil de la belle aventure», *Le Devoir*, 16 février 1957.

60. L'EMC le présente comme critique, réalisateur, conseiller municipal, administrateur, impresario et traducteur. Gilles Potvin est né à Montréal le 23 octobre 1923 et dirige actuellement la deuxième édition de l'*Encyclopédie de la musique* au Canada, après s'être chargé de la première après son passage au *Devoir*.

61. Voir, entre autres : J. Thériault, «Lulu», *Le Devoir*, 17 juin 1967 ; «L'Opéra de Hambourg : *Jenufa* de Janacek», *Le Devoir*, 19 juin 1967 ; «Festival Port-Royal et Wilfrid-Pelletier. Du Bach de Saram au Debussy d'Ansermet», *Le Devoir*, 21 juin 1967 ; «Festival Mondial. Théâtre Port-Royal Ménuhin, Brahms, et la Tour de Babel», *Le Devoir*, 28 juin 1967 ; *Wozzeck* de Berg *Le Devoir*, 21 septembre 1967.

62. J. Thériault, «Une soirée historique à la SMCQ. Loriod, Messiaen et les mystères du génie», *Le Devoir*, 7 novembre 1970.

63. J. Thériault, «Une journée de Karlheinz Stockhausen», *Le Devoir*, 4 mars 1971.

64. Marie Laurier assure plus précisément la couverture de l'actualité musicale, à l'exclusion de la critique au sens strict du terme.

65. C. Bergeron, «Réflexion sur la critique musicale», *Dérives*, nos 44-45, 1984, p. 119-120.

L'ÉDUCATION : QUELQUES JALONS
1910-1964*

*L'éducation dans les premiers éditoriaux des directeurs du
Devoir. Survol de l'année 1910. La réforme scolaire : Le
Devoir comme spectateur engagé.*

L'éducation dans *Le Devoir*. La matière est ici plus qu'abondante. Et
nous l'avons constaté en donnant un premier coup de sonde dans les
numéros d'une seule année, prise au hasard (l'année 1953), qui nous révé-
lait qu'au cours de cette seule période, plus de cent articles et éditoriaux
étaient consacrés à l'éducation.

Dans ce contexte, il devenait impératif de limiter la portée de notre
travail. Nous avons choisi d'analyser tout d'abord le premier éditorial rédigé
à son arrivée au *Devoir* par chacun des directeurs du journal. Nous avons
cherché, par là, à rappeler ce qui a caractérisé la manière d'aborder et d'interpréter la question de l'éducation des différents directeurs du journal : une
telle perspective permet de survoler rapidement quatre-vingt-cinq années et
de repérer des constantes et des mutations à notre sens significatives.

Nous avons voulu, ensuite, étudier plus systématiquement, et dans le
détail, le traitement réservé à l'éducation au cours d'une année donnée.
Nous avons retenu la première année de parution du *Devoir* (1910), dont
l'examen plus approfondi nous permettait de saisir comment le fondateur
Henri Bourassa concrétisait pratiquement les intentions mises de l'avant par

---

* Les auteurs tiennent à souligner l'importance de la collaboration de France Lord,
  Catherine Labelle et Lise Guérette qui ont assuré le dépouillement des articles
  consacrés à l'éducation dans *Le Devoir* au cours des années abordées ici.

lui dans le programme publié lors de la parution du premier numéro du *Devoir*.

Nous avons voulu, enfin, analyser le traitement réservé à une série d'événements choisis en raison de leur portée historique. Nous avons retenu à cette fin la période qui va de 1959 à 1963 et nous avons étudié le rôle joué par *Le Devoir* à l'occasion de la réflexion collective sur l'éducation entreprise au Québec lors de la révolution dite «tranquille». Au cours de cette période, *Le Devoir* apparaît, bien sûr, comme un reflet à la fois privilégié et critique des problèmes et des questions éducationnelles au Québec. Mais il apparaît aussi, et peut-être surtout, comme un acteur lançant des idées et proposant des pistes de réflexion, lesquelles seront plus tard reprises par divers acteurs sociaux. En suscitant ainsi des débats qui forcent à la réflexion et à l'analyse, *Le Devoir* avance des idées susceptibles de conduire à une pratique réfléchie.

Ce qui, finalement, est une façon de rester fidèle au programme mis de l'avant par son fondateur.

L'ÉDUCATION DANS LES PREMIERS ÉDITORIAUX DES DIRECTEURS DU *DEVOIR*

HENRI BOURASSA

Le terme «éducation» prend, dans *Le Devoir*, une grande variété de sens. Veut-on entendre par éducation l'objet premier de l'existence même du *Devoir*? De l'éducation à titre d'enjeu sociopolitique? De l'éducation en tant que sous-système social possédant ses finalités propres et son contenu spécifique? De l'éducation entendue comme institution dispensatrice de connaissances? On retrouve dans *Le Devoir*, et dans le programme rédigé par son fondateur, ces différentes façons d'aborder la réalité éducative.

Le Devoir, comme l'écrit dans le premier numéro, daté du 10 janvier 1910, le fondateur Henri Bourassa, n'est pas une œuvre isolée. Il fait partie d'un ensemble plus vaste. «Car "La Publicité", c'est le nom sous lequel nos amis ont obtenu la personnalité civile, se propose de mener par la parole et par la plume toute une campagne d'éducation[1].» Bref, *Le Devoir* est fondé d'abord dans une perspective éducative.

Mais il y a plus. Le premier article du programme social du *Devoir* affirme la nécessité d' :

enseigner au peuple canadien-français un patriotisme raisonné et agissant qui lui fasse connaître, aimer et pratiquer ses devoirs nationaux, la conservation de sa foi et de ses traditions, la connaissance véritable et la revendication énergique des droits constitutionnels, le respect des sentiments légitimes des autres races, le développement de ses facultés intellectuelles propres, l'attachement au sol, une participation active et intelligente à la vie nationale et au mouvement patriotique[2].

En somme, il s'agit d'abord d'enseigner autant sinon plus que de renseigner.

Un peu plus loin, dans le même texte, Bourassa inclura, sous la rubrique «Politique provinciale», quelques points propres au système scolaire lui-même :

- Diffusion dans toute la province de l'**enseignement populaire** des sciences appliquées à l'agriculture et à l'industrie.
- Relèvement de la situation morale et pécuniaire du **corps enseignant**.
- Respect de l'**autorité de l'Église** et des droits du père de famille dans l'enseignement public.
- Maintien des droits et des privilèges de la **minorité protestante** [3].

Voilà les principes qui guideront la politique du *Devoir* en matière d'éducation. Aucun des successeurs de Bourassa n'accordera, du moins dans son premier éditorial tenant lieu de programme, une place aussi importante à l'éducation et une variété de sens aussi diversifiée.

GEORGES PELLETIER

Quant à Georges Pelletier, successeur de Bourassa et membre de la maison depuis ses tout débuts, son arrivée à titre de directeur n'est pas marquée par la publication d'un programme qui lui soit propre. Le 11 août 1932, Pelletier publie son premier éditorial à titre de nouveau directeur du *Devoir*. Il se rit du *Soleil* qui se demande: «Que va devenir *Le Devoir?*» Il pourfend ses «acoquinances» avec le parti au pouvoir et il poursuit :

À l'avenir comme par le passé, *Le Devoir* veut appuyer les honnêtes gens au service de la chose publique, qu'ils soient de droite ou de gauche, rouges ou bleus. Il traitera comme il convient la canaille de quelques titres qu'elle se pare[4].

Tel est le programme de Pelletier. Quelques jours plus tard, dans son second éditorial à titre de directeur, c'est au tour de la *Patrie*, de la *Presse* et du *Star* d'être la cible de ses sarcasmes. On le constate : en matière d'éducation, Pelletier ne semble pas avoir de programme propre et, sous son règne, c'est celui de Bourassa qui se poursuit.

GÉRARD FILION

La mission éducative du *Devoir* sera réaffirmée plus ou moins explicitement par chacun des nouveaux directeurs lors de leur prise en charge du quotidien. Chacun, il faut le souligner, l'interprète à sa façon. Ainsi de Gérard Filion : «C'est mon ambition, avance ce dernier lors de son entrée en fonction en 1947, que *Le Devoir* devienne pour les Canadiens français un guide d'action pratique, un étendard de conquête[5].» Dans le texte dans lesquel le nouveau directeur du *Devoir* fait l'exposé de la politique que le journal suivra à l'avenir, Filion écrit : «Il y a des journaux qu'on regarde, d'autres qu'on lit, d'autres qu'on étudie. *Le Devoir* est de cette dernière catégorie[6].» Courte phrase comportant tout un programme. Faut-il que *Le Devoir* fournisse matière à étude et à réflexion? Encore faut-il qu'il se montre bon enseignant pour attirer et retenir son public.

Plus spécifiquement, Filion énonce les principes qui guideront son action dans le champ de l'éducation. Ce sont son attachement à la doctrine traditionnelle, à savoir que les matières d'éducation relèvent à la fois, pour des raisons différentes, des parents, de l'Église et de l'État[7]» ; son opposition à l'école neutre mais aussi son appui aux suggestions pour améliorer le système scolaire. Filion croit aussi à la place des laïcs dans l'enseignement. Enfin, il affirme que, dans le domaine de l'éducation, il existe une foule de questions sur lesquelles il faudra prendre position. Et de les énumérer : «enseignement bilingue, controverse des humanités et des sciences, baccalauréat, culture physique, et le reste». Bref, rien de nouveau mais une volonté bien arrêtée de participer aux débats qui, en matière d'éducation, préoccupent et, bientôt, animeront la société québécoise.

CLAUDE RYAN

La presse, écrit quelques années plus tard Claude Ryan dans son premier éditorial à titre de journaliste au *Devoir*, est devenue dans notre milieu une sorte de magistrature morale dont les jugements sur les hommes et les événements ont plus d'influence, désormais, que ceux des magistratures traditionnelles, y compris celle des clercs. Cela est particulièrement vrai du *Devoir* [...][8].

Un peu plus loin, dans le même article, Ryan affirme qu'au *Devoir* il poursuivra le travail entrepris «au sein des mouvements d'Action catholique et d'éducation populaire». En somme, *Le Devoir* est à la fois juge et propagandiste de la bonne nouvelle. Fait-il œuvre d'éducation? À l'occasion de son premier éditorial à titre de directeur du *Devoir*, Ryan écrit, le 4 mai 1964 :

«Aux lecteurs du *Devoir*, j'exprime ma détermination d'être fidèle aux intentions de notre fondateur. Henri Bourassa voulut faire du *Devoir* un organe indépendant de diffusion des principes chrétiens et à la défense des Canadiens français[9].» Le magistère se poursuit.

MICHEL ROY

Sous la gouverne de Michel Roy, directeur intérimaire de 1978 à 1981, *Le Devoir* se veut moins un juge qu'une tribune ouverte aux différents courants d'opinion :

> Sensibilité aux libertés individuelles, vocation d'accueil envers les milieux intellectuels, politiques et culturels ; mais aussi ouverture sur le monde que nos débats locaux et canadiens rendent parfois trop lointain ; attitude fraternelle également envers les Québécois des autres groupes ethniques, ce troisième membre de la famille canadienne[10].

Ainsi, *Le Devoir* ouvre ses pages aux différents groupes et aux diverses écoles de pensée. L'heure n'est-elle pas au dialogue et à l'éducation participative ?

JEAN-LOUIS ROY

En prenant la direction du *Devoir*, Jean-Louis Roy réaffirme la valeur des principes définis par Henri Bourassa[11]. Il évoque « les nécessités d'investissement dans l'ensemble des domaines regroupés aujourd'hui sous les appellations d'éducation et de recherche». N'est-ce pas reconnaître la mission éducative du *Devoir*? Toutefois, Roy fait une mise en garde : «Le consentement aux vieilles fidélités de cette maison ne doit pas cependant bloquer les adaptations que le temps et le caractère même de l'entreprise exigent.» L'éducation, oui ; toutefois les contenus ont changé, ils ont évolué au fil des ans, il faut s'adapter tout en respectant les valeurs anciennes.

BENOÎT LAUZIÈRE

Quant à Benoît Lauzière, successeur de Jean-Louis Roy, il affirme, dans son premier éditorial : «Le but ultime du DEVOIR, "le progrès moral et matériel des Canadiens français", me paraît aussi inspirant en 1986 qu'en 1910[12].» Un peu plus loin, il ajoute :

> Si la visée des mêmes fins justifie la prise en considération de nouveaux aspects d'un même problème ou son réexamen sous un angle différent, il est,

par ailleurs, certains objectifs qui — même formulés dans une langue un peu vieillie — demeurent tels quels tout à fait d'actualité.

Et Lauzière de citer Bourassa : « Élever le niveau moral et intellectuel de la race » et « Créer et alimenter une opinion publique libre et forte ». N'est-il pas temps de redresser la tête ?

LISE BISSONNETTE

Lise Bissonnette affirme dans son éditorial du 24 septembre 1990, dans lequel elle dévoile son programme :

> Cet héritage [celui de Bourassa], c'est moins le programme précis du fondateur, bien des fois remodelé et rajeuni en cours de route, que le principe même d'un journal indépendant, libre, n'appartenant à personne ni à un parti comme il était fréquent à l'époque, ni à des intérêts privés comme c'est la règle aujourd'hui[13].

Et plus loin d'écrire : « Le premier devoir du DEVOIR, dans ces conditions, c'est la recherche avec le plus de vigueur intellectuelle possible. » Or, n'est-ce pas là le fondement de toute œuvre éducative ? Au sentiment de posséder la vérité, qui animait l'action de Bourassa, ont succédé le doute et surtout la nécessité d'approfondir le sens des événements. Faut-il aller jusqu'à remettre en question des acquis qui ont pris valeur de postulat ?

> L'activisme misérabiliste, écrit Bissonnette, abonde, mais moins la réflexion de fond sur nos travaux inachevés qui pourraient faire une différence : la démocratisation de l'éducation, par exemple, ce grand raté de l'après-Révolution tranquille.

La réponse est claire et limpide : il faut tout remettre en question au-delà du verbe creux.

En somme, à la suite de Bourassa, tous les directeurs du *Devoir* ont affirmé, d'une façon ou d'une autre, le rôle éducatif du quotidien au sein de la société canadienne-française puis québécoise. Les principes énoncés en cette matière ont été interprétés de différentes façons. Pouvait-il en être autrement ? Quatre-vingt-cinq ans, c'est long dans la vie d'un journal qui, chaque jour, doit réagir aux événements s'il veut, à son tour, influencer ceux-ci. Car *Le Devoir* s'est toujours voulu autant acteur que reflet de la société québécoise. On comprend alors que le rôle éducatif du *Devoir* se soit transformé au fil des ans. Certes, il s'agit aujourd'hui comme hier d'informer le plus objectivement possible et le plus indépendamment possible des coteries, des factions, des partis. Toutefois, *Le Devoir* s'inscrit tout de même comme journal indépendant en dépit des courants idéologiques variables au cours des âges. Il prend alors parti pour des causes.

SURVOL DE L'ANNÉE 1910

Nous avons voulu vérifier jusqu'à quel point l'importance accordée par Bourassa à l'éducation dans l'énoncé de son programme se vérifiait dans les faits. À cet effet, nous avons dépouillé tous les numéros du *Devoir* publiés au cours de l'année 1910. Nous avons relevé plus de cent cinquante articles se rapportant à l'éducation. Ces articles, il va sans dire, ne sont pas tous de la plume du seul directeur mais portent la signature de ses principaux collaborateurs dont Armand Lavergne, Georges Pelletier, Omer Héroux et même Jules Fournier. Les questions relatives à l'éducation ne sont pas réservées à quelques journalistes spécialisés mais intéressent tous les principaux collaborateurs du journal. La diversité, la pluralité et la variété des aspects traités rejoignent aussi le nombre de journalistes qui s'intéressent à l'éducation. Des relations entre les étudiants et la police[14] à l'enseignement du français et en français hors Québec, en passant par la critique d'un ouvrage de C.-J. Magnan sur les écoles primaires et normales de France[15], par le droit des parents et la gratuité scolaire, par les conditions de travail des institutrices, par l'embrigadement des élèves des écoles afin de recueillir des fonds pour la construction d'un monument à Dollard[16], toute question relative à l'éducation est sujet d'articles, prétexte à commentaires. Le fait divers, à l'instar du projet de loi, mérite l'attention des journalistes du *Devoir*. Par leur nombre et par leur diversité, les articles relatifs à l'éducation démontrent l'intérêt porté par le directeur et ses collaborateurs à cet aspect de la vie collective et nationale des Canadiens français.

L'ÉDUCATION COMME ENJEU POLITIQUE

On peut considérer l'éducation non pas en soi mais comme enjeu d'un ensemble politique plus vaste. Ainsi, bon nombre d'articles consacrés à l'éducation se situent dans une perspective nationaliste. Par exemple, la question de l'enseignement en français dans les écoles séparées de l'Ontario qualifiées d'écoles bilingues. Elles retiennent l'attention du *Devoir* tout au cours de l'année. Plus de quarante articles, soit près du tiers de ceux consacrés à l'éducation, les abordent. Banni des écoles publiques de la province voisine, l'enseignement en français continue toutefois d'être dispensé dans les écoles séparées.

La question scolaire incite les Canadiens français de l'Ontario à se réunir en congrès à Ottawa dans le but, selon Jules Fournier, «d'obtenir l'enseignement du français dans les écoles de l'Ontario[15]». De ce congrès émerge l'Association canadienne-française d'éducation de l'Ontario (ACFEO) qui obtiendra par la suite l'appui constant et soutenu du *Devoir*. Les Canadiens français de l'Ontario en ont grandement besoin car, au début de l'année scolaire 1910, Mgr Fallon, évêque de London, émet des directives interdisant l'enseignement en français dans les écoles séparées (donc catholiques) de son diocèse. La question fait les manchettes du *Devoir*. On publie à l'automne 1910 nombre d'articles et de déclarations qui déplorent cette situation et proclament la légitimité de l'enseignement bilingue. Toutefois, Bourassa lui-même est désarçonné. Pourtant, le sermon de Mgr Bourne prononcé le 10 septembre et sa propre réplique auraient dû ouvrir la voie à sa désillusion. Quoi qu'il en soit, Bourassa écrit : «Nous avons peine à croire à l'exactitude de ces renseignements [relatifs aux directives de Mgr Fallon]. Il est impossible qu'un évêque catholique tombe ainsi d'accord avec les ennemis les plus haineux de l'Église [les orangistes][18].» Il exhorte les Canadiens français de London à ne pas perdre leur sang-froid, à recourir, si nécessaire, à l'arbitrage du pape, infaillible en matière de foi et de morale. On connaît la suite. Mgr Fallon n'en démord pas. Moins de deux ans plus tard, le règlement 17 réduisant à peau de chagrin l'enseignement du français et en français dans les écoles séparées de l'Ontario est promulgué. La vigueur mise par *Le Devoir* à défendre les Franco-Ontariens illustre bien l'importance accordée à l'éducation à titre d'enjeu politique et national susceptible d'entraîner l'adhésion du fondateur et des journalistes.

C'est dans le même esprit que Georges Pelletier s'interroge sur l'opportunité pour la province d'accepter des fonds de Lord Strathcona, destinés à encourager dans les écoles l'instruction physique et militaire :

> Car si nos gouvernants ont le droit et le devoir d'enseigner aux Québequois [*sic*] à défendre le Canada, ils n'ont certes pas le droit de permettre que, sous le couvert d'instruction militaire, on aille ériger des chaires d'impérialisme dans nos écoles publiques[19].

PRINCIPES

On peut s'interroger sur les principes qui sous-tendent les prises de position du *Devoir* en matière d'éducation. *Le Devoir* défend, en 1910, une politique que l'on pourrait, dans l'ensemble, qualifier de traditionnelle. Lors de la lecture du discours du trône, le premier ministre annonce la création d'une école forestière. «L'idée est excellente», de souligner Bourassa. Toutefois, s'interroge-t-il : «M. Gouin va-t-il se servir de ce projet pour poursuivre son œuvre de désagrégation de notre régime d'enseignement supérieur[20]?» Le débat se poursuit à l'occasion de la création récente de l'École des Hautes Études Commerciales. Tout en reconnaissant l'utilité de l'enseignement dispensé par cette nouvelle institution, Georges Pelletier ajoute : «[...] mais nous ne voulons pas d'une université d'État[21].» À ce propos, une querelle, parmi tant d'autres, surgit entre *Le Devoir* et le *Canada,* journal des libéraux qui défend la légitimité et la nécessité des HEC tout en niant l'intention du gouvernement de vouloir créer une université d'État[22]. Quelques mois plus tard, Omer Héroux affirme à propos des HEC et des écoles techniques :

> [...] nous avons demandé que les écoles qui recevront des enfants catholiques de quatorze à dix-huit ans soient baignées d'une atmosphère catholique et qu'elles ne fassent pas tache dans un système scolaire qui tient compte des croyances de tous les enfants catholiques ou protestants[23].

Car Héroux craint que cette école neutre ne puisse attirer ni les catholiques, ni les protestants et ne devienne «le séminaire commercial de la colonie juive[24]». Bref, on ne peut nier le caractère catholique de l'éducation au point d'oublier que ces nouvelles institutions répondent aux nouveaux besoins d'une société en pleine transformation industrielle et en pleine mutation technologique. La défense de la croix et du goupillon passe avant tout. À cet égard, *Le Devoir* publie, dans ses colonnes, plusieurs lettres de Joseph Denais, conseiller municipal de Paris, qui défend l'école catholique face à l'école d'État, neutre, laïque et gratuite[25].

Dans la même veine, *Le Devoir* s'oppose à la gratuité scolaire, à la création d'un ministère de l'instruction publique, à l'uniformité des livres et au contrôle du corps enseignant par un bureau central d'examinateurs : non pas que ces réformes soient condamnables en principe, avance Bourassa, mais parce qu'elles «permettraient [aux sectaires] de mettre la main sur tout le régime et le personnel de l'enseignement public et d'imposer l'école sans Dieu[26]». Voilà l'ultime mal. Dieu doit être présent à l'école. La gratuité scolaire est, au surplus, «facilement nuisible à l'éducation des enfants et elle est une arme aux mains de l'État contre le droit de l'Église et des parents. Elle doit être rejetée parce qu'il y a d'autres moyens pour aider les pauvres sans compromettre les droits de personne[27]». En somme, l'éducation est d'abord l'affaire de l'Église et des parents.

Lors du débat entourant le projet d'uniformiser les manuels scolaires, Omer Héroux prend le parti des adversaires car il existe entre les enfants des différences causées par la religion, le sexe et le milieu qui militent en faveur de la diversité. «La formation d'un enfant, écrit-il, doit être adaptée à son milieu[28].» Bref, l'accent doit être mis sur les caractéristiques individuelles.

Au surplus, note Héroux : «On estime, en outre, que la concurrence, la possibilité toujours présente de faire adopter des méthodes nouvelles et perfectionnées est la plus sûre garantie de progrès scolaire.»

En somme la politique du *Devoir* en matière d'éducation s'appuie sur des principes qui minimisent le rôle de l'État et maximisent celui dévolu à l'Église et à la famille. Toutefois, en évoquant l'importance de l'adaptation au milieu, *Le Devoir* adhère, peut-être sans le savoir, à l'un des principes fondamentaux défendus par Dewey, réformateur à la même époque de l'éducation américaine, à savoir le respect de l'environnement de l'enfant, qui doit devenir le point d'ancrage de sa formation.

SYSTÈME ET STRUCTURES SCOLAIRES

Le Devoir soutient le maintien du système scolaire ainsi que des structures existantes. Les journalistes s'opposent à la création d'un ministère de l'instruction publique[29] tout en prenant la défense du Conseil de l'instruction publique alors en place[30] et des collèges classiques qui échappent à l'autorité de l'État[31]. Les fêtes organisées à l'occasion du jubilé du Séminaire de Joliette fournissent l'occasion de faire le panégyrique de l'enseignement classique[32]. Lorsqu'à l'automne 1910, le comité catholique dudit conseil recommande la création d'un nouveau poste d'inspecteur général, Omer Héroux appuie cette proposition pour autant que le gouvernement consulte le comité catholique lors de la nomination du titulaire du poste[33]. Les changements doivent respecter les structures existantes Le *statu quo* prévaut.

QUELQUES QUESTIONS PARTICULIÈRES

L'instruction des femmes

La question de l'instruction des femmes attire, à quelques reprises, l'attention du *Devoir*. En mai 1910, Paul Leclair signale que deux jeunes filles ont suivi avec succès, à l'Université Laval de Montréal, les cours de M. Du Roure : «Elles veulent, écrit-il, se cultiver davantage parce qu'elles sont convaincues que pour enseigner avec succès, il faut des connaissances étendues[34].» Et le journaliste d'applaudir à leur persévérance et à leur réussite. Mais l'intérêt du *Devoir* dépasse-t-il le fait divers ? Jamais, au cours de l'année 1910, le directeur du quotidien ou encore l'un des éditorialistes n'aborde cette question. Toutefois, à l'occasion de la réouverture, à l'automne 1910, de l'École d'enseignement supérieur pour jeunes filles, *Le Devoir* publie un article signé Marie-Louise dans lequel l'auteure répond aux opposants. Elle s'inscrit en faux contre ceux qui prétendent que les jeunes filles sont trop frivoles ou trop occupées par les travaux ménagers pour poursuivre des études. Elle termine son article par ces phrases : « Il faut de l'huile à la lampe pour brûler. L'esprit humain a besoin de connaissances pour mettre en œuvre son énergie et ses ressources[35]. » Le mois suivant, c'est au tour de Marcelle Lafrance, dans un sarcastique billet du soir qui a pour titre « Instruction ou mari ? » d'ironiser sur ceux qui prétendent que « la femme doit être inférieure à son mari[36] » et qui s'opposent à l'instruction dispensée aux femmes. Elle conclut que la question reste « ouverte, et irrésolue ». À défaut, de prendre une position éditoriale, Le Devoir donne la parole à celles qui militent un tant soit peu en faveur de l'instruction pour les femmes.

Les pensions des instituteurs et des institutrices

Le Devoir, fidèle au programme de son fondateur, appuie les instituteurs qui se plaignent de leur bas salaire[37]. Il prend fait et cause pour les instituteurs et institutrices qui demandent un réajustement de leur caisse de retraite. Déjà, en juin 1910, à l'occasion des vacances annuelles, Tancrède Marsil souligne que les institutrices, en plus de ne recevoir aucun remerciement, n'ont pas d'argent pour voyager. Elles sont « les martyres de l'instruction populaire dans la Province de Québec[38] ». D'autant que les instituteurs et institutrices ont à « subir la tutelle d'hommes [les commissaires] qui ne savent ni lire ni écrire et dont les notions d'hygiène sont plus qu'élémentaires[39] ». Il ne faut pas alors s'étonner qu'Omer Héroux épouse leur cause et les appuie par une série d'éditoriaux consécutifs[40] dans leurs revendications relatives à la hausse de leur caisse de retraite : « [...] il est odieux que la province de Québec laisse dans une aussi abjecte misère des femmes de soixante à soixante-quinze ans qui lui ont donné vingt et trente années de service[41]. » Et de renchérir le lendemain dans un vitriolique éditorial qui attaque à la fois le gouvernement et les journalistes des journaux libéraux : « Et s'il est quelqu'un qui mérite que l'État se penche sur sa détresse, n'est-ce pas la pauvre femme qui a épuisé sa vie à apprendre à lire aux enfants du peuple[42] ! » La cause vaut d'être défendue. Le Devoir s'y emploie d'autant que c'est une façon d'attaquer les libéraux au pouvoir et de dénoncer leur incurie.

Le contenu de l'enseignement

Bien peu d'articles s'attardent à décrire ou à réclamer des changements au contenu de l'enseignement. Nous avons toutefois retracé deux articles de Paul-O. Ouimet relatifs à l'enseignement de la musique. L'auteur qualifie la musique pratiquée dans les collèges de médiocre et déplore le manque d'informations sur les auteurs modernes tels Saint-Saëns, Gabriel Fauré, etc. Il s'élève aussi contre la pratique de faire chanter les élèves dont la voix mue[43].

Le rôle d'intervenant critique que Le Devoir fait ainsi progressivement sien en éducation, la réforme scolaire amorcée à la fin des années cinquante et au début des années soixante lui fournira l'occasion de l'assumer pleinement.

LA RÉFORME SCOLAIRE :
LE DEVOIR COMME SPECTATEUR ENGAGÉ

Les années 1959 à 1964, que nous survolerons à présent, sont celles d'un bouillonnement en éducation dont notre histoire ne présente guère d'équivalent tant sur le plan du nombre des problèmes agités que sur celui de l'ampleur de la réflexion entreprise.

Elles devaient conduire, comme on sait, à une réforme en profondeur tant des structures administratives que des structures pédagogiques de l'éducation au Québec. Cette période est dominée de très haut par la Commission royale d'enquête sur l'enseignement dans la province de Québec (connue sous le nom de Commission Parent) et par sa recommandation de créer un ministère de l'éducation et un conseil supérieur de l'éducation.

Un bref rappel historique n'est peut-être pas inutile ici. On peut, comme le suggère l'éminent historien de l'éducation au Québec Louis-Philippe Audet[44] amorcer ce rappel en 1951, alors que la Commission Massey sur l'avancement des arts, des lettres et des sciences au Canada recommandait l'octroi, par le gouvernement fédéral, de 7 000 000 $ aux universités canadiennes. Le gouvernement provincial de Maurice Duplessis refusait alors la portion de cette somme revenant au Québec, invoquant, entre autres, l'article 93 de l'AANB (Acte de l'Amérique du Nord britannique) et s'inquiétant de l'intrusion du fédéral dans un domaine étant exclusivement de juridiction provinciale. Un très long débat s'amorce alors dont Le Devoir rend abondamment compte dans ses pages et au cours duquel les différentes universités du Québec se prononcent sur l'opportunité d'accepter la manne fédérale.

Les débats concernant l'éducation ne se cantonnent toutefois pas au secteur universitaire et concernent tous les ordres d'enseignement. La Commission Tremblay (Québec, 1953), portant sur les problèmes constitutionnels, fournit un indice du consensus qui s'installe quant à l'urgence de la situation : 140 mémoires, sur les 250 qui lui sont présentés, concernent l'éducation. Tout au long de cette décennie, Maurice Duplessis réitère son refus de voir le gouvernement fédéral s'ingérer dans le domaine de l'éducation au Québec, cependant que l'urgence d'une réforme se fait de plus en plus pressante, et cela malgré le fait que certains se plaisent à voir dans notre système scolaire le meilleur qui soit au monde. Audet écrit :

> [...] le climat général des années 50, surtout après 1956, était nettement à la controverse et à la critique : on parle de réforme dans les écoles normales, une crise d'autorité couve, latente, dans le secteur de l'enseignement spécialisé, les universités se plaignent de l'absence de fonds et de leur impuissance devant l'affluence sans cesse grandissante des étudiants[45].

On trouvera à pleines pages confirmation de la justesse de ce point de vue dans les numéros du *Devoir* publiés pendant ces années. Bornons-nous à citer ici deux exemples. Le 21 octobre 1959, en première page, *Le Devoir* fait état de la dernière en date des conférences du président honoraire de la Ligue d'action civique, Jean Drapeau. Lors de cette conférence, donnée à Sherbrooke, M. Drapeau a réclamé «la gratuité scolaire, un statut officiel de la profession d'enseignant» et parlé de la nécessité d'un «humanisme complet» en plus d'évoquer diverses mesures à prendre pour résoudre les urgents problèmes auxquels nous devrons faire face en éducation. Le 3 novembre 1959 sont rapportés les propos de M. Raymond Dupuis, président de la maison Dupuis Frères, devant le Club Richelieu Montréal. On entend encore fréquemment ces propos aujourd'hui : «Il faut en tout premier lieu "investir" dans l'éducation», affirme M. Dupuis, se fondant entre autres, pour ce faire, sur «la rapidité avec laquelle progressent les sciences, l'ampleur et la diversité des connaissances que doivent posséder les patrons de demain», arguments qu'invoquent encore bien des penseurs actuels de l'éducation.

Fin 1959, Paul Sauvé est porté au pouvoir et amorce le mouvement de réforme souhaité par la plupart; cet effort est poursuivi par son successeur, Antonio Barrette. Mais ce sont les libéraux de Jean Lesage, portés au pouvoir le 22 juin 1960, qui l'entreprennent véritablement en commençant à réaliser, aussitôt élus, les nombreuses mesures consacrées à l'éducation annoncées dans leur programme. Le ministre de la Jeunesse se voit exclusivement confier les responsabilités en matière d'instruction publique, responsabilités partagées jusque-là entre plusieurs ministères; une «grande

Charte de l'éducation » est votée, comprenant un ensemble imposant de lois touchant à de nombreux aspects de la question scolaire; finalement, le 24 mars 1961, la *Loi 9-10, Eliz II, chapitre 25* sanctionne la création de la Commission Parent. Son mandat était d'«étudier l'organisation et le financement de l'enseignement dans la province de Québec, faire rapport de ses constatations et opinions et soumettre ses recommandations quant aux mesures à prendre pour assurer le progrès de l'enseignement dans la province». Présidée par Mgr Alphonse-Marie Parent, elle comprend en outre les membres suivants : Gérard Filion, Paul Laroque, David Munroe, Sœur Marie-Laurent de Rome, Jeanne Lapointe, John McIlhone, Guy Rocher, Arthur Tremblay (sans droit de vote). Louis-Philippe Audet, Michel Giroux, C.W. Dickson et René Lavigne assuraient le secrétariat. Guy Houle était conseiller juridique de la Commission.

Celle-ci tint des audiences publiques au cours desquelles plus de deux cents mémoires lui furent soumis; elle rencontra plus de cent vingt-cinq spécialistes; visita une cinquantaine d'établissements d'enseignement au Québec en plus de visiter les autres provinces canadiennes, divers États américains et une dizaine de pays d'Europe.

Les recommandations de la Commission Parent tiennent en cinq volumes parus d'avril 1963 à août 1966. C'est le premier de ces volumes qui fit le plus de bruit : pour mettre de l'ordre dans une gestion de l'éducation jugée anarchique et éclatée, il proposait la création d'un ministère de l'éducation et d'un conseil supérieur de l'éducation, organe consultatif auprès du ministère.

Le Devoir, bien sûr, suit de très près tous ces événements et intervient sur leur déroulement. En particulier, c'est sous les signatures d'André Laurendeau et de Claude Ryan qu'un nombre important de billets et d'éditoriaux sont rédigés; Gérard Filion, qui écrit également abondamment dans *Le Devoir* sur l'éducation, interviendra en outre à titre de vice-président de la Commission Parent instituée en 1961. Mais, dès 1959, *Le Devoir* avait joué un rôle de premier plan dans le débat sur l'éducation qui s'amorçait en publiant des textes d'un mystérieux correspondant signés du pseudonyme de Frère Un Tel[46].

1959, L'URGENCE DE LA QUESTION SCOLAIRE : ENTRÉE EN SCÈNE DU FRÈRE UNTEL

La petite histoire de la publication des *Insolences du frère Untel* est bien connue. Tout commence par des billets d'André Laurendeau signés du pseudonyme de Candide. Dans ces billets, Laurendeau aborde parfois la question scolaire. Des instituteurs, eux aussi critiques et bien placés pour l'être, se mettent à lui écrire mais sous couvert d'un anonymat qu'explique leur peur des représailles auxquelles ils s'exposent. Le 21 octobre 1959, il s'en prend au joual et dénonce «l'effondrement que subit la langue parlée au Canada français». C'est à l'un des correspondants qui lui écrit cette fois-là, le frère Pierre-Jérôme (Jean-Paul Desbiens), de la communauté des Maristes, que Laurendeau donne le pseudonyme de Frère Un Tel. La publication de la lettre de ce dernier et des nombreux billets qui suivirent, d'abord dans *Le Devoir* puis, réunis en volume, aux Éditions de l'Homme, constitue un événement majeur tant pour *Le Devoir* que pour le monde de l'éducation et pour celui de l'édition au Québec : l'ouvrage atteindra un tirage inégalé jusque-là, se vendant à plus de cent mille exemplaires. Les réactions sont nombreuses, tantôt d'approbation, tantôt hostiles et on a pu voir dans ces *Insolences*, avec raison, un moment-clé dans l'amorce de la Révolution tranquille. Ce qui les caractérise, à trente ans de distance, est une courageuse lucidité que l'auteur devait d'ailleurs payer d'un exil à Rome. Les *Insolences* auront fait beaucoup pour forcer la tenue d'un grand débat en éducation en dénonçant les carences du système en place dans une langue claire et qui sut rallier bien des suffrages. Dressant un bilan de cet épisode de sa vie en 1988, à l'occasion d'une réédition augmentée d'un important dossier de ses *Insolences*, Jean-Paul Desbiens écrit :

> [...] c'est un exercice éprouvant que de se replonger dans l'aventure des *Insolences* : revoir le texte original ; parcourir les milliers de coupures de journaux ou de périodiques ; relire quelques centaines de lettres reçues dans les mois qui suivirent ; [...] Rien de tout cela n'avait été prévu. [...] cette aventure m'a apporté de la joie. Elle m'a aussi apporté des ennuis, et des durables [47].

Pour sa part, Gérard Filion, alors directeur du *Devoir*, publiera lui aussi, peu après le frère Untel, un ouvrage de réflexion critique de l'éducation, *Les confidences d'un commissaire d'école*, toujours aux Éditions de l'Homme. Cela, avant de devenir vice-président de la Commission Parent et de collaborer très activement à la rédaction du premier volume du rapport Parent qui conduira à la création du ministère de l'Éducation et du Conseil supérieur de l'éducation : thèmes que nous aborderons maintenant.

LA COMMISSION PARENT

Tous ceux qui s'intéressent à l'éducation au Québec savent bien l'ampleur tout à fait considérable des travaux menés par la Commission Parent. Et pourtant, à relire d'un trait l'ensemble des textes consacrés à ces travaux dans *Le Devoir* de 1961 à 1964, même ceux-là seront certainement étonnés de l'abondance des sujets abordés ainsi, avouons-le, que de la profondeur du débat de société qui a alors cours. Le nombre des articles publiés, la variété des sujets traités interdisent ici de viser à une synthèse exhaustive. Nous nous contenterons, en suivant l'ordre chronologique des événements, de faire ressortir quelques contributions du *Devoir* qui nous paraissent dignes d'être notées, en insistant sur les commentaires de l'actualité qu'on trouve dans ses pages — étant entendu par ailleurs que *Le Devoir* propose aussi à ses lecteurs une couverture quotidienne des événements que nous laisserons pour l'essentiel de côté ici.

L'année 1960 s'ouvre sur un bilan des cent vingt-deux jours du gouvernement de Paul Sauvé : Michel Roy rappelle que cette période avait suffi au premier ministre pour « opérer une révolution complète dans le domaine de l'éducation[48] ».

Mais il reste beaucoup à faire et les 1 200 personnes réunies en l'hôtel Reine-Elizabeth pour célébrer le cinquantenaire du journal le rappelleront. À l'unanimité, elles votent des vœux dans lesquels l'éducation figure en bonne place :

> Étant donné le caractère vital de l'enseignement pour le Canada français, cette assemblée invite *Le Devoir* à entretenir un intérêt permanent autour des grands problèmes de l'enseignement, au moyen notamment d'enquêtes, de chroniques régulières et d'une tribune ouverte à des collaborateurs extérieurs[49].

Le ton est donné et le journal entreprend de réaliser ce programme qui était de toute façon déjà le sien.

Le cas du français écrit et parlé ici est discuté à plusieurs reprises. D'abord, et on ne s'en étonnera pas, par André Laurendeau. Le 28 mars 1960, il signe un percutant éditorial sur la pauvreté du français écrit des étudiants des HEC et recommande qu'on leur impose un examen d'entrée de français[50]. Le 28 février, c'est Gérard Filion qui signe à son tour un éditorial dans lequel il corrige quelques questions d'examen de la Commission des écoles catholiques de Québec. « Le ministre de la Jeunesse a raison de faire porter sur les écoles normales l'effort du département de l'Instruction publique [...]. Dans l'ordre des mesures urgentes, la formation des maîtres vient en premier lieu », écrit-il à cette occasion[51].

Diverses mesures adoptées par le gouvernement provincial en matière de financement des universités sont discutées tant par Laurendeau que par Filion et les questions soulevées demeurent d'une troublante actualité. Dans quelle mesure les universités seront-elles libres, se demande Laurendeau le

12 mars 1960, ajoutant que «cette liberté est aussi importante [pour elles] que [...] leurs bâtiments». Filion, le 6 février, s'inquiétait : «Que fera-t-on de tant d'argent?» écrivait-il. Et rappelant qu'une université «est avant tout un centre de culture et de recherche intellectuelle», il s'inquiétait de l'absence de manuels universitaires produits ici[52].

Le 30 septembre 1960 est l'occasion pour Laurendeau de saluer le succès de librairie des *Insolences du frère Untel* qui viennent de franchir le cap des 28 000 exemplaires vendus en seulement trois semaines. «On l'aime à cause des vérités qu'il dit», affirme entre autres Laurendeau pour expliquer cet engouement pour le frère Untel. Mais si divers thèmes comme la scolarité obligatoire «jusqu'à la neuvième année», propose Filion, le 1er octobre, ou la gratuité scolaire à tous les niveaux[53] sont abordés, l'année 1960 reste celle où l'on discute d'une commission d'enquête sur l'éducation.

De très nombreux intervenants en demandent la tenue. Ainsi, pour ne prendre que ces exemples, la Confédération des travailleurs catholiques du Canada[54] ou les écrivains lors de leur Quatrième Rencontre[55] qui en profitent pour réclamer le retour du frère Untel condamné à son exil romain. Les éditorialistes du *Devoir* ne sont pas en reste. Laurendeau rappelle sa promesse au gouvernement le 1er juin 1960 et revient encore sur le sujet le 15 novembre, en apportant de précieuses et lucides précisions.

> L'institution rapide d'une enquête est d'autant plus impérieuse qu'on mettra du temps à la conduire. Dans les dispositions où semblent être nos contemporains, on peut prévoir qu'au premier temps les mémoires vont pleuvoir. Il faudra ensuite laisser aux commissaires une assez longue période : ils devront assimiler toutes ces données [...] et parvenir à une formulation sereine. Nulle tâche ne nous paraît plus difficile à réussir — mais en même temps plus urgente.

Cette idée qu'il faut commencer par une telle enquête et qu'il importe d'avoir une vision d'ensemble de la réalité et des problèmes est affirmée de nouveau par Laurendeau dans un bloc-notes du 1er décembre 1960. «Quoi qu'on pense de l'instruction gratuite, du cours classique, du rôle des universités [...] : on peut se mettre d'accord sur la nécessité de porter son regard sur l'ensemble du paysage. D'abord l'enquête. »

Gérard Filion, dans un éditorial du 14 octobre, renvoie dos à dos partisans et adversaires d'un ministère de l'éducation : «Le vrai problème, qui se pose à notre attention, écrit-il, et que nous devons examiner en toute lucidité, est celui de l'adaptation de nos institutions aux besoins du temps où nous vivons. »

L'année ne se termine pas sans qu'il soit répondu à ces requêtes. Paul Gérin-Lajoie annonce le 23 décembre que l'enquête sur l'éducation sera annoncée bientôt[56]. Et il précise le 30 décembre que la commission sera nommée «dès le début de l'année» et qu'elle cherchera à faire «l'inventaire de nos besoins et de nos moyens». «La tâche est énorme au point qu'elle puisse paraître effarante, confie-t-il. Mais elle est précisément à la mesure des richesses matérielles dont la Providence a pourvu notre province [...][57].»

Une date charnière, au cours de l'année 1961, est le 24 mars, alors qu'est promulguée la *Loi 9-10, Eliz II, chapitre 25* qui sanctionne la création de la Commission Parent. Mais, avant d'en arriver là, des débats acerbes ont cours, opposant partisans et adversaires d'une intervention de l'État en matière d'éducation de l'ampleur de celle que laisse présager la création, que beaucoup pressentent comme imminente, d'un ministère de l'éducation. M. Antonio Talbot, chef intérimaire de l'Union nationale, juge ainsi que la Grande Charte de l'éducation du gouvernement libéral «constitue un pas immense vers le contrôle étatique de l'éducation et la création d'un ministère de l'éducation[58]». À cette date, la Commission Parent a été sanctionnée et Jean Lesage a eu le temps de préciser la position de son gouvernement.

> [...] l'enquête sera complète, [...] ne négligera aucun secteur, aucun niveau de notre système d'éducation. [...] Pour que l'État puisse accepter l'immense et difficile tâche qui lui incombe en matière d'éducation, il faut qu'on consente à lui laisser jouer pleinement le rôle qui lui revient comme responsable du bien commun [...]. [L'État] se reconnaît, en éducation, un triple devoir qu'on peut résumer en ces mots : coordination, prévoyance et progrès. C'est pour l'aider à réaliser ces objectifs qu'il vient d'instituer une enquête royale sur l'éducation[59].

Sa mise sur pied et la nomination des membres qui la composent occupent le devant de la scène de l'actualité en éducation tout au cours de cette année. Bornons-nous à rappeler ici quelques textes parus dans *Le Devoir* à ce propos.

Le 26 janvier, *Le Devoir* rappelle qu'a eu lieu le jour précédent la première lecture du projet de loi régissant la commission d'enquête sur l'enseignement. Le projet de loi alors déposé prévoit le dépôt d'un rapport avant la fin de l'année 1962[60]. Laurendeau commente ces nouvelles dès le lendemain, dans son *Bloc-Notes*. Le délai accordé à la commission pour remettre son rapport lui paraît trop court, mais il félicite le gouvernement d'avoir respecté sa promesse électorale :

> Il y a lieu de se réjouir. Pour la première fois, un groupe d'hommes reçoit la mission de connaître et de repenser notre système d'enseignement. Ce sera

une date importante, si le gouvernement parvient à choisir des hommes qui soient à la hauteur de la tâche[61].

Ces hommes — et ces femmes — sont connus en avril et *Le Devoir* précise les noms de huit commissaires de la Commission Parent le 25 avril. Une attention particulière est apportée à la nomination du directeur du *Devoir* comme vice-président de cette commission : M. Filion s'engage alors à ne plus commenter dans *Le Devoir* les problèmes d'éducation — et ce « tant que la commission n'aura pas terminé ses travaux et soumis son rapport ».

Les premières audiences de la Commission Parent, prévues pour novembre[62], auront finalement lieu le 6 décembre 1961, à Québec. Quatre mémoires furent alors présentés. Le 28 décembre *Le Devoir* affirmait, sous la plume de Jules Leblanc, que les organismes présentant des mémoires devant la Commission faisaient montre d'un manque « manifeste et déplorable de préparation » et d'une « recherche non déguisée de publicité ». Seuls quelques mémoires présentent « un certain intérêt », affirme Leblanc.

Mais l'année se termine aussi sur un vif débat concernant l'École normale Jacques-Cartier. Au moins deux séries d'événements se recoupent ici. C'est d'abord la célèbre affaire Guérin : la suspension de ce professeur de géographie de l'École pour « manquements » à ses devoirs est ordonnée. Des collègues montent au front et font alors courageusement état du malaise qui existe dans leur établissement[63]. Au total, c'est la nature et la valeur de la formation donnée par les écoles normales qui finit par se retrouver sur la sellette, ainsi que l'affirme à diverses reprises André Laurendeau[64]. Mais autre chose vient encore accentuer ce sentiment. Il s'agit cette fois d'une percutante déclaration de cinquante-six finissants de l'École normale Jacques-Cartier : « Nous sommes convaincus, disent-ils, de n'avoir pas reçu la formation intellectuelle à laquelle nous aspirions en nous inscrivant à cette institution. » Commentant cette déclaration, Laurendeau écrit :

> [...] l'École Normale forme les instituteurs de demain. Par conséquent, c'est là que commence toute réforme authentique de l'école publique. [...] Ceci est bien au-delà des querelles de personnes. C'est la qualité même de l'enseignement qui est en cause : sa valeur et son esprit. Il ne faut pas que la question soit escamotée[65].

Elle ne le sera pas. Mais il est également vrai que les critiques fusent à présent de partout et ne concernent pas la seule école normale et la formation des maîtres. Dans un décapant éditorial du 28 décembre, Jean-Marc Léger s'en prend violemment aux manuels en usage : et les exemples qu'il cite à l'appui de son propos et qui démontrent le « racisme » et les « bondieuseries » primaires de nos manuels justifient pleinement sa virulence.

Jusqu'au 20 juillet 1962, la Commission Parent tient des audiences. Les quelque deux cent trente mémoires reçus ont abordé divers sujets que Leblanc propose de réunir en trois catégories.

> Trois grands sujets ont été traités [...] : ce sont apparemment les trois princi-
> paux problèmes que doit résoudre la Commission Parent. 1. Les structures
> administratives — [...] Il semble assuré que la Commission Parent recom-
> mandera l'établissement d'un ministère de l'éducation assisté d'un conseil de
> l'éducation [...]. En ce qui a trait à la confessionnalité du système, on est
> quasi unanime à réclamer son maintien [...]. 2. Les structures académiques
> — [...] trois formules ont été proposées : la formule française ou européenne,
> la formule américaine ou anglo-saxonne, une formule nouvelle qui serait
> typiquement québécoise [...]. 3. Le personnel enseignant — L'unanimité
> semble ici se faire sur au moins un point : c'est de la qualité du personnel
> enseignant que dépend principalement le succès des réformes [...][66].

En attendant que la Commission dépose le premier volume de son rapport, les débats se poursuivent dans *Le Devoir*. La formation des maîtres dispensée dans les écoles normales continue de faire l'objet de sévères critiques : celles-ci, on le sait, fermeront bientôt leurs portes.

Les cinq professeurs de l'École normale Jacques-Cartier ayant adressé de sévères critiques à la direction de cet établissement ont présenté un mémoire à la Commission Parent le 7 juin 1962 : ils réclament la rénova-tion de l'École normale. André Laurendeau analyse la situation de la forma-tion des maîtres au sein des écoles normales dans un éditorial de l'automne 1962. Il y porte un jugement sévère :

> [...] ce qui frappe, c'est que presque tout est à refaire à Jacques-Cartier
> — comme sans doute dans la plupart des écoles normales de la province. La
> direction, le corps professoral, les programmes, les manuels, etc. : tout doit
> être repensé, et même le niveau de l'enseignement. [...] Il faut passer du
> paternalisme à un système rationnel, clair, humain. Il faut réhabiliter la
> notion de culture, rongée par un souci trop immédiat et étroit de formation
> professionnelle, et donner à la pédagogie elle-même une allure moins dogma-
> tique et plus expérimentale[67].

Le 22 avril 1963, la Commission Parent dépose le premier volume de son rapport et, le 26 juin, le projet de loi 60 est soumis à la Chambre. Conformément aux recommandations des commissaires, il préconise la création d'un ministère de l'éducation et d'un conseil supérieur de l'éduca-tion ainsi que d'un comité catholique, d'un comité protestant et de quatre commissions relevant dudit Conseil supérieur de l'éducation. Ces proposi-tions, pourtant prévisibles, heurtent des susceptibilités. Le 4 juillet 1963, Me Yves Prévost, ex-secrétaire de la province, exprime certaines d'entre elles dans un discours prononcé devant le club Richelieu et dont rend compte

Le Devoir. Le projet de loi proposé lui «sembl[e] réaliser une conception pragmatique de l'éducation et [...] par les structures qu'il propose, il ne respect[e] pas tous les droits de l'Église et tous les droits des parents». Laurendeau répond à ces arguments le jour même, en rappelant d'abord que cette commission a été présidée par un religieux et qu'une religieuse en faisait également partie :

> Ainsi [...] les commissaires n'ont pas été conduits à la solution du ministère de l'éducation par une idéologie plus ou moins radicale : ils la proposent parce qu'ils la regardent comme une nécessité pratique. [...] le temps est venu, pour l'État, de prendre sa décision. Il le faut, malgré l'absence d'unanimité[68].

Il revient encore sur le sujet deux jours plus tard et fait du pragmatisme incriminé un motif supplémentaire pour doter le Québec d'un ministère de l'éducation. Sous le titre : «Sur la nécessité pratique d'un ministère de l'éducation», il écrit :

> [...] en établissant un ministère de l'éducation, le Québec sera vingt ans, cinquante ans, soixante ans en retard sur la majorité des démocraties occidentales. [...] [Un tel ministère] est une nécessité pratique, quelle que soit la philosophie de l'éducation. Ce l'est en particulier dans un État où l'éducation est en pleine progression. [...]Le désordre administratif et l'absence de coordination doivent cesser au plus tôt. Il y a urgence, sinon les réformes ne pourront être réalisées [...][69].

La suite est connue : le 16 janvier 1964, le projet de loi 60 est adopté en première lecture et en tenant compte de la plupart des amendements suggérés par les évêques, lesquels concernaient, entre autres, la composition et les pouvoirs du CSE et des comités confessionnels. L'Église voulait sur ce plan des garanties qu'elle obtient. «À quel prix ?» se demande deux jours plus tard André Laurendeau. Reconnaissant l'importance de l'impact de la réaction de l'épiscopat sur le texte final du projet de loi 60, il se félicite du caractère public de cette intervention. Mais cela ne l'empêche pas de reconnaître également le caractère inachevé de cette séparation de l'Église et de l'État.

> Je résumerais la situation de la façon suivante : les évêques ont exigé de l'État toute une série de garanties. [...] on se demande par moments ce que devient dans cette perspective le Conseil supérieur de l'éducation (uniquement consultatif) et même, à certains égards, le ministre et son sous-ministre. [...] Il en résulte un étrange ministère de l'éducation, dont il ne doit pas y avoir beaucoup d'équivalents à travers le monde. Le rapport Parent, fruit d'un compromis, nous paraît trahi dans l'une de ses parties essentielles[70].

Plus loin, il conclut : «C'est peut-être, politiquement, le maximum de ce qui était possible aujourd'hui. Je le regrette pour l'État, pour l'Église — pour l'ensemble du Canada français.»

Le Devoir annonce bientôt en première page que l'aventure touche à sa fin et ce court texte mérite d'être cité ici :

> Le gouvernement proclamera, mercredi le 15 mai prochain, par arrêté ministériel, le ministère de l'Éducation et le Conseil supérieur de l'éducation. En annonçant cette nouvelle, hier à l'Assemblée législative, M. Jean Lesage a dit que ce même jour on procédera à l'assermentation du ministre, du sous-ministre et des deux sous-ministres associés[71].

Bien sûr, d'autres réformes devaient suivre : mais leur examen déborde le cadre de travail ici retenu. La Commission Parent, en particulier, continuera ses travaux, et la publication de son rapport se poursuivra jusqu'en août 1966, moment de la remise de l'index analytique qui clôt le dernier volume du troisième tome de cet imposant texte.

Soulignons tout de même, pour finir, que *Le Devoir* devait être un des plus sévères critiques de toute cette réforme qu'il jugeait, en 1968, et très excessivement, comme «une entreprise mal conçue, mal engagée et mal réalisée[72]».

Mais c'est là une autre histoire et il faudrait pour la conter évoquer bien d'autres noms de journalistes, chroniqueurs et éditorialistes ayant traité, au *Devoir*, de l'éducation. Parmi eux, Claude Ryan, Lise Bissonnette, Jean-Pierre Proulx et, plus récemment, Paul Cauchon.

Michel ALLARD
Professeur
Département de Sciences de l'éducation
Université du Québec à Montréal

Normand BAILLARGEON
Professeur
Sciences de l'éducation
Université du Québec à Montréal

1. *Le Devoir*, 10 janvier 1910.
2. *Ibid.*
3. *Ibid.* Les caractères gras font partie du texte.
4. *Le Devoir*, 11 août 1932.
5. *Positions*, p. 4.
6. G. Filion, *Positions*, Éd. Le Devoir, Montréal, 1947.
7. *Ibid.*, p. 38.
8. *Le Devoir*, 5 juin 1962.
9. *Le Devoir*, 4 mai 1964.
10. *Le Devoir*, 12 décembre 1978.
11. *Le Devoir*, 13 janvier 1981.
12. *Le Devoir*, 16 mai 1986.
13. *Le Devoir*, 24 septembre 1990.
14. 13 avril 1910.
15. 13 avril 1910.
16. 3 juin 1910.
17. *Le Devoir*, 19 janvier 1910.
18. *Le Devoir*, 21 septembre 1910.
19. *Le Devoir*, 29 septembre 1910.
20. *Le Devoir*, 16 mars 1910.
21. *Le Devoir*, 31 mai 1910.
22. *Le Devoir*, 28 avril, 2, 4, 6, 9 juin 1910.
23. *Le Devoir*, 25 octobre 1910.
24. *Le Devoir*, 23 avril 1910.
25. *Le Devoir*, 21 juin, 18 août, 28 septembre, 10 décembre.
26. *Le Devoir*, 26 mars 1910.
27. *Le Devoir*, 2 mai 1910.
28. *Le Devoir*, 23 mai 1910.
29. *Le Devoir*, 4 mai 1910.
30. *Le Devoir*, 23 septembre 1910.
31. *Le Devoir*, 13 octobre 1910.
32. *Le Devoir*, 20, 22, 23 juin, 14 juillet 1910.
33. *Le Devoir*, 29 octobre 1910.
34. *Le Devoir*, 18 mai 1910.
35. *Le Devoir* 1er octobre 1910.
36. *Le Devoir*, 28 novembre 1910.
37. *Le Devoir*, 18 juin 1910.
38. *Le Devoir*, 21 juin 1910.
39. *Le Devoir*, 23 juin 1910.
40. *Le Devoir*, 26, 27, 28 décembre.

41. *Le Devoir*, 26 décembre 1910.

42. *Le Devoir*, 27 décembre 1910.

43. *Le Devoir*, 30 juillet, 6 août 1910.

44. L.-P. Audet, *Bilan de la réforme scolaire au Québec. 1959-1969*, Montréal, PUM, 1970.

45. *Ibid.*, p. 19.

46. Ce dernier signera ensuite «Frère Untel».

47. J.-P. Desbiens, *Insolences du frère Untel*, réédition, Éditions de l'Homme, Montréal, 1988, p. 153.

48. *Le Devoir*, 4 janvier 1960, p. 3.

49. *Le Devoir*, 1er février 1960, p. 1.

50. *Le Devoir*, 28 mars 1960, p. 4.

51. *Le Devoir*, 28 décembre 1960, p. 4.

52. *Le Devoir*, 6 février 1960, p. 4.

53. A. Laurendeau, *Le Devoir*, 13 mai 1960, p. 4.

54. 28 septembre 1960, p. 1.

55. 17 octobre 1960, p. 1.

56. Sous la signature de Pierre Laporte, *Le Devoir*, 23 décembre 1960, p. 1.

57. *Le Devoir*, 30 décembre 1960, p. 1.

58. *Le Devoir*, 29 mai 1961, p. 1.

59. *Le Devoir*, 6 mars 1961, p. 1.

60. *Le Devoir*, 9 février 1961, p. 1.

61. *Le Devoir*, 10 février 1961, p. 4.

62. *Le Devoir*, 28 août 1961, p. 3.

63. Ce sont les professeurs Claude Dansereau, Bernard Jasmin, André Lefebvre, Jean Papillon et Jacques Tremblay.

64. *Le Devoir*, 24 novembre 1961, p. 4; *Le Devoir*, 4 novembre 1961, p. 4.

65. *Le Devoir*, 22 novembre 1961, p. 4.

66. *Le Devoir*, 21 juillet 1962, p. 16.

67. *Le Devoir*, 4 octobre 1962, p. 4.

68. *Le Devoir*, 4 juillet 1963, p. 4.

69. *Le Devoir*, 6 juillet 1963, p. 4.

70. *Le Devoir*, 18 janvier 1964, p. 4.

71. *Le Devoir*, 1er mai 1964, p. 1.

72. *Le Devoir*, 2 avril 1968.

LE SYNDICALISME
1910-1978*

> *« Pour Dieu et la patrie »* *(1910-1947).* *« Au service de la classe des travailleurs »* *(1947-1963).* *« Pour une société stable »* *(1963-1978).*

Depuis sa fondation, le journal *Le Devoir* est intimement lié au nationalisme canadien-français, c'est-à-dire à la préservation et à l'affirmation de l'identité canadienne-française (franco-québécoise depuis les années 1960). C'est cet objectif prioritaire qui a guidé Henri Bourassa lors de la fondation du journal en 1910. La presse quotidienne de l'époque lui apparaissait subordonner la défense des droits des Canadiens français à l'esprit de parti et à l'influence des intérêts financiers[1]. Sur le plan politique, seul l'intérêt national, dans le respect, il va sans dire, des droits des autres groupes nationaux, devait guider, à son avis, l'orientation du journal. Les successeurs de Bourassa s'appliqueront à respecter cet idéal et à préserver l'indépendance et la liberté du *Devoir*.

Ceci étant dit, le nationalisme, comme sens d'appartenance à la communauté, qu'il soit canadien-français ou autre, ne porte pas, en soi, un projet d'organisation de la société. Ce dernier relève du domaine de l'idéologie sociale qui propose un modèle cohérent d'aménagement de la société globale. Basée sur une hiérarchisation des valeurs, l'idéologie exprime une organisation structurée de la vie en société, tout autant dans ses dimensions politiques et économiques que dans celle des rapports sociaux. Cependant,

* L'auteur remercie Louis Fournier pour ses commentaires de même que Benoît Henry et Simon Lapointe pour l'aide apportée à la recherche.

même si le nationalisme et l'idéologie sociale doivent être analysés séparément, il n'en reste pas moins que ces deux représentations s'imbriquent étroitement et s'influencent mutuellement. Le journal Le Devoir est un bel exemple de ce chevauchement où le nationalisme a pris des couleurs bien différentes selon l'appartenance idéologique des différentes équipes qui se sont succédé à la tête du journal.

Dans les pages qui suivent, nous nous proposons d'étudier la perception que le journal a présentée du syndicalisme depuis sa fondation jusqu'en 1978, année où Claude Ryan quitte la direction du journal. Le sujet étant passablement vaste, nous nous limitons surtout aux orientations éditoriales. Nous pensons cependant avoir assez d'informations sur le contenu du journal pour affirmer qu'avant les années 1960, les choix éditoriaux influencent de façon significative la couverture journalistique. Nous révélerons cette influence lorsqu'elle nous apparaîtra évidente. Comme nous le mentionnions, nous limitons aussi notre étude à l'analyse du journal jusqu'au départ de Claude Ryan en 1978. L'abondance du traitement éditorial du syndicalisme est telle de 1960 à 1990 que nous ne pouvions traiter adéquatement du sujet à l'intérieur de l'espace qui nous était assigné. De plus, à partir de 1978, plusieurs éditorialistes[2], parfois sur de courtes périodes, abordent ce sujet, de sorte qu'il devient plus difficile de cerner l'unité de pensée du journal.

Le traitement réservé au syndicalisme en page éditoriale est particulièrement révélateur des perceptions à la fois des rapports sociaux et du fonctionnement du système capitaliste. Les commentaires des éditorialistes permettent notamment d'identifier la place qu'ils réservent aux travailleurs dans la société industrielle. Il faut dire cependant qu'ils traitent rarement ces sujets comme tels, mais on peut déduire leur pensée de l'analyse qu'ils font de l'action syndicale. Cette analyse, d'ailleurs, survient souvent à l'occasion de grèves qui font la manchette. Si les conflits de travail ont l'avantage de les obliger à se situer par rapport au syndicalisme, ils ont l'inconvénient cependant d'associer fréquemment dans leur esprit, comme dans celui des lecteurs, le syndicalisme aux situations conflictuelles, une dimension réductrice de l'action syndicale.

Le commentaire éditorial sur le syndicalisme ou tout autre sujet représente une opinion sur l'actualité journalistique. L'analyse des éditoriaux exige pour cette raison de bien situer les événements qui leur ont donné naissance et le contexte qui a déterminé leur rédaction. Nous serons donc soucieux de présenter brièvement des éléments d'histoire du syndicalisme pour chacune des périodes étudiées.

La périodisation de notre étude correspond d'ailleurs à des étapes marquantes de l'histoire syndicale, particulièrement du syndicalisme catholique, tout en coïncidant aussi avec des changements majeurs à la direction du journal. La première partie, consacrée à la période 1910-1947, voit la naissance et la consolidation du syndicalisme catholique au moment où Henri Bourassa puis Georges Pelletier sont successivement directeur du journal, avec Omer Héroux comme rédacteur en chef. Les années 1947-1963, objet de la deuxième partie, révèlent des transformations importantes chez les syndicats catholiques alors qu'une nouvelle équipe, sous la direction de Gérard Filion, prend en charge le journal. Dans un troisième volet (1963-1978), nous mettons en lumière l'orientation que Claude Ryan a donnée au journal à une époque où la syndicalisation massive des secteurs public et parapublic transforme le mouvement syndical.

«POUR DIEU ET LA PATRIE» (1910-1947)

Lorsque *Le Devoir* est fondé par Henri Bourassa, les évêques catholiques du Québec viennent de prendre la décision de créer des syndicats confessionnels pour faire échec à l'expansion des syndicats internationaux[3]. En effet, le nombre de sections de ces derniers quadruple au Québec entre 1897 et 1911. Pour cette dernière année, ils comptent environ 20 000 membres, concentrés surtout à Montréal et probablement aux deux tiers francophones. Depuis le début du siècle, les évêques de Québec et de Montréal s'emploient, à plusieurs occasions, à souligner le danger que courent les ouvriers catholiques en devenant membres des syndicats internationaux. En plus de leur reprocher de favoriser la lutte des classes par le recours trop fréquent à la grève, ils s'inquiètent des idées qu'ils diffusent, en particulier lorsqu'ils réclament de l'État l'instruction gratuite et obligatoire et la nationalisation des services publics.

Henri Bourassa est fort probablement conscient des visées de l'épiscopat puisque, lors de son célèbre discours à l'église Notre-Dame en septembre 1910 (reproduit dans *Le Devoir*), il fait allusion à la nécessité «de prouver à l'ouvrier que la foi greffée sur les organisations ouvrières, ne les affaiblit pas, mais leur donne une âme qui les fera vivre plus longtemps[4]». C'est une orientation nouvelle pour le directeur du *Devoir* qui, quelques années plus tôt, s'était retrouvé sur les mêmes tribunes que les dirigeants de syndicats internationaux[5]. En 1907, il ne voyait pas pourquoi on «empêcherait les ouvriers de Montréal et de Toronto de s'associer aux ouvriers de New York et de Chicago, si l'on permettait aux banquiers de Montréal et de Toronto de s'associer aux banquiers de New York et de Chicago[6]». À partir de 1910 cependant, *Le Devoir* dénonce les dangers de l'internationalisme syndical et il ouvre ses colonnes aux propagandistes du syndicalisme catholique.

Comme nous le mentionnions plus tôt, Bourassa avait à cœur l'indépendance du journal envers les partis politiques et les milieux financiers. En ce qui touche par contre son idéologie sociale, il se range résolument du côté de l'enseignement de l'Église catholique :

> Mais dans le domaine des idées et de l'ordre social, *Le Devoir* est un journal catholique parce que ceux qui le dirigent sont fermement convaincus que la foi catholique offre la seule solution de tous les problèmes sociaux et que l'Église a reçu de Dieu la mission de gouverner la société comme les individus. Nous acceptons sans réserve l'enseignement et l'autorité de l'Église, et nous lui reconnaissons toute compétence pour définir elle-même les bornes de son autorité sur les hommes et les sociétés[7].

À l'époque, l'Église du Québec, influencée par le courant ultramontain, interprète de manière très conservatrice le message évangélique. Bourassa et son journal s'aligneront fidèlement sur les postulats de ce courant idéologique.

À ce propos, la fondation du quotidien *L'Action sociale* à Québec en 1907, par Mgr Paul-Eugène Roy, lui sert d'inspiration et de modèle. Ce journal catholique devait servir d'appui à la constitution d'un vaste mouvement d'organisations catholiques œuvrant dans le domaine social[8]. C'est le début du catholicisme social, appelé à connaître un développement formidable au Québec. Craignant, à l'exemple des pays européens, une déchristianisation des masses à la faveur de la poussée industrielle, l'Église du Québec met sur pied, dans la première moitié du vingtième siècle, un vaste éventail d'associations catholiques. Contrairement aux associations pieuses qui s'activaient depuis longtemps, celles qui apparaissent sous l'égide du mouvement d'action catholique sont dirigées par des laïcs et œuvrent dans le domaine temporel. Le syndicalisme catholique représente une des composantes de cet audacieux programme destiné à répondre, pourrions-nous dire, au défi de la modernité. Le clergé redoute, en effet, que la vague d'industrialisation et d'urbanisation du début du siècle ne donne une nouvelle vigueur à des idées et des agissements qui mineraient son influence sociale[9].

Dans ce vaste dessein, le rôle du quotidien catholique — on commence à se rendre compte de la forte influence de ce média d'information — vise à élargir l'éventail des moyens de diffusion de la pensée sociale de l'Église auprès des masses urbaines. On veut faire contrepoids aux quotidiens à grand tirage comme *La Presse* ou *Le Soleil*, trop imprégnés d'idées modernes aux yeux du clergé. À Québec, *L'Action sociale* (devenue *L'Action catholique* en 1915) dépendait directement de l'archevêché, ce qui n'était pas sans créer des problèmes, car le quotidien devait prendre position sur toute sorte de sujets qui n'avaient pas d'incidence religieuse. Moins compromettant pour Mgr Bruchési, archevêque de Montréal, le projet de Bourassa de fonder dans la métropole un journal lui plaisait car son directeur, tout en étant un laïc, promettait de se soumettre à l'autorité religieuse[10]. En retour, le clergé s'appliquera à lire et à faire lire le journal.

L'influence de l'œuvre de Mgr Roy de Québec sur Bourassa se vérifie aussi à d'autres niveaux : il voulait faire de La Publicité, société éditrice du *Devoir* fondée en 1908, un centre de diffusion de la pensée sociale de l'Église à la manière de *L'Action sociale catholique* de Québec. Outre le quotidien, La Publicité devait publier des livres, brochures, revues et organiser des conférences[11]. En plus, Bourassa va chercher à *L'Action sociale* deux journalistes, Georges Pelletier et Omer Héroux, avec l'intention de nommer ce dernier rédacteur en chef. Mais, il retraite devant l'opposition d'Olivar Asselin qu'il tient à attirer au journal et avec qui il a collaboré au *Nationaliste*. Le mariage entre la tendance conservatrice, incarnée par Héroux et Pelletier, et des éléments libéraux et nationalistes, comme Asselin et Jules Fournier, dure à peine deux mois. La démission de ces deux derniers accentue évidemment le caractère conservateur du journal. Héroux sera rédacteur en chef jusqu'en 1956 et Pelletier succède à Bourassa en 1932. Jusqu'au renouvellement de l'équipe éditoriale en 1947, *Le Devoir* et *L'Action catholique* partagent la même vision sociale, interprétant l'actualité selon les postulats de l'idéologie clérico-conservatrice.

Comme nous le faisions remarquer plus tôt, *Le Devoir* est né au moment où le clergé catholique s'affaire à jeter les bases du syndicalisme catholique. Fondé pour soutenir l'action sociale de l'Église, le journal appuie activement chaque étape de la fondation de ces syndicats à Montréal[12]. Ainsi, il rend compte avec détails des tracts, brochures et conférences de l'École sociale populaire, chargée de préparer les esprits à la création de syndicats confessionnels. En 1913 et en 1914, plusieurs colonnes sont réservées aux conférences de prêtres artisans du syndicalisme catholique en France et en Belgique[13]. Plus tard, à la suite d'un voyage en Europe en 1914, Bourassa lui-même rédige cinq articles publiés à la une sur les syndicats chrétiens belges[14]. Après la guerre, le journal accorde notamment une large place aux congrès annuels des syndicats catholiques (1918-1920) qui vont donner naissance à la Confédération des travailleurs catholiques du Canada (CTCC) en 1921. En éditorial, Omer Héroux encourage ses artisans et fait l'éloge des résolutions adoptées[15]. Le journal met donc volontairement en relief tout ce qui peut servir la cause du syndicalisme catholique ;

il se distingue ainsi nettement des autres quotidiens montréalais, comme *La Presse* et *La Patrie*, qui n'accordent pas d'attention spéciale à ce groupe dans les chroniques qu'ils consacrent au syndicalisme.

Le directeur du *Devoir* apportera au printemps de 1919 une aide considérable aux syndicats catholiques naissants par une série de quatorze articles intitulés «Syndicats nationaux ou internationaux»[16]. Placés à la une du journal, en éditorial, ils auront un retentissement considérable. C'est l'époque où le mouvement ouvrier au Canada, y inclus à Montréal, connaît une forte poussée de syndicalisation et un haut niveau de militantisme. Les conflits de travail sont tellement nombreux au Québec que le nombre de jours ouvrables perdus en 1919 ne sera dépassé, en fait, qu'en 1966 avec les grèves des secteurs public et parapublic[17]. La question ouvrière devient alors plus inquiétante, et plus urgente aussi la nécessité de répandre des syndicats inspirés de la morale catholique. C'est à la demande des dirigeants des syndicats catholiques que Bourassa rédige les quatorze articles afin de faire échec à l'opinion, répandue chez les catholiques canadiens-anglais, qu'il vaut mieux que l'épiscopat canadien soutienne des syndicats modérés comme les syndicats internationaux pour faire échec au développement de syndicats révolutionnaires. Ces dirigeants avaient appris que la question devait être abordée prochainement dans une réunion «d'ecclésiastiques éminents» venus de partout au Canada[18].

Bourassa reprend les arguments avancés par le clergé québécois pour écarter les syndicats internationaux et leur préférer des syndicats confessionnels. Aux «internationaux», il reproche de ne se préoccuper que des intérêts matériels des travailleurs et d'ignorer «le coefficient moral et religieux du perfectionnement humain[19]». Les estimant incapables de subordonner les intérêts des travailleurs aux «droits de Dieu et de la société», il prétend que ces syndicats, qui attisent la lutte des classes, ne peuvent représenter «un obstacle à la révolution sociale et au communisme[20]». En revanche, le syndicalisme catholique détient, à ses yeux, une supériorité intrinsèque incontestable car il fait dépendre son action «des droits de Dieu et du bien général de la société[21]». En plus de motifs religieux, Bourassa invoque des raisons nationalistes, thème sur lequel il insiste davantage que le font d'habitude les clercs. Le syndicalisme international représente, à son avis, «l'une des manifestations les plus complètes et les plus prenantes de la conquête morale et économique du Canada par les États-Unis[22]». Pour être valable, le syndicalisme doit donc refléter les principes, les coutumes et les croyances de la communauté nationale dont il fait partie[23].

Ce sont les mêmes principes que reprend Omer Héroux qui signe la plupart des éditoriaux sur le syndicalisme catholique jusqu'en 1947. Pendant l'année 1921 particulièrement, plusieurs événements surviennent qui lui donnent l'occasion de s'en prendre aux «internationaux» dont «la majorité américaine fixe les orientations d'après son tempérament et ses intérêts[24]»; les sections canadiennes, à son avis, en sont réduites au rôle d'exécutants de décisions prises à l'étranger. Il en appelle à la fierté des travailleurs canadiens d'assumer eux-mêmes l'orientation de leurs organisations[25]. Évidemment, les syndicats catholiques sont présentés comme la seule alternative valable car les travailleurs peuvent se regrouper en restant fidèles à leur patrie et à leurs croyances religieuses[26]. À ceux qui comme, par exemple, le maire de Montréal, Médéric Martin, s'inquiètent de la division que ces syndicats engendrent parmi les travailleurs, Héroux répond péremptoirement, en 1922, que nos évêques ont décidé du caractère confessionnel des syndicats et qu'ils suivent les directives de Pie X dans l'encyclique *Singulari Quadam*. Cela «règle la question» et «l'avis de M. Martin ne vaut rien là-contre[27]».

En outre, au cours de ces années, les pages du *Devoir* sont largement ouvertes aux nombreux extraits d'encycliques sociales, de lettres pastorales d'évêques, de conférences et de textes à l'appui du syndicalisme catholique. C'est le seul journal à Montréal à lui consacrer une colonne de nouvelles dans les années 1930 et à accorder une place aussi importante aux congrès annuels et aux réclamations législatives de la CTCC[28]. De 1932 à 1934, le quotidien constitue la principale tribune des dirigeants de la CTCC pour préparer l'opinion à l'adoption de la loi de l'extension juridique des conventions collectives. Effectivement votée en 1934, cette loi représentait à leurs yeux un pas important vers l'instauration de la corporation professionnelle, organisme formé de représentants des patrons et des syndicats chargé de veiller aux intérêts communs de la profession. Quand Maurice Duplessis s'avise de modifier cette loi en 1937, Héroux s'élève contre le projet dans trois articles en reprenant les arguments de la CTCC[29]. À leur tour, au début des années 1930, à un moment où le journal vit des heures difficiles (son tirage est à peine supérieur à 10 000), les syndicats catholiques de Montréal témoignent leur gratitude en lui apportant une aide financière lors d'une campagne de souscription[30].

Enfin, il est un sujet sur lequel il vaut la peine de s'attarder, les conflits de travail, car ils retiennent l'attention des journaux, surtout lorsqu'ils surviennent dans le secteur public. Pour les éditorialistes du *Devoir*, il est une solution toute trouvée à ces grèves : l'arbitrage obligatoire. C'est le remède suggéré au législateur, depuis la grève des cheminots du Grand Tronc en 1910 jusqu'à celle des employés du tramway à Montréal en 1944[31]. Ces débrayages, fait valoir Omer Héroux, ne touchent pas uniquement les grévistes et leurs employeurs, mais le public en général qui en subit largement les inconvénients. Au nom du bien commun, il importe alors que l'État impose « un régime d'arbitrage obligatoire qui assure à toutes les parties le maximum de justice possible et qui garantisse en même temps la continuation du travail, source et condition de la prospérité de tous[32] ». Aussi salue-t-il avec bonheur l'adoption en 1944 de la loi des différends entre les services publics et leurs salariés, qui prévoit l'arbitrage assorti de l'interdiction du droit de grève dans les services publics[33].

Les arrêts de travail dans le secteur privé font rarement l'objet de commentaires en éditorial même s'ils sont assez nombreux, notamment après la Première Guerre mondiale. Des syndicats catholiques y sont parfois mêlés, ce qui peut être embarrassant pour les éditorialistes qui ont toujours pensé que ces syndicats étaient un gage de paix sociale. Aucun commentaire sur la grève des syndicats catholiques de policiers et pompiers de Québec en 1920, ni non plus sur celle de quatre mois, des 3 000 travailleurs de la chaussure de Québec en 1926 (syndicats affiliés à la CTCC) ou sur le conflit aux chantiers maritimes de Sorel en 1937[34]. Par contre, le journal publie trois éditoriaux favorables aux grévistes lors d'un conflit d'envergure provinciale dirigé par la Fédération nationale du textile (CTCC) en 1937. Georges Pelletier accuse la compagnie Dominion Textile « d'avoir abusé pendant trente ans de la faiblesse et de l'isolement de ses ouvriers[35] ». Durant le conflit, le quotidien fait une place de choix dans ses pages aux déclarations des dirigeants syndicaux et aux assemblées de protestation des grévistes[36].

En somme, de sa fondation jusqu'en 1947, *Le Devoir* se conforme en matière syndicale aux orientations définies par son fondateur. Journal créé pour diffuser la doctrine sociale de l'Église et appuyer les divers mouvements catholiques sociaux, il apporte une aide soutenue au syndicalisme catholique tant au niveau de l'analyse éditoriale qu'en matière de couverture journalistique. Il lui accorde ainsi une importance que ses effectifs ne justifient pas : les syndiqués internationaux sont au moins de deux à trois fois plus nombreux au Québec et le rapport leur est encore beaucoup plus favorable dans la région montréalaise[37]. Mais il n'a jamais été dans les intentions du journal de présenter une image équilibrée des forces en présence. « Le syndicalisme catholique, rappelle Omer Héroux en 1944, est l'une des **causes** auxquelles, dès le début du *Devoir*, nous avons donné un solide et fervent appui[38]. »

« AU SERVICE DE LA CLASSE DES TRAVAILLEURS » (1947-1963)

En avril 1947, à la mort de Georges Pelletier, Gérard Filion devient directeur du *Devoir*. Secrétaire général de l'Union catholique des cultivateurs et directeur de l'hebdomadaire agricole *La Terre de chez nous*, il n'a pas d'expérience journalistique dans un quotidien, mais il a la réputation d'être un bon administrateur et a milité dans les mouvements d'action nationale. Sympathique au Bloc populaire, parti qui a fait la lutte à l'Union nationale aux élections de 1944, il apparaît à quelques administrateurs du *Devoir* comme la personne susceptible de faire échec à la nomination d'un directeur trop proche de l'Union nationale[39]. Avant d'accepter sa nomination, Filion pose comme condition la venue au journal d'André Laurendeau, alors chef du Bloc populaire et député à Québec; il a l'intention d'en faire le rédacteur en chef lorsque Omer Héroux prendra sa retraite. Désireux de refaire une nouvelle image au journal, fortement déficitaire avec un tirage d'environ 15 000 exemplaires, il réorganise son administration et renouvelle l'équipe de journalistes.

Sur le plan des idées, il s'explique dans ses premiers éditoriaux : « *Le Devoir* a toujours été un journal indépendant voué à la défense de l'Église et de la patrie. Il restera inébranlablement fixé dans ces positions aussi longtemps que j'en aurai la direction[40]. » C'est donc en fidélité avec les orientations de Bourassa, avec des objectifs nationalistes et en conformité avec la pensée catholique, qu'il veut diriger le journal. Mais sur le deuxième élément, il apportera plus tard une utile distinction : son intention est de faire du *Devoir* un «journal d'inspiration catholique» plutôt qu'un «journal catholique[41]». Il y a là une distance que le directeur du journal veut prendre envers les autorités religieuses; la nuance, à notre avis, n'aurait pas été faite par Bourassa et Pelletier. En outre, pour rejoindre la jeune génération d'après-guerre, il lui apparaît important de renouveler la pensée du journal, estimant que le conservatisme social et politique ne correspondait plus aux besoins du Québec d'après-guerre. Il importe, écrit-il dans ses Mémoires, de se porter «vers les questions de justice sociale» et, ce qui est beaucoup plus nouveau, de s'ouvrir «aux idéaux de liberté et de démocratie[42]».

En fait, le journal, sous sa direction, réinterprète la pensée sociale catholique; il participe, avec certains clercs et d'autres groupes dans la société québécoise, à un effort de réconciliation entre le catholicisme et les idées libérales. Né après la guerre et influencé par des penseurs catholiques français, ce courant valorise l'autonomie des personnes et la liberté de choix, ce qui le différencie fondamentalement de l'enseignement traditionnel de l'Église au Québec. De là son refus d'une Église autoritaire, cléricale et conservatrice et son désir de s'ouvrir au monde moderne, de confiner le religieux au privé et d'établir un nouvel équilibre entre l'institution religieuse et la société civile[43]. Ces «catholiques de gauche», comme on les a appelés, sont préoccupés de justice sociale et désireux de relever la condition ouvrière. Pour y parvenir, ils souhaitent que l'État joue un rôle actif dans le

domaine social, position qui traditionnellement suscitait bien des inquiétudes dans l'Église. Ils se distinguent également de leurs devanciers par une
crainte moins maladive du socialisme et du communisme.

À peu près au même moment, le leadership de la CTCC se renouvelle substantiellement avec l'arrivée de jeunes dirigeants qui partagent cette
nouvelle vision du rôle social de l'Église[44]. Il s'établit tout de suite des
rapports cordiaux entre ces deux groupes qui, comme nous le verrons,
s'appuieront mutuellement tout au long des années 1950 (les relations
seront plus tendues de 1955 à 1959). Le journal continue toujours à
privilégier la nouvelle provenant des syndicats catholiques; Filion écrit en
1947 que le journal compte poursuivre la tradition de Bourassa : «[...] en
appuyant de toutes nos forces l'œuvre de la CTCC[45].»

À son arrivée au Devoir, le nouveau directeur, qui signe avec
Laurendeau la presque totalité des éditoriaux sur les questions syndicales,
précise sa pensée à l'égard du capitalisme, de la classe ouvrière et du syndicalisme[46]. Tout en défendant le droit à la propriété privée, il écrit que le
journal se montrera «critique vis-à-vis des prétentions du capitalisme» et
«impitoyable pour ses abus». Constatant que les travailleurs sont devenus,
en nombre, la «classe dominante de la société» et que dans plusieurs pays
traditionnellement catholiques ils ont glissé vers le communisme, il estime
que c'est le devoir d'un journal catholique d'appuyer vigoureusement les
revendications légitimes des travailleurs. «Dans un monde livré aux excès de
la concurrence, écrit-il, le travailleur ne dispose pas toujours des moyens de
défense et d'attaque qu'il lui faudrait...» Pour «rétablir une sorte d'équilibre», il importe alors de mettre l'influence d'un journal comme Le Devoir
«au service de la classe des travailleurs». C'est dans cet esprit que le journal
traitera des questions ouvrières jusqu'à la grève de l'amiante en 1949.

Dès le mois suivant, les lecteurs ont l'occasion de vérifier le «parti
pris» du journal pour la cause ouvrière lors d'une grève à la compagnie
Ayers de Lachute, menée non par un syndicat catholique mais par l'Union
internationale des ouvriers des textiles d'Amérique, alors dirigée par les
sympathisants communistes Madeleine Parent et Kent Rowley. Pendant
toute la durée de la grève, le directeur y délègue un correspondant spécial
dont les topos font la une; il y consacre même un éditorial choc, «La justice
sociale à coups de matraque», où il s'en prend à l'employeur qui «exploite»
sans scrupule ses ouvriers et à Maurice Duplessis pour la violence de la
police provinciale[47]. Aucun commentaire désobligeant sur le syndicalisme
international; c'est plutôt les piètres conditions de travail qui ont permis au
communisme de se développer. La justice sociale, conclut-il, ne s'obtient
pas à coup de matraques, mais en opérant les réformes qui s'imposent.

Toujours en 1947, le journal s'intéresse particulièrement à plusieurs autres grèves où la sympathie éditoriale se dirige vers les syndiqués : grève « bonne, juste et nécessaire » des ouvriers des salaisons de Montréal, qui est non seulement illégale, mais dirigée elle aussi par un syndicat international[48] ; grève « juste » à la compagnie Asbestonos[49] ; grève aux réclamations « modestes » à Louiseville[50]. L'année suivante, plusieurs éditoriaux d'André Laurendeau sont consacrés aux « réclamations raisonnables et justes[51] » de l'Alliance des professeurs catholiques de Montréal ; la responsabilité de leur débrayage illégal d'une semaine au début de 1949 est attribuée à la « mauvaise volonté » du gouvernement et de la Commission scolaire[52]. Toujours, en arrière-plan de ces conflits, on met en relief l'attitude antiouvrière et antisyndicale du gouvernement Duplessis, qu'on attribue à son conservatisme social[53].

Avant l'arrivée de la nouvelle équipe, *Le Devoir* n'a jamais accordé autant d'importance aux conflits de travail comme nouvelles et sujets d'éditoriaux. Les grèves de 1947 et de 1948 relevées ci-dessus n'ont pas trouvé à cette époque d'écho particulier dans les autres quotidiens[54]. Et ce n'est pas non plus que les arrêts de travail se soient accrus au cours de ces années : le nombre de grèves et de lock-out au Québec est deux fois plus important de 1941 à 1945 que de 1946 à 1950[55]. Cette nouvelle préoccupation nous apparaît plutôt le résultat d'un choix éditorial, du désir de la nouvelle équipe de se trouver du côté de la classe ouvrière et de promouvoir la justice sociale.

C'est avec cet esprit que le journal aborde la grève de l'amiante de 1949 où, dès le premier jour, il délègue à Asbestos, malgré ses faibles moyens, un correspondant spécial, Gérard Pelletier, qui y demeure jusqu'à la fin du conflit. Au cours des quatre mois de la grève, qui est illégale selon la loi des relations ouvrières de l'époque, le journal consacre « plus de reportages, de commentaires, d'éditoriaux et de dépêches à la grève qu'à n'importe quel autre sujet d'actualité[56] ». Aux dires de Gérard Pelletier lui-même, *Le Devoir*, « non seulement prit fait et cause pour les ouvriers en grève, mais conduisit une campagne systématique en leur faveur pendant toute la durée du conflit[57] ». L'intérêt pour cet arrêt de travail est d'autant plus vif que le journal a consacré au début de l'année une série d'articles aux méfaits de la poussière d'amiante sur les mineurs à East Broughton. Le directeur du journal accusait alors le premier ministre d'être en train de transformer le Québec en « une immense forteresse du capitalisme cupide[58] ».

Pendant la grève qui touche près de 5 000 mineurs à Asbestos et à Thetford Mines, Filion, qui rédige presque tous les éditoriaux, s'en prend moins aux employeurs qu'au gouvernement de l'Union nationale qu'il accuse d'être au service des compagnies. Le gouvernement refuse d'intervenir à moins que les grévistes retournent au travail et reviennent dans la légalité. Filion consacre un éditorial éloquent au respect de la loi, question centrale dans le conflit. Pour lui, au-delà de la légalité, il y a la justice sociale, et nul doute que les travailleurs de l'amiante défendent une cause juste.

> Il y a d'ailleurs, poursuit-il, un danger social très grand à invoquer constamment la légalité pour consacrer certaines injustices. On finit par ancrer dans la tête des gens que la loi et l'injustice vont de pair, que le seul moyen d'établir la justice sociale c'est de transgresser la loi[59].

Le comportement de Duplessis pendant la grève en faisait «le premier ministre le plus antisocial et antiouvrier que la province de Québec a eu depuis la Confédération[60]».

Pendant la grève, le journal défend l'idée de réforme de l'entreprise, projet élaboré par des intellectuels catholiques européens et dont certains clercs font la promotion au Québec. La direction de la CTCC en adopte le principe à partir de 1948. Son objectif consiste à transformer le régime capitaliste en réformant l'entreprise. Partant du principe que cette dernière possède un caractère social, on en déduit que les travailleurs ont un droit à la participation aux bénéfices, à la gestion et à la propriété de l'entreprise[61]. Ce projet inspire une demande syndicale lors de la grève de l'amiante, qui fait pousser les hauts cris à la direction des entreprises[62]. En 1949, Filion publie plusieurs éditoriaux où il soutient rien de moins que la disparition du capitalisme et son remplacement par une formule d'intégration des travailleurs dans l'entreprise; ils participeraient à sa gestion, aux bénéfices et à sa propriété[63]. Le pape Pie XII ayant mis des réserves à l'égard de la formule en 1950 et en 1953, le journal se montre alors plus prudent dans son application. Au même moment, l'épiscopat québécois prend d'ailleurs ses distances envers cette théorie et la CTCC la met en veilleuse[64].

Après la grève de l'amiante, le journal évalue avec beaucoup plus de réserve les arrêts de travail et il se montre même critique des syndicats. À notre connaissance, il ne délègue plus de correspondant spécial pour couvrir uniquement un conflit. La grève des cheminots canadiens en 1950 est qualifiée d'injustifiable, de contraire à l'intérêt de la nation[65]; celle des ouvriers du textile, deux ans plus tard, de résultat de la «démagogie» des dirigeants syndicaux, pourtant les mêmes que lors du conflit de Lachute en 1947[66]. Même si, la même année, il paraît sympathique aux grévistes de Louiseville membres de la CTCC, Laurendeau suggère de mieux baliser l'exercice du droit de grève[67]. Au début de 1955, Filion estime que l'époque des hausses de salaires et des avantages sociaux tire à sa fin; il interprète maintenant l'idée de réforme de l'entreprise comme une façon pour les syndicats de prendre «contact avec les réalités de l'entreprise» et de les «rendre plus conscients de leurs responsabilités[68]». Trois mois plus tard, il met en lock-out ses typographes membres de l'Union internationale des typographes et les remplace par des briseurs de grève, alléguant que le journal ne peut se permettre de verser les salaires exigés[69]. Ce conflit envenime les relations avec la CTCC dont le président, Gérard Picard, démissionne du conseil d'administration, retire le contrat d'impression de son journal et recommande aux journalistes, membres d'un syndicat catholique, de ne pas franchir les piquets de grève. Filion congédie sans plus de façon les cinq journalistes qui ont respecté le mot d'ordre du président[70]. C'est probablement en ayant en tête l'Union internationale des typographes qu'il rédige un éditorial trois mois plus tard sur cette «bourgeoisie» de dirigeants syndicaux qui finissent pas perdre de vue les véritables besoins des syndiqués[71].

Cependant, même si le journal se montre plus critique des syndicats lors de conflits de travail, il reste néanmoins sympathique à leurs réclamations, surtout lorsqu'elles mettent en cause le gouvernement Duplessis. Il appuie les modifications proposées par les syndicats aux lois du travail et s'élève contre le fonctionnement de la Commission des relations ouvrières, trop dépendante du gouvernement. En 1953, il ouvre largement ses pages à la levée de boucliers des syndicats contre les lois 19 et 20, qui donne lieu à une marche sur Québec[72]. En outre, à la suite de la grève illégale de 1949, il prend parti pour l'Alliance des professeurs catholiques de Montréal dans sa longue lutte contre la Commission scolaire de Montréal et le gouvernement Duplessis pour conserver son droit de représenter les enseignants[73].

En 1957 survient la grève de Murdochville (Métallos-FTQ) à laquelle le journal consacre de nombreuses pages. Comme dans tous les conflits analysés, Filion ne rate pas une occasion de décocher des flèches à Duplessis qu'il rend responsable du pourrissement du conflit: «La générosité des grandes entreprises envers la caisse électorale trouve sa récompense dans la politique antisyndicale du gouvernement[74].» Quant à la grève des réalisateurs de Radio-Canada, abondamment couverte, deux ans plus tard, le journal plaide pour un compromis tout en appuyant leur droit à la négociation[75]. Filion est d'avis cependant qu'un syndicat de cadres comme le leur doit demeurer indépendant des autres organisations syndicales, ce avec quoi Laurendeau n'est pas d'accord[76].

Enfin, il vaut la peine de relever l'image que la nouvelle équipe, en poste en 1947, présente du syndicalisme international. On se rappellera que, pour les décennies antérieures, le journal le stigmatisait en éditorial et en parlait très peu dans les pages d'information. Lorsque Filion prend la barre du journal, il se propose, nous l'avons dit, d'appuyer les syndicats catholiques. C'est ce qu'il fait en privilégiant l'information qui les concerne pendant toute la période, même si les syndiqués internationaux sont au moins quatre fois plus nombreux à Montréal. Par ailleurs, Laurendeau écrit en 1953 que le syndicalisme international représente une forme de colonialisme pas plus acceptable dans le monde syndical qu'en politique internationale[77]. Mais contrairement aux décennies antérieures, il est plutôt rare que les éditorialistes s'en prennent à ces syndicats pour des motifs nationalistes, et plus significatif encore, ils n'évoquent jamais, à notre connaissance, de motifs religieux contre eux. En outre, ils s'abstiennent de participer à la chasse aux communistes dans leurs rangs comme il était de mise dans les milieux conservateurs à la fin des années 1940.

Avec certains éléments à la direction de la CTCC, le journal effectue un revirement majeur au sujet de la confessionnalité au milieu des années 1950. Il appuie la démarche de la centrale catholique qui envisage une éventuelle affiliation au Congrès du travail du Canada, formé majoritairement de syndicats internationaux. Filion fait remarquer en 1957 que les raisons qui ont milité en faveur de la fondation de syndicats catholiques «ne sont peut-être pas toutes aussi valables aujourd'hui», que le syndicalisme américain n'est plus aussi «sectaire» et que les syndicats internationaux au Canada, «naguère teintés d'anticléricalisme», manifestent d'excellentes dispositions vis-à-vis, non seulement de l'Église et du clergé, mais aussi de la doctrine sociale chrétienne[78]». Le projet d'affiliation, qui finalement va échouer, nécessite l'abandon de la confessionnalité par la centrale. Le journal ne s'en formalise pas trop : il se montre ouvert à «d'autres formes possibles par lesquelles l'action des catholiques, individuelle et collective, peut ou pourrait s'exercer dans le monde du travail[79]». C'est évidemment un changement majeur de perspective lorsqu'on compare cette opinion avec les éditoriaux de Bourassa et de Héroux.

De l'analyse éditoriale des quinze années où Filion et Laurendeau ont commenté l'actualité, il ressort qu'ils consacrent beaucoup plus d'attention aux questions syndicales que leurs prédécesseurs. Ce choix résulte bien davantage de leur orientation idéologique que de la nécessité journalistique. C'est particulièrement évident jusqu'à la grève de l'amiante alors que le journal veut accentuer l'orientation sociale de sa couverture journalistique et se poser comme défenseur de la classe ouvrière. Mettant particulièrement en lumière les luttes que livrent les travailleurs syndiqués, les éditorialistes dénoncent le capitalisme cupide et le conservatisme social du gouvernement Duplessis. Après 1950, leur critique du duplessisme demeure toujours aussi vive alors que s'atténue celle qui vise le système capitaliste. Leur enthousiasme pour les travailleurs en grève et les causes syndicales s'émousse ; ils estiment que les syndiqués ont effectué le rattrapage nécessaire. Sur la nécessité du syndicalisme confessionnel, il y a également un changement d'orientation fondamental : ils pensent que l'esprit chrétien qui doit imprégner le syndicalisme repose moins sur des structures que sur l'action des syndiqués catholiques eux-mêmes. On comprend alors qu'ils se montrent plus indulgents envers les syndicats internationaux et ouverts à la déconfessionnalisation de la CTCC.

«POUR UNE SOCIÉTÉ STABLE» (1963-1978)

En 1962, Gérard Filion quitte la direction du *Devoir* pour celle de la Société générale de financement que le gouvernement vient de créer. Laurendeau suit quelques mois plus tard pour coprésider la Commission royale d'enquête sur le bilinguisme et le biculturalisme. Claude Ryan, que Filion est allé chercher au secrétariat de l'Action catholique, entre au journal comme éditorialiste en juin 1962 sans avoir eu de formation journalistique antérieure. Deux ans plus tard, il assume la fonction de directeur, poste qu'il détiendra jusqu'en 1978, année où il s'engage dans la course à la chefferie du Parti libéral du Québec. D'une forte personnalité, il imprime sa marque au journal et ses éditoriaux sont lus avec attention. Devenu influent auprès des hommes politiques, il sera souvent consulté par le premier ministre Bourassa et ses ministres[80]. C'est lui qui rédige bon nombre des éditoriaux qui touchent les questions syndicales, sujet abondamment traité pendant la période où il dirige le journal. À l'occasion, d'autres éditorialistes abordent cette question : Paul Sauriol, Jean-Marc Léger, mais surtout Vincent Prince dans les années 1960, Laurent Laplante et Jean-Claude Leclerc par la suite. Mais lorsqu'une question prend de l'importance, on sent que le directeur se charge de la commenter.

Comme Laurendeau et Filion, Ryan est marqué par les penseurs de la «gauche catholique» d'après-guerre qui refusent le conservatisme social et tentent de réconcilier le catholicisme avec la pensée libérale. L'Action catholique, dont il devient secrétaire à l'âge de vingt ans, en 1945, et l'Institut canadien d'éducation des adultes, où il sera nommé président de 1955 à 1961, sont des foyers de diffusion de ces idées en milieu québécois[81]. Tout en conservant leur attachement au catholicisme, les militants de ces groupes cherchent à établir un nouvel équilibre entre la société civile et le pouvoir religieux et à confiner davantage le rôle de l'Église catholique, en tant qu'institution, à la sphère spirituelle. L'influence de l'Église sur la société civile s'exerce alors non plus à travers des institutions confessionnelles mais par l'intermédiaire de laïcs catholiques. Ryan s'explique à ce propos lors d'une conférence prononcée pendant la Révolution tranquille :

> Ce qu'il y a de plus fondamental, c'est justement que des pans complets de réalités, qui tombaient naguère sous l'influence de l'Église, sous une forme ou une autre, tombent de plus en plus sous la seule responsabilité de la conscience individuelle, laissée à elle-même[82].

Dans les institutions temporelles, et Ryan mentionne explicitement le syndicalisme catholique et international, il appartient au laïc lui-même de témoigner de son engagement chrétien sans compter sur l'appui ou même l'avis explicite de la hiérarchie[83].

Dans ses éditoriaux, Ryan manifeste un attachement profond aux valeurs de liberté individuelle et à la démocratie libérale. Son adhésion continue au fédéralisme canadien repose particulièrement sur la protection que ce système a su accorder aux libertés fondamentales. Au lendemain du départ de René Lévesque du Parti libéral en 1967, il écrit : «Liberté de parole, liberté de déplacement, liberté de croyance, liberté de réunion : quel pays au monde peut se vanter de posséder, à cet égard, plus d'avantages, plus de réalisations positives, que le Canada[84]?» C'est au nom aussi du respect des libertés individuelles qu'il s'oppose à la loi des mesures de guerre en 1970 et à l'adoption de la Charte de la langue française en 1977. D'un libéralisme plutôt classique, il demeure très réticent à tempérer ces libertés pour des motifs nationalistes ou sociaux.

> Je postule néanmoins, écrit-il en 1976, que la grande majorité des citoyens de cette société-ci préfère pour l'instant vivre dans un système social et politique où les libertés collectives sont assises sur le fondement essentiel des libertés personnelles, et non l'inverse[85].

C'est pourquoi il est réfractaire à un interventionnisme poussé de l'État dans les domaines économique et social comme le proposait le Parti québécois dans les années 1970. Au nom des valeurs de liberté, il affiche des réticences envers le courant égalitariste qu'expriment avec vigueur à la même époque le mouvement syndical, le Parti québécois et de nombreux intellectuels. En bout de piste, il se reconnaîtra davantage dans le Parti libéral parce qu'il incarne, dit-il, dans son discours d'adhésion au parti, «les valeurs de liberté, de responsabilité personnelle [et] d'ouverture sur l'autre[86]».

Les années où Ryan est à la tête du *Devoir* sont marquées par le développement vigoureux du syndicalisme qui voit ses effectifs s'accroître de façon importante. En outre, plus qu'à aucune autre période, celui-ci parvient à exercer une forte influence sur l'orientation sociopolitique de la société québécoise. De 1960 à 1965, le mouvement syndical soutient les réformes mises en œuvre pendant la Révolution tranquille. Il partage, dans ses grandes lignes, la même vision sociale que le gouvernement Lesage; sa critique envers le gouvernement porte plutôt sur l'ampleur ou la rapidité des réformes entreprises. En 1964 et en 1965, les syndicats obtiennent une réforme majeure des lois du travail qui vont reconnaître le droit à la syndicalisation et même à la grève pour tous les employés des secteurs public et parapublic. Leur organisation est largement responsable de la hausse importante du taux de syndicalisation, qui passe de 30,5 % à 35,7 % de 1961 à 1966, puis à 37,6 % en 1971[87]. Comme nous le verrons, *Le Devoir* est attentif au progrès et surtout aux conséquences de la syndicalisation des employés publics.

Au milieu des années 1960, les centrales syndicales commencent à se radicaliser. Elles ne se satisfont plus de l'opération de rattrapage sur les autres sociétés nord-américaines que représente la Révolution tranquille; elles veulent orienter les réformes dans le sens d'une redéfinition plus fondamentale du système socio-économique. De là, leur critique radicale du capitalisme à partir d'une analyse marxiste et la promotion du socialisme démocratique comme modèle de société. Il s'ensuit des relations tendues avec les gouvernements, notamment avec le gouvernement Bourassa alors que culmine la critique sociale de 1970 à 1976. Comme nous le verrons, plusieurs éditoriaux de Claude Ryan réprouvent le virage idéologique pris par les syndicats.

Ce n'est pas uniquement au niveau du discours que la radicalisation du syndicalisme se manifeste, elle s'affirme aussi dans les lieux de travail par une augmentation spectaculaire du nombre et de l'intensité des conflits. De 1966 à 1975, il y a près de quatre fois plus de grèves et de lock-out que pendant la décennie antérieure. L'intensité des conflits s'accentue au milieu des années 1970 à cause de la forte inflation qui affecte l'économie canadienne[88]. Phénomène plutôt rare dans les décennies antérieures, plusieurs grèves surviennent dans les services publics. La population étant directement incommodée par ces conflits, les journaux en traitent abondamment. Ainsi, *Le Devoir* consacre une large part de ses informations sur le syndicalisme à ces conflits. Et évidemment, les éditorialistes commentent ces nouvelles. Pour cette raison, et aussi parce que le syndicalisme s'affirme comme une force sociale de premier plan, le journal lui réserve dans les années 1960 et 1970 une place de choix : pas moins d'une trentaine d'éditoriaux lui sont consacrés chaque année de 1966 à 1977. C'est beaucoup plus que pour les périodes antérieures.

Dès son arrivée au journal, Ryan, qui a déjà suivi des cours à l'École de service social et de relations industrielles de l'Université de Montréal, s'intéresse aux questions syndicales, sujet qui avait peu retenu l'attention des éditorialistes depuis 1959. La question prend une acuité particulière à partir de 1963 lorsque le gouvernement présente le projet de loi 54 qui vise à moderniser les lois qui régissent les relations de travail. Les centrales syndicales protestent vigoureusement contre la première version du projet, en particulier parce qu'elle ne reconnaît pas le droit à la libre négociation et à la grève des employés des secteurs public et parapublic[89]. Des grèves illégales éclatent parmi les infirmières de certains hôpitaux et chez les enseignants de commissions scolaires. Dans la troisième version du projet de loi, adoptée en juillet 1964, le gouvernement retraite, cédant le droit de grève pour tous les employés d'hôpitaux, de commissions scolaires et de municipalités. L'année suivante, il étend ce droit aux instituteurs et aux fonctionnaires de l'État, une conquête majeure pour ces travailleurs à une époque où très peu de gouvernements ont consenti ce droit en Amérique du Nord.

Ryan partage plusieurs critiques des syndicats envers les deux premières versions du projet de loi 54 ; il intitule ses éditoriaux : « Le Code du travail : un projet boiteux » et « Un projet toujours boiteux[90] ». En revanche, la troisième version lui apparaît « plus satisfaisante », se rapprochant des normes qu'il avait énoncées l'année précédente[91]. Dans son analyse, il reconnaît pour les travailleurs des services publics la nécessité des droits d'association, de négociation et d'affiliation à une centrale pour leurs syndicats. Selon Jean-Marc Léger, la syndicalisation va aider à constituer une fonction publique moderne[92]. À propos du droit de grève, Claude Ryan admet que c'est un « corollaire indispensable du droit d'association[93] », mais à l'intérieur de certaines limites qu'il précise à propos des fonctionnaires fédéraux. Les grèves « contre l'État » ne devraient être permises que pour les employés qui n'assument pas des services essentiels et elles ne devraient pas procéder du même esprit que dans le secteur privé. Rejetant l'idée qu'elles puissent être une lutte de force, il les conçoit uniquement comme « un moyen d'appel au tribunal suprême de l'opinion (publique) contre la mesquinerie du pouvoir exécutif » ; elles doivent alors être brèves et cesser lorsque « des garanties sérieuses de solution raisonnable ont été obtenues[94] ».

Plusieurs grèves des employés publics vont survenir en 1965 et en 1966 où le journal se montre sympathique aux revendications des syndiqués. Repoussant l'adoption de lois de retour au travail trop hâtives, il plaide, en général, pour la poursuite des négociations, les efforts de rapprochement, la modération, le compromis et un règlement honorable. Ainsi, en 1965, à l'approche d'une grève à la Commission des écoles catholiques de Montréal, Ryan estime que les syndicats sont justifiés de chercher à obtenir des améliorations salariales et qu'un arrêt de travail n'a rien d'immoral car il «n'engagerait ni la santé publique, ni la sécurité physique de la communauté[95]».

Lors d'une grève du transport en commun à Montréal la même année, Paul Sauriol invite la Commission des transports à mieux payer ses employés : «On ne doit pas priver les employés d'un salaire équitable sous prétexte d'assurer l'équilibre financier d'un service public essentiel[96].» En avril 1966, Claude Ryan conseille au gouvernement d'éviter une approche trop légaliste dans le cas des enseignants du Syndicat des professeurs de l'État du Québec qui ne respectent pas une injonction ; il distingue entre le respect extérieur et intérieur de la loi : «Une violation extérieure, traitée avec compréhension et intelligence, peut, au contraire, engendrer chez tous [...] une plus grande acceptation intérieure de la loi[97].» Lors de la grève générale des employés d'hôpitaux un peu plus tard, il analyse positivement, en début de conflit, la décision du gouvernement de laisser la négociation porter ses fruits «sans recourir mécaniquement et sans nuance à l'arme de l'injonction[98]» ; après une semaine, il appelle cependant à l'intervention du Parlement[99]. Au début d'août, le directeur du *Devoir* s'interroge s'il ne faudrait pas modifier le Code du travail pour interdire toute grève dans les hôpitaux et certains services publics : il répond par la négative, non sans inviter les syndicats du secteur public à la modération et à la retenue[100]. Et de conclure, le 10 août 1966, en traçant un bilan des négociations du travail :

> On pouvait autrefois accorder un appui presque aveugle au syndicalisme : il suffisait de n'être pas soi-même patron et de favoriser les faibles contre les forts. La montée phénoménale du syndicalisme oblige aujourd'hui à plus de discernement. Les syndicats sont devenus une force sociale, économique et politique de premier plan : il ne faut plus hésiter, au besoin, à les critiquer avec vigueur[101].

Les commentaires par la suite seront beaucoup plus impatients et critiques à l'égard des syndicats du secteur public.

À la fin d'août 1966, Paul Sauriol suggère au Parlement canadien d'empêcher une grève du rail avant même qu'elle ne soit déclenchée[102] ; les demandes syndicales chez les postiers et les fonctionnaires municipaux de Montréal à la même époque sont jugées excessives[103]. Tout à fait raisonnables, par contre, sont les offres de la CECM à ses enseignants en grève en février 1967 : Paul Sauriol prie le gouvernement de forcer leur retour au travail par une loi spéciale[104]. Ce qu'il fait le 10 février 1967 en votant la loi 25, première loi provinciale exigeant le retour au travail de travailleurs du secteur public : elle suspend le droit de grève des 65 000 enseignants québécois, détermine leurs conditions de travail pendant dix-huit mois et fraie la voie à une négociation provinciale. Pour Ryan, la loi s'impose pour mettre fin à l'épidémie de grèves qui sévissaient parmi les enseignants; il reproche cependant au gouvernement d'avoir fixé unilatéralement ces conditions sans dialogue avec les syndicats[105]. La vague de grèves chez les enseignants résultait de directives précises du gouvernement aux commissions scolaires depuis octobre 1966 pour limiter les hausses salariales; le gouvernement s'était en effet donné une politique salariale bien définie pour tous les employés des secteurs public et parapublic. Ryan approuve la nécessité d'une telle politique, avec la réserve cependant qu'il voudrait associer à son élaboration la participation des groupements intéressés[106].

En octobre 1967, exaspéré par une grève du transport en commun à Montréal qui dure depuis un mois, le directeur du *Devoir* réclame une révision des lois du travail :

> Les dispositions du Code du travail relatives à l'exercice du droit de grève dans les services publics ont donné lieu, depuis trois ans, à une accumulation de grèves dont le nombre, la durée et la gravité ont dépassé de loin tout ce qu'avait pu prévoir le législateur en 1964. On avait compté, dans le temps, sur la maturité et le sens des responsabilités des parties impliquées dans les négociations pour contenir dans des bornes raisonnables l'exercice du droit de grève. Ces espoirs se sont révélés illusoires[107].

Pour amorcer cette réforme, il suggère la constitution d'une équipe de travail qui remettrait son rapport dans trois ou quatre mois. Certains éditoriaux laissent entrevoir l'orientation des réformes préconisées par le journal : pas question de retirer purement et simplement le droit de grève aux travailleurs du secteur public, mais il faudrait prévoir, avant le déclenchement d'une grève, la création d'une commission qui renseignerait objectivement le public sur les enjeux du conflit. En plus, il faudrait déterminer de façon précise les services essentiels et limiter la durée des arrêts de travail; le Parlement ne devrait pas hésiter à intervenir rapidement lorsque «l'intérêt public risque d'être lésé de manière irréparable[108]». Comme en 1964 et en 1965, la seule légitimité que les éditorialistes concèdent à la grève dans les services publics, c'est de saisir l'opinion publique des revendications syndicales[109]; leur analyse et les solutions proposées se situent à l'intérieur de ce cadre.

À partir de 1967, on peut dire que la sympathie des éditorialistes lors de négociations dans le secteur public se dirige du côté des administrations publiques. Ainsi, devant la perspective d'une grève des Postes en juillet 1968, Ryan invite le gouvernement, dans l'intérêt public, à ne pas tolérer un arrêt de travail de plus de quelques jours[110]. En 1970, Vincent Prince convie tous les paliers de gouvernement à coordonner leur politique salariale pour établir une sorte de «front commun» à l'égard des syndicats du secteur public, car les salaires consentis sont trop généreux et alimentent l'inflation[111]. L'année suivante, il est tout à fait d'accord avec le ministre du Travail pour que le gouvernement réglemente plus sévèrement le droit de grève dans l'industrie de la construction[112]. Lors des négociations en front commun en 1972, Ryan partage les objectifs du gouvernement en matière de rémunération et appuie la loi 19 qui suspend le droit de grève[113]. C'est au cours de cette série de négociations que les présidents de trois principales centrales syndicales sont condamnés à un an de prison pour avoir incité les travailleurs d'hôpitaux à ne pas respecter une injonction. Le directeur du *Devoir* juge que la sentence est excessive et que les tribunaux supérieurs devraient la réviser, voire la tempérer ; il plaide pour un droit spécifique des relations du travail qui tienne compte de la réalité sociale dans un sens plus large[114].

Lors de la série de négociations suivante en 1975-1976, Ryan se montre encore plus sévère pour les syndicats. Ses éditoriaux sont souvent des dénonciations des positions syndicales : la cause de la lenteur des négociations est d'abord « l'intransigeance, l'irréalisme et le globalisme des revendications syndicales » ; les arrêts de travail sont devenus « du chantage éhonté auquel sont soumis des milliers de citoyens sans défense » ; la CEQ se comporte comme une « machine à injures » ; l'Alliance des infirmières verse dans l'illogisme et l'irréalisme. Il critique le gouvernement pour son attentisme à imposer une loi de retour au travail pour les infirmières[115]. Au terme du conflit, il s'interroge s'il ne faut pas supprimer purement et simplement le droit de grève dans les services essentiels[116]. Peu avant son départ, alors qu'une commission d'enquête scrute le régime de négociation collective dans le secteur public, il réfute le point de vue des centrales voulant que les négociations des secteurs public et parapublic s'effectuent selon une démarche conflictuelle comme dans le secteur privé : l'employeur public n'a aucun droit de propriété sur les fonds publics, les arrêts de travail engendrent des conséquences graves pour les citoyens et le financement des services publics repose sur l'imposition de taxes[117].

Pour beaucoup, le fossé qui sépare le journal des syndicats des secteurs public et parapublic dans les années 1970 tient à l'appui que son directeur apporte aux grandes lignes de la politique salariale du gouvernement. Les syndicats développent le point de vue que leur rémunération doit pouvoir se comparer avantageusement à celle des meilleurs employés du secteur privé et comporter des objectifs sociaux comme la réduction des écarts de rémunération entre hauts et bas salariés du secteur public et un salaire minimum qui garantisse un niveau de vie adéquat. Leur ambition est de rendre plus équitable et égalitaire la structure de rémunération des employés du secteur public et d'influencer dans le même sens celle du secteur privé[118]. Dans ses offres, le gouvernement vise plutôt à ce que la rémunération de ses employés s'aligne sur celle octroyée pour des emplois analogues dans le secteur privé, pour éviter d'exercer une influence à la hausse sur les coûts de main-d'œuvre dans l'ensemble de l'économie. Ryan endosse ce dernier point de vue, arguant que des normes de rémunération supérieure sont injustes car ce sont les sociétés et les particuliers qui doivent payer de leur impôt le coût de ces «inégalités inadmissibles» qui engendreraient de graves perturbations dans le secteur privé. Pour les travailleurs qui n'ont pas d'équivalent dans le secteur privé comme les enseignants et les infirmières, il propose que leur rémunération s'aligne sur celle de leurs collègues des autres provinces[119]. En définitive, il se porte à la défense des normes capitalistes qui guident la détermination de la rémunération et rejette les objectifs égalitaristes des syndicats. Le Parti québécois alors dans l'opposition propose que le gouvernement offre des salaires raisonnablement supérieurs à la moyenne de façon à exercer un certain effet d'entraînement sur le secteur privé[120].

Dans les conflits qui touchent le secteur privé, à l'extérieur de l'industrie de la construction, le journal se montre, en général, sensible aux revendications des syndiqués et demeure critique des positions patronales. Ainsi, les grévistes de la Dominion Ayers de Lachute en 1966 doivent avoir «la sympathie agissante de la population[121]». Dans le célèbre lock-out du journal *La Presse* en 1971, Laurent Laplante trouve que l'employeur donne «une réponse brutale, inhumaine, étroitement capitaliste» aux transformations technologiques survenues au journal[122]. Jean-Claude Leclerc, qui commente en plusieurs occasions le long conflit à la United Aircraft en 1974-1975, réprouve le comportement de cette multinationale[123]. De même, il soutient les grévistes de l'amiante et de la Canadian Gypsum en 1975[124]. Claude Ryan est amené à préciser sa pensée sur d'importants amendements apportés par le gouvernement Lévesque au Code du travail en 1977 : sur les deux réformes majeures implantées, soit l'interdiction de l'embauche de briseurs de grève et l'obligation pour les employeurs de percevoir à la source la cotisation syndicale, il se montre bien disposé, mais il voudrait que ces mesures pro-syndicales soient contrebalancées par des contraintes touchant la gestion des fonds syndicaux et la démocratie syndicale. Par son «biais pro-syndical», la loi, à ses yeux, permet au gouvernement du Parti québécois de s'acquitter de «certaines dettes» envers les syndicats[125].

Autre sujet de grande préoccupation pour les syndicats, la mise en place par le gouvernement canadien, en octobre 1975, d'un programme rigoureux de contrôle des prix et des revenus qui comporte des limitations aux augmentations de salaire pour trois ans. La réaction du mouvement syndical est virulente, car la loi impose des limites sévères au droit des syndiqués à la libre négociation. Seuls les salariés, croit-on, risquent de faire les frais de la lutte anti-inflationniste car on ne peut restreindre efficacement les prix, les honoraires et les profits[126]. Le directeur du *Devoir* réfute les craintes syndicales et se porte à la défense du programme, absolument nécessaire pour juguler la hausse effrénée des prix. Le gouvernement doit, à ses yeux, commencer par restreindre les salaires car ils occupent une place plus importante que tout autre facteur dans le fonctionnement de l'économie[127]. En 1976, il rejette du revers de la main les objections avancées par le Congrès du travail du Canada, dont celle en particulier que les augmentations salariales de 1972 à 1975 n'ont pas dépassé la hausse du coût de la vie[128]. Pour lui, il n'y a pas de doute que le gouvernement fédéral n'a pas le choix et que la mesure est bénéfique pour l'économie canadienne.

Le changement d'attitude que nous avons noté en politique éditoriale envers les syndicats du secteur public, à la fin des années 1960, se vérifie aussi sur le plan des revendications politiques des centrales syndicales. Jusqu'à la fin de la décennie, leurs réclamations auprès des pouvoirs publics sont accueillies avec sympathie. Ainsi, le mémoire conjoint de la FTQ, de la CSN et de l'UCC soumis au gouvernement québécois en 1966 sur l'établissement d'un régime d'assurance-maladie reçoit l'accord complet du journal pour qu'il soit universel, complet, obligatoire et public[129]. Même appréciation positive pour leur mémoire sur la question constitutionnelle la même année, avec un commentaire que Claude Ryan aurait sûrement désavoué quelques années plus tard : « Les mouvements syndicaux ont l'habitude de la lutte concrète. Ils sont peu portés à se battre pour des idées abstraites. Ils sont l'un des plus solides remparts d'une société démocratique contre le glissement vers les idéologies fumeuses[130]. » En 1968 et en 1969, il trouve, en général, constructives et très valables les propositions issues des mémoires de la CSN et du Congrès du travail du Canada au gouvernement fédéral[131].

La lune de miel tourne au vinaigre avec les conflits du secteur public et la radicalisation du discours des centrales, particulièrement sentie en 1971 avec la publication de documents comme *Ne comptons que sur nos propres moyens* par la CSN et le *Livre blanc sur l'action socio-politique* de la CEQ ; la FTQ n'est pas en reste, son président inaugurant la même année son congrès par un discours virulent (*Un seul front*). Comme dans d'autres documents qui vont suivre, on y dénonce le système capitaliste en se fondant sur une analyse marxiste de la lutte de classes. Affleurant le sujet dans plusieurs éditoriaux de 1970 à 1975, Ryan réfute l'analyse sociale qui s'en dégage, la qualifiant d'excessive et de simpliste. La société québécoise, soutient-il, est trop complexe pour se réduire aux schèmes dualistes d'interprétation (prolétaires exploités-capitalistes exploiteurs) qui ne tiennent pas compte «d'une indispensable diversité des fonctions et des rôles», «des niveaux différents de responsabilités», «des mécanismes multiples de redistribution de la richesse» et «du taux très élevé de mobilité sociale[132]». Il est caricatural, écrit-il en 1972, de dire que nous vivons sous un régime d'oppression : «La liberté totale avec laquelle il [Marcel Pepin] s'exprime est la meilleure preuve du caractère excessif de son diagnostic[133].» À plusieurs reprises, il conteste le droit du mouvement syndical de vouloir remettre en cause radicalement le système sociopolitique parce qu'il profite légalement d'un statut privilégié en Amérique du Nord. En effet, le régime de monopole de représentation syndicale dans l'entreprise et le pouvoir de retenue à la source des cotisations syndicales que lui reconnaît la loi lui procurent des avantages qui devraient «impliquer une acceptation au moins relative des valeurs communes à la société globale[134]». Le statut semi-public que les syndicats ont obtenu exige donc, à son avis, de la retenue dans la critique sociale.

Le monopole de représentation syndicale combiné à la radicalisation idéologique des syndicats présente le danger, selon lui, de scission car nombreux sont les syndiqués qui risquent de ne pas se reconnaître dans cette évolution[135]. Effectivement, le mois suivant, trois des membres du comité exécutif de la CSN fondent une nouvelle centrale, alléguant que le discours de la CSN ne reflète pas le sentiment des syndiqués. Le directeur du *Devoir* reconnaît que la discipline et le *fairplay* auraient exigé que les dissidents trouvent une solution à l'intérieur des structures du mouvement, mais il leur pardonne facilement puisque la CSN «était devenue incapable de résoudre harmonieusement ses propres problèmes». «Dans ces conditions, mieux vaut la liberté qu'une solidarité de façade[136].»

Il faut préciser ici que la CSN, contrairement aux décennies antérieures, ne jouit pas dans les années 1960 et 1970 d'une attention particulière. Le journal réserve à la FTQ un traitement journalistique analogue tant en éditorial que dans les pages d'information. Depuis le début des années 1960, la FTQ fait d'ailleurs de sérieux efforts pour s'intégrer à la société québécoise. Dans les années 1970, elle apparaît même aux éditorialistes sous un jour plus favorable parce que moins dogmatique et plus pragmatique que la CSN et la CEQ[137]. D'autre part, contrairement aux décennies antérieures, nous n'avons pas noté d'éditoriaux qui reprocheraient aux syndicats internationaux de maintenir des liens avec les syndicats étatsuniens.

À propos de la FTQ, le journal a suivi de près les travaux de la Commission Cliche, formée en 1974 pour enquêter sur la violence dans les chantiers de construction. Le rapport remis l'année suivante incrimine quatre syndicats internationaux affiliés à la FTQ dont les dirigeants usent d'intimidation et de violence pour éliminer les syndiqués CSN des chantiers. Tout au long de l'enquête, Claude Ryan soutient la démarche «honnête et courageuse» de la Commission qui suggéra la mise en tutelle des quatre syndicats par le gouvernement[138]. L'éditorialiste est tout à fait d'accord, jugeant que la FTQ ne peut exercer elle-même de contrôle efficace; d'ailleurs il met en doute l'ignorance de ses dirigeants pour avoir toléré un système aussi étendu d'exploitation[139]. Enfin, écartant les objections «égoïstement corporatistes» des milieux syndicaux, il félicite le gouvernement d'agir avec célérité en votant les lois de mise en tutelle et approuve son «attitude judicieuse» en créant l'Office de la construction du Québec[140].

Comme pour les périodes antérieures, *Le Devoir* est attentif à la dimension nationaliste de l'action syndicale, mais dans le sens, cette fois-ci, du nationalisme québécois. Ainsi, il apporte son appui au désir d'autonomie de la FTQ à l'égard du Congrès du travail du Canada : la centrale québécoise doit pouvoir incarner les aspirations des travailleurs québécois membres des syndicats canadiens et internationaux[141]. Son nationalisme se vérifie aussi dans le soutien apporté à la CSN cette fois, pour la création d'unités dites naturelles de négociation en 1968. Le Conseil canadien des relations ouvrières refuse de fractionner les unités pancanadiennes de négociation dans les organismes fédéraux, ce qui empêche la CSN de recruter des syndicats parmi les employés de ces organismes travaillant au Québec uniquement (Radio-Canada par exemple). Un projet de loi permettant la reconnaissance «d'unités naturelles» est présenté au Parlement fédéral en décembre 1967. Pour Claude Ryan, le mouvement syndical canadien, «sans suivre d'abord des lignes raciales ou linguistiques», doit pouvoir refléter «les réalités sociologiques inscrites au cœur même de la vie politique d'un pays comme le nôtre[142]». Le projet de loi mourra au feuilleton, victime de la forte opposition du CTC (y inclus la FTQ).

Toujours au sujet du nationalisme, le journal est amené à évaluer la position des centrales syndicales dans le débat constitutionnel. En 1966, la CSN, la FTQ et l'UCC présentent au gouvernement québécois un mémoire commun qui propose un «fédéralisme adapté», comprenant notamment une charte canadienne des droits inscrite dans la Constitution, l'égalité absolue du français et de l'anglais au sein du gouvernement fédéral, et le respect des juridictions provinciales dans les champs de la sécurité sociale, de l'éducation et de la culture. Sur le fond, le directeur du *Devoir* endosse «sans hésitation» le mémoire, ravi que ses propositions se situent à l'intérieur du cadre fédéral[143]. Mais l'évolution des centrales vers l'unilinguisme français et la remise en cause du fédéralisme canadien, à la fin des années 1960, inquiète les éditorialistes du journal : les centrales vont trop loin en voulant faire du français la seule langue officielle du gouvernement du Québec et de ses services car «cet unilinguisme sans nuance tient peu compte de l'histoire et des droits acquis[144]». D'ailleurs, c'est cette évolution des centrales et d'un large pan de la population québécoise qui va déterminer le directeur du *Devoir* à se lancer en politique en 1978; il veut donner un nouveau souffle au fédéralisme canadien[145].

En résumé de cette troisième partie, rappelons que *Le Devoir* est sympathique aux revendications syndicales pendant les années de la Révolution tranquille; le syndicalisme est perçu comme un facteur de progrès social au sortir d'une période de grand conservatisme. C'est pourquoi on se montre favorable, par exemple, à la syndicalisation des employés des secteurs public et parapublic et même à la reconnaissance de leur droit de grève. Au milieu des années soixante, un clivage significatif s'effectue dans les forces sociales au Québec. Un courant important ayant à sa tête des intellectuels de gauche, des syndicalistes et des nationalistes veut pousser encore plus loin les changements initiés pendant la Révolution tranquille, dans le sens d'une réforme plus profonde du système socio-économique. Le Parti québécois, né en 1968, se situe dans ce courant et propose comme projet alternatif de société la social-démocratie alors que le mouvement syndical, qui radicalise sa critique sociale, penche du côté du socialisme démocratique.

Le directeur du *Devoir* refuse ce cheminement et se porte à la défense du système économique qui permet, à son avis, le progrès dans la liberté et la démocratie. À mesure que la critique sociale s'accentue de la part des syndicats et que les grèves du secteur public perturbent le climat social, il sent le besoin de soutenir les institutions politiques et le système démocratique qu'il croit menacés. Au fond, il se contente des acquis de la Révolution tranquille, de «l'idéologie de rattrapage», selon les catégories de Marcel Rioux, et repousse, au nom du réalisme, «l'idéologie de dépassement» tant sur le plan social que sur le plan national[146]. Son conservatisme déplaît aux syndicalistes et aux nationalistes alors que nombreux sont les militants du Parti libéral qui se reconnaissent dans les grands thèmes qu'il défend : «La sympathie réciproque existait en germe» depuis longtemps, avouera-t-il dans son discours d'adhésion au Parti libéral en 1978[147].

◆

◆ ◆

De par sa nature, le syndicalisme est un agent de transformation et de contestation sociale dans les sociétés capitalistes. Alors qu'ailleurs on est préoccupé par la croissance et le profit, il lutte, au nom des travailleurs salariés, pour la démocratisation des milieux de travail et une répartition plus égalitaire de la richesse. Les éditorialistes, dont le rôle est de commenter l'actualité, sont naturellement amenés à devoir prendre position par rapport à ces objectifs. Plus souvent qu'autrement, ils le font quand les syndicats dérangent l'ordre établi. Ce qui les oblige alors à se situer par rapport à cet ordre et à révéler leur vision de l'organisation sociale.

Notre étude du *Devoir* de 1910 à 1978 révèle trois périodes dans le discours éditorial. À sa fondation, le journal se veut résolument catholique, soumis à l'enseignement social de l'Église catholique. Comme l'épiscopat le lui recommande, il s'applique à défendre «l'ordre social chrétien» que menace l'avènement des forces issues de l'industrialisation. Un de ces dangers est incarné par les syndicats internationaux, accusés de matérialisme et de socialisme et dont les méthodes favorisent la lutte des classes. Sous la plume de Bourassa et de Héroux, le journal les dénonce et appuie activement la fondation de syndicats catholiques créés pour leur faire échec. Ces derniers sont les garants chez les travailleurs d'un ordre social en accord avec le rôle que veut y jouer le clergé.

Lorsque Gérard Filion devient directeur en 1947, il réinterprète la pensée sociale catholique dans un sens assez radical. En se posant comme défenseur de la classe ouvrière, il soutient activement les travailleurs dans plusieurs grèves, y compris celles impliquant des syndicats internationaux. Fort critique du système capitaliste, il fait la promotion d'une réforme de l'entreprise qui se traduirait par la participation des travailleurs à sa gestion et à sa propriété. Enfin, les critiques pleuvent sur le gouvernement Duplessis qu'il accuse d'être de connivence avec le patronat pour asservir les travailleurs. Son analyse sociale contient les éléments d'une remise en cause assez fondamentale du système capitaliste.

Mais «l'échec» de la grève de l'amiante et les réserves de l'épiscopat à l'égard de la réforme de l'entreprise déterminent le journal à se montrer plus modéré dans sa critique sociale pendant les années 1950. On évite de monter en épingle les conflits de travail, et les reproches adressés au syndicalisme se font assez fréquents. Le journal ne se présente plus comme le défenseur de la classe ouvrière et les éditoriaux sur le syndicalisme se font plus rares. Les critiques visent davantage le régime Duplessis que le système capitaliste.

L'arrivée de nouveaux éditorialistes au début des années 1960 ne modifie rien de fondamental dans la position du journal, qui se montre

sympathique aux revendications syndicales dans la mesure où elles permettent la modernisation du Québec. La reconnaissance du droit à la
syndicalisation des employés des services publics est perçue comme un
moyen de revaloriser la fonction publique. Le droit de grève est accepté
mais pour autant qu'elle soit brève; ce n'est pas un moyen de pression mais
une façon d'alerter l'opinion publique. Les syndiqués la conçoivent différemment et les nombreux conflits vont ternir l'image que les éditorialistes se
font du syndicalisme. Dans les années 1970, Claude Ryan en particulier
refuse de suivre les centrales syndicales dans leur critique du système
capitaliste et il soutient les fondements de la politique de rémunération du
gouvernement dans le secteur public. Dans la polarisation qui divise la
société québécoise, il se range du côté des forces plus conservatrices et
se porte à la défense des institutions politiques et du système socio-
économique.

Jacques ROUILLARD
Professeur
Département d'histoire
Université de Montréal

1. Pierre-Philippe Gingras, *Le Devoir*, Montréal, Libre Expression, 1985, p. 28
   et 74.

2. Avant que Jean Francœur ne s'impose comme le spécialiste du domaine
   syndical à la fin des années 1980, Jean-Claude Leclerc, Michel Roy, Lise
   Bissonnette, Jean-Louis Roy, Gilles Lesage, Paul-André Comeau et Benoit
   Lauzière signent des éditoriaux sur ce thème, à un moment ou l'autre.

3. Voir sur la naissance du syndicalisme catholique : J. Rouillard, *Les syndicats
   nationaux au Québec de 1900 à 1930*, Québec, Presses de l'Université Laval,
   1979, p. 158-203, et *Histoire du syndicalisme québécois*, Montréal, Boréal,
   1989, p. 71-102.

4. *Le Devoir*, 15 septembre 1910.

5. *La Patrie*, 20 novembre 1906, p. 1, *Le Nationaliste*, 18 novembre 1906, p. 1 ;
   Robert Rumilly, *Henri Bourassa. La vie publique d'un grand Canadien*, Montréal, Éditions de l'Homme, 1953, p. 239, 283.

6. R. Rumilly, *op. cit.*, p. 239 ; *Le Devoir*, 3 septembre 1912, p. 5.

7. P.-P. Gingras, *op. cit.*, p. 71.

8. M.-Amadeus Welton, *Mgr Paul-Eugène Roy, archevêque de Québec (1859-
   1926)*, Québec, Éditions de l'Action catholique, 1941, p. 29-74.

9. Jean Hamelin et Nicole Gagnon, *Histoire du catholicisme québécois, Le
   XXe siècle, Tome 1 (1898-1940)*, Montréal, Boréal Express, 1984, p. 175-231.

10. Robert Rumilly, *op. cit.*, p. 341.

11. *Ibid.*, p. 340.

12. Alfred Charpentier, « Vingt ans au service du syndicalisme catholique », *Le Devoir*, 18 janvier 1930, p. 38.

13. *Le Devoir*, 23 avril 1913, p. 2 ; 25 septembre 1913, p. 3 ; 18 octobre 1913, p. 8 ; 15 novembre 1913, p. 2 ; 2 mai 1914, p. 1.

14. *Ibid.*, 1er, 8, 12, 14, 15 août 1914.

15. *Ibid.*, 3 septembre 1918 ; Omer Héroux, « Le Congrès des Trois-Rivières », *ibid.*, 22 septembre 1919 ; Omer Héroux, « Lendemains de congrès, *ibid.*, 31 juillet 1920.

16. *Le Devoir*, 13, 16, 17, 19, 23, 24, 25, 28, 29, 30 avril, 1er, 5, 6, 7 mai 1919. Le texte sera repris dans une brochure publiée en 1919 sous le même titre.

17. J. Rouillard, *Histoire du syndicalisme québécois*, p. 147.

18. Omer Héroux a raconté l'épisode dans *Le Devoir* du 27 octobre 1945.

19. Henri Bourassa, « Syndicats nationaux ou internationaux », *Le Devoir*, 19 avril 1919.

20. *Ibid.*, 16 avril 1919.

21. *Ibid.*

22. *Ibid.*, 13 avril 1919.

23. *Ibid.*, 19 avril 1919.

24. Omer Héroux, « Contre le syndicalisme international », *ibid.*, 19 août 1921.

25. Omer Héroux, « Sur la grève de Québec », *ibid.*, 21 février 1921. Voir aussi ses éditoriaux des 24 mars, 4 avril, 26 août, 30 août et 3 septembre 1921, du 3 septembre 1921, du 22 août 1922 et du 22 septembre 1926.

26. Omer Héroux, « La "gaffe" de M. Robertson », *ibid.*, 1er avril 1921.

27. Omer Héroux, « En marge du discours de M. Martin », *ibid.*, 22 août 1922.

28. A. Charpentier, « *Le Devoir* en face du syndicalisme », *Le Devoir*, 11 février 1950, p. 49.

29. *Ibid.*, p. 50, et J. Rouillard, *Histoire du syndicalisme québécois*, p. 171-174.

30. A. Charpentier, *loc. cit.*, p. 49.

31. *Le Devoir*, 22, 25, 27 et 30 juillet 1910 ; 12 décembre 1918 ; 16 août 1922 ; 20 janvier 1943 ; 29 mars 1943 ; 24 août 1943 ; 4 août 1944, ; 25 octobre 1944.

32. Omer Héroux, « La série des grèves », *ibid.*, 22 décembre 1943.

33. Omer Héroux, « L'arbitrage obligatoire pour les employés publics, *ibid.*, 1er février 1944, et « Les nouvelles lois Rochette sur le travail », *ibid.*, 8 février 1944.

34. J. Rouillard, *Histoire du syndicalisme québécois*, p. 147-151.

35. Georges Pelletier, « Les grands fourriers du communisme », *Le Devoir*, 21 août 1937. Voir aussi le 12 août 1937.

36. A. Charpentier, *ibid.*, p. 54.

37. J. Rouillard, *Histoire du syndicalisme québécois*, p. 88, 124, 157, 210.

38. Omer Héroux, « Grèves et congrès ouvriers », *Le Devoir*, 27 octobre 1944.

39. Gérard Filion, *Fais ce que peux*, Montréal, Boréal, 1989, p. 183-205.

40. P.-P. Gingras, *op. cit.*, p. 135.

41. Gérard Filion, *op. cit.*, p. 230. Il attribue cette distinction à Bourassa qui ne l'aurait appliquée, à notre avis, qu'à l'indépendance administrative du *Devoir* envers les autorités religieuses de Montréal et non à une quelconque autonomie du journal sur le plan des idées.

42. *Ibid.*, p. 248.

43. Voir à ce propos Gérard Pelletier, *Les années d'impatience (1950-1960)*, Montréal, Stanké, 1983, p. 142-145; Denis Monière, *André Laurendeau et le destin d'un peuple*, Montréal, Québec/Amérique, 1983, p. 205-214; Michael D. Behiels, *Prelude to Quebec's Quiet Revolution. Liberalism versus Neonationalism, 1945-1960*, Montréal, McGill-Queen's University Press, 1985, p. 20-36.

44. J. Rouillard, «Mutations de la Confédération des travailleurs catholiques du Canada (1940-1960)», *Revue d'histoire de l'Amérique française*, vol. 34, n° 3 (décembre 1980), p. 377-405.

45. Gérard Filion, «La Confédération des travailleurs catholiques du Canada», *Le Devoir*, 13 septembre 1947.

46. Gérard Filion, «Positions», *ibid.*, 16 août 1947.

47. Gérard Filion, «La justice sociale à coups de matraque», *ibid.*, 17 mai 1947.

48. André Laurendeau, «Pourquoi la grève des salaisons», *ibid.*, 16 septembre 1947.

49. André Laurendeau, «La légende du vieux parapluie», *ibid.*, 22 septembre 1947.

50. André Laurendeau, «Grèves légales et justes», *ibid.*, 25 septembre 1947.

51. André Laurendeau, «M. Duplessis veut-il pousser les instituteurs à bout?», *ibid.*, 15 novembre 1948. Voir aussi 9 septembre 1948 et 14 janvier 1949.

52. André Laurendeau, «Et les parents?», *ibid.*, 18 janvier 1949.

53. André Laurendeau, «L'administration Duplessis», *ibid.*, 28 juin 1948; «M. Duplessis contre l'arbitrage?», *ibid.*, 18 novembre 1948.

54. Gérard Pelletier, «La grève et la presse», dans Pierre Elliott Trudeau, *La grève de l'amiante*, Montréal, Éditions du Jour, 1970, p. 278.

55. J. Rouillard, *Histoire du syndicalisme québécois*, p. 274.

56. G. Pelletier, *op. cit.*, p. 282. Éditoriaux consacrés à ce sujet: 23, 24 février 5, 8, 15, 23 mars, 2, 18, 20, 23, 26, 30 avril, 2, 9, 10, 17, 24, 25 mai, 6 juillet 1949.

57. *Ibid.*, p. 283.

58. Gérard Filion, «Crimes sans châtiments», *Le Devoir*, 2 février 1949.

59. Gérard Filion, «Sommes-nous contre les lois?», *ibid.*, 2 avril 1949.

60. Gérard Filion, «On peut s'attendre à tout», *ibid.*, 10 mai 1949.

61. J. Rouillard, *op. cit.*, p. 219-220.

62. L. H. Brown, *La grève d'Asbestos*, brochure distribuée par la compagnie Johns Manville, 1949, p. 6. Voir aussi Gérard Dion, «La grève de l'amiante: trente ans après», *Mémoires de la Société royale du Canada*, XVII, 1979, p. 31-40.

63. Gérard Filion, «Faut-il nécessairement faire un choix?», *Le Devoir*, 7 mai 1949. Voir aussi 10, 17 septembre, 15 octobre 1949.

◆

64. Gérard Filion, «Un trésor y est caché», *ibid.*, 17 juin 1950. Voir aussi 15 novembre 1950, 12 juin, 19, 21 septembre 1951, 23 juillet 1952, et Jean Hamelin, *Histoire du catholicisme québécois, Le XXe siècle, Tome 2 : De 1940 à nos jours*, Montréal, Boréal Express, 1984, p. 102.

65. Gérard Filion, «Une grève injustifiable», *ibid.*, 16 août 1950. Voir aussi 23, 28 août 1950. Toujours pour les cheminots, Filion qualifie «d'inutiles» leurs grèves de 1953 et de 1959, et Paul Sauriol «d'absurde» celle de 1957 (*ibid.*, 28 janvier 1953 ; 11 janvier 1957 ; 25 avril 1959).

66. Gérard Filion, «La pénible expérience des tisserands», *ibid.*, 8 juillet 1952.

67. André Laurendeau, «La grève», *ibid.*, 16 août 1952.

68. Gérard Filion, «Partage des responsabilités», *ibid.*, 5 janvier 1955.

69. Gérard Filion, «Explication sur les événements des derniers jours au *Devoir*», *ibid.*, 23 avril 1955. Voir aussi 25 et 26 avril 1955.

70. CTCC, *Procès-verbal du Congrès de la CTCC*, 1955, p. 89-95. Peu après ce conflit, la centrale exige le remboursement des 15 000 $ qu'une de ses fédérations et un conseil central ont prêtés au *Devoir* en août 1954. Filion s'y refuse à moins qu'elle consente à payer 14 266,95 $ en dommages causés par les livreurs, membres d'un syndicat catholique, qui ont respecté les lignes de piquetage. Le conflit ne sera finalement réglé qu'en 1959, la centrale acceptant le remboursement en actions de L'Imprimerie populaire (Fonds du journal *Le Devoir*, Institut d'histoire de l'Amérique française, P 56/20.10).

71. Gérard Filion, «Une bourgeoisie syndicale», *Le Devoir*, 3 août 1955.

72. André Laurendeau, «M. Duplessis s'arme contre les syndicats», *ibid.*, 20 novembre 1953. Voir aussi 28 novembre et 1er, 12, 16 décembre 1953 ; 15 janvier 1954.

73. Gérard Filion, «Le cas Guindon n'est pas le cas Guindon», *ibid.*, 18 janvier 1950. Voir aussi 27 janvier et 26 septembre 1950 ; 7 mai 1954 ; 17 octobre 1957 ; 14 avril 1958.

74. Gérard Filion, «M. Duplessis veut-il un autre Asbestos ?», *ibid.*, 11 mai 1957. Voir aussi 26 et 28 août 1957.

75. André Laurendeau, «Pour sauver l'œuvre de six années», *ibid.*, 12 janvier 1959.

76. Gérard Filion, «Quelques idées moins simplistes sur un sujet qui ne l'est pas», *ibid.*, 7 février 1959 ; G. Filion, *op. cit.*, p. 243.

77. André Laurendeau, «M. Gérard Picard réplique aux unions dites «internationales», *Le Devoir*, 15 octobre 1953.

78. Gérard Filion, «Que deviendra la CTCC?», *ibid.*, 28 septembre 1957. Pour justifier le rapprochement envers le syndicalisme international, les catholiques sociaux «de gauche» répandent l'idée à l'époque que les syndicats internationaux ont changé depuis le début du siècle. À notre avis, les internationaux n'ont pas modifié leur pratique et leur orientation. C'est plutôt ces groupes catholiques qui ont évolué en n'ayant plus les mêmes réserves envers la «neutralité» religieuse dans le domaine syndical.

79. Gérard Filion, «Un débat à ne pas passionner», *ibid.*, 15 août 1959.

80. Benoît Aubin, «Le Père Ryan ou la tentation du pouvoir», *L'Actualité*, février 1978, p. 38.

81. Michael D. Behiels, *op. cit.*, p. 6 et 80; André J. Bélanger, *Ruptures et constantes. Quatre idéologies du Québec en éclatement : La Relève, la JEC, Cité libre, Parti Pris*, Montréal, Hurtubise HMH, 1977, p. 35-61.

82. Claude Ryan, «Le laïc dans le Québec d'aujourd'hui», dans Claude Ryan avec la collaboration de Robert-Guy Scully, *Une société stable par Claude Ryan*, Montréal, Éditions Héritage, 1978, p. 347.

83. *Ibid.*, p. 353-356.

84. C. Ryan, «1967 : le choix de René Lévesque», dans C. Ryan, *op. cit.*, p. 70.

85. Claude Ryan, «Pour une véritable réforme de nos lois du travail», dans C. Ryan, *ibid.*, p. 181.

86. *Ibid.*, p. 54.

87. J. Rouillard, *Histoire du syndicalisme québécois*, p. 289.

88. *Ibid.*, p. 274 et 447.

89. La CSN organise une assemblée extraordinaire de ses dirigeants et de ses militants alors que la FTQ tient un congrès extraordinaire où les délégués donnent au comité exécutif le pouvoir de recourir à la grève générale si le gouvernement n'amende pas profondément son projet (voir J. Rouillard, *op. cit.*, p. 298).

90. C. Ryan, «Le Code du travail : un projet boiteux», *Le Devoir*, 20 juin 1963; «Un projet toujours boiteux», *ibid.*, 28 février 1964.

91. C. Ryan, «La plainte du patronat», *ibid.*, 26 juin 1964.

92. Jean-Marc Léger, «Premier pas vers une fonction publique adaptée à l'époque», *ibid.*, 2 août 1965. Voir aussi 4 novembre 1965.

93. C. Ryan, «Un projet toujours boiteux», *ibid.*

94. C. Ryan, «Au sortir d'un conflit amer», *ibid.*, 9 août 1965. Voir aussi C. Ryan, «Les fonctionnaires, citoyen au rabais?», 23 août 1962.

95. C. Ryan, «Pourquoi une grève des instituteurs?», *ibid.*, 2 février 1965.

96. Paul Sauriol, «Attentisme dangereux», *ibid.*, 11 juin 1965.

97. C. Ryan, «Pourquoi laisserait-on fuir un règlement qui paraît si proche?», *ibid.*, 30 avril 1966. Voir aussi son éditorial du 16 avril : «Avant les huissiers, le dialogue».

98. C. Ryan, «Le premier "test" du gouvernement Johnson», *ibid.*, 16 juillet 1966.

99. C. Ryan, «Le gouvernement vaincra-t-il son impuissance?», *ibid.*, 26 juillet 1966.

100. C. Ryan, «Dans quel sens faudra-t-il modifier le Code du travail?», *ibid.*, 5 août 1966.

101. C. Ryan, «Aspirations ouvrières : version 1966», *ibid.*, 10 août 1966.

102. Paul Sauriol, «La grève du rail et l'intervention législative», *ibid.*, 17 août 1966. Voir aussi du même éditorialiste : 20, 26, 30, 31 août et 3 septembre 1966.

103. P. Sauriol, «Les postiers voudraient imiter les cheminots», *ibid.*, 29 août 1966; «Devant la grève des fonctionnaires de Montréal», 31 janvier 1967.

104. P. Sauriol, «Pour régler le conflit scolaire de Montréal», *ibid.*, 9 février 1967.

105. C. Ryan, «Le projet Bertrand», *ibid.*, 13 février 1967. Voir aussi 11, 15, 16, 17, 18, 20 février 1967.

106. C. Ryan, «Les conséquences à long terme de certaines grèves récentes», *ibid.*, 25 octobre 1967.

107. C. Ryan, «Le retour de M. Johnson», *ibid.*, 18 octobre 1967.

108. C. Ryan, «Le conflit de travail dans le secteur public», *ibid.*, 10 février 1967. Voir aussi 14 février 1967.

109. Paul Sauriol, «Le recours à l'arbitrage», *ibid.*, 21 février 1967; «Grève tournante à l'Hydro», 9 mai 1967; «Le conflit des postes : négocier ou légiférer», 30 juillet 1970.

110. C. Ryan, «Le spectre d'une nouvelle grève des postes», *ibid.*, 13 juillet 1968.

111. V. Prince, «Du conflit des Postes à la nécessité d'une politique salariale dans le secteur public», *ibid.*, 5 mars 1970.

112. V. Prince, «La démocratie syndicale dans l'industrie de la construction», *ibid.*, 4 février 1971.

113. C. Ryan, «Avant le référendum de demain», *ibid.*, 8 mars 1972; «À l'heure de la loi 19», *ibid.*, 21 avril 1972.

114. C. Ryan, «En lisant le jugement Côté», *ibid.*, 10 mai 1972. Voir aussi 2 février, 14, 23 mars, 7 avril 1973.

115. C. Ryan, «Un témoin impuissant ou un médiateur?», *ibid.*, 28 février 1976; «Le PQ, Québec et le Front commun», *ibid.*, 25 mars 1976; Un glissement regrettable», *ibid.*, 24 avril 1976; «Le drame des hôpitaux québécois», *ibid.*, 28 mai 1976; «La fin de la grève dans les hôpitaux», *ibid.*, ibid., 26 juillet 1976.

116. C. Ryan, «La fin de la grève dans les hôpitaux», *ibid.*, 26 juillet 1976.

117. C. Ryan, «L'État n'est-il qu'un autre employeur?», *ibid.*, 23 décembre 1977.

118. André Beaucage, *Syndicats, salaires et conjoncture économique*, Québec, Presses de l'Université du Québec, 1989, p. 27-62.

119. C. Ryan, «Le minimum de 165 $ est-il possible?», *Le Devoir*, 6 octobre 1975. Voir aussi 1er novembre 1968; 31 mars 1971; 8 mars 1972; 7 octobre 1975; 29 mars 1976.

120. *Ibid.*, 29 mars 1976, p. 4.

121. Vincent Prince, «À l'appui des grévistes de la Dominion Ayers», *ibid.*, 18 août 1966.

122. Laurent Laplante, «Les gars de *La Presse*», *ibid.*, 31 août 1971. Voir aussi 29 et 30 octobre 1971.

123. J.-C. Leclerc, «Le conflit de la United Aircraft», *ibid.*, 22 février 1974; «Autrement, ils sont perdus», 8 février 1975; «Un règlement politique», 20 août 1975. Voir aussi 27 février, 2 octobre 1974, 14, 21, 24 mai 1975.

124. J.-C. Leclerc, «Un recul qu'une loi doit effacer», *ibid.*, 15 février 1975, p. 4; «Toujours la même grève de l'amiante», 3 avril 1975, p. 4; «Au tour du conflit de l'amiante», 23 août 1975, p. 4.

125. C. Ryan, «Le Code du travail à l'heure de 1977», *ibid.*, 3 août 1977. Voir aussi 5 août et 25 novembre 1977.

126. J. Rouillard, *op. cit.*, p. 438-440.

127. C. Ryan, «Un programme tardif mais nécessaire», *Le Devoir*, 15 octobre 1975.

128. Voir les éditoriaux des 23 mars, 19 mai et 15 octobre 1976 et celui du 19 août 1977.

129. V. Prince, «Pour un régime universel, complet, obligatoire et public», *ibid.*, 30 septembre 1966.

130. C. Ryan, «Les centrales syndicales devant le problème constitutionnel», *ibid.*, 29 septembre 1966.

131. C. Ryan, «La politique économique vue par les centrales syndicales», *ibid.*, 16 février 1968; «Quand les centrales syndicales rencontrent le gouvernement», *ibid.*, 20 février 1969.

132. C. Ryan, «La CEQ et l'action politique», *ibid.*, 4 août 1971; C. Ryan, «Un programme à ne pas suivre», *ibid.*, 16 avril 1975.

133. C. Ryan, «Le rapport moral de M. Pepin», *ibid.*, 12 juin 1972.

134. C. Ryan, «La difficile équation», *ibid.*, 28 avril 1972. Voir aussi 6 décembre 1967, 4 août 1971, 2 décembre 1971.

135. *Ibid.*, 28 avril 1972. Voir aussi 20 mai 1972.

136. C. Ryan, «Les déchirements de la CSN», *ibid.*, 26 mai 1972. Voir aussi 10 juin 1972.

137. Laurent Laplante, «La tension entre la FTQ et le CTC», *ibid.*, 17 février 1972. Voir aussi 21 août 1972 et 10 décembre 1976.

138. C. Ryan, «La commission Cliche et le gouvernement Bourassa», *ibid.*, 17 février 1975. Voir aussi 7, 8 et 10 mai 1975.

139. C. Ryan, «Les premières retombées du rapport Cliche», *ibid.*, 10 mai 1975. Voir aussi 27 novembre 1974.

140. C. Ryan, «Les lois spéciales de M. Cournoyer», *ibid.*, 13 mai 1975; «Le dernier-né de la Commission Cliche», *ibid.*, 27 juin 1975.

141. Jean-Claude Leclerc, «L'importante victoire de Vancouver», *ibid.*, 18 mai 1974. Voir aussi 17 février 1972.

142. C. Ryan, «La "grève" de la CSN : rappel salutaire des objectifs du Canada français», *ibid.*, 18 novembre 1966. Voir aussi 4 janvier 1968.

143. C. Ryan, «Les centrales syndicales devant le problème constitutionnel», *ibid.*, 29 septembre 1966.

144. V. Prince, «La CSN et le statut du français», *ibid.*, 9 décembre 1970. Voir aussi 9 janvier 1970 et l'éditorial de C. Ryan en 1976 sur les positions du mouvement Québec français, organisme dont font partie les centrales syndicales (C. Ryan avec la collaboration de Robert-Guy Scully, *op. cit.*, p. 249-253; la date de l'éditorial n'est malheureusement pas donnée).

145. C. Ryan, *op. cit.*, p. 51.

146. Marcel Rioux, *La question du Québec*, Paris, Seghers, 1969, p. 172-178.

147. C. Ryan, *op. cit.*, p. 55.

LES ÉLECTIONS PROVINCIALES
1912-1994

Contre Lomer Gouin, 1912 ; avec lui, 1916 et 1919. Contre Louis-Alexandre Taschereau, 1923, 1927, 1931, 1935. Pour l'Union natioanle, 1936 et 1939. L'appui au Bloc populaire, 1944. La sauvegarde de l'autonomie provinciale, 1948, 1952. L'aide aux libéraux, 1956, 1960, 1962, 1966, 1970, 1973. L'appui au Parti québécois, 1976, 1981. L'alternance, 1985, et la sauvegarde du fédéralisme, 1989. L'appui au Parti québécois, 1994.

Lors des élections provinciales du Québec, *Le Devoir* a été l'allié de bien des partis, il n'a jamais été l'allié inconditionnel d'aucun parti. Il a combattu le premier ministre libéral Lomer Gouin en 1912 ; il l'a soutenu en 1916. Il s'est acharné contre son successeur, le premier ministre libéral Louis-Alexandre Taschereau, sans discontinuer, jusqu'à sa démission en 1936, et pourtant Henri Bourassa a pu écrire, au lendemain du scrutin du 24 août 1931 : « Pour ma part, comme simple électeur, j'ai pris ma décision de voter pour le candidat libéral de ma circonscription, le jour où M. Bennett a accroché au cou de M. Houde la meule qui l'a noyé. » En 1935, en 1936, en 1939, en 1948 et en 1952, *Le Devoir* a donné sa préférence à Maurice Duplessis, tout en condamnant, en 1948 et en 1952, plusieurs de ses politiques. En 1944, *Le Devoir* a été l'allié du Bloc populaire et, de 1956 à 1973, il a favorisé le Parti libéral, contre l'Union nationale, puis, en 1970 et en 1973, contre le Parti québécois. Ce dernier parti a pourtant obtenu son appui en 1976 puis en 1981 et à nouveau en 1974, mais non pas en 1985 et en 1989.

Quand il a cessé d'appuyer un parti, Le Devoir ne l'a pas fait parce qu'il était ou n'était pas au pouvoir. Le Devoir n'a été l'allié conditionnel ni du pouvoir ni de l'opposition. À dix reprises, Le Devoir a pris position en faveur de l'équipe ministérielle (1916, 1919, 1939, 1948, 1952, 1962, 1966, 1973, 1981, 1989) ; à treize reprises, il s'est rangé du côté de l'opposition (1912, 1923, 1927, 1931, 1935, 1936, 1944, 1956, 1960, 1970, 1976, 1985, 1994). Le Devoir a soutenu l'opposition même quand l'équipe ministérielle semblait assurée de la victoire ; à quelques occasions (1970, 1976, 1985), cependant, l'appui donné à l'opposition, par Le Devoir, a semblé encouragé par les signes avant-coureurs d'une défaite de l'équipe ministérielle.

Lors des élections provinciales, Le Devoir a modifié ses alliances à plusieurs reprises et chaque changement d'alliances a été justifié en vertu de grands principes. Le changement opéré entre 1912 et 1916 a été motivé par la lutte menée contre les autorités d'Ottawa, au nom de l'autonomie et de la condamnation de l'impérialisme. Le revirement effectué entre 1919 et 1923 a été expliqué par la volonté de renforcer la démocratie au nom de l'alternance et du bon gouvernement. L'appui au Bloc populaire, en 1944, puis à l'Union nationale, en 1948 et en 1952, visait à combattre les visées centralisatrices du gouvernement libéral d'Ottawa, au nom de l'autonomie, principe évoqué lors de la plupart des scrutins antérieurs. Le changement aux dépens de l'Union nationale et en faveur des libéraux réalisé entre 1952 et 1956 a répondu à un désir de démocratisation et d'assainissement des mœurs politiques, au nom de l'alternance et du bon gouvernement. Les mêmes motifs ont mené Claude Ryan, en 1976, à soutenir le Parti québécois, alors que Le Devoir avait été l'allié des libéraux à chacune des six élections précédentes. Et c'est au nom de l'alternance que Le Devoir a opté pour les libéraux en 1985 alors qu'il avait soutenu le Parti québécois en 1976 et en 1981. Les grands principes ont ainsi donné une coloration moralisatrice à des considérations conjoncturelles.

Les considérations conjoncturelles ont assurément influencé fortement les prises de position adoptées par Le Devoir avant chaque élection. En effet, derrière les grands principes, dans chacune de ces prises de position, se distinguent les profils des chefs de partis, qui plaisent ou qui, au contraire, agacent. Par ailleurs, à chaque élection, Le Devoir a comparé les équipes. De plus, au-delà des personnalités, des enjeux multiples ont été évoqués, des enjeux qui, souvent, ont mobilisé Le Devoir ou, plus précisément, sa direction. L'examen des textes le montre bien : Le Devoir s'est toujours inséré dans le jeu des alliances et des rivalités en tenant compte de la réalité, même si ses engagements étaient justifiés par de grands principes.

C'est là la démonstration que propose la revue des prises de position affichées par *Le Devoir* à l'occasion de chacune des ving-trois élections provinciales tenues au Québec entre 1912 et 1994.

CONTRE LOMER GOUIN, 1912 ; AVEC LUI, 1916 ET 1919

Le Devoir a combattu les libéraux du premier ministre Lomer Gouin en 1912 et il les a appuyés aux élections de 1916 et de 1919.

En 1912, compte tenu des prises de position de son fondateur, Henri Bourassa, député à la Chambre des communes d'Ottawa, *Le Devoir* devait se ranger du côté des conservateurs provinciaux. C'est cependant au nom de grands principes que le choix a été fait, si l'on en croit Omer Héroux, qui a écrit, le 7 mai 1912, à huit jours du scrutin[1] :

> Gouin ou Tellier? L'alternative est bien posée. Dégagés de tout lien de parti, réservant notre pleine liberté pour l'avenir, nous votons pour Tellier. Nous votons pour lui, non parce qu'il est conservateur, mais parce qu'il offre à la province de Québec des garanties supérieures et de meilleures chances d'avenir.

Cette conclusion découlait de l'analyse qu'avait faite Omer Héroux de chacun des deux chefs. À son avis, le chef conservateur, Tellier, était un homme de principe, alors que le premier ministre libéral, Lomer Gouin, recherchait d'abord son intérêt. Faisant allusion à la rébellion au sein de la majorité parlementaire qui, en 1905, avait mené à remplacer le premier ministre Simon-Napoléon Parent par Lomer Gouin, Omer Héroux avait écrit : « Le plus clair résultat de la révolte de M. Gouin fut la conquête d'une place.» Le jugement porté par Omer Héroux semble sévère : « Absence foncière de principes, subordination des principes à des intérêts extérieurs, qui le saura? Mais le danger est égal et c'est toujours l'intérêt public qu'il menace.» Omer Héroux faisait primer sa conception d'un bon gouvernement : c'était une première position de principe.

L'appui donné aux conservateurs, en 1912, était justifié, également, par le principe de l'alternance au pouvoir[2] :

> M. Gouin est ministre depuis douze ans et solidaire, par conséquent, de tous les gestes posés par le gouvernement depuis cette date ; depuis 1905 il dirige en maître omnipotent les destinées de notre province.
>
> Nous croyons que l'examen de son dossier, la comparaison du bien qu'il a fait et de ses fautes d'omission ou de commission, lui méritent, somme toute, une condamnation ; nous croyons qu'il est temps de changer de gouvernement.

Quatre années plus tard, le même Lomer Gouin était toujours premier ministre, mais Henri Bourassa, dorénavant, était en lutte contre les conservateurs qui profitaient de la Grande Guerre pour mener une politique qui lui répugnait. Autres circonstances, autres choix ! Alors qu'il l'avait combattu en 1912, *Le Devoir* a soutenu Gouin en 1916. C'est au nom de principes supérieurs, si l'on en croit Henri Bourassa, que *Le Devoir*, en 1916, s'est rangé du côté des libéraux, contre les conservateurs provinciaux dirigés par Philémon Cousineau. Quelques extraits d'un texte signé par Henri Bourassa le montrent bien[3] :

> Nos amis nous connaissent assez pour savoir que nous ne sommes pas au service de la force. En 1907, nous avons apporté notre appui à l'opposition conservatrice de Québec au moment où elle était totalement désemparée. Elle n'avait plus ni programme, ni idées, ni argent. Son unique valeur, M. Tellier, n'était pas même soutenue par la majorité des politiciens conservateurs.
> [...]
> [Cette fois] un cabinet Gouin est assurément plus acceptable à tous égards qu'un cabinet Cousineau — lequel ne saurait être qu'une caricature de gouvernement, un gouvernement-joujou, dont le chef apparent danserait dans les mains des ministres torys-impérialistes d'Ottawa comme une marionnette de Guignol.

Ce que craignait Henri Bourassa, c'était la mainmise des autorités d'Ottawa sur les juridictions du gouvernement du Québec. En conséquence, les résultats du scrutin du 22 mai 1916 ont dû réconforter Henri Bourassa. Les libéraux, en effet, ont obtenu près de 65 % des suffrages exprimés (ils en avaient obtenu 54 % en 1912) et 75 des 81 sièges de l'Assemblée (onze de plus qu'en 1912). Dans 25 circonscriptions, les élections s'étaient faites par acclamation, les candidats du parti ministériel n'ayant pas d'opposition !

En 1919, c'est le gouvernement libéral tout entier qui a été élu par acclamation. Dans 43 des 81 circonscriptions provinciales que comptait le Québec à l'époque, les ministériels n'ont pas eu d'opposition, et dans deux circonscriptions ils ont laissé le champ libre à des conservateurs qu'ils n'auraient pu vaincre. C'est ainsi que, à une semaine du scrutin (fixé le 23 juin 1919), *Le Devoir*, comme les autres quotidiens du Québec, a pu annoncer la victoire des libéraux. Le 23 juin, les élections n'ont eu lieu que dans 36 des 81 circonscriptions (70 % des 129 636 suffrages exprimés ont favorisé les libéraux). Les conservateurs ont gardé cinq circonscriptions.

Le scrutin du 23 juin 1919 a confirmé la force du gouvernement qui avait été affirmée déjà lors d'un référendum tenu le 10 avril 1919 sur la question de la prohibition. Au lieu de prohiber toutes les boissons alcoolisées, comme l'avait fait l'Assemblée de chacune des huit autres provinces du Canada (Terre-Neuve n'était pas encore une province, à l'époque), le Parlement de Québec avait décidé d'interdire seulement les boissons fortes, et de permettre la vente des bières, cidres et vins légers. Le gouvernement avait jugé utile de faire approuver sa décision par référendum. *Le Devoir* avait soutenu le Gouvernement (dans un texte de Georges Pelletier du 25 mars 1919, notamment).

La majorité référendaire en faveur de la prohibition mitigée proposée par le gouvernement de Lomer Gouin avait été à la mesure de la majorité parlementaire qu'il avait déjà et qu'il a renforcée le 23 juin 1919.

CONTRE LOUIS-ALEXANDRE TASCHEREAU, 1923, 1927, 1931, 1935

Lomer Gouin, qui était premier ministre depuis le 23 mars 1905, a cédé sa place à Louis-Alexandre Taschereau le 9 juillet 1920. Le nouveau chef libéral n'a jamais reçu la bénédiction d'Henri Bourassa. Peu avant les élections de 1923, le premier ministre aurait même dit qu'il ne s'occupait pas des excommunications d'Henri Bourassa, ni des ostracismes d'Omer Héroux, ni des coups de bâton de Georges Pelletier.

Henri Bourassa fut cinglant[4] : « À moins d'objection grave contre la personne ou les principes de tel ou tel candidat d'opposition, les honnêtes gens, qui veulent avant tout le bien de la province, doivent voter contre le ministère. »

Alors qu'il a été très ferme en 1923, dans son opposition à Louis-Alexandre Taschereau, Henri Bourassa a dû opter pour l'ambiguïté lors des deux élections subséquentes. En 1927, alors qu'il était député indépendant à la Chambre des communes, et généralement allié du gouvernement libéral d'Ottawa dirigé par William Lyon Mackenzie King, Henri Bourassa a pourtant réussi à montrer que le gouvernement libéral de Québec dirigé par Louis-Alexandre Taschereau était l'allié des conservateurs fédéraux. Les extraits suivants, tirés d'un texte du 10 mai 1927, expriment le raisonnement d'Henri Bourassa[5].

> Si la défaite du ministère Taschereau devait entraîner, par répercussion, le triomphe de la politique tory à Ottawa, je n'hésiterais pas un instant à trouver bon qu'on lui vienne en aide, en dépit de ses fautes, de ses erreurs, de ses abus de pouvoir. Pour rien au monde je ne voudrais aider à mettre au pouvoir le ramassis de fanatiques, de butors et de brasseurs d'écus qui s'appelle si faussement le « parti conservateur » fédéral. [...] Le triomphe du

parti tory, tel qu'actuellement composé et dirigé à Ottawa, ferait encore plus de mal au pays que le maintien du ministère Taschereau n'en peut faire à la province de Québec.

Mais est-on bien sûr que pour empêcher les tories d'arriver à Ottawa il faut [*sic*] soutenir les soi-disant libéraux de Québec ?

Henri Bourassa poursuivait en montrant que les conservateurs d'Ottawa avaient les mêmes bailleurs de fonds que les libéraux provinciaux du Québec et qu'ils s'appuyaient sur Louis-Alexandre Taschereau et son parti pour justifier leurs vues. De couleurs différentes, les conservateurs d'Ottawa et les libéraux provinciaux du Québec étaient d'accord pour servir les intérêts des grosses compagnies, qui les finançaient. En somme, il fallait combattre à la fois les libéraux provinciaux et les conservateurs fédéraux. C'est ce qu'Henri Bourassa a fait, mais sans se ranger clairement du côté des conservateurs provinciaux.

La même ambiguïté a marqué la prise de position d'Henri Bourassa en 1931, malgré les changements opérés à la direction des conservateurs fédéraux (Richard Bedford Bennett était devenu leur chef et son équipe avait remporté 137 des 245 sièges à la Chambre des communes aux élections fédérales de 1930, alors que, au Québec, 24 des 65 circonscriptions fédérales s'étaient rangées de son côté). Ainsi, le 22 août 1931, deux jours avant le scrutin provincial, *Le Devoir* a préféré faire état de principes[6].

> Une opposition forte, c'est l'une des conditions nécessaires du jeu normal des institutions parlementaires. Elle tient le ministère en éveil, elle le met en garde contre l'apathie et les abus.
> [...]
> Au cours des vingt dernières années, soit par des exposés directs, soit par la critique faite au jour le jour, selon les événements et les circonstances, nous avons marqué les grandes lignes de notre programme de politique provinciale. Il n'a guère bougé depuis la fondation du *Devoir*, il s'inspire toujours des mêmes principes.

Le lendemain du scrutin, Henri Bourassa a écrit qu'il avait finalement voté, personnellement, en faveur du candidat libéral de sa circonscription, histoire de marquer son opposition au gouvernement tory d'Ottawa[7]. À son avis, beaucoup d'autres électeurs avaient fait ainsi, de sorte que la cause principale de la déroute conservatrice aux élections provinciales, c'était l'impopularité du gouvernement tory d'Ottawa.

Curieusement, quelques années plus tard, évoquant ses prises de position de 1931, Gérard Filion[8] a cru qu'Henri Bourassa avait donné son aide à Camillien Houde. Dans son texte du 26 août 1931[9], pourtant, Henri Bourassa avait condamné le projet de prêts aux agriculteurs proposé par M. Houde et l'attitude des conservateurs provinciaux à l'égard des écoles juives. Henri Bourassa avait même écrit : « Il faut se réjouir de l'échec du mouvement antisémite amorcé par certains conservateurs et plus ou moins encouragé par M. Houde » (mouvement alimenté par la demande d'autoriser des écoles juives).

À la position ambiguë adoptée par *Le Devoir* en 1931 (comme en 1927) a fait suite, en 1935, un appui sans équivoque pour l'opposition.

En 1935, cette opposition était une coalition. Cette coalition réunissait les conservateurs provinciaux, d'une part, et l'Action libérale nationale, d'autre part. L'Action libérale nationale était née d'une scission qui avait divisé et affaibli la majorité parlementaire libérale à Québec. La conjoncture paraissait favoriser cette coalition puisque les dissidents libéraux, partisans de l'Action libérale nationale, devaient ajouter leurs voix à celles des conservateurs. Or, en 1931, dirigés alors par Camillien Houde, les conservateurs avaient réussi à obtenir 44 % des suffrages exprimés.

Dans ces circonstances, *Le Devoir* pouvait troquer l'ambiguïté pour l'engagement, au nom d'un grand principe, celui de l'alternance[10].

> Aux dernières élections, l'opposition a pris 213 000 voix contre 260 000 aux partisans du ministère.
> [...]
> Un déplacement de trente mille voix suffirait donc à faire passer la majorité populaire — et peut-être la majorité parlementaire — d'un côté à l'autre.
> Que risquons-nous à faciliter ce déplacement, à voter contre le gouvernement ?
> Deux choses tout simplement : le renforcement de l'opposition, la chute du gouvernement.
> [...]
> La première chose serait pour la province un indiscutable bienfait, la deuxième, c'est le moins qu'on puisse dire, un avantage très probable.

POUR L'UNION NATIONALE, 1936 ET 1939

Le 29 novembre 1935, les libéraux de Louis-Alexandre Taschereau ont obtenu 50 % des suffrages comptabilisés, mais ils n'ont fait élire que 48 de leurs 90 candidats. Grâce à la force que leur apportaient leurs 42 voix, les parlementaires de l'opposition ont réussi, au cours des mois suivants, à mettre le gouvernement dans l'embarras et, finalement, à susciter des démissions dans les rangs de la majorité puis un remaniement ministériel majeur. Le 11 juin 1936, le premier ministre Louis-Alexandre Taschereau a cédé son poste à Adélard Godbout, qui, à la tête d'une équipe un peu rajeunie, a cherché à se constituer une nouvelle majorité en recourant à des élections anticipées.

Ces élections ont eu lieu le 17 août 1936. En face des libéraux dorénavant dirigés par Adélard Godbout se dressait maintenant l'Union nationale, le parti unifié qui était né de la coalition constituée pour les élections de 1935. Le Devoir donna un appui sans réserve à l'Union nationale. Georges Pelletier exprima cette prise de position à plusieurs reprises, notamment dans un texte du 8 août 1936 intitulé «Et qu'on nettoie ça, le 17!»[11].

> La province a besoin d'un changement de régime, elle a besoin de rompre avec l'esprit de parti, de chasser du pouvoir la vieille équipe qui se réclame d'être une équipe neuve, qui se drape dans un programme neuf en apparence — équipe qui comprend tous ceux qui depuis vingt ans et davantage ont profité de tout, ont pris tout, veulent tout garder.

Comme en 1935, le grand principe qui guidait la direction du quotidien d'Henri Bourassa, c'était celui de l'alternance.

En 1939, c'en fut un autre, celui de l'autonomie provinciale. Comme en 1935 et en 1936, la position adoptée par Le Devoir était dépourvue d'ambiguïté[12].

> Si nos ministres d'Ottawa allaient rallier la majorité des électeurs québécois à M. Godbout, Ottawa serait maître à Québec. Et si M. Duplessis reste où il est, le pouvoir central ne pourra mener le Québec. Le point à trancher mercredi est donc simple : ou M. Duplessis et la cessation des empiétements fédéraux, ou M. Godbout et le pouvoir fédéral maître à Québec.
> [...]
> À nous donc de prendre parti, le 25. À nous de dire si nous voulons le retour à Québec du régime Taschereau, sous les apparences d'un ministère Godbout, tenu en laisse par Ottawa; d'un ministère tout au service, tout à la dévotion d'Ottawa et qui, en peu d'années, ferait du Québec l'annexe, la dépendance d'Ottawa, au lieu que la province reste l'État souverain qu'elle est et doit continuer d'être.

Malgré les prises de position de Georges Pelletier et tous les efforts des partisans de l'Union nationale, les libéraux obtinrent 54 % des voix le 25 octobre 1939.

L'APPUI AU BLOC POPULAIRE, 1944

En 1944, le même grand principe de l'autonomie provinciale a mené Le Devoir à soutenir un nouveau parti, le Bloc populaire. La position de Georges Pelletier fut sans équivoque[13].

Le Québec doit s'émanciper nettement du Parti libéral fédéral tout comme du Parti progressiste-conservateur, dont les tendances sont encore plus impérialistes. C'est la raison additionnelle de ne plus accorder notre confiance à M. Duplessis ni à ceux qui le suivent. Et le 8 août prochain, le Québec devra voter en masse pour le mouvement qui l'affranchira et commencer par élire des candidats du Bloc populaire provincial, dont M. Maxime Raymond a eu la juste idée, et que dirige si vaillamment M. André Laurendeau, jeune homme de grand talent, dont l'idéal et les principes sont autrement fiables que ceux de tant de politiciens, bleus, rouges ou simplement opportunistes.

L'appui que lui a apporté *Le Devoir* n'a pas suffi au Bloc populaire. Le premier ministre libéral Adélard Godbout a brandi la menace par excellence : « Le Bloc nous conduirait à la guerre civile. » Des milliers d'électeurs ont eu peur des représailles que les forces de l'ordre établi menaçaient d'infliger au Québec s'il devait se distinguer. Finalement, les libéraux ont réussi à garder 39 % des suffrages, l'Union nationale en a conservé 36 %, et le Bloc n'a obtenu qu'une partie du reste... Cependant, malgré les appuis obtenus (39 % des voix), les libéraux n'ont fait élire que 37 de leurs candidats alors que l'Union nationale faisait élire 48 des siens. Il a fallu attendre trois semaines pour que le premier ministre libéral Adélard Godbout cède la place au chef de la nouvelle majorité parlementaire, Maurice Duplessis (les élections avaient eu lieu le 8 août et l'assermentation du nouveau premier ministre n'a eu lieu que le 30 août 1944) !

LA SAUVEGARDE DE L'AUTONOMIE PROVINCIALE, 1948, 1952

Revenu au pouvoir à Québec, Maurice Duplessis a tenté de sauvegarder l'autonomie des institutions provinciales menacée par les interventions du gouvernement d'Ottawa. Combattant les forces centralisatrices, *Le Devoir* a dû soutenir l'Union nationale, en 1948 et en 1952, mais il l'a fait sans aucun enthousiasme, comme le montre le texte suivant[14] :

M. Duplessis n'est pas un homme de tout repos, loin de là. Il est essentiellement opportuniste. Chaque parole qu'il prononce, chaque geste qu'il pose ont une fin bien précise : rapporter des votes. Son administration ressemble en beaucoup de points à celle de Taschereau : conservatisme exagéré, liaison étroite avec la rue Saint-Jacques. [...]

Et cependant, malgré tout cela, M. Duplessis est le seul qui nous propose la résistance à l'empiétement systématique d'Ottawa. Il le fait par opportunisme ? Peut-être. [...] Mais dans le présent son opportunisme coïncide avec l'intérêt profond de la province, c'est à nous de savoir l'utiliser.

Si M. Duplessis se fait élire avec un programme de résistance, il lui sera difficile de tout lâcher. Si M. Godbout se fait élire avec un programme de

lâchage, il lui sera impossible de résister. [...]
Entre la capitulation sans conditions et la résistance, même imparfaite, il n'y a pas de choix. La deuxième s'impose.

En 1952, *Le Devoir* est venu bien près de donner son appui aux libéraux et à leur nouveau chef, Georges-Émile Lapalme. Mais, sur les deux dossiers auxquels *Le Devoir* attachait le plus d'importance, les libéraux n'ont pas voulu ou pu s'engager, liés qu'ils étaient aux libéraux d'Ottawa, dont le chef, Louis-Stephen Saint-Laurent, était premier ministre du Canada. La veille du scrutin, Gérard Filion a exprimé l'embarras de son équipe[15] :

> Il me semble que si j'avais été chef du Parti libéral, j'aurais fait porter la presque totalité de ma campagne dans les villes sur le logement. [...] Par quelle aberration les libéraux n'en ont-ils pas fait le principal sujet de leur campagne ? Voilà qui ne fait pas honneur à leur instinct électoral.
> L'autre grande question politique qui aurait dû servir de fond de toile à toute la campagne est celui [*sic*] des relations fédérales-provinciales. Elle valut la victoire écrasante de l'Union nationale en 1948. Cette année, M. Duplessis pouvait difficilement l'exploiter après les abdications successives qu'il a consenties ces derniers mois. M. Lapalme a bien pris certains engagements assez catégoriques, mais il n'y a pas mis l'insistance qu'on aurait désirée.

Quatre ans plus tard, Gérard Filion a écrit que *Le Devoir* avait favorisé l'Union nationale[16] : « En 1948 et en 1952, nous avons favorisé la réélection de M. Duplessis, sans pourtant nous abuser sur les faiblesses du chef de l'Union nationale. »

L'AIDE AUX LIBÉRAUX, 1956, 1960, 1962, 1966, 1970, 1973

Aux élections suivantes, en 1956, Gérard Filion n'avait plus le goût de soutenir l'Union nationale[17] :

> Si nous estimons aujourd'hui que M. Duplessis doit être battu, ce n'est pas par haine pour lui ou par amour pour M. Lapalme. C'est que, toutes choses étant considérées, nous croyons qu'il serait avantageux pour la province de Québec de changer de gouvernement. Notre attitude s'explique uniquement par un changement de circonstances. Si les relations fédérales-provinciales étaient aujourd'hui dans l'état où elles se trouvaient en 1948 et en 1952, nous dirions encore, malgré toute la répugnance qu'une telle affirmation pourrait nous coûter, que M. Duplessis est un moindre mal. Mais les circonstances ont changé. Je l'ai écrit deux ou trois fois et je le répète avec la même conviction, l'état des relations entre Ottawa et les provinces nous permet maintenant d'examiner tout le dossier et de nous prononcer sur l'ensemble

de l'administration Duplessis. Or cette administration est mauvaise sous plusieurs rapports.

L'appui donné aux libéraux par *Le Devoir* n'a pas eu d'effet significatif : l'Union nationale a remporté la victoire, une quatrième victoire en douze ans.

Après la mort de Maurice Duplessis en 1959, *Le Devoir* a tempéré son opposition à l'égard de l'Union nationale. Peu avant les élections de 1960, Gérard Filion a même reconnu les mérites du nouveau chef de l'Union nationale, Antonio Barrette (qui avait succédé à Paul Sauvé, lui-même décédé trois mois après être devenu premier ministre) mais, à son avis, le principe de l'alternance dictait la position à adopter[18] :

> La démocratie parlementaire repose sur un délicat jeu d'équilibre entre le pouvoir et l'opposition, avec l'alternance des partis à l'une et à l'autre fonctions. Dans Québec, après seize ans d'un régime ininterrompu du même parti, c'est le temps que ça change.

L'alternance souhaitée s'est produite. En 1960, en effet, les libéraux, dirigés par Jean Lesage, ont défait l'Union nationale.

Lors du scrutin subséquent, en 1962, c'est André Laurendeau qui a exprimé la position officielle du journal, après avoir rappelé que *Le Devoir* avait eu raison, en 1960, de souhaiter l'alternance[19].

> Malgré des faiblesses graves, le bilan de ces deux années est supérieur à celui de tous les commencements de régime à quoi nous avons assisté depuis trente ans. Or, il se trouve de plus que l'élection se fait sur le problème de l'électricité — c'est-à-dire sur une question que, depuis trente ans, aucun gouvernement québécois n'a eu le courage de résoudre.
> D'où notre conviction formelle ; que d'une part l'Union nationale de M. Johnson, malgré quelques bons éléments, doit être écartée ; et que le Parti libéral actuel, malgré quelques éléments douteux, doit être reporté au pouvoir.

La conviction d'André Laurendeau était celle de Claude Ryan, quatre années plus tard, quand les libéraux, toujours au pouvoir, ont sollicité un nouveau mandat à l'occasion des élections. En 1966, pour *Le Devoir*, l'équipe libérale dirigée par Jean Lesage était encore la meilleure[20].

> En accordant cette préférence au Parti libéral, nous avons le sentiment de rejoindre la conviction profonde d'une majorité de Québécois. Nous avons aussi la conviction d'être fidèle à une vieille loi du *Devoir* qui veut que le journal soit objectif, mais non pas neutre, indépendant et libre, mais toujours engagé.

Claude Ryan avait mal lu l'opinion publique puisque, le 5 juin 1966, la majorité n'a pas appuyé les libéraux (ceux-ci ont recueilli 47 % des voix alors qu'ils en avaient obtenu 56 % en 1962 et 51 % en 1960). L'Union nationale, avec 41 % des suffrages, avait même réussi à faire élire 56 de ses candidats (les libéraux n'avaient que 50 élus, dans une Assemblée de 108 députés). L'Union nationale, dirigée par Daniel Johnson, a formé le gouvernement.

Peu avant l'échéance du mandat obtenu en 1966, l'équipe dirigeante de l'Union nationale semblait voguer vers une réélection facile en raison de la division créée dans l'électorat libéral à la suite de la formation d'un nouveau parti dirigé par un ancien ministre libéral, René Lévesque. Par ailleurs, la décision de l'ancien premier ministre libéral, Jean Lesage, de ne plus diriger les troupes libérales semblait ajouter aux espoirs des dirigeants de l'Union nationale.

Le choix d'un nouveau chef libéral, Robert Bourassa, allait changer bien des choses, de sorte que, finalement, *Le Devoir* a décidé de se ranger à nouveau derrière le parti qu'il avait appuyé lors de chacune des quatre élections précédentes, en 1956, en 1960, en 1962 et en 1966. Claude Ryan a exposé son raisonnement dans une série de trois textes publiés les 23, 24 et 25 avril 1970[21]. Il a conclu de la façon suivante[22] :

> Pour toutes ces raisons, et aussi parce que, selon toute probabilité, le Parti libéral est celui qui décrochera le 29 avril la plus forte proportion des voix, nous souhaitons que ce parti soit porté au pouvoir. Il est le mieux qualifié pour donner au Québec un gouvernement ouvert, compétent, efficace, imprégné d'esprit urbain, averti des disciplines modernes et prêt au dialogue. Et nous souhaitons également que, quant à [*sic*] être appelé à former un gouvernement, M. Bourassa puisse former un gouvernement majoritaire.

Les vœux de Claude Ryan ont été réalisés. Le 29 avril 1970, l'électorat a préféré les libéraux.

Quand, en 1973, le vainqueur de l'élection de 1970, Robert Bourassa, a décidé de tenter à nouveau sa chance auprès de l'électorat, Claude Ryan a encore trouvé que les libéraux faisaient meilleure figure que leurs adversaires. Le 27 octobre 1973, il a écrit ceci[23] :

> Entre les candidats du Parti libéral et ceux du Parti québécois, la comparaison joue souvent en faveur des premiers, si l'on veut tenir compte de la compétence, du jugement, des états de service dans le milieu.

Par ailleurs, Claude Ryan a semblé très satisfait des trois premières années du gouvernement de Robert Bourassa[24].

En plus d'être clairement identifié à l'option fédérale, le Parti libéral présente un bilan impressionnant : instauration de l'assurance-maladie ; réforme de l'aide sociale et mesures décisives en vue de l'instauration du revenu garanti ; création de l'aide juridique et de la Cour des petites créances ; préparation plus démocratique des lois et amélioration des méthodes de travail parlementaire ; abolition des comtés protégés et refonte de la carte électorale ; mise en route du projet de la baie James ; extension du rôle de Soquem et Soquip ; assainissement des finances publiques ; rationalisation des subventions aux universités ; loi du syndicalisme agricole ; aucune hausse de taxes depuis quatre ans ; lancement de l'enquête sur le crime organisé ; création d'un climat propice à la relance des investissements et de l'emploi. Cette énumération incomplète devrait suffire à faire réélire n'importe quel gouvernement.

Les libéraux, qui avaient recueilli 45,4 % des voix en 1970, en ont récolté 54,5 % le 29 octobre 1973. Dans une assemblée de 110 membres, ils ont obtenu 102 sièges. Le Parti québécois, avec 30,2 % des voix, n'avait plus que six députés, alors qu'il en avait sept en 1970 (avec 23 % des suffrages).

L'APPUI AU PARTI QUÉBÉCOIS, 1976, 1981

La faiblesse numérique de l'opposition parlementaire a laissé une grande liberté de manœuvre aux dirigeants libéraux. À la veille du scrutin subséquent, Claude Ryan a finalement trouvé qu'ils en avaient mal usé. En conclusion de deux textes consacrés à l'élection du 15 novembre 1976, il a écrit ceci[25] :

> Élire un gouvernement libéral, ce serait réaffirmer l'adhésion des Québécois au fédéralisme, mais ce serait aussi enliser davantage le Québec dans la stagnation politique et dans des jeux mesquins d'équilibrisme qui sont aux antipodes de la vraie politique. Ce serait accréditer la politique de ceux qui croient qu'on peut encore gagner des élections par le recours à la peur. Défaire les libéraux, ce serait au surplus les obliger à réviser en profondeur leur leadership et leur orientation en prévision des affrontements les plus exigeants qu'aura jamais connus le Québec.

Le 15 novembre 1976, le Parti québécois a fait élire la majorité de ses candidats.

Moins de deux années plus tard, manifestation de la révision qu'il avait souhaitée, Claude Ryan est devenu le chef du Parti libéral.

Son successeur à la direction du journal, Michel Roy, n'a pu convaincre son équipe de la supériorité des options soutenues par Claude Ryan.

Lors du référendum de 1980, *Le Devoir* a laissé s'exprimer les deux grandes tendances qui divisaient son équipe dirigeante. Le 12 mai 1980, le journal a présenté simultanément le choix de Michel Roy, d'accord avec Claude Ryan pour refuser de donner au gouvernement du Parti québécois le mandat de faire du Québec un pays souverain et de négocier une association économique entre le Québec et le reste du Canada, et les choix de trois de ses collaborateurs (Lise Bissonnette, Jean-Claude Leclerc, Michel Nadeau), qui eux favorisaient le projet du Parti québécois[26].

Ce projet du Parti québécois n'a pas reçu l'aval de la majorité, lors du référendum du 20 mai 1980, mais le gouvernement dirigé par René Lévesque a néanmoins continué à lutter en faveur de l'extension des pouvoirs exercés par les autorités québécoises, et contre l'extension des pouvoirs exercés par les personnes qui, à Ottawa, prennent les décisions qui s'imposent à l'ensemble de la fédération canadienne.

Moins d'un an après ce référendum, lors du scrutin de 1981, le successeur de Michel Roy, Jean-Louis Roy, a donné son appui au Parti québécois, contre les libéraux dirigés par Claude Ryan. Il l'a fait non pas en raison de l'attitude du Parti québécois dans le dossier des relations fédérales-provinciales mais plutôt pour des motifs de politique générale, un peu comme Claude Ryan l'avait fait en 1976[27].

> [Le] Parti libéral n'a pas su, dans les dernières semaines, imposer son équipe comme une équipe de gouvernement.
> [...]
> Dans ce contexte, le gouvernement Lévesque mérite l'avance que lui concèdent les sondages récents.

Comme prévu, le 13 avril 1981, le Parti québécois a obtenu la majorité des sièges.

L'ALTERNANCE, 1985, ET LA SAUVEGARDE DU FÉDÉRALISME, 1989

Les circonstances du scrutin subséquent, celui de 1985, ont été fort différentes de celles de l'élection de 1981. Le premier ministre René Lévesque avait décidé de prendre sa retraite; son parti, le Parti québécois, avait choisi Pierre-Marc Johnson pour le remplacer. Le chef de l'opposition, Claude Ryan, avait démissionné; son parti, le Parti libéral du Québec, avait préféré se ranger à nouveau derrière celui qui l'avait mené deux fois à la victoire, en 1970 et en 1973, l'ancien premier ministre Robert Bourassa. Robert Bourassa, qui n'avait pas eu de siège à l'Assemblée nationale à la suite de sa défaite de 1976, se présentait comme l'agent du renouveau, ce que Pierre-Marc Johnson voulait être lui aussi.

Après avoir comparé les deux chefs et leurs équipes, Jean-Louis Roy a estimé que l'alternance ne se logeait pas du côté de Pierre-Marc Johnson[28] :

> Sans sous-estimer la valeur de l'équipe péquiste, et notamment les qualités de son chef, on doit constater que l'alternance ne se loge pas de ce côté. C'est le Parti libéral du Québec qui offre présentement les meilleures garanties pour la gestion des affaires communes, la redéfinition des équilibres internes et la négociation avec nos partenaires canadiens et américains. Dans le passé, *Le Devoir* n'a pas ménagé ses critiques à l'endroit du chef libéral et de son parti. L'appui que nous lui accordons aujourd'hui, n'est pas sans réserve. Mais il est franc et conscient.

Les libéraux ont obtenu la victoire lors de cette élection, le 2 décembre 1985.

L'élection suivante, le 25 septembre 1989, a mené *Le Devoir* à renouveler son appui aux libéraux. Alors qu'en 1985 il l'avait fait au nom du principe de l'alternance, en 1989 il l'a fait au nom de la stabilité. Selon le directeur du journal à l'époque, Benoit Lauzière, c'est le projet de souveraineté pour le Québec, que présentait le Parti québécois, qui menait *Le Devoir* à soutenir le gouvernement du premier ministre Robert Bourassa[29].

Benoit Lauzière appuyait les libéraux parce qu'il craignait que leurs adversaires souverainistes n'entraînent le Québec dans «des années et des années de luttes et de divisions épuisantes»... C'était une façon de dire que le bon gouvernement, en 1989, serait celui qui promettait d'éviter les conflits.

Cependant, malgré la réélection des libéraux en 1989, le Québec a été entraîné dans de nouvelles luttes et de nouvelles divisions, en particulier en matière de révision constitutionnelle.

Trois années plus tard, l'électorat a été à nouveau consulté, cette fois au sujet d'un projet d'entente constitutionnelle. La nouvelle directrice du journal, Lise Bissonnette, a refusé cette entente constitutionnelle (dite de Charlottetown) à laquelle étaient parvenus Robert Bourassa et ses partenaires du reste du Canada[30]. À la différence de Benoit Lauzière, trois années plus tôt, Lise Bissonnette optait pour l'autonomie du Québec, comme Henri Bourassa, Omer Héroux, Georges Pelletier, Gérard Filion, André Laurendeau et bien d'autres l'avaient fait dans le contexte de leur époque, avant la vague de décolonisation de la deuxième moitié du vingtième siècle, avant l'avènement du Parti québécois. Elle soutenait ainsi le principe qui a le plus souvent été utilisé pour motiver les prises de position de son journal lors des consultations électorales.

L'APPUI AU PARTI QUÉBÉCOIS, 1994

Conforme aux principes qui ont si souvent guidé ses dirigeants avant 1985, le rejet, par *Le Devoir*, de l'entente constitutionnelle de Charlottetown, lors du référendum d'octobre 1992, a été suivi d'un appui aux souverainistes du Québec lors des élections à la Chambre des communes d'Ottawa en octobre 1993 et lors des élections à l'Assemblée nationale de Québec en septembre 1994. Dans un texte paru le 7 septembre 1994, la directrice, Lise Bissonnette, a soutenu le Parti québécois, car, à son avis, celui-ci se conformait davantage que le Parti libéral du Québec au modèle défini par les grands principes auxquels elle adhérait, grands principes auxquels, d'ailleurs, *Le Devoir* s'est si souvent référé. L'appui accordé en 1994 au Parti québécois n'était pas inconditionnel, cependant, puisque la prise en compte des ambiguïtés du discours de ses porte-parole menait Lise Bissonnette à le tempérer considérablement. En assortissant son appui de réserves, Lise Bissonnette s'inscrivait dans la tradition : *Le Devoir* n'a été l'allié inconditionnel d'aucun parti, mais il a le plus souvent favorisé le parti le plus autonomiste.

C'est clair, parmi les principes qui ont guidé les choix électoraux du quotidien fondé par Henri Bourassa, le plus constant est celui de l'autonomie. Au nom de ce principe, Henri Bourassa a combattu l'impérialisme ; au nom de ce principe, il a même appuyé Lomer Gouin en 1916 et en 1919 ; au nom de ce principe, son journal a soutenu Maurice Duplessis en 1939, en 1948 et en 1952 et il s'est rangé du côté du Bloc populaire en 1944. Ce principe d'autonomie l'a généralement emporté sur deux autres grands principes, celui de l'alternance au pouvoir et celui du bon gouvernement. Il s'est conjugué avec eux en 1936, en 1976 et en 1994.

André BERNARD
Politicologue
Université du Québec à Montréal

---

1. Omer Héroux, « Gouin ou Tellier », *Le Devoir*, 7 mai 1912.

2. *Ibid.*

3. Henri Bourassa, « Les élections provinciales », *ibid.*, 9 mai 1916.

4. Henri Bourassa, « Le "triomphe" du ministère », *ibid.*, 3 février 1923.

5. Henri Bourassa, « Élection provinciale », *ibid.*, 10 mai 1927.

6. Omer Héroux, « Avant le scrutin », *ibid.*, 22 août 1931.

7. Henri Bourassa, «Leçons et Réflexions», *ibid.*, 26 août 1931.

8. Gérard Filion, «À qui vont nos préférences», *ibid.*, 19 juin 1956 (en 1931, *Le Devoir* donna un bon coup de main à Camillien Houde, bien que M. Bourassa ne se fit pas d'illusion sur la valeur du «p'tit gars de Sainte-Marie»).

9. Henri Bourassa, «Leçons et Réflexions», *ibid.*, 26 août 1931.

10. Omer Héroux, «Que risquons-nous à voter contre le gouvernement?», *ibid.*, 18 novembre 1935.

11. Georges Pelletier, «Et qu'on nettoie ça, le 17!», *ibid.*, 8 août 1936.

12. Georges Pelletier, «Voterons-nous pour Québec? Voterons-nous pour Ottawa?», *ibid.*, 23 octobre 1939.

13. Georges Pelletier, «L'élection du 8 août prochain», *ibid.*, 22 juillet 1944.

14. Gérard Filion, «Pour qui voterons-nous?», *ibid.*, 14 juillet 1948.

15. Gérard Filion, «Plus de boue que d'idées», *ibid.*, 15 juillet 1952.

16. Gérard Filion, «À qui vont nos préférences», *ibid.*, 19 juin 1956.

17. *Ibid.*

18. Gérard Filion, «Faut-il que ça change?», *ibid.*, 21 juin 1960.

19. André Laurendeau, «Contre l'Union nationale actuelle, pour le Parti libéral actuel», *ibid.*, 10 novembre 1962.

20. Claude Ryan, «La meilleure équipe», *ibid.*, 31 mai 1966.

21. Claude Ryan, «*Le Devoir* et l'élection du 29 avril. 1) Les enjeux du scrutin», *ibid.*, 23 avril 1970; «*Le Devoir* et l'élection du 29 avril. 2) Le Parti québécois : un pari douteux et prématuré», *ibid.*, 24 avril 1970; «*Le Devoir* et l'élection du 29 avril. 3) Le meilleur choix», *ibid.*, 25 avril 1970.

22. Claude Ryan, «*Le Devoir* et l'élection du 29 avril. 3) Le meilleur choix», *ibid.*, 25 avril 1970.

23. Claude Ryan, «Le choix du 29 octobre. 3) Le prochain Parlement», *ibid.*, 27 octobre 1973.

24. *Ibid.*

25. Claude Ryan, «*Le Devoir* et l'élection du 15 novembre. 2) L'objection de l'indépendance», *ibid.*, 13 novembre 1976.

26. Michel Roy, «La question de fond», Lise Bissonnette, «Une société bloquée», Jean-Claude Leclerc, «Un pas en avant», Michel Nadeau, «Le meilleur choix économique», *ibid.*, 12 mai 1980.

27. Jean-Louis Roy, «Le choix du 13 avril», *ibid.*, 6 avril 1981.

28. Jean-Louis Roy, «Élection du 2 décembre. 2 — La confiance au PLQ», *ibid.*, 26 novembre 1985.

29. Benoît Lauzière, «Un autre mandat pour le PLQ. C'est le projet de souveraineté qui fait toute la différence», *ibid.*, 22 septembre 1989.

30. Lise Bissonnette, «Le Refus», *ibid.*, 21 octobre 1992.

UNE OPPOSITION FAROUCHE AU SUFFRAGE FÉMININ 1913-1940

Henri Bourassa donne le ton. Une prédilection pour le mouvement antisuffragiste. Un traitement biaisé de la nouvelle.

La position du journal *Le Devoir* par rapport au suffrage féminin ne peut se voir attribuer qu'un seul mérite, la constance. En effet, de 1913 à 1940, la position éditoriale et le traitement journalistique du quotidien de la rue Saint-Sacrement sont d'une constance remarquable : le journal s'oppose farouchement à l'obtention du droit de vote par les femmes. Cette opposition nous semble cohérente avec la mission que s'octroyait alors le journal, à savoir la défense de la tradition et de la nation canadienne-française comme bastion de l'esprit catholique et français en Amérique du Nord.

À certains égards, il serait même possible de soutenir que *Le Devoir* se veut presque plus catholique que l'épiscopat. Car c'est au nom du catholicisme et de sa supériorité éthique qu'Henri Bourassa monte aux barricades afin de pourfendre les suffragettes qui veulent corrompre l'âme de «nos femmes» (*sic*). De même, il est largement fait état du point de vue de l'Église et des autorités ecclésiastiques locales sur le sujet : Mgr Roy et Mgr Villeneuve se verront généreusement ouvrir les colonnes du journal. En outre, on déplorera régulièrement que l'Église n'ait pas adopté de position doctrinale sur la question, ce qui permet aux suffragistes de se trouver des alliés chez certains membres du clergé.

Au sein de cette constance, certaines notes discordantes pourtant. En 1940, la page féminine est le lieu d'un petit débat entre adversaires et partisanes du suffrage. Mais ce débat n'a lieu que dans le courrier des lectrices. Ce sont les lectrices du *Devoir* qui sont divisées sur la question; quant à la rédaction, elle semble unie sur le sujet, quoiqu'il soit possible d'interpréter la publication de lettres favorables au suffrage féminin ou encore d'une notice nécrologique élogieuse à l'égard de Marie Gérin-Lajoie[1] comme une petite fronde de la part de la responsable de la page féminine. Ce soupçon est d'autant plus plausible que, l'année précédente, celle-ci avait rendu compte d'une manière positive d'une réunion publique de la Ligue des droits de la femme et s'était même aventurée, ô hérésie!, à reproduire l'intervention d'Idola Saint-Jean devant le comité des bills publics chargé d'examiner le projet de loi en faveur du suffrage féminin. Cependant, il faut bien admettre que ces petites incartades ne font pas le poids face aux assauts en règle contre le suffrage féminin et contre le féminisme.

Pour rendre compte de la position du journal, nous procéderons en trois temps. D'abord, nous nous attarderons sur les éditoriaux publiés par Henri Bourassa et reproduits en brochure en 1925, à un moment où, c'est le moins que l'on puisse dire, le mouvement suffragiste québécois traverse une phase de latence. Ensuite, nous examinerons l'importance que *Le Devoir* accorde au mouvement d'opposition au suffrage féminin. Finalement, nous analyserons le traitement de la nouvelle durant la période 1922-1940.

HENRI BOURASSA DONNE LE TON

En 1925, Henri Bourassa réunissait en brochure ses divers éditoriaux sur le féminisme[2] et décrivait ainsi l'esprit qui animait ses textes : «servir l'Église, ma patrie et les femmes de mon sang[3]». Cette brochure regroupe trois séries de textes. La première est rédigée en 1913, pour mettre en garde les Canadiennes françaises contre le féminisme à l'occasion de la tournée de conférences de Sylvia Pankhurst au Canada. La deuxième regroupe les éditoriaux contre le suffrage féminin écrits en 1918, au moment où le Parlement fédéral décidait de conférer le droit de vote à l'ensemble des Canadiennes pour les élections fédérales. La troisième, enfin, s'insurge contre le fait que le Parlement fédéral s'apprête à libéraliser l'accès au divorce. On peut y déceler plusieurs thèmes et on y retrouve la prégnance de l'aristotélo-thomisme dans les études classiques de l'époque. Pour les besoins du présent article, nous mettrons l'accent sur deux thèmes : la compréhension de l'ordre naturel et celle de la tradition nationale.

À plusieurs reprises, Bourassa reprend la boutade suivante concernant les pouvoirs du Parlement dans le système britannique : la seule chose qu'il ne peut faire, c'est de transformer une femme en homme. Ceci lui sert ensuite de *leitmotiv* argumentatif : le féminisme et le mouvement suffragiste constituent des positions antinaturelles qui visent précisément à transformer les femmes en hommes. Il est donc crucial de s'y opposer puisqu'une telle subversion de l'ordre naturel ne peut mener qu'au chaos le plus absolu, à la fin de la civilisation qui repose sur une «autorité familiale ou sociale [...] dévolue selon son sexe et sa condition[4]». Nous reviendrons ultérieurement sur le caractère «Ancien Régime» de la notion de condition.

Pour l'instant, essayons de reconstituer l'univers mental de Bourassa. Le monde se compose d'êtres différents et une de ces différences fondamentales est la différence des sexes. Deux conséquences en découlent. La première, c'est que la différence de nature entraîne, comme le disait déjà Aristote, la différence de fonction. «[...] la différence des sexes entraîne, non pas l'inégalité des conditions, mais le partage des fonctions et des charges sociales, et aussi le partage des droits qui répondent à ces charges et à ces fonctions[5].»

La seconde, c'est que l'organisation sociale doit procéder sur la base de cette différence, «la différence des sexes entraîne la différence des fonctions sexuelles et la différence des fonctions sexuelles crée la différence des fonctions sociales[6]», si l'on vise l'objectif d'une «société chrétiennement (donc normalement) ordonnée[7]», puisque

> ce que le bon sens, la justice et l'ordre social exigent, c'est que ces fardeaux soient répartis entre l'homme et la femme selon leurs forces et leurs facultés respectives, en sorte que l'un et l'autre puissent donner à la communauté matrimoniale, à l'enfant qui en est le fruit, à la famille et, finalement, à la société, ce que l'on appellerait, dans le jargon moderne, le maximum d'apport contributif[8].

Le résultat de cette organisation «naturelle» de la famille, c'est la famille chrétienne, «où le père commande, où la mère gouverne (et se gouverne), où l'enfant, rompu à l'obéissance [...]», pouvant ainsi contribuer à l'ordre social et civilisationnel. Avec une telle vision de l'ordre naturel des choses, il ne faut donc pas se surprendre du fait qu'Henri Bourassa attribue une fonction déterminante aux femmes, «la maternité, la sainte et féconde maternité, qui fait véritablement de la femme l'égale de l'homme et, à maints égards, sa supérieure[9]».

Mais un spectre hante cette société bien ordonnée, le spectre du féminisme, annonciateur de «la lutte, âpre, violente, générale, qui va s'engager entre les deux sexes[10]». Le tableau que nous brosse Henri Bourassa de cette lutte est apocalyptique : en sus du «monstre» que constitue la «femme-électeur» puisque «femme-homme», on verra les femmes et les hommes entrer en concurrence pour occuper les fonctions sociales les plus lucratives, d'autant plus que la guerre a ajouté aux affres du féminisme en privant plusieurs femmes de la possibilité du mariage. Pis encore, la famille est menacée par les «détraquées du féminisme, [les] affranchies volontaires du *joug* marital et des charges de la maternité, [les] prédicantes et pratiquantes de l'amour libre, de l'avortement et de la stérilité systématique[11]». Le résultat est prévisible, «la femme sera fatalement écrasée[12]», ce qui conduit Bourassa à soutenir que le féminisme constitue, pour les femmes, «une reculade de vingt siècles[13]».

Heureusement pour elles, Henri Bourassa veille au grain et appelle à la croisade nationale contre l'hérésie féministe et suffragiste.

Nos politiciens ont déjà saboté assez de choses, ils ont déjà ébranlé assez d'assises de l'ordre public, rompu avec assez de traditions nationales ; allons-nous, sans mot dire, leur permettre de s'attaquer jusqu'à la sainteté de nos foyers, jusqu'à la dignité de *nos* femmes[14] ?

Ceci nous permet de passer à l'interprétation du deuxième volet de son argumentation, à savoir l'opposition entre le droit de vote et la société canadienne-française. À cet égard, on peut noter le chevauchement de deux thèmes chez Henri Bourassa : le suffragisme est la conséquence naturelle du protestantisme et de l'esprit anglo-saxon, aussi convient-il d'opposer à cet hydre la latinité de la société canadienne-française. On peut également déceler dans cette opposition un refus de la modernité[15] et une méfiance certaine vis-à-vis de l'idée du gouvernement représentatif.

Dans un premier temps, Bourassa soutient que le protestantisme «marque un point d'arrêt, ou tout au moins une déflexion sensible dans la voie de l'affranchissement de la femme, que l'Église poursuivait depuis la venue du Christ[16]». Sa thèse est la suivante : l'Église s'oppose à la volupté des sociétés païennes et confère une image positive de la féminité à travers la figure de la Vierge Mère. La Réforme protestante représente un mouvement inverse : Henry VIII et Luther sont des «révoltés sensuels» qui autorisent l'expression des passions les plus viles, celles de la chair, et, en récusant le culte de la virginité de Marie, rendent possible l'asservissement des femmes, soit comme objets de plaisir, soit comme sources potentielles de péché qu'il faut contenir.

Le protestantisme est également responsable d'une attaque contre «certains principes généraux d'autorité et d'unité[17]». En instituant le libre-examen sur le plan religieux, avec son corollaire l'individualisme sur le plan social, les sociétés anglaises influencées par le protestantisme

> ne pouvaient manquer de voir surgir et s'affirmer successivement toutes les revendications de chacune des classes d'individus. Pourquoi les individus-femmes ne prétendraient-ils ou ne prétendraient-elles pas aux mêmes préro-gatives, aux mêmes droits, aux mêmes pouvoirs que les individus-hommes[18]?

Ceci amène Bourassa à juger de la logique de la revendication suffragiste dans la tradition anglo-saxonne et protestante.

> Rendons justice à M. Borden: il a eu cette fois le courage de poser et d'accepter la thèse féministe dans toute son ampleur anti-sociale et de la rattacher au principe fondamental du régime démocratique. [...] Du moment que l'on voit dans le régime électoral et démocratique l'état idéal de sociétés, dans l'individu humain le pivot de l'ordre social [...], on aboutit logiquement à la conception protestante, rationaliste et individualiste dont le féminisme n'est qu'une des manifestations[19].

Plus loin, il ajoutera de façon explicite que «l'attitude de M. Borden sur le suffrage féminin est absolument conforme aux théories du contrat social et aux principes de la démocratie anglaise[20]». Cela lui permettra même une digression sur «l'histoire du régime soi-disant démocratique[21]», où il soutient que femmes et hommes sont «les dupes et les victimes du mensonge démocratique[22]», puisque le droit de vote à lui seul ne permet pas d'assurer véritablement la représentation des intérêts.

À ces miroirs aux alouettes du féminisme, nouvelle hérésie pour «têtes sans cervelle[23]», Bourassa oppose la latinité de la société canadienne-française, latinité qui se rattache d'abord et avant tout à son côté catholique, qui lui permet de conserver dans le monde vécu l'organisation sociale de la France d'avant la Révolution. Le suffrage féminin constitue donc un mo-dèle étranger qu'on veut «imposer» aux Canadiennes françaises, un modèle qui leur fera perdre l'influence qu'elles exercent déjà dans la société, par l'extension de leur rôle maternel sur le plan social, et qui les exposera à une déchéance certaine puisque, si elles obtiennent le droit de vote, il faudra bien qu'elles l'exercent afin de maintenir le poids du Québec au Parlement fédéral. Vilipendant Laurier pour son admiration de la «race la plus *avancée*[24]» de la Confédération canadienne, Bourassa le rappelle à l'ordre national en ces termes:

> Ce qui lui reste de prestige et d'influence, ne le doit-il pas *exclusivement* à l'inlassable fidélité de ces femmes du Québec, qui ont voté pour lui, mais qui ne veulent pas devenir des femmes *publiques*, — pas parce qu'elles sont moins

«avancées» que les épileptiques suffragettes d'Angleterre ou d'Ontario, mais parce qu'elles veulent conserver toute leur supériorité morale et ne pas déchoir de la haute situation que leur a faite la civilisation chrétienne et française, et aussi leur glorieuse fécondité[25]!

Cette analyse détaillée des textes d'Henri Bourassa sur le suffrrage féminin nous permet de mieux comprendre dans quelle optique le journal, dont il sera le directeur jusqu'en 1932 et sur lequel il continue d'exercer une influence durant toute la période qui nous intéresse, envisage l'émergence et le développement d'un mouvement suffragiste au Québec. L'honneur national est en cause, aussi est-il nécessaire d'en appeler aux forces encore saines pour qu'elles s'y opposent avec la dernière énergie. C'est probablement ce qui expliquera que les pages du *Devoir* seront largement ouvertes à l'antisuffragisme.

UNE PRÉDILECTION POUR LE MOUVEMENT ANTISUFFRAGISTE

Si, à travers la lecture du *Devoir*, on peut déceler l'existence de forces suffragistes au Québec, il est par contre évident que le journal se fait un des porte-parole des diverses initiatives opposées au suffrage féminin, rivalisant de zèle avec *L'Action catholique* sur ce terrain. Nous étayerons notre hypothèse en examinant la position du journal à deux moments cruciaux du débat sur le suffrage féminin : 1922 et 1940. 1922 représente la première manifestation publique de l'existence d'un mouvement suffragiste au Québec alors qu'une délégation du Comité provincial pour le suffrage féminin est invitée à rencontrer le premier ministre Taschereau dans les locaux du Parlement et qu'un député, Henry Miles, s'apprête à déposer un projet de loi en faveur du vote des femmes. Quant à 1940, il s'agit du moment où Adélard Godbout annonce dans le discours du trône que son gouvernement est favorable au suffrage féminin et qu'il déposera un projet de loi à cet effet.

En 1922, *Le Devoir* publie une douzaine de textes sur la question du vote des femmes. Le tocsin sonne avec un billet de Némo qui commente la rumeur selon laquelle le député Miles s'apprêterait à présenter un projet de loi en faveur du suffrage féminin, projet décrit, dans la plus pure tradition de l'objectivité journalistique, comme une volonté de «demander la dégradation, pour les fins de la politique provinciale, de la femme, sa descente à l'indignité d'électrice[26]». Le ton est amer et se situe dans le sillage tracé par Bourassa. «La vague déferle sur le Canada, il est possible que le Québec n'y échappe pas, c'est le progrès du paganisme[27]». L'auteur du billet prédit une bataille épique sur le sujet, un affrontement terrible et brandit la menace de l'éclatement des familles.

Le 30 janvier de la même année, ce sont les états d'âme de la députation libérale qui retiennent l'attention de Louis Dupire. Celui-ci fait état d'un clivage ethnique : les anglophones seraient plus favorables au projet que les députés francophones. Les craintes les plus farfelues et les plus contradictoires des députés face à une telle mesure trouvent dans le journal un écho compatissant. Ainsi on apprend que le vote des femmes pourrait conduire à l'étatisme puisque les femmes sont «susceptibles de se rallier à toutes ces histoires de pension de ci et de pension de ça, qui sont un obstacle à la charité chrétienne, une prime à la paresse et à l'imprévoyance, et font glisser les nations sur la pente raide et dangereuse de l'étatisme[28]». Un député craint l'avalanche de candidatures féminines pour faire la lutte aux députés qui se seraient opposés au vote des femmes en cas de succès du projet de loi. Un autre brandit le spectre de la prohibition et du poids accru du clergé en politique. Un autre, encore, craint qu'il ne faille organiser un référendum pour ramener la province au bon sens sur cette question.

Aussi peut-on imaginer le soulagement du journal lorsqu'il peut publier que le premier ministre Taschereau s'oppose au vote des femmes et surtout lorsqu'il peut faire état d'un mouvement d'opposition au suffrage des femmes. Le Québec a quelque chance de continuer à brandir l'étendard de la latinité face à l'envahisseur suffragiste! Dans son édition du 13 février, le journal reproduit intégralement le texte de la pétition contre le suffrage des femmes. Le 15 février, il souligne l'ampleur du mouvement d'opposition au suffrage féminin, associé au «sentiment vrai des femmes de la province[29]», et le succès rencontré par la pétition.

C'est ensuite au tour des éditorialistes de monter à l'assaut. Le 21 février, *Le Devoir* ouvre ses colonnes à J.-Albert Foisy qui a plutôt coutume de sévir à *L'Action catholique*. La veille, Omer Héroux avait publié un éditorial de félicitations au mouvement antisuffragiste. Après avoir souligné les succès de ce mouvement, il l'appelle à la vigilance : une campagne forte et généralisée est nécessaire. Il va même plus loin que le mouvement : non seulement faut-il empêcher le suffrage féminin de devenir une réalité au Québec, mais encore faudrait-il faire en sorte que celui-ci soit abrogé là où il existe. À cet effet, il invoque quelques feuilles de chou ontariennes qui s'indignent des effets pernicieux du suffrage féminin et souligne que nombre d'épouses de députés fédéraux sont opposées au vote des femmes. M. Héroux ne peut non plus s'empêcher de souligner un paradoxe : dans leur opposition au vote des femmes, les «vraies» femmes sont amenées à déroger à leur rôle social et à intervenir dans la sphère publique. Aussi parle-t-il de « la situation anormale qui a contraint à descendre dans la rue les femmes qui ne veulent pas qu'on les jette dans l'arène électorale[30] ».

Il semble bien que l'argument suffragiste qui veut que le vote des femmes soit susceptible d'amener la promulgation de certaines politiques sociales ait remporté certaines adhésions puisque Omer Héroux juge utile d'y consacrer un éditorial. Il y oppose trois contre-arguments : d'abord, ce n'est pas à l'État de se mêler de politiques sociales puisque l'étatisme est l'antichambre du socialisme ; ensuite, la misère est une question trop importante pour qu'on en fasse un enjeu de concurrence entre les partis ; finalement, des politiques sociales sont susceptibles de diminuer la puissance des moyens d'action des femmes d'autant plus que, « pour celles qui ont vraiment le temps de s'occuper d'action sociale ou politique, [...] le travail qu'elles voudront donner à l'action politique proprement dite sera forcément pris sur les loisirs qu'elles pourraient consacrer aux œuvres sociales[31] ».

Non content de se prononcer contre le suffrage féminin dans ses éditoriaux, le journal entreprend également de créer la nouvelle. Ainsi Olivar Asselin a-t-il droit à un compte rendu élogieux de son discours contre le vote des femmes dans lequel, plutôt que de préconiser une extension du suffrage, il argue en faveur de sa restriction. Reprenant l'idée que l'homme est cérébral et la femme sentimentale, la preuve en étant, bizarrement, que « la femme n'a jamais pu exceller dans la critique littéraire[32] », Asselin continue en soutenant que l'idée du suffrage est anti-famille, « née de sentiments aigris ou du désœuvrement de femmes frustrées dans leurs aspirations[33] », s'avérant même prêt à concéder le suffrage aux « vieilles filles ». Le seul commentaire du journal face à ce tissu d'absurdités est le titre, « M. Olivar Asselin donne des arguments contre le vote des femmes », ce qui permet de comprendre l'intérêt du journal pour ses propos.

C'est donc avec un soupir de soulagement que Le Devoir rend compte de la résolution du Congrès international des Ligues catholiques féminines qui se tient à Rome, résolution qui soumet l'engagement des femmes catholiques dans le mouvement suffragiste à l'approbation de leur épiscopat. Le quotidien reproduit intégralement cette résolution en ajoutant que l'épiscopat du Québec a déjà fait savoir publiquement son opposition à la chose. Il ne lui reste plus qu'à espérer la disparition du suffragisme dans la province.

Si, en 1922, le Québec semble l'avoir échappé belle et que le journal en ait été quitte pour plus de peur que de mal, en 1940, la situation se présente sous un autre jour. Les récentes élections provinciales ont porté au pouvoir un Parti libéral partiellement rénové, dont le congrès de réorientation de 1938 avait adopté une résolution en faveur du vote des femmes, et pour lequel les suffragistes ont milité lors de la campagne électorale[34]. Il semble donc que le Québec devra se résoudre à passer sous les fourches caudines du suffrage féminin. Mais, à l'instar du village gaulois de la bande dessinée, *Le Devoir* ne désarme pas.

Après avoir fait état du discours du trône de Godbout, dans lequel celui-ci annonce son intention de présenter un projet de loi conférant le droit de vote aux femmes, le journal cherche à montrer que la mesure ne fait pas l'unanimité dans la province. Aussi le cardinal Villeneuve a-t-il droit à la première page lorsqu'il affirme: «Nous ne sommes pas favorable au suffrage politique féminin [...]. Nous croyons exprimer ici le sentiment commun des évêques de la province[35].»

L'archevêque de Québec ayant donné sa bénédiction, *Le Devoir* allait faire état de l'opposition féminine au suffrage. Tous les Cercles de Fermières ayant voté la circulaire qu'on leur a fait parvenir contre le suffrage féminin auront droit à une mention dans le journal. «Les dames et demoiselles de la paroisse de Saint-Timothée de Beauharnois» pourront également faire connaître leur opposition au vote des femmes[36].

Quant aux articles du correspondant parlementaire, Alexis Gagnon, ils hésitent entre l'oraison funèbre et l'espoir que le Conseil législatif refuse d'entériner les «divagations» de l'Assemblée. Les opposants au suffrage voient leurs arguments largement rapportés dans le journal[37], tandis que les titres supputent sur l'issue du vote au Conseil législatif et ressortent l'idée d'un référendum sur la question[38]. Le compte rendu de cette réunion du Conseil est d'ailleurs des plus dépités : on y apprend que l'amendement de Médéric Martin concernant le référendum a été défait et que le plaidoyer antisuffragiste de Thomas Chapais n'a pas réussi à faire pencher la balance de son côté. Alors que d'autres journaux titraient que les femmes pouvaient désormais voter au Québec et que certains d'entre eux allaient même jusqu'à s'en féliciter, *Le Devoir* reproduisait intégralement le morceau d'éloquence suranné de Thomas Chapais.

UN TRAITEMENT BIAISÉ DE LA NOUVELLE

Cette implication non négligeable du *Devoir* dans le combat antisuffragiste n'allait pas être sans conséquences dans le traitement de la nouvelle. C'est habituellement le correspondant parlementaire du journal qui aura la tâche de rendre compte des diverses tentatives pour obtenir le droit de vote pour les femmes. Après avoir analysé les titres, nous décortiquerons donc la prose du correspondant parlementaire, ce qui ne sera pas sans soulever certaines interrogations quant à l'éthique journalistique.

Une lecture attentive et systématique des titres nous amène à penser que le rejet du droit de vote allait de soi et relevait du simple bon sens. On a l'impression d'assister à un match dont l'issue est déterminée à l'avance : les suffragistes ne peuvent que perdre. Donnons quelques exemples : «Le bill du suffrage féminin n'a pas de chance[39]»; «Le bill Vautrin sera vite écarté[40]»; «La Chambre des députés à Québec refuse derechef le droit de vote aux femmes[41]». Il y a des moments où le titre est plus descriptif, quelques-uns même où le ton se fait alarmiste: «La cause du vote des femmes gagne du terrain[42]». Au cours des années trente, on peut même percevoir une certaine lassitude concernant «le débat annuel sur le féminisme[43]», lassitude qui sera encore plus explicite dans les articles.

En ce qui concerne les textes, trois grandes tendances se repèrent aisément. D'abord, et cela est congruent avec ce que nous avons noté dans la section précédente, on accorde beaucoup d'importance au discours de ceux qui s'opposent au suffrage féminin. Ensuite, l'apparence physique des suffragistes retient beaucoup plus l'attention du correspondant parlementaire du journal que les idées qu'elles développent. Enfin, on peut noter un certain agacement : les suffragistes vont-elles finir par comprendre que ni les politiciens et encore moins les femmes du Québec ne désirent le droit de vote? Nous allons examiner ces deux derniers éléments, auxquels nous ajouterons l'importance des métaphores guerrières.

Dès 1922, le compte rendu de la rencontre de la délégation suffragiste et du premier ministre Taschereau donne une bonne idée de ce que retiennent les journalistes. L'article portant sur la rencontre fait tellement peu état du contenu du discours des suffragistes qu'il faut lui adjoindre un autre texte résumant très succinctement les diverses interventions, alors qu'en ce qui concerne le premier ministre, sa position est intégrée à l'article principal. Cependant, il est fort disert sur l'émoi que cause la visite d'une telle délégation et sur les toilettes de ces dames.

Louis Dupire commence par décrire le grand chambardement que n'est pas sans causer la présence de femmes voulant se mêler de politique. Où les recevoir? La salle de l'Assemblée présentait le désavantage de leur conférer trop d'espoir, celle du comité des bills privés n'est pas assez grande, restait le restaurant auquel il s'avéra toutefois nécessaire de faire un brin de toilette. Puis il décrit ainsi la délégation :

> Les dirigeantes de la délégation brillent, comme il sied, au premier rang.
> Ce sont Lady Drummond, très grande, dont les traits fortement accusés

s'estompent sous un chapeau autour duquel pleurent une profusion de plumes noires; Mme T. de G. Stewart, de Montréal, comme la présidente, de taille au-dessus de la moyenne, habillée de couleurs provocantes; Mlle Carrie Derrick, vêtue de sombre, portant d'amples lunettes; Mme James Geggie, de Québec, qui parle en français; Mme Gérin-Lajoie, bien connue à Montréal, présidente de la Fédération nationale, habillée de sombre; Mlle Saint-Jean, qui a l'habitude du public et parle d'une voix posée mais sans pose; Mme Pierre Casgrain, svelte, élancée, qui met une note de jeunesse au milieu de cette assemblée où les cheveux gris ou blancs dominent[44].

Cette insistance sur la description physique s'étend même aux partisans masculins du suffrage féminin, puisque le journal s'attarde également à la mise du député Miles, alors qu'on apprend que «celui-ci avait exhumé de sa garde-robe une jaquette d'une coupe juvénile, dont les basques se soulevaient allègrement[45]». Auparavant, le journaliste avait fait cette description de l'ensemble de la délégation: «tous les âges étaient là représentés, toutes les tailles, toutes les couleurs, toutes les formes de chapeaux[46]». Une seule réserve sur la représentativité de la délégation: elle est majoritairement en provenance de Montréal. Ce caractère montréalais du mouvement suffragiste sera d'ailleurs régulièrement souligné quoique *Le Devoir*, probablement à titre de quotidien montréalais, y soit moins sensible que les journaux de Québec.

La palme de la description physique revient cependant à Alexis Gagnon, qui sera correspondant parlementaire au cours des années trente. Ses articles sur le suffrage féminin lui fournissent l'occasion de déployer une prose fleurie de collégien tentant de prouver qu'il a des lettres. Cet extrait, un peu long, permet de s'en faire une idée:

La scène offrait un spectacle varié aux couleurs vives et changeantes. «Rouges, bleues ou noires, toutes aimées, peut-être, mais non toutes belles» aurait dit Sully Prudhomme s'il avait osé aligner un super-alexandrin [*sic*] aussi long, ces dames représentaient toutes les périodes de l'humanité. Les unes étaient jolies, fraîches comme la rose qui éclôt au printemps mais d'autres faisaient, hélas!, injure ineffaçable à la Cause. L'une d'elles, au nez inquisiteur armé de lunettes glaciales, était postée, tel un juge souverain, à l'entrée de la Chambre et devant elle les députés passaient en frissonnant, comme devant le devoir ardu et pénible. [...]
Et les curieux effarés songeaient malgré eux aux beaux vers de Banville, lorsque «les dieux hagards fuyaient dans la nuit sombre, fous de colère et d'épouvante», ou encore, aux vers merveilleux de Hérédia sur «La fuite des Centaures[47]».

L'année précédente, il avait été, heureusement, bref, se contentant de parler des «dames de la galerie, les unes fraîches comme les fleurs de la poésie, les autres austères comme la trigonométrie[48]». À lire de tels articles, on risque donc d'être mieux au fait de l'évolution de la mode que de l'argumentation suffragiste. En outre, comme si un tel traitement du vote féminin ne suffisait pas à le rendre ridicule, Gagnon laisse libre cours à sa lassitude devant la ténacité des suffragistes, lassitude fortement teintée de mépris.

Durant les années trente, plusieurs correspondants parlementaires trouvent frivole la revendication du suffrage féminin devant les grands problèmes de l'heure et se demandent combien de temps encore les suffragistes feront perdre leur temps aux parlementaires. Celui du *Devoir* est du nombre. Dès 1930, il signale : « Nos députés se sont offerts, la semaine passée, un débat académique de dentelles fanfreluché[49]. » En 1934, il souligne : « Cette éternelle discussion collégiale sur le droit de vote féminin commence à dater et l'intérêt du début languit manifestement, si par contre le vote indique que les opinions n'ont pas changé[50]. » L'année suivante, il signale que le fait de réserver, ce jour-là, les galeries de l'Assemblée aux seules femmes mécontente les chômeurs qui perdent un endroit où se réchauffer et il oppose ces mêmes chômeurs démunis aux « féministes enveloppées de longues fourrures qui glissaient sur les parvis, comme de grands chats roux et gris[51] ». Un an plus tard, il fait état du « traditionnel débat qui aboutit au coutumier résultat[52] » et s'essaie même à la prétérition en concluant qu'« il ne faut pas se moquer de ces débats ; ils charment les cœurs, délassent l'esprit des textes légaux arides, et ne font point de mal[53] », bref représentent un moment de détente dans le dur labeur des parlementaires. Le ton se durcit un peu en 1938, alors qu'Alexis Gagnon parle d'une députation « indignée et même irritée[54] » d'avoir encore à se pencher sur le sujet.

Là où le journal excelle cependant, c'est à décrire la « guerre des sexes », confirmant ainsi les prévisions de son fondateur. Dès 1922, on comparait la position de Taschereau à celle du chrétien dans la fosse aux lions alors qu'il devait affronter, seul, une délégation de suffragistes : « toutes ces chaises regardaient cette table, derrière laquelle devait s'asseoir bravement, sans autre rempart qu'une carafe et un verre d'eau, le premier ministre[55] ». Au fil des ans, la métaphore guerrière fera florès. Là encore, Alexis Gagnon trouvera l'occasion de s'illustrer.

Ainsi, en 1931, voici comment ce journaliste décrit l'arrivée de la délégation suffragiste au Parlement :

> Une heure avant la séance, le Parlement a été pris d'assaut par un bataillon féministe venu de Montréal par le convoi de deux heures. Ces dames défilèrent en bon ordre dans les corridors puis investirent la salle des pas perdus, entre les deux Chambres. Les députés se glissaient prudemment entre les déléguées, avec un sourire inquiet, et se précipitaient dans la Chambre. Quelques-uns étaient impitoyablement accrochés et maintenus[56].

Manifestement, ce ne sont pas uniquement les parlementaires qui frémissent devant le péril que représentent les «cohortes» et «légions» féministes. M. Gagnon décrit cette scène apocalyptique :

> [...] L'annonce du bill amenait de Montréal et de partout des légions féministes ; elles sillonnaient les corridors, draguaient les couloirs des hôtels en quête de quelque député infortuné qui était obligé de subir sept ou huit conférences sur la femme québécoise dédaignée, privée de droits dont jouissent ses sœurs ontariennes, quasiment martyre. Même les Nestors du Conseil législatif ne pouvaient plus dormir dans la quiétude des digestions heureuses[57].

Cette peur de la «guerre des sexes» paraît d'autant plus ridicule que le mouvement suffragiste québécois fut des plus paisibles. Point de grandes manifestations, encore moins de gestes violents, et quelques rares assemblées publiques, mais les fantasmes ont la vie dure. En fait, durant toute cette période, *Le Devoir* a farouchement combattu le suffrage féminin et a contribué, à sa façon, à alimenter cette «guerre des sexes». Il s'agit, indéniablement, de journalisme de combat.

Diane LAMOUREUX
Professeure
Département de science politique
Université Laval

1. *Le Devoir*, 4 mars 1940, p. 5.
2. Henri Bourassa, *Femmes-hommes ou hommes et femmes?*, Montréal, Imprimerie du Devoir, 1925.
3. *Ibid.* p. 10.
4. *Ibid.* p. 11.
5. *Ibid.* p. 36.
6. *Ibid.* p. 43.
7. *Ibid.* p. 61.
8. *Ibid.*
9. *Ibid.* p. 44.
10. *Ibid.* p. 45.
11. *Ibid.* p. 47.
12. *Ibid.*
13. *Ibid.* p. 48.
14. *Ibid.* p. 49. Nous soulignons.
15. D'où son mépris de la «petite école maçonnique et libérâtre». *Ibid.*, p. 21. De même, il ironise sur les Droits de l'homme et oppose à la France postrévolutionnaire celle de Daudet (*ibid.*, p. 27).

16. *Ibid.* p. 28-29.
17. *Ibid.* p. 32.
18. *Ibid.*
19. *Ibid.* p. 41-42.
20. *Ibid.* p. 42.
21. *Ibid.* p. 45.
22. *Ibid.*
23. *Ibid.* p. 11.
24. *Ibid.* p. 54.
25. *Ibid.* p. 54-55.
26. *Le Devoir,* 5 janvier 1922, p. 1.
27. *Ibid.*
28. *Le Devoir,* 30 janvier 1922, p. 2.
29. *Le Devoir,* 15 février 1922, p. 3.
30. *Le Devoir,* 20 février 1922, p. 1.
31. *Le Devoir,* 6 mars 1922, p. 1.
32. *Le Devoir,* 23 février 1922, p. 3.
33. *Ibid.*
34. Pour une analyse du débat concernant le suffrage féminin au Québec, voir mon ouvrage *Citoyennes? Femmes, droit de vote et démocratie,* Montréal, Éditions du remue-ménage, 1989, plus particulièrement le chapitre 2, « Tradition et modernisation ».
35. *Le Devoir,* 2 mars 1940, p. 1.
36. *Le Devoir,* 26 mars 1940, p. 5.
37. Voir l'attention accordée au discours du député Albiny Paquette, opposé au projet de loi, dans l'édition du 12 avril 1940.
38. *Le Devoir,* 24 avril 1940, p. 3.
39. *Le Devoir,* 11 mars 1927, p. 1.
40. *Le Devoir,* 25 février 1930, p. 1.
41. *Le Devoir* , 22 février 1934, p. 1.
42. *Le Devoir,* 6 mars 1930, p. 1.
43. *Le Devoir,* 21 mars 1935, p. 1.
44. *Le Devoir,* 10 février 1922, p. 1.
45. *Ibid.*
46. *Ibid.*
47. *Le Devoir,* 26 mars 1931, p. 1.
48. *Le Devoir,* 25 février 1930, p. 1.
49. *Ibid.*
50. *Le Devoir,* 22 février 1934., p. 1.
51. *Le Devoir,* 21 mars 1935, p. 1.
52. *Le Devoir,* 6 novembre 1936, p. 1.
53. *Ibid.*
54. *Le Devoir,* 18 mars 1938, p. 8.
55. *Le Devoir,* 10 février 1922, p. 1.
56. *Le Devoir,* 26 mars 1931, p. 1.
57. *Le Devoir,* 22 février 1934, p. 1.

GRANDEUR ET MISÈRE D'UN ANTIDUPLESSISME DE 1947 À 1959

*Changer de société pour changer de régime (1947-1948).
L'injustice et l'arbitraire érigés en système. La cristallisation
d'une opposition (1949). Retrouver une source d'inspiration
(1952-1955). Changer de régime pour changer de société
(1956-1959). Conclusion.*

Se pencher sur l'évolution du journal *Le Devoir* de l'après-Deuxième
Guerre mondiale, c'est d'emblée s'interroger sur la validité des deux interprétations les plus courantes véhiculées par l'historiographie. La première,
proposée par Pierre Elliott Trudeau, veut que le journal n'ait pas été très
favorable aux travailleurs à cause du nationalisme passéiste, nécessairement
et foncièrement conservateur, de ses artisans[1]. La seconde, avancée par des
témoins de l'époque et des intellectuels, affirme que *Le Devoir* n'a véritablement combattu le régime de Maurice Duplessis qu'à partir de 1956[2]. À la
thèse de Trudeau, le père Jacques Cousineau, s.j., Gérard Filion et André
Laurendeau ont donné la réplique. La deuxième interprétation, quant à elle,
fut peu contestée jusqu'à maintenant.

Considérant la longue tradition nationaliste du *Devoir* et l'installation du régime Duplessis plus d'une décennie avant 1956, considérant aussi
l'effervescence politique et sociale des années 1944-1950, la vigueur du
mouvement gréviste et syndical des ouvriers, celle, aussi indubitable, du
mouvement socialo-communiste, celle, enfin et surtout, d'une certaine
gauche catholique et de son projet de réforme de l'entreprise, il semble pour
le moins utile, sinon tout à fait essentiel, d'évaluer l'évolution du *Devoir* sur
ces deux plans en en faisant justement commencer l'étude avec l'avènement

de Duplessis au pouvoir. D'autant plus que l'équipe du *Devoir* des années 1956-1959 s'est constituée, pour l'essentiel, à la même époque.

Or, un survol même sommaire des analyses et des positions du journal et de ses éditorialistes révèle une réalité bien différente de ce qu'on en a laissé deviner à ce jour.

CHANGER DE SOCIÉTÉ POUR CHANGER DE RÉGIME (1947-1948)

UNE QUESTION DE SURVIE

Au cours des années qui nous intéressent, la première bataille entre *Le Devoir* et Duplessis concerne l'autonomie même du journal. En 1943, le chef de l'Union nationale avait tenté de prendre le contrôle du seul véritable journal indépendant de la province[3]. Il avait présenté une offre d'achat en bonne et due forme à son directeur, Georges Pelletier, mais ce dernier s'était énergiquement opposé à une telle combine au nom du principe d'indépendance journalistique si cher au fondateur, Henri Bourassa[4]. Duplessis n'abandonna pas et commença à «placer ses hommes» à l'intérieur de l'institution, soit au conseil d'administration, soit à la salle de rédaction[5]. Si bien que durant les élections provinciales de l'année suivante, les fidèles serviteurs du «chef» réussirent dans une certaine mesure à saboter les opérations du *Devoir*. Malgré la directive de Georges Pelletier d'appuyer le Bloc populaire, ils «s'arrrangeaient pour retarder la parution du journal le plus possible les jours où il contenait des articles ou des nouvelles défavorables à l'Union nationale[6]».

Ces manœuvres déloyales, tout à fait dans le style du premier ministre, auraient sans doute eu un sérieux impact, si ce n'avait été de la présence de Me Jacques Perrault[7] au conseil d'administration. Le danger d'une mise en minorité des antiduplessistes était à ses yeux évident. Georges Pelletier étant alors très malade, et sa santé se dégradant rapidement, Perrault s'est efforcé de trouver quelqu'un de confiance à qui remettre temporairement le titre de premier fiduciaire du journal; le temps, tout au moins, de trouver un successeur qui ne soit pas soupçonnable d'acoquinement avec qui l'on sait. Alors conseiller juridique de l'Archevêché de Montréal, il trouva en Mgr Charbonneau l'homme de la situation[8]. La formule fut acceptée comme mesure temporaire, mais un arrangement plus stable et plus conforme à la tradition administrative du *Devoir* devait être trouvé le plus tôt possible. Pressé par les événements, Perrault sollicita la candidature de Gérard Filion[9] au poste de directeur, que celui-ci accepta en avril 1947. Sa nomination fut largement approuvée par le conseil d'administration, d'autant plus facilement qu'il était d'ores et déjà convenu qu'André Laurendeau viendrait le rejoindre dès la fin de son mandat de député du Bloc populaire à l'Assemblée législative du Québec[10]. Peut-être leur entrée au journal a-t-elle été facilitée par la crainte d'une mainmise cléricale permanente sur son administration? Peut-être les antécédents nationalistes et catholiques des nouveaux membres de la direction ont-ils suffi à rassurer le conseil ou à mettre hors jeu les disciples du «chef»? Chose certaine, le renouvellement amorcé n'allait pas s'arrêter là.

Dès son entrée en fonction, Filion s'entoure d'une équipe solide. Les collaborateurs fidèles à l'esprit du *Devoir* seront chargés des grands dossiers de l'heure. Omer Héroux sera maintenu à son poste de rédacteur en chef, Pierre Vigeant à celui de correspondant à Ottawa. Paul Sauriol s'occupera de politique étrangère et de l'épineux problème du logement; Jean-Marc Laliberté s'occupera de questions ouvrières. Sur recommandation d'André Laurendeau, toujours à Québec, un nouveau venu s'ajoutera à l'équipe, Gérard Pelletier, qui sera lui aussi chargé de couvrir les conflits ouvriers[11].

Grâce à la venue de ce sang neuf à la direction et au «nettoyage de ses bureaux», au moyen d'une série de congédiements mûrement réfléchis[12], l'indépendance du journal semblait dorénavant assurée. Filion avait atteint son but. Car, avouerait-il plus tard, «c'est pour empêcher que *Le Devoir*, journal indépendant, nationaliste et catholique, fondé et maintenu à coups de sacrifices, ne tombât entre les mains d'un parti politique que j'ai accepté la direction[13]». Il y aurait là plus qu'une simple question de pureté journalistique ou que la défense d'une institution. À ceux qui ont voulu (Taschereau en 1936) et qui veulent (Duplessis en 1947) tuer le journal, Filion affirme plutôt qu'il vivra plus que jamais. «Car *Le Devoir*, c'est la conscience du peuple canadien-français et on ne peut pas faire taire la voix de la conscience[14].» L'indépendance d'esprit et l'impératif de la survie nationale seront à la base de l'engagement de la nouvelle équipe.

La première manche de cette bataille, qui allait se transformer rapidement en lutte implacable, se termine donc par une victoire du *Devoir*, mais elle laisse devant lui un redoutable Maurice Duplessis, maintenant premier ministre de la province.

«POSITIONS»

Gérard Filion soulignera son entrée en fonction par une profession de foi. Dans une série de huit éditoriaux intitulée «Positions», il définit l'orientation qu'il entend imprimer au journal, à la fois réaffirmation de principes énoncés par le fondateur, Henri Bourassa, et volonté ferme d'en adapter la substance au contexte contemporain. Qu'en est-il au juste?

Dans les domaines de la politique canadienne et internationale, la fidélité aux thèses de Bourassa est évidente. Ses deux idées maîtresses, l'indépendance du Canada et «l'égalité des races», conduisent Filion à revendiquer «la proclamation de la République du Canada[15]» et, pour les Canadiens de langue française des autres provinces, «un traitement équivalent à celui dont jouissent dans le Québec les Canadiens de langue anglaise[16]». À l'anti-impérialisme britannique du fondateur, Filion ajoute la condamnation des impérialismes soviétique et américain. Autant le Canada doit marcher résolument vers sa propre indépendance vis-à-vis de l'Angleterre, autant doit régner à l'échelle internationale le respect des droits des petites nations comme des grandes. Chez Filion, l'anti-impérialisme acquiert un contenu moderne, reflet d'une réalité géopolitique qui s'avèrera de plus en plus déterminante. Le rôle du Canada dans ce domaine est un rôle de pacification et de médiation parce «que l'épée à elle seule ne réussira pas à chasser le communisme de la société des hommes», l'antidote le plus sûr étant plutôt «l'établissement d'une paix équitable et l'avènement de la justice sociale[17]». Filion en appelle ici aux préceptes de la doctrine sociale de l'Église, auxquels il adhère pleinement.

D'ailleurs, sa soumission à l'égard de l'autorité ecclésiastique fait aussi l'objet d'un ferme engagement, à cette nuance près qu'il revendique comme légitime l'entière liberté de pensée sur les questions dites profanes, et qu'il réclame, conformément à «l'institution officielle de l'Action catholique, qui est l'apostolat des laïques sous l'autorité de l'Épiscopat[18]», la reconnaissance du rôle éminent que doivent jouer les laïques dans l'édification d'une société chrétienne.

Dans cette foulée, et bien qu'il s'oppose à la déconfessionnalisation pure et simple du système d'éducation, c'est-à-dire à «l'école neutre», de même qu'à la création d'écoles publiques sous le contrôle des gouvernements, ce qu'il appelle «l'école d'État et l'instituteur fonctionnaire», Filion réclame un meilleur statut social pour les laïcs œuvrant dans l'enseignement. Ils doivent, selon lui, constituer une portion accrue du corps professoral, être protégés «contre toute concurrence à rabais» et recevoir «un traitement juste[19]». Il en va de la vivacité, de la régénérescence de notre culture canadienne-française, à laquelle du reste un libre accès à la production intellectuelle française ferait également le plus grand bien. Ici encore, on constate une certaine continuité et on peut croire que le Bourassa de la première heure aurait cautionné son héritier spirituel.

◆

Mais la majeure partie de ses réflexions et de son action, c'est sur les questions de l'autonomie provinciale et de la condition socio-économique des Canadiens français que *Le Devoir* la concentrera. À cause de l'offensive centralisatrice d'Ottawa, ce ne serait rien moins que le «To be or not to be» shakespearien qui se pose à la collectivité du Québec. Selon Filion, la seule alternative serait celle proposée par André Laurendeau : «la reprise intégrale de tous les droits (constitutionnels) provinciaux[20]». Pour ce faire, le vieux réflexe de dénigrement facile qui consiste à s'inscrire en faux contre tout ce que l'adversaire dit et fait est inadéquat. Filion le dénonce donc, que ce soit en politique, avec «les barrages de mots», en affaires, avec les récriminations contre «le Juif et l'Anglais», en matière religieuse, où l'on met plus volontiers l'accent sur le mal à exorciser que sur le bien à faire.

> Cette tournure d'esprit s'explique facilement chez un peuple minoritaire qui a dû, pour survivre, se replier sur lui-même, faire le hérisson pour éviter d'être mangé. Mais aujourd'hui que les Canadiens français sont devenus un peuple presque adulte, qu'ils occupent des positions solides en politique, en éducation, en affaires, dans le domaine des arts, des lettres et des sciences, ils doivent avoir le désir de se manifester, le souci d'affirmer leur présence. C'est mon ambition que *Le Devoir* devienne pour les Canadiens français un guide d'action pratique, un étendard de conquête[21].

Le Devoir entrerait-il dans l'âge adulte? Voilà, chose certaine, qui concorde tout à fait avec l'attitude d'un André Laurendeau, venu de son propre aveu «Pour continuer la lutte[22]». Et la meilleure défense étant l'offensive, l'objectif, maintenant, consistera à «accabler [l'adversaire] de suggestions plutôt que de reproches[23]». Mais où trouver la source d'inspiration indispensable à l'élaboration de ces suggestions sinon dans la réalité socio-économique canadienne-française, de dire Laurendeau.

> Notre nationalisme ne saurait être pleinement efficace, pleinement juste et vrai, que dans la mesure où il s'attaquera aux difficultés sans nombre de la vie sociale, où il s'y retrempera, où il s'y rajeunira[24].

Question nationale et question sociale seront dès lors indissolublement liées, de même que la référence constante à la doctrine sociale de l'Église. Surtout que *Le Devoir* entend interpréter la doctrine catholique «en accordant une préférence marquée aux faibles et à l'opprimé».

Le journal ne se réclamera pourtant pas de la gauche, pas plus que de la droite. Il sera contre les abus du capitalisme, mais pour la propriété privée; il sera contre la doctrine communiste, mais pour les revendications légitimes des ouvriers, auxquels il reconnaît d'emblée le droit de manifester contre le statut d'infériorité qui leur est imparti. Il s'agit donc bien plus de «rétablir un équilibre» que de renverser un pouvoir en le remplaçant par un autre, de corriger des écarts injustifiables que de se contenter stupidement d'un *statu quo* qui ne saurait durer encore longtemps.

Dans la doctrine sociale de l'Église [fait-on valoir], il n'y a que des droits à respecter, des torts à redresser, des misères à soulager par l'application de la justice sociale et par l'exercice de la charité[25].

Bref, il reste nécessaire que des catholiques n'engageant que leur propre personne mais engageant toute leur personne se portent à l'avant-garde et réclament ce qu'impérieusement exige la justice[26]!

Et c'est à cette tâche que *Le Devoir* veut se consacrer, résolument. C'est l'engagement fondamental qui va marquer profondément et rapidement toute son action. Cette poursuite invariable d'une justice de fait plutôt que de principe aura évidemment le don d'indisposer souverainement certains milieux.

L'INJUSTICE ET L'ARBITRAIRE ÉRIGÉS EN SYSTÈME

Que pouvait-il bien sortir d'une telle orientation? *A posteriori*, on peut saisir l'importance du renouvellement du nationalisme que l'on tente de réaliser. Mais la doctrine sociale de l'Église, surtout s'il s'agissait de son interprétation corporatiste élaborée durant les années 1930, avait-elle encore quelque crédibilité ou pertinence? Et que pouvait-on encore en tirer comme principe ou guide pour l'action? Car il s'agit bien d'action. *Le Devoir*, «journal d'action et de combat[27]», se propose d'intervenir concrètement dans les affaires qui concernent et menacent la collectivité canadienne-française du Québec. C'est ce souci de «coller» à la réalité qui, de fait, poussera inévitablement ses éditorialistes vers «la gauche».

LES AFFAIRES UNGAVA ET LÉO GUINDON

La critique du régime sera serrée. Et on ne se privera pas d'attaquer au passage ou de front le Premier ministre. Ce sera, ici, l'affaire de l'Ungava, celle du célèbre «fer à un cent la tonne[28]». Les dénonciations de Laurendeau sur ce point sont bien connues. Et l'on sait bien aujourd'hui que le message a passé, qu'il s'est incrusté dans la mémoire collective. On a compris que Duplessis avait ainsi cédé pour un montant dérisoire une richesse qui aurait pu rapporter gros et signifier encore plus pour le développement québécois si seulement la politique gouvernementale en la matière n'avait pas été si vénale... et ancienne! Tactique de vieux partis qui ne surprend personne, à commencer par ceux du *Devoir*, mais à laquelle on doit mettre un terme afin que l'autonomie provinciale ne soit plus synonyme de profits phénoménaux pour l'étranger.

Ce sera, là, la dangereuse mainmise du gouvernement sur les commissions scolaires rurales, son immixtion dans l'administration de celles de Montréal et Québec, avec son cortège de trafic d'influence et de patronage, en même tant que son incroyable inertie en matière de ressources éducatives et sur le problème du logement[29]. Ce sera, bien sûr, le premier acte des *Tribulations d'un Québécois au Québec* (l'affaire Guindon, dont il sera question plus loin)[30], dont on ne prévoit évidemment pas les extraordinaires et scandaleux rebondissements ultérieurs.

ANATOMIE DU PROBLÈME OUVRIER

Par ailleurs, il suffira de quelques mois, et de nouvelles grèves, pour que l'équipe du *Devoir* saisisse l'essentiel des rapports entre le gouvernement, les patrons et les ouvriers et les enjeux sociétaux qui sont en cause. Il ne lui faudra pas plus de temps pour proposer carrément des modifications aux règles et aux façons de faire des intéressés dans le domaine des relations industrielles ainsi qu'au mode de fonctionnement des entreprises.

Le premier coup de semonce survient à l'occasion de la grève à la compagnie Ayers de Lachute, une grève illégale dirigée par des communistes. Sous le titre «La justice sociale à coups de matraque», Filion distribue à chacun ses torts mais condamne surtout l'intervention de la Police provinciale «qui semble avoir agi sur les instructions personnelles du premier ministre[31]». Dénonçant l'usage de la force contre les grévistes sous prétexte de lutte au communisme, Filion rappelle que cette méthode a aussi été utilisée lors de la grève de Sorel où, pourtant, la légalité était respectée et les «agitateurs» absents. L'autorité adopte toujours le même comportement, de dire Laurendeau :

> Il [Duplessis] se raccroche à l'anticommunisme le plus creux, le plus négatif, le plus vain qui se puisse imaginer. Il émet quelques formules sonores, repère trois ou quatre figures suspectes, il fait signe à la police provinciale. Et tout se gâte[32].

Filion condamne absolument cette façon d'agir, réaffirmant que le seul remède efficace contre ce mal consiste à établir une justice sociale réelle, un objectif que l'État lui-même doit contribuer activement à réaliser. Il s'agit de «traiter la maladie, non de maltraiter les malades», rappelle-t-il. En l'occurrence, les ouvriers qui ont suivi les «agitateurs professionnels» ne l'ont fait que parce qu'on ne leur a pas laissé le choix. C'était leur dernier recours contre une situation de fait injuste. En refusant d'entendre leurs doléances et d'y donner droit, on les a bêtement poussés dans les bras de ceux-là mêmes que l'on dit vouloir combattre.

Il va sans dire que l'éditorial ne passe pas inaperçu[33] et les suivants encore moins puisque l'on s'y insurge contre le mépris flagrant qu'affiche Duplessis à l'égard du principe de l'égalité de tous devant la loi. La règle des deux poids deux mesures du procureur général avec son parti pris patronal est connue depuis longtemps du monde syndical. *Le Devoir*, quant à lui, considère qu'elle dénature la fonction temporisatrice de l'État dans les conflits Capital-Travail et fournit des arguments tout trouvés à la propagande communiste.

Laurendeau amène de l'eau au moulin en concluant, après évaluation des résultats de nombreux conflits de travail, que dans le contexte d'alors la grève illégale est généralement plus profitable aux ouvriers que sa version légale et que, dans le cadre de cette dernière, ce sont les gestes illégaux qui génèrent le plus d'avantages à la partie qui les a posés. Et Laurendeau de réclamer d'urgence la réduction des délais abusifs requis par la procédure des lois ouvrières existantes, la sanction par les autorités politiques et judiciaires de tout acte illégal, sans égard à l'identité de son auteur, et l'instauration le plus tôt possible d'un véritable tribunal du travail dont les sentences seraient exécutoires. Car, à laisser jouer ainsi les rapports de force ou, pire, à les encourager ou provoquer, on oublie qu'il s'agit de confrontation entre «une dictature [patronale] et une démocratie [syndicale]» et qu'il ne peut en résulter qu'une escalade aux conséquences éventuellement tragiques[34]. Une saine doctrine politique dicte de favoriser la partie démocratique, par nature défavorisée face à l'unité d'action de l'autre.

Mais il y a plus; en proposant de «tempérer le contrat de travail par un contrat de société[35]», Filion émet des idées beaucoup plus dérangeantes, explosives même. Inspiré du mouvement de la réforme de l'entreprise prônée notamment par la Commission sacerdotale d'études sociales, l'École des relations industrielles de l'Université Laval et la CTCC[36], il considère, à leur instar, que «patron et ouvrier doivent se considérer mutuellement comme des associés et se partager chacun selon ses fonctions et suivant certaines méthodes la direction générale de l'entreprise dans laquelle ils sont engagés[37]». En termes pratiques, ce principe implique l'une ou l'autre, ou toute combinaison, des trois formules suivantes : la participation des travailleurs aux profits de l'entreprise, la cogestion et même la copropriété!

Selon Filion, la contribution principale de cette propositon est de ne plus considérer le travailleur comme une marchandise ou une bête de somme mais de redonner à l'ouvrier sa dignité humaine. Les patrons, évidemment, y verront tout autre chose, à savoir une attaque directe à leur sacro-sainte liberté absolue de gestion et à l'indivisibilité de la propriété privée. L'argument est d'ailleurs déjà invoqué par la Dominion Textile de Louiseville où le syndicat « réclame simplement un droit de regard dans le partage des besognes[38] ». Le cœur du débat réside justement dans cette revendication toute « simple », comme nous le constaterons lors de l'éclatement des conflits majeurs des mois et années à venir...

En attendant l'affrontement décisif, *Le Devoir* aura toutefois dévoilé un peu plus ses tendances « subversives » lorsque Paul Sauriol soutiendra dans ses pages le caractère nettement révolutionnaire des encycliques ; qu'il s'inscrira en faux contre un régime « fondé seulement sur la liberté politique, et qui a refusé à une bonne partie de ses membres toute véritable liberté sociale et économique[39] ». Et cela juste au moment où l'indignation de la population, tout comme l'émoi des milieux financiers devant les révélations du premier scandale de la silicose (cas de Saint-Rémi-d'Amherst), sont à leur paroxysme[40] ; au moment où *Le Devoir*, toujours en relation avec cette affaire, stigmatise la couardise et l'hypocrisie de ces catholiques dits sociaux qui se targuent d'être l'avant-garde tant qu'il s'agit de théoriser et de faire de la propagande mais qui, à la première lutte réelle, exécutent prestement un repli stratégique du côté de l'ordre et de l'autorité (ex. : la capitulation de *Relations*[41]) sans apporter aucune solution ni même participer au combat ; au moment, enfin, où il fustige les deux « vieux » partis, en particulier celui de l'opposition, pour leur silence complice relativement à la question de l'hygiène industrielle et des accidents du travail, dont Saint-Rémi-d'Amherst est un cas d'espèce, et leur désir inavoué d'étouffer l'affaire le temps d'une élection[42].

L'APPUI PAR DÉFAUT DE 1948

C'est dans cet esprit que *Le Devoir* doit couvrir la campagne électorale de 1948 et se prononcer sur les enjeux. On se serait attendu, et plusieurs l'ont fait, à ce qu'il favorise l'adversaire du premier ministre sortant. Il n'en fut rien. Bien au contraire, le journal recommandera sa réélection ! Mais il faut voir en quels termes et selon quelles considérations.

D'abord, le moment de la campagne est propice aux bilans. D'emblée, *Le Devoir* constate que, sur les plans économique et social, « rien de vraiment bon ne saurait sortir de la présente élection[43] ». Le passif de Duplessis, en particulier, est accablant. À l'infiltration de ses « disciples » partout où il y a une influence à exercer ou un patronage à pratiquer, ce qui n'est certes pas bon pour une vie démocratique non plus que pour une saine administration, il faut ajouter le refus de se prévaloir pleinement du pouvoir provincial en matière de logement, la suppression de la Commission d'enquête sur l'assurance-maladie, la promesse jamais tenue d'un nouveau Code du travail, le report indéfini d'un complément aux allocations familiales, la mise sur les tablettes du projet d'une Radio-Québec pourtant essentielle à la promotion de notre culture. L'incurie gouvernementale dans ces domaines finira, s'inquiète *Le Devoir*, par «associer l'idée d'autonomie provinciale à celle de conservatisme social[44]».

Dans le champ économique, la mesure la plus odieuse demeure la concession des terres de l'Ungava à des intérêts américains, tandis que la nationalisation de la Montreal Light, Heat & Power (changée en Hydro-Québec) a été dénaturée d'abord par le pouvoir que détient sur elle le lieutenant-gouverneur en conseil, ensuite du fait que la majeure partie des profits de l'entreprise, plutôt que de se traduire par une baisse des prix pour le consommateur, vont grossir les revenus de la province, ce qui équivaut à une taxe indirecte[45]. On pourrait aussi rappeler la promesse non réalisée de l'abolition de la taxe de vente; le maintien des privilèges fiscaux de toutes sortes consentis aux compagnies; etc.

Que reste-t-il donc qui puisse justifier un appui? Essentiellement, la défense de l'autonomie provinciale. La conception qu'en a Duplessis laisse grandement à désirer: du principe, il n'a jamais pu ou voulu tirer un programme clair et précis; aux propositions fédérales, il n'a jamais opposé de contre-propositions concrètes (exemple: l'absence de réplique à la Commission Rowell-Sirois); comme si l'autonomie provinciale version duplessiste se résumait en un immobilisme frôlant dangereusement la paralysie. On est loin du nationalisme constructif préconisé par *Le Devoir*.

Seulement voilà, où existe-t-il une alternative? *Le Devoir* n'en voit assurément pas du côté des libéraux provinciaux, dont l'inféodation au grand frère fédéral est notoire. Et puisque les temps sont à la centralisation fédérale, et que la campagne se joue précisément sur la question des pouvoirs fiscaux, il faut à tout prix se prémunir contre elle. Conséquemment, il y aura appui, non sur les questions économiques, ouvrières ou sociales (qu'on se promet bien de ramener au devant de la scène une fois l'élection tenue), mais uniquement sur le principe de l'autonomie provinciale. Une position que Filion rend ainsi:

> Avec Duplessis, nous avons l'avantage de ne pas savoir où nous allons et de savoir à peu près où nous n'allons pas. Avec Godbout, nous savons où nous allons, mais nous ne savons pas jusqu'où nous irons[46].

C'est donc la priorité donnée à la lutte pour la survie nationale qui explique cet appui critique et par défaut du *Devoir* au régime duplessiste.

LA CRISTALLISATION D'UNE OPPOSITION (1949)

« NOUS NE NOUS TAIRONS PAS ! »

L'élection terminée, l'Union nationale gouverne pratiquement sans opposition. *Le Devoir* a contribué à ce résultat, mais n'entend pas désarmer. Entre lui et le gouvernement, le dossier de la silicose est toujours pendant. Qui plus est, la compagnie impliquée a profité de ce que l'attention était tournée ailleurs pour discrètement vider les lieux, sans que le gouvernement n'essaie de la retenir, ni même d'obtenir de sa part quelque compensation pour les victimes. Considérant les intérêts financiers en cause (les mêmes que dans l'affaire de l'Ungava), le journal fait un premier lien entre dilapidation des richesses naturelles et maladies industrielles[47].

Et de là à ressortir le dossier du fer, à s'interroger sur la rentabilité pour le Québec du projet de canalisation du Saint-Laurent, alors que les puissants intérêts américains en demandent la réalisation pour préserver *leur* industrie sidérurgique, il y a un pas vite franchi. Le Québec serait-il en passe de devenir « une colonie d'exploitation pour le trust américain de l'acier » ? Pourquoi ne pas transformer ici les richesses d'ici[48] ?

La question vaut d'être posée. Surtout qu'il ne s'agit pas seulement de pallier un déficit commercial mais tout autant, et même plus, un coût humain exorbitant. Car Filion soulève maintenant un autre coin du voile qui recouvre la réalité de l'exploitation minière : celui des villes fermées (*company town*), c'est-à-dire littéralement possédées par les compagnies, généralement étrangères. Il y découvre des conditions de vie et de travail qu'il qualifie carrément d'esclavage, de « régime de féodalités », voire « de camps de concentration modèles[49] ».

Début 1949, après un an d'enquête sur « le pays de l'amiante » et de consultation auprès de journalistes, médecins et juristes, Burton LeDoux publie des données effarantes sur le sort réservé à la population d'East Broughton. Le document incrimine la Quebec Asbestos Corporation, le ministère de la Santé, la Commission des accidents du travail et certains politiciens en exercice. Les charges sont sérieuses : le travail s'effectue dans une atmosphère saturée de poussières d'amiante ; insalubrité indicible de l'usine et du village tout entier ; soustraction de la compagnie à d'éventuelles poursuites par recours à des sous-traitants ; taux élevé de tuberculose et d'amiantose causant décès et affections incurables ; population villageoise soumise à la menace constante de fermeture et de chômage. Le document se termine sur un appel au peuple du Québec pour qu'il impose sa volonté à ces compagnies irrespectueuses de la plus élémentaire justice et humanité[50].

Le dossier rappelle celui de Saint-Rémi-d'Amherst et de la silicose ; Filion lui-même se rend sur place, pour ensuite déclarer que le document de LeDoux est en deçà de la réalité : « Pas un homme qui aime son chien ne l'y laisserait[51] ! » Les demandes d'enquête médicale immédiate et de fermeture de l'usine avec plein salaire aux ouvriers, le temps d'apporter les correctifs indispensables, ne reçoivent aucune réponse... Filion montre du doigt les coupables ; Laurendeau les somme d'intervenir :

> Rien n'est plus subversif que le silence de l'autorité devant une injustice évidente et grave, qui frappe des humbles et qui profite à des puissants[52].

Mais les accusés s'abstiennent de témoigner, pour ne pas s'incriminer sans doute !

LA GRÈVE DE L'AMIANTE

Si quelque illusion demeurait dans l'esprit des travailleurs quant à la possible amélioration de leur condition via les lois ouvrières, le *bill* 5 lui aura donné le coup de grâce. Synthèse, en quelque sorte, de l'anti-ouvriérisme du premier ministre, son caractère réactionnaire avait soulevé un tel tollé général, dans l'ensemble du monde syndical, parmi les catholiques sociaux, chez certains éléments des milieux juridiques et de l'information, jusqu'au *Globe and Mail* et à la *Gazette*, et chez Antonio Barrette lui-même (le ministre du Travail avouera ne pas avoir été consulté !) que son retrait était inévitable[53].

Néanmoins, le projet de loi inaugurait de façon fracassante le retour à la méthode musclée de Duplessis, que la tenue des récentes élections avait momentanément remplacée par la manière plus conciliatrice de Barrette. Il était évidemment encore trop tôt pour réaliser qu'il s'agissait d'une tactique délibérée et systématique consistant à « adoucir » l'application de la politique anti-ouvrière avant et immédiatement après les périodes électorales, et à la « durcir » en milieu de mandat. Trop tôt également pour que *Le Devoir* prenne clairement conscience de la fâcheuse tendance dictatoriale de Duplessis et en tire les conséquences politiques.

Mais, s'il manquait une raison aux ouvriers de l'amiante pour passer outre aux procédures prévues par la Loi des relations ouvrières, Duplessis venait de la leur fournir. Le projet à peine présenté, puis retiré officiellement, la grève était déclenchée. Pour *Le Devoir*, ce sera « l'occasion d'appliquer d'une façon concrète les exposés généraux [...] énoncés précédemment[54] » et de connaître d'amères désillusions.

Aux yeux du *Devoir* de l'époque, les questions sociale, ouvrière, économique et nationale convergent toutes, se focalisent sur Asbestos pour ensuite mener vers un point unique, une conclusion ultime. Toutes ses préoccupations, tous ses points d'intervention antérieurs y sont réunis : répression violente de la grève, avec en prime une gratuité et une cruauté inédites, corruption du corps policier, complicité indubitable du gouvernement et de la Johns Manville Company[55], appui mitigé, puis recul des notables de tout acabit (sur la base de considérations étroitement pécuniaires et d'une condamnation facile de toute violence), légalisme outrancier des autorités politiques et d'une partie de l'Église, confusion des pouvoirs exécutif et judiciaire avec illégalité automatique de l'arrêt de travail qui en est le corollaire, parodie de justice (les juges prennent à partie les accusés!), usage abusif des privilèges d'exploitation des richesses naturelles québécoises, paranoia antisubversive, etc.[56].

> Personne n'imagina qu'il [Duplessis] pouvait atteindre à ce degré d'acharnement antisyndical. [...] Mettre tout l'appareil de l'État au service des abus capitalistes. Et faire de sa police une machine de guerre contre les syndicats[57].

À cet état de fait déplorable à tous points de vue, *Le Devoir* réplique en opposant la légitimité des revendications à l'illégalité du conflit, en réitérant l'inadéquation flagrante des lois ouvrières en vigueur, en plaçant au-dessus des obligations contractuelles du travail le droit des travailleurs à la santé et à la vie, en mettant en doute le pouvoir du procureur général de statuer sur la légalité de la grève et la constitutionnalité des dispositions provinciales sur ce genre de conflit (ici, l'influence de Me Jacques Perrault est palpable[58]). À la collusion des intérêts politiques et privés, on oppose la solidarité nationale et populaire, reprenant à son compte les déclarations de Mgr Charbonneau quant à l'existence «d'une conspiration» anti-ouvrière, saluant au passage l'appui ponctuel mais concret et indispensable des plus hautes autorités de l'Église d'ici[59].

On fustige aussi le pouvoir quasi absolu des *holdings* américains non seulement sur le fer de l'Ungava, sur l'amiante d'Asbestos et le titane de Havre-Saint-Pierre, mais aussi sur l'économie et le gouvernement de la province.

> Il [Duplessis] se fait le complice, le serviteur, le valet de la finance internationale, [dit Filion]. Il concède tout, il donne tout : les richesses, la main-d'œuvre, l'autorité de l'État. Quand les ouvriers se rebiffent, il les fait massacrer par sa police. Ce qu'il veut, c'est une main-d'œuvre docile au service d'un capitalisme vorace[60].

Plus que jamais, la révision du régime de concession et d'exploitation des richesses naturelles est à l'ordre du jour[61]. Mais on voit aussi poindre la «théorie du Roi nègre» que son collègue Laurendeau élaborera plus tard.

On reprend aussi la comparaison, faite une première fois dans le dossier de l'amiantose, entre le sort des Canadiens français et celui des travailleurs noirs des mines de l'Afrique du sud. On va jusqu'à en appeler au prestige des États-Unis auprès de leur ambassadeur : «Laisserez-vous dire que pour les États-Unis, ni la démocratie, ni l'humanité, ni la justice ne sont des produits d'exportation — pas même pour un voisin de race blanche[62] ?» D'autres, plus tard, parleront des *Nègres blancs d'Amérique*! Et *Le Devoir* de réitérer que «le capitalisme va disparaître; [qu'il] doit disparaître. [...] Pour être remplacé par une formule qui intègre le travailleur dans l'entreprise...». «Communisme!» accusent ses détracteurs. «Foutaise!» répliquent ses directeurs : «C'est la solution la plus humaine et la plus réalisable. [...] L'avenir n'est pas à droite ni à gauche, il est en avant[63].» La contestation n'est pas uniquement, ni même surtout, celle d'un régime mais, bien au contraire, celle d'un système; et l'on doit changer celui-ci pour se débarrasser de celui-là!

L'ÉCRASEMENT D'UN MOUVEMENT

Au sortir immédiat de la grève d'Asbestos, le bilan dressé par Filion fait état, entre autres, de la concupiscence avérée de la compagnie et du comportement abject du premier ministre, «révélé sous son vrai jour : celui d'un réactionnaire chevronné et d'un antisyndicaliste patenté». Il fait part de la dignité préservée des grévistes, malgré les coûts financiers et humains de leur action, et rappelle que, dans des circonstances semblables, où l'adhésion à un camp prime sur tout, «le partage des bons coups et des faux pas doit se faire plus tard, quand tout est réglé[64].» Après avoir souligné la justesse des actions de l'Église, il conclut «que cette grève malheureuse lui aura fourni l'occasion de prouver à la classe ouvrière qu'elle se tient à ses côtés»! Mais le plus fondamental est selon lui l'acquisition d'un début de conscience sociale par une partie importante de la population.

Les événements d'Asbestos ne sont pas encore du domaine du passé qu'on perçoit déjà un malaise à l'intérieur du journal. Assez curieusement, on déplace les éditoriaux de la première à la quatrième page, plus discrète[65]. Dans l'ensemble du journal, les sujets traités se font plus nombreux et variés, mais l'analyse semble de moins en moins approfondie. La dénonciation des injustices, quant à elle, disparaît presque complètement. *Le Devoir* semble étrangement se satisfaire d'un journalisme d'information très traditionnel. Concession obligée d'un journal en difficulté financière? Significativement, la campagne de souscription auprès des Amis du *Devoir* de 1950 place d'abord l'objectif à 50 000 $ puis à 500 000 $[66]! Les créanciers et commanditaires habituels feraient-ils défaut?

On répète bien, à qui veut l'entendre, la fermeté de l'engagement social du journal; on fait bien sûr écho aux déclarations de Mgr Desranleau sur le capitalisme «intransformable»; mais on fait de même avec celles du pape (autrement plus lourdes de conséquences pour des catholiques) à savoir que «les ouvriers n'ont pas le droit d'exiger la cogestion de l'entreprise[67]», ce qui constitue un désaveu très clair des tenants de sa réforme, dont *Le Devoir* était!

Comment expliquer, par ailleurs, l'absence de commentaire lorsque Mgr Charbonneau, tout juste revenu d'un voyage à Rome, affirme que chacun doit «être charitable envers le gouvernement»! Filion a beau ridiculiser les envoyés de Duplessis devant le Saint-Siège, il n'éclaire pas, ne rend pas publics, laisse deviner seulement les enjeux de ces tractations de coulisses[68]. Et que dire du laconisme avec lequel on rend compte du départ du même monseigneur pour un «repos prolongé», rapidement devenu démission, voire destitution. *Le Devoir* n'en glisse mot, si ce n'est en publiant platement le communiqué officiel de l'Archevêché[69]! Aucun hommage n'est rendu à celui qui, il n'y a pas si longtemps, avait permis de soustraire ce journal indépendant, et fier de l'être, aux griffes de Duplessis.

Pas un mot non plus sur le nettoyage en cours à l'intérieur de l'Église québécoise[70]. Bien au contraire, on accueille avec enthousiasme (modéré tout de même) la publication de *La lettre pastorale sur le problème ouvrier*[71] alors qu'en fait ce document de l'épiscopat marque le retour à une interprétation moralisatrice des encycliques et au projet d'organisation corporative de la société, à la fois globalisant et abstrait, des années trente[72]. Le mouvement de réforme de l'entreprise proposait bien autre chose: le moyen de réaliser ici et maintenant, mais progressivement et pacifiquement, la transformation du régime capitaliste[73]. D'ailleurs, la notion de justice sociale cédera la place à celle, moins controversée, de sécurité sociale, ce nouveau *leitmotiv* d'une Église aux rangs maintenant épurés[74].

Pressions des plus hautes autorités morales, ressac de la grève de l'amiante? Toujours est-il que *Le Devoir* n'est plus tout à fait le même. Pendant trois ans, de 1950 à 1953, ses éditorialistes et chroniqueurs vont parcourir le monde, à tour de rôle[75]. Comme si, à défaut de pouvoir intervenir efficacement sur l'ici, on se repliait sur l'ailleurs pour «voir de quoi le monde a l'air», et s'y comparer (?).

La question ouvrière, elle, fait dorénavant l'objet d'une chronique régulière sous la responsabilité de Fernand Dansereau. Le temps n'est plus à la croisade, même si on continue à faire enquête[76]. L'expression d'un parti pris trop évident n'est plus de mise non plus. Me Perrault lui-même doit s'adapter au nouveau climat lorsque, dans l'affaire opposant l'Alliance des professeurs catholiques de Montréal (présidée par Léo Guindon) au syndicat de boutique formé par la Commission scolaire, il recommande aux intéressés «d'écouter l'évêque» (Mgr Léger), de dissoudre les deux organisations et de les remplacer par une troisième[77].

On s'enquiert par ailleurs de réalités jusque-là ignorées, comme dans cette série d'articles fracassants sur le sort des orphelins du Québec, intitulée par Gérard Pelletier «Les enfants tristes», et cette autre consacrée aux misères de la fonction publique[78]. Mais à l'épopée justicière, on tend à substituer les campagnes d'indignation! Encore que ce réalignement majeur n'en soit qu'à ses premières manifestations.

Il est cependant un point sur lequel il n'y aura pas l'ombre d'un compromis : l'autonomie provinciale, encore et toujours. En fait, Le Devoir de ces années érige un véritable barrage devant les propositions de la Commission Massey, notamment sur l'épineuse question de l'aide fédérale aux universités. Dans cette lutte, il joue le rôle de véritable chien de garde des pouvoirs du Québec et, à force d'acharnement, oblige Duplessis à revenir sur l'entente fédérale-provinciale d'un an conclue sur le sujet[79].

RETROUVER UNE SOURCE D'INSPIRATION (1952-1955)

Une fois la réforme de l'entreprise discréditée comme projet de société et interprétation fidèle de la doctrine sociale de l'Église, il ne restait plus au Devoir que sa vision nationaliste à travers laquelle aborder les problèmes socio-économiques et politiques irrésolus ou à venir. Il y a, bien sûr, ce flirt avec l'anticolonialisme dont on a pu constater l'influence à quelques reprises. Mais cette optique ne s'impose pas encore avec toute sa force. Néanmoins, les termes du cadre idéologique de référence du Devoir devaient changer de coloration et leur importance relative se modifier en conséquence.

Sur le plan strictement politique, le dilemme de 1948, c'est-à-dire appuyer ou non Duplessis malgré les lacunes de ses politiques, est transposé sur le Parti libéral. Pour l'élection de 1952, en effet, la cause du gouvernement du «chef» est entendue : la valeur de ses positions comme de ses «réalisations» dans le domaine social ne vaut même pas qu'on s'y arrête, tandis que son seul avantage de 1948 (aux yeux du Devoir tout au moins) n'a même plus cours. En fait, ses récentes concessions dans les domaines des pensions de vieillesse et des octrois aux universités prennent clairement une allure de capitulation[80]. Cela étant joint à un timide début d'évolution du Parti libéral sur la question autonomiste, Le Devoir envisage, sinon un appel formel au vote en faveur de ce dernier, du moins un rejet explicite du premier. Car, de dire *Le Devoir*, «on ne peut tromper tout le monde, tout le temps[81]». En filigrane, et même à l'occasion clairement exprimée, se profile la nostalgie du mouvement antitrust de 1934-1936, qui avait si bien servi le renversement du gouvernement Taschereau, et, pourrions-nous ajouter, la déception causée par l'échec des récentes batailles.

Les années 1952-1955 sont, plus que les précédentes encore, des années d'opposition à Duplessis, mais avec des moyens réduits. Opposition d'abord à l'antidémocratisme du premier ministre : à propos, par exemple, de son refus de refondre la carte électorale, de l'institution d'un recenseur unique, de la modification de la loi sur la moralité publique en cours d'enquête afin d'en bloquer les révélations de plus en plus gênantes, etc.[82]. Dénonciation, ensuite, des agissements des autorités à Louiseville («La justice à la pointe du révolver!»), lieu de déroulement d'une grève très dure comportant de nombreuses ressemblances avec une autre, encore fraîche à la mémoire («Un Asbestos, c'est assez!»). *Le Devoir* appuie aussi les représentations juridiques de Me Perrault visant à faire valider le recours aux «brefs» de prohibition contre la Commission des relations ouvrières[83]. Il s'indigne évidemment de l'ignoble *bill* Picard, ce qui lui vaudra l'épithète de «bolchéviste[84]». Il combat, bien sûr, les *bills* 19 et 20, et Laurendeau profite du caractère particulièrement odieux de la rétroactivité de la loi pour en appeler aux autres groupes d'intérêts (la Chambre de commerce, l'UCC, etc.) : «Qu'est-ce qui, dans cinq ans, sera devenu un crime?» lance-t-il à leur adresse[85]. Mais la question ne provoque aucun mouvement. Les syndicats et *Le Devoir* restent seuls de leur camp.

On consacre également beaucoup d'énergie à dresser un portrait critique du monde de l'éducation. On dénonce coup sur coup le manque d'instituteurs laïques, l'insuffisance d'établissements secondaires et leur sous-financement, l'inaccessibilité de l'instruction universitaire pour les fils de travailleurs et de cultivateurs, la situation déplorable des écoles de rang, le favoritisme, dans ce domaine comme dans les autres, exercé par le premier ministre. Signe, peut-être, d'une distanciation vis-à-vis de l'Église, on n'hésite pas à parler ouvertement de «crise scolaire», de résistance cléricale, et à condamner tout le système en place[86].

Années d'opposition, disions-nous, mais ce sont également des années de recherche intense. La Commission Tremblay est en cours, rappelons-le, et ses travaux ne sont pas étrangers à l'apparition de nouveaux sujets de préoccupations chez les porte-parole du *Devoir*. Ceux-ci s'intéressent au problème de l'immigration, à celui des raisons sociales anglaises adoptées par «tradition» et sans réflexion aucune, même par les entreprises canadiennes-françaises, à celui de l'accession limitée des Canadiens français aux postes de direction des entreprises ou de la fonction publique, à celui du manque de débouchés pour les scientifiques du Québec, etc.[87].

Ils s'interrogent également sur la place du Québec et des catholiques francophones dans le Canada. Fin 1954, Filion visite l'Ouest et ses minorités franco-catholiques dont, à son retour, il lie la survivance à l'appui du Québec. Laurendeau s'y rend à son tour l'année suivante et en revient, selon ses propres mots, avec des «impressions contradictoires et des émotions confuses[88]»!...

Au même moment, le torchon brûle entre *Le Devoir* et Ottawa. Le premier ministre Saint-Laurent ayant déclaré péremptoirement que «le Québec est une province comme les autres», *Le Devoir* avait promptement et tout aussi péremptoirement répliqué par un retentissant «Québec, un État national[89]»! Dans le contexte, la polémique échelonnée sur plus d'un an concernant la dénomination du nouvel hôtel Queen Elizabeth, que *Le Devoir* voudrait remplacée par Château Maisonneuve, prend figure hautement symbolique[90].

Et voilà, pour comble, que Maurice Duplessis met un embargo sur le rapport de la Commission Tremblay : la Police provinciale en garde même sous surveillance étroite les 3 000 exemplaires[91]! Duplessis craignait-il que ses révélations alimentent le mouvement d'opposition et lui fassent perdre sa prééminence sur les éléments nationalistes?

La tendance, nettement, est à la prédominance de la question nationale à travers laquelle on abordera de plus en plus les questions sociales.

CHANGER DE RÉGIME POUR CHANGER DE SOCIÉTÉ (1956-1959)

«IL EST TEMPS QUE NOUS REPRENIONS LE LANGAGE DE LA FERMETÉ»

Les événements et positions du *Devoir* durant la dernière période duplessiste sont mieux connus. Fort d'une vigueur contestataire retrouvée, le journal passe outre aux interdits du premier ministre et publie le résumé systématique des conclusions du rapport Tremblay, dès avant la tenue des élections de 1956. On parle maintenant d'un «axe Duplessis–Saint-Laurent»; Me Perrault y va d'une déclaration explosive sur «le cauchemar de la peur» entretenu par le régime de terreur installé par le gouvernement, à la fois sur les simples citoyens et particulièrement sur les élites intellectuelles[92].

La campagne électorale elle-même permet de mettre sur la table les retards accumulés de l'État québécois et, grâce à une entente au sommet entre *Le Devoir*, le Parti social-démocratique et le Parti libéral, de tendre à ce que le thème principal en soit la dilapidation des richesses naturelles[93]. *Le Devoir*, malheureusement, en est toujours à recommander un vote libéral par défaut d'alternative. Ses affinités avec le programme du PSD sont claires mais la fâcheuse tendance fédéraliste du parti empêche de le préférer à l'autre, sans compter que le PSD n'a réellement aucune chance de prendre le pouvoir[94]. On connaît la suite...

Ce qu'il est surtout important de retenir des péripéties, des batailles relancées, des dénonciations nouvelles ou anciennes, des alliances éphémères ou durables de cette période, c'est qu'elles sont toutes empreintes de nécessités tactiques pour abattre le régime en place, une fois pour toutes, et de considérations stratégiques engageant bien plus que l'élimination d'un despote voué, de toute façon, à disparaître un jour. Il s'agit, pour *Le Devoir*, de reprendre l'offensive comme en 1947-1949, à cette différence près qu'on doit d'abord viser le renversement du régime si l'on veut ensuite être en mesure d'instaurer une société conforme aux intérêts nationaux. Le tout sera résumé dans une formule lapidaire : «Le Québec est à l'extrême droite en politique alors que les réalités sont à gauche[95].»

Du côté tactique, l'attaque frontale contre Duplessis consistera à prendre le contre-pied de tout ce qui fait la force du «chef». Au pouvoir centralisé de sa dictature, on opposera l'unité des forces démocratiques. L'entente au sommet de la campagne électorale de 1956 en est un exemple. La coalition du Rassemblement en est un autre, mieux planifié, mais établi sur une base sans doute trop imprécise et qui, de surcroît, était handicapé dès sa naissance par la trop discrète part réservée à la question nationale[96].

Aux prétentions vertueuses du régime, on répondra par une dénonciation systématique de son favoritisme, de sa corruption et de sa malhonnêteté. Ce sera l'invitation faite aux lecteurs de rompre le mur du silence et de dénoncer dans les pages du journal les «magouilles» de toutes sortes qui sont la marque de commerce du gouvernement. Les lettres des abbés Dion et O'Neill sur les immoralités de la dernière élection feront scandale à travers tout le Canada. Le correspondant parlementaire Pierre Laporte y reviendra, dans une longue série d'articles, et démontrera, si besoin était, l'ampleur de la fraude et du vol électoral d'alors[97]. Et la liste pourrait s'allonger ainsi bien longtemps.

Du côté stratégique, *Le Devoir* a retrouvé la ligne directrice qui lui faisait tant défaut depuis l'échec de 1949-1950. Le but à long terme, la clé de voûte de tout ce qu'il tente d'édifier durant ces années réside dans un objectif : se saisir de l'État, en faire le pivot et le cœur des réalisations à venir. Les luttes qu'il a soutenues jusque-là mènent toutes dans cette direction. Sans le contrôle de l'État, inutile de songer à la prise en main de notre économie, inutile d'espérer mettre au pas les pouvoirs omnipotents de la grande finance et de la grande industrie étrangère. Sans l'outil étatique, le relèvement économique du peuple québécois est un leurre, tout autant que la fin de son ignorance entretenue. Pas question non plus de promotion ni d'ascension sociale réelle pour nos gens instruits, aucune possibilité de faire une brillante carrière, si ce n'est ailleurs et en anglais! Et le développement de notre culture canadienne-française, sans cet atout indispensable dans le jeu des nations, n'est que chimère. L'État, voilà la condition *sine qua non* de toute libération nationale, celle des Canadiens français y compris. Mais pour prendre possession de l'État (provincial, pour l'instant), il faut d'urgence un parti, et un parti qui reconnaisse et défende activement les intérêts nationaux.

C'est sous cet éclairage qu'il faut regarder l'appel à l'unité des forces d'opposition. C'est dans cette perspective qu'il faut aborder les pressions soutenues sur le Parti libéral du Québec à compter de 1956. *Le Devoir*, sans arrêt, insiste sur le renouvellement du parti, sur la nécessité d'établir un programme de réformes clair, net et précis qui engage tant le parti lui-même qu'un éventuel gouvernement libéral[98]. Et c'est cet effort fructueux du journal qui explique que le document *Pour une politique* de Georges-Émile Lapalme repose, en majeure partie, sur des positions élaborées initialement par *Le Devoir*. À Lapalme, on peut bien accorder le crédit d'avoir rassemblé ces propositions de réformes et de les avoir fait entériner par le PLQ, ce qui, dans le contexte, était essentiel. Cependant, il faut bien « rendre à César, ce qui appartient à César! »

On pourrait voir dans nos propos rien de plus qu'une réinterprétation d'autant plus suspecte et douteuse qu'elle est faite *a posteriori*. Il ne s'agit pas, évidemment, d'affirmer ni même de suggérer ici que *Le Devoir* poursuivait consciemment un objectif strictement défini et suivait, pour ce faire, un plan élaboré dans tous ses détails. *Le Devoir* n'était pas un parti d'illuminés! Mais allons voir, une dernière fois, ce qu'il en est exactement de la vision nationale qui est la sienne.

LIBÉRATION OU RÉVOLUTION

Dans un article époustouflant de lucidité, Gérard Filion rapporte une conversation en apparence anodine entre un membre de la Commission Gordon et quelques Canadiens français. La Commission, on le sait, était alors chargée d'enquêter sur l'avenir économique canadien et particulièrement sur la mainmise qu'y détenait le capital américain. Au commissaire qui s'enquérait d'une explication au peu d'intérêt suscité par l'enquête chez les Canadiens français, ceux-ci auraient répondu :

> Les seuls domaines que les Canadiens français contrôlent dans Québec sont la culture et la politique; comme ils sont exclus des grandes affaires, ils s'intéressent peu aux problèmes économiques. Que feraient les Torontois si les grandes affaires de la Ville-Reine étaient entre les mains des Canadiens français?... À cette question brutale, le commissaire, citoyen de Toronto, répondit : Nous ferions la révolution[99]!

Et Filion de se lancer alors dans une réflexion qui, en fait, et de façon on ne peut plus surprenante, présente ce qui s'avérera l'essence même de la Révolution tranquille! Qu'on en juge.

Après avoir relevé les causes historiques de la docilité des Canadiens français, il identifie l'élément fondamental de «toute» lutte réussie de libération nationale, à savoir : l'existence d'un bassin important d'hommes instruits, «formés aux disciplines de pensée et d'action du monde capitaliste», mais confrontés à une absence quasi absolue de débouchés et de reconnaissance de leur compétence à cause de leur appartenance ethnique. «S'ils se sentent brimés, ils feront la révolution», affirme Filion en précisant: «Nous avons atteint ce point tournant dans Québec! [...] Et cette révolution prendra la forme d'une nationalisation des services publics et des ressources naturelles[100]. »

Pourquoi ce recours presque obligé à la nationalisation? Simplement parce que les expériences d'Hydro-Québec et de la Commission de transport de Montréal ont fait prendre conscience que les Canadiens français y atteignaient des postes de responsabilité beaucoup plus importants et beaucoup plus facilement que dans l'entreprise privée.

> Et alors on se fait naturellement la réflexion : ce qui a réussi avec l'*Hydro-Québec* et la *Commission de transport de Montréal* pourquoi ne pas le répéter avec *Shawinigan Water and Power*, la *Gatineau Power*, la *Quebec Power*, quelques papeteries et quelques mines[101]?

L'entreprise d'État, nécessairement? Non. Mais l'entreprise d'État, si nécessaire? Oui! Il ne s'agit ni d'une panacée, ni d'un objectif en soi, mais bien d'un outil, le seul semble-t-il qui soit à la portée des Canadiens français et qui soit susceptible de mettre un terme à leur pauvreté et à leur condition de colonisés. Reprenant les propos de Me René Chaloult devant la Société Saint-Jean-Baptiste, Filion déclare : «S'il n'y a pas d'autre moyen de rendre le peuple canadien-français maître de son destin, il ne faut pas hésiter d'y avoir recours[102]. »

Le cœur de la Révolution tranquille est là, sauf peut-être la coloration socialiste. Mais l'on sait, avec le recul qui est le nôtre, que certains courants de la Révolution n'étaient que manifestations éphémères, tandis que d'autres, plus conformes «aux disciplines de pensée et d'action du monde capitaliste», seront plus durables... Filion, néanmoins, n'avait pas tort de prédire l'amélioration de la condition générale des Québécois qui allait nécessairement en résulter.

Dans le contexte contemporain, alors que les pourfendeurs de bénéficiaires, les tenants de la précarité d'emploi et les apprentis-sorciers de l'équilibre budgétaire s'en donnent à cœur joie dans les acquis sociaux les plus fondamentaux de la Révolution tranquille, il serait peut-être judicieux de s'arrêter aux propos et avertissements de Filion...

CONCLUSION

Ce bref article aura atteint son objectif s'il permet de nuancer ou de remettre en cause certaines thèses véhiculées par l'historiographie : d'abord, la nette sous-estimation du rôle du *Devoir* dans la lutte contre Duplessis de même qu'une mésinterprétation de la nature de cette opposition ; ensuite, l'évidente exagération de l'influence de *Cité libre* entretenue par certains disciples de Trudeau et, en partie, par l'historiographie ; enfin, le peu de connaissances approfondies de cette période riche en confrontations ouvertes ou cachées et en conflits larvés que fut la «Grande Noirceur».

Conscients de la brièveté de notre analyse, surtout en ce qui a trait à la fin de la décennie cinquante, mais néanmoins convaincus d'avoir dégagé la trame de l'évolution idéologique du *Devoir*, il appert essentiel de poursuivre la réflexion. Comprendre les forces en présence et les processus en cause ne peut être que bénéfique d'autant plus qu'un certain parallèle existe avec la situation actuelle.

C'est là une invite lancée aux témoins de l'époque et aux intelligences soucieuses de l'avenir...

Suzanne CLAVETTE
Chargée de cours,
Robert COMEAU
Professeur
Département d'histoire
Université du Québec à Montréal

1. P. E. Trudeau, *La grève de l'amiante*, Montréal, Éd. du Jour, 1956, chap. 1, p. 1 à 100. Voir à ce propos la réplique d'A. Laurendeau, «Sur cent pages de Pierre Elliott Trudeau», *Le Devoir*, 11 octobre 1956, où il déclare: «[...] notre attitude durant la grève de l'amiante a l'air d'une fantaisie passagère. Notre vraie politique ouvrière serait "un immobilisme social" établi sur deux citations, quand deux cents autres citations prouveraient le contraire.» La meilleure critique de la thèse de M. Trudeau se trouve dans la brochure de Jacques Cousineau, s.j., *Réflexions en marge de "La grève de l'amiante"*, Montréal, Les Cahiers de l'Institut social populaire, n° 4, septembre 1958.

2. Voir entre autres le dernier livre de Léon Dion, *Québec, 1945-2000, Tome II, Les intellectuels et le temps de Duplessis*, Sainte-Foy, PUL, 1993, p. 80.

3. G. Filion, «M. Duplessis se vide le cœur», *Le Devoir*, 28 février 1948, p. 1.

4. R. Rumilly, *Maurice Duplessis et son temps*, tome 2, Montréal, Fides, 1978, p. 159, et C. Black, *Duplessis. Le pouvoir*, Montréal, Éditions de l'Homme, 1977, p. 527.

5. G. Filion, «M. Duplessis se vide le cœur», *Le Devoir*, 28/02/1948, p. 1.

6. *Ibid.*

7. Le juriste Jacques Perrault, fils de l'éminent professeur de droit commercial de l'Université de Montréal, joua un rôle important au cours de cette période. Également professeur de droit à cette même université il sera au cœur de plusieurs mouvements sociaux, il militera pour les droits de l'homme, la réforme de la Constitution, l'émancipation juridique des femmes mariées et la réforme du Code civil mais surtout il s'opposera concrètement et avec force au régime de Duplessis. Mᵉ Jacques Perrault prendra la défense des ouvriers dans plusieurs grands conflits (cas Rowley et Parent — 1948, Alliance des professeurs de Montréal — 1951, Dominion Textile — 1952, Police provinciale à Asbestos — 1953 et 1954). De concours avec Mᵉ Frank Scott, il obtiendra l'invalidation de la loi du cadenas en 1957. Quelques jours à peine avant sa mort, il réussira même à paralyser la «célèbre» Commission des relations ouvrières (CRO) grâce à un «bref de prohibition» obtenu au moment de la grève des chauffeurs d'autobus de Shawinigan (voir *Le Devoir*, 3 mai 1957, p. 1). On le retrouve au conseil d'administration du *Devoir* et comme conseiller juridique de Mᵍʳ Charbonneau. Ce militant du Parti social-démocratique exercera une grande influence sur son beau-frère André Laurendeau. À cause de son suicide en 1957 et du caractère avant-gardiste de ses initiatives, son rôle fut occulté par les élites et par l'historiographie officielle.

8. G. Filion, *Fais ce que peux*, Montréal, Boréal, 1989, p. 183 et 204.

9. Perrault l'avait approché une première fois en 1945 pour le poste de directeur adjoint... Gérard Filion a d'abord milité à Jeune-Canada avec André Laurendeau et, par la suite, il contribua à rebâtir l'UCC en dirigeant *La Terre de chez nous* durant plus de douze ans.

10. G. Filion, *Fais ce que peux*, p. 205.

11. *Ibid.*

12. Duplessis accusera aussitôt *Le Devoir* et son nouveau directeur d'avoir procédé à des «renvois immoraux, inhumains, antichrétiens». Ce à quoi Filion répliquera que le fait que les personnes touchées se soient tournées «instinctive-

ment» vers M. Duplessis, qui s'est d'ailleurs empressé de les accueillir, est un indice que le diagnostic de la direction du journal n'avait pas été si mauvais!

13. G. Filion, «M. Duplessis se vide le cœur», *Le Devoir*, 28 février 1948, p. 1.

14. *Ibid.*

15. Cette idée fera bondir M. Saint-Laurent, mais Bourassa n'en aurait pas fait moins!

16. G. Filion, «Position II», *Le Devoir*, 14 avril 1947, p. 1.

17. G. Filion, «Position VII», *Le Devoir*, 21 avril 1947, p. 1.

18. G. Filion, «Position VIII», *Le Devoir*, 22 avril 1947, p. 1.

19. G. Filion, «Position VI», *Le Devoir*, 19 avril 1947, p. 1.

20. G. Filion, «Position III», *Le Devoir*, 15 avril 1947, p. 1.

21. G. Filion, «Position III», *Le Devoir*, 15 avril 1947, p. 1.

22. A. Laurendeau, «Pour continuer la lutte», *Le Devoir*, 9 septembre 1947, p. 1.

23. G. Filion, «Position», *Le Devoir*, 12 avril 1947, p. 1.

24. A. Laurendeau, «Pour continuer la lutte», *Le Devoir*, 9 septembre 1947, p. 1.

25. G. Filion, «Position IV», *Le Devoir*, 16 avril 1947, p. 1.

26. A. Laurendeau, «Pour continuer la lutte», *Le Devoir*, 9 septembre 1947, p. 1.

27. G. Filion, «Le moindre mal», *Le Devoir*, 8 novembre 1947, p. 1.

28. A. Laurendeau, «Le Nouveau Québec ou un nouveau Québec», *Le Devoir*, 2 décembre 1947, p. 1 et «Les ressources naturelles du Québec», *Le Devoir*, 6 décembre 1947, p. 1.

29. La question du logement sera une préoccupation constante du *Devoir*. Les positions de Mgr Charbonneau et les interventions de M. Laurendeau en Chambre seront reprises de façon soutenue de 1947 à 1959 par Paul Sauriol.

30. A. Laurendeau, «Le cas de M. Guindon», *Le Devoir*, 25 mai 1948, p. 1. Léo Guindon, président de l'Alliance des professeurs de Montréal, fut congédié par le président de la CECM, Me Eugène Simard, d'allégeance unioniste, en cours de négociations. Ce dernier prétexte qu'un président de syndicat ne devait pas recevoir de salaire. Cet argument fut largement ridiculisé par A. Laurendeau qui souligne que Me Simard, quant à lui, est deux fois «président-salarié» puisque rétribué tant par la CECM que par le Jardin botanique. Il s'ensuit une «grève illégale», une désacréditation de l'Alliance par la CRO, une accréditation d'un nouveau syndicat, l'AECM (Association des éducateurs catholiques de Montréal), et une contestation judiciaire par l'Alliance. En 1953, cette dernière remporte la victoire devant les tribunaux. Duplessis réagit par une loi rétroactive — la «loi Guindon» (1954) — qui désacrédite de nouveau l'Alliance.

31. G. Filion, «La justice sociale à coups de matraque», *Le Devoir*, 17 mai 1947, p. 1.

32. A. Laurendeau, «L'administration Duplessis», *Le Devoir*, 28 juin 1948, p. 1.

33. Il est signalé entre autres dans J. Cousineau, *Réflexions en marge...*, p. 45-49, et dans G. Pelletier, *Les années d'impatience, 1950-1960*, Montréal, Stanké, 1983, p. 69.

34. A. Laurendeau, «Vers le tribunal du travail», *Le Devoir*, 24 octobre 1947, p. 1.

35. G. Filion, «Tempérer le contrat de travail par un contrat de société», *Le Devoir*, 9 juin 1947, p. 1.

36. Voir Jean Sexton, *La CTCC-CSN : du corporatisme à la réforme de l'entreprise*, mémoire de maîtrise, Université Laval, 1969, 164 p.

37. *Le Devoir*, 9 juin 1947.

38. A. Laurendeau, «Le cas des tisserands», *Le Devoir*, 5 novembre 1947, p. 1.

39. P. Sauriol, «Les encycliques sont-elles révolutionnaires?», *Le Devoir*, 7 avril 1948, p. 1.

40. Dans ce village des Laurentides, une quarantaine de travailleurs seraient morts de silicose durant les années 1930 à cause des mauvaises conditions d'hygiène existant dans la carrière et le moulin alors propriété de la Canadian Koalin and Silica Products Limited (1933-1940). Les témoignages du curé, du médecin et des ouvriers de l'endroit corroboreront la dénonciation faite de cette situation initialement présentée dans *Relations*.

41. G. Filion, «La silicose. Le problème reste entier», *Le Devoir*, 7 juillet 1948, p. 1. C'est après la parution d'un premier article de Burton LeDoux dans la revue des RR. PP. Jésuites, *Relations*, et à la suite de la destitution de son directeur, suivie d'une rétractation rapide et complète de la revue, que *Le Devoir* décida de mener sa propre enquête.

42. A. Laurendeau, «En panne», *Le Devoir*, 11 juin 1948, p. 1. *Le Devoir* avait demandé une enquête publique immédiate, une révision complète de tous les dossiers de la Commission des accidents du travail et l'indemnisation des familles des silicosés décédés ou incurables. Voir les articles parus du 17 avril 1948 au 2 juin 1948.

43. A. Laurendeau, «Les déserts que fait vivre l'Union nationale», *Le Devoir*, 20 juillet 1948, p. 1.

44. A. Laurendeau, «Le deuxième régime Duplessis», *Le Devoir*, 23 juin 1948, p. 1.

45. *Ibid.* Laurendeau continue : «Si un jour le besoin s'en faisait sentir, le gouvernement pourrait [...] jouer avec les surplus, les engloutir, fournir un service inadéquat, ne pas renouveler l'outillage et, s'il le fallait, disloquer l'entreprise pour avoir des revenus supplémentaires. Alors ce ne serait plus une taxe indirecte, mais du pillage légalisé!»...

46. G. Filion, «Pour qui voterons-nous?», *Le Devoir*, 14 juillet 1948, p. 1. Voir également A. Laurendeau, «La doctrine qu'il faut abattre», *Le Devoir*, 26 juillet 1948, p. 1.

47. La compagnie avait fermé et démoli son usine au point qu'il n'en restait plus trace à Saint-Rémi. Le gouvernement, lui, était resté les bras croisés. (A. Laurendeau, «La fuite ne règle rien», *Le Devoir*, 28 août 1948, p. 1 ; *Le Devoir*, 1er septembre 1948, p. 1, et le 15 octobre 1948, p. 1.

48. A. Laurendeau, «À qui servira d'abord le fer de l'Ungava?», *Le Devoir*, 4 mars 1949, p. 1.

49. G. Filion, «Des camps de concentration modèles», *Le Devoir*, 9 octobre 1948, p. 1.

50. Burton LeDoux, «L'amiantose : un village de trois mille âmes étouffe dans la poussière, East Broughton», *Le Devoir*, 12 janvier 1949, p. 5-8.

51. G. Filion, «L'argent a aussi ses camps de concentration», *Le Devoir*, 15 janvier 1949, p. 1.

52. A. Laurendeau, «Nous ne nous tairons pas», *Le Devoir*, 4 février 1949, p. 1. Voir aussi G. Filion, «Coupables ou non coupables?», *Le Devoir*, 26 janvier 1949, p. 1; «Crimes sans châtiments», *Le Devoir*, 12 février 1949, p. 1.

53. Le projet prohibait en pratique toute forme de sécurité syndicale et conférait à la Commission des relations ouvrières chargée de voir à son application des pouvoirs excessifs la plaçant dans la position de juge, partie et police. (A. Laurendeau, «Le Code du travail», *Le Devoir*, 1ᵉʳ février 1949, p. 1; 8 février 1949, p. 3; 10 février 1949, p. 1.)

54. G. Filion, *Fais ce que peux*, p. 242.

55. G. Filion, «On peut s'attendre à tout», *Le Devoir*, 10 mai 1949, p. 1.

56. *Le Devoir*, 23 février 1949, p. 1; G. Filion, «Prêt-bail de la Police provinciale», *Le Devoir*, 23 mars 1949, p. 1 et 17 mai 1949, p. 1; A. Laurendeau, «M. Barrette, qui sont les "révolutionnaires" que vous dénoncez?», *Le Devoir*, 24 février 1949, p. 1; G. Filion, «Malgré les ennemis et les peureux», *Le Devoir*, 20 avril 1949, p. 1; *Le Devoir*, 24 avril 1949, p. 1; 30 avril 1949, p. 1; A. Laurendeau, «A-t-on perdu la tête à Québec?», *Le Devoir*, 17 mai 1949, p. 1; A. Laurendeau, «La justice au pays de Québec», *Le Devoir*, 6 juin 1949, p. 1.

57. A. Laurendeau, «A-t-on perdu la tête à Québec?», *Le Devoir*, 17 mai 1949, p. 1.

58. A. Laurendeau, «Grève illégale, silicose illégale», *Le Devoir*, 23 septembre 1949, p. 1; «Pour la sécurité syndicale», *Le Devoir*, 8 mars 1949, p. 1; *Le Devoir*, 1ᵉʳ avril 1949, p. 1; «La grève est-elle illégale?», *Le Devoir*, 25 avril 1949, p. 1; «Grève illégale, grève juste», *Le Devoir*, 26 avril 1949, p. 1; *Le Devoir*, 3 mai 1949, p. 1; 17 mai 1949, p. 1, et 4 juin 1949, p. 1.

59. G. Filion, «On peut s'attendre à tout», *Le Devoir*, 10 mai 1949, p. 1. «S'il faut en croire une rumeur persistante, ce serait le gouvernement lui-même qui s'opposerait à tout règlement dans le but bien précis d'écraser les syndicats. On rapporte même que les compagnies autres que la Johns Manville auraient été menacées d'indemnités très lourdes à payer à tous les amiantosés de la région si elles allaient commettre la gaucherie de régler le conflit à l'amiable.» Cela conférait un surcroît de validité à la thèse de la conspiration avancée par Mᵍʳ Charbonneau.

60. G. Filion, «On peut s'attendre à tout», *Le Devoir*, 10 mai 1949, p. 1.

61. G. Filion, «La reprise de nos richesses naturelles», *Le Devoir*, 25 mai 1949, p. 1.

62. A. Laurendeau, «Lettre ouverte à l'Ambassadeur des États-Unis», *Le Devoir*, 9 mai 1949, p. 1.

63. G. Filion, «Faut-il nécessairement faire un choix?», *Le Devoir*, 7 mai 1949, p. 1.

64. G. Filion, «Le bien peut sortir du mal», *Le Devoir*, 6 juillet 1949, p. 4. L'Église, comme la suite le démontrera, n'avait pas besoin de se le faire rappeler!

65. L'annonce en est faite dans *Le Devoir*, 31 mai 1949, p. 1. Nouvelle politique éditoriale ou volonté de se conformer à une pratique de plus en plus répandue, comment savoir? N'empêche que le contenu même des éditoriaux est nettement moins contestataire!

66. À ce sujet, les sources sont sans ambiguïté. Le libellé même du titre de l'article en cause, paru à la une, précise «Il faudrait, non pas 50 000 mais 500 000 $». *Le Devoir*, 15 avril 1950, p. 1. Il s'agit là d'une déclaration du directeur du journal, M. Filion, devant le Comité des amis du *Devoir*. Dans le corps du texte, on fait aussi mention expressément d'un montant de «un demi-million de dollars». Enfin, les *Minutes de L'Imprimerie populaire* contiennent deux résolutions d'émission d'obligations supplémentaires, l'une de 200 000 $ en date du 15 mars 1950 et l'autre de 400 000 $ votée lors de l'assemblée générale spéciale du 25 avril 1951 (voir *Minutes de l'Imprimerie populaire*, vol. III, p. 88 et p. 103). (G. Filion, revenant à la grève de l'amiante, avouera en 1956 : «Nous nous étions mis à dos tous les bourgeois mais nous n'avions pas gagné les travailleurs.» *Le Devoir*, 30 janvier 1956, p. 4.)

67. *Le Devoir*, 15 juin 1950, p. 10 ; G. Filion, «Vous avez changé», *Le Devoir*, 3 septembre 1949, p. 4 ; «Qu'il périsse», *Le Devoir*, 10 septembre 1949, p. 4 ; *Le Devoir*, 15 juin 1949, p. 10.

68. *Le Devoir*, 31 octobre 1949, p. 1 ; G. Filion, «Tartuffe en pèlerinage», *Le Devoir*, 17 décembre 1949, p. 4.

69. *Le Devoir*, 10 février 1950, p. 1. La résolution suivante semble corroborer également l'idée d'une réorientation idéologique du journal : «Il est proposé... et résolu que *Le Devoir* adresse un message de félicitations et de *filiale soumission* [n.s.] à Mᵍʳ Paul-Émile Léger, archevêque élu de Montréal» (Voir *Minutes de L'Imprimerie populaire*, vol. III, 15 mars 1950, p. 88).

70. Comme Mᵍʳ Charbonneau, le père Cousineau et l'abbé Dion, membres de la CSES et partisans de la réforme de l'entreprise, sont envoyés à d'autres fonctions. Le père Lévesque, quant à lui, doit se rendre à Rome pour contrer les attaques de ses adversaires.

71. G. Filion, «Un document qui annonce de grandes choses», *Le Devoir*, 22 mars 1950, p. 4.

72. G. Filion, «Qu'il périsse», *Le Devoir*, 10 septembre 1949, p. 4. Voir aussi *Le Devoir*, 17 septembre 1949, p. 4, et 15 octobre 1949, p. 4. La nouvelle optique coïncide étrangement avec la publication de la fameuse série de Pax Plante sur la collusion institutionnalisée de l'appareil municipal montréalais et du monde interlope. La série sera publiée à la une du 26 novembre 1949 au 21 février 1950. *Le Devoir* fera ensuite largement état de l'enquête sur la moralité publique tenue de l'été 1952 jusqu'en 1953.

73. Sa dimension anticapitaliste sera évacuée et le projet tout entier sera ramené à la seule participation aux bénéfices! Voir A. Laurendeau, «Faut-il partager les bénéfices?», *Le Devoir*, 15 novembre 1950, p. 4, et «La participation aux bénéfices est-elle une hérésie?», *Le Devoir*, 12 juin 1951, p. 4.

74. Voir G. Filion, «Sous le signe de la sécurité sociale», *Le Devoir*, 16 septembre 1950, de même que le compte rendu de l'allocution de Mᵍʳ Desranleau devant la CTCC dans «La sécurité sociale, problème de l'heure», *Le Devoir*, 18 septembre 1950, p. 1 et 10. Notons qu'avant l'adoption de cette orientation par l'Église, la CCF et la Ligue de reconstruction sociale avaient elles-mêmes amorcé ce virage. Le phénomène est particulièrement évident à la lecture du célèbre *Rapport Marsh*.

75. Laurendeau couvre, à distance, la guerre de Corée (juillet à novembre 1950) ; Filion fait le compte rendu de son «pèlerinage à Rome» (*Le Devoir*, 3 juin

1950, p. 1 ; 7 novembre 1950, p. 4, et 5 janvier 1951, p. 4), de sa visite des pays de l'Est (novembre à décembre 1952), de sa tournée en Inde (*Le Devoir*, du 3 octobre 1953 au 22 octobre 1953, p. 1) ; Jacques Hébert et Jean Phaneuf publient d'abord « Deux Canadiens autour du monde » (plus de cent articles en première page de juin à octobre 1950 !) puis une autre série sur l'Afrique, de septembre 1952 à mai 1953, dans laquelle la lutte anticoloniale de là-bas occupe une bonne place.

76. Voir les séries suivantes : « La situation ouvrière dans le Québec », publiée du 25 au 30 avril 1953, « Vacances ouvrières », parues du 16 au 21 août 1954, et « Le problème du chômage », étudié au début de mars 1955.

77. Mᵉ Perrault n'offrira toutefois pas ses services au nouveau syndicat et continuera de représenter l'Alliance devant la Cour suprême du Canada. Voir G. Filion, « Paix dans l'école », *Le Devoir*, 22 septembre 1951, p. 4 ; également *Le Devoir*, 3 octobre 1951, p. 4 ; 16 octobre 1951, p. 4 ; 30 octobre 1951, p. 1 ; 8 novembre 1951, p. 3.

78. La première paraîtra en juin et juillet 1950 ; la seconde, de François Zalloni, de mars à avril 1950.

79. Voir la série d'éditoriaux d'André Laurendeau de juin à août 1951 et sa dénonciation du rapport Massey en novembre de la même année. Voir aussi *Le Devoir*, 15 janvier 1952, p. 4 ; 10 mars 1952, p. 1 ; 13, 15, 18 mars 1952, p. 4, et les positions exprimées durant la campagne électorale.

80. *Le Devoir*, 30 mai 1952, p. 4 ; 17 juin 1952, p. 4.

81. *Le Devoir*, 5 juillet 1952, p. 4 ; 17 juillet 1952, p. 4.

82. *Le Devoir*, 26 juillet 1952, p. 4 ; 26 janvier 1953, p. 4 ; 29 février 1953, p. 1.

83. *Le Devoir*, 6 octobre 1952, p. 4 ; 13 décembre 1952, p. 4 ; 28 mai 1952, p. 3. *Le Devoir* soulignera avec insistance à l'intention de ceux que cela pourrait intéresser (i.e. Maurice Duplessis) le règlement heureux du conflit chez Dupuis Frères où Filion lui-même a assumé les fonctions de médiateur. (*Le Devoir*, 31 mai 1952, p. 4, et 31 juillet 1952, p. 4.)

84. *Le Devoir*, 17 décembre 1953, p. 4. *Le Devoir* réagira par la publication toute simple en première page du journal du lendemain d'un très petit encart comportant une seule question : « Qu'attend M. Duplessis pour cadenasser *Le Devoir* ? » (*Le Devoir*, 15 janvier 1954, p. 1.)

85. *Le Devoir*, 20 novembre 1953, p. 3 ; 28 novembre 1953, p. 4 et 1ᵉʳ décembre 1953, p. 4 ; 7 mai 1954, p. 4.

86. *Le Devoir*, 27 décembre 1952 au 7 janvier 1953 ; 7 mai 1953, p. 4 ; 17 juin 1953, p. 4 ; 9 juin 1953, p. 4 ; 24 décembre 1955, p. 4 ; 26 novembre 1955, p. 4 ; 7 janvier 1956, p. 4, et 17 janvier 1956, p. 3.

87. *Le Devoir*, 1ᵉʳ mai 1954, p. 4 ; 13 juillet 1954, p. 4 ; 6 août 1954, p. 4 ; 16 décembre 1954, p. 4 ; 4 juin 1955, p. 4.

88. G. Filion, « Grandeurs et misères de l'unité canadienne », *Le Devoir*, 18 décembre 1954 au 24 décembre 1954 ; A. Laurendeau, « Un Canadien français est-il partout chez lui au Canada ? », *Le Devoir*, du 26 novembre 1955 au 23 décembre 1955.

89. *Le Devoir*, 21 septembre 1954, p. 4 ; voir aussi 23 septembre 1954, p. 4, et 24 novembre 1954, p. 4.

90. *Le Devoir*, du 31 mars 1955 au 12 septembre 1955. La polémique perdure même en 1956.

91. *Le Devoir*, 21 mars 1956, p. 4.

92. *Le Devoir*, 6 mars 1956, p. 4; 9 avril 1956, p. 3.

93. *Le Devoir*, 9 juin 1956, p. 4; 13 juin 1956, p. 4. Il est aussi à noter qu'une forte proportion des journalistes du *Devoir* étaient membres de l'Ordre de Jacques-Cartier («La Patente»), notamment Pierre Vigeant, grand chancelier. Celui-ci axait auparavant ses interventions sur la place des francophones dans la fonction publique fédérale et sur la politique du bilinguisme. À compter du milieu des années 1950, la défense des intérêts canadiens-français passera par la consolidation de l'État du Québec et en particulier par la dénonciation de l'aliénation des richesses naturelles.

94. *Le Devoir*, 19 juin 1956, p. 4.

95. G. Filion, «La nécessité du remords» *Le Devoir*, 24 mars 1956, p. 4.

96. *Le Devoir*, 15 avril 1956, p. 4; 18 avril 1956, p. 4, et 25 avril 1956, p. 4. Le programme du Rassemblement était en fait un amalgame de sécurité sociale et de démocratisation de l'entreprise, en même temps qu'une plate-forme minimale de défense des droits démocratiques. (*Le Devoir*, 10 septembre 1956, p. 5.)

97. *Le Devoir*, 14 juillet 1956, p. 4; 7 août 1956, p. 1, et 15 août 1956, p. 1. Les abbés seront toutefois contraints au silence pendant toute l'année suivante. Voir *Le Devoir*, 15 octobre 1956, p. 4 et 17 octobre 1956, p. 4. Pour les révélations de Pierre Laporte, voir *Le Devoir*, 15 août 1956, p. 4, et ses articles d'octobre à décembre 1956.

98. Voir sur ce sujet *Le Devoir*, 19 septembre 1956, p. 4; 15 septembre 1956, p. 4; 8 novembre 1956, p. 4; 9 janvier 1958, p. 4; 24 avril 1958, p. 4; etc. Voir aussi la série d'articles de Jean-Marc Léger, «Le PLQ a-t-il un avenir?», *Le Devoir*, du 29 avril 1958 au 2 mai 1958.

99. G. Filion, «Libération ou révolution», *Le Devoir*, 14 mars 1956, p. 4.

100. *Ibid.*

101. *Ibid.*

102. *Ibid.*

LE DEVOIR DES ANNÉES 1947 À 1962

Artisan et reflet de la grande mutation du Québec. Un rôle capital. Des semences anciennes. La redéfinition du journal. L'autonomie récupérée. Présence au milieu. À l'écoute des étudiants. L'information étrangère. Une direction attentive. L'accord avec Le Monde. Un rayonnement accru. Les Amis du Devoir». «L'État du Québec». Une vaste tribune. Un mot actuel de Laurendeau. Une période sans équivalent.

ARTISAN ET REFLET DE LA GRANDE MUTATION DU QUÉBEC

Ce serait assurément faire preuve d'impudence ou de naïveté ou des deux à la fois que de prétendre résumer en quelques pages le rôle du *Devoir* dans ce qu'on a appelé d'une formule au bonheur discutable «la révolution tranquille» : ce rôle a en effet été immense, multiple et déterminant.

Aussi n'ai-je ici d'autre ambition que d'évoquer à grands traits quelques aspects de l'apport singulier du journal à ce moment capital de notre aventure collective. J'y ajoute un élément de témoignage personnel, non pas que j'aie entièrement vécu de l'intérieur cette grande aventure car je ne suis entré au service du *Devoir* qu'à la fin de 1956 (et j'allais y rester jusqu'au printemps de 1969). J'ai eu toutefois la chance d'être en rapport dès la fin des années quarante avec Gérard Filion et André Laurendeau, avec ce dernier surtout, alors qu'étudiant à l'Université de Montréal j'allais solliciter leurs conseils et leur concours tour à tour pour le *Quartier latin*, organe des étudiants où je faisais équipe avec Camille Laurin, et pour l'équipe de recherches sociales que nous avions créée afin de «jeter un pont entre le milieu étudiant et la classe ouvrière», rien de moins! J'y reviendrai plus loin.

◆

UN RÔLE CAPITAL

Ce n'est pas réduire injustement la part considérable qu'ont eue incontestablement à cette transformation des acteurs aussi divers que la revue *Cité libre*, les centrales syndicales (et d'abord la CTCC, devenue depuis la CSN), l'Institut canadien des affaires publiques, section Québec, et sur un autre plan la Faculté des sciences sociales de Laval, que de mettre en relief le rôle primordial du *Devoir*. Bien plus que certains temps forts qu'on salue souvent (la grève de l'amiante, le scandale du gaz naturel, le frère Untel, etc.), c'est l'action permanente, soutenue, c'est la puissance de persuasion que représente la régularité d'un quotidien, qui ont donné au *Devoir* d'alors une présence exceptionnelle dans notre société, une influence due d'abord à la qualité du tandem Filion-Laurendeau. *Le Devoir* n'a pas fait que refléter et accompagner le mouvement : il l'a pour une large part suscité et orienté après avoir accompli lui-même sa mutation.

Quel que soit l'intérêt présenté par d'autres périodes de son histoire (aussi longtemps du moins qu'il fut journal de combat), c'est à mon sens dans la quinzaine d'années qui va de 1947-1948 à 1962-1963, environ, que *Le Devoir* aura le plus fortement marqué et le plus heureusement influencé l'évolution de notre société. Sous de multiples aspects et d'incontestable façon, il aura été le laboratoire principal de l'immense mutation dont le Québec fut le théâtre à compter du début des années soixante. Il aura permis au nationalisme québécois de prendre le virage de la modernité et, se réconciliant avec son époque, de préparer, de sécréter sinon de susciter une volonté d'émancipation et de novation qui aboutirait au mouvement souverainiste.

C'est aussi la période où le journal aura été le mieux accordé à sa double mission de défenseur et d'éclaireur, de gardien et de prophète, chacun des deux volets soutenant, justifiant, amplifiant l'autre. Dans la fiévreuse genèse de ce Québec inédit, qui allait s'étonner lui-même autant que dérouter et, souvent, intéresser voire enchanter les autres, le journal exerça à plein ses deux fonctions maîtresses de préservation et d'anticipation.

DES SEMENCES ANCIENNES

Il n'est pas exagéré de dire que *Le Devoir* a été de loin le principal artisan de la transformation tumultueuse qui s'est manifestée à partir des années soixante mais qui avait en vérité commencé beaucoup plus tôt. Notre fameuse «révolution tranquille» (je n'emploie le terme qu'avec répugnance, tant il a été galvaudé) n'a pu s'accomplir dans les faits que parce que, pour l'essentiel, elle s'était déjà réalisée dans les esprits, cela grâce pour une large part au *Devoir*, qui fut tout ensemble agent premier et reflet permanent de cette évolution accélérée.

Il faut au reste se faire prudent en la matière. Notre époque est encline à juger de haut celles qui ont précédé, à croire et à faire croire qu'elle est par excellence innovatrice et salvatrice. Il y eut des combats d'idées, des luttes pour la démocratie, des «projets de société» chez nous dès le début du dix-neuvième siècle et tout au long de celui-ci (il suffit de penser à l'activité intellectuelle de l'Institut canadien, à la tentative de création d'un ministère de l'Instruction publique, en 1897, etc.). Plus près de nous, l'entre-deux-guerres fut fécond en initiatives et en débats de toutes sortes au Québec : courants littéraires et mouvements sociaux, lutte entre les *trusts*, campagne pour l'étatisation de l'électricité, amorce du projet souverainiste, etc. Le programme du Bloc populaire canadien, en 1944, comportait sur les plans économique et social des propositions qui seront reprises et mises en œuvre à compter de 1960 (et Laurendeau avait largement contribué au programme du Bloc). Il est vrai aussi que leur itinéraire propre prédisposait Filion et Laurendeau à préparer la grande mue du *Devoir*, le premier venu du syndicalisme agricole où il dirigeait l'influent hebdomadaire *La Terre de chez nous*, le second venu de la bourgeoisie cultivée et nationaliste, d'un nationalisme ouvert et généreux, et ayant subi pendant son séjour en France l'influence du catholicisme de gauche. C'est eux qui allaient donner au *Devoir* sa nouvelle orientation.

LA REDÉFINITION DU JOURNAL

Si le journal a su jouer chez nous semblable rôle (dont il est peu d'équivalents dans les pays occidentaux au vingtième siècle) en dépit de l'extrême modicité de ses moyens, c'est d'une part, certes, parce que ses lecteurs étaient pour la plupart des multiplicateurs, des propagateurs naturels, dans leur milieu, de ses idées et de ses idéaux dont plusieurs avaient quasi l'attrait du fruit défendu et fleuraient bon le soufre : d'ailleurs, on fut contraint, pendant un temps, dans les ministères et dans certaines institutions, de lire *Le Devoir* à la dérobée. Mais d'autre part ce rôle singulier, exceptionnel, le journal a pu le tenir d'abord et surtout parce qu'il avait commencé par accomplir sa propre révolution intérieure.

Entre 1946 et 1948, *Le Devoir* a vécu une véritable remise en cause et une profonde réorientation, que certains adversaires de la nouvelle tendance

eurent du mal à accepter : il en résulta la perte de quelques centaines
d'abonnés (compensée bientôt par une nouvelle vague de lecteurs), une
campagne de dénonciation qui tourna court, le départ de quelques collaborateurs parfois excellents journalistes mais incapables de se reconnaître dans
la nouvelle orientation. Le tandem Filion-Laurendeau tint bon et réussit en
deux ans environ bien plus qu'un rajeunissement, une mutation : à un
journal conservateur, axé sur la défensive, soupçonneux devant les innovations, très marqué à droite dans les affaires intérieures comme sur le plan
international, succéda un quotidien préoccupé d'abord de justice sociale, de
la liberté de l'esprit, de la restauration d'une authentique démocratie, de
l'écoute de la jeunesse, de la définition d'un nationalisme de progrès et de
combat. Un nationalisme où l'innovation, la liberté de l'esprit et la justice
sociale viennent à la rencontre de l'identité et de l'héritage, les confortant,
les enrichissant, leur donnant de nouvelles lettres de noblesse.

L'AUTONOMIE RÉCUPÉRÉE

Pour la première fois au cours du vingtième siècle, le Québec posséda
un quotidien de «centre-gauche», qui en d'autres temps ou en d'autres
lieux eût été considéré comme éminemment modéré mais qui chez nous à
cette époque faisait figure, pour certains, d'organe radical. Dans cette délicate et féconde entreprise de rénovation, l'un des plus grands services que Le
Devoir rendit à notre peuple aura été de sauver la lutte pour l'autonomie, de
l'arracher aux conservateurs qui la monopolisaient et de la défendre simultanément contre une large partie de l'intelligentsia qui, confondant la cause
avec ses discutables défenseurs (ou leurs discutables procédés), devenaient
des alliés objectifs des centralisateurs fédéraux. L'égal attachement du journal à la justice sociale et à l'autonomie du Québec le conduisait tour à tour
à dénoncer avec virulence le gouvernement Duplessis pour son comportement despotique et à le soutenir dans sa résistance aux empiètements
d'Ottawa dans les champs de compétence québécoise.

En donnant un visage progressiste à la cause de l'autonomie, en lui
rendant sa véritable signification : conserver ou récupérer des pouvoirs pour
les faire servir au progrès collectif, au développement économique et socio-
culturel, Le Devoir a rendu au Québec un service fondamental. Il a sauvé le
nationalisme québécois en l'accordant à l'esprit de l'époque et aux nouveaux besoins de la société québécoise en rapide transformation.

PRÉSENCE AU MILIEU
. . . .

Dans le même temps, en ouvrant, plus que jamais dans le passé, ses pages à la collaboration extérieure de façon régulière, *Le Devoir* contribuait puissamment à la circulation des idées nouvelles et permettait la prise de parole à des universitaires, à des intellectuels, à des syndicalistes, à des hommes politiques qui autrement eussent été contraints au silence ou réduits à des publications au tirage confidentiel.

Il suffit d'évoquer le retentissement qu'ont eu grâce au *Devoir* (qui non seulement les publiait mais souvent les commentait en page éditoriale) des initiatives et des interventions comme celle des abbés Dion et O'Neill à propos de l'éthique dans l'exercice du pouvoir, le cri d'alarme du «frère Untel» sur l'enseignement du français et sur le climat de l'école, les célèbres chroniques du politologue Gérard Bergeron sous le nom d'Isocrate, des tribunes libres généreusement accordées aux figures de proue du syndicalisme, etc.

On n'a pas idée aujourd'hui du rayonnement et de l'influence du *Devoir* dans notre milieu, à cette époque. Il était un espace de liberté, un lieu permanent de réflexion et de proposition sur tous les aspects importants de la vie collective. Le journal tenait en même temps le rôle de la véritable opposition au régime hégémonique et mesquin de l'Union nationale. Tout ce qui comptait à l'Université, parmi les intellectuels et les créateurs, au sein du syndicalisme renaissant, dans les «médias» (comme on ne disait pas encore!) trouvait dans *Le Devoir* un lieu de rassemblement, un moyen d'expression et une raison chaque jour de ne pas désespérer. Il en allait de même pour la majorité des étudiants. La vente des quotidiens (rappelons qu'il y en avait huit alors à Montréal : cinq de langue française et trois de langue anglaise) à l'unique kiosque à journaux de l'Université était à elle seule assez révélatrice de l'audience des divers titres dans ce milieu : *Le Devoir* arrivait nettement en tête, suivi de *La Presse* et du *Canada*. Cela ne faisait quand même pas des volumes considérables : un même exemplaire servait fréquemment à deux ou trois étudiants, chacun l'achetant à tour de rôle pour le bénéfice de l'équipe.

À L'ÉCOUTE DES ÉTUDIANTS
. . . .

Si cette jeunesse étudiante faisait du *Devoir* son pain quotidien, elle y trouvait aussi l'écho de ses préoccupations. Le tandem Filion-Laurendeau, et quelques nouveaux collaborateurs, dont Gérard Pelletier, accordaient une attention particulière aux aspirations de la jeunesse. Ainsi Laurendeau reçut-il à deux reprises avec chaleur une délégation du *Quartier latin* et fit-il écho à plusieurs reprises à nos prises de position sur les questions sociales et nationales. Aussi encore, Laurendeau et Filion applaudirent-ils à la création de notre «équipe de recherches sociales» (qui compta jusqu'à deux cents adhérents) dont ils furent parmi les premiers conférenciers, avec les Gérard Picard, les Jean Marchand et d'autres leaders syndicalistes.

C'est sans doute à l'occasion de la fameuse grève de l'amiante de l'année 1949 que la correspondance fut la plus évidente entre *Le Devoir*, qui en avait fait son combat, et toutes les forces de progrès du Québec, plus particulièrement le milieu étudiant (à Laval autant qu'à Montréal). Le bureau de notre équipe de recherches sociales se réunissait quasi tous les jours pour commenter à la fois les reportages de Gérard Pelletier (envoyé spécial du *Devoir* pendant plusieurs semaines dans la région de l'amiante) et les articles éditoriaux de Filion, de Laurendeau et d'autres. Nous décidâmes d'organiser pour la mi-avril (la grève avait commencé le 16 février et devait durer jusque fin mai) une visite de soutien aux grévistes. Nous comptions être une centaine : plus de trois cents étudiantes et étudiants se présentèrent au départ. Nous apportions aux grévistes une impressionnante quantité de denrées, des conserves surtout et le fruit d'une collecte faite à l'Université même et dans nos familles. Nous avions le sentiment puéril et généreux de vivre des journées décisives. Dans le sous-sol de l'église de la petite ville d'Asbestos, près d'un millier de personnes nous attendaient, grévistes et membres de leurs familles. J'ai souvenance de quelques harangues tour à tour émues et enflammées ; un orateur fit même allusion à Jaurès mais tout cela n'alla pas jusqu'à l'Internationale ! *Le Devoir* rendit compte naturellement de notre manifestation.

L'INFORMATION ÉTRANGÈRE

Ce n'est que bien plus tard, à la fin de 1956, que j'entrai au *Devoir* (après deux ans d'études à Paris et cinq ans comme journaliste à *La Presse*), pour y prendre la responsabilité de l'information étrangère — en fait «la sauver», comme m'avait dit Laurendeau — et accessoirement, mais en réalité tout autant, suivre quelques dossiers «nationaux», ce à quoi je tenais. J'arrivais dans un journal aussi riche d'idées et de projets que très pauvre de moyens, dont la réputation était aussi flatteuse que l'impécuniosité, accablante. Cet état de choses faisait que le journal n'avait comme sources d'information étrangère que l'agence Presse Canadienne, dans ses deux versions anglaise (qui relayait une partie de l'Associated Press) et française, essentiellement pour les nouvelles canadiennes et québécoises. Atterré devant pareille misère et consterné par la qualité du français de la «CP» (Canadian Press), j'entrepris d'abord de retraduire ou de réécrire la plupart des dépêches utiles et utilisables venant de cette source, puis par toute sorte de procédés parallèles (y compris le discret et amical concours d'autres agences de presse : on me lisait au téléphone les dépêches les plus importantes) de donner à l'information étrangère un aspect au moins décent sous l'angle du volume, de la présentation, de la diversité. Je peux dire que je m'y employai avec acharnement. Je trouvai ma récompense dans les marques d'appréciation de la direction.

UNE DIRECTION ATTENTIVE

Cela m'amène à souligner la qualité des rapports humains dans la maison, facilitée par le petit nombre de permanents : quatre pour la page éditoriale (Pierre Vigeant et Paul Sauriol, en plus de Laurendeau et Filion) deux correspondants parlementaires, une quinzaine de rédacteurs et reporters (dont deux pour les arts et lettres, deux pour les sports, un chroniqueur municipal, la rédactrice de la «page féminine», Germaine Bernier, et le chroniqueur «économie et finances»), y compris le directeur de l'information et son adjoint, ce qui laissait cinq ou six journalistes pour couvrir l'ensemble de l'information générale. Mais l'ambiance était chaleureuse et la plupart des collègues croyaient en ce journal et étaient disposés à consentir les efforts nécessaires à sa survie et à son rayonnement.

Filion et Laurendeau étaient accessibles en permanence et le second venait presque tous les jours passer quelques moments dans la salle de rédaction, affable, amical, attentif aux propos et commentaires de chacun. J'allais souvent causer avec lui, avec Filion aussi. À ce dernier, je proposai, deux mois après mon arrivée, de publier chaque semaine une page consacrée aux affaires internationales, ce qu'il accepta pourvu que ce fût sans frais : «Chaque fois où un de mes journalistes a envie de travailler davantage et d'innover, je ne peux qu'approuver... étant entendu que cela ne doit pas alourdir les frais du journal!» C'est ainsi que tous les samedis, pendant trois ou quatre ans, je préparais une page entière «Horizons internationaux», qui comprenait une interview (consul ou représentant de tel pays à l'OACI, personnalités étrangères de passage), un résumé ou un extrait d'une déclaration importante faite à l'ONU, d'une convention récente, d'un discours, etc., enfin l'analyse ou le commentaire d'un événement important de la semaine écoulée.

L'ACCORD AVEC LE MONDE

L'effort ainsi accompli dans le domaine de l'information étrangère a permis de corriger une situation paradoxale : on traitait fréquemment et avec bonheur en page éditoriale de questions internationales qui n'occupaient pourtant qu'une place mineure et recevaient un traitement médiocre dans les pages d'information. C'est le même souci d'ouverture sur le monde qui conduisit la direction du journal à conclure avec Le Monde une entente l'autorisant à reproduire les grandes enquêtes, les interviews et les articles de fond publiés dans le grand quotidien français. Connaissant les difficultés financières du Devoir, Beuve-Méry (fondateur et directeur du Monde de 1944 à 1969) avait consenti dans les premières années des conditions particulièrement favorables. Pour notre journal, c'était là pain bénit.

Que d'heures passées à discuter de l'actualité internationale avec André Laurendeau et quelques collègues de la salle de rédaction! Bien que préoccupés d'abord et légitimement des affaires propres au Québec, nous n'étions pas moins sensibles à celles du monde et soucieux de situer notre journal à un niveau convenable quant à l'information étrangère (il convient en toute justice de rappeler qu'il y eut presque toujours dans la page éditoriale du Devoir une préoccupation pour les grands problèmes mondiaux, à partir d'Henri Bourassa jusqu'à Georges Pelletier). Les initiatives que je proposais dans ce sens étaient non seulement bien accueillies mais encouragées et soutenues. Ainsi, je pus obtenir vers 1962 ou 1963 un modeste budget, quasi symbolique, pour créer un «réseau de correspondants étrangers». En fait, il s'agissait de journalistes amis qui acceptaient volontiers de nous envoyer deux fois par mois une «lettre de ... » (Paris, Bruxelles, Washington, Londres, Nations Unies, etc.) où ils expliquaient et commentaient des événements, des tendances, des évolutions qui échappaient à l'information quotidienne; ces sympathiques confrères étrangers acceptaient avec bonhomie le mirifique cachet de 15 $ ou 20 $ que je pouvais leur verser.

Comme certains collègues, je mettais avec plaisir au service du journal les voyages que je pouvais faire à titre personnel à l'étranger. C'est ainsi que me trouvant en vacances à Paris, au moment du référendum de septembre 1958 sur la constitution de la Ve République, j'obtins de l'Agence France-Presse de pouvoir m'installer dans la grande salle de rédaction du siège central, d'où en fin de soirée je téléphonai au journal un long article sur les résultats de cette importante consultation, les réactions des partis, etc. Et Le Devoir publia le lundi matin, en première page, ce texte assorti de la présentation «de notre envoyé spécial à Paris», seul quotidien montréalais qui s'était permis cette folie! les autres s'en étant remis aux agences de presse.

UN RAYONNEMENT ACCRU

Il convient de signaler ici que le rayonnement personnel de Filion et de Laurendeau et l'importance nouvelle accordée à l'information étrangère contribuèrent à la réputation du *Devoir* hors de nos frontières. À partir de la fin des années cinquante, la plupart des universitaires et des intellectuels étrangers de passage à Montréal prenaient contact avec le journal, de même que bon nombre de diplomates et d'hommes politiques. Et c'était pour moi l'occasion d'autant de nouvelles interviews : cela allait de Georges Balandier et de Jacques Bergue à Norodom Sihanouk, de Raymond Aron à Paul-Henri Spaak.

Cet intérêt passionné pour les affaires internationales et le temps que j'y consacrais ne m'éloignaient pas pour autant de la vie politique québécoise qui était entrée dans une phase accélérée de changements. Le retentissant (et quelque peu exagéré) «scandale du gaz naturel» mis au jour par *Le Devoir* et qui devait précipiter la chute du régime, le renouveau du Parti libéral du Québec amorcé par Georges-Émile Lapalme, l'audience de la revue *Cité libre* et celle des grands rassemblements annuels de l'Institut canadien des affaires publiques, étaient autant de signes de l'approche d'une ère nouvelle.

J'avais pour ma part fait accepter l'idée de grandes interviews avec des chefs de file déjà consacrés ou de plus jeunes «qui montaient». Il s'agissait, comme on dirait aujourd'hui, «d'aller plus loin avec...». Une page entière du journal, et même davantage, était consacrée chaque fois à cet entretien. De mémoire, je me rappelle Paul Gérin-Lajoie, étoile montante du PLQ rénové, René Chaloult, Éric Kierans (alors patron de la Bourse de Montréal et déjà féru de politique), nombre d'autres et par-dessus tout, au-dessus de tous, Lionel Groulx. On m'avait également confié le dossier des associations nationales, ce qui allait de la Société Saint-Jean-Baptiste au Conseil de la vie française, en passant par l'ACELF (Association canadienne des éducateurs de langue française). Contrairement à ce que j'avais redouté, j'y ai trouvé non pas des groupes figés (ou «frileux», comme on dirait aujourd'hui) mais des hommes et des femmes à la fois fiers et inquiets, soucieux de préserver l'héritage mais conscients également des nécessaires adaptations, bref réalisme et générosité, avec un sens du service dont on ne trouve plus guère l'équivalent. Et pour tous ces militants, en majorité de petites gens mais combien authentiques, *Le Devoir* représentait à la fois un phare, un garant, un protecteur. J'ai mesuré notamment dans ces circonstances la responsabilité de notre profession, surtout dans un journal comme *Le Devoir*.

LES AMIS DU *DEVOIR*

La ferveur qui régnait alors au journal et la fièvre annonciatrice des changements qu'à la fois nous préparions et nous percevions ne résolvaient pas de soi les difficultés financières. Outre les grandes campagnes de souscription périodiques, il y avait chaque année ou presque l'appel au soutien des lecteurs. Mais la direction, soucieuse de dépasser ce seul aspect de sollicitation, avait suscité une association des Amis du *Devoir* qui se répandit aussi en province et connut pendant quelques années une activité considérable. Il y avait douze, quinze, peut-être vingt sections régionales dont les membres se retrouvaient deux ou trois fois par année pour débattre à la fois de leur journal et des grandes questions d'actualité. Les journalistes de la maison étaient mis à contribution : je me rappelle être allé pour ma part à Hull et à Trois-Rivières, chaque fois revigoré par l'attachement à leur journal des cent vingt à cent cinquante personnes rassemblées à cette occasion.

Et puis, il y avait chaque année le grand rendez-vous sous forme d'un colloque et d'une assemblée générale, dans un hôtel de Montréal, généralement un samedi. Mais la veille, les lecteurs intéressés étaient conviés à visiter le journal, dont les installations vétustes et l'inconfort étaient de nature, paraît-il, à stimuler leur générosité. En tout cas, de 16 heures à 22 heures, ce vendredi soir, il passait bon an mal an dans nos locaux entre cent cinquante et deux cents lecteurs, par groupes d'une vingtaine, guidés par Gérard Filion, Pierre Laporte, Paul Sauriol, plus rarement André Laurendeau (que gênait ce genre d'exhibition), heureux de répondre aux questions et de souligner discrètement notre misère et nos besoins. Le lendemain, le colloque portait à la fois sur l'actualité politique, sur les positions et le contenu du journal, le tout se terminant par le rituel dîner où le conférencier était tour à tour Gérard Filion ou André Laurendeau. Je dois dire que, pour la salle de rédaction, ces journées, où nous sentions l'intérêt attentif et exigeant des lecteurs, comportaient quelque chose de rafraîchissant et de stimulant.

Mais bien plus, ces réunions (auxquelles je participais comme lecteur avant de le faire au titre de la Maison) avaient valeur de laboratoire et de banc d'essai tout à la fois. On y pouvait mesurer très concrètement, année après année, l'influence du *Devoir* dans l'évolution des mentalités et des attitudes, autant qu'on y constatait l'arrivée de nouvelles cohortes de lecteurs, renouvellement non pas surtout en termes de générations mais en fonction de la provenance socioculturelle des itinéraires intellectuels et psychologiques. Entre 1948 et 1960, l'action quotidienne du *Devoir* a fait que le nationalisme est devenu valeur de progrès et d'innovation autant que de fidélité à l'essentiel et que la majorité des nationalistes s'inscrivirent à l'enseigne de la justice sociale et de l'émancipation économique et politique du Québec.

« L'ÉTAT DU QUÉBEC »

Les vocables ne sont pas neutres, tant s'en faut. Aussi faut-il signaler, par exemple, l'importance psychologique et politique de l'introduction dans le vocabulaire courant du terme «État du Québec» à la place de «province». *Le Devoir* n'y fut pas étranger : quelques collègues et moi-même nous employâmes à en répandre discrètement l'usage. Plus tard, faisant une brève incursion dans la fonction publique (la première, en 1962-1963; la seconde fut sensiblement plus longue et plus agréable) en qualité de premier directeur de l'Office de la langue française, je m'efforçai, de toutes les manières, de généraliser l'emploi de «l'État du Québec». Je trouvai en haut lieu une oreille assez favorable : le premier ministre Jean Lesage lui-même y recourait fréquemment dans ses allocutions et discours, mais refusa, malgré mon insistance, d'en faire l'appellation officielle. Du moins, «gouvernement du Québec» vaut-il mieux que «province» dont la réapparition dans les médias depuis quelques années est un signe manifeste de régression.

L'influence du *Devoir* et les attentes qu'il suscitait (les oppositions, aussi, inévitablement, les inimitiés même) se traduisaient également par le volume des renseignements confidentiels qu'il recevait, des interventions qu'on sollicitait, des initiatives qu'on lui suggérait de prendre. Il était dans une large mesure la voix des citoyens et des milieux réduits au silence ou du moins dont la liberté d'expression était restreinte et censurée. Cela valait non seulement pour le secteur public mais pour certaines grandes sociétés privées et aussi, sur un autre plan, pour des communautés religieuses.

Après juin 1960, alors que le Québec respirait librement, que la peur et la délation avaient disparu, ou à peu près, l'influence du journal se manifesta d'une autre façon : des hauts fonctionnaires, des dirigeants politiques, de Québec surtout mais aussi d'Ottawa, consultaient Filion et

Laurendeau, sollicitaient leur avis. Ou encore, gênés ou piqués au vif par tel éditorial, le ministre ou son directeur de cabinet téléphonaient ou suggéraient une rencontre pour s'expliquer ou se disculper. Des universitaires aussi prenaient de plus en plus et avec plaisir le chemin du *Devoir* d'autant que leurs écrits y étaient accueillis avec empressement. Dès la fin des années cinquante, l'afflux de ces textes proposés spontanément commença de poser un problème. Lors d'une réunion du comité de rédaction, il fut convenu de créer une rubrique permanente, deux à trois fois la semaine, en tant que de besoin (elle ne tarda pas à devenir quotidienne) ; je suggérai d'intituler cette page : « Des idées, des événements, des hommes », dont le caractère général permettait, en plus d'y accueillir les textes venus de l'extérieur (principalement d'universitaires et de créateurs, dans un premier temps), de reproduire le cas échéant, en tout ou en partie, des discours, conférences ou déclarations, considérés comme particulièrement significatifs, non seulement dans le cadre national mais aussi sur le plan international.

UNE VASTE TRIBUNE

Ce fut également à cette époque une caractéristique du *Devoir* (que devaient reprendre plus tard, sous des modes variés, la plupart des quotidiens) d'être une tribune pour des dizaines d'intellectuels et d'universitaires, de fonctionnaires sous pseudonymes, de chefs de file du syndicalisme, mais aussi pour des mouvements et associations dont les prises de position sur des questions importantes recevaient grâce au journal un large écho. Cela peut sembler aujourd'hui non seulement normal mais banal : cela n'allait pas, alors, sans quelque mérite. Il n'est pas excessif de considérer que par là aussi *Le Devoir* a largement contribué à préparer et à accélérer la grande mutation des années soixante.

Cette vertu d'accueil, cette ouverture à tous les témoignages, à tous les apports valables de l'extérieur se manifestaient aussi, naturellement, à l'endroit des collaborateurs permanents, des journalistes de la Maison. L'ambiance chaleureuse, la confiance naturelle et je dirais presque une certaine fraternité de combat compensaient largement, à nos yeux, la modestie des rémunérations et des avantages sociaux. Chacun était conscient des difficultés que le journal devait surmonter en permanence sur le plan matériel : au reste, la direction nous informait parfaitement de l'évolution des revenus et dépenses. Et notre petit syndicat (ou plutôt section du syndicat des journalistes de Montréal) en tenait compte dans les négociations périodiques, sachant fort bien les limites imposées par la situation financière. Il fut un temps où les salaires au *Devoir* étaient inférieurs de

30 % à la moyenne de ceux que payaient les autres quotidiens : dès que la situation le permit, l'écart fut ramené à 10 %.

UN MOT ACTUEL DE LAURENDEAU

Avec l'appui de la salle de rédaction, je proposai et obtins l'institution d'un comité de rédaction, officieux mais qui devint fort utile. Une fois par quinzaine, les trois de la « haute rédaction » (Laurendeau, Filion, Sauriol) et trois représentants de « la salle » s'entretenaient pour faire le point, étudier le calendrier de la quinzaine à venir, examiner les projets et les initiatives émanant des deux parties mais surtout de la rédaction. Idées et projets d'enquêtes, de grands reportages, de tables rondes mais aussi la recherche d'une meilleure pénétration du journal, l'amélioration des sources d'information, les liens avec l'association des Amis du *Devoir*, etc. La reprise des grandes enquêtes et l'introduction des grandes interviews furent décidées dans le cadre de ce comité informel de rédaction. C'est ainsi que pour ma part je réalisai au printemps de 1959 une enquête pour le moins ambitieuse (dont le titre me fait sourire aujourd'hui) : « Où va le Canada français ? », en quatorze articles, dont treize interviews et un texte de synthèse : cela allait de Jean-Louis Gagnon à André Laurendeau, en passant par Jean Drapeau, Pierre Elliott Trudeau, Richard Arès, Jean-Charles Falardeau, Michel Brunet, Gérard Bergeron, etc.

Je ne résiste pas à l'envie de citer un extrait des propos d'André Laurendeau qui garde une incontestable actualité, notamment si on remplace « nationalisme » par « souverainisme » ou si on ajoute celui-ci à celui-là :

> Quant au nationalisme, il est bien clair que c'est le mot même qui choque certains, qui les fait se hérisser, pour cette raison que le nationalisme a servi souvent d'alibi au conservatisme et a souvent aussi recouvert des attitudes et des entreprises néfastes pour la nation elle-même. Mais il faut bien remarquer ceci : le type d'arguments trop souvent invoqués contre le « nationalisme canadien-français » peut être repris, et avec combien plus de force, contre le « nationalisme canadien ».

Car comment nier que ce que les Canadiens français ont en commun est infiniment plus fort que ce que tous les Canadiens ont en commun. Et si pour suivre le raisonnement de certains « anti-nationalistes » il faut dépasser ou abolir la solidarité du groupe canadien-français au bénéfice d'un plus « grand ensemble », je ne vois pas que l'on puisse s'interdire logiquement de préférer « le plus grand ensemble nord-américain ». Propos à certains égards prémonitoires et qui à la fois résumaient le sens du combat mené par *Le Devoir* et esquissaient les perspectives sur lesquelles il allait naturellement déboucher.

UNE PÉRIODE SANS ÉQUIVALENT

Pendant cette quinzaine d'années, de 1947 à 1962, *Le Devoir* n'a pas seulement écrit la préface du grand bond du Québec dans la modernité. Il en a été le laboratoire, le lieu d'une recherche ardente, mais plus encore l'artisan principal et le reflet de ce vaste chantier. Il le fut avec la ferveur et la lucidité dans l'inspiration, la pugnacité et la détermination dans l'action sans lesquelles l'entreprise eût avorté.

Il y a eu assurément d'autres phases dans son histoire où *Le Devoir* a largement contribué à écrire certains épisodes importants de la nôtre. Il n'en fut point d'aussi longues ni d'aussi riches que celle que je viens d'évoquer, où il ne s'agissait d'ailleurs pas d'un seul événement, si considérable fût-il, non plus que d'une campagne à objet déterminé, mais de l'émergence d'un nouvel état d'esprit, d'une nouvelle sensibilité, d'une autre lecture du nationalisme, tous changements qui annonçaient, préparaient, et déjà commentaient, l'immense transformation généreuse et tumultueuse des années soixante.

Jean-Marc LÉGER
Directeur du Centre d'études et de recherches
sur l'histoire de l'Amérique française

L'ÉCONOMIE :
UN RENDEZ-VOUS MANQUÉ
1960-1993

Dans le tout premier numéro du *Devoir*, paru le 10 janvier 1910, Henri Bourassa lançait, en page 2, un appel «aux hommes d'affaires». Ce journal sera «un intermédiaire d'annonce de premier ordre» qui «comptera dès le début la **plus forte clientèle** canadienne-française dans la classe la plus **liseuse** et la plus **acheteuse** de Montréal». Et le directeur concluait : «Une annonce dans *Le Devoir* constitue, en soi, une véritable **recommandation auprès du public** et une prime au commerce légitime.»

L'achat d'espaces publicitaires demeurera la contribution attendue des milieux d'affaires au *Devoir* qui doit être, selon la formule du manifeste de La Publicité, rédigé en 1908, «absolument indépendant des partis politiques et de toute influence financière».

Alors que les propriétaires et éditeurs des autres journaux montréalais entretenaient des liens d'affaires avec la bourgeoisie locale, la direction du *Devoir*, jalouse de son indépendance, verra toujours avec une grande méfiance tout rapprochement avec les milieux financiers. L'argent est le premier pouvoir à garder à distance, avec les partis politiques.

Au fil des ans, les questions économiques et financières seront traitées au *Devoir* à partir d'une double perspective très différente selon que le lecteur lit l'éditorial ou qu'il parcourt les pages d'information.

C'est au cours des années cinquante que *Le Devoir* commencera à participer activement aux grands débats économiques. Nommé à la tête du journal en avril 1947, Gérard Filion avait fondé et dirigé en 1944 une mutuelle d'assurances associée à l'Union catholique des cultivateurs (UCC). Le secteur de l'assurance demeurera ainsi durant quatre décennies un domaine privilégié de l'information économique au *Devoir*.

La «section» financière des quotidiens était alors assez sommaire. Des cours boursiers et de ternes communiqués formaient l'essentiel d'une information disparate publiée dans la deuxième moitié du journal.

Les choses allaient changer en 1953 avec l'arrivée de Marcel Clément, nommé responsable de l'information financière au *Devoir*.

Jusqu'en 1970, M. Clément conservera la même formule dans la présentation de l'information financière publiée entre la section «La femme au foyer et dans le monde» et la page sportive.

À l'occasion de ses quarante ans de journalisme, le 25 septembre 1968, Claude Ryan décrira ainsi la journée du premier journaliste financier de langue française au Québec :

> Chaque jour, bon an mal an, il fait la ronde des bureaux et des services du Montréal financier. Rentré au journal vers midi, il consacre de longues heures à la rédaction des pages financières du lendemain. Il apporte un soin particulier à la rédaction de ses «Potins financiers», dont tous les connaisseurs reconnaissent que pour ceux qui savent lire entre les lignes, ils sont souvent de précieux indicateurs d'événements à venir. Il rédige avec une égale application des commentaires portant généralement sur la marche récente de telle ou telle institution financière bien connue. Après quoi M. Clément file généralement, en fin d'après-midi, vers une réunion ou un événement à caractère financier, qui lui permettra de renouer contact avec de vieux amis et d'établir de nouvelles relations dans le milieu.

Derrière une véritable muraille de papiers, portant toujours une visière verte, M. Clément s'efforçait d'apporter à ses lecteurs une vision complète de l'actualité économique et financière. Sa chronique des «Potins financiers» démarrait par un tour d'horizon des Bourses de Toronto, Montréal, New York, Londres et Paris. Il sautait rapidement au niveau local : «C'est au début de la semaine prochaine qu'on annoncera officiellement une transaction impliquant des hommes d'affaires et financiers canadiens français très progressifs [...]» (2 juin 1960). La page est coiffée par une grande analyse provenant la plupart du temps d'un communiqué émis par une entreprise montréalaise ou torontoise. Le journaliste financier ne pouvait alors compter sur des textes en langue française fournis par des agences de presse; tous les articles provenaient de la plume de M. Clément.

Dans sa tournée des courtiers, M. Clément ne demeure pas insensible aux annonceurs. La publicité d'une nouvelle émission d'obligations suivra ou précédera un texte.

M. Clément faisait partie de la rue Saint-Jacques. Lors d'une grande réunion de courtiers au Manoir Richelieu, il apparaît sur la photo voisinant le compte rendu. M. Louis Rousseau, le doyen des courtiers québécois, se rappelle encore aujourd'hui : «Marcel n'était pas un analyste comme le sont aujourd'hui les journalistes financiers. Il rapportait ce qu'on lui confiait et qui paraissait intéresser ses lecteurs. Il n'y avait pas une once de méchanceté dans cet homme.»

Pour l'époque, les pages financières du *Devoir* étaient très complètes : on y publiait même le «Cours des huiles» et la liste des titres miniers «hors liste». Toutes les activités des petits courtiers francophones étaient rapportées en long et en large. *Le Devoir* accordait un traitement privilégié aux nouvelles de l'industrie minière, dont un supplément annuel[1].

Dans ses «Commentaires sur l'actualité économique» — son seul texte signé —, M. Clément donnait déjà aux pages du *Devoir* leur caractère original en suivant de près l'évolution des Canadiens français dans un secteur dominé par la communauté anglophone. Il souligne la nomination de M. J.-R. Jussaume comme «représentant notre groupe ethnique au sein du conseil local de Life Insurance and Trust Council of Montreal». Il applaudit à la nomination d'un francophone qui «a été élevé au poste» de gérant général de Consolidated Paint and Varnish. Il souligne à l'ouverture des bureaux de Merrill Lynch que «plus de la moitié du personnel est bilingue» et que la direction ne veut «rien négliger pour servir la clientèle d'extraction française». Le 2 avril 1965, *Le Devoir* mentionne : «La Sauvegarde s'est hissée au premier rang des compagnies contrôlées par les nôtres.» *Le Devoir* commence alors la publication d'un supplément annuel sur l'assurance où seules les compagnies canadiennes-françaises ont le droit d'annoncer. Cette pratique demeurera jusqu'à la disparition du supplément au milieu des années quatre-vingt.

Le Devoir attache ainsi une importance particulière aux progrès de firmes francophones, concentrées principalement alors au secteur de l'assurance, des banques et du courtage.

Pendant que M. Clément rédigeait la chronique de la rue Saint-Jacques dans la plus fidèle orthodoxie capitaliste, les éditorialistes du journal, en page 4, conservaient un certain scepticisme face aux milieux financiers. Pierre Laporte achètera bien quelques actions en juin 1958, mais c'était pour obtenir la liste des actionnaires de la Corporation de gaz naturel du Québec. Plus du tiers du cabinet Duplessis fut pris en flagrant délit de boursicotage. *Le Devoir* «dénonçait les coquins» qui avaient voulu s'enrichir en utilisant de l'information privilégiée. Ce dossier marquant dans l'histoire du journal renforcera ce sentiment de prudence face au monde financier et boursier. Les éditorialistes manifestaient une certaine indifférence face aux préoccupations de la rue Saint-Jacques à moins d'y trouver une dimension politique et nationaliste. Gérard Filion soulignera, le 19 mai 1962, la création de RoyNat, «une entreprise qui vient à son heure», mais toujours sous l'angle de la montée des Canadiens français dans cette association de deux institutions montréalaises :

> Les dirigeants de la Banque Royale ont été bien avisés de s'associer à une banque canadienne-française pour se lancer dans un tel genre d'opération. Ils y mettent leurs capitaux alors que les dirigeants de la Banque Canadienne Nationale y apporteront une connaissance plus intime du milieu. L'alliance des deux ne peut être que bénéfique.

La critique du régime de Duplessis s'étendra à la politique du développement des «ressources naturelles» qui étaient alors au centre de l'économie québécoise. Filion reprend, le 30 avril 1962, les thèses de René Lévesque :

> Les richesses naturelles sont la propriété de la province donc de tout le peuple québécois. Il appartient au gouvernement de fixer les conditions selon lesquelles elles doivent être mises en valeur. En deuxième lieu, si les richesses naturelles sont la propriété du peuple, elles doivent être exploitées à son bénéfice. Ce qui ne veut pas dire qu'il faille nécessairement avoir recours à l'étatisation. Au contraire, il est facile de concevoir certains modes d'exploitation qui protègent à la fois la propriété privée de l'entreprise et le bien commun de la société. Mais chaque fois qu'il paraît impossible d'arriver à une solution acceptable pour les deux parties, c'est l'entreprise privée qui doit être sacrifiée.

Il ne faut pas quand même aller trop loin et l'éditorialiste ne voit d'ailleurs pas ce que pourrait donner un mouvement d'expropriation des papeteries et des mines. «D'ailleurs, le gouvernement possède une gamme variée de moyens pour forcer les compagnies à tenir compte davantage du bien commun de la population. »

Sans s'opposer au capital étranger, *Le Devoir* favorise une présence autochtone dans le secteur de l'exploitation des matières premières; le 2 avril 1965, Jean-Marc Léger avance le concept de sociétés d'État, partenaires de firmes privées :

> L'inventaire des ressources naturelles encore mal connues doit être le fait de l'État et peut-être conviendra-t-il d'envisager des Régies mixtes (État-capitaux privés) pour l'exploitation future de nos richesses de base. Une politique économique a sa logique interne; celle dans laquelle le gouvernement du Québec s'est engagé le conduira tôt ou tard, sinon à assumer la prise en charge, du moins à exercer un contrôle vigilant sur l'exploitation des richesses naturelles et à y prendre d'importantes participations par l'intermédiaire de sociétés d'État ou mixtes.

Des organismes comme Rexfor, Soquip, Soquia furent créés dans cette logique. Et si les Québécois doivent être présents dans le domaine des richesses naturelles, c'est surtout pour assurer leur transformation au Québec même.

Voilà pourquoi *Le Devoir* sera sympathique au projet de nationalisation de l'électricité. Le 16 mai 1962, Paul Sauriol invite les libéraux à mettre fin aux rumeurs de nationalisation et à passer à l'action :

> Le principal motif c'est que l'énergie hydro-électrique est au Québec la clé de toute l'industrialisation, le moteur essentiel de notre vie économique. Or cette vie économique de la province échappe dans une large mesure à l'influence canadienne-française ; il importe donc que l'électricité, à cause de son rôle éminent, soit sous la gestion de la collectivité représentée par l'État provincial.

On est loin d'être convaincu que l'entreprise privée puisse, seule, mener à bien ce projet d'industrialisation. Lorsqu'il s'agit de voir qui de l'État ou du secteur privé doit récupérer le bois sur le territoire qui sera inondé par la construction du barrage Manic 5, *Le Devoir*, sous la plume de Jean-Marc Léger, appuie Bona Arsenault, ministre des Terres et Forêts, dans un éditorial du 24 avril 1961 :

> Le gouvernement lutte contre de puissants intérêts dans cette entreprise. Il est probablement le seul qui soit en mesure de mater les opposants. Il sera nécessaire, pour les raisons exposées plus haut, de réglementer la vente et la distribution du bois de la Manicouagan. Il faudra peut-être l'entreposer, attendre le moment favorable pour en disposer. On ne saurait demander à l'entreprise privée d'ajouter ce risque à ceux qui sont déjà inhérents à ce projet de récupération. On ne saurait non plus prendre le risque que l'entreprise privée ne respecte pas son contrat. Les conséquences seraient trop graves sur le marché du bois.

Parallèlement, Gérard Filion donnera un appui chaleureux au projet d'une sidérurgie québécoise qui serait essentielle à la survie de plusieurs entreprises : Bélanger, la Fonderie de l'Islet, Forano, etc.

Laissée sans encadrement, l'entreprise privée ne peut travailler dans le sens des intérêts du Québec, écrit Filion, le 6 mai 1961, dans « Un risque qu'il vaut la peine de prendre » :

> Si le gouvernement allait abandonner à l'initiative privée le soin de jeter les fondements d'une industrie lourde, ce serait accentuer la colonisation économique dont nous sommes à la fois les victimes et les bénéficiaires. Si au contraire le gouvernement est disposé à poser un geste favorable à l'autonomie économique de la province, il lui faudra prendre un risque et poser un geste concret. Sous quelle forme ? Ce ne sont pas les formules qui manquent.

La première qui vient à l'esprit est celle d'une régie mixte : capitaux privés, capitaux publics, avec direction mixte. Si le gouvernement répugne à prendre lui-même une participation au capital d'une société sidérurgique, peut-être pourrait-il le faire par l'intermédiaire de l'Hydro-Québec qui sera forcément appelé à fournir l'énergie.

Sous cette lancée sera créée Sidbec quelques années plus tard.

Filion reprend à son compte l'idée «de la création d'une immense société de gestion sur le modèle de la Société générale de Belgique». L'année suivante, naîtra la Société générale de financement (SGF) dont Filion deviendra aussitôt président.

Le directeur du *Devoir* se sent beaucoup plus à l'aise avec les thèmes de la politique économique des conservateurs à Ottawa : «décolonisation économique du Canada, reprise en main de notre économie, conditions onéreuses imposées aux activités des filiales des compagnies américaines, encouragement à l'épargne des Canadiens et à l'investissement au pays».

Filion dénonce la vision des libéraux dans son texte du 29 avril 1961 :

Avec les libéraux au contraire, c'est l'euphorie qui continue. Les Canadiens dépensent le plus qu'ils peuvent et recourent aux capitaux étrangers, sous forme de machines ou sous forme de devises pour développer des industries primaires et secondaires [...] Mais le fait n'en reste pas moins que des sociétés américaines s'arrangent pour vider notre pays de ses matières premières au détriment d'industries secondaires qui pourraient s'y établir.

Défenseur de l'intérêt économique de la collectivité, l'État doit intervenir dans l'économie. Le 14 avril 1961, Jean Lesage dépose un budget avec un déficit de 175 millions de dollars. L'éditorial du *Devoir* du lendemain est intitulé : «Enfin un déficit».

Enfin, nous aurons un déficit. Ce n'est pas un cri de joie, mais un soupir de soulagement.
L'ancien gouvernement nous avait inculqué la religion des surplus. Pour que la province soit bien administrée, il fallait que les revenus excèdent les dépenses et que la dette diminue constamment. À ce compte, l'État provincial aurait fini par ne plus devoir un sou à personne.
Pourtant l'expérience démontre qu'une administration publique, si elle veut progresser, doit avoir recours à l'emprunt. Pas pour ses dépenses courantes certes, car elle s'habituerait à vivre ainsi au-dessus de ses moyens; mais pour des investissements publics.

Si l'appui du *Devoir* à la création des grands leviers économiques demeurera indéfectible, même jusqu'à la mise sur pied de la Régie de l'assurance-automobile et de l'acquisition du contrôle d'Asbestos Corp., le journal demeurera très près des grands mouvements socio-économiques comme le syndicalisme et le coopératisme.

En 1949, la grève d'Asbestos avait polarisé l'opinion publique québécoise : d'un côté des travailleurs mal traités, appuyés par les intellectuels, et de l'autre une multinationale étrangère qui comptait sur *l'establishment* politique et le haut clergé. Mais l'évolution de la Confédération des syndicats nationaux vers le militantisme politique ne plaisait pas au nouveau directeur du *Devoir* depuis 1964, Claude Ryan, qui écrivit l'année suivante :

> On ne saurait trop souligner, cependant, que l'une des plus sérieuses erreurs de la CSN, au cours des dernières années, ce fut peut-être de laisser un certain «idéologisme» verbal se substituer sans résistance suffisante à un véritable travail d'éducation politique, sociale et économique en profondeur. La centrale que dirige M. Pépin avait naguère ouvert des voies intéressantes en matière de formation de ses dirigeants et de ses militants. Au lieu de procéder, le moment venu, à des rajeunissements pédagogiques nécessaires, on a préféré laisser décliner le service d'éducation et engloutir des sommes énormes dans une propagande qui a beaucoup contribué, par un implacable retour des choses, à créer l'image défavorable qui handicape aujourd'hui l'action du mouvement dans plus d'un milieu.

Le rôle des syndicats devait se limiter à la négociation d'une convention collective et à l'éducation de ses membres.

Du côté du mouvement coopératif, *Le Devoir* sera le journal québécois qui accordera le plus d'importance aux activités des Caisses populaires. Chaque année, un journaliste assurera la couverture des assises du Mouvement Desjardins dont les grands thèmes seront commentés en page éditoriale. Le 16 juin 1965, Ryan brosse un tableau de l'évolution des Caisses vers des institutions dans le domaine de l'assurance et de la fiducie : «Nous saluons avec d'autant plus de plaisir cette fondation que *Le Devoir*, en particulier, a été très heureux, ces dernières semaines, de recourir aux services du nouvel organisme[2].»

Pour Ryan, les Caisses doivent gérer leurs fonds de façon plus active :

> Ces faits illustrent qu'un rôle nouveau est en train de s'ouvrir pour les Caisses dans l'économie québécoise. Elles participeront de plus en plus, à l'avenir, à la fonction d'investissement qui est l'un des moteurs principaux du développement économique et social. Par l'importance des capitaux qu'elles réunissent, et surtout par les principes de service et d'humanisme qui les animent, les Caisses joueront à cet échelon un rôle d'orientation qui sera souvent décisif[3].

En ce qui a trait à la gestion de l'économie dans son ensemble, *Le Devoir* partage la vision d'une première génération de grands commis de l'État : à l'exemple de la France, le Québec doit choisir la planification et la concertation.

Pour Ryan, «la faiblesse fondamentale de l'économie canadienne réside dans sa trop grande dépendance vis-à-vis le commerce extérieur et les capitaux étrangers». Il écrit le 26 juin 1962 dans un de ses premiers commentaires au *Devoir*:

> Il faut un programme de planification à long terme de l'économie canadienne. Il faut une mise en commun de tous les apports valables, celui de l'entreprise privée, celui des syndicats, et enfin celui des experts que le gouvernement actuel a peut-être trop laissés de côté.

Dans son fameux éditorial intitulé «1910-1970 : *Le Devoir* d'hier et d'aujourd'hui», le directeur du *Devoir* prendra au début des années soixante-dix une attitude plus critique face à ces nouveaux pouvoirs :

> Le syndicalisme, par exemple, n'est plus, malgré ses protestations, le parent pauvre de naguère. Il est devenu à son tour un «establishment» aussi confortablement installé que bien d'autres et qui doit être soumis, en raison de cette situation nouvelle, à une critique rigoureuse. L'État n'est plus, de son côté, la force démunie et honnie qu'il était jadis. Il est devenu la plus colossale de nos entreprises et ses ramifications s'étendent désormais si loin qu'il faut songer souvent à les empêcher de s'étendre plutôt qu'à les multiplier. Le rôle du *Devoir* dans cette situation n'est pas d'être l'allié et l'apologiste à tout prix du syndicalisme et de la puissance étatique. C'est d'être une voix libre qui pense d'abord au bien réel du peuple et qui dit à chacun, sans contrainte, les faits et les choses comme il les voit [4].

Tout au long des années soixante, *Le Devoir* s'intéressera à la croissance des quelques grandes entreprises appartenant à des Québécois de langue française : il attirera l'attention des gouvernements lorsque des firmes comme l'Industrielle-Vie ou Vachon Inc. furent sur le point d'être cédées à des intérêts américains.

Au cours des quarante dernières années, aucun des directeurs du *Devoir* n'a fait de l'économie son cheval de bataille principal. C'est un membre de l'équipe éditoriale davantage porté vers les «questions de chiffres» qui établissait les positions du journal dans ce domaine. Au tournant des années soixante-dix, Claude Lemelin assumera ce rôle.

Lemelin reprendra à son tour la vision technocratique de l'économie des années soixante mais sous un angle fédéral : sans être fermé aux investissements étrangers, le Canada doit se doter d'une politique de développement régional car c'est l'Ontario qui uniquement s'industrialise avec ces capitaux venus d'ailleurs. Sans aucun complexe, Lemelin fit, le 10 février 1970, une longue intervention devant le Comité de la Chambre des communes sur les affaires extérieures et la défense.

L'éditorialiste du *Devoir* plaida en faveur «d'une tradition canadienne oubliée : la planification». Ce n'est pas aux étrangers qu'il faut s'en prendre mais à l'absence de politique économique du gouvernement pour canaliser ces investissements[5]. L'objectif premier doit être le développement économique, non le simple rapatriement de la propriété.

> En outre, il est abusif de soutenir que l'ensemble des mesures requises pour réduire graduellement l'emprise des étrangers sur l'économie canadienne doit nécessairement ralentir le rythme de croissance de celle-ci. Au contraire, les gains d'efficacité qui résulteraient d'une restructuration de nos principales industries pourraient accélérer leur expansion et accroître leur potentiel de développement. Enfin, cette réorganisation de l'économie permettrait de modifier radicalement sa structure géographique : certaines industries, présentement éparpillées à travers le pays, pourraient être concentrées au Québec, au Manitoba ou dans les provinces de l'Atlantique[6].

Il concluait en lançant l'idée de cinq grandes sociétés régionales de développement dotées chacune d'un capital de 100 millions de dollars. Ces sociétés régionales feraient l'acquisition de firmes, souvent étrangères, pour les dynamiser avant de les remettre au secteur privé[7].

Selon Lemelin, ce ne sont plus les capitaux qui manquent mais «la technologie et l'organisation industrielle». Le 17 mars 1972, il commente ainsi en bloc-notes les résultats de la Caisse de dépôt :

> À force de bomber le torse chaque fois que le Mouvement Desjardins, la Caisse de dépôt, les banques à charte québécoises et autres institutions financières s'enflent de nouveaux millions, nous devrions enfin comprendre que l'insuffisance de l'épargne, la carence de capitaux, sont désormais de fausses contraintes.
> Il en va autrement de la technologie et de l'organisation industrielle. Voilà des contraintes singulièrement agissantes chez nous ; mais tout comme nous avons pu lever les contraintes financières, nous pouvons lever celles-là.

Mais dans les vingt années qui suivirent, *Le Devoir* ne se préoccupera guère, en page éditoriale du moins, de ces contraintes agissantes de «la technologie et de l'organisation industrielle».

Dans les pages d'information, le départ de Marcel Clément en 1970 amena l'arrivée de rédacteurs plus jeunes et surtout mieux formés sur le plan académique.

L'apparition d'un concurrent, *Le Jour*, en 1974, fouetta l'ardeur des journalistes. Un troisième journaliste fut affecté aux pages économiques. L'équipe de *La Presse*, où dominaient alors Claude Beauchamp et Robert Pouliot, livrait également une chaude lutte dans la course aux manchettes. On vit alors des situations ironiques. *Le Devoir* se retrouva un jour presque seul à une conférence de presse d'Alfred Rouleau, président du Mouvement Desjardins, alors que le reporter du *Jour* assistait à une présentation de... la Banque Royale.

En 1975, *Le Devoir* obtint une copie du rapport Titley qui préconisait une plus grande ouverture aux capitaux étrangers. En page éditoriale, Laurent Laplante asséna un coup fatal aux conclusions du document qui ne fut jamais appliqué.

L'arrivée au pouvoir du Parti québécois devait être suivie de fortes pressions des milieux financiers, surtout anglophones. Les journalistes financiers du *Devoir* s'efforceront alors de dissiper les peurs que les départs ou menaces de départs de sièges sociaux soulevaient chez les lecteurs. Les conférences de presse des dirigeants d'entreprises donnaient lieu à des questions très différentes de la part des journalistes francophones par rapport à leurs collègues anglophones. Le débat autour de la loi 101 divisait la salle de rédaction : le «pupitre» était farouchement contre le projet de Charte de la langue française, et tout matériau financier pouvant discréditer les thèses de Camille Laurin était le bienvenu.

Mais les quatre journalistes aux pages économiques n'hésitaient pas à présenter des points de vue moins «apeurants» que ceux qui faisaient la «une».

C'est à cette époque qu'apparut une nouvelle génération de gens d'affaires francophones. *Le Devoir*, qui consacrait, chaque mercredi, la première page du second cahier à l'économie, travaillera à la création de ce réseau de vedettes du monde des affaires : Jacques Gagnon, Alfred Hamel, les frères Perron d'Abitibi, etc. Ces témoignages d'entrepreneurs devaient donner confiance aux Québécois. Avec le départ de plusieurs firmes anglophones, «une nouvelle garde montante» de langue française semblait prête à prendre la relève.

Mais la direction du *Devoir* demeurait loin des débats économiques. Dans son éditorial d'adieu, en janvier 1978, Claude Ryan parle de l'évolution du Québec et de son journal sans dire mot des changements économiques.

De tous les journaux d'Amérique, *Le Devoir* est celui qui, toutes proportions gardées, attache la plus grande importance aux valeurs intellectuelles et à la vie de l'esprit. Cela explique la qualité professionnelle que l'on y trouve habituellement et la considération universelle dont il jouit dans les milieux qui s'y connaissent.

Mais «les milieux qui s'y connaissent» ne semblaient pas laisser une grande place à l'économie, à la finance et à la technologie. Sous la plume de Jean-Claude Leclerc et de Laurent Laplante, *Le Devoir* prendra des positions progressistes dans des dossiers à caractère économique, mais sous l'angle des valeurs sociales collectives.

C'est ainsi que *Le Devoir* s'intéressera de près au développement régional, à l'avenir de Montréal, à l'industrie de la construction et à la formation de la main-d'œuvre.

Mais ces dossiers étaient toujours traités à l'extérieur d'un cadre économique et financier très précis. La perspective était davantage celle des bureaucrates que des milieux d'affaires. Les notions de compétitivité et de comparaison avec l'extérieur étaient souvent absentes.

Au moment du référendum de mai 1980, trois des quatre éditorialistes appuient le «oui». L'éditorialiste chargé des questions financières écrit que c'est «le meilleur choix économique».

Deux directeurs allaient, au cours des années quatre-vingt, tenter d'insuffler un nouveau dynamisme aux pages économiques. À son arrivée au journal, en 1981, Jean-Louis Roy annonce «un ordre de référence pour aujourd'hui». Il parle des interrogations du lecteur du *Devoir* en tant que «consommateur, d'usager des services publics, des services de loisir» mais ne dit rien de ses vues sur l'économie.

Le menu économique restera mince. Le débat constitutionnel et l'opposition à Pierre E. Trudeau allaient occuper au *Devoir* tout le champ des grandes préoccupations de la première moitié des années quatre-vingt. «Le gouvernement fédéral est en partie responsable de ce qui nous arrive», écrit Roy en avril 1982 en proposant «une discipline budgétaire plus rigoureuse». *Le Devoir* appuie entièrement le rappel à l'ordre lancé par le président de la Banque de Montréal, M. Bill Mulholland. Quelques mois auparavant, Roy commentait «l'impasse économique» dans laquelle se trouvait le Québec.

> Il faudra, dans un tel contexte, exiger des secteurs publics et privés un effort de productivité sans précédent, nettoyer l'État de ses excroissances non essentielles et s'assurer que les investisseurs trouveront au Québec un climat et des conditions favorables. Enfin, cet État allégé pourrait reconsidérer ses options entre une politique expansionniste et une politique restrictive [8].

Le directeur du *Devoir* écarta du revers de la main les propositions de
Mgr Rémi de Roo qui, au nom des évêques canadiens, proposait une vision
plus humaine de la croissance économique.

En fait, selon Roy, la réalité économique du Québec n'est pas tellement différente de celle des autres provinces.

Qu'il s'agisse de la dépendance des marchés internationaux, de la difficulté
d'harmoniser les politiques fédérales et provinciales, de l'effort d'ajustement
aux nouvelles exigences scientifiques et technologiques, du souci de formation et de recyclage de la main-d'œuvre et des formules retenues à cette fin,
de la place des petites et moyennes entreprises dans les économies provinciales, de la volonté de mieux coordonner les activités des intervenants économiques, du souci d'alléger le poids de l'État, la situation du Québec et les
solutions retenues par son gouvernement apparaissent largement communes
à celles des autres États de la fédération[9].

Si la pensée économique du *Devoir* ne brille pas par son originalité, la
direction du quotidien multiplie les efforts pour renforcer les pages économiques : une nouvelle section quotidienne, « *Le Devoir* économique », paraît
le 16 avril 1984. Cinq journalistes travaillent à la rédaction de textes dans
des créneaux assez précis.

Lorsqu'il prend les commandes du *Devoir*, en août 1986, Benoit
Lauzière affirme son intention de poursuivre la tradition de l'institution.
Tout comme son prédécesseur, Lauzière écrira peu sur les questions de
nature économique. *Le Devoir* appuiera le traité de libre-échange entre le
Canada et les États-Unis qui est « dans l'ensemble un bon contrat » (éditorial du 17 novembre 1988). Peu de nouvelles idées économiques sortent des
pages éditoriales du *Devoir* : c'est une vision plutôt conservatrice qui se
dégage de l'appui à des mesures de rigueur souvent aux dépens des citoyens
moins nantis. Tout doucement, la vision éditoriale du *Devoir* glisse d'une
perspective étatique et collective vers des points de vue finalement assez
voisins de ceux des grandes entreprises privées.

Promu éditorialiste, l'ancien directeur de l'information, Jean Francœur,
rédige de nombreux articles sur les régimes de rentes et sur la santé et la
sécurité au travail. Dans ses pages économiques, le journal fait une large
place aux émissions de régime d'épargne-actions (REA) et aux nouvelles
figures du monde des affaires, qui connaissent une période de huit années
de prospérité après la correction de 1981.

La popularité des magazines incite la direction à ajouter au *Devoir*
économique un mensuel imprimé sur papier glacé. L'expérience durera
quatre ans sous la direction principalement de Michel Lefèvre.

En mars 1987, la direction prend la curieuse décision de scinder l'information économique et financière. Pour des questions de logistique dans le journal, l'actualité boursière précède de quelques pages la section intitulée « La vie économique ». Cette décision est le prélude à la suppression en 1990 de la publication quotidienne des cours de la Bourse. Le *Devoir* est revenu aujourd'hui à la situation existant à la fin des années soixante-dix : cinq journalistes rédigent une ou deux pages quotidiennes sans compter le cahier hebdomadaire, qui paraît désormais le samedi. Le pari d'une information économique plus étendue n'a pas donné les résultats escomptés. L'option choisie est de donner l'essentiel des nouvelles économiques ; les lecteurs désireux d'avoir une information plus complète iront de toute façon dans un journal spécialisé.

Le but ultime du *Devoir*, « le progrès moral et matériel des Canadiens français », n'a été que partiellement atteint. La position relative de l'économie québécoise s'est détériorée quelque peu au cours des quatre dernières décennies. **Mais que serait le Québec aujourd'hui si un média d'information aussi influent sur les élites québécoises que *Le Devoir* avait choisi comme une de ses priorités le développement de l'économie, de la recherche et de la technologie ?** Les Québécois de langue française auraient-ils pu surmonter l'insécurité économique qui les empêche de faire un choix politique ?

Le Devoir demeure un journal lointain pour les gens d'affaires. L'élite d'affaires francophone y a investi plus d'un million de dollars au cours des dix dernières années ; ces dons n'ont pas été suivis d'un engagement véritable dans la vie et la pensée de l'institution. On y veut bien des fonds des gens d'affaires mais pas de leurs idées. Pourtant, à y regarder de près, les positions du *Devoir* en matière économique ne sont pas, durant les années quatre-vingt, très éloignées de celles des ténors du secteur privé. Le Québec n'échappe pas au courant de fusion idéologique à l'échelle internationale.

Désigné président du conseil de L'Imprimerie populaire, en octobre 1986, Laurent Picard affirmait que *Le Devoir* devait reprendre son rôle de combattant et ne plus se borner à la diffusion de l'information : « le combat » serait de s'engager vigoureusement dans la promotion des intérêts commerciaux et industriels de Montréal[10]. L'absence évidente de leadership francophone dans le développement économique de Montréal n'a jamais été une grande préoccupation pour la direction du *Devoir* au cours des dix dernières années.

Passionné par la politique et la culture, le lecteur moyen du *Devoir* ne s'intéresse que légèrement à l'économie et à la finance. La direction du

Devoir n'a jamais fait de l'économie une priorité réelle du journal. Le directeur du *Devoir* préfère présider aux grands débats de société sur les arrangements constitutionnels, les questions linguistiques et le système d'enseignement. Certes, ces enjeux ont un impact profond sur l'économie, mais c'est à partir d'une vision plutôt intellectuelle que l'analyse éditoriale est effectuée dans le domaine économique. Comme une grande partie des nouvelles élites québécoises, aucun des directeurs du *Devoir* des trente dernières années n'a effectué de séjour prolongé dans l'entreprise privée et dans un milieu d'affaires concurrentiel.

La tradition d'indépendance éditoriale du *Devoir* demeure. Mais le journal a plus travaillé au progrès «moral» que «matériel» des Canadiens français. Les successeurs d'Henri Bourassa n'ont pas assumé en matière économique et financière le leadership qu'ils ont pris dans les débats sur la Constitution, la culture et la langue. Tout en appuyant l'institution parce qu'elle fait partie du décor politique québécois et apporte parfois un point de vue plus fouillé et plus critique, une bien petite minorité de gens d'affaires se retrouve dans la pensée éditoriale du journal.

Au cours des toutes prochaines années, *Le Devoir* devra trouver de nouvelles ressources financières. Un des scénarios envisagés sera d'établir sur de nouvelles bases l'indépendance du journal par rapport à la propriété de ses actions et au contrôle de l'éditorial et de l'information.

Le Devoir peut-il se rapprocher des gens d'affaires, assumer son rôle non seulement de vigie mais de «fomentateur» de débats économiques à l'intérieur des périmètres budgétaires et intellectuels acceptables au sein d'un groupe de presse?

La direction du *Devoir* pourra-t-elle intégrer dans ses priorités le nouveau vécu économique et financier des Québécois sans aussi devenir un haut-parleur des milieux d'affaires? L'injection de capitaux par un groupe financier (et la cession d'un pouvoir correspondant) empêcherait-elle *Le Devoir* de prendre l'initiative dans des débats fondamentaux sur le partage du travail, l'avenir des programmes sociaux, le rôle de l'État dans un Québec plus autonome, la mutation des économies régionales, etc.? Le conseil d'administration et la direction du *Devoir* devront redéfinir, dans le cadre du Québec au tournant de siècle, ce que doit être «l'essentiel à préserver» pour *Le Devoir*. Que signifie aujourd'hui «l'indépendance face aux pouvoirs financiers» dans un environnement concurrentiel impitoyable à l'échelle internationale?

Fort heureusement, l'Histoire, au *Devoir* et ailleurs, ne se répète pas. Chaque génération et chaque direction du journal choisissent d'inventer quelque chose de différent ou d'entretenir l'illusion de perpétuer l'état des choses.

Michel NADEAU
Responsable des pages économiques au *Devoir* de 1974 à 1984
Éditorialiste de 1979 à 1984
Premier vice-président de la Caisse de dépôt et placement du Québec

---

1. Au milieu des années soixante-dix, *Le Devoir* publiera chaque semaine une page complète de nouvelles minières. Ryan acceptera le projet à la condition que le journaliste trouve les annonceurs... « *Le Devoir* n'est pas une communauté religieuse », rétorquait-il à ceux qui critiquaient cette pratique. C'est dans cette page que parut un *scoop* important sur les projets sud-américains d'une grande compagnie canadienne ; cette nouvelle fut reprise par tous les médias de Wall Street.

2. Le directeur du *Devoir* sera moins heureux quelques années plus tard avec les piètres résultats des fonds mutuels, Les placements collectifs, dont il avait acquis des unités.

3. *Le Devoir*, 16 juin 1965.

4. *Le Devoir*, 10 janvier 1970.

5. Lemelin, tout comme Ryan, voyait cependant d'un mauvais œil les capitaux étrangers dans le monde de l'édition. (Dossier Hachette — CEC, Ryerson Press, éditions canadiennes de Time et Reader's Digest, etc.

6. *Le Devoir*, 25 novembre 1970.

7. Quelques années plus tard, le gouvernement fédéral créera la Corporation de développement du Canada (CDC), qui jouera ce rôle durant une dizaine d'années.

8. *Le Devoir*, 28 décembre 1981.

9. *Le Devoir*, 7 avril 1984.

10. *La Presse*, 5 octobre 1989, p. B-7.

«FAIS CE QUE CROIS»
LA RELIGION APRÈS 1960... LE DÉCLIN

La religion dans l'institution. La religion dans l'information. Conclusion.

Avec la nation, la religion, et plus particulièrement le catholicisme, a été au cœur et au fondement même du journal *Le Devoir*. Jusqu'aux années 1960, cette dimension originelle de son projet n'a jamais été remise en question. Les changements se sont produits à compter de cette date, comme, du reste, dans la société en général. Ceux-ci seront examinés ici sous deux angles : la place qu'a occupée la religion depuis 1960, d'abord dans la définition même de l'institution puis, ensuite, dans l'activité journalistique proprement dite, et au premier chef, dans l'information.

LA RELIGION DANS L'INSTITUTION

Henri Bourassa, indubitablement, a fondé un journal catholique. Mais *Le Devoir* n'a jamais été catholique pour avoir appartenu à l'Église, mais parce que le fondateur a voulu «qu'en matière religieuse, il [soit] soumis de cœur et d'esprit à l'autorité de l'Église». Il l'était aussi par ses objectifs : ainsi, *Le Devoir* de 1910 entendait aider le peuple canadien-français à pratiquer «ses devoirs nationaux», au premier rang desquels se trouvait la «conservation de sa foi». Il se proposait ainsi de «rechercher la solution au problème social dans l'application des principes catholiques tels qu'exposés par Léon XIII [...] ». Il voulait aussi «arrêter l'envahissement des fausses doctrines sociales et religieuses non par la seule négation, mais par

des réformes réelles et nécessaires, qui prouvent au peuple que le catholicisme n'est l'ennemi d'aucun progrès véritable». En politique provinciale,
Le Devoir de 1910 prônait le «respect de l'autorité de l'Église [...] dans
l'enseignement public[1]».

Tel est, en matière religieuse, l'héritage originel et fondamental
d'Henri Bourassa que ses successeurs ont eu à réinterpréter. Ainsi, en avril
1947, Gérard Filion vient d'accéder à la direction. Pendant huit jours, il
présente son programme. Dans le dernier de ses éditoriaux, il expose les
objectifs qu'il fixe au Devoir «comme journal catholique», mais en faisant
l'importante distinction suivante[2] :

> Il existe deux sortes de journaux catholiques. Les uns sont la propriété de
> l'autorité diocésaine, qui en inspire et en censure les articles; les autres
> appartiennent à des laïques qui mettent leur plume au service des causes
> catholiques, mais qui gardent leur liberté d'opinion sur toutes les questions
> qui ne relèvent pas de la foi ou de la morale.

Pour Gérard Filion, Le Devoir appartient à la seconde catégorie. Le
journal qu'il dirige est «d'inspiration catholique» et il s'en remet même à
l'histoire pour juger «laquelle des deux formules aura donné les meilleurs
résultats[3]». Il dispose, pour légitimer sa position, de deux arguments:
d'abord, les derniers papes se sont prononcés pour cette presse d'«inspiration catholique»; ensuite la doctrine officielle de l'Action catholique
élaborée entre les deux guerres confirme «le rôle éminent» que doivent
jouer les laïcs. Bref, Gérard Filion proteste de sa

> soumission complète à l'Église dans les matières de dogme, de morale et de
> doctrine sociale, mais cette indépendance sur les question dites profanes,
> nous entendons, insiste-t-il, les continuer avec le même profond attachement
> à l'Église, le même respect envers l'autorité religieuse que nos prédécesseurs.

Mille neuf cent soixante. Gérard Filion revient longuement sur le
rapport entre Le Devoir et l'Église à l'occasion du cinquantième anniversaire
de fondation du journal. «Ce journal peut-il être qualifié de catholique?» se
demande-t-il. Il puise la réponse dans l'étude «lumineuse» de l'archevêque
de Bologne, le cardinal Lercaro, présentée au troisième congrès de la presse
catholique. On peut, selon le cardinal, considérer

> comme presse catholique, celle qui est publiée sous leur propre responsa-
> bilité, par des partis, des syndicats, des hommes ou des organismes d'inspi-
> ration chrétienne. Ces publications, qui veulent être conformes aux
> enseignements religieux et moraux de l'Église, peuvent se dire, dans un
> certain mais véritable sens, catholiques. Ce sont des activités des laïcs en vue
> de cette «consecratio mundi» qui est leur tâche propre[4].

Gérard Filion a de bonnes raisons d'insister publiquement sur cette question. Il en sait maintenant d'expérience l'importance stratégique. Depuis treize ans, il a vécu un certain nombre d'incidents, dont certains, écrira-t-il trente ans plus tard, auraient pu conduire à un dénouement tragique.

Avec le recul du temps, je me suis souvent demandé ce qui serait advenu du *Devoir* dans l'hypothèse d'une mise en garde de l'Assemblée des évêques à l'adresse du clergé et des fidèles. Sûrement une perte de tirage de quelques milliers d'exemplaires, une interdiction d'abonnement et de lecture dans un grand nombre de communautés, surtout de femmes, et dans plusieurs collèges. À l'intérieur de la maison, désarroi certain. J'aurais quitté et Laurendeau suivi. Au conseil d'administration, plusieurs départs. Qui aurait accepté de prendre la relève dans ces conditions[5]?

Le Devoir était certes juridiquement indépendant de l'épiscopat, mais le lien moral était là et incontournable. Ces propos de Gérard Filion le confirment. Aussi, en janvier 1960, à l'aube de la Révolution tranquille, est-ce sur un autre terrain que le directeur porte le débat : celui du pluralisme de la pensée et de l'opinion qu'il s'agit maintenant de légitimer. Il y a bien sûr, écrit-il, «les dogmes qui sont d'obligation».

Mais en dehors des vérités transcendantes, le champ livré à l'investigation de l'esprit humain, à la controverse et même à la polémique est illimité. C'est une loi de l'esprit humain que la vérité se dégage difficilement de la gangue qui l'emprisonne ; elle se libère progressivement sous l'action de ce broyeur impitoyable qu'est la discussion [...]. La discussion est une loi du progrès à l'intérieur comme à l'extérieur de l'Église. Le refus de nous y conformer finira par nous enfermer dans une espèce de ghetto intellectuel.

Et de houspiller ces «quelques-uns qui ont la hantise de l'hérésie» et qui «sortent leur balance de précision pour peser des chiures de mouches et s'arment de leur microscope pour identifier et isoler le virus de l'erreur». De toute façon, conclut-il, le danger de notre milieu, ce n'est pas l'hérésie, mais l'indifférence!

Il n'a pas tort de se préoccuper de ceux que hante l'hérésie. Presque au même moment en effet, un évêque commande à deux dominicains français, théologiens de leur état, un «rapport confidentiel» sur le journal. *Le Devoir* passe le test de l'orthodoxie doctrinale, mais, tranchent-ils, il souffre «d'une nette insuffisance dans l'ordre de la pensée[6]»!

Gérard Filion quitte *Le Devoir* en 1963. Le choix de Claude Ryan pour lui succéder n'est sans doute pas étranger aux préoccupations générales du directeur sortant sur les relations du journal avec l'Église. Le premier biographe de Ryan l'affirme. Évoquant le climat qui prévaut en ce début des années 1960, Aurélien Leclerc écrit que M. Filion se cherche «un remplaçant qui soit à la fois acceptable à l'Archevêché et dont la pensée se situe dans les grandes lignes du *Devoir*». Il présente Claude Ryan «comme un des laïcs les plus près du cardinal Léger[7]». Il jouit à coup sûr de la confiance de l'épiscopat puisqu'il est depuis plus de dix-sept ans secrétaire général de l'Action catholique canadienne.

Claude Ryan succède à Gérard Filion en mai 1964. Contrairement à son prédécesseur, le nouveau directeur a peu à dire sur les relations du journal avec l'Église. Au lendemain de son entrée en fonction, il écrit simplement :

> Aux lecteurs du *Devoir*, j'exprime ma détermination d'être fidèle aux intentions de notre fondateur. Henri Bourassa a voulu faire du *Devoir* un organe indépendant, consacré à la diffusion des principes chrétiens et à la défense des Canadiens français.
>
> Ces objectifs demeurent. Nous devons les poursuivre en respectant l'instrument que nous avons choisi. Il faut d'abord faire un journal propre, compétent, vivant, informé, sérieux. Nous devons aussi tenir compte de la diversité de vues plus prononcées qui existe désormais chez nous quant à la façon dont on peut le mieux servir en 1964 les valeurs chrétiennes et les intérêts du Canada français. Mais jamais le souci des moyens ne doit nous faire oublier la primauté des fins [8].

C'est tout. Sous Claude Ryan une mutation importante se produit. Le débat sur le caractère catholique ou non du journal n'est même pas repris. Il est plutôt porté à un tout autre niveau, plus général, qui est celui des «valeurs chrétiennes». C'est là un thème dominant de l'Action catholique. Il confiera d'ailleurs très tôt à deux journalistes issus de ce même milieu des postes clés : Jean Francœur deviendra directeur de l'information en 1967 et Jean-Claude Leclerc sera éditorialiste à compter de 1969.

En 1970, lors du soixantième anniversaire du journal, le directeur revient sur la question du rapport du journal aux valeurs chrétiennes :

> Au milieu d'une période où nos institutions naguère confessionnelles perdaient l'une après l'autre leur ancien caractère, *Le Devoir* a connu, dans les formes qu'il donna jadis à son attachement aux valeurs chrétiennes, une mutation certaine. Ces valeurs revêtent désormais des formes plus «laïques», tels le respect de l'autre, la défense des libertés fondamentales, le souci du dialogue, la recherche de la vérité et de l'intégrité. Elles ont aussi, dans les questions religieuses, une résonnance plus largement œcuménique[9].

Claude Ryan se veut «fidèle à l'inspiration chrétienne fondamentale» qui, pour lui, est «l'une des grandes sources de la liberté radicale qu'a su maintenir *Le Devoir* et [...] peut l'être encore dans l'avenir». Mais il fait ici une mise en garde :

[Cette fidélité] ne saurait cependant être imposée. Pour être authentique, elle doit être libre. S'il fallait choisir dans l'avenir entre le maintien rigidement imposé de cette fidélité et la poursuite de l'action fondamentale du journal (qui est d'informer et d'alimenter une opinion publique adulte), il faudrait probablement opter pour la seconde voie.

Le message est clair : le temps de «soumission joyeuse» à l'autorité du pape et des évêques, dont *Le Devoir* protestait à ses débuts et jusqu'au temps de Gérard Filion, est définitivement révolu.

Onze ans plus tard, en janvier 1981, Jean-Louis Roy, entrant en fonction comme nouveau directeur, prend acte à son tour de la tradition originelle de «soumission de cœur et d'esprit à l'autorité de l'Église», mais pour souligner qu'elle ne reflète plus depuis maintes années déjà la réalité. «Ce qui ne signifie pas une indifférence par rapport à l'histoire religieuse de notre société, à la place qu'y a occupée et y occupe encore l'Église et aux convictions religieuses de nos concitoyens». En tout état de cause, les objectifs initiaux du journal, y compris ses objectifs religieux, «ont servi de référence depuis trois quarts de siècle. Ils continueront d'inspirer les choix qui nous solliciteront dans l'avenir[10]».

Benoit Lauzière prend la relève de Jean-Louis Roy à la direction en juillet 1986. «Où loge le nouveau directeur eu égard aux objectifs poursuivis par *Le Devoir* depuis sa fondation? Où entend-il conduire le journal?», écrit-il[11]. Sur la question religieuse, le nouveau directeur ne souffle pas mot. Par contre, Lise Bissonnette qui le remplace à l'été 1990 écrit :

De ses origines catholiques, *Le Devoir* est passé, comme la société québécoise, à une laïcité institutionnelle. Il ne se sent plus lié, aujourd'hui, aux prescriptions d'une Église, et se dissocie même, sur nombre de questions morales, de chemins qu'il suivit autrefois avec assurance autant que soumission.

Ses valeurs, dit-on depuis la Révolution tranquille, restent foncièrement chrétiennes. Disons plutôt, pour les élargir à tous ceux qui diffèrent de cet héritage par tradition et qui sont nôtres, que *Le Devoir* a une morale exigeante. Présent aux débats d'éthique sociale, il cherche un équilibre entre la liberté individuelle et la responsabilité collective, et n'admet ni le laisser-faire ni le cynisme. Il retient, de la charité, un parti pris pour les moins puissants, et moins dotés. Certes, il lui arrive trop souvent, dans le train-train quotidien, de faire comme chacun et d'oublier ce qui le fonde. Mais quand viennent les secousses, il garde la belle vertu d'indignation qui bien souvent mène à l'action[12].

Pour Lise Bissonnette, plus encore que pour Jean-Louis Roy, la rupture est nette et explicite : l'héritage catholique du journal s'est dorénavant transformé en un humanisme séculier. En fait, le rapport institutionnel du *Devoir* à la religion a, depuis la deuxième moitié de la décennie 1980, cessé d'exister.

Mais *Le Devoir*, c'est aussi son directeur ou sa directrice. Plus que dans toute autre institution de presse, il ou elle incarne le journal lui-même comme seul interprète autorisé des objectifs du journal. Sa structure juridique le veut ainsi. Aussi ses convictions religieuses personnelles ont-elles été, jusqu'en 1980 au moins, une affaire importante.

Pour Gérard Filion la question ne se pose même pas. Il est catholique et s'affiche ouvertement tel[13]. Son successeur, Claude Ryan, l'est aussi. Il l'est professionnellement même puisqu'il est le grand patron de l'Action catholique canadienne. Mais il n'est pas un clerc déguisé en laïc comme la caricature l'a souvent montré en le faisant, par exemple, le « pape de la rue du Saint-Sacrement ». De même, sa célèbre déclaration sur « la main de Dieu » qui l'aurait conduit en 1978 à la direction du Parti libéral du Québec n'est que l'expression malhabile d'une valeur chrétienne à laquelle il adhère profondément : la vocation. Il a une conscience particulièrement aiguë que ses engagements professionnels sont des réponses à des appels extérieurs à servir plutôt que le résultat de sollicitations. « Il appartient à chacun de suivre sa vocation, écrit-il en entrant au *Devoir* le 5 juin 1962, et je m'estime chanceux, pour ma part, de pouvoir aborder le deuxième type d'action après avoir milité dans le premier. » En répondant à sa deuxième vocation, Claude Ryan ne renie pas sa première et, comme à l'Action catholique, ce sont les « valeurs laïques » que, au sein de l'expérience religieuse, il va privilégier au *Devoir*, comme il l'écrira huit ans plus tard, le 10 janvier 1970.

Claude Ryan quitte *Le Devoir*, en janvier 1978. Les administrateurs et fiduciaires chargés de lui trouver un successeur se seraient beaucoup préoccupés de ses convictions religieuses. La rumeur a largement couru à l'époque que la candidature de Michel Roy, alors rédacteur en chef, ait été écartée au motif qu'il n'était pas pratiquant[14]. Quelles étaient les convictions religieuses de Jean-Louis Roy, nommé directeur trois ans plus tard ? On ne connaissait pas au successeur de Claude Ryan de profession de foi, ni quelque engagement public au sein de l'Église. Jean-Louis Roy n'en est pas moins croyant. En témoignent les éditoriaux qu'il publie chaque année entre 1981 et 1986 à Pâques et à Noël. Dans chacun de ces textes, le directeur cherche manifestement à présenter une pensée et à rendre compte d'une expérience spirituelle qui transcende les appartenances religieuses pour rejoindre tous les lecteurs et lectrices du journal. Les mots : «Dieu», «Jésus-Christ» sont, en tout cas, utilisés avec une extrême parcimonie. Mais en même temps, c'est une parole proférée de l'intérieur : «Au fond des êtres, de l'autre côté de la pudeur et de cette part de nous qui parfois se rebelle devant l'aveu des attentes les plus simples, c'est du côté de l'espérance que nous nous situons», écrit-il le 24 décembre 1982[15]. La veille de Noël 1985, il écrit encore : «Pour que son astre se lève, que sa lumière nous saisisse, que sa voix se fasse entendre, nous serions bien prêts à marcher dans la nuit à la suite des Mages et des bergers. Mais ne sommes-nous pas engagés dans cette marche plus qu'il n'y paraît[16]?» Au-delà de ces quelques éditoriaux, on ne connaît que très peu de choses sur les rapports de Jean-Louis Roy à l'Église, et en particulier, celle d'ici. Quelques textes donnent à penser que si les grands témoins de la foi le fascinaient, il n'avait guère d'atomes crochus pour l'institution ecclésiale dont il a peu parlé durant son mandat[17].

Après Jean-Louis Roy, les convictions religieuses de ses deux derniers directeurs : Benoit Lauzière et Lise Bissonnette, demeurent une affaire privée. Sous leur directorat, venons-nous de voir, il n'est plus question du rapport institutionnel du *Devoir* avec le catholicisme. Le rapport personnel de ses directeurs avec ce même univers n'est pas davantage publiquement connu.

Le Devoir a-t-il donc coupé définitivement ses racines religieuses et catholiques? Eh bien non! En effet, depuis décembre 1986, la direction confie au dominicain Benoît Lacroix le mandat d'écrire les éditoriaux de Pâques et de Noël. Il s'agit bien d'éditoriaux, c'est-à-dire de textes représentant la pensée de l'éditeur. Symboliquement, rituellement, deux fois par an, le journal fait ainsi, par procuration, mémoire de ses origines catholiques. Et le procureur-célébrant est un prêtre!

LA RELIGION DANS L'INFORMATION

Mais *Le Devoir* est avant tout un journal dont le mandat premier est d'informer les lecteurs, de commenter les événements, et de prendre position. Quelle a été l'évolution de sa politique à l'égard de la religion? On observe ici quelques paradoxes.

Le Devoir que s'apprête à laisser Gérard Filion en 1960 se caractérise encore par sa volonté constante de «défendre des causes» dans tous les domaines, y compris en matière religieuse. En 1947, il écrit : «[...] chaque fois que l'autorité religieuse a eu besoin du *Devoir* pour une cause religieuse, morale, sociale ou charitable, celui-ci n'a jamais manqué de lui fournir une

aide aussi efficace que désintéressée[18].» Treize ans plus tard, il reprend le
même thème : «Rédigé et dirigé par des laïcs, n'engageant en rien la responsabilité de l'épiscopat, *Le Devoir* était destiné à défendre les points de vue de
l'Église dans les questions soumises à la discussion et à la controverse.» De
façon générale, croit-il, ce but a été atteint.

Mais ce qui préoccupe davantage Gérard Filion, en ce début de
l'année 1960, c'est, on l'a vu plus haut, l'élargissement de l'espace de liberté
dans lequel, en matière religieuse, *Le Devoir* peut se mouvoir afin de faire
du journal un lieu de «libre discussion».

> Nous avons vécu durant trois siècles, sur le plan spirituel comme sur le plan
> matériel, à la manière de petits bourgeois, assumant des risques limités,
> protégeant jalousement un capital géré en bon père de famille. [...]
>
> Que dans un milieu comme le nôtre, fouetté par l'ouragan du capitalisme
> nord-américain, il y ait des catholiques, voire même un journal, qui posent
> des points d'interrogation, qui soient ouverts aux idées nouvelles, il n'y a pas
> de mal à cela, il peut même en résulter un bien pour l'Église et la société.
> Cette originalité contribue à discréditer la légende qui veut que les catho-
> liques forment un groupe monolithique, ou plus exactement une pyramide
> avec une large base et une pointe obtuse.
>
> [...] Qu'il y ait donc quelques hommes et quelques publications qui aient la
> prétention de penser pour les autres, même au risque de se tromper, il n'en
> peut résulter un grand mal et peut-être en sortira-t-il quelque bien[19].

Cela dit, entre deux causes d'Église qu'il était parfois convié à défendre, *Le Devoir* de 1960 n'a apparemment guère à offrir à ses lecteurs en
matière d'information. Si l'on juge par le rapport confidentiel que font un
an et demi plus tard à cet évêque inconnu les deux dominicains français de
La Tourette, le journal se réduit à peu de choses sur ce plan :

> À l'intérieur du Québec, le journal relate les menus faits de la vie religieuse
> locale : décès, départs en mission, ou des choses plus importantes comme les
> ordinations sacerdotales ou les consécrations épiscopales. Ceci dit, on ne
> trouve pas d'articles valables rendant compte des activités collectives de
> l'Église canadienne, que ce soit celles du Québec ou du Canada.
>
> Pour ce qui regarde l'Église dans le monde, les auteurs donnent de ses
> manifestations des relations très brèves. C'est ainsi qu'on a parlé du Concile à
> plusieurs reprises, mais on s'est contenté de reproduire quelques déclarations
> du Cardinal Léger revenant de Rome. On peut dire que durant ces mois rien
> n'a été fait par le journal pour tenir vraiment au courant des travaux du
> Concile ses lecteurs[20].

L'arrivée de Claude Ryan à la direction va changer pas mal de choses.
D'abord, dans la manière même de comprendre l'institution qu'il dirige.

« *Le Devoir* d'aujourd'hui, écrit-il en 1970, est peut-être davantage porté à se concevoir et à se définir comme journal, avec tout ce que ce titre comporte d'exigences professionnelles plutôt que comme instrument au service d'une cause. » À ce titre, ajoute-t-il, « *Le Devoir* se veut un témoin honnête, impartial, articulé, libre et responsable, de la vie qui se fait au jour le jour dans notre milieu et dans le monde ».

Pour ce qui est des valeurs religieuses, il précise :

> Nous continuons pour l'instant[21] de [les considérer] comme l'un des éléments les plus précieux de notre héritage. Nous leur accordons, en information et en commentaire, une place de choix qui ne comporte d'injustice pour aucun autre secteur, mais dont nous sommes fiers[22].

Dans l'ordre pratique, *Le Devoir* s'est donné aussi les moyens de ses orientations. Son point de référence en matière d'information religieuse, c'est *Le Monde* et le *New York Times*. En 1965, il a recruté Jean Francœur à qui il a confié explicitement (quoique non exclusivement) le mandat de l'information religieuse. Jean Francœur a dirigé quelques années plus tôt *Vie étudiante*, le journal de la Jeunesse étudiante catholique, puis le journal *Le Travail*, publié par la CSN. Aussi, en 1967, Claude Ryan lui confie-t-il un poste-clé : la direction de l'information. Puis, en avril 1968, Claude Ryan embauche alors un journaliste, cette fois à temps plein, à l'information religieuse[23].

On vit alors dans l'effervescence postconciliaire et l'après-Révolution tranquille. Le cardinal Léger a démissionné en 1967 pour partir pour l'Afrique. L'Université de Montréal négocie avec le Vatican pour se libérer de sa charte pontificale. L'Action catholique québécoise est entrée dans une crise profonde, et en conflit ouvert avec l'épiscopat, dont elle va d'ailleurs mourir. Le clergé et les communautés religieuses vivent la débâcle des sorties. Des chrétiens à la base entreprennent de passer d'une Église cléricale à une Église dont on leur dit qu'ils sont membres à part entière et se mettent alors à y réclamer plus de pouvoirs. C'est l'heure de la mise en œuvre des décisions conciliaires notamment en matière liturgique. La masse vit le choc culturel du passage du latin au français. Dépassé par la crise, l'épiscopat du Canada, à la fin de 1968, met sur pied une vaste commission d'enquête sur les laïcs et l'Église dont il confie la présidence au sociologue Fernand Dumont et la vice-présidence à nul autre que Claude Ryan.

Sur le plan international, c'est l'explosion. Paul VI amorce ses voyages à l'étranger, d'abord à Jérusalem, ensuite à l'ONU. L'encyclique *Humanae Vitae* condamne en mai 1968 les moyens artificiels de contraception et précipite le décrochage de la pratique amorcé depuis le début des années 1960 tandis que s'amorce le débat sur le mariage des prêtres. Le style sinon la forme de gouvernement même de l'Église de Rome sont remis en question[24]. Aussi, un synode extraordinaire est convoqué à Rome à l'automne 1969 pour débattre de la collégialité épiscopale. *Le Devoir* y dépêche son chroniqueur aux affaires religieuses.

La décennie 1965-1974 marque probablement l'âge d'or de l'information religieuse au *Devoir*. Se conjuguent pendant cette période des facteurs favorables : le directeur du journal y croit, le directeur de l'information aussi et un journaliste y est affecté à plein temps. Par ailleurs, c'est, sur le plan ecclésial (comme dans tous les domaines d'ailleurs), une période de changements qui génère les événements à répétition. Qui plus est, l'Église elle-même a commencé à se mettre à l'heure de l'information. En effet, les diocèses québécois créent partout des bureaux de presse[25]. Enfin, dernier élément favorable : les quotidiens québécois se font concurrence sur le terrain même de l'information religieuse. *Le Devoir* bataille ferme avec *La Presse* qui a une longueur d'avance : Marcel Adam a couvert de Rome chacune des sessions du Concile et a mérité pour cela le prix Olivar-Asselin.

En 1974, Claude Ryan produit deux documents internes significatifs. Le premier porte sur les objectifs politiques, économiques, culturels et sociaux du journal. C'est dans le chapitre sur la «vie sociale» qu'il consacre un seul paragraphe, le tout dernier, à la question religieuse. Il écrit :

> Respect positif du pluralisme religieux et philosophique dans la vie publique et les institutions publiques. Attachement, par-delà toute étroitesse confessionnelle, aux valeurs morales et spirituelles du christianisme et respect positif, en matière strictement doctrinale et religieuse, des enseignements de l'Église catholique[26].

On le voit, le journal reste encore, malgré son ouverture au pluralisme, fidèle à ses orientations chrétiennes. Ce sera vrai aussi pour la politique d'information qu'il produit le même mois sous le titre : *Notes sur l'orientation et l'organisation de la rédaction au Devoir pour l'année 1974*[27]. Le directeur se félicite d'abord de ce que le journal «détient actuellement une avance certaine au plan des pages d'opinion, de l'information politique, de l'information religieuse et sociale». Il y maintient, évidemment, le secteur religion et pour ce qui est du contenu, il précise ses attentes ainsi :

a) il faudrait suivre davantage la vie religieuse du peuple ordinaire ;
b) il faudrait porter une attention plus grande à la littérature religieuse très abondante aujourd'hui ;
c) à Montréal et à Québec, on pourrait pratiquer une ouverture plus grande sur les Églises autres que catholique romaine ;
d) faire davantage connaître les travaux des chercheurs canadiens ;

e) il faudrait envisager de couvrir le prochain synode, à Rome, à l'automne 1974;

f) il faudrait prévoir des *features* plus fréquents : interviews avec évêques et personnalités religieuses, reportages sur la vie religieuse dans les foyers aujourd'hui, enquête sur [les] vocations religieuses, évolution des communautés religieuses, etc.

Il souhaite enfin «introduire le samedi une chronique ou un billet spirituel». De fait, à compter de mars 1974 jusqu'en avril 1979, l'exégète Jean Martucci y signera chaque samedi un commentaire biblique.

Sur le plan du commentaire éditorial, l'évolution de la pratique de Claude Ryan est significative. Durant les douze mois suivant son arrivée au journal au printemps 1962, il signe quelque 194 éditoriaux ou blocs-notes dont 14 sont explicitement consacrés à des questions religieuses. Au cours de l'année 1970, on en dénombre 11 sur 212. Mais l'année précédant son départ, en 1977, on n'en lira plus que 2 sur 174.

Quelque chose a commencé à changer. La vraie mesure d'une politique d'information, ce sont les ressources qu'on y consacre. À l'automne 1974, le reporter attitré depuis 1968 à l'information religieuse quitte le journal. Le secteur religion reste dépourvu de titulaire et le demeurera jusqu'à l'automne 1982[28], aucun journaliste ne voulant apparemment prendre en main ce secteur. Durant ces années, la religion n'est toutefois pas absente des pages d'information. Une pigiste, Denise Robillard, est fréquemment, mais épisodiquement, invitée à y produire des articles. Mais cette formule contribue à marginaliser l'information religieuse, d'abord en la faisant dépendre de quelqu'un de l'extérieur, ensuite et surtout en l'évacuant de la réalité quotidienne pour la repousser souvent dans la page du samedi[29]. En d'autres termes, l'information religieuse cesse progressivement, à compter de cette date, de constituer un secteur comme les autres, régi selon les mêmes critères en vertu desquels un quotidien, selon la formule de Claude Ryan déjà citée, s'emploie à être un témoin «de la vie qui se fait au jour le jour dans notre milieu et dans le monde[30]».

À l'arrivée de Jean-Louis Roy à la direction du journal en 1981, la marginalisation de l'information religieuse est un fait accompli. Jean Francœur qui, à titre de directeur de l'information, constituait un chaînon déterminant dans l'application quotidienne de la politique d'information, a depuis quelque temps changé de poste et son successeur, quoique ouvert à cette dimension, n'a pas la même sensibilité aux questions religieuses.

En commentaire et en éditorial toutefois, on observe un renouveau certain à compter de l'automne 1980. Michel Roy, le rédacteur en chef, et le nouveau directeur Jean-Louis Roy donnent tous deux leur appui au nouvel éditorialiste[31] pour traiter des questions religieuses. Le problème, et il est de taille, c'est que le commentaire suit en principe la relation des faits et le journal ne dispose de personne pour l'assurer au quotidien.

Chaque année, à l'automne, le rédacteur ou la rédactrice en chef doit, conformément à la convention collective, préparer son plan de répartition des effectifs qui comprend notamment les secteurs d'information à couvrir. Ce plan est déterminant puisqu'il est la traduction concrète de la politique d'information du journal. À compter de l'automne 1982, l'information religieuse retrouve un titulaire, mais elle est reléguée au rang de secteur « mineur ». Le responsable devra consacrer la majeure partie de son temps à un autre secteur[32].

Mais au-delà des structures, il y a la volonté réelle du journal et en particulier de la direction de favoriser tel et tel type d'information. Cette volonté est aussi l'expression de l'intérêt des personnes pour ces champs d'information, voire de leurs convictions. Or ici, plusieurs personnes interviennent. Un bout de la ligne de production est occupé par le directeur ou la directrice et l'autre, par le reporter. Entre les deux se trouvent le rédacteur en chef, le directeur de l'information et ses adjoints. Depuis la décennie 1980, il s'est trouvé tout au long de la chaîne des personnes plus intéressées aux questions religieuses, plus ouvertes ou plus convaincues. D'autres l'ont moins été. Dans l'un et l'autre cas, ce ne furent pas toujours les mêmes personnes. Or il en va de la chaîne de production dans un journal comme de l'alignement des planètes en astrologie. Certains jours, leur conjonction est favorable, d'autres jours, elle ne l'est pas !

En 1984, par exemple, année de la visite de Jean-Paul II au Canada, la conjonction n'était pas bonne. Au lendemain de l'arrivée du pape à Québec, le titulaire de la chronique religieuse eut la mauvaise surprise de constater que la manchette sur huit colonnes portait sur un obscur congrès international des municipalités tenu la même fin de semaine. Son reportage occupait une position inférieure sur six colonnes. En haut du pli, tout de même. Le Devoir fut la risée de tous les autres journaux. Et une fois le périple québécois du pape terminé, le journaliste ne put le suivre à travers le reste du pays. Il gagna ultimement de la direction du journal de se rendre à Ottawa pour observer ses déplacements sur les écrans de télévision du centre de presse[33] !

À d'autres égards ou en d'autres temps, la conjonction des planètes fut meilleure. Ainsi, à partir de 1981 et sans interruption depuis, Le Devoir publie annuellement, chaque jeudi saint, un supplément thématique dans lequel les grandes questions religieuses de la décennie ont été systématiquement abordées. Le supplément de 1984 à l'occasion de la visite du pape a par exemple donné lieu à une vaste enquête sociologique sur la religion au Québec[34]. Ce supplément annuel est financé dans une très large mesure par les publicités achetées par les communautés religieuses, les Églises diocésaines et les éditeurs, ce qui manifeste très certainement l'attachement de l'Église québécoise au *Devoir*. Mais en même temps, ce supplément, dans la mesure où il ne complète pas une information quotidienne soutenue, témoigne à sa manière de la marginalité de la religion dans *Le Devoir*.

Deux études fournissent du reste la mesure quantitative de la place qu'a occupée la religion dans *Le Devoir* depuis 1967, mais aussi, ce qui est particulièrement intéressant, dans trois autres quotidiens québécois. La première, publiée en 1977, fait état de trois compilations faites en 1967, en 1972 et en 1975 pendant une quinzaine de semaines chaque fois[35]. En moyenne, on a retracé pour chacune des trois années : 9,3, 6,1 et 8,0 articles par semaine sur des questions religieuses, toutes catégories confondues. Un quatrième relevé fait pendant quatorze semaines, du 6 février au 14 mai 1977, révèle que *Le Devoir* a publié, durant cette période, 64 articles à caractère religieux, contre 39 dans le *Montréal-Matin* (journal disparu peu après) et 98 dans *La Presse*. «La nomination d'un journaliste attitré à la nouvelle religieuse à *La Presse* a considérablement contribué à placer le journal en tête de liste quant à l'information religieuse», note l'auteur. Effectivement, depuis l'automne 1974, ce secteur est sans titulaire au *Devoir*.

L'intérêt pour les questions locales est «particulièrement faible», constate-t-il encore. Dans les trois quotidiens, les articles qui en traitent comptent pour 14,6%. «De tels articles, note-t-il, étaient beaucoup plus fréquents au cours des années 1972 et 1975, particulièrement dans le journal *Le Devoir* [...].» L'étude apporte par ailleurs des distinctions très importantes. Ainsi sur les 64 articles du *Devoir*, 6 seulement sont signés par un journaliste de la maison, 21 proviennent d'agences et 12 sont des opinions du lecteur. L'auteur a finalement ce commentaire : «La situation de l'information religieuse au journal *Le Devoir* est particulièrement décevante. La production d'articles a diminué de près de la moitié entre 1975 et 1977, passant de 8,0 articles en moyenne par semaine à 4,7.»

L'étude de 1977 a été reprise en 1991[36] pendant quinze semaines, du 25 novembre 1990 au 3 mars 1991. Quatre quotidiens ont produit ensemble 421 articles à contenu religieux dont 55 dans *Le Devoir*, (13%), 185 dans *La Presse* (44%), 97 dans le *Journal de Montréal* (23%) et 84 dans *Le Soleil* (20%). Bref, *Le Devoir*, qui, en 1970, prétendait accorder aux valeurs religieuses «une place de choix», occupe le dernier rang vingt ans plus tard et se voit déclassé par le *Journal de Montréal*! La moyenne hebdomadaire d'articles à contenu religieux n'était plus en 1990-1991 que de 3,6 par semaine contre 4,6 en 1977. *La Presse*, de son côté, a fait passer la sienne de 7 articles à 12,3.

Moyenne hebdomadaire d'articles à contenu religieux dans
Le Devoir et *La Presse* (1967 à 1990)

Année	Le Devoir	La Presse
1967	9,3	8,3
1972	6,1	12,2
1975	8,0	5,6
1977	4,6	7,0
1990-1991	3,6	12,3

Mais plus significatif encore, 9 seulement des 55 (16%) articles du *Devoir* sont, en 1990-1991, des reportages signés par un journaliste, contre 98 dans *La Presse* (ou 53%). Les 27 nouvelles d'agence comptent pour 49% des articles dans *Le Devoir* et les 53 de *La Presse* pour 29%. Par ailleurs, sur les 55 articles parus dans *Le Devoir*, 35% portent sur l'Église universelle, 25% sur l'Église canadienne, 16% sur l'Église de Montréal, 11% sur des Églises non catholiques, 9% sur des Églises étrangères et 2% sur l'Église du Québec.

La conclusion s'impose et elle est frappante : *Le Devoir* qui était le plus religieux des quotidiens au début des années 1960 est devenu, trente ans plus tard, le plus séculier d'entre eux.

Mais un journal, c'est aussi des lecteurs. Aussi *Le Devoir* mène-t-il périodiquement des enquêtes auprès d'eux. Fait significatif de l'époque, en 1964, sur 509 questionnaires expédiés aux abonnés, 64, soit plus de 12%, sont destinés à des membres du clergé. Aucune question ne porte spécifiquement sur l'information religieuse, mais les commentaires libres fournissent quelques indices. On en compte une cinquantaine formulée par quelque vingt-cinq répondants dont huit se sont identifiés comme membres du clergé ou religieux. Ces derniers ne sont pas contents. Ils reprochent au *Devoir* son «jaunisme» ou son anticléricalisme. Le compilateur a résumé ainsi les opinions : «Les tendances anticléricales, socialisantes, etc. ont tendance à remplacer les «valeurs chrétiennes traditionnelles» au *Devoir*, ou du moins chez certains de ses collaborateur[37].» C'est l'époque de la Commission Parent sur l'éducation et *Le Devoir* appuie généralement le mouvement de déconfessionnalisation des structures sociales, y compris en matière scolaire. D'ailleurs Gérard Filion est lui-même membre de la Commission Parent[38].

En 1976, nouvelle enquête. Cette fois, il y est explicitement question de religion : 33 % des lecteurs donnent la note «excellente» pour le traitement des «nouvelles religieuses». C'est plus que pour les nouvelles judiciaires (18 %), économiques (21 %) ou syndicales (26 %), mais c'est moins que pour les nouvelles municipales (34 %), les arts et spectacles (36 %), l'éducation (47 %), les nouvelles canadiennes (49 %), les nouvelles internationales (55 %) ou provinciales (61 %). Mais quand on se compare, on peut se consoler : 33 % des lecteurs trouvent les nouvelles religieuses de leur quotidien «excellentes» contre 6 % dans *La Presse* qu'ils lisent aussi. Mais cette enquête de 1976 est intéressante aussi par ce qu'elle ne dit pas. Ainsi, on présente aux lecteurs «une liste de sujets qui sont traités quotidiennement dans les pages d'information» en leur demandant de dire s'ils souhaiteraient que *Le Devoir* «accorde plus d'importance ou moins d'importance à ces sujets». Or la religion est absente de la liste[39]. Elle le sera d'ailleurs à l'avenir de tous les autres sondages ou enquêtes que le journal mènera auprès de ses lecteurs. Le milieu des années 1970 marque sans contredit la rupture déjà notée dans d'autres dimensions du journal par rapport à la religion.

CONCLUSION

Tentons, en conclusion, d'expliquer les transformations significatives qu'a connues *Le Devoir* sur le plan religieux : car, en 1960 encore, ce journal se déclarait catholique et, trente ans plus tard, il arrive bon dernier pour la place accordée dans ses pages aux questions religieuses. Après le *Journal de Montréal*!

D'abord *Le Devoir* a suivi sur le plan religieux l'évolution de la société québécoise : il s'est sécularisé comme elle. C'est la première explication qui vient à l'esprit. Du reste, la sécularisation de la société québécoise n'a pas touché que *Le Devoir*. Ainsi, bien que traitées de façon plus abondante dans *La Presse*, les affaires religieuses y sont maintenant confinées à une chronique publiée dans l'édition dominicale. C'est une forme de marginalisation certaine.

L'évolution même des institutions religieuses paraît capitale pour expliquer l'évidente baisse d'attention dont elles sont l'objet. Les journaux se nourrissent en effet de nouvelles qui sont la relation d'événements faits, dans une large mesure, de changements. Or, à l'évidence, il se passe infiniment moins de choses dans le monde religieux au cours de la présente décennie qu'entre 1965 et 1975. Ainsi, au sein du catholicisme en général et du catholicisme québécois en particulier, les grands changements ont eu lieu. Certes, l'évolution se poursuit, mais sous la forme d'une lente et constante désintégration des institutions. On en connaît les indices les plus importants : l'âge moyen du clergé est celui de la retraite. Celui des jésuites dépasse les 70 ans. Mais il n'y a pas que les cadres : l'âge médian des laïcs qui forment encore les assemblées dominicales (ils ne sont guère plus au Québec que 25 %) est d'au moins 50 ans. L'avenir des paroisses n'est d'ailleurs plus assuré[40]. Dans un tel contexte, l'attrait des médias pour la religion, du moins le catholicisme qui demeure malgré tout chez nous l'institution dominante, ne peut que s'amenuiser : l'événement se fait plus rare. D'autant que, dans les mentalités, la religion a rejoint la sphère du privé et que le privé n'est pas en principe l'affaire des gazettes.

Mais la baisse d'intérêt du *Devoir* pour les questions religieuses n'est pas liée qu'à des causes externes qui sont, du reste, les mêmes pour tous les médias. Des facteurs internes propres à ce journal expliquent aussi la situation. En proie depuis le milieu des années 1980 à une crise financière structurelle, ce quotidien a dû répondre à de nouvelles demandes sociales, mais avec moins de moyens, et donc faire des choix : entre affecter à plein temps un journaliste aux questions environnementales pour lesquelles l'intérêt du public montait et en affecter un autre aux questions religieuses pour lesquelles il diminuait, le choix s'est imposé de lui-même.

Mais il y a davantage. *Le Devoir* tient ses objectifs fondamentaux d'une tradition au cœur de laquelle se trouvent d'abord des convictions. À l'origine et pendant cinquante ans, les convictions religieuses ont été déterminantes. Aussi était-il fatal qu'après 1960, ce journal soit atteint plus profondément que les autres par les changements dans la société : les personnes qui le dirigent et le fabriquent quotidiennement sont aussi de cette société. Or les autres quotidiens québécois sont fondés moins sur des convictions que sur des intérêts et, en particulier, les intérêts économiques — légitimes au demeurant — de leurs propriétaires. C'est paradoxalement cela qui explique, à notre avis, leur plus grande attention à la vie religieuse. Ils accroissent leur clientèle par des petits segments de marché : ceux qui s'intéressent aux oiseaux, au bridge, aux récits des grandes énigmes policières et pourquoi pas à la religion[41]. C'est une affaire de marketing.

Car la religion, malgré son affaiblissement évident, n'est pas morte au Québec : s'il est vrai que 20 % seulement des Québécois fréquentent encore l'église le dimanche, cela fait tout de même 1,3 million de personnes.

Quelle autre institution peut se vanter de réunir librement chaque semaine autant de monde pour une seule et même fin? Et surtout, par delà les pratiques et les institutions religieuses organisées, il y a la foi, les croyances religieuses auxquelles adhèrent toujours l'immense majorité des Québécois. Au reste, la culture d'ici est encore profondément marquée par le catholicisme et elle est le lieu d'incessantes transactions entre toutes les formes de la vie sociale et culturelle[42]. L'éducation demeure encore le lieu privilégié de ces transactions. On ne peut pas comprendre autrement les comportements des parents qui, bien que moins pratiquants que toutes les autres catégories de personnes, demandent toujours massivement pour leurs enfants l'enseignement religieux catholique et votent pour que les écoles demeurent catholiques ou soient reconnues comme telles. On compte à peine dans tout le Québec dix écoles françaises non confessionnelles par choix positif des parents[43].

Mais la société québécoise connaît aussi des changements réels sur le strict plan religieux. Le plus important est sans doute la montée du pluralisme religieux qui marque en particulier la région de Montréal : ainsi quelque 28 % de la population scolaire est maintenant autre que catholique ou protestante. Le pluralisme religieux est en fait même plus important que le pluralisme linguistique, mais il fait infiniment moins l'objet de l'attention médiatique.

En définitive, deux choses caractérisent *Le Devoir* des années 1980 en matière religieuse : d'abord il a abandonné ses convictions originelles plutôt que de les renouveler à partir d'autres fondements; ensuite, il n'a pas su prendre la mesure de ses véritables intérêts et de ceux de ses lecteurs. L'année 1993 a marqué par ailleurs la relance d'un nouveau *Devoir*. Il s'est trouvé, parmi les nouvelles recrues, un journaliste talentueux et intéressé à la religion[44]. Mais la redéfinition d'une politique d'information en cette matière restait à faire.

Jean-Pierre PROULX
Professeur
Faculté des Sciences de l'éducation
Université de Montréal

1. Henri Bourassa, *Prospectus de la publicité*, texte reproduit en annexe de la *Convention collective liant L'Imprimerie populaire limitée et le Syndicat de la rédaction du journal* Le Devoir, *1ᵉʳ janvier 1991 au 31 décembre 1993*, p. 74.

2. «Comme journal catholique», *Le Devoir*, 22 avril 1947.

3. Dans ses Mémoires parus quarante ans plus tard, il tranche : «[...] je ne peux m'empêcher d'affirmer que c'est nous qui avions raison. [...] La presse catholique au Québec, c'est un cimetière dont les pierres tombales sont gravées de bonnes intentions. Seul reste debout Le Devoir.» (*Fais ce que peux*, Montréal, Boréal, 1989. p. 229-230.)

4. «M. Filion : "C'est la loi de l'amitié qui explique l'étonnante durée du Devoir"», *Le Devoir*, 1ᵉʳ février 1960, p. 7.

5. *Op. cit.* à la note 3. L'auteur y raconte longuement ses rapports avec les évêques (p. 214-229).

6. Ils concluent à «l'étroitesse du champ dans les sujets abordés» et à l'«insuffisance doctrinale dans la manière d'aborder ces sujets». Mais, précisent-ils, «l'ensemble des articles que nous avons lus ne recèle pas d'erreurs formelles en matière doctrinale». (Fondation Lionel-Groulx, Fonds André-Laurendeau, *Pères Allègre et Couesnongle à son Excellence*, 12 juillet 1962.) L'évêque n'est pas nommé. On sait cependant que son diocèse est «en état de concile». Il pourrait bien s'agir de l'archevêque de Sherbrooke, Mᵍʳ Georges Cabana, qui avait convoqué au début des années 1960 un synode diocésain. Étudiant à Sherbrooke à l'époque, nous avons été personnellement témoin des attaques de l'archevêque à l'endroit du *Devoir*. Interrogé là-dessus par nous à l'été 1993, Gérard Filion ne se souvenait pas avoir eu vent de cette enquête.

7. Aurélien Leclerc, *Claude Ryan, l'homme du devoir*, Montréal, Quinze, 1978, p. 78. On notera avec intérêt que le premier éditorial du futur directeur s'inspire explicitement d'une intervention télévisée du cardinal du samedi 2 juin 1962 sur la «nouvelle crise religieuse». Claude Ryan, «Premier contact», *Le Devoir*, 5 juin 1962. Dans ses Mémoires, Gérard Filion n'avalise pas cette thèse. L'entrée de Claude Ryan lui a été certes suggérée par le père Ambroise Lafortune en 1962, mais M. Filion soutient n'avoir pas eu *a priori* l'idée d'en faire son successeur. Voir : *op. cit.*, à la note 3, p. 286.

8. «Par delà le mandat : un esprit», *Le Devoir*, 4 mai 1964.

9. «*Le Devoir* d'hier et aujourd'hui», *Le Devoir*, 10 janvier 1970.

10. Jean-Louis Roy, «Un ordre de référence pour aujourd'hui», *Le Devoir*, 13 janvier 1981.

11. Benoit Lauzière, «Points de repère», *Le Devoir*, 16 août 1986.

12. Lise Bissonnette, «LE DEVOIR, un héritage», *Le Devoir*, 24 septembre 1990.

13. Bien qu'il ne fût jamais directeur, le cas d'André Laurendeau est intéressant. En arrivant au *Devoir* en 1947 comme collaborateur de Gérard Filion, à titre de rédacteur en chef, il signe son premier éditorial qui porte sur la question sociale : «Bref, conclut-il, il reste que des catholiques, "n'engageant que leur personne mais engageant toute leur personne", se portent à l'avant-garde et réclament impérieusement ce qu'exige la justice. C'est à cette œuvre que je viens collaborer avec le directeur du *Devoir* et son équipe [...].» Voir : «Pour

continuer la lutte», *Le Devoir,* 9 septembre 1947. On sait cependant que Laurendeau s'éloignera progressivement de la foi, ce qui lui causera de difficiles problèmes de conscience. Voir Gérard Filion, *op. cit.,* à la note 3, p. 241. Voir surtout : Yves Laurendeau, «En guise de supplément au *Laurendeau* de Monière», *Revue d'histoire de l'Amérique française,* 38 (1989), p. 73-89.

14. Au moment d'assurer l'interim après le départ de Claude Ryan, Michel Roy écrit que le «respect des valeurs chrétiennes» fait partie des orientations du journal qui «ne sont pas et ne seront pas remises en cause». («La succession aujourd'hui», *Le Devoir,* 12 janvier 1978.)

15. Jean-Louis Roy, «La mémoire de l'avenir», *Le Devoir,* 24 décembre 1982.

16. *Id.,* «Sens et mystère», *Le Devoir,* 24 décembre 1984.

17. On lui connaît un éditorial franchement hostile à l'épiscopat canadien, à la suite de sa déclaration sur l'économie canadienne en décembre 1982. «De nombreux chrétiens, écrit-il, se sentiront trahis par une démarche aussi peu évangélique, par le simplisme outrancier et le recours aux préjugés les plus éculés qu'on prétend fondés "sur le message évangélique de Jésus-Christ".» Voir : «Le message des évêques», *Le Devoir,* 4 janvier 1983. Son éditorial ayant suscité de vives réactions, favorables comme défavorables, il revient sur le sujet quatre jours plus tard dans «Les visions abstraites», 8 janvier 1983. Il a signé deux éditoriaux à l'occasion de la visite de Jean-Paul II au Canada en septembre 1984. Ces textes sont avant tout analytiques, mais on sent un accord profond dans le second qui porte sur les deux rencontres du pape avec les Amérindiens, d'une part, et des personnes handicapées, d'autre part. (Jean-Louis Roy, «Le pape parmi nous» et «Au-delà des catégories», 6 et 12 septembre 1984.)

18. *Loc. cit.* à la note 2.

19. *Loc. cit.* à la note 4.

20. Voir *loc. cit.* à la note 6, p. 8. L'ex-rédacteur en chef, Michel Roy, présent au *Devoir* à cette époque, corrobore ce jugement sur la pauvreté de l'information religieuse à cette époque. (Entrevue avec Michel Roy, 6 mai 1993.)

21. Ce «pour l'instant» était une précaution oratoire prémonitoire.

22. *Loc. cit.* à la note 9.

23. Un an avant de terminer notre licence en théologie à l'Université de Montréal, au printemps de 1967, nous lui avions offert nos services. Il nous avait invité à le revoir à la fin de nos études. Le 28 avril 1968, nous entrions au *Devoir* comme reporter aux affaires religieuses.

24. En octobre 1968, une interview-choc de l'archevêque de Malines-Bruxelles, le cardinal Suenens, aux *Informations catholiques internationales* de Paris a déclenché un vaste débat universel. Le président de la Conférence des évêques catholiques du Canada, Mgr Alexander Carter, lui fait écho dans *Le Devoir* du 16 septembre 1969 : «Une unité imposée par les congrégations romaines serait contraire à la véritable unité de l'Église.»

25. Voir à ce sujet : Jean-Pierre Proulx, *L'information religieuse au Québec — Les bureaux de presse diocésains,* thèse de PH. D. (études pastorales), Université de Montréal, 1980.

26. Archives du Syndicat de la rédaction, dossier : « Le Devoir, orientations générales, Claude Ryan, «Les objectifs politiques, économiques, culturels et sociaux du Devoir en 1974. Quelques jalons», février 1974.

27. Archives du Syndicat de la rédaction, dossier : « Le Devoir, orientations générales, Claude Ryan, 6 février 1974.

28. L'auteur de cet article qui en est le titulaire quitte Le Devoir à l'automne 1974. Il ne manquait pourtant pas de journalistes compétents dans les questions religieuses : Gilles Provost, Gérald LeBlanc, Rodolphe Morrissette avaient tous trois complété des études supérieures en théologie ou en sciences religieuses. Des rigidités dans la convention collective ont pu aussi expliquer la difficulté de puiser à ce bassin.

29. La même tendance s'observera à La Presse où la religion deviendra l'objet d'une chronique dans les éditions de la fin de semaine.

30. Loc. cit. à la note 9.

31. Nous sommes revenu au Devoir à l'automne 1980 comme éditorialiste.

32. En 1989 par exemple, la direction écrit : «Transport, justice, langue, relations de travail, affaires religieuses, faits divers. Ces champs d'activité seront attribués à des reporters qui y consacreront moins de la majeure partie de leur temps.» (Archives du Syndicat de la rédaction, dossier : «Répartition des secteurs, 25 octobre 1989.)

33. Ce qui ne présentait pas que des inconvénients. Ainsi, les allocutions du pape étaient remises aux journalistes présents à la salle de presse au moment même où il en commençait la lecture à l'autre bout du pays. Les temps perdus pour les déplacements allongés encore par les mesures de sécurité étaient ainsi épargnés. La plupart des lecteurs du Devoir ne prirent jamais conscience du manège.

34. «La religion des Québécois», Le Devoir, 8 septembre 1984.

35. Gilles Roy, Étude du contenu religieux dans quatre journaux du Québec, Montréal, Office des communications sociales, septembre 1977, coll. «Cahier d'études et de recherches», cahier n° 21. Les rapports non publiés des relevés menés antérieurement ont malheureusement péri dans l'incendie du centre diocésain de Saint-Jean. (Communication avec Gilles Roy, juin 1993.)

36. Miville Boudreault, Le contenu religieux dans la presse écrite au Québec. Analyse du contenu religieux de quatre quotidiens, Montréal, Office des communications sociales, octobre 1991, coll. «Cahiers d'études et de recherche», cahier n° 39.

37. Centre de documentation du Devoir, dossier : «Études [sur les] lecteurs du Devoir», Edsall Research Limited, Étude du profil des lecteurs du Devoir, mars 1964.

38. En 1962, les deux dominicains français chargés d'examiner le contenu du journal n'ont pas manqué de noter que ce thème constituait l'une des deux «préoccupations dominantes de l'équipe rédactionnelle», l'autre étant la question nationale. «Cette campagne [sur la déconfessionnalisation] ne vise pas à la déchristianisation du pays, mais revendique pour les laïcs la gestion des institutions de laïcité, v.g. gestion des hôpitaux, coopératives, syndicats qui sont encore aux mains de l'Église.» Ils précisent plus loin : «Une telle optique n'est pas en désaccord avec la morale chrétienne. Le tort du journal est de ne pas motiver le principe de la déconfessionnalisation.» En conclusion

générale, les deux dominicains ont cette formule savoureuse : «En un mot ce journal ne nous paraît pas suffisamment "pensé".» (*Op. cit.* à la note 6.)

39. Centre de documentation du *Devoir*, dossier : «Études [sur les] lecteurs du *Devoir*», ACP Marketing, *Étude sur la lecture du Devoir*, 31 juillet 1976.

40. Voir à cet égard : Comité de recherche de l'Assemblée des évêques du Québec sur les communautés chrétiennes locales, *Risquer l'avenir*, Montréal, Fides, 1992.

41. Voir à ce propos l'analyse du vice-président de *La Presse*, Claude Masson, «La religion et les médias», *INTER, Information et documentation sur les moyens de communication sociale, supplément à OSC-Nouvelles*, 21, 9, novembre 1981.

42. Voir sur ce thème : Raymond Lemieux et Jean-Paul Montminy, «La vitalité paradoxale du catholicisme», dans Gérard Daigle (sous la direction de), *Le Québec en jeu. Comprendre les grands défis*. Montréal, Les Presses de l'Université de Montréal, 1992, p. 575-606.

43. Voir sur ces questions : Micheline Milot, *Une religion à transmettre*, Québec, Presses de l'Université Laval, 1991. Aussi : nos articles : «Le pluralisme religieux dans l'école québécoise. Bilan analytique et critique», dans *Repères, Essais en éducation*, (1993), n° 15 ; «L'école non confessionnelle : cas d'espèce ou voie d'avenir», *Revue des Sciences de l'éducation* (1994), sous-presse.

44. M. Stéphane Baillargeon.

Trajectoires du féminisme contemporain 1970-1990*

1970 : la chronique de la Fédération des femmes du Québec. De la fin des pages féminines à la période de l'Année internationale de la femme. Renée Rowan et la chronique « Féminin pluriel ». Les années 1980 : le décloisonnement du point de vue des femmes. Conclusion : que reste-t-il de ces années ?

Le féminisme et le mouvement des femmes ont été des acteurs importants du changement sociopolitique dans la société québécoise depuis le début des années 1960, il s'agit là d'un énoncé incontournable. Dans la foulée de la Révolution tranquille, la société québécoise connaît une dynamique de modernisation sans précédent. Le Québec est davantage perméable à l'influence de nouveaux mouvements sociaux, telle la seconde vague du mouvement des femmes. Cette seconde vague du mouvement des femmes prend la relève de la première vague suffragiste, laquelle fut suivie d'une longue période de léthargie. Cette seconde vague sera à la source d'une formidable époque de revendications et de remises en question au sujet de la condition des femmes. Dans un contexte social en ébullition, les Québécoises se mobiliseront pour demander un ensemble de nouveaux droits dans les secteurs économique, juridique et social.

* L'auteure remercie les personnes qui lui ont consacré de leur temps pour la réalisation de ce texte, Renée Rowan et Josée Boileau, qui ont accordé une entrevue, ainsi que le journal *Le Devoir*, qui a mis à sa disposition les documents et sources nécessaires à la réalisation du projet.

Alors que la deuxième vague du féminisme contemporain déferle sur l'Occident, en cette deuxième moitié du vingtième siècle, c'est d'abord par la voix des journaux que nombre de femmes reçurent l'onde de choc que constituait ce discours de remise en question fondamentale d'un ordre patriarcal qui avait jusque-là été l'assise morale d'une culture, d'une civilisation. Quel rôle un journal d'opinion comme Le Devoir a-t-il joué dans la diffusion des idées du féminisme contemporain et du mouvement des femmes? C'est la question à laquelle ce texte se propose de répondre à partir d'un examen critique de la couverture donnée au sujet par Le Devoir au cours de la période 1970-1990.

Certains événements marquants pour la société québécoise seront des moments forts dans la couverture du féminisme et de ses discours : la fin des années soixante et la Commission Bird, ce qui conduira au début des années soixante-dix à la fin des pages féminines, qui étaient depuis de nombreuses années sous la direction de Solange Chalvin, et à la mise sur pied de la «Chronique de la FFQ», donnant la parole à l'un des premiers groupes de femmes à naître dans le sillage des effets de cette deuxième vague du féminisme.

Le ton des textes qui abordent la question des femmes dans Le Devoir prône avant tout un féminisme libéral, soit un féminisme de l'intégration aux structures politiques et sociales existantes, par opposition à un féminisme radical qui faisait beaucoup de bruit à l'époque et qui suggérait une remise en question totale des structures sur lesquelles ériger le nouveau projet féministe.

On s'étonne de constater combien de textes publiés dans le journal entre 1970 et 1990 portent sur les femmes du monde entier, Chiliennes, Chinoises, comme si l'on avait déjà un pied dans le village global. Un regard rapide sur les index thématiques de ce journal montre l'ampleur de la couverture qui fut accordée, à l'époque des années soixante-dix, aux questions touchant les femmes et le féminisme. Comment penser qu'un journal qui a été fondé par un Henri Bourassa, ardent défenseur d'un antiféminisme virulent, comment donc penser qu'un tel journal allait devenir au cours des années soixante-dix et quatre-vingt une tribune importante pour les idées favorables au changement en matière de condition des femmes?

Si Le Devoir a joué ce rôle de relais, s'il a été cette courroie de transmission précieuse du féminisme contemporain, c'est avant tout grâce à la volonté de certaines de ses journalistes, des femmes qui ont choisi de couvrir dans les limites du mandat qui leur était confié par le journal cette réalité explosive qu'a représentée le féminisme de la deuxième vague, celui qui allait particulièrement rejoindre les femmes du Québec. Mais avant l'arrivée dans les pages du journal d'une masse critique de femmes journalistes qui développeront une telle optique, il est intéressant de constater que la première manifestation d'ouverture du journal à ce vent de changement remonte en 1970, alors que la direction du journal accepte la publication dans ses pages d'une chronique régulière de la Fédération des femmes du Québec (FFQ).

1970 : LA CHRONIQUE DE LA FÉDÉRATION DES FEMMES DU QUÉBEC

En 1970, le journal institue dans ses pages une chronique de la Fédération des femmes du Québec. C'est la mise sur pied de la Commission royale d'enquête sur la situation de la femme au Canada (Commission Bird) qui semble avoir conduit le journal sur la voie d'une couverture des événements liés à ce nouveau mouvement des femmes. Événement choc, cette commission secoue l'ensemble de la société canadienne, et rejoint plus particulièrement les femmes du Québec. Le dépôt du rapport final, en 1970, fait beaucoup de bruit :

> Coïncidant avec une nouvelle vague de féminisme, le rapport Bird allait fournir à des centaines de femmes les données statistiques et les études sérieuses qui leur avaient cruellement fait défaut au cours des années précédentes. L'ampleur du problème était mis en forme pour la première fois, et des solutions concrètes proposées. Ce rapport représentait à la fois la somme du féminisme égalitaire et, par ses analyses, le début d'une pensée plus scientifique et plus moderne de cette question[1].

La création de la chronique de la Fédération des femmes du Québec au *Devoir* fait suite à l'enquête sur la participation de la femme à la vie civique menée par la FFQ pour le compte de la Commission Bird[2]. Cette enquête avait révélé les hésitations et le manque de confiance d'un grand nombre de femmes québécoises face à l'engagement social et civique. Devant ce constat, la FFQ avait alors réagi en proposant au *Devoir* une chronique qui témoignerait de femmes québécoises qui avaient fait fi de ces hésitations et qui s'étaient lancées dans l'arène politique ou sociale. Déjà, les dirigeantes de la FFQ avaient compris le rôle que les médias allaient jouer au cours des années à venir dans le processus de conscientisation des Québécoises à leur propre réalité.

Cette chronique donnera la parole à des femmes telles que Claire Kirkland-Casgrain, première femme élue à l'Assemblée nationale du Québec et toujours seule femme à y siéger en 1970, qui livre en cette occasion un témoignage personnel sur la difficulté d'être une femme politique : « Les femmes, il faut bien le dire, ne sont pas facilement acceptées et accueillies en politique. C'est ancré dans l'esprit de l'homme que la femme est inférieure, qu'elle n'a pas le même raisonnement, qu'elle est émotive[3]. »

Hélène Pelletier-Baillargeon, adjointe à la rédaction de la revue *Maintenant*, se présente en tant que mère de quatre enfants et commente le discours paradoxal des revues féminines, qui tantôt s'offusquent de la faible représentation politique des femmes, alors qu'à la page suivante elles résument l'univers féminin à une question d'ourlets :

> Comme il m'arrive parfois, à certaines heures creuses, de douter momentanément de la démocratie, je me prends aussi parfois à désespérer du féminisme! En éditorial nos revues féminines se perdent en lamentations sous prétexte que nous ne possédons qu'une seule femme député à Québec. Mais à la rubrique suivante, chose paradoxale, ces mêmes éditorialistes, tel un troupeau bêlant, se contentent de nous transcrire dans leur mode impératif d'origine les diktats d'une ploutocratie masculine, parisienne ou new-yorkaise[4].

La chronique donne également la parole à Emile Colas, époux de Réjane Colas, première présidente de la Fédération des femmes du Québec et l'une des rares femmes juges de l'époque. Le mari de cette dernière livre un commentaire fort positif sur la trajectoire publique de son épouse :

> Dire que j'ai été victime comme mari de la présidente d'une situation qui me reléguait au second plan serait une grave erreur car il faut reconnaître que jamais ma femme ne s'est fait offrir une fonction à laquelle je pouvais moi-même aspirer. Il est en effet assez difficile que je devienne le président de la Fédération des Femmes du Québec[5].

Les propos tenus dans la chronique de la FFQ vont dans le sens d'une ouverture à de nouveaux rôles pour les Québécoises, en fait le ton est précurseur des bouleversements qui vont survenir au cours des années 1970.

DE LA FIN DES PAGES FÉMININES À LA PÉRIODE DE L'ANNÉE INTERNATIONALE DE LA FEMME

La chronique de la FFQ n'aura duré que quelques mois, et, au début des années 1970, le journal publie toujours la section des pages féminines, sous la direction de Solange Chalvin. Il s'agit principalement de chroniques de consommation, qui ne couvrent pas les sujets à caractère politique ou social. En 1973, la responsable de ces pages et la direction du journal font l'analyse que le public lecteur du *Devoir* est mûr pour la disparition des pages féminines.

L'année 1975, consacrée par l'UNESCO Année internationale de la femme, donnera lieu à une profusion de textes couvrant sous différents angles la problématique complexe de la condition féminine. On trouve chaque semaine une chronique spécialement créée pour cette année et intitulée «L'année de la femme». Chronique hebdomadaire de nature informative, on y traite assez largement de la condition des femmes à travers le monde, on y lit pêle-mêle un article sur le Code de la famille à Cuba[6], un autre sur les femmes iraniennes, dans lequel Marie Laurier écrit :

> L'Iran a commencé bien avant 1975 à vivre l'Année internationale de la femme. Si bien que ce pays de 34 millions d'habitants entretient depuis un peu plus d'une décennie une remarquable évolution féminine encadrée dans une législation cohérente et progressive, parangon occidental des plus grandes prêtresses du féminisme[7].

La même année, *Le Devoir* publie une étude d'importance, un sondage de l'IQOP (Institut québécois d'opinion publique) portant sur l'attitude des hommes québécois à l'égard des femmes et des modifications dans les rôles sociaux de sexe[8]. Plusieurs pages seront consacrées à l'analyse en profondeur des données de ce sondage et un débat aura cours dans les pages du journal quant à l'interprétation à donner à ce sondage. L'enquête comportait une série de questions sur des thèmes comme le travail salarié des femmes, le partage des tâches domestiques et l'éducation des enfants. Les résultats reflètent le processus évolutif dans lequel le Québec est désormais engagé; les hommes qui ont une conjointe active sur le marché du travail ont tendance à voir ce modèle de femme comme ayant davantage de possibilités d'être heureuse avec son mari et ses enfants, alors que les croyants pratiquants, les moins scolarisés, les habitants de l'extérieur de Montréal de même que ceux qui ont une conjointe au foyer ont tendance à favoriser l'autre option. Renée Rowan interviewe la sociologue Renée Cloutier sur les résultats de ce sondage. Celle-ci fait l'analyse que les choses progressent lentement :

> Ça bouge, mais on ne peut sûrement pas parler de révolution ; tout au plus d'une lente évolution. [...] On en est toujours à la phase de rattrapage, mais encore loin d'une perspective égalitaire entre l'homme et la femme en termes de rôles ou d'une redistribution des tâches. Le point majeur sur lequel une véritable révolution achoppe demeure la question du travail de la femme à l'extérieur. [...] À travers une société traditionnelle, on a toujours au Québec entouré la femme au foyer d'un certain mysticisme, on l'a mise sur un piédestal, on en a fait un titre de gloire. C'est loin d'être abandonné[9].

Le journaliste Michel Roy, dans un commentaire sur le même sondage, déclarait que l'égalité homme-femme n'était peut-être encore qu'un principe théorique dans le contexte québécois :

> La très grande majorité des hommes au Québec pensent que la femme est l'égale de l'homme. Mais, dans la pratique quotidienne, beaucoup d'entre eux ne sont pas encore disposés à reconnaître pleinement cette égalité, c'est-à-dire à en accepter toutes les conséquences, notamment dans le partage des tâches au foyer[10].

C'est également dans le cadre de l'Année internationale de la femme qu'est organisée en 1975 la première conférence mondiale sur la situation de la femme, à Mexico. *Le Devoir*, sous la plume de l'éditorialiste Georges Vigny, fait état des enjeux qui se retrouvent au cœur de cette conférence en ces termes :

> Il y a tout lieu de s'attendre à une confrontation à Mexico, entre hommes et femmes, femmes et féministes, mais aussi et surtout plus constructivement entre deux conceptions du monde. C'est beau de comparer la discrimination du sexe à celle de la race, mais la première est universelle alors que la seconde est censée ne pas l'être. La Conférence internationale de la femme illustre une prise de conscience. Il y a un lien évident entre la condition de la femme et le sous-développement, mais il y a plus que cela : la seconde est une partie de la première[11].

L'année 1976, année électorale pour le Québec, donnera lieu à la rédaction de plusieurs articles sur la place et le rôle des femmes en politique québécoise. Au lendemain de cette élection historique, seulement quatre femmes se retrouvent élues. Le journal avait rapporté au cours de la campagne électorale qui allait conduire le Parti québécois au pouvoir plusieurs données d'intérêt sur le thème des femmes en politique. La journaliste Renée Rowan avait par exemple écrit à propos des différentes initiatives entreprises pour promouvoir les candidatures de femmes dans les partis politiques :

> Il ne s'agit pas tant de savoir à qui la faute si les femmes sont si peu nombreuses en politique et encore moins de lancer la pierre, mais plutôt de prendre les moyens pour susciter de l'intérêt chez les électeurs, bien sûr, mais en premier lieu chez les femmes elles-mêmes en donnant la chance aux intéressées de se préparer à entrer dans l'arène[12].

L'article fait état d'un cours d'initiation à la vie politique pour les femmes donné par le cégep de Bois-de-Boulogne et la Fédération des femmes du Québec, activité mise sur pied à la suite du congrès de 1976 de la FFQ, où il avait été décidé de faire du dossier «La femme et la politique» le dossier numéro un du groupe. Quelques semaines plus tard, Renée Rowan commente à nouveau les initiatives de la FFQ dans le dossier de la politique et signale une offensive auprès des chefs politiques réclamant davantage de candidatures féminines au sein des partis :

> Dans une lettre adressée ces jours derniers aux dirigeants des différents partis, la FFQ, qui représente plus de 130 000 femmes à travers la province, réclame que tout soit mis en œuvre pour susciter, encourager et aider par tous les moyens possibles les candidatures féminines.

De plus en plus de femmes s'interrogent sur la portée de leur action et sur l'utilité de poursuivre l'étude des questions les concernant s'il n'y a pas plus de femmes à l'Assemblée nationale pour exprimer la voix de la moitié de la population, souligne la présidente de la Fédération, Mme Ghislaine Patry-Buisson[13].

Puisque l'année 1976 semble être au *Devoir* celle où l'on témoigne d'un intérêt particulier au sujet des femmes en politique, il n'est pas surprenant de trouver, au lendemain des élections provinciales de 1976, un commentaire de Renée Rowan sur les quatre femmes qui se retrouvent au cœur de l'enceinte politique provinciale à la suite du *vox populi*[14].

RENÉE ROWAN ET LA CHRONIQUE « FÉMININ PLURIEL »

Pendant plusieurs années, le dossier des femmes et de la condition féminine sera sous la responsabilité de la journaliste Renée Rowan. La trajectoire de cette femme illustre à maints égards l'évolution des femmes québécoises. Renée Rowan a été élevée avec *Le Devoir*, l'un de ses oncles, Georges Pelletier, en a été le directeur. Obligée de gagner sa vie assez tôt pour aider sa mère devenue veuve alors que les enfants sont encore jeunes, Renée Rowan doit renoncer à des études classiques et opte pour l'école de secrétariat Notre-Dame. Sitôt diplômée, elle entre au *Devoir* comme secrétaire et poursuit en même temps des études universitaires de journalisme. Gérard Filion, alors directeur du journal, lui propose de faire le grand saut, de devenir journaliste. Le Québec vit au rythme des lendemains de la Deuxième Guerre mondiale, nous sommes en 1948, et Renée Rowan se voit confier les dossiers du transport, de la météo, de l'aviation et de la voie maritime. C'est un défi majeur pour une jeune femme. Mariage et naissance des enfants marquent une pause dans la trajectoire de la journaliste. De retour au journal, celle-ci est mandatée à la couverture des travaux de la Commission Bird. Premier coup d'envoi du nouveau féminisme au Québec et dans l'ensemble du Canada parce qu'elle permet de prendre conscience des problèmes que vivent les femmes, cette commission suscite beaucoup d'intérêt et l'élément «nouvelle» au sens journalistique du terme qui y est présent permet que l'on couvre dans les pages du *Devoir* des questions qui à d'autres moments auraient suscité débats et polémiques. Si la Commission Bird représente un événement politique qui a forcé le journal à aborder certaines questions féminines, la fin des travaux de la Commission oblige dorénavant la journaliste, toujours soucieuse de couvrir les questions reliées aux femmes, à vendre la marchandise à des «chefs de pupitre» qui ont le pouvoir de décider de ce qui sera publié dans les pages du journal.

L'Année internationale de la femme est une occasion qui, parce que riche en événements de toutes sortes, conduit à la mise sur pied de la chronique «L'Année internationale de la femme». La fin de l'année annonce la fin de cette chronique. Mais les groupes de femmes, qui avaient beaucoup apprécié avoir pendant un an une chronique du journal qui témoigne de leurs préoccupations et qui fasse état de leur programme, font pression sur la direction du journal pour que la chronique soit maintenue, ce qui est obtenu. La nouvelle chronique est confiée à Renée Rowan, qui lui donnera le titre de «Féminin pluriel». Les femmes de tous horizons avaient exprimé le besoin d'une tribune où elles pourraient retrouver une fois par semaine une chronique qui ne serait pas semblable à ce que les pages féminines avaient été à une autre époque. La chronique «Féminin pluriel» est rapidement devenue une plate-forme pour les groupes de femmes qui voulaient faire passer un message ou de l'information. La chronique hebdomadaire se veut avant tout une tribune d'information, non un lieu de prise de position. Elle favorise l'expression d'une parole plurielle.

On met fin à la chronique «Féminin pluriel» à la fin des années quatre-vingt, la rédaction du journal faisant alors l'analyse que l'intérêt pour la chronique n'est plus aussi grand. Renée Rowan hérite d'un dossier important, celui des affaires sociales, dossier, s'il en est un, très proche des femmes, mais qui de par sa complexité ne permet pas toujours de donner priorité au point de vue des femmes sur les questions soulevées. La journaliste prend sa retraite quelques années plus tard, non sans avoir laissé un héritage intellectuel aux jeunes femmes journalistes qui lui succéderont. Il est permis de penser qu'une chronique comme «Féminin pluriel» aura servi à faire bouger les choses dans plusieurs dossiers : celui de la santé des femmes, celui des femmes collaboratrices à l'entreprise familiale, et enfin celui des infirmières.

LES ANNÉES 1980 : LE DÉCLOISONNEMENT DU POINT DE VUE DES FEMMES

Avec la venue de plusieurs femmes journalistes, l'information au *Devoir* concernant les femmes et le féminisme dépassera les limites de

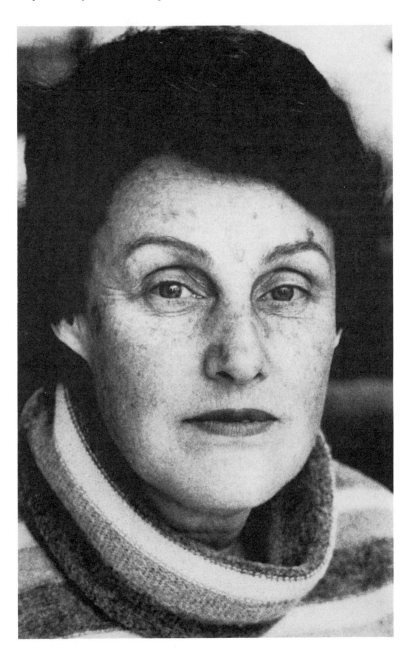

Renée Rowan
Source : Photothèque du Devoir.

la chronique «Féminin pluriel». Bien que le dossier des femmes soit officiellement attribué à Renée Rowan, l'embauche de femmes journalistes fait en sorte que le dossier a de plus en plus d'alliées, même s'il n'est officiellement la responsabilité que d'une seule d'entre elles. Au cours des années 1970, le journal engage en effet plusieurs femmes journalistes, et certaines d'entre elles choisissent de faire état d'un angle «femme» dans l'appréhension de la nouvelle, qu'il s'agisse de questions internationales, sociales ou économiques.

Tout au long du cheminement historique des Québécoises vers leur émancipation, *Le Devoir* saura accompagner les moments forts de ce processus. Au moment de la publication par le Conseil du statut de la femme de son document *Pour les Québécoises : égalité et indépendance*, Lise Bissonnette signe un éditorial dans lequel elle apporte son appui aux recommandations formulées dans le document :

> S'il fallait ajouter une recommandation aux 306 que le Conseil du statut de la femme vient de présenter au nom des Québécoises sous le titre «égalité et indépendance», ce serait de ne pas lésiner sur sa distribution et sa vulgarisation. Car si ce programme d'action veut d'abord s'adresser aux autorités gouvernementales, la pertinence et l'équilibre de l'analyse qui l'accompagne, la clarté et le nombre de ses données en font un instrument de choix pour la sensibilisation de l'opinion sans laquelle les gouvernements resteront toujours sourds et aveugles[15].

À cette époque, Lise Bissonnette signe régulièrement des éditoriaux qui traitent directement des problèmes liés aux conditions de vie des femmes. En avril 1979, elle attire l'attention sur les résultats d'un sondage traitant de la participation politique des Québécoises dans un texte où elle demande aux autorités politiques de se questionner à propos de ce qui s'apparente à une attitude cynique et blasée de la part de beaucoup de femmes à l'endroit de la politique partisane et où elle suggère de courtiser davantage ce groupe de l'électorat dans la foulée de la campagne référendaire, ce qui semble laisser présager l'important débat autour du phénomène des Yvettes qui se produira en 1980 :

> Peut-être parce qu'on n'a eu qu'une moitié d'intérêt pour une enquête qui n'a scruté qu'une moitié de l'électorat, les résultats du dernier sondage IQOP commandé par la nouvelle revue *Point-virgule* sur les femmes québécoises et la politique ont failli passer inaperçus. Grand bien ferait toutefois aux politiciens de s'y intéresser, par pragmatisme si ce n'est par conviction, puisque les réponses révèlent surtout un bassin d'électrices encore à conquérir, très souvent indécises, tant à l'égard des partis que des options constitutionnelles de l'heure. [...] Conscientes des paresses des partis à leur égard, sensibles aux programmes qui les touchent mais qui sont loin d'être suffisants, elles

perdent l'intérêt ou s'abstiennent. Certains analystes, frappés par exemple par la croissance du taux général d'abstention lors d'élections fédérales, croient y déceler en plusieurs régions une forme de protestation passive, à défaut de regroupement politique qui pourrait la canaliser. Il serait intéressant d'appliquer cette analyse au vote féminin, suffrages qui dorment à cause d'un sentiment d'aliénation plutôt que d'insouciance ou d'irresponsabilité[16].

L'année 1980, année du référendum sur l'accession du Québec à la souveraineté, sera certes un moment historique dans la chronologie du féminisme québécois, moment qui se cristallise autour du phénomène des Yvettes.

En mars 1980, Lise Payette, ministre d'État à la Condition féminine, au cours d'un événement public, exhortait les femmes à se prononcer en faveur de la souveraineté du Québec. Dans *Le Devoir* du 10 mars 1980, on rapportait et commentait certains passages du discours prononcé par la ministre :

> Comme on pouvait s'y attendre, elle s'en est prise de façon particulière au chef du Parti libéral du Québec, M. Claude Ryan : C'est justement le genre d'homme que j'haïs, a-t-elle déclaré ajoutant que des Yvettes, lui, il va vouloir qu'il y en ait plein le Québec... il est marié avec une Yvette.

Quelques jours plus tard, Lise Bissonnette signe un éditorial que plusieurs[17] considèrent comme l'élément déclencheur de ce qui deviendra peu de temps après le «phénomène des Yvettes». Dans le texte en question[18], l'éditorialiste commente les résultats d'un sondage qui montrait que les femmes appuyaient davantage l'option du NON que celle du OUI pour le référendum à venir. Faisant écho aux propos tenus par Lise Payette quelques jours auparavant, elle écrit :

> Il n'existe pas une telle chose que «les femmes» en matière d'options politiques, et si celles-ci votent comme elles le font, c'est en fonction de la situation qui leur est faite.
> [...]
> On appelle les femmes à voter collectivement en tant que femmes, en agitant le souvenir de leurs ancêtres, en leur rappelant qu'après la Conquête, elles ont assuré la perpétuation de la nation francophone en Amérique du Nord en fabriquant des petits Québécois à la douzaine et qu'il leur faudrait bien perpétuer cette œuvre aujourd'hui, non pas via les berceaux mais via la boîte de scrutin. Ce sentimentalisme tient plus de la conscription intéressée en temps de crise que d'un appel à des êtres intelligents qui ont parfaitement le droit et le devoir de choisir en tenant compte des analyses politiques de l'heure, et non d'une pseudo-mission que leur aurait confiée la nature à la naissance. Les tenants du OUI, qui recourent le plus fréquemment à cette technique de culpabilisation, sont à cet égard les vrais conservateurs.
> La technique est d'autant plus désagréable qu'elle ne reconnaît les femmes,

en tant que collectivité, que pour les fins du référendum.

[...]

Tant qu'elles devront l'intérêt qu'on leur porte aux sondages qui les montrent récalcitrantes, plutôt qu'à leurs besoins réels et reconnus hors des périodes de fièvre politique, les femmes devront se méfier. Leur utilisation par un camp ne vaut pas mieux que l'indifférence de l'autre[19].

La littérature abondante sur le phénomène des Yvettes témoigne de la profondeur des débats qui allaient être soulevés autour du sens à donner au geste posé par les femmes du camp du NON en réponse à la remarque sarcastique de Lise Payette. Quatorze mille femmes du camp du NON se réunirent au Forum de Montréal quelques semaines après le discours et s'autoproclamèrent des Yvettes, des ménagères fières de leur statut. L'événement fit grand bruit, et plusieurs y virent un momentum de la campagne référendaire qui allait être gagnée dans une marge importante par le camp du NON.

Le Devoir publie alors plusieurs textes interprétatifs sur le phénomène des Yvettes. D'un côté on proclame : «Nous sommes toutes des Yvettes[20]» alors que de l'autre on écrit contre le phénomène de récupération des Yvettes : «On trompe les femmes[21]».

Selon Évelyne Tardy, l'interprétation du phénomène après quelques années de recul permet de penser qu'il s'agit d'un événement ponctuel :

> Le phénomène des Yvettes n'a été qu'un événement ponctuel, qui a certes réussi à capter l'attention des médias et suscité des interprétations variées, mais qui est loin d'avoir contribué à modifier la répartition des tâches dans les partis politiques : aux hommes la stratégie, aux femmes la cuisine! De plus, le phénomène des Yvettes illustre le caractère paradoxal de l'engagement politique des Québécoises au tournant des années quatre-vingt : d'une part, l'importance qu'elles accordent de plus en plus à la participation à la vie politique, d'autre part la réticence des partis à leur reconnaître les possibilités de participer à part entière aux débats politiques. L'absence des femmes dans le débat constitutionnel actuel témoigne de cette exclusion[22].

Dans le courant des années quatre-vingt, on trouvera d'autres éditoriaux dans le prolongement de celui signé par Lise Bissonnette qui incitait les femmes à ne pas accepter la manipulation des partis politiques. Faisant suite au débat des chefs sur les dossiers de la condition féminine dans le cadre de la campagne électorale fédérale de 1984, événement resté jusqu'à ce jour unique en son genre, l'éditorialiste reprenait certains arguments pour appeler les femmes à ne pas se contenter de voter strictement en fonction d'intérêts ponctuels :

Pour les femmes elles-mêmes, ce débat est à la fois progrès et malaise. Progrès, parce que leurs intérêts sont maintenant au cœur des programmes politiques et que, même si leur participation au pouvoir reste mince, elles détiennent de toute évidence des leviers qui obligent ces hommes politiques à des engagements impensables il y a seulement quelques années. Malaise, parce qu'il faudra bien dépasser rapidement le caractère corporatiste de cette percée sur la scène politique, qui tend à conditionner le vote des femmes aux seules questions qui se rapportent à elles. Et qui consacre leur relation à l'État sous le mode de la quête de bénéfices que vous consent « L'autre », l'univers politique masculin, plutôt que de l'exercice même du pouvoir[23].

Avec les années 1980, de nouvelles signatures féminines font leur apparition dans le journal, des femmes qui feront passer le féminisme du statut de chronique compartimentée à celui plus ambitieux de point de vue sur le monde, prisme à travers lequel peut être appréhendée toute dimension sociale ou politique. Alors que se poursuit la chronique «Féminin pluriel» de Renée Rowan, on trouve maintenant de plus en plus d'articles présentant le point de vue des féministes sur différentes questions. Nathalie Petrowski signe plusieurs importantes séries de textes, sur la pornographie, par exemple[24], ou encore sur les filles du féminisme, au moment où les groupes de femmes font état de leurs inquiétudes à propos d'une relève pour la continuation de l'action féministe. Quelques années avant le débat sur le féminisme des jeunes femmes qui se tiendra à la suite des événements de Polytechnique, il semble déjà qu'une tendance au féminisme de la promotion individuelle se manifeste clairement, en témoigne la conclusion de cette série :

> Les filles de 1985 sont féministes, il n'y a pas de doute. Mais à leur manière. En préférant la lutte individuelle à l'embrigadement collectif, le privé au politique. Aux appels à la libération collective que lance encore Simone de Beauvoir, elles font la sourde oreille. Mais à les écouter se débattre et se défendre, parler carrière et rêver enfants, on devine qu'elles sont tiraillées par les contradictions de l'époque et déchirées entre le féminisme et la féminité[25].

Carole Beaulieu sera une autre signature importante à couvrir l'actualité des femmes au cours des années 1980 et elle donnera une ouverture sur le monde aux articles qu'elle signe.

L'année 1985 marque la fin de la décennie des femmes et l'ONU organise une conférence mondiale des femmes à Nairobi, au Kenya. *Le Devoir* accorde une couverture abondante à l'événement, même si des considérations financières l'ont empêché d'avoir une correspondante dépêchée sur les lieux de l'événement. Lise Bissonnette signe l'éditorial «Après Nairobi», qui appelle à poursuivre les luttes des femmes dans un contexte cette fois-ci élargi aux conditions de vie des femmes du monde entier. Celle-ci écrit : « Il devrait être possible de raffiner l'internationalisme du mouvement des femmes[26]. »

La venue de la chronique hebdomadaire d'Ariane Émond, traitant essentiellement de thèmes dans une optique féministe, constitue au cours des dernières années un autre point important de diffusion de la pensée féministe dans les pages de ce journal. La journaliste bénéficie d'un statut de quasi-éditorialiste, et sa chronique propose de réfléchir entre autres sur la direction à suivre pour la poursuite de l'action en faveur des femmes, en témoigne cette chronique publiée pour souligner le 8 mars, Journée internationale des femmes, où la journaliste fustige les tenants du post-féminisme :

> Nous ne sommes pas dans une ère post-féministe. L'expression m'a toujours donné de l'urticaire. Elle sonne trop comme un enterrement de première classe. Comme disait la journaliste-éditrice américaine Gloria Steinem : « Parlons-nous de post-démocratie ? » Non, le féminisme n'est pas mort. Il fait une pause, en attendant peut-être que les hommes emboîtent le pas pour la prochaine étape[27].

Pendant ce temps, le journal décide de mettre fin à la chronique « Féminin pluriel » de Renée Rowan, l'argument de la rédaction étant qu'une telle chronique n'apparaît plus nécessaire parce que les femmes et leurs intérêts sont de plus en plus couverts dans l'ensemble du journal, ce qui ne justifie plus le maintien d'une chronique à part pour couvrir les sujets reliés à la condition des femmes et des groupes de femmes.

CONCLUSION : QUE RESTE-T-IL DE CES ANNÉES ?

Les décennies 1970 et 1980 ont été riches d'événements reliés au féminisme et au mouvement des femmes, et Le Devoir a été un organe d'information attentif à ce qui s'est avéré un mouvement de fond et non une simple mode. Nous n'avons rendu compte que d'une facette assez simple de l'interaction entre un journal et un mouvement social. On peut croire que l'information véhiculée sur le sujet a permis à nombre de femmes et d'hommes de connaître les discours autour du féminisme. On ne saurait cependant résumer le discours du Devoir sur le féminisme aux articles mentionnés dans ce texte ; il y a la section des livres qui a aussi largement commenté les essais et romans significatifs qui ont été publiés au cours des ans par des femmes de toutes tendances du féminisme. Et on peut également penser que toute une génération de jeunes filles ont nourri des ambitions journalistiques en lisant dans les pages du journal des articles signés par des femmes journalistes. Dans cette histoire, cependant, les dernières années ont marqué un recul important dans la couverture de la question qui nous intéresse. La direction du journal semble avoir fait sienne l'idée que le mouvement des femmes et les questions reliées au féminisme ne sont plus des sujets qui méritent une couverture systématique. Le journal ne manifeste plus l'intérêt d'hier pour le discours féministe. *Le Devoir*, dans son édition actuelle, couvre bien davantage les arts visuels qu'il ne couvre les questions touchant particulièrement aux femmes. Le thème «femmes» n'existe plus au journal dans les affectations données aux journalistes. Signe des temps? Qui a parlé d'une crise des valeurs au *Devoir*? Il y a le postulat que les questions touchant les femmes seront traitées dans l'actualité, que les questions économiques des femmes vont être couvertes dans les chroniques économiques, mais l'analyse de la couverture des dernières années montre qu'il n'en est rien, et que la catégorie «femmes» n'existe pas dans l'angle d'approche de l'actualité de tous les jours. Il est dommage de faire le constat que les années 1970-1990, pourtant riches en ouvertures à l'égard des questions reliées aux femmes et au féminisme, n'ont pas permis d'instaurer une continuité en ce sens pour les années à venir.

Chantal MAILLÉ
Professeure
Institut Simone-de-Beauvoir
Université Concordia

---

1. Collectif Clio, *L'histoire des femmes au Québec depuis quatre siècles*, Montréal, Le Jour éditeur, 2e édition, 1990, p. 470-471.

2. Commission royale d'enquête sur la situation de la femme au Canada. (F. Depatie, *La participation politique des femmes au Québec*, étude réalisée pour la Commission royale d'enquête sur la situation de la femme au Canada, n° 10, Ottawa, Information Canada, 1971.)

3. «Claire Kirkland-Casgrain, seule femme à l'Assemblée nationale, explique son engagement politique», *Le Devoir*, 6 mai 1970.

4. Hélène Pelletier-Baillargeon, «Ma liberté pour un ourlet?» *ibid.*, 25 juillet 1970.

5. Chronique de la FFQ: «Être le mari d'une femme célèbre : sinécure ou source d'ennuis? Un homme s'explique», par Emile Colas, *ibid*, 1er août 1970.

6. Solange Chalvin et Clément Trudel, «Le Code de la famille à Cuba établit l'égalité des sexes», *ibid.*, 14 mars 1975.

7. Marie Laurier, «L'Iranienne vit une évolution spectaculaire», *ibid.*, 6 octobre 1975.

8. « Ce que pense l'homme de la femme au Québec », sondage IQOP, *ibid.*, 16 juin 1975.

9. Entretien de Renée Rowan avec Renée Cloutier, « La femme au Québec, ça bouge mais ce n'est pas encore la révolution », *ibid.*, 16 juin 1975.

10. Michel Roy, « La majorité des hommes reconnaissent l'égalité de la femme... en principe », *ibid.*, 14 juin 1975.

11. Georges Vigny, « Condition féminine et développement », *ibid.*, 20 juin 1975.

12. Renée Rowan, « Pourquoi si peu de femmes dans l'arène politique ? », *ibid.*, 20 septembre 1976.

13. Renée Rowan, « Pour susciter des candidatures, la FFQ lance une offensive auprès des chefs politiques », *ibid.*, 26 octobre 1976.

14. Renée Rowan, « Quatre femmes à l'Assemblée nationale », *ibid.*, 17 novembre 1976.

15. Lise Bissonnette, « Une indépendance à préserver », *ibid.*, 26 octobre 1978.

16. Lise Bissonnette, « Des suffrages qui dorment », *ibid.*, 4 avril 1979.

17. Voir entre autres le texte d'Evelyne Tardy, « Le caractère paradoxal de l'engagement des Québécoises au tournant des années quatre-vingt », dans *Thérèse Casgrain : une femme tenace et engagée*, sous la direction d'Anita Caron et Lorraine Archambault, Sainte-Foy, Presses de l'Université du Québec, 1993, p. 179-185. Tardy écrit : « Lise Bissonnette écrivit dans le quotidien *Le Devoir* un éditorial incendiaire reprochant à Lise Payette d'être descendue jusqu'aux tréfonds du sexisme pour le OUI. Cet éditorial fut considéré comme le détonateur de l'"affaire des Yvettes" parce que c'est par lui que les propos de Lise Payette furent connus du grand public et que c'est à lui que les commentateurs et commentatrices firent référence au cours des jours suivants. Il est vrai que les journalistes n'ont pas hésité à sauter sur cette "querelle de femmes", la campagne référendaire n'ayant pas, jusque-là, été très riche en rebondissements spectaculaires » (p. 179-180).

18. « Une image erronée » *Le Devoir*, 13 mars, 1980.

19. *Ibid.*

20. *Le Devoir*, 14 avril 1980.

21. *Ibid.*

22. E. Tardy, *loc. cit.*, p.185.

23. Lise Bissonnette, « Les nouveaux féministes », *Le Devoir*, 17 août 1984.

24. Nathalie Petrowski, « La pornographie ou le privilège du roi », *ibid.*, 21 novembre 1981.

25. Nathalie Petrowski, « 1985 : les filles du féminisme », *ibid.*, 8 et 9 mars 1985.

26. Lise Bissonnette, « Après Nairobi », *ibid.*, 31 juillet 1985.

27. Ariane Émond, « Rose tango », *ibid.*, 6 mars 1991.

DE LA SALLE DE RÉDACTION : TRENTE ANS D'UN JOURNAL 1964-1993

Bourrasques et vents d'espoir. L'ère Ryan. Pas nécessaire?
Journal «à part». L'homme de pouvoir. Du Devoir au PLQ.
«Affaire Leclerc». Fardeau de la dette. Lauzière, patron
conciliant, mais... Changement de cap? Statut particulier.
«Jamais une eau calme».

BOURRASQUES ET VENTS D'ESPOIR

Comme elle en a l'habitude, la barque du *Devoir* vogue dans la bourrasque de façon récurrente. De 1964 à aujourd'hui, on peut identifier des embellies et certains vents d'espoir. Ce journal né fragile connaît une austérité de routine. Si l'on en croit Claude Ryan, *Le Devoir* «a prouvé qu'on ne pouvait l'abattre[1]». La preuve? Depuis vingt ans, deux quotidiens nés pour lui faire concurrence ou pour le supplanter, *Le Jour* et *Le Matin*, ont connu une existence éphémère. *Le Jour*, voué aux idéaux indépendantistes et dirigé par Yves Michaud (1974-1976), n'a pas atteint son troisième anniversaire. Quant au quotidien *Le Matin*, une initiative prise par quatre cadres transfuges du *Devoir* en 1987, il ne franchit pas le cap des six mois. Pour sa part, *Le Devoir* connaît son *annus horribilis*, en partie à cause d'un conflit de travail qui empêche la parution du 12 novembre au 12 décembre 1975.

Le Devoir, malgré bien des avatars, a pu poursuivre sa route et savourer une halte très gratifiante, le 16 novembre 1990, lors d'une soiréebénéfice au Reine-Elizabeth. Huit cents convives — dont six cent onze avaient payé 800 $ le couvert — y serrèrent les rangs pour souhaiter un excellent quatre-vingtième anniversaire à un journal qui n'a jamais cessé d'être contesté. Ryan n'a-t-il pas jugé qu'en politique, ce journal «a toujours été une institution séduisante et déroutante[2]»? Dans les moments de crise, à ce jour, Le Devoir rallie suffisamment d'amis pour surnager. À ce dîner du Reine-Elizabeth, le gotha de la politique, des affaires et des arts apprécie, en passant, le tournedos aux pleurotes ainsi que la meringue glacée aux marrons. L'essentiel est toutefois de colmater un important déficit que certains attribuent à des causes «structurelles». Le Devoir se renfloue à cette occasion de 414 221,46 $[3].

Comment faire fi de la fragilité inhérente et des spasmes d'angoisse que Le Devoir provoque chez ses meilleurs amis «quand la voile faseille», si l'on emprunte le titre d'un roman de Noël Audet? Dans son histoire récente, le journal n'a pas manqué de susciter les plus sombres pronostics. Un pamphlet parle même de «l'égarement» de ce journal face aux enjeux nationalistes[4]. D'autres publications iront jusqu'à décréter prématurément sa mort.

L'ÈRE RYAN

Le livre d'Aurélien Leclerc Claude Ryan, l'homme du devoir[5] est centré sur les écrits et la pensée du directeur Claude Ryan. L'auteur a analysé sept cents éditoriaux de celui qu'il qualifie d'«athlète spirituel» et d'«arbitre moral» de la société. Aurélien Leclerc fait ressortir la place exceptionnelle qu'occupe ce quotidien dans la société.

L'examen moins tendre que fait la défunte revue Maintenant[6] du journal fondé par Henri Bourassa et dont le timonier est Claude Ryan, pousse l'audace jusqu'à embaumer Le Devoir... un mois avant que ne paraisse dans les kiosques le quotidien Le Jour qui a l'appui du Parti québécois. Sous la signature de Pierre Vadeboncœur, on y affirme en effet : Le Devoir est mort... Il y eut toutefois un retour de pendule de l'écrivain qui a proclamé dans l'un de ses billets intitulés Regards[7] que ce quotidien est devenu un must sous la gouverne de Lise Bissonnette. Cette dernière a favorisé des modifications d'allure et de fond, notamment en émettant un retentissant NON au projet de réforme constitutionnelle issu de l'accord de Charlottetown[8]. Vadeboncœur suggère que la survie du journal «pour ce qui est du nombre de lecteurs et abonnés, doit s'organiser». L'ancienne directrice de Maintenant, Hélène Pelletier-Baillargeon, avait d'ailleurs écrit à Lise Bissonnette qu'elle se réconciliait avec *Le Devoir* où une nationaliste ne se considérait plus comme *persona non grata*.

Si l'on s'en tient à l'époque où *Le Devoir* fut dirigé par Claude Ryan, il faut prendre en compte le paradoxe d'un leadership exercé par un personnage qui savait se faire cassant comme son prédécesseur immédiat, Gérard Filion. Pour Ryan, le syndicalisme était devenu un *establishment* comme un autre, il n'était pas question que la direction du journal se ligue parfois avec les chefs syndicaux pour combattre ceux qu'Henri Bourassa appelait les «faquins». La loi 19, qui mène à l'emprisonnement de trois présidents de centrales syndicales en 1972, est approuvée par Ryan. Le personnel syndiqué de la rédaction défile toutefois devant *Le Devoir*, brandissant des pancartes contre une loi «inique».

Ryan se campe en champion du consensus social et préfère mettre de l'avant ses choix en essayant d'entraîner derrière lui d'autres décideurs. À certains égards, il sait se montrer ouvert à des courants moins traditionnels, tout en militant pour *Un Québec stable*[9].

Comme directeur, Claude Ryan veille notamment à ce que la «liberté de la culture» prévale, sans pour autant accepter que l'esprit de *Mainmise* pénètre dans un secteur que dirigea pendant quelques années, avec passion, un Jean Basile. Ryan consent à accueillir un ex-felquiste comme Pierre Vallières. Il permet[10] l'expression d'options divergentes des éditorialistes quant aux élections québécoises qui se solderont par un deuxième mandat pour l'équipe de Robert Bourassa.

Cet homme austère, issu du sérail de l'Action catholique, est ouvert à un certain humour qu'un Louis Martin-Tard et un Albert Brie (*Le mot du silencieux*) ont longtemps dispensé à la une du *Devoir*.

Ryan irritait tous ceux qui dénonçaient chez lui son penchant doctrinaire et dogmatique, ce qui lui valut d'ailleurs le sobriquet de «pape de la rue du Saint-Sacrement», du nom de la rue où loge *Le Devoir* de 1972 à 1992, jusqu'à son déménagement sur la rue de Bleury.

PAS NÉCESSAIRE ?

Retenons que ce journal n'était plus considéré comme «nécessaire» par *Maintenant* en 1974. Que malgré quelques bonnes notes dispensées à son directeur — pour sa ténacité en 1970 à promouvoir la négociation, lors de la crise d'Octobre, dans le but de sauvegarder la vie des otages du FLQ — on le recalait à cet examen auquel avait d'ailleurs participé, fin

1973, une partie de l'équipe de la rédaction. Un ancien collaborateur du *Devoir*, André Charbonneau, en signalait les lacunes tandis que Jacques Grand'Maison faisait pour *Maintenant* le point sur «le masque de la neutralité» : «On se donne des airs de vertu. On se présente en juge impartial.» Grand'Maison, qui vise en filigrane Ryan, s'en prend surtout au «complexe du moraliste ou magistrat» et pourfend ceux qui prétendent «éclairer une opinion publique qu'ils ont eux-mêmes créée!»

Reportons-nous en 1964. Claude Ryan fait alors partie d'un conseil de direction de trois membres (Laurendeau-Sauriol-Ryan) formé fin janvier 1963 lors de la démission de Gérard Filion. Le 1er mai 1964, Claude Ryan est élu directeur du *Devoir* pour une durée de dix ans; sept votes vont à Ryan, trois à Jean-Marc-Léger. Jean Marchand, président de la Confédération des syndicats nationaux (CSN), s'abstient[11].

Le directeur élu en 1964 porte déjà le profil d'un homme controversé. Il est perçu dans certains cercles comme antinationaliste. Il écrira beaucoup plus tard[12] que sous sa gouverne *Le Devoir* a rejeté l'hypothèse de l'indépendance du Québec, «non qu'il l'ait trouvée mauvaise en soi, mais qu'il considérait qu'elle n'était pas la meilleure voie d'avenir pour le Québec», et que face aux acquis de la Révolution tranquille *Le Devoir* fut «passionnément engagé... souvent impitoyable», faisant montre d'un «nationalisme ambivalent devant un jour déboucher sur l'expérience non moins ambivalente du Parti québécois avec toutes les frustrations que l'on observe[13]». Ce qui n'empêche pas *Le Devoir* de prêter aux états généraux du Canada français... dont l'une des conclusions sera, en 1969, de rejeter le «fédéralisme canadien»... le journaliste Jean Francœur qui en prépare le cahier quotidien.

C'est en partie la froideur de Ryan envers les nationalistes qui motiva le départ de François-Albert Angers du conseil d'administration de L'Imprimerie populaire en juin 1964. Son remplaçant sera le notaire Denys Pelletier, neveu de Georges Pelletier qui avait pris les rênes du *Devoir* après la mise à l'écart d'Henri Bourassa.

Angers avait fait mousser la candidature de Jean-Marc Léger, tandis que Filion proposait que Ryan prenne sa succession.

En quatorze ans de directorat au *Devoir*, Ryan réussira de façon suivie à s'aliéner le plus gros du camp nationaliste. Ce que l'on a appelé «l'affaire Jean-Marc Léger» tient d'un différend profond qui surgit entre Ryan et Léger à propos de la montée des forces nationalistes. Léger aurait accepté de ne pas aborder les questions nationales dans les pages du *Devoir*. L'affaire eut assez de retentissement pour que des lignes de piquetage se dressent devant *Le Devoir* en guise d'appui au journaliste «baîllonné». Laurent Laplante parlera, en 1973, des «corridors idéologiques» que doivent emprunter les collaborateurs d'un journal qui, il faut le constater, préfère souvent laisser les options ouvertes.

La tension créée par l'affaire Léger s'accompagne d'un exode de plus d'une douzaine de journalistes du quotidien en moins de dix-huit mois. Le directeur peut ainsi renouveler son équipe en ne se privant pas de répéter son leitmotiv voulant qu'au *Devoir* «on ne met personne à la porte, mais que les mécontents peuvent toujours se trouver des emplois ailleurs».

Tout au long du mandat de Claude Ryan, des voix s'élevèrent contre l'appropriation jugée abusive que Ryan faisait du journal.

JOURNAL « À PART »

Il s'agit effectivement d'un journal que beaucoup tiennent à classer à part. Comme l'a écrit Louis Martin :

> Dans le secteur de l'information au Québec, il faut faire une place à part au journal *Le Devoir*, qu'un historien torontois a comparé à un tiers parti. C'est un fait que le prestige et l'influence du journal dans les milieux politiques et intellectuels dépassent de beaucoup son tirage. Profondément enraciné dans le milieu de par sa structure même, le journal *Le Devoir* a été présent à tous les grands tournants de l'histoire de la collectivité québécoise[14].

Martin poursuit :

> Traditionnellement, le journal a logé à l'enseigne de la modération. Il en est de même aujourd'hui alors qu'il chemine, laborieusement, comme à contre-cœur, vers une option souverainiste. Cette position centriste devient un atout de poids quand le journal, à l'occasion de crises comme celle d'octobre 1970, se dresse contre les pouvoirs. Mais en période de croisière, cette attitude agace les éléments plus radicaux. Un hebdomadaire de combat (NDLR : *Québec-Presse*) a été créé il y a quelques années sous la forme d'une coopérative, s'appuyant sur les milieux syndicaux et les mouvements populaires, dans le but de rejoindre les classes populaires. Il est encore trop tôt pour évaluer cette tentative.

Autre appréciation, moins flatteuse celle-là, de cet homme de devoir et de pouvoir. Pierre Vallières révèle dans *La démocratie ingouvernable*[15] que s'est tenue à Montréal en 1975 une réunion de la Trilatérale ayant comme préoccupation la «*Crisis of Democracy*» (p. 164). Ryan y était, de même que Claude Castonguay, Jean-Luc Pépin, Dale Thomson, David Fox, Gilles Lalande. Vallières extrapole et fait de Claude Ryan (p. 194) l'homme que la

Trilatérale favoriserait pour opérer un virage à droite sur le mode prôné par Zbigniew Brzezinski!

Ryan sourirait sans doute de ce rapprochement. N'empêche que cet homme réputé pour son indépendance d'esprit avait un ascendant tel sur son entourage que Jean-V. Dufresne eut, dans un billet, l'ironie de parler du «journal de Claude Ryan, qui loge à l'enseigne du *Devoir*». Ce trait ne fut pas pris en compte lorsque le chroniqueur revint dans l'équipe du *Devoir*.

DES MAGOUILLEURS SE VENGENT

Le 1er mai 1973, le journaliste Jean-Pierre Charbonneau (futur député et ministre dans le gouvernement de René Lévesque) est blessé par balle dans la salle de rédaction. La «petite pègre» a voulu faire peur à un chroniqueur qui traque les agissements des personnages soupçonnés de corruption. C'est Charbonneau qui retrouve la trace de son agresseur, Antonio Mucci. Ce dernier, traduit en justice, est condamné à sept années de prison.

Charbonneau éprouve souvent de la difficulté à convaincre son patron de publier certaines de ses enquêtes, mais il a eu la satisfaction de faire éclater, en janvier 1972, «l'affaire Saulnier» du nom du capitaine Jacques Saulnier dont Jean Drapeau a fait son candidat à la direction de la police de Montréal. Saulnier a accepté un pot-de-vin d'un propriétaire d'hôtel. Il n'en faut pas moins pour que Ryan tance le maire et le policier qui a failli aux règles d'éthique.

L'année qui suit l'attentat contre Charbonneau est exceptionnelle. On entrait au Devoir *comme dans un moulin. Il faut désormais se nommer auprès d'un gardien de sécurité et expliquer le but de la visite.*

L'HOMME DE POUVOIR

Quels vents d'espoir se manifestent durant ces trente années qui nous séparent du début du directorat de Ryan? La longue et tenace contribution du journaliste Michel Roy, devenu rédacteur en chef adjoint en 1970, pour faire du *Devoir* un journal «complet», a transformé en quelque sorte ce quotidien en une école de formation où sont souvent venus puiser des concurrents. L'arrivée d'un Paul-André Comeau comme rédacteur en chef, à l'été 1985, est perçue à l'époque comme une manière de consolider un leadership intellectuel que le journal tentait de préserver.

C'est ainsi qu'une Nathalie Petrowski dans ses *Notes de la salle de rédaction* [16] dit avoir tout d'abord voulu se moquer «de ceux qui prétendaient avoir la vocation»; à travers la mention répétitive de son ennui devant la «rigueur des faits»... elle étale la preuve que *Le Devoir* lui a permis, quoiqu'elle fût rebelle à tout encadrement, d'apprendre à «raconter une histoire» et de bien sentir que «la plupart des prises de position sont périssables»... Mme Petrowski fut la première titulaire, en 1981, du prix de journalisme Jules-Fournier décerné par le Conseil de la langue française.

Le journal qui professe ne pas viser les bénéfices à tout prix — il en réalise pourtant en 1970, en 1971, en 1972 et en 1973 — verse parfois de modestes dividendes à ses sociétaires, comme en mars 1966 et à quelques reprises par la suite. Au fil des ans, sa survie tire des exclamations à ceux et à celles qui en faisaient une institution quasi miraculée.

En 1967, les vieilles presses du *Devoir* flanchent. Ryan négocie alors[17] en vue d'imprimer le journal en *offset*. L'Imprimerie Dumont inc., «propriété d'une belle famille d'imprimeurs canadiens-français», est choisie. Deux ans plus tard, Dumont est vendu à Quebecor!

En 1970, le directeur du *Devoir* est soupçonné de favoriser, avec d'autres personnalités québécoises dont René Lévesque et Marcel Pepin font partie, la formation d'un gouvernement parallèle à Québec. Le pays vit la crise d'Octobre. En raison de la soi-disant faiblesse du premier ministre Robert Bourassa, un complot existerait pour constituer un gouvernement de rechange. Ryan se défend avec insistance de ces insinuations dans un éditorial du 30 octobre 1970 : «Un complot qui n'a jamais existé». Dans son livre[18], Aurélien Leclerc expose plusieurs caractéristiques de cet «homme de pouvoir» qui sait «ruser, avancer, reculer, s'ajuster, profiter de la situation, préparer ses forces et se lancer au moment opportun», et (c'est moi qui souligne) «**son intégration dans les cadres du pouvoir, Ryan la planifie depuis longtemps**[19]».

En 1975, lors de la grève d'un mois de la rédaction, l'enjeu principal pour le syndicat est de former un comité d'information paritaire, non décisionnel. Gérald LeBlanc, président du syndicat, déclare qu'il ne prend pas la responsabilité de porter *Le Devoir* à son tombeau, que Ryan a intérêt à accepter un mécanisme dont le mandat le plus important est de passer en revue les grands dossiers déjà publiés et de planifier le type de «couverture» des événements à venir. Ryan accepte finalement la création d'un tel comité d'information, mais il délègue Michel Roy pour y siéger (les procès-verbaux du comité ne sont publiés que si le directeur en approuve la teneur). Le directeur ne veut pas donner l'impression qu'il accepte une diminution de ses prérogatives.

Il est un fait indéniable : certains des journalistes du *Devoir* ont, au fil des ans, claqué la porte. Mario Pelletier, éphémère directeur des pages culturelles, dira sa déception du *culture club* du *Devoir* dans la revue *Liberté*. Pierre Godin, dans *Le 30*, magazine de la Fédération professionnelle des journalistes du Québec[20] rend public le malaise interne créé par le directeur Lauzière qui fut sans doute le plus mal aimé des successeurs d'Henri Bourassa. Godin a quitté sur ce qu'il appelle un «geste de censure». Il était rédacteur en chef adjoint et avait signé une chronique que Lauzière refusa de publier. Le sujet en était le trop grand empressement à vilipender les médias à la suite de l'incendie survenu dans les bureaux d'Alliance Québec.

DU *DEVOIR* AU PLQ

Automne 1976, Ryan recommande de battre le Parti libéral du Québec et d'élire l'équipe du Parti québécois qui promet un «bon gouvernement». C'est effectivement l'équipe du PQ qui forme le gouvernement en novembre 1976, et qui garde le pouvoir jusqu'au retour de Robert Bourassa aux affaires en 1985 avec, au sein de son équipe, le ministre libéral Claude Ryan qui a dû céder à la fronde et démissionner du poste de chef qu'il avait conquis en 1978 à son départ du *Devoir*, ce qui engagea le journal dans une longue crise où la confiance mutuelle est au plus bas entre le conseil d'administration et les journalistes qui s'ouvrent à plusieurs reprises de la crainte d'une influence des libéraux dans la ligne de succession de Ryan : «Le passage de M. Ryan du journalisme à la politique active a largement secoué la crédibilité de notre journal», estimait Louis-Gilles Francœur, le 26 avril 1978, deux jours après qu'une assemblée du Syndicat de la rédaction eut insisté, pour *Le Devoir*, sur «l'indépendance des partis politiques et des milieux financiers».

On se rappelle la force avec laquelle Ryan prit position, dans sa dernière année de mandat, contre la loi 101, ou Charte de la langue française, que le Parti québécois fit adopter à l'été de 1977.

En 1978, Michel Roy acquiert tout de même le titre de directeur intérimaire. Il profite de grèves simultanées à *La Presse* et au *Soleil* pour gonfler provisoirement l'effectif de la rédaction et pour augmenter le nombre de pages... mais le conseil d'administration lui reproche en septembre d'avoir déjà épuisé son enveloppe budgétaire pour l'année entière! Même si le conseil d'administration le considère peu fait pour mener la barque, Michel Roy tient le fort vaillamment. Il servira *Le Devoir* jusqu'en 1982 avant d'accepter un poste à *La Presse*, ce qui permit au directeur Jean-Louis Roy, élu par le conseil à l'automne 1980 et entré en fonction en janvier 1981, de se familiariser avec les rouages du journal[21].

UN ÉVÊQUE MÉDIATEUR

Consulté à son insistance sur le choix d'un directeur, le Syndicat de la rédaction du Devoir *ne se cache pas pour exprimer publiquement, à plusieurs reprises, sa méfiance envers le conseil d'administration quant aux critères présumés pour le choix d'un directeur. L'évêque auxiliaire de Montréal, Mgr Jean-Marie Lafontaine, joue un rôle de médiateur pour atténuer les frictions dans cette période houleuse de l'après-Ryan. La crainte de la majorité des journalistes syndiqués, alors, est que l'on procède à une recherche bidon et que le « pape » ne soit désigné avant la tenue du conclave! Par un vote-sondage pris en assemblée syndicale, les journalistes éloigneront au moins deux candidats à la direction du* Devoir, *dont le juge Julien Chouinard qui, après avoir présidé l'enquête du « français dans l'air », se disait prêt à prendre la tête de ce journal... mais son rôle de coordonnateur de la Loi sur les mesures de guerre (1970) lui barrait la route à un tel poste, prétendaient les journalistes. Chouinard se désista et fut nommé juge à la Cour suprême du Canada. Les journaux du temps ont aussi fait état du rejet par la rédaction d'un autre candidat: Jean-Claude Lebel qui était, à l'époque, secrétaire du Conseil du Trésor.*

Dans ce contexte, on s'explique que le Syndicat de la rédaction du Devoir *juge bon de faire paraître à ses frais dans Le Devoir, le 12 décembre 1979, une publicité reproduisant le rapport entier de Mgr Lafontaine. Dans ses grandes lignes, ce texte trace les balises d'une transition associant le person- nel au choix d'une personnalité qui saurait sauvegarder l'héritage du* Devoir *tout en le faisant fructifier.*

C'est sous le mandat de Jean-Louis Roy — qui écrivait encore ses textes au stylo bille en entrant en fonction — que *Le Devoir* passe à l'informatique en 1983. Les écrans ainsi que l'équipement informatique demeurent toutefois «propriété de Quebecor» qui s'est engagé par contrat à imprimer et à distribuer *Le Devoir*, par ses Messageries Dynamiques.

Résumant la position du *Devoir* entre 1980 et 1985, Jean-Louis Roy écrit qu'il s'est trouvé «en opposition franche et durable avec Ottawa et Québec[22]».

«AFFAIRE LECLERC»

L'affaire Leclerc, survenue en 1985, illustre bien qu'au *Devoir*, les coups durs sont parfois dus à des facteurs endogènes. Très souvent les secousses sismiques qui frappent le journal sont immédiatement connues du public qui n'hésite pas à prendre parti. Jean-Claude Leclerc avait écrit «Qui donc est inapte?», un éditorial (17 janvier 1985) que le syndicat a d'ailleurs reproduit en affiche. Le texte de Leclerc prend la défense des assistés sociaux et critique les responsables de dépenses «superfétatoires» que vont entraîner les radoubs et ajouts au Stade olympique. Leclerc fut désavoué publiquement par le directeur Jean-Louis Roy et par la rédactrice en chef Lise Bissonnette dès le 18 janvier; la direction en fit ensuite un enjeu du droit à la réputation tout court «auquel s'est ajouté... le droit à la réputation du *Devoir*[23]» qui «comme institution a été trop longtemps victime d'un travail de sape»!

Pendant près de huit mois, la signature de Leclerc disparaît de la page éditoriale. Dès le 2 février 1985, la Fédération nationale des communications (CSN), à laquelle sont affiliés les journalistes du *Devoir*, publie un numéro spécial sur «les dessous de la crise au *Devoir*». Ce numéro contient quantité d'appuis provenant de divers horizons en faveur du journaliste sanctionné et, par ricochet, de la liberté d'expression. Le syndicat y présente l'«affaire Leclerc» comme un «abus de pouvoir». Rappel est fait d'un éditorial similaire signé par Leclerc six mois plus tôt: «Pire que les libéraux»[24]. La RIO (Régie des installations olympiques), écrivait alors Leclerc, «se prépare avec ardeur à gaspiller plus de fonds encore dans une solution qu'elle-même écartait voici peu d'années».

Comment expliquer qu'à six mois d'intervalle, la direction se cabre et reproche à Leclerc de s'en prendre sans vérification à la réputation de firmes d'ingénierie, lesquelles suggèrent de consacrer des sommes énormes aux dieux du stade, au moment où les attaques redoublent contre les bénéficiaires d'aide sociale de 30 ans et moins?

Dans ce numéro spécial de *La Dépêche* sont ressuscités en encadré les «gros mots» que *Le Devoir* sait asséner à son heure: Filion apostrophe Sarto Fournier ou, plus pertinemment, Jean-Louis Roy[25] s'inscrit en faux contre un message des évêques en ces termes: «Leur usage de l'Évangile apparaît sans générosité et sans profondeur... leur parti pris pour la chimère égalitaire serait-il devenu l'option officielle de la hiérarchie?»

Paul André-Comeau accepte le poste de rédacteur en chef à l'été 1985. C'est sans conteste un vent d'espoir que soulève l'arrivée au *Devoir* de ce politologue amène, auteur d'une thèse sur le Bloc populaire et correspondant depuis plusieurs années de Radio-Canada en Europe.

Lise Bissonnette, dont une responsable syndicale dit[26] qu'elle a représenté comme rédactrice en chef un courant de «caporalisme» féminin, rédige un certain temps ses textes à partir de Québec avant de tirer sa révérence (juillet 1985) lorsque le directeur Benoit Lauzière la prie de regagner Montréal. Mme Bissonnette démissionne alors en alléguant en conférence de presse que *Le Devoir* charcute ses textes sans son assentiment[27]...

FARDEAU DE LA DETTE

Le numéro spécial sur les 75 ans du *Devoir* (31 janvier 1985) met l'accent sur un «Vent d'espoir», à un moment où l'on sent qu'entre le directeur et son équipe, le fossé se creuse — Jean-Louis Roy choisira de partir un an plus tard environ. Le tirage du *Devoir* était de 39 000 en 1981, au début de son mandat; il est de 32 000 en 1985. Plus grave toutefois est la succession de déficits : 229 000 $ en 1981 ; 519 000 $ en 1982 et, l'année suivante, 902 000 $. Pour 1984, le déficit confirmé est de 700 000 $.

La crise économique est à prendre en compte pour juger de cette succession de déficits[28].

Dans les faits, Jean-Louis Roy en vient à être perçu comme impuissant à freiner l'endettement qui risque de faire sombrer *Le Devoir*. Si Jean-Louis Roy n'a pas réussi, comme pilote, à assurer un vrai havre au *Devoir*, ce n'est pas faute d'entregent auprès des institutions sollicitées. Il laisse cependant sa marque comme chef d'entreprise adoptant gauchement des tactiques de marketing et se crispant devant les revendications d'un personnel inquiet. Lors d'une assemblée des sociétaires de L'Imprimerie populaire, n'a-t-il pas confié son désir de se défaire du bois mort, de ceux et celles qui font du «sur-place» dans la rédaction? En défendant un «plan d'ajustement budgétaire» devant son conseil d'administration[29], Jean-Louis Roy mène la charge :

La direction ne cédera pas aux exigences d'une minorité dont l'insatisfaction chronique tient plus du réflexe que de la réflexion... elle ne cédera pas non plus à cet espèce de faux progressisme dont le résultat net consacrerait la sclérose d'une équipe capable de plus de vigueur.

Pour le directeur d'alors, le plan (syndical) pour sauver le journal est «surgi de ce faux refuge de la solidarité où les plus démunis trouvent réconfort et sécurité, où l'inculture s'incruste dans la loi plutôt navrante du plus bas dénominateur commun».

Décidément, les contacts ne sont pas au beau fixe entre Jean-Louis Roy et les négociateurs syndicaux qui avaient déjà eu droit (6 avril 1981) à la parution de leur long communiqué sur la grève qui allait éclater, la direction coiffant ce communiqué d'un préambule où il est question d'«erreurs, omissions, affirmations mensongères»... du syndicat, lequel, il est vrai, appuyait fort sur la «censure» qu'il subodorait dans des décisions administratives.

LAUZIÈRE, PATRON CONCILIANT, MAIS...

L'ère de Benoit Lauzière (1986-1990) voit Le Devoir manœuvrer dans des rapides et friser la chute. Le personnel syndiqué de la rédaction est même appelé à voter, à l'automne 1989, la non-confiance au directeur Lauzière qui met quelques mois à se décider à démissionner. Le 15 février 1990, il est à noter que des salariés du Devoir prendront dans le journal la défense du directeur malmené.

Lauzière a laissé l'impression d'un patron plutôt conciliant, désireux de ne pas envenimer les relations de travail — en adepte du règlement des différends par la voie pacifique. Il a souvent exprimé sa méfiance à l'endroit de certains de ses collaborateurs férus, aimait-il souligner, du «prêt-à-penser».

Ce directeur fut mal servi par la conjoncture. Après avoir enregistré un bénéfice net de 15 647 $ en 1986, il doit successivement noter des pertes importantes les années suivantes : plus de 495 000 $ en 1987, 394 174 $ en 1988, et près de 708 000 $ en 1989. Il eut parfois l'art de cafouiller dans des moments de grande tension, comme lorsque la Cour suprême du Canada, dans son jugement du 14 décembre 1988, invalida les passages de la loi 101 sur la langue d'affichage. Lauzière appuie ce jugement et il l'écrit, comme c'est son droit. Il n'a peut-être pas mesuré l'ampleur du ressac qu'une telle prise de position provoque — un membre du conseil d'administration, Marcel Pepin, en poste depuis peu, se dissocie de Lauzière sur cette question-clé et rédige une lettre indignée en démissionnant du conseil. L'Assemblée

Jean-Louis Roy, Lise Bissonnette, Benoît Lauzière, Claude Ryan

Source : Photothèque du Devoir.

nationale, par une loi que pilote nul autre que Claude Ryan, adopte alors la clause dérogatoire contenue dans la Constitution canadienne, se soustrayant ainsi durant cinq ans aux effets de cette décision du tribunal.

Lauzière affirme à plusieurs reprises se méfier de ceux qui veulent que *Le Devoir* redevienne un «journal engagé». Il s'offusque d'ailleurs poliment qu'un président du syndicat (Jean-Pierre Proulx) le morigène lors d'une assemblée de sociétaires en date du 11 mai 1988. Il prend de fait plus d'un mois à polir sa réponse, datée du 15 juin 1988, qui lui permet de répéter son attachement au «meilleur combat des journalistes qu'est l'information» et sa méfiance vis-à-vis d'un journalisme de combat. Lauzière y avoue candidement que «la vie n'est facile pour personne au *Devoir*». Il a néanmoins, dans la controverse qui entoure certains textes du chroniqueur invité Guy Brouillet, laissé l'impression que *Le Devoir* n'adhérait pas au principe «un homme un vote», s'agissant du pays de l'apartheid!

Entre le moment où le conseil d'administration du *Devoir* reçoit la démission de Benoit Lauzière et la présentation à la salle de rédaction de la nouvelle directrice, Lise Bissonnette, il s'écoule quelques heures à peine[30]. On peut voir là l'indice de la volonté des administrateurs de ne pas s'engager dans un interrègne prolongé et peut-être houleux, comme lors du départ de Ryan.

Dans leur bref message de bienvenue à la nouvelle directrice, Jean-Denis Lamoureux et le bureau du Syndicat de la rédaction insistent alors pour que tout le monde soit mis à contribution dans tout plan d'expansion ou de relance du journal. Message reçu. La nouvelle directrice se plie, au cours de l'automne 1989, à trois rencontres avec les journalistes divisés en autant de groupes, pour mieux se faire une idée du terrain où elle a à manœuvrer. Elle prend note des espoirs et des suggestions de ses collaborateurs. Durant ces séances, le rédacteur en chef Paul-André Comeau n'intervient que très rarement; il partira l'été suivant pour devenir président de la Commission d'accès à l'information.

CHANGEMENT DE CAP?

1992 est une année pleine de consultations de groupes cibles dans le but de déterminer si *Le Devoir* doit changer sa formule et, si oui, quelles priorités il doit retenir. Trois mois durant (février à juin), une équipe de marketing (Saine) se met à l'ouvrage, rencontrant des lecteurs fervents du journal, des non-lecteurs, des annonceurs, voire des journalistes parlant le plus ouvertement possible, même s'ils se doutent bien que «quelqu'un» les épie derrière une grande glace sans tain. Le résultat — qui ne sera pas divulgué, *Le Devoir* ne voulant pas brûler ses munitions face à ses concurrents et se méfiant des fuites — prend la forme d'un rapport de cent vingt pages dont la teneur est expliquée par M. Saine et par Mme Bissonnette aux personnels réunis dans le Holiday Inn du Quartier chinois de Montréal (juin 1992). La directrice a la précaution toutefois d'affirmer que tout, dans le rapport Saine, n'est pas à prendre comme «vérité de la Bible».

Ce même mois de juin 1992, le conseil d'administration du *Devoir*, sous la direction de M. Guy Coulombe (ex-pdg d'Hydro-Québec), crée quatre comités d'experts «pour examiner la situation du journal de fond en comble et aider à formuler le Plan de développement».

Juin 1993, M. Coulombe peut quitter la présidence du conseil en se disant persuadé qu'il laisse une entreprise bien en place sur les rails de la relance.

En plus de ranimer la Fondation du *Devoir*, dont les lettres patentes remontent à 1956, le conseil d'administration a constitué en juin 1992 des comités de financement, d'immobilisation et de marketing. La Fondation est présidée par Marcel Couture, et son directeur général est Roger Boisvert.

Peu avant la séance solennelle d'information du 12 juin 1992 pour le personnel au Holiday Inn du Quartier chinois, les journalistes du *Devoir*, réunis au Vieux Saint-Gabriel, donnent leur aval à un schéma de relance longuement expliqué par le président du syndicat de la rédaction, Laurent Soumis, et par d'autres journalistes siégeant à un comité de consultation que la direction du journal avait cooptés. On parle dès ce moment d'un déménagement en octobre; il se réalise en novembre 1992. Pour mieux livrer un journal de qualité, l'acquisition par *Le Devoir* de son propre équipement informatique devait se faire, prévoyait-on, au coût de 800 000 $.

Le Devoir a cherché de tous temps à faire en sorte d'accroître sa crédibilité, à obtenir un rayonnement plus ample dans le milieu des affaires. Il eut même comme chroniqueur éphémère dans ses pages économiques Jacques Parizeau. Né le 18 janvier 1985, *Le Devoir économique* disparaît en décembre 1989. Ce mensuel sur papier glacé a dans l'ensemble fait ses frais. Malgré une qualité soutenue et l'énergie considérable que sa parution suscite, il doit se résigner à se saborder. La publicité qu'on faisait à ce supplément de luxe a pu paraître présomptueuse à plus d'un, puisqu'on le reliait à un *Devoir* «essentiel» au contenu économique et financier «exhaustif». Peut-être aussi fut-il victime d'une planification dont le principal artisan, le journaliste Michel Nadeau, n'était plus là au moment où on aurait eu vraiment besoin de son savoir-faire. M. Nadeau a accédé en 1984 à d'importantes fonctions à la Caisse de dépôts et de placements.

Il y a lieu aussi de mentionner plusieurs initiatives du *Devoir* qui firent long feu : supplément spécial sur les disques, confié à trois connaisseurs, au nombre desquels Edgard Fruitier ; *Le Devoir des petits*, à la charge d'un sous-traitant, et d'autres projets qui constituent autant de bouées dont se dote le journal pour se tenir la tête hors de l'eau, tel *Le Devoir Passeport*.

Certains se mirent à regretter que l'on parle couramment des « produits » du *Devoir*. La nécessité était patente, il fallait solliciter un public plus large et plus varié, maintenir une publication « haut de gamme » sans pour autant se confiner à un cénacle, à une « élite ». Une publicité va même jusqu'à présenter *Le Devoir* dans une assiette — du type cuisine minceur —, le tout enrobé du slogan : « Goûtez-y, vous m'en donnerez des nouvelles » ! Bref, *Le Devoir* essaie de s'arrimer à tous les publics, tout en se gardant de donner dans la tendance voulant que « le marketing influence l'information véhiculée par les différents médias du Québec[31] ».

MÉTAMORPHOSE RADICALE

Les temps présents marquent toutefois une rupture avec les expressions d'étonnement devant tant de prouesses, voire de séances de réanimation. Le Devoir d'aujourd'hui n'hésite pas à vanter son équipement d'avant-garde et sa renaissance : « Voici votre chance de voir, avant tout le monde, notre nouveau bébé », peuvent lire les invités au sélect Windsor, le 25 janvier 1993, jour où l'on n'était pas peu fier du « nouveau visage du Devoir » dû au « lifting » pratiqué par Lucie Lacava qui se charge de la maquette. Cette renaissance est célébrée le 26 janvier 1993 sur les ondes de Radio-Canada, Joël LeBigot ayant choisi de transporter son équipe de CBF-Bonjour dans la salle de rédaction toute neuve d'un journal peu rodé, à vrai dire, à s'animer au lever du jour !

Ce quotidien qui grandit a à présent un frère siamois, Le Devoir Inc. que les concurrents reluquent en supputant ses chances de succès ; des SPEQ (Sociétés de placement en entreprises québécoises) ont vu le jour. À l'interne, le personnel cadre et syndiqué y a investi 200 000 $. Le grand public est appelé à souscrire des actions par tranches de 500 $. Il y a eu consolidation financière et entrée de nouveaux capitaux. En tout, il s'agirait de transactions qui peuvent friser les 6 millions de dollars. « Nouveau

> *fric, nouveau look... nouveaux lecteurs?»* titre à la une Le 30[32] ; *l'entre-*
> *vue avec Lise Bissonnette soulève le point d'interrogation : dans ces ligues*
> *majeures,* Le Devoir *saura-t-il maintenir l'indépendance qu'il a toujours*
> *revendiquée comme sa loi fondamentale, malgré cette métamorphose radi-*
> *cale? M*[me] *Bissonnette va répétant que* Le Devoir «*n'a pas fini de vous*
> *surprendre»* et s'offusque qu'on laisse entendre que Le Devoir puisse
> *vendre son âme. Elle défie quiconque de prouver que sa liberté de diriger*
> *la rédaction ait pu s'émousser au contact de tous ces prêteurs qui compren-*
> *nent notamment le Mouvement Desjardins, le Fonds de solidarité de la*
> *FTQ, le groupe La Laurentienne, etc.*

STATUT PARTICULIER

Que *Le Devoir* tienne une place particulière dans la société, on peut s'en rendre compte par la fréquence que met *Le 30*, magazine du journalisme québécois publié par la Fédération professionnelle des journalistes du Québec, à en présenter les épisodes moroses, tragiques ou remplis d'espoir.

L'Actualité de août 1990 fait aussi sa une avec *Le Devoir* à l'occasion de l'accession de Lise Bissonnette à la direction. Le texte de ce numéro de *L'Actualité* est signé Luc Chartrand; il a été conçu comme une charge à fond de train contre l'administration Lauzière dont on n'imaginait pas qu'il démissionnerait si rapidement. Le départ «précoce» de ce dernier a eu pour effet de faire insérer à la hâte des passages sur l'actuelle directrice Lise Bissonnette. Beaucoup au *Devoir* jugèrent ce dossier injuste, mais son auteur n'avait pas eu à tordre de bras pour accumuler les confidences sur le passif du bilan Lauzière, ce directeur mal aimé qui, en octobre 1989, fut même répudié par la très grande majorité des journalistes syndiqués qui le pensaient incapable de présider à une véritable relance[33].

Dans un reportage qui occupe une page entière, *The Gazette*[34] n'avait-elle pas déjà jugé que *Le Devoir* semblait vivre son déclin depuis 1978, une descente que le journaliste Bauch affirmait plus visible depuis que Lauzière n'écrivait presque pas d'éditoriaux, préférant se river à ses tâches administratives.

L'année 1992 dans sa quasi-totalité aura été meublée par des discussions de type notarial quant à la forme que prendrait l'injection de nouveaux capitaux au *Devoir*... tandis que le bureau du syndicat finissait par abandonner l'idée de constituer un syndicat indépendant de la CSN

— projet qui s'estompa lorsqu'il fallut gagner la centrale syndicale à épauler les efforts de relance. Le trésorier de la centrale, Léopold Beaulieu, tout aussi désireux que d'autres d'augmenter les chances de survie du *Devoir*, ne ménagea pas ses efforts en ce sens.

« JAMAIS UNE EAU CALME »

Dans un sprint de rencontres avec les divers syndicats dont elle réclamait des concessions substantielles et nombreuses, la direction en vint, à l'été 1993, à dramatiser à ce point les enjeux de « négociation » qu'elle suspendit pendant deux jours la publication. Dans un article à la une intitulé DE RETOUR (11 août 1993), la directrice affirme : « *Le Devoir* ne sera jamais une eau calme, sauf pour rester de marbre devant les éternels vautours. » *Le Devoir* s'est en quelque sorte « créé à nouveau en janvier ». La directrice juge la chirurgie opérée comme une opération incontournable, ce qui n'était pas le sens que lui donnaient certains observateurs (les quatre-vingt-seize employés ont dû se résigner à une « reddition sans conditions », jugeait Didier Fessou, dans *Le Soleil* du 10 août 1993).

Putsch, chantage à la fermeture ? Josée Boileau, présidente du syndicat, qui a quitté peu après le journal, avance le mot « arnaque » dans un numéro de *La Petite Dépêche*[35], publication de la Fédération nationale des communications (CSN).

Toutes les interprétations ont été données à la stratégie utilisée par la direction du *Devoir* qui obtint finalement les capitaux (le carburant, selon l'expression de Mme Bissonnette) qu'il lui fallait, de toute urgence, pour franchir une autre étape du plan de relance conçu en principe pour trois ans.

L'été 1993 devait normalement être difficile, comme pour les étés précédents, on prévoyait manquer de liquidités que la directrice Bissonnette assimilait à l'essence qu'il faut à une barque au milieu d'un lac où elle est engagée à moitié déjà. Il faut dire que les articles faisant état des difficultés du *Devoir* se multipliaient dans *La Presse*, dans *Les Affaires*, et qu'on en discutait sur les ondes. Dans ce contexte, la directrice a pu craindre que ne soient torpillés les efforts énormes investis dans les discussions de refinance-ment du journal ; elle choisit de faire du *forcing*. Les prêteurs — le plus hésitant d'entre eux fut la SDI (Société de développement industriel) — ne voulaient pas que la trésorerie du *Devoir* se révèle un tonneau des Danaïdes et ils prirent soin d'insister sur l'étude minutieuse des moindres engagements

Photo : Bernard Bohn, L'actualité.

financiers... sans avoir prise sur le contenu rédactionnel à proprement parler.

Il faut laisser se décanter les controverses. Au *Devoir*, en cet automne 1993, on proclame les objectifs de relance presque atteints, mais, il faut le répéter, ce journal n'est pas et n'a jamais été «une eau calme». Il n'est qu'à relire les lignes que Victor Barbeau consacre, dans ses Mémoires, à certains traits du fondateur pour s'en convaincre[36].

Lise Bissonnette en a surpris certains par cette insistance mise, au début d'août 1993, à obtenir des concessions jugées excessives. Michel Venne, correspondant parlementaire du *Devoir* à Québec, estime que les négociateurs syndicaux ont signé «le revolver sur la tempe»[37]. La direction s'en tient à une version de tensions normales qui se résorberont. L'histoire jugera.

Clément TRUDEL
Journaliste à la section internationale du *Devoir*

---

1. *Le Devoir* du 28 avril 1976 annonce, pour l'une des plus difficiles années du journal, une perte nette de 41 551,85 $.

2. Pierre-Philippe Gingras, *Le Devoir*, Montréal, Libre Expression, 1985, p. 217.

3. *Le Devoir*, 20 décembre 1990.

4. *L'égarement du «Devoir»*, Les éditions du Franc-Canada, 1986. Les collaborateurs de cette collection d'articles sont François-Albert Angers, Robert Barberis, Jeannine Bélanger, Jean-Marie Cossette, Jacques Poisson, etc.

5. Éditions Quinze, 1978.

6. N° 132, janvier 1974.

7. *Nouvelles CSN*, n° 355, 12 février 1993, p. 22.

8. *Le Devoir*, 9 juillet 1992.

9. Recueil de textes de Claude Ryan paru aux éditions Héritage en 1978.

10. *Le Devoir* du 27 octobre 1973.

11. Paul Sauriol, *Petite histoire administrative du* Devoir, document ronéotypé.

12. *Le Devoir*, 31 janvier 1985 (numéro spécial pour les 75 ans du journal).

13. La plaque apposée en 1990 par la Commission des lieux et monuments historiques du Canada à l'entrée du *Devoir* au 211, rue du Saint-Sacrement ne dit-elle pas qu'Henri Bourassa «s'est fait le défenseur d'un nationalisme axé sur l'autonomie du Canada et sur la dualité culturelle du pays»?

14. *L'humanité en marche*, encyclopédie en vingt-cinq volumes parue en 1973 aux éditions du Burin; tome sur L'information, p. 93.

15. Québec/Amérique, 1979.

16. Éditions Saint-Martin, 1983.

17. *Le Devoir*, 30 juin 1967.

18. Aurélien Leclerc, *Claude Ryan, l'homme du devoir*, Montréal, Quinze, 1978.

19. *Ibid.*, p. 106.

20. *Le 30*, vol. 13, n° 3, mars 1989.

21. Jean-Louis Roy était au moment de sa nomination directeur des Études canadiennes-françaises à l'Université McGill. Son mandat était officiellement de dix ans, mais il ne restera en fonction que cinq ans avant d'accepter de devenir délégué général du Québec à Paris.

22. Supplément du *Devoir*, 31 janvier 1985.

23. *Le Devoir*, 26 janvier 1985.

24. *Le Devoir*, 9 juillet 1984.

25. *Le Devoir*, 4 janvier 1983.

26. *La Dépêche*, novembre 1986.

27. *Le Soleil*, 18 juillet 1985.

28. Les chiffres cités ici ont été communiqués le 28 mars 1986 par le comptable Michael Doyle, du bureau de comptables RCMP, qui cite aussi les bénéfices de 1979 (183 000 $) et de 1980 (89 000 $).

29. Le 27 avril 1983.

30. *Le Devoir*, 12 juin 1990, p. 1 : «Lise Bissonnette succède à Benoit Lauzière».

31. Étude Léger et Léger : *L'influence du marketing sur l'information*, 1989.

32. Vol. 17, n° 1, février 1993.

33. Lauzière semble confirmer ce fait en affirmant : «Nous n'avons plus les moyens de faire *Le Devoir* que nous faisons.» (Article de Claude Turcotte, *Le Devoir*, 16 mai 1990.)

34. Hubert Bauch : «How a small but influential newspaper became merely small», 17 février 1990.

35. Vol. 12, n° 6, septembre 1993.

36. Victor Barbeau. *La tentation du passé*, Montréal, La Presse, 1977. Surtout aux pages 124 et 125.

37. «La permanence n'est pas une tare», *Le 30*, vol. 17, n° 7, septembre 1993.

POSTFACE

POURQUOI *LE DEVOIR* ?

Je le dis d'entrée de jeu, je ne m'en cache pas : je n'aime pas lire les journaux. Ils m'ennuient. Je les trouve toujours trop grands, trop gros ; ils salissent les mains, ils envahissent et encombrent rapidement le salon et toute la maison. Et surtout, quelle dissymétrie entre l'énorme dépense de papier qu'ils représentent et la faible densité des idées qu'ils portent !

Et pourtant (la contradiction humaine est multiple !), je suis un lecteur de journaux. Il m'est difficile de m'en passer. À la campagne, je peux faire plusieurs kilomètres pour m'en procurer un. Je n'aime pas les lire, mais il m'en faut. Quand je n'en ai pas, je souffre d'un manque. Quand je les tiens, je me hâte de les lire pour en finir au plus vite et les mettre de côté. Je garde longtemps des piles de journaux, m'imaginant y revenir, pour m'en départir plus tard avec un certain dégoût. Mais je découpe aussi un bon nombre d'articles, que je garde longtemps et qu'il m'arrive parfois de relire avant de les jeter finalement.

J'ai donc une certaine ambivalence (une ambivalence certaine !) à l'endroit des journaux : c'est le moins que je puisse dire ! Voilà une bonne entrée en matière pour parler du *Devoir* ! Car *Le Devoir* n'échappe pas plus que les autres journaux à cette ambivalence. Mais ma relation avec *Le Devoir* comporte aussi autre chose en plus, qui lui est propre : un attachement. Je suis un vieux lecteur du *Devoir* : il fait partie de mon espace social et culturel depuis au moins un demi-siècle. Il appartient à mon identité individuelle et collective : il est dans ma vie un lien à la fois avec le passé et avec la société et la culture d'aujourd'hui.

Un souvenir bien personnel. J'ai commencé à lire *Le Devoir* quand j'étais un jeune pensionnaire dans mon bon vieux «collège de campagne», le Collège de l'Assomption. *Le Devoir* était le seul journal admis à pénétrer dans les murs du collège. Il nous parvenait deux ou trois jours après sa parution — parfois plus tard encore, au gré des tempêtes de neige et des inondations printanières. Quelques professeurs le recevaient, certains s'y abonnaient à deux ou trois avec leur maigre salaire de 300 $ par année et le faisaient circuler. Je servais régulièrement la messe de l'un d'eux, ce qui m'accordait le privilège de disposer de dix ou quinze minutes avant la messe pour lire son exemplaire. C'est ainsi que, tout en apprenant le latin et le grec classiques, je m'initiais au monde contemporain en déchiffrant les éditoriaux de Georges Pelletier et d'Omer Héroux.

Il y a des journaux qu'on lit depuis longtemps, par habitude. Ils font partie de nos rituels quotidiens, ou hebdomadaires, ou mensuels. Il y en a d'autres qu'on lit régulièrement par conviction : ce sont les journaux de parti. Ils viennent confirmer, renforcer, nourrir nos convictions, nos idées, nos actions. *Le Devoir* n'appartient ni à l'une ni à l'autre de ces deux catégories. Il faut en penser une troisième : celle des journaux qu'on lit par fidélité. Fidélité, cependant, non pas à une institution, comme on peut être fidèle à son *Alma Mater*, ou à son Église, ou à son pays. Fidélité qui n'est pas non plus celle qu'on peut avoir à l'égard d'un parti, d'un mouvement, de sa famille. Fidélité plutôt à une manière de penser, ou peut-être mieux encore fidélité à la pensée, à la discussion qu'on vient y chercher et qu'on y trouve assez souvent. Car *Le Devoir* n'est pas le journal de mon parti, j'ai même le sentiment qu'il ne l'a jamais été. Je ne trouve pas nécessairement dans *Le Devoir* des points de vue que je partage, je n'y lis pas toujours mes convictions. D'ailleurs, je ne m'y attends jamais en l'ouvrant. J'aime plutôt que ce qu'il m'apporte m'étonne, me provoque, me choque, même parfois aussi me réjouisse, en tout cas me nourrisse l'esprit pour quelque temps, parfois une heure, parfois la journée, quelquefois plus longtemps.

La fidélité au *Devoir* va jusqu'à accepter son nom! Mais au fait, pourquoi *Le Devoir*? Pourquoi ce nom? Ce nom qu'on ne donnerait plus aujourd'hui à un nouveau journal, pas plus que celui de *L'Action catholique* qu'a longtemps porté un autre quotidien, de Québec celui-là et d'un tout autre esprit. Un nouveau journal, on l'appellerait sans doute *Le Nouveau Journal*, c'est connu! Mais s'appeler *Le Devoir*! Un nom austère, moral, impératif, qui dit ce qu'il faut faire ou ce qui devrait être fait plutôt que ce qui se fait, qui annonce l'action plutôt que l'information. C'est sur celle-ci aujourd'hui qu'on met l'accent : on prétend informer, bien informer, informer sur tout. Tout pour l'information et l'information sur tout et pour tous. Dont on ne doit pas conclure qu'on soit si bien informé!

Supposons un moment qu'Henri Bourrassa n'ait fait que de la politique, des discours et des conférences et que *Le Devoir* n'existe pas, n'ait jamais existé, et qu'on le fonde. Qui penserait aujourd'hui à lui donner un tel nom? Pis encore : longtemps *Le Devoir* portait en première page, aussi fièrement que son nom, cette devise, ce mot d'ordre, ce programme : «Fais ce que dois». J'ai le vif souvenir que, lorsque je lisais *Le Devoir* du professeur-prêtre dont je servais la messe, cette devise m'apparaissait comme un sévère rappel des obligations de la journée qui débutait!

Autre souvenir de collégien : avec quelques confrères et amis, nous avions fondé un journal des élèves du collège. Nous l'avions appelé *L'Essor*, un autre nom qui est dans la droite ligne de ce même esprit de l'époque. M. Georges Pelletier, le directeur du *Devoir* du temps, était venu donner une conférence aux élèves du collège. Je me souviens avec quel sérieux et quelle émotion nous l'avions reçu pendant une demi-heure dans le petit local qui nous servait de salle de rédaction, pour l'entendre nous parler de journalisme! Plus sérieux que cela, on montait au ciel!

Ce nom dit l'âge du *Devoir*. C'est un nom qui fait époque. *Le Devoir* nous vient d'un temps où la vérité et la morale pouvaient être assurées de l'universalité et de la pérennité. On n'en était pas encore — du moins au Québec — au relativisme de l'éthique et à la déconstruction des vérités. Quand on disait «Fais ce que dois», on présumait que ce qui devait être fait était connu parce qu'il avait été clairement exprimé par les autorités compétentes. Celles-ci étaient légitimement établies, consacrées et, disons, parfois écoutées!

Parler du «devoir» faisait alors partie du discours courant. Et en plusieurs sens : le vocabulaire ne manquait pas en la matière. Le plus fondamental était sans doute ce qu'on appelait «le devoir d'état», qui signifiait ce qu'on se devait de faire dans la situation, la position, la fonction où l'on se trouvait dans le temps présent. Pour accomplir son devoir d'état, on pouvait compter sur la grâce d'état, d'origine divine et accordée à chacun et chacune selon ses besoins présents. C'est ainsi qu'on pouvait attendre de tout un chacun qu'il soit toujours «à son devoir», qu'il s'emploie à «faire son devoir».

Et cela commençait à l'école. Dès la première année, on revenait à la maison avec «ses devoirs» à faire. Et ils devenaient toujours plus longs et difficiles au fur et à mesure des années. Imaginez : quand on était rendu aux devoirs d'algèbre et à la «composition française», c'était du sérieux. Alors, la table de la salle à manger ou de la cuisine était l'autel consacré à ce cérémonial avant et après le souper.

Et plus tard, dans le mariage, faire l'amour se disait aussi «faire son devoir». Je crois que cette expression s'adressait surtout aux femmes. Car faire l'amour, c'était faire des enfants, et cela était le premier but de ce que l'un des commandements de Dieu appelait «l'œuvre de chair», évidemment réservée au mariage.

Au terme de la vie, en prévision de la mort, recevoir le notaire pour faire son testament et le prêtre pour se confesser et recevoir l'extrême-onction, c'était «accomplir ses derniers devoirs». Et finalement s'occuper du défunt, exécuter ses dernières volontés, c'était «remplir ses derniers devoirs» à l'endroit du disparu.

Comment alors s'étonner que le journal le plus sérieux du Québec s'appelât *Le Devoir*?

◆
◆ ◆

Mais ce nom dit aussi le public du *Devoir*, la «classe» de son public. Car *Le Devoir* est un journal de classe, d'une certaine classe sociale. Il n'est pas lu par tout le monde : il a son public. Que faut-il pour lire *Le Devoir*? Tout d'abord, une certaine dose d'instruction, parce qu'il comporte trop d'articles de nature analytique ou critique — dans le sens fondamental de ce dernier terme — pour être aisément accessible à celui et celle 1) qui n'ont pas acquis l'habitude de la lecture et 2) qui n'ont pas les référents intellectuels requis pour comprendre. Les journalistes et rédacteurs du *Devoir* font assez souvent usage de mots abstraits qui dépassent le seuil de compréhension de personnes pas très instruites.

En second lieu, pour lire *Le Devoir*, il faut prendre la politique au sérieux. Car c'est ce que fait *Le Devoir*; son équipe s'adresse à un public chez qui elle s'attend de trouver la même attitude. Que veut dire «prendre la politique au sérieux»? C'est exercer, pratiquer la raison sur la politique, ce qui veut dire avoir amassé une information assez étendue sur la vie politique et avoir soumis cette information au crible d'une activité analytique et critique au moins minimale.

En troisième lieu, il faut prendre le présent et l'avenir du Québec au sérieux. Ici, «prendre au sérieux» veut dire n'être pas d'un optimisme béat ou naïf quand il s'agit du Québec et de son avenir. Il faut avoir une saine dose d'inquiétude sur le Québec comme société, comme identité politique et sociale, pour lire *Le Devoir*.

De surcroît, cette inquiétude, sans nier qu'elle soit aussi économique, ne peut pas porter que sur l'économie du Québec, elle doit aussi s'adresser à la vie et à l'avenir culturels du Québec. Pour lire *Le Devoir*, il ne faut pas penser que main-d'œuvre, chômage, investissement; il faut aussi penser éducation, arts, littérature, théâtre, voire religion.

Enfin, on ne lit *Le Devoir* que si l'on a une sensibilité nationaliste québécoise, avec toutes les nuances que cela implique, le spectre allant de ceux qui militent en faveur de l'indépendance du Québec à ceux qui croient encore à un fédéralisme renouvelé, plus respectueux du Québec et des francophones canadiens que le Canada ne l'a été jusqu'à présent.

On le voit, le terme qui vient et revient sur la langue en parlant du *Devoir* et de ses lecteurs, c'est celui de «sérieux». C'est un journal sérieux et on le lit avec sérieux. Je remarque que celui ou celle qui proteste contre un article du *Devoir* commencera souvent en disant ou en écrivant (au *Devoir*) : «Dans un journal sérieux comme *Le Devoir*, je ne m'attendais pas à...».

Tout cela forme-t-il une classe? Certes pas dans le sens que Marx et les sociologues à sa suite ont attribué à ce terme. Car il ne s'agit pas d'une classe sociale à base économique, fondée sur des rapports de production, mais peut-être d'une classe que l'on pourrait appeler «culturelle», au sens anthropologique du terme, c'est-à-dire d'un ensemble de personnes qui partagent les mêmes orientations ou tendances de pensée, de sentiment, de réaction. Il s'agit de tendances ou d'orientations, car la clientèle du *Devoir* se retrouve autour d'un même journal d'idées, sans cependant nécessairement partager les mêmes idées, les mêmes idéologies. Ce sont des «attitudes d'esprit», c'est un certain «sérieux», c'est peut-être une sorte de *daimôn* ou encore ce que Nietzsche appelait (avec mépris, cependant, mais entendons ici autre chose que ce qu'il avait à l'esprit) un «idéal ascétique» qui font le dénominateur commun des lecteurs du *Devoir*, plutôt qu'un programme d'action ou qu'une idéologie. En ce sens, *Le Devoir* n'est pas un journal de parti, ni non plus tout à fait un journal de combat au sens partisan de l'expression. Sans doute se bat-il pour certaines idées, mais il n'est pas le véhicule des idées d'un parti, d'un clan, d'une Église.

Le Devoir n'est pas non plus une propriété privée. Il l'est, bien sûr, si on le regarde avec l'œil du juriste ou celui de l'administrateur. Mais il ne l'est pas sociologiquement. On ne peut dire cela d'aucun autre journal publié ici : ils sont tous propriété privée. Mais *Le Devoir* est un bien québécois collectif. En tant qu'une des expressions de la conscience collective du Québec, il fait partie du patrimoine québécois. À la différence de tout autre journal, le directeur ou la directrice du *Devoir* est un personnage public. Il ou elle jouit d'un grand prestige, surtout d'une sorte d'autorité morale, d'une aura, au Québec même, peut-être parfois plus encore à l'extérieur du Québec, dans le Canada anglais. Certains directeurs ont joué sur ce prestige, s'en sont servis pour faire entendre leur voix de diverses façons.

◆
◆   ◆

C'est un truisme de le dire (l'anglais *true* = vrai a la même racine que
«truisme»), mais il faut quand même le dire, *Le Devoir* est peut-être l'institution la plus étroitement associée à l'histoire, à l'évolution de la pensée au
Québec tout au cours du vingtième siècle. À travers les différentes phases de
sa propre évolution, *Le Devoir* a surtout contribué à l'évolution de la pensée
sur le Québec. À ce sujet, il est difficile de dire dans quelle mesure *Le Devoir*
a entraîné à sa suite la pensée sur le Québec ou n'a pas plutôt reflété
l'évolution de la pensée dans la classe culturelle. En réalité, je crois qu'il s'est
agi — et qu'il continue d'en être ainsi — d'une vivante interaction entre *Le
Devoir* et sa clientèle, et plus largement entre *Le Devoir* et la zone d'opinion
publique que sa clientèle pouvait influencer.

On parle beaucoup aujourd'hui de la communication et des communications. Un journal appartient à ce qu'on appelle maintenant les médias
de communication (on dit en abréviation les médias, et on se comprend).
Mais ce qui a toujours fait l'originalité du *Devoir,* c'est qu'il sert non
seulement la communication, mais aussi l'«agir communicationnel» dans le
sens qu'Habermas a donné à cette expression, c'est-à-dire d'agir «dialogal».
Et cela, en deux sens différents. Entre *Le Devoir* et son public, d'abord,
existent un dialogue, des échanges qu'on ne trouve pas ailleurs dans la
même mesure. La communication n'est pas à sens unique; *Le Devoir* provoque ou entraîne des réactions, des réponses, et pas seulement dans les
«lettres au *Devoir*» mais par diverses autres voies, y compris à certains
moments par des vagues de désabonnements et, à d'autres, de réabonnements.

Mais surtout, *Le Devoir* amène l'agir communicationnel des lecteurs
entre eux. Il construit, structure, motive les sujets de conversation. Il est ce
journal dont on commente les éditoriaux au bureau, au restaurant, dans les
salons : «As-tu lu ce matin l'éditorial de...?», «Il faut lire l'article de...». Il
est aussi, à l'occasion, un sujet de conversation pour lui-même : «*Le Devoir*
n'est pas aussi intéressant ces jours-ci», ou encore : «Je n'aime pas l'orientation du *Devoir* depuis quelque temps», «Qu'est-ce qui arrive au *Devoir*?»
Et tout récemment : «*Le Devoir,* quel changement!»

Le Devoir est un journal «dialogal» en ce sens qu'il est un journal à
écho. J'entends par là qu'on se répète ce qu'on y a lu le matin ou dans les
jours précédents. On se le répète à soi-même et on le répète aux autres. Je ne
connais pas d'autre journal dont l'éditorial soit autant lu que celui du
Devoir, et par la suite commenté. Les hommes et femmes politiques lisent
les éditoriaux de tous les journaux : j'ai eu l'occasion de le constater. Mais je

◆

crois qu'ils appartiennent à la très faible minorité des lecteurs de journaux à lire les pages éditoriales de tous les journaux. Tel n'est pas le cas du *Devoir*. Ses éditoriaux sont lus et discutés par ce qui me semble être la majorité de ses lecteurs. C'est là une longue tradition. Il n'est pas difficile d'imaginer que les écrits d'Henri Bourassa ne laissaient pas indifférents. J'étais étudiant et nous lisions avidement les articles de Georges Pelletier ou d'Omer Héroux. Je me souviens que, plus tard, nous commentions souvent les éditoriaux d'André Laurendeau et de Gérard Filion. Et aujourd'hui, ceux de Lise Bissonnette méritent souvent la même attention.

Mais cet «agir communicationnel» engendré et porté par *Le Devoir* ne cherche pas à faire un consensus. *Le Devoir* produit un discours qui se poursuit, une conversation ininterrompue, sans rechercher ni le compromis qui est souvent trompeur, ni l'unanimité qui risque d'être simple manipulation, plus ou moins tyrannique. C'est ce qui fait que, chaque matin, *Le Devoir* en choque ou en déçoit certains et en ravit d'autres. Et, selon les jours, les circonstances, les événements, certains sont choqués aujourd'hui qui seront ravis demain, alors que d'autres auront des sentiments inverses.

En ouvrant *Le Devoir*, c'est, chaque matin, une certaine aventure intellectuelle dans laquelle on s'engage : on prend le risque d'être confronté à des prises de position avec lesquelles il faudra vivre et réfléchir dans la journée. C'est un journal «dérangeant». C'est vraiment un journal du matin : il nous sort du lit, au figuré tout au moins.

C'est que *Le Devoir* n'est ni cynique, ni naïf : il est critique. Il ne donne ni dans un optimisme béat, ni dans un noir pessimisme : il pratique l'inquiétude. Il se plaît souvent à débusquer les fausses assurances, celles que charrie en particulier le discours des politiciens. Il ne craint pas à l'occasion de s'en prendre aux idées et surtout aux silences des «élites intellectuelles», qui forment pourtant le noyau de ses lecteurs.

Dans un article récent, Lise Bissonnette écrivait : «Le journalisme est un métier d'opposition, de critique, de mauvaise humeur et parfois même d'imprécation. Le monde n'est pas parfait, il faut des endroits pour le dire[1].» Je ne crois pas que cela décrive bien «le journalisme», tout «le journalisme». Je ne vois pas que tout «le journalisme» pratique le «métier d'opposition», encore moins celui «d'imprécation». En revanche, voilà qui décrit bien le journalisme que pratique *Le Devoir*, tout comme c'est aussi celui que j'aime à retrouver mensuellement dans *Le Monde diplomatique*.

◆

◆ ◆

Dans sa Leçon inaugurale au Collège de France prononcée le 2 décembre 1970 et publiée sous le titre *L'ordre du discours*[2], Michel Foucault évoque divers discours : religieux, politique, judiciaire, scientifique, littéraire, thérapeutique. Il omet totalement le discours journalistique ou plus largement le discours des médias. Reconnaissons que c'est là une étonnante omission, surtout dans un siècle où ce dernier tient une telle place. Plus encore, le journalisme aurait fourni à Foucault une abondante matière à réflexion sur le thème principal qu'il développait dans cette conférence : l'appropriation du discours et les modes d'exclusion du discours. Un journal s'approprie un certain discours, il le fait sien à sa manière et selon son mode propre. Chaque journal, chaque téléjournal s'est approprié un type de discours et s'y tient. Du même coup sont exclus ceux qui ne possèdent pas la connaissance de la grammaire ou du lexique de ce discours ou qui ne partagent pas les idées véhiculées. Certains sont exclus par la forme, d'autres par le fond du discours.

Ainsi se crée autour d'un journal ou d'un téléjournal ce qu'on peut appeler par analogie une «société de discours». Foucault, dans cette même conférence, fait état de ces anciennes «sociétés de discours» qui avaient «pour fonction de conserver ou de produire des discours, mais pour les faire circuler dans un espace fermé, ne les distribuer que selon des règles strictes», c'est-à-dire de ces sociétés dont les membres mémorisaient et récitaient de longues histoires, des poèmes, des rituels, tout en les entourant de diverses formes de mystère, dans le «jeu ambigu du secret et de la divulgation[3]».

Bien sûr, un journal moderne se targue d'être en principe ennemi du secret et de rechercher et divulguer toute la vérité. Et *Le Devoir* plus que bien d'autres entretient la juste fierté de sa transparence[4]. Là n'est pas la question. Mais un journal «dialogal» crée et entretient autour de lui une clientèle qui forme une «famille», une «parenté» de pensée. C'est sa «société de discours».

Cette société de discours est aussi une société du regard, mais d'un regard complexe, dédoublé en quelque sorte, surtout dans le cas d'un journal à écho. Le journal est en effet mon regard sur le monde ; il est plus exactement la lentille à travers laquelle je perçois et assez souvent juge le monde. Toujours un peu déformante, sans doute, cette lentille ; ce qui fait que si je m'y fie, ce n'est pas inconditionnellement. Ce n'est pas parce que «c'est écrit que c'est vrai». Car en même temps que le journaliste nous livre son regard sur le monde, il nous livre aussi un peu de son regard sur son lecteur, sur moi. Quand le journaliste écrit son papier, qui regarde-t-il si ce n'est son lecteur ? Il veut attirer mon regard sur ce qu'il a regardé ; il s'efforce de m'intéresser, me séduire, me convaincre, m'accrocher un moment, me faire réfléchir ou rêver, que sais-je encore. Quand le journaliste relit son papier imprimé le lendemain matin, il le lit en lecteur et se demande s'il réagit selon l'image du lecteur à qui il s'adressait hier. Et quand, dans l'appartement voisin, je lis son article, je sais ou devrais savoir qu'en racontant ce qu'il voyait ou avait vu, ou en s'efforçant de se faire un jugement, il me regardait. C'est pour cela qu'il espère toujours avoir de temps en temps un retour, une réaction, même une attaque, une correction, une mise au point. Voilà qu'alors celui qu'il cherchait du regard s'est montré, s'est manifesté; voilà que s'ouvre un dialogue, la «société de discours» est devenue réelle, alors qu'elle est généralement trop à sens unique.

Mais puisqu'il s'agit ici de la «société de discours» du *Devoir*, il faut bien ne pas passer sous silence un certain paradoxe : *Le Devoir* est à la fois le principal quotidien d'idées et de discussion du Québec, il est un journal qui exprime les préoccupations du Québec. Et en même temps, il est très montréalais. On en prend conscience quand on vit au Québec ailleurs qu'à Montréal, que ce soit à Sherbrooke, Trois-Rivières, Québec ou Chicoutimi. *Le Devoir* y est irremplaçable, mais si l'on veut être de sa région, la connaître, savoir ce qui s'y passe, il faut aussi lire un autre journal, celui de sa région.

Il n'y a rien de mal à cela. Au contraire. Les journaux de ces villes ont leur raison d'être. Comment imaginer que *Le Devoir* puisse couvrir l'information locale qu'ils diffusent? Il n'y a sans doute que les lecteurs montréalais à ne pas sentir combien *Le Devoir* est leur *Devoir*. Quel Montréalais sait que l'abonné de Chicoutimi lit son *Devoir* avec une journée de retard sur celui de Montréal?

Le Devoir a une «société de discours» qui peut couvrir tout le Québec. Mais il a aussi sa «sous-société de discours» dans la région montréalaise. Journal national, *Le Devoir* est aussi un journal régional.

◆
◆ ◆

Et l'avenir? Quel est l'avenir du journalisme québécois? La télévision tuera-t-elle le journal? La question est brutale, peut-être simpliste, mais mérite qu'on s'y arrête car elle est couramment posée, surtout par les journalistes eux-mêmes, préoccupés qu'ils sont de l'avenir même immédiat de leur métier et de l'avenir de l'information.

Dans une entrevue qu'il accordait à Gérald LeBlanc de *La Presse*, Michel Roy, dont le nom est identifié à la fois au journalisme québécois et pour une bonne part aussi au *Devoir*, disait récemment à ce propos :

La télé est devenue la voie royale, l'autoroute de l'information pour la grande majorité des citoyens. Une information plus percutante grâce à l'image, aux sons, aux couleurs et aux lieux géographiques, qui rejoint les gens et les touche davantage... Mais ce progrès, en terme de réalisme souvent cruel et de choc psychologique déclenché par des images bouleversantes, sera annulé si le consommateur n'est pas en mesure de comprendre le sens de l'événement, de le situer dans une perspective plus globale. C'est ici que la presse écrite pourrait prendre le relais, mais on la sent souvent à la remorque de la télé. On se sent obligé de faire comme la télé, de rivaliser dans les images fortes, les épithètes et le divertissement[5].

Ce diagnostic sévère sur la crise du journalisme, Michel Roy n'est pas le seul à le faire. L'actuelle directrice du *Devoir* le fait aussi, dans des termes assez semblables, tout en étendant, non sans raison, l'analyse de la crise à tous les médias, télévision comprise[6]. Mais c'est du journalisme écrit dont on s'inquiète le plus. Et les messages les plus inquiets viennent maintenant de France. Dans une conférence prononcée à l'École polytechnique de l'Université de Montréal, le rédacteur en chef du *Monde*, Robert Solé, disait : « Les journalistes sont les principales victimes de la communication. » Et il s'expliquait en ajoutant : « Informer, c'est expliquer, comprendre, analyser. Communiquer, c'est séduire, influencer et parfois désinformer[7]. » Cette distinction entre informer et communiquer n'est sans doute pas celle que ferait le philosophe et sociologue allemand Jürgen Habermas, qui a vu dans la communication le salut de la rationalité en péril, mais elle fait comprendre ce qu'elle veut dire, c'est-à-dire qu'il revient à la presse écrite d'expliquer et analyser plutôt que de calquer ou concurrencer la télévision, ce qu'elle ne peut plus faire de toute façon.

De son côté, dans un article au titre signifiant : « S'informer fatigue », le directeur du *Monde diplomatique*, Ignacio Ramonet, fait une analyse encore plus critique de la crise de la presse écrite qu'il identifie comme étant « une perte d'identité et de personnalité », attribuable à « la mutation qu'ont connue, au cours de ces dernières années, quelques-uns des concepts de base du journalisme » : les concepts d'information, d'actualité, du temps et de la véracité de l'information. Il en dégage une observation que je crois importante :

> Dans ce bouleversement médiatique, il est de plus en plus vain de vouloir analyser la presse écrite isolée des autres moyens d'information. Les médias [...] s'emmêlent au point de ne plus constituer qu'un seul système informationnel au sein duquel il est de plus en plus ardu de distinguer les spécificités de tels médias pris isolément.

Mais Ramonet ne pousse pas plus avant l'analyse de ce nouvel état systémique des rapports entre la presse écrite et la presse électronique. Il revient à la presse écrite en affirmant :

Vouloir s'informer sans effort est une illusion qui relève du mythe publicitaire plutôt que de la mobilisation civique. S'informer fatigue, et c'est à ce prix que le citoyen acquiert le droit de participer intelligemment à la vie démocratique.

Ceci dit, Ramonet constate qu'il y a un nombre croissant de citoyens qui acceptent de se «fatiguer» puisque le nombre des lecteurs du *Monde diplomatique* n'a cessé de croître depuis trente ans, malgré le caractère volontairement austère de ce journal mensuel. Il en conclut qu'à la condition de maintenir un journalisme exigeant, «la presse écrite peut quitter les rivages confortables du simplisme dominant et retrouver tous ces lecteurs qui souhaitent comprendre pour pouvoir mieux agir en citoyens dans nos démocraties assoupies[8]».

Je rapporte ces longues citations pour dire d'abord comment des journalistes de métier, et respectés, voient de l'intérieur l'évolution, les problèmes présents et l'avenir de la presse écrite. Leur témoignage franc et lucide est à retenir. Ce qui ramène à la question de départ : quel avenir pour la presse écrite? Pour ma part, je dirai, avec un optimisme qui paraîtra peut-être à certains débordant, qu'il me semble irréaliste d'annoncer la disparition de la presse écrite devant les assauts de la télévision. Celle-ci fait des malheurs, c'est vrai, mais elle ne fera pas celui-là. Il y aura toujours des consommateurs de nouvelles, qui liront leur journal pour en savoir plus sur le meurtre mentionné à la radio ou sur l'incendie dont ils ont vu les flammes pendant onze secondes au téléjournal de la veille, et surtout sur les événements marquants de leurs sports favoris, trop rapidement résumés sur les ondes. Il y aura encore longtemps des chauffeurs de taxi qui s'ennuient de longues heures dans leur voiture, des travailleurs qui passent deux heures par jour dans le métro et l'autobus, des employés qui ont le temps de lire au travail, des solitaires qui aiment manger en lisant leur journal et, malheureusement, des chômeurs qui tuent le temps.

C'est là la survie du monde du «communiquer» écrit, selon la distinction de Robert Solé, du journal qui continue à s'aligner sur les médias électroniques, qui vit en symbiose avec eux. Qu'en sera-t-il en revanche de la survie de l'«informer»? Dans le «système informationnel» évoqué par Ignacio Ramonet, un quotidien que j'ai appelé «dialogal» comme *Le Devoir* peut se démarquer suffisamment de la communication instantanée pour n'être pas menacé par la télévision. Il me semble qu'à long terme son principal concurrent sera peut-être davantage le magazine hebdomadaire (genre *Time*) que la télévision. Mais l'avantage qu'a le quotidien sur l'hebdomadaire, et qu'il doit s'efforcer de garder, c'est d'offrir des analyses plus à chaud, plus près de l'événement, le lendemain ou le surlendemain de ce qui vient de se passer. C'est là-dessus qu'il doit miser et c'est en cela qu'il répond à un besoin chez un certain nombre de lecteurs.

Je ne sais quel format, quelle forme, quelle allure physique le journal prendra dans l'avenir. La technologie a déjà beaucoup influé sur le journalisme et, comme l'a dit Lise Bissonnette, «la technologie n'a pas montré toutes ses possibilités[9]». Je ne m'aventurerai pas sur ce terrain, trop plein d'inconnues pour moi.

Mais il me semble qu'il y a deux facteurs sociaux susceptibles d'assurer un certain avenir à un journal comme *Le Devoir*. En premier lieu, la scolarisation croissante de la population adulte, soit à travers l'enseignement ordinaire, soit par le canal de l'éducation permanente. Je ne soupçonne pas Lise Bissonnette de vues intéressées lorsqu'elle réclame à cor et à cri, non sans raison, une réforme en profondeur de notre système d'enseignement car je crois qu'il y a une nette corrélation entre une population québécoise plus et mieux scolarisée et la place du *Devoir* dans le «système informationnel». On ne me convaincra pas qu'il n'y a que pure coïncidence entre l'augmentation du tirage du *Monde diplomatique* et du *Devoir* et le taux de scolarisation croissant en France et au Québec, même si celui-ci demeure insatisfaisant. Et je dis la même chose de la quarantaine d'années d'existence de l'extraordinaire *New York Review of Books* pour les États-Unis. Malgré toutes ses lacunes, l'école développe tout de même la curiosité intellectuelle et le désir de savoir et de comprendre chez un certain nombre de ceux et celles qui la fréquentent. Je suis d'accord avec Lise Bissonnette lorsqu'elle dit qu'«il y a moins de gens qu'on pense qui veulent de l'analyse. Je sais qu'on ne joindra jamais 200 000 lecteurs, mais j'en veux 50 000[10]». Peut-on croire que la réforme de l'enseignement les lui apportera!

En second lieu, un journal comme *Le Devoir* est étroitement lié à la vie démocratique, à la santé et à la vigueur de l'esprit et de l'action démocratiques. Un esprit démocratique qui se manifeste sur place par diverses formes d'implication dans la sphère publique, au niveau d'institutions privées ou locales tout autant que dans les prises de décision touchant toute la collectivité. Un esprit démocratique qui s'étend aussi au-delà des frontières, qui se préoccupe des progrès et des échecs de la démocratie dans le monde, des atteintes toujours si nombreuses aux droits et libertés des personnes et des collectivités sur tous les continents.

L'esprit et l'action démocratiques ainsi entendus s'alimentent nécessairement à une information bien documentée, suffisamment critique et dont la véracité peut être assurée. La société de discours que suscite et entretient un quotidien comme *Le Devoir* sert souvent de dynamo au citoyen impliqué dans l'action démocratique, à celui ou celle qui lutte contre la morosité, l'apathie, la léthargie, l'assoupissement et croit malgré les échecs en la vitalité de la démocratie. Comment alors ne pas croire encore ici à une corrélation entre la vie et la survie du *Devoir* et la démocratisation (même relative) de l'État québécois et d'un certain nombre de nos institutions ? *Le Devoir* a participé à cette démocratisation : il l'a encouragée, il a servi d'antenne à ceux qui y ont cru. La démocratie en retour a certainement servi *Le Devoir*. Et c'est tant mieux ! Et que cela continue, grand Dieu !

Ignacio Ramonet termine l'article déjà cité par une phrase qu'il attribue à Vaclav Havel, l'écrivain et dramaturge tchèque devenu homme politique : « Il faut de longues années avant que les valeurs s'appuyant sur la vérité et l'authenticité morales s'imposent et l'emportent sur le cynisme politique ; mais, à la fin, elles sortent victorieuses, toujours. » Je voudrais avoir l'optimisme à longue échéance de Vaclav Havel. Mais à tout le moins, j'aime entendre ce qu'il affirme.

Guy ROCHER
Professeur de sociologie
Université de Montréal

---

1. Lise Bissonnette, « Requiem pour les partis », *Le Devoir*, 2 août 1993.

2. Michel Foucault, *L'ordre du discours*, Paris, Gallimard, 1971.

3. *Ibid.*, p. 41-42.

4. Voir notamment sur ce thème l'éditorial de Lise Bissonnette : « Visière levée », *Le Devoir*, 12 août 1993.

5. *La Presse*, 28 août 1993, p. B-5.

6. Lors d'une conférence à l'Université de Montréal, rapportée dans le journal *Forum* de cette Université, 25 octobre 1993.

7. Le journal *Forum* de l'Université de Montréal, 1er novembre 1993.

8. Ignacio Ramonet, « S'informer fatigue », *Le Monde diplomatique*, octobre 1993, p. 28.

9. Le journal *Forum* de l'Université de Montréal, 25 octobre 1993.

10. *Ibid.*

LE FONDS DU JOURNAL *LE DEVOIR* *

Depuis sa fondation en 1910 par Henri Bourassa, et jusqu'à nos jours, l'histoire du *Devoir* a été étroitement liée aux transformations de tous ordres ayant affecté la société québécoise. Journal d'idées et de combat, *Le Devoir* se fit surtout remarquer par son soutien aux intérêts canadiens-français et québécois et par ses prises de position dénonçant les injustices sociales.

Le fonds du *Devoir*, conservé au Centre de recherche Lionel-Groulx, constitue une source documentaire de premier ordre pour quiconque s'intéresse à l'histoire de ce journal montréalais et, de façon plus générale, à l'histoire des idéologies ou à celle de l'édition au Québec au vingtième siècle. Cet important ensemble documentaire complète avantageusement l'information déjà disponible, au même Centre, dans les fonds d'archives d'anciens directeurs du *Devoir*: André Laurendeau, Georges Pelletier et Gérard Filion.

Ce fonds totalise 16,21 mètres linéaires de documents textuels qui couvrent la période allant de 1910 à 1986. Une description sommaire des documents a été entreprise afin de permettre le repérage de ses principaux articles. La réalisation d'un instrument de recherche plus spécifique est prévue pour la fin de 1994.

La documentation contenue dans le fonds constitue une mine de renseignements sur le fonctionnement de l'administration de ce quotidien. De nombreuses pièces, essentiellement de la correspondance échangée entre les directeurs, les rédacteurs et les journalistes, éclairent d'un jour nouveau l'organisation interne du journal et la manière dont la direction et le personnel procédaient au traitement de l'information.

---

* Cet article a été publié une première fois dans *Les Cahiers d'histoire du Québec au XXᵉ siècle*, n° 1, hiver 1994, p. 132-136

Les documents relatifs aux premières années du journal, dirigé jusqu'en 1932 par son fondateur, sont hélas peu nombreux. On trouve néanmoins quelques précieuses lettres échangées entre Henri Bourassa et ses principaux collaborateurs (en particulier Omer Héroux, Georges Pelletier et Olivar Asselin), qui témoignent des préoccupations des artisans du journal à ses débuts.

Henri Bourassa avait défini de la sorte la mission fondamentale qu'il assignait à celui-ci :

> Ce journal sera à la fois un vulgarisateur d'idées et un organe de combat [...] ne craindra pas la lutte pour la défense de la vérité et de la justice. Exposant des principes vrais et nécessaires, il en réclamera l'application pratique, soutiendra l'action des hommes et des partis qui travailleront à leur triomphe et combattra ceux qui leur feront obstacle ou violence.

C'est en respectant l'esprit de ces principes que les successeurs de Bourassa se montreront soucieux, par exemple, de dénoncer les fraudes électorales, le patronage et toute forme de corruption des mœurs politiques. Cet engagement du *Devoir* sera particulièrement notable à partir de 1947, année où Gérard Filion accède à la direction du journal. Comme l'a fait remarquer Pierre Godin, « *Le Devoir* d'après-guerre a été marqué par un virage vers les préoccupations sociales et syndicales[1]. »

Les documents couvrant la période du mandat de Filion (1947-1963) témoignent de ce changement d'orientation. Les dossiers administratifs et une importante correspondance éclairent les grands dossiers qui ont fait la manchette au cours de ces années. Un examen, même rapide, de ces documents confirme l'existence de relations tendues entre la direction du *Devoir*, le gouvernement de Duplessis et l'épiscopat. La révélation du scandale du gaz naturel et de la corruption sévissant dans les institutions publiques, la grève de l'amiante à Asbestos et celle des réalisateurs de Radio-Canada, les controverses entourant les écrits du frère Untel (Jean-Paul Desbiens) ne sont que quelques exemples des sujets d'importance couverts par *Le Devoir* à l'époque et dont gardent la trace les archives du quotidien.

Si la décennie 1950-1960 est bien représentée, du point de vue du nombre de pièces, on soulignera la présence d'une quantité non négligeable de documents relatifs aux autres périodes. On retrouve ainsi une importante correspondance de Georges Pelletier alors qu'il occupait le poste de directeur du journal, de 1932 à 1947.

Le fonds comprend également deux cent soixante et un spicilèges de coupures de presse de la période 1964-1982 rassemblant l'ensemble de la production d'une vingtaine d'éditorialistes ou de collaborateurs du journal, parmi lesquels Lise Bissonnette, Bertrand de la Grange, Jean Francœur, Omer Héroux, Laurent Laplante, André Laurendeau, Jean-Claude Leclerc, Gilles Lesage, Vincent Prince, Jean-Pierre Proulx, Jean-Louis Roy, Michel Roy et Claude Ryan.

Le Devoir a entretenu, disions-nous à différentes époques, des relations tendues avec certaines autorités religieuses. La publication par le journal d'une série d'articles du frère Untel est un bon exemple de ces relations parfois difficiles. Les échanges épistolaires entre Gérard Filion, André Laurendeau et Mgr Paul-Émile Léger montrent bien les divergences qui régnaient au sujet du rôle et des limites de l'autorité ecclésiastique. Certaines lettres d'André Laurendeau avec Mgr Léger et Jean-Paul Desbiens pouvaient déjà être consultées dans le Fonds Famille André-Laurendeau conservé au Centre de recherche Lionel-Groulx[2]. Denis Monière, dans son ouvrage consacré à André Laurendeau[3], évoque brièvement cet échange de lettres et les circonstances qui ont entouré la publication des articles du frère Untel. La correspondance conservée dans le fonds du *Devoir* vient compléter les informations déjà connues sur le sujet. Sont particulièrement intéressantes les lettres que se sont échangées Gérard Filion et Mgr Paul-Émile Léger entre le 17 août et le 24 octobre 1960, qui mettent clairement en évidence le fossé existant entre la conception du journalisme que met de l'avant Filion et celle défendue par les autorités religieuses. La lecture de ces lettres est éclairante. Par exemple, le 17 août, Mgr Léger écrit :

> La publication dan votre journal de certaines lettres écrites par des religieux et des religieuses qui n'ont jamais osé s'identifier, avait surpris plusieurs personnes qui ne cachent pas, par ailleurs, leur sympathie envers votre quotidien [...]. Mais je regrettais sincèrement que ces lettres soient rendues publiques car si la presse doit être libre, n'oublions pas que la liberté doit respecter le bon sens et surtout n'oublions jamais que le service de Dieu impose certaines limites à nos prétendues libertés [...]. Le Saint-Siège rappelle à des journalistes catholiques qu'il ne leur est pas permis de poser certains gestes et c'est pourquoi «la Sacré Congrégation déplore qu'un journal catholique ait publié une telle littérature[4]».

Dès le lendemain, Filion lui répond en ces termes :

> Il va sans dire que *Le Devoir* s'empresse de satisfaire le désir que vous exprimez avec, d'ailleurs, beaucoup de délicatesse. Nous sommes les premiers à nous rendre compte que certains sujets ne peuvent être abordés qu'avec beaucoup de précautions et qu'ils dépassent d'ailleurs la compétence de laïques engagés dans l'action profane. [...] Je vous prie de croire, Éminence, que votre lettre, ainsi que le document qui l'accompagne, ont été reçus au *Devoir* avec un esprit de compréhension et de fidélité à l'Église[5].

Apparemment, Gérard Filion acquiesce à la demande de Mgr Léger et se soumet à l'autorité du Saint-Siège. Le directeur du *Devoir* est en effet conscient qu'un blâme public de l'épiscopat aurait pour conséquence une interdiction de lecture dans les collèges et les communautés religieuses, donc une baisse importante des ventes du quotidien. Ce sont vraisemblablement ces considérations pratiques qui motivent sa décision de respecter l'avertissement de Rome.

Cependant, deux mois plus tard, à la suite de la parution des *Insolences du frère Untel* aux Éditions de l'Homme, et très certainement après une longue réflexion sur l'ensemble de la question, il relance le débat en faisant parvenir à Mgr Léger une seconde lettre où il défend avec vigueur le principe de la liberté de presse :

> Je pense que nous touchons du doigt, en cette affaire, l'exigence fondamentale du métier de journaliste. Celui-ci doit rendre compte des faits et des idées. La politique du silence n'est pas possible dans le monde où nous vivons; les communications sont trop rapides et trop nombreuses : tout se sait et tout se dit. Au lieu de cacher les faits sous prétexte de ne pas les répandre, le journaliste estime plus sage de les exposer avec sobriété, les commenter dans un sens qui tende à prévenir une interprétation tendancieuse. [...]
>
> Or, nous les journalistes, qui travaillons sur une matière première mouvante : l'actualité, savons plus que d'autres à quel point il faut éviter d'ériger en absolu ce qui tient du transitoire. Combien de choses nous paraissaient immuables il y a quelques années, qui se sont évanouies. [...]
>
> Cette différence d'optique explique probablement la difficulté qu'il y a de se comprendre entre hommes d'Église et journalistes. Les premiers vivent dans l'absolu, les seconds dans le transitoire[6].

Mgr Léger conclut le débat en adressant à Gérard Filion un court billet dans lequel il reconnaît l'inutilité de poursuivre plus longtemps cet échange : «En trois pages, vous abordez des sujets immenses et je crois qu'il est impossible de continuer ce dialogue par lettre. Votre temps est précieux et moi-même, vous savez que j'ai beaucoup à faire[7].

L'intervention de Mgr Léger auprès de Gérard Filion et d'André Laurendeau n'obtint finalement pas les résultats escomptés. *Le Devoir* passa outre aux directives épiscopales et continua dans ses pages à exiger d'importantes réformes sociales, dont la laïcisation du système d'éducation. En ce début des années soixante, le vent de changement qui soufflait sur le Québec était si puissant que rien n'aurait pu en empêcher la progression. La publication des articles du frère Untel dans *Le Devoir* et, par la suite, celle de son ouvrage contribuèrent à une remise en question des structures éducatives existantes.

La présentation de ces quelques extraits de lettres n'avait pour but que de démontrer l'intérêt que peuvent présenter les documents du fonds du *Devoir*. L'état actuel de notre connaissance de ces archives ne nous permet pas encore toutefois d'apprécier à sa juste valeur cet ensemble documentaire. Mais tout nous porte à croire qu'il constitue une source essentielle d'information pour quiconque s'intéresse à l'histoire de ce quotidien montréalais.

On ne négligera pas non plus l'apport potentiel de ce fonds d'archives à l'étude de l'histoire politique et culturelle du Canada et du Québec. On peut en effet y retracer, à travers une importante correspondance et plusieurs dossiers de presse, les grands moments de la vie politique et culturelle canadienne et québécoise depuis 1910. *Le Devoir* fut le témoin privilégié d'événements déterminants de notre histoire collective. Nul ne resta indifférent à ses prises de position, qui soulevèrent parfois les passions à travers tout le pays. Les uns le craignaient ou le critiquèrent, tandis que les autres l'admirèrent et le louangèrent.

Quoi qu'il en soit, le passé prestigieux de ce grand quotidien continue à susciter beaucoup de curiosité. Il est à espérer que la richesse du contenu de son fonds d'archives permettra d'affiner notre connaissance de cette période de notre histoire.

François DAVID

1. *La lutte pour l'information. Histoire de la presse écrite au Québec*, Le Jour éditeur, Montréal, 1981, p. 81.
2. P2/A.63-66.
3. *André Laurendeau*, Montréal, Québec/Amérique, 1983, p. 270-271.
4. Lettre de Mgr Paul-Émile Léger à Gérard Filion, 17 août 1960, Fonds *Le Devoir* PS6/B4.43 (description provisoire).
5. Lettre de Gérard Filion à Mgr Paul-Émile Léger, 18 août 1960, *ibid.*
6. Lettre de Gérard Filion à Mgr Paul-Émile Léger, 19 octobre 1960, *ibid.*
7. Lettre de Mgr Paul-Émile Léger à Gérard Filion, 19 octobre 1960, *ibid.*

Bibliographie chronologique

Le Devoir, Montréal, 1910-1994.

Fonds du journal *Le Devoir*, Centre de recherche Lionel-Groulx, 261 Bloomfield, Outremont.

Le cinquième anniversaire du «Devoir», Montréal, Imprimerie du Devoir, 1915, 75 p.

BOURASSA, Henri, «*Le Devoir*» *et la guerre. Le conflit des races*, Montréal, Imprimerie du Devoir, 1916, 45 p.

Le dixième anniversaire du «Devoir», Montréal, Imprimerie du Devoir, 1920, 115 p.

_____, *La presse catholique et nationale*, Montréal, Imprimerie du Devoir, 1921, 80 p.

Audit Bureau Circulations, Chicago, ABC, 1925-1939.

BOURASSA, Henri, «*Le Devoir*» *ses origines, sa naissance, son esprit*. Discours prononcé par M. Henri Bourassa, directeur du *Devoir*, le 3 février 1930. Montréal, Imprimerie du Devoir, 1930, 33 p.

ANONYME, *Mémoire sur «Le Devoir»*, 23 mars 1933, Centre de recherche Lionel-Groulx.

LACROIX, Fernand, «Henri Bourassa est mort», *Vivre*, 2ᵉ série, nº 5, 15 mai 1935, p. 6.

PELLETIER, Georges et al., *Comment se fait «Le Devoir»*, Montréal, Imprimerie populaire, 1935, 180 p.

Quarante ans de combat, [Quarantième anniversaire du *Devoir*]. Montréal, Imprimerie populaire, 1950, 39 p.

VALOIS, Charles, «Le style héroïque d'Henri Bourassa», *Carnets viatoriens*, nº 2, 1950, p. 121-126.

VADEBONCŒUR, Pierre, «Henri Bourassa», *Cité libre*, vol. 1, n° 2, février 1951, p. 71-72.

BENOÎT, Auguste, «Henri Bourassa et l'idée de race», *Carnets viatoriens*, n° 4, 1952, p. 94-101.

Hommage à Henri Bourassa, Montréal, Imprimerie populaire, 1952, 216 p.

RUMILLY, Robert, *Henri Bourassa, la vie publique d'un grand Canadien*, Montréal, Chanteclerc, 1953, 791 p.

COLLECTIF, «Henri Bourassa», *L'Action nationale*, (numéro spécial consacré à Henri Bourassa). Montréal, vol. 43, n° 1, janvier 1954, 244 p.

LAURENDEAU, André, «Sur une polémique entre Bourassa et Tardivel», *L'Action nationale*, vol. 43, n° 2, février 1954, p. 248-259.

O'NEILL, Louis, «Pourquoi le clergé soutient-il *Le Devoir*», *Ad usum sacerdotum*, vol. 10, n° 5, février 1955, p. 76-79.

«Le Devoir, 1910-1960», *Le Devoir*, 29 janvier 1960.

LAPORTE, Pierre, «Le cinquantenaire du *Devoir*», *Le journaliste canadien-français*, vol. 4, n° 24, janvier-février 1960, p. 3.

GENEST, Jean, «*Le Devoir* hier et aujourd'hui», *L'Action nationale*, vol. 49, n° 7, mars 1960, p. 531-553.

SCHENCK, Ernest, *Silhouettes de journalistes*, Montréal, [s.é.], 1960, 40 p.

DANDURAND, Pierre, *Analyse de l'idéologie d'un journal nationaliste canadien-français, «Le Devoir», 1911-1956*, mémoire de maîtrise, Université de Montréal, 1961, 153 p.

MARIE-DE-SAINTE-FRANÇOISE-DU-CARMEL-DECARY, c.s.c., *Henri Bourassa, orateur du Canada Français*, mémoire de maîtrise, Université de Montréal, 1961

ROBITAILLE, Georges, «Les récentes journées du *Devoir*», *Relations*, vol. 23, n° 269, mai 1963, p. 128-129.

ANGERS, François-Albert, «Bourassa, aujourd'hui, pourrait-il être séparatiste?», *L'Action nationale*, vol. 53, n°s 9-10, mai-juin 1964, p. 805-822.

Études du profil des lecteurs du «Devoir», Centre de documentation du *Devoir*, dossier : «Études sur les lecteurs du *Devoir*», Edsall Research Limited, mars 1964.

TOURANGEAU, André, *L'opinion du «Devoir» sur les événements importants de l'actualité, 1912-1914*, mémoire de maîtrise, Université de Montréal, 1964.

BERGEVIN, André, Cameron NISH et Anne BOURASSA, *Henri Bourassa, biographie. Index de la correspondance publique, 1895-1924,* Éditions de l'Action nationale, 1966, 244 p.

DESROSIERS, Pierre-R., «Le Castor rouge. La genèse et le développement de la pensée politique et sociale d'Henri Bourassa», *Parti Pris,* vol. 4, n°s 9-12, mai-août 1967, p. 146-164.

MURROW, Casey, *Henri Bourassa and French Canadian Nationalism, Opposition to Empire,* Montréal, Harvest House, 1968, 143 p.

LEVITT, Joseph, *Henri Bourassa and the Golden Calf. The Social Program of the Nationalist of Quebec, 1900-1914,* Ottawa, Éditions de l'Université d'Ottawa, 1969, 178 p.

_____, «La perspective nationaliste d'Henri Bourassa, 1896-1914», *Revue d'histoire de l'Amérique française,* vol. 22, n° 4, 1969, p. 569-581.

SMITH, V.-C., «Moral Crusader : Henri Bourassa and the Empire, 1900-1916», *Queens Quarterly,* vol. 76, n° 4, hiver 1969, p. 635-647.

LEVITT, Joseph, *Henri Bourassa on Imperialism and Biculturalism, 1900-1918,* Toronto, Copp Clark Publication, 1970, 183 p.

RYAN, Claude, *«Le Devoir» et la crise d'octobre 70,* avec la collaboration de Berthio, Jean-Claude Leclerc, Claude Lemelin et Paul Sauriol, Ottawa, Leméac, 1971.

DUROCHER, Pierre, «Un journaliste catholique du XXe siècle : Henri Bourassa», *Le laïc dans l'Église canadienne-française de 1830 à nos jours,* Montréal, Fides, 1972, p. 185-213.

DROLET, Jean, «Henri Bourassa, une analyse de sa pensée», dans Fernand DUMONT et al., *Idéologies au Canada français, 1900-1929,* Québec, Presses de l'Université Laval, 1974, p. 223-250.

«Le Devoir», *Maintenant,* n° 132, janvier 1974, 42 p.

PELLETIER, Denys, «La Charte du *Devoir*», *Maintenant,* n° 132, janvier 1974.

LECLERC, Aurélien, *Claude Ryan, l'homme du devoir,* Montréal, Quinze, 1978.

RYAN, Claude, *Un Québec stable,* Éditions Héritage, Montréal, 1978.

BEAULIEU, André et Jean HAMELIN, *La presse québécoise, IV : 1896-1910,* Québec, PUL, 1979, 417 p.

PELLETIER, Mario, «Le culture club du *Devoir*», *Liberté,* n° 56, décembre 1984, p. 113-119.

GINGRAS, Pierre-Philippe, *Le Devoir*, Montréal, Libre Expression 1985, 295 p.

ANGERS, François-Albert et al. *L'égarement du «Devoir»*, Montréal, Les Éditions du Franc-Canada, 1986.

ANCTIL, Pierre, «*Le Devoir* et les Juifs de Montréal, 1910-1960», *L'Action nationale*, vol. 78, n°s 1-2, janvier-février 1988, p. 85-89.

_____, «*Le Devoir*», *les Juifs et l'immigration : de Bourassa à Laurendeau*, Québec, Institut québécois de recherche sur la culture, 1988, 172 p.

Les membres de la Tribune de la presse, liste chronologique 1871-1989, Québec, Bibliothèque de l'Assemblée nationale, 1990, s.p., coll. Bibliographie et documentation, n° 34.

LÉVY, Bernard et Lamberto TASSINARI, «De l'information internationale au réveil de la communauté intellectuelle : *Le Devoir* au quotidien», *Vice-versa*, n° 35, novembre-décembre 1991, p. 20-22.

FOURNIER, André, *Les nouveaux messagers. Du stylo au micro*, Montréal, Les Éditions du Méridien, 1992, t. 1. 1959-1969, 274 p.

GENDRON, Louise, «*Le Devoir :* le combat pour la survie», *Magazine Affaires plus*, vol 15, n° 5, juin 1992, p. 32-36.

SAINT-PIERRE, Jocelyn, *Les chroniqueurs parlementaires, membres de la tribune de la presse de l'Assemblée législative, 1871 à 1921*, Québec, Université Laval, thèse de Ph. D. en histoire, 1993, 726 p.

INDEX

A

Ab Der Halden, Charles, 190
Abell, Walter, 175
Adam, Marcel, 105, 109, 414
Adrien (Frère) c.s.c., 229
Alain, Albert, 199
Allard, Michel, 276
Allègre, Christian, 173, 176, 181, 205, 206, 208
André (Frère), 46, 56
Anger, Paul, pseudonyme : voir Dupire, Louis
Angers, François-Albert, 75, 446, 462
Ansermet, Ernest, 253
Aquin, Thomas d', 212
Archambault, Édouard, 69
Archambault, Gilles, 203, 206
Archambault, Joseph-Papin, 36, 42
Archambault, Lorraine, 442
Arès, Richard, 387
Aristote, 333
Aron, Raymond, 383
Arsenault, Bona, 393
Asselin Hedwidge, 175
Asselin, Olivar, 17, 18, 33, 39, 127, 136, 207, 283, 338, 414, 480
Aubert de Gaspé, Philippe, 190
Aubin, Benoît, 309
Auclair, Élie J., 28, 183, 186, 210

Aucouturier, P. J., 206
Audet, Louis-Philippe, 236, 266, 267, 268, 278
Audet, Noël, 208, 212, 444
Auteuil, Maurice d', 187, 196
Ayotte, Alfred, 74, 195, 196
Ayre, Robert Hugh, 175

B

Baby, François, 202
Bach, Jean-Sébastien, 243, 253
Baillargeon, Normand, 250, 276
Baillargeon, Pierre, 188, 202
Baillargeon, Stéphane, 181, 425
Bailly, Vincent de, 214
Bain, George, 142
Bainville, Jacques, 196
Balandier, Georges, 383
Baldensperger, Fernand, 198
Banville, Jacques, 190
Banville, Théodore de, 341
Barbeau, Marius, 175, 178
Barbeau, Victor, 185, 197, 200, 462, 463
Barberis, Robert, 462
Barbey d'Aurevilly, Jules-Amédée, 185
Baril, Hyppolyte, 199
Barrès, Maurice, 191
Barrette, Antonio, 84, 93, 267, 323, 356, 370

Barrière, Mireille, 141, 145

Basile (Bezroudnoff), Jean, 181, 188, 202, 203, 204, 205, 206, 208, 212, 445

Bastien, Hermas, 187, 191, 196

Bauch, Hubert, 459, 463

Baudry, Ubalde, 43

Bazin, René, 51, 184

Beaucage, Azellus, 82

Beauchamp, Claude, 398

Beauchemin, Nérée, 21, 51, 193

Beaugrand, Honoré, 18

Beaulieu, André, 53, 95, 97, 144, 145, 146

Beaulieu, Carole, 439

Beaulieu, Léopold, 460

Beaulieu, Victor-Lévy, 206, 207, 208, 210, 212, 213

Beausoleil, Claude, 208

Beauvoir, Simone de, 439

Beckwith, John, 251

Beethoven, Ludwig van, 184, 243, 245

Behiels, Michael D., 308, 310

Bélair, Michel, 189, 206, 210, 211, 213

Béland, Mario, 175

Bélanger, André-J., 310

Bélanger, Jeannine, 462

Bélanger, Marcel, 197

Béliveau, Arthur, 28

Benaertz, Pierre, 196

Benjamin, Jacques, 142

Bennett, Richard Bedford, 94, 313, 318

Benoist, Émile, 54, 68, 73, 74, 124, 131, 137, 138, 143, 144, 147, 148, 178

Berg, Alban, 245, 248, 253

Berger, Yves, 204

Bergeron, 207, 210

Bergeron, Carol, 210, 250, 253

Bergeron, Gérard, 379, 387

Bergevin, André, 161

Bergue, Jacques, 383

Bério, Luciano, 249

Bernage, Berthe, 199

Bernard, André, 328

Bernard, Antoine, 186, 187, 193

Bernier, Alfred, 74, 199

Bernier, Germaine, 184, 187, 194, 199, 381

Bernier, Thérèse, 205

Bertrand, 101, 134, 311

Bertrand, Camille, 187, 195, 199

Besnard, Albert, 177

Bessette, Gérard, 203

Betz, Maurice, 196

Beuve-Méry, Hubert, 156, 382

Bilodeau, Ernest, 52, 53, 136, 137, 148, 163, 168, 170, 171, 177, 178, 179, 199

Biron, Hervé, 196, 199

Bissonnette, Lise, 13, 99, 103, 106, 107, 111, 114, 126, 129, 148, 158, 174, 181, 212, 260, 276, 306, 326, 327, 328, 329, 409, 410, 411, 422, 436, 437, 438, 439, 442, 444, 445, 452, 453, 455, 456, 457, 459, 460, 462, 463, 471, 476, 477, 481

Black, Conrad, 144, 367

Blain, Jean-Guy, 200

Blain, Maurice, 200

Blondeau, Dominique, 210

Bocquet, 185

Boileau, Josée, 427, 460

Boileau, Nicolas, 85

Boily, Hélène, 176

Boisselle de, J., 184

Boissonnault, Mme Lucien (Marie Dumais), 191

Boisvert, Roger, 457

Bolard, Rolland, 208

Bolduc, Albert, 199

Bonenfant, Jean-Claude, 206

Bonenfant, Joseph, 208

Bonhomme, Jean-Pierre, 148

Bonneville, Léo, 203
Bordeaux, Henry, 21
Bordeleau, François, 213
Borden, Robert, 26, 27, 335
Borduas, Paul-Émile, 172, 181
Bornecque, Pierre, 200
Bosco, Monique, 203
Botrel, Théodore, 21, 190
Bouchard, Paul, 61
Bouchard, Télesphore-Damien, 85, 211
Boucher, Jean-Pierre, 207
Boucher, Roméo, 199
Boudreault, Miville, 424
Boulanger, Roland, 176
Boulez, Pierre, 246, 247
Boulizon, Guy, 199
Bourassa, Anne, 161
Bourassa, Henri, 9, 11, 12, 16, 17, 18, 19, 20, 21, 22, 23, 24, 25, 26, 27, 28, 29, 30, 31, 32, 33, 34, 35, 36, 37, 38, 39, 41, 42, 43, 44, 47, 49, 50, 51, 52, 53, 54, 55, 56, 57, 60, 63, 71, 75, 78, 82, 90, 111, 112, 114, 115, 120, 124, 130, 131, 136, 140, 141, 143, 149, 151, 152, 153, 154, 155, 161, 166, 167, 169, 177, 178, 183, 184, 185, 186, 214, 215, 216, 218, 255, 256, 257, 259, 260, 261, 262, 263, 279, 281, 282, 283, 284, 287, 288, 292, 305, 306, 307, 308, 313, 315, 316, 317, 318, 319, 320, 327, 328, 329, 331, 332, 333, 334, 335, 336, 343, 346, 348, 368, 382, 389, 402, 405, 406, 408, 422, 428, 444, 445, 446, 450, 462, 471, 479, 480
Bourassa, Napoléon, 16, 166, 176, 184
Bourassa, Robert, 101, 105, 106, 107, 108, 134, 157, 293, 295, 312, 324, 326, 327, 445, 449, 450
Bourgault, Pierre, 183
Bourget, Fernand, 148
Bourget, Ignace, 137, 190
Bourget, Paul, 185

Bourne, Francis, 22, 51, 262
Bouvier, Léon, 199
Brahms, Johannes, 253
Braide, Janet, 175
Brault, Michel, 207
Braunschvig, Marcel, 200
Brie, Albert, 206, 445
Brouillet, Guy, 456
Brousseau, François, 159, 160
Brown, Clément, 139, 148
Brown, L.H., 308
Bruchési, Paul, 283
Brûlé, Michel, 188, 201
Brunel, Jules, 224, 225, 234
Brunet, 210
Brunet, Michel, 188, 202, 214, 387
Brunet, Yves-Gabriel, 203
Brunetière, Fernand, 183
Bruyère, André, 184
Brzezinski, Zbigniew, 448
Buck, Tim, 68, 72

C

Cabana, Georges, 422
Cage, John, 247
Calvet, J., 200
Candide, pseudonyme : voir Laurendeau, André
Cantin, Hélène-G., 142
Carani, Marie, 175
Cardin, P.-J.-A., 64
Cardinal, Mario, 92, 144
Carle, Gilles, 200
Caron, Anita, 442
Caron, François, 87
Caron, Ivanhoé, 194
Carrière, Daniel, 173
Carter, Alexander, 423
Cartier, George-Etienne, 34
Casgrain, Henri-Raymond, 190
Casgrain, Thérèse, 442
Cassen, Bernard, 206

Castex, Pierre, 200
Castonguay, Claude, 447
Cauchon, Paul, 276
Caussade, Georges, 245
Caux, Rachel, 215
Cayouette, Pierre, 189, 210, 213
Chabot, Cécile, 196
Chaloult, René, 61, 68, 69, 365, 383
Chalvin, Solange, 428, 430, 441
Chamberlain, Joseph, 16
Chapais, Thomas, 17, 34, 51, 339
Chaput-Rolland, Solange, 197
Char, Antoine, 161
Charbonneau, André, 446
Charbonneau, Joseph, 77, 85, 346, 357, 359, 367, 368, 370, 371
Charbonnier, Félix, 194
Charpentier, Alfred, 307
Charpentier, Marc-Antoine, 239
Charron, Yvon, 199
Chartier, Émile, 190
Chartier, Yves, 252
Chartrand, Luc, 234, 459
Chassay, Jean-François, 213
Chauvin, Jean, 175, 176
Chicoine, René, 176, 181
Chômbon, Marie, 184
Chopin, Frédéric, 243
Choquette, Armand, 72
Choquette, Robert, 213
Chossegros, Armand, 21
Chrétien, Jean, 135
Churchill, Winston, 70
Clark, Kenneth, 202, 205
Claudel, Paul, 195
Clavette, Suzanne, 366
Clément, Marcel, 390, 391, 397
Cloutier, Renée, 431, 442
Coderre, Gérard-Marie, 90
Cœur, Jacques, pseudonyme : voir Bilodeau, Ernest
Colas, Émile, 430, 441

Colas, Réjane, 430
Comeau, Paul-André, 146, 158, 162, 211, 306, 448, 453, 456
Comeau, Robert, 55
Comte, Louis, 208
Copernic, Nicolas, 222
Coppée, François, 21
Corbeil, Wilfrid, 175
Cormier, Guy, 208
Cornellier, Louis, 213
Cossette, Jean-Marie, 462
Côté, 311
Côté, Roch, 213
Couillard, Claire, 145, 146
Coulombe, Guy, 457
Coulombe, Jeanne de, 193
Coulon, Jocelyn, 148, 160
Countryman, June, 251
Cournoyer, Jean, 312
Cousineau, Jacques, 345, 367, 368, 371
Cousineau, Philémon, 316
Couture, Francine, 176
Couture, Marcel, 457
Crête, J.-Alphida, 48
Cron, Marie-Michèle, 181
Currie, Arthur William, 27
Cuvier, Georges, 230

D

Dagenais, Angèle, 208
Daigle, Gérard, 425
Daignault, Elphège, 34, 35
Daigneault, Gilles, 181, 210
Dandurand, Anne, 213
Dandurand, Pierre, 55
Dandurand, Raoul, 48
Dansereau, Pierre, 41
Dassylva, Martial, 205
Daudet, Léon, 185, 190, 343
David, Athanase, 220, 234
David, François, 483

Debussy, Claude, 239, 242, 245, 253

Delfosse, Georges, 171, 180

Denais, Joseph, 263

Depatie, F., 441

Derome, Gilles, 188, 201, 202

Derrick, Carrie, 341

Déry, Louise, 175

Desaulniers, 210

Desbiens, Jean-Paul, 90, 268, 269, 271, 278, 376, 379, 480, 481, 482

Desbiens, Lucien, 74, 165, 176, 196

Descôteaux, Bernard, 115, 122, 125, 126, 142, 147, 148

Deshayes, Jean, 193

Désilets, Alphonse, 195

Desjardins, Alphonse, 25, 141

Desjardins, Louis-Georges, 141

DesMarais, Pierre, 87

Desranleau, Philippe-Servule, 359, 371

Desrosiers, Léo-Paul, 31, 136, 137, 148, 193, 204

Dessaules, Henriette, 33, 36, 39, 43, 54, 184, 186, 189, 191, 193

Devergnas, Mery, 204, 207

Devos, Raymond, 211

Dewey, John, 264

Dickson, C.W., 268

Diefenbaker, John G., 94, 125

Dion (abbé), 90, 363, 371, 379

Dion, Gérard, 308

Dion, Jean, 145, 148

Dion, Léon, 367

Dion-Lévesque, Rosaire, 196

Dollard des Ormeaux, Adam, 21, 51, 261

Donal, Mario, Pseudonyme : voir Chômbon, Marie

Doncœur, François, 187, 193

Doucet, Édouard, 185

Doumic, René, 183, 190

Doumier, C., 190

Doyle, Michael, 463

Doyon, Charles, 176

Drapeau, Jean, 63, 71, 87, 100, 267, 387

Drew, George, 68

Drouin, Gabriel, 57

Drummond, Margaret, 340

Dubois, Richard, 206

Ducharme, Guillaume-Narcisse, 25, 52

Duchatel, J., 184

Duchesne, Raymond, 234, 235

Duff, Lymann P., 68

Dufresne, Candide, 74

Dufresne, Jean-Vianney, 134, 139, 148, 189, 204, 210, 211, 448

Dufresne, Marius?, 206

Dufresne, Oscar, 229

Dufy, P., 197

Dugas, Marcel, 191, 193

Dugré, Adélard, 36, 193

Dugré, Alexandre, 187

Duguay, Raoul, 193

Duhamel, Roger, 74, 180, 183, 187, 194, 197, 198, 199

Dumas, Albert, 51

Dumas, Évelyne, 129, 134, 147

Dumont, Fernand, 206, 413

Dumont, Jean, 145, 181

Dumont, Jean-Baptiste, 130, 135, 136, 147

Dupire, Louis, 29, 39, 41, 43, 47, 50, 53, 55, 56, 64, 119, 120, 132, 137, 141, 145, 147, 170, 175, 177, 178, 179, 180, 215, 217, 218, 225, 227, 228, 229, 230, 235, 337, 340

Duplessis, Maurice Le Noblet, 15, 38, 41, 44, 46, 47, 48, 50, 57, 61, 62, 70, 73, 78, 80, 82, 84, 88, 91, 92, 93, 95, 97, 100, 121, 131, 132, 133, 137, 138, 141, 142, 143, 144, 145, 146, 155, 187, 198, 226, 228, 266, 267, 285, 288, 289, 290, 291, 292, 305, 308, 309, 313, 320, 321, 322, 323, 328, 345, 346, 347, 350, 351, 352, 353, 354, 356, 357, 359, 360, 361, 362, 363, 366, 367, 368, 369, 372, 378, 391, 392, 480

Duportal, Marguerite, 192
Dupré, Paul, 164
Dupuis, Raymond, 267
Durocher, René, 161
Dutil, Henri, 133

E

Édouard VII, 24
Émond, Ariane, 440, 442
Émond, Viviane, 251, 252
Endo, Yukio, 213
Éthier-Blais, Jean, 201, 202, 203, 204,
    206, 208, 212
Étienne, Gérard, 210

F

Fabien, Henri, 167, 168, 176, 179
Fabre, Jean-Henri, 230
Fadette, pseudonyme : voir Dessaules,
    Henriette
Falardeau, Jean-Charles, 188, 202, 387
Fallon, Michael Francis, 262
Faraday, Michael, 223
Farand, Francine, 175
Farley, Paul-Émile, 187, 193
Fauré, Gabriel, 239, 266
Fauteux, Claire, 170
Ferland, Albert, 185, 212
Ferretti, Andrée, 206, 208, 210
Ferretti, Lucia, 108
Ferron, Jacques, 206
Fessou, Didier, 460
Fiel, C.J., 184
Filiatreault, Hector, 183
Filion, Gérard, 11, 12, 49, 57, 74, 75,
    76, 77, 78, 79, 80, 82, 83, 85, 86,
    87, 88, 89, 90, 91, 92, 93, 94, 95,
    96, 97, 99, 132, 134, 138, 144,
    155, 156, 161, 172, 187, 200, 214,
    258, 268, 269, 270, 271, 273, 277,
    281, 286, 287, 288, 289, 290, 291,
    292, 293, 305, 307, 308, 309, 318,
    322, 323, 327, 329, 345, 347, 348,

349, 351, 352, 354, 355, 356, 357,
358, 359, 362, 364, 365, 366, 367,
368, 369, 370, 371, 372, 373, 375,
376, 377, 378, 379, 380, 381, 383,
384, 385, 387, 389, 392, 393, 394,
406, 407, 408, 409, 410, 411, 412,
419, 422, 423, 433, 445, 446, 452,
471, 479, 480, 481, 482, 483
Fleming, Donald, 92
Fletcher, Frederick J., 142
Foisy, J.-Albert, 337
Foisy, Martine, 215
Forbes, S.G., 239
Forest, Ceslas, 222
Fortier, Alcée, 193
Fortier, Lise, 198
Fortin, Donat, 130, 136, 147
Fortin, Robert, 196
Foucault, Michel, 472, 477
Fournier, 136
Fournier, Jean-Pierre, 148
Fournier, Jules, 18, 51, 55, 56, 183,
    186, 261, 262, 283, 449
Fournier, Louis, 279
Fournier, Olivier, 199
Fournier, Sarto, 452
Fox, David, 447
Franck, César, 242
François-Ferdinand d'Autriche, 23
Francœur, Jean, 306, 400, 408, 413,
    415, 446, 481
Francœur, Louis-Gilles, 450
Fruitier, Edgar, 458
Frulla, Liza, 129
Frye, Northrop, 212

G

Gaboriau, Linda, 205
Gagnon, 180, 185, 192, 197
Gagnon, Alexis, 74, 119, 132, 139,
    141, 146, 147, 180, 199, 231, 339,
    341, 342, 343
Gagnon, François-Marc, 180

Gagnon, Jacques, 398
Gagnon, Maurice, 172, 180
Gagnon, Robert, 215
Gailhard (pseudonyme), 51
Galilée, Galileo Galilei dit, 222, 234
Galley, Mathieu, 206
Gallichan, Gilles, 145
Gallichan, Gisèle, 129
Garant, Serge, 246, 247, 253
Garneau, François-Xavier, 190, 204
Gaulle, Charles de, 157
Gault, Charles-Ernest, 120
Gautheron, Jules, 190
Gauthier, Georges, 38
Gauthier, Pierre, 48
Gauvin, Lise-G., 206, 208, 212
Gauvreau, Jean-Marie, 170, 178, 197
Gay, Richard, 208, 210
Geggie, Mme James, 341
Gendreau, Ernest, 231, 232
Genest, Samuel, 28
George V, 22, 150
George VI, 48
Gérin-Lajoie, Marie, 332, 341
Gérin-Lajoie, Paul, 272, 383
Gide, André, 198
Giffard, Robert, 194
Giguère, Roland, 209
Gilbert, Marcel, 142, 207
Gill, Charles, 31, 185
Gilles (Frère), 21
Gilson, Etienne, 192
Gingras, Pierre-Philippe, 9, 53, 96, 97, 108, 145, 146, 175, 306, 307, 462
Gingras, Yves, 233, 234, 235
Girard, Henri, 176
Girard, Normand, 129
Giroux, Michel, 268
Godard, P., 206
Godbout, Adélard, 50, 61, 62, 67, 70, 71, 73, 319, 320, 321, 336, 339, 354

Godbout, Archange, 187, 196
Godin, Claude, 211
Godin, Pierre, 146, 450, 480
Golliet, Jules, 202
Gondureau, C., 184
Gouin, Lomer, 18, 20, 130, 135, 137, 216, 238, 262, 313, 315, 316, 317, 328
Gouin, Paul, 61
Grand'Maison, Jacques, 206, 446
Grand, Gilbert, 207
Grandbois, Michèle, 175
Grandmont, Éloi de, 176, 201, 205
Grandpré, Pierre de, 188, 198, 200, 201
Grange, Bertrand de la, 481
Granville, Patrice, 55
Gravel, Claire, 181
Greene, Graham, 201
Greissar, T., 184
Grignon, Claude-Henri, 193
Gros d'Aillon, Paul, 145
Groulx, Lionel, 20, 28, 29, 31, 33, 36, 41, 43, 44, 51, 52, 53, 54, 55, 56, 75, 185, 191, 193, 210, 383, 422
Gruslin, Adrien, 207
Guay, Hervé, 213
Guénard, Michel, 148
Guérette, Lise, 255
Guerin, Edmund-William, 22
Guillet, Étienne, 244
Guindon, Léo, 132, 309, 350, 351, 360, 368

H

Habermas, Jürgen, 470, 474
Haeck, Philippe, 207
Hakim, Mona, 181
Haller, Bernard, 211
Hamel, 202
Hamel, Alfred, 398
Hamel, Don Raoul, 199
Hamel, Réginald, 214

Hamelin, Jean, 53, 95, 97, 144, 145, 146, 188, 201, 202, 203, 306, 309

Hanotaux, Gabriel, 185

Hardy, Alfred, 143

Hardy, Blanche, 245

Hare, John, 202

Harris, Christopher, 142, 143, 145

Havel, Vaclav, 477

Haydn, Joseph, 243

Hébert, Anne, 202, 204

Hébert, Chantal, 148

Hébert, François, 210

Hébert, Jacques, 372

Hénault, Gilles, 181, 188, 201, 202, 206

Henry VIII, 334

Henry, Benoît, 279

Hérédia, José Maria de, 185, 341

Héroux, Omer, 17, 18, 20, 27, 28, 29, 36, 38, 39, 42, 43, 47, 48, 49, 50, 51, 52, 53, 54, 55, 56, 57, 60, 64, 65, 66, 67, 70, 73, 90, 130, 131, 136, 141, 142, 143, 144, 145, 149, 151, 152, 154, 161, 186, 193, 195, 216, 218, 221, 222, 223, 224, 225, 227, 229, 232, 234, 235, 261, 263, 264, 265, 281, 283, 284, 285, 286, 287, 292, 305, 307, 315, 317, 327, 328, 329, 337, 338, 347, 466, 471, 480, 481

Hertel, François, 197

Hickey, William, 34

Hitler, Adolph, 41

Hogue, Clarence, 169, 177, 178

Honneger, Arthur, 245

Houde, Camillien, 47, 48, 68, 227, 228, 313, 318, 319, 329

Houle, Guy, 268

Houle, Jean-Pierre, 79, 187, 199, 200

Huard, Michel, 175

Hudon, Théophile, 195

Hugo, Victor, 149

Huguenin, Madeleine, 185

Huot, Maurice, 55, 74, 146, 210

Huxley, Aldous Leonard, 249

I

Indy, Vincent d', 239, 245

Isocrate, pseudonyme : voir Bergeron, Gérard

J

Jammes, Francis, 191

Janacek, Leos, 253

Jasmin, Bernard, 278

Jasmin, Claude, 203, 204

Jaurès, Jean, 380

Jean-Paul II, 33, 234, 416, 423

Jeanne d'Arc, 49, 54

Jeanne, pseudonyme : voir Métivier, Jeanne

Johnson, Daniel, 101, 121, 134, 138, 139, 144, 145, 146, 310, 311, 323, 324

Johnson, Pierre-Marc, 326, 327

Juneau, Albert, 158, 162

Jungfer, J., 208

Jussaume, J.-R., 391

K

Kahl, Georges, 205

Kattan, Naïm, 188, 202, 203, 206, 207

Kennedy, John F., 156, 157, 162

Kérouac, Jack, 206

Kesterton, W.H., 142

Kierans, Éric, 383

King, William Lyon Mackenzie , 60, 62, 63, 64, 66, 69, 70, 88, 126, 131, 133, 138, 154, 317

Kipling, Rudyard, 16

Kirkland-Casgrain, Claire, 429, 441

Klerk, Frédéric de, 159

Klimov, Alexis, 210

L

Labelle, Catherine, 255

Laberge, Albert, 175, 176

Labiche, Eugène, 185

Lacroix, Benoît, 411

Lacroix, Laurier, 174

Laflèche, Léo-Richer, 71

Lafortune, Ambroise, 422

Lafortune, Édouard, 195

Lafrance, Marcelle, 265

Lagarde, 200

Lagarde, André, 86

Lahaise, Robert, 50

Lajoie, Noël, 173, 176, 181

Lalande, Gilles, 447

Lalande, Louis, 187, 196

Laliberté, 206

Laliberté, Jean-Marc, 95, 147, 347

Lamarche, Guy, 92, 133

Lamarche, Marc-Antonin, 193

Lamonde, Yvan, 99, 208, 210, 252

Lamontagne, Blanche, 21, 31, 192, 196

Lamontagne, Maurice, 195

Lamoureux, Diane, 343

Lamoureux, Jean-Denis, 456

Lamy, Laurent, 173, 176, 181, 203

Lanctôt, Clara, 193

Langevin, André, 203

Langevin, Louis-Philippe-Adélard, 52, 190

Langlois, Albert, 85

Lanson, Gustave, 188, 200

Lapalme, Georges-Émile, 93, 99, 322, 364, 383

Lapierre, Eugène, 244, 245, 252

Lapierre, René, 208

Laplante, Laurent, 139, 147, 206, 293, 300, 311, 312, 398, 399, 447, 481

Lapointe, 60, 63, 72

Lapointe, Ernest, 61, 62, 131, 138, 154

Lapointe, Jeanne, 268

Lapointe, Simon, 279

Laporte, Lionel, 134

Laporte, Pierre, 86, 91, 92, 132, 133, 134, 138, 144, 146, 147, 148, 204, 278, 363, 373, 384, 391

Laroque, Paul, 268

Larousse, Pierre, 185

Larue-Langlois, Jacques, 208

Laurendeau, André, 33, 41, 55, 63, 72, 75, 79, 80, 81, 82, 83, 84, 88, 93, 94, 95, 96, 97, 119, 133, 141, 172, 180, 227, 245, 252, 268, 269, 270, 271, 272, 273, 274, 275, 278, 287, 288, 289, 290, 291, 292, 293, 308, 309, 321, 323, 327, 329, 345, 347, 349, 350, 351, 352, 356, 357, 361, 362, 367, 368, 369, 370, 371, 372, 375, 376, 377, 378, 379, 380, 381, 382, 383, 384, 386, 387, 407, 422, 423, 446, 471, 479, 481, 482, 483

Laurendeau, Arthur, 245

Laurendeau, Francine, 208, 210

Laurendeau, Gérard, 188, 201, 202

Laurendeau, Yves, 423

Laurier, Marie, 181, 210, 250, 253, 431, 441

Laurier, Wilfrid, 15, 16, 17, 20, 27, 28, 50, 51, 53, 130, 131, 136, 335

Laurin, Camille, 100, 102, 375, 398

Lauzière, Benoît, 100, 104, 105, 106, 107, 158, 189, 212, 259, 260, 306, 327, 329, 400, 409, 411, 422, 443, 450, 453, 454, 455, 456, 459, 463

Lavergne, Armand, 17, 18, 24, 25, 26, 27, 39, 52, 53, 130, 143, 261

Lavigne, René, 268

Le May, Pamphile, 192

Le Normand, Michelle, pseudonyme : voir Tardif, Marie-Antoinette

Leacock, Stephen, 197

Lebel, Maurice, 199, 202

Leblanc, Aimé, 53

LeBlanc, Gérald, 122, 129, 142, 143, 147, 424, 449, 473

Leblanc, Jules, 54, 273, 274

Leblond, Jean-Claude, 208

Leclair, Paul, 264

Leclaire, Paul, 177

Leclerc, Amélie (sœur), 192

Leclerc, Aurélien, 408, 422, 444, 449, 463

Leclerc, Félix, 203

Leclerc, Jean-Claude, 103, 109, 293, 300, 306, 311, 312, 326, 329, 399, 408, 443, 452, 481

Ledit, Joseph, 196

LeDoux, Burton, 83, 84, 355, 356, 369

Leduc, Alfred, 132

Leduc, Ozias, 176, 177, 181

Lefebvre, André, 278

Lefebvre, Marie-Thérèse, 246, 252, 253

Lefèvre, Michel, 400

Léger, Fernand, 172, 180

Léger, Jean-Marc, 151, 155, 273, 293, 296, 310, 373, 388, 392, 393, 446, 447

Léger, Paul-Émile, 89, 90, 253, 360, 371, 408, 412, 413, 481, 482, 483

Legris, Renée, 206

Leland, Marine, 54

Lemaire, Michel, 193

Lemaître, François, 190

Lemaître, Georges-Henri, 185, 234

Lemelin, Claude, 109, 148, 396, 397, 403

Lemieux, Jean-Paul, 176

Lemieux, Raymond, 425

Lemire, Maurice, 145, 210

Lemoyne, Berthe, 170

Léo, Edmond, pseudonyme : voir Chossegros, Armand

Léon XIII, 405

Léonard, J. F., 208

Lépine, Normand, 147

Lépine, Stéphane, 211

Leroux, 207

Leroux, Georges, 208

Lesage, Colette, 185

Lesage, Gilles, 121, 123, 129, 130, 139, 141, 142, 143, 145, 146, 147, 181, 306, 481

Lesage, Jean, 93, 101, 121, 134, 173, 267, 272, 276, 295, 323, 324, 385, 394

Letondal, Arthur, 244, 251

Léveillé, Georges, 132, 147

Lévesque, Georges-Henri, 90, 371

Lévesque, René, 105, 135, 141, 142, 143, 145, 294, 300, 310, 324, 326, 392, 449

Lévesque, Robert, 189, 208, 210, 211, 212, 213

L'Heureux, Christine, 207

Limoges, Camille, 215

Lindberg, Charles, 230

Linteau, Paul-André, 161

Lockquell, Clément, 188, 200, 201, 202

Longpré, Anselme, 195

Lord, France, 255

Loriod, Yvonne, 249, 253

Losique, Serge, 203

Lozeau, Albert, 21, 185

Lussier, André, 203

Luther, Martin, 222, 334

Lymann, John, 68

M

Mackie, Victor, 142

Magnan, C.-J., 261

Maheu, Pierre, 208

Maillard, Charles, 172, 180

Maillé, Chantal, 441

Maillet, Andrée, 213

Mailloux, C., 208

Major, André, 205

Malenfant, Narcisse, 141

Malissard, Pierrick, 236

Mallarmé, Stéphane, 47

Mandela, Nelson, 158, 159, 162

Manion, Robert-J., 60, 63

Marchand, Félix-Gabriel, 15

Marchand, Jean, 380, 446

Marcotte, Gilles, 187, 198, 200, 201, 202, 206, 208, 209, 212

Marie-Jean-Eudes, sœur, 236

Marie-Laurent de Rome, sœur, 268

Marie-Victorin (Frère), 46, 137, 215, 217, 218, 219, 220, 221, 222, 223, 224, 225, 226, 227, 228, 229, 230, 233, 234, 235

Maritain, Jacques, 197, 198

Markevitch, Igor, 242

Marois, A., pseudonyme : voir Groulx, Lionel

Marsan, Jean-Claude, 177

Marsil, Tancrède, 265

Martin, Louis, 142, 447

Martin-Tard, Louis, 206, 445

Martucci, Jean, 415

Marx, Karl, 469

Massé, Paul, 72

Massenet, Jules, 239

Massicotte, Edmond-Joseph, 170, 177, 179

Masson, Claude, 425

Mathieu, Gabrielle, 213

Maurault, Olivier, 184, 186, 191, 192

Mauriac, François, 198

Maurras, Charles, 21, 35, 191

May, Karl, 185

Mayrand, 185

Mayrand, E., 51

Mazel, P., 208

McIlhone, John, 268

McInnes, Graham, 175

McKenzie, Robert, 129

Melançon, Joseph-Marie, 55

Melançon, Robert, 208, 212

Ménuhin, Yehudi, 253

Mercier, Honoré, 16

Mercier, Louis, 21

Messager, André, 239

Messiaen, Olivier, 246, 247, 249, 253

Métivier, Jeanne, 33, 39, 184, 186, 187, 191, 193, 194

Michard, Laurent, 200

Michaud, Yves, 443

Miles, Henry, 336, 341

Milhaud, Darius, 242

Millicent, pseudonyme : voir Leclerc, Amélie (sœur)

Milot, Micheline, 425

Minois, Georges, 234

Minville, Esdras, 75

Monière, Denis, 96, 97, 308, 423

Monroe, Marilyn, 158

Montminy, Jean-Paul, 425

Montpetit, Édouard, 75, 190

Montreuil, Gaétane de, 185

Monty, Vincent, 199

Morel, François, 246, 253

Moret, Alexandre, 215

Morin, Gilles, 129

Morin, Paul, 34, 54

Morisset, Gérard, 175, 179

Morisset, Paul, 189, 210, 211

Morrissette, Rodolphe, 424

Mounier, Emmanuel, 197

Mount, Rita, 170

Mozart, Wolfgang Amadeus, 192

Mulholland, Bill, 399

Munroe, David, 268

Mussorgski, Modest Petrovitch, 245

N

Nadeau, Michel, 103, 326, 329, 403, 457, 458

Navarre, Yves, 212

Nelligan, Émile, 55

Nepveu, Pierre, 210

Nietzsche, Friedrich, 469

Nish, Cameron, 161

Nixon, Richard, 158

Noël, Marie, 201

Normand, Renée, 176

Nostradamus, Michel de Notre-Dame dit, 17

O

O'Neil, 90
O'Neil, Pierre, 147, 148
O'Neill, 208
O'Neill (abbé), 363, 379
Oliver, Frank, 26
Ostiguy, Jean-René, 173, 176, 181
Ouellet, Richard, 143
Ouellet, Stéphane, 215
Ouellette-Michalska, Madeleine, 208
Ouimet, Paul-G., 238, 239, 240, 241, 250, 251
Ouimet, Paul-O., 266

P

Pallascio-Morin, Ernest, 196
Pankhurst, Sylvia, 332
Panneton, Georges, 210
Papillon, Jean, 278
Papineau, Louis-Joseph, 16, 22, 52
Paquet, Jean-Guy, 115
Paquette, Albiny, 344
Paquin, Jean, 175
Paradis, Colette, 203
Paré, Gilles, 99
Paré, René, 74
Parent, 135, 367
Parent, Alphonse-Marie, 268
Parent, Commission, 273, 274
Parent, Madeleine, 82, 288
Parent, Simon-Napoléon, 315
Pariseau, Léo, 233
Parizeau, Jacques, 457
Patenaude, 46
Patenaude, J.-Z.-Léon, 52
Patry-Buisson, Ghislaine, 433
Paul VI, 413
Payette, Lise, 437, 438, 442

Pearson, Lester B., 94, 95, 100, 101, 155
Péguy, Charles, 185
Pellan, Alfred, 172, 176, 180, 181
Pellerin, Gilles, 201
Pellerin, Jean, 188, 200
Pelletier, 15, 29
Pelletier, Denys, 113, 115, 446
Pelletier, Frédéric, 43, 186, 192, 193, 237, 239, 240, 241, 242, 243, 244, 246, 251, 252
Pelletier, G., 251, 252, 308, 368
Pelletier, Georges, 18, 28, 38, 39, 40, 41, 43, 46, 47, 49, 50, 53, 55, 57, 59, 60, 61, 62, 63, 64, 70, 71, 72, 74, 75, 77, 78, 82, 124, 130, 131, 136, 137, 138, 142, 143, 144, 145, 147, 148, 152, 154, 170, 172, 187, 218, 220, 223, 234, 257, 261, 262, 263, 281, 283, 286, 287, 307, 317, 320, 327, 329, 346, 382, 433, 446, 466, 467, 471, 479, 480
Pelletier, Gérard, 79, 84, 86, 97, 289, 308, 347, 360, 380
Pelletier, Louis-Philippe, 136
Pelletier, Mario, 189, 210, 211, 450
Pelletier, Romain-Octave, 244, 252
Pelletier, Rosaire, 129
Pelletier-Baillargeon, Hélène, 430, 441, 444
Pennell, Joseph, 178
Penverne, J.-J., 85
Pépin, Jean-Luc, 105, 395, 447
Pepin, Marcel, 302, 312, 449, 454
Peronnet, Charles, 191
Perrault, Antonio, 28, 29
Perrault, Ghislaine, 80
Perrault, Jacques, 74, 346, 357, 359, 361, 362, 367, 372
Perrier, Philippe, 199
Petrowski, Nathalie, 208, 439, 442, 449
Phaneuf, Jean, 372
Picard, 132, 361

Picard, Gérard, 75, 291, 309, 380
Picard, Jean-Claude, 147
Picard, Laurent, 401
Pichette, Jean, 250
Pie X, 22, 155, 239, 285
Pie XI, 33, 35, 186, 192
Pie XII, 49, 222, 290
Pierné, Gabriel, 239
Pilon, 206
Pilon, Jean-Guy, 211
Pinsonneault, Jean-Paul, 203
Pirotte, Nadine, 252
Plante, Léonce, 86
Plante, Pacifique, 85, 86, 87, 371
Poirier, Benoît, 244
Poisson, Guy, 204
Poisson, Jacques, 462
Pontaut, Alain, 203, 206
Potvin, 206, 207, 249
Potvin, Damase, 118, 139, 140, 190
Potvin, Gilles, 210, 249, 253
Pouliot, Robert, 398
Prévost, Yves, 274
Prince, Jean-Baptiste, 23, 29, 53
Prince, Vincent, 293, 298, 311, 312, 481
Proulx, Jean-Pierre, 206, 276, 421, 423, 456, 481
Provencher, Jean, 161
Provost, Gilles, 147, 424

Q

Quesnel, Joseph, 210

R

Rabastallière, de la (notaire), pseudonyme : voir Filion, Gérard
Rainier, Lucien, 42, 51
Rameau, Jean-Philippe, 242
Ramonet, Ignacio, 474, 475, 477
Ravel, Maurice, 239, 242

Raymond, Maxime, 63, 71, 80, 138, 321
Raynault, Adhémar, 46
Reagan, Ronald, 158
Regourd, Louis, 184
Rémillard, Gil, 106
Renaud, Fernand, 133
Renaud, Jacques, 208
Renaudy, Claude, 193
Repentigny, Rodolphe de, 175, 176
Rhodes, Cecil John, 16
Ricard, François, 161
Richard, Jean D'Auteuil, 83
Richer, Léopold, 60, 69, 74, 89, 96, 138, 148
Richer-Lortie, Lise, 208
Richler, Mordecaï, 207
Riel, Louis, 16, 25
Rimbaud, Arthur, 213
Rinfret, Fernand, 227, 228
Rioux, Albert, 54
Rioux, Marcel, 304, 312
Rivard, A., pseudonyme : voir Laurendeau, André
Rivard, Adjutor, 17
Robert, 206
Robert, Guy, 173, 181, 203, 204
Robertson, M., 307
Robillard, Denise, 415
Robillard, Louis, 119, 120, 132, 141, 147
Robillard, Yves, 181
Robitaille, Adrien, 176, 181
Robredo, (Jean-?)François, 234
Rocher, Guy, 268, 477
Rochon, Esther, 207, 211
Rod, Édouard, 185
Rodenbach, Georges, 185
Rolland, Pierre, 208
Roo, Rémi de, 400
Rose, Fred, 72
Rostand, Edmond, 185

Rouillard, Jacques, 306, 307, 308, 310, 311

Rouleau, Alfred, 398

Roure, René du, 264

Roussan, Jacques de, 204

Rousseau, André, 196

Rousseau, Jacques, 224, 226

Rousseau, Louis, 391

Routhier, Basile, 17

Routier, Simone, 199

Rowan, Renée, 427, 431, 432, 433, 434, 435, 436, 439, 440, 442

Rowley, Kent, 82, 288, 367

Roy, Camille, 31, 186, 190, 193

Roy, Gilles, 424

Roy, Jean-Louis, 103, 104, 105, 106, 157, 158, 162, 175, 188, 259, 306, 326, 327, 329, 399, 400, 409, 410, 411, 415, 422, 423, 451, 452, 453, 454, 455, 463, 481

Roy, Michel, 95, 103, 139, 147, 157, 188, 207, 208, 209, 259, 270, 306, 325, 326, 329, 410, 415, 423, 432, 442, 448, 449, 450, 451, 473, 474, 481

Roy, Paul-Eugène, 282, 283, 306, 331

Royer, Jean, 188, 201, 203, 206, 208, 209, 210, 211, 212, 213

Rumilly, Robert, 9, 52, 138, 143, 144, 145, 146, 228, 233, 235, 306, 367

Rutherford, Paul, 144

Ryan, Claude, 94, 95, 99, 100, 101, 102, 103, 104, 105, 106, 107, 109, 145, 157, 162, 172, 178, 188, 202, 204, 207, 208, 258, 268, 276, 280, 281, 293, 294, 295, 296, 297, 298, 299, 300, 301, 303, 306, 309, 310, 311, 312, 314, 323, 324, 325, 326, 329, 390, 395, 396, 398, 403, 407, 408, 410, 412, 413, 414, 415, 422, 423, 424, 437, 443, 444, 445, 446, 447, 448, 449, 450, 455, 456, 462, 463, 481

Ryerson, Stanley-Bréhaut, 210

S

Saine, M., 457

Saint-Germain, Clément, 199

Saint-Jean, Idola, 332, 341

Saint-Laurent, Louis-Stephen, 68, 72, 134, 322, 362, 368

Saint-Martin, Albert, 51

Saint-Martin, Fernande, 175, 213

Saint-Martin, Pierre, 206

Saint-Pierre, Jocelyn, 140, 141, 145

Saint-Saëns, Camille, 266

Saint-Yves, Paul, pseudonyme : voir Dupire, Louis

Saram, 253

Satie, Érik, 239, 242

Sauriol, Paul, 39, 55, 69, 71, 87, 94, 109, 155, 156, 161, 187, 195, 196, 199, 231, 293, 297, 309, 310, 311, 347, 353, 368, 369, 381, 384, 387, 393, 446, 462

Sauvé, Arthur, 137

Sauvé, Paul, 93, 267, 270, 323

Savard, Pierre, 214

Schenck, Ernest, 136, 145, 146

Scopes, John Thomas, 221

Scott, Frank, 367

Scully, Robert-Guy, 188, 203, 206, 207, 208, 310, 312

Servan-Schreiber, Jean-Jacques, 192

Sévigné, Marie de Rabutin-Chantal, marquise de, 192

Sexton, Jean, 369

Shaw, George Bernard, 205

Shprintsen, Alex, 143, 144

Sicotte, Hélène, 175

Sihanouk, Norodom, 383

Simard, 210

Simard, Eugène, 368

Simard, Jean, 203

Simard, Paul, 43, 56

Simpson, C.W., 177

Solé, Robert, 474, 475

Soljenitsyne, Alexandre Isaievitch, 207

Son Pays, pseudonyme : voir
Marie-Victorin (Frère)
Soumis, Laurent, 457
Spaak, Paul-Henri, 383
Spehner, Norbert, 210
Spicer, Keith, 206
Steinem, Gloria, 440
Stewart, T. de G., 341
Stockhausen, Karlheinz, 247, 249, 253
Strathcona, Donald Alexander, 262
Stravinsky, Igor, 242
Sully Prudhomme, Armand, 341
Surer, Paul, 200
Suyin, Han, 208

T

Taché, Jean-Charles, 190
Tadros, Jean-Pierre, 206, 208
Tainturier, C., 188, 201
Talbot, Antonio, 272
Tardif, Marie-Antoinette, 137, 187, 195, 199
Tardivel, Jules-Paul, 18, 29, 39
Tardy, Évelyne, 438, 442
Tarrab, Gilbert, 203
Taschereau, Louis-Alexandre, 30, 41, 44, 46, 50, 53, 61, 226, 313, 317, 318, 319, 320, 321, 336, 337, 340, 342, 347, 361
Teilhard de Chardin, Pierre, 222
Tellier, Marie-Agnès, 147
Tellier, Mathias, 315, 316, 328
Tharaud, Jean, 185
Tharaud, Jérôme, 185
Thériault, 210
Thériault, Jacques, 249, 253
Thériault, Normand, 181
Thériault, Yves, 200
Thério, Adrien, 209
Theuriet, André, 185
Thivierge, Marcel, 134, 138, 139, 147
Thomson, Dale, 447

Tonnancour, Jacques de, 172
Toupin, Paul, 203
Tremblay, 185, 253
Tremblay, Arthur, 268
Tremblay, Eugène, 55
Tremblay, Gilles, 246
Tremblay, Gisèle, 206
Tremblay, Jacques, 278
Tremblay, Odile, 210, 213
Trépanier, Esther, 175, 179, 252
Trépanier, Léon, 53, 54, 130, 137, 147
Trofimenkoff, Susan-Mann, 210
Trottier, Pierre, 206, 210
Trudeau, Pierre Elliott, 94, 100, 101, 105, 109, 134, 135, 308, 345, 366, 367, 387, 399
Trudel, Clément, 147, 208, 441, 462
Trudel, Denys, 145
Turcotte, Claude, 148, 463
Tynaire, Marcel, 185

U

Untel (Frère), pseudonyme : voir
Desbiens, Jean-Paul

V

Vachon, Georges-André, 212
Vadeboncœur, Pierre, 444
Vaillancourt, Janvier, 18
Val, Robert, pseudonyme : voir
Bilodeau, Ernes
Vallerand, Jean, 202, 242, 243, 244, 245, 246, 247, 248, 249, 252, 253
Valliant, Louis, 175
Vallières, Pierre, 205, 208, 445, 447
Van der Meersch, Maxence, 197
Vanier, Denis, 205
Vanutelli, Vincent, 22
Varennes, Pierre de, 199
Varèse, Edgar, 247
Vastel, Michel, 109, 125, 148
Venne, Michel, 147, 462

Verne, Jules, 185
Veuillot, Eugène, 214
Veuillot, Louis, 192, 214
Vézère, Jean, 184
Vézina, Émile, 176, 177
Viau, Guy, 175
Viau, René, 181, 208
Viau, Roger, 203
Vigeant, Pierre, 52, 55, 72, 131, 138, 148
Vigny, Georges (pseudonyme), 157, 432, 442
Villeneuve, Jean-Marie Rodrigue, 28, 42, 46, 49, 138, 331, 339
Villeneuve, Wilfrid, 193
Villon, François, 185
Vincent, Jean-Denis, 115

W

Waite, P.B., 123, 142
Wallot, Jean-Pierre, 210
Webern, Anton von, 247
Weinmann, Heinz, 208, 210
Welton, M.-Amadeus, 306
Wyczynski, Paul, 202
Wyl, Michel, 207

Z

Zalloni, François, 372

Collection
Les Cahiers
du Québec

1 Champ Libre 1: Cinéma,
Idéologie Politique
(épuisé)
Coll. Cinéma

2 Champ Libre 2: La critique
en question (épuisé)
Coll. Cinéma

3 Joseph Marmette
Le chevalier de Mornac
présenté par Madeleine
Ducrocq-Poirier
Coll. Textes et
Documents littéraires

4 Patrice Lacombe
La terre paternelle
présenté par André Vanasse
Coll. Textes de
Documents littéraires

5 Fernand Ouellet
Éléments d'histoire
sociale du BasCanada
Coll. Histoire

7 Ethnologie québécoise I
(en collaboration)
Coll. Ethnologie

8 Pamphile Le May
Picounoc le Maudit
présenté par Anne Gagnon
Coll. Textes et
Documents littéraires

9 Yvan Lamonde
Historiographie de la
philosophie au Québec
1853-1971
Coll. Philosophie

10 L'homme et l'hiver en
Nouvelle-France
présenté par Pierre
Carle et JeanLouis Minel
Coll. Documents d'histoire

11 Culture et langage
(en collaboration)
Coll. Philosophie

12 Conrad Laforte
La chanson folklorique
et les écrivains du XIXe siècle
en France et au Québec
Coll. Ethnologie

13 L'Hôtel-Dieu de Montréal
(en collaboration)
Coll. Histoire

14 Georges Boucher de
Boucherville
Une de perdue, deux de
trouvées
présentation par
Réginald Hamel
Coll. Textes et Documents
littéraires

15 John R. Porter et
Léopold Désy
Calvaires et croix de
chemins du Québec
Coll. Ethnologie

16 Maurice Emond
Yves Thériault et le
combat de l'homme
Coll. Littérature

17 Jean-Louis Roy
Édouard-Raymond Fabre,
libraire et patriote canadien
1799-1854
Coll. Histoire

18 Louis-Edmond Hamelin
Nordicité canadienne
Coll. Géographie

19 J.P. Tardivel
Pour la patrie
présenté par John Hare
Coll. Textes et Documents
littéraires

20 Richard Chabot
Le curé de campagne et la
contestation locale au
Québec de 1791 aux
troubles de 1837-38
Coll. Histoire

21 Roland Brunet
Une école sans diplôme
pour une éducation
permanente
Coll. Psychopédagogie

22 Le processus électoral au
Québec
(en collaboration)
Coll. Science politique

23 Partis politiques au Québec
(en collaboration)
Coll. Science politique

24 Raymond Montpetit
Comment parler de la
littérature
Coll. Philosophie

25 A. Gérin-Lajoie
Jean Rivard le défricheur
suivi de Jean Rivard
économiste
Postface de René Dionne
Coll. Textes et
Documents littéraires

26 Arsène Bessette
Le Débutant
Postface de Madeleine
Ducrocq-Poirier
Coll. Textes et
Documents littéraires

27 Gabriel Sagard
Le grand voyage du pays
des Hurons
présenté par Marcel Trudel
Coll. Documents
d'histoire

28 Véra Murray
Le Parti québécois
Coll. Science politique

29 André Bernard
Québec: élection 1976
Coll. Science politique

30 Yves Dostaler
Les infortunes du roman
dans le Québec du XIXe siècle
Coll. Littérature

31 Rossel Vien
Radio française dans l'Ouest
Coll. Communications

32 Jacques Cartier
Voyages en Nouvelle-France
texte remis en français
moderne par Robert
Lahaise et Marie Couturier
avec introduction et notes
Coll. Documents
d'histoire

33 JeanPierre Boucher
Instantanés de la
condition québécoise
Coll. Littérature

34 Denis Bouchard
Une lecture d'Anne
Hébert: la recherche d'une
mythologie
Coll. Littérature

35 P. Roy Wilson
Les belles vieilles
demeures du Québec
Préface de Jean Palardy
Coll. BeauxArts

36 Habitation rurale au
Québec
(en collabaration)
Coll. Ethnologie

37 Laurent Mailhot
Anthologie d'Arthur Buies
Coll. Textes et
Documents littéraires

38 Edmond Orban
Le Conseil Nordique: un
modèle de Souveraineté
Association?
Coll. Science politique

39 Christian Morissonneau
La Terre promise: le mythe
du Nord québécois
Coll. Ethnologie

40 Dorval Brunelle
La désillusion tranquille
Coll. Sociologie

41 Nadia F. Eid
Le clergé et le pouvoir
politique au Québec
Coll. Histoire

42 Marcel Rioux
Essai de sociologie
critique
Coll. Sociologie

43 Gérard Bessette
Mes romans et moi
Coll. Littérature

44 John Hare
Anthologie de la poésie
québécoise du XIXe siècle
(1790-1890)
Coll. Textes et Documents
littéraires

45 Robert Major
Parti pris: Idéologies et
littérature
Coll. Littérature

46 Jean Simard
Un patrimoine méprisé
Coll. Ethnologie

47 Gaétan Rochon
Politique et contreculture
Coll. Science politique

48 Georges Vincenthier
Une idéologie québécoise
de Louis-Joseph Papineau
à Pierre Vallières
Coll. Histoire

49 Donald B. Smith
Le «Sauvage» d'après
les historiens canadiens
français des XIXe et
XXe siècles
Coll. Cultures
amérindiennes

50 Robert Lahaise
Les édifices conventuels
du Vieux Montréal
Coll. Ethnologie

51 Sylvie Vincent et
Bernard Arcand
L'image de l'Amérindien
dans les manuels scolaires
du Québec
Coll. Cultures
amérindiennes

52 Keith Crowe
Histoire des autochtones
du Nord canadien
Coll. Cultures
amérindiennes

53 Pierre Fournier
Le patronat québécois
au pouvoir: 1970-1976
Coll. Science politique

54 Jacques Rivet
Grammaire du journal
politique à travers Le
Devoir et Le Jour
Coll. Communications

55 Louis-Edmond Hamelin
Nordicité canadienne
(2e édition revue)
Coll. Géographie

56 René Lapierre
Les masques du récit
Coll. Littérature

57 JeanPierre Duquette
Fernand Leduc
Coll. Arts d'aujourd'hui

58 Yvan Lamonde
La philosophie et son
enseignement au Québec
(1665-1920)
Coll. Philosophie

59 Jean-Claude Lasserre
Le Saint-Laurent, grande
porte de l'Amérique
Coll. Géographie

60 Micheline D'Allaire
Montée et déclin d'une
famille noble: les Ruette
d'Auteuil (1617-1737)
Coll. Histoire

61 Harold Finkler
Les Inuit et l'administra
tion de la justice. Le cas de
Frobisher Bay, T.N.O.
Coll. Cultures
amérindiennes

62 Jean Trépanier
Cent peintres du Québec
Coll. Beaux-Arts

63 Joseph-Edmond
McComber
Mémoires d'un bourgeois
de Montréal (1874-1949)
Préface de
Jean-Pierre Wallot
Coll. Documents
d'histoire

64 Maurice Cusson
Délinquants pourquoi?
Coll. Droit et criminologie

65 Fernand Leduc
Vers les îles de lumière
Écrits (1942-1980)
Coll. Textes et Documents
littéraires

66 André Bernard et
Bernard Descôteaux
Québec : élections 1981
Coll. Science politique

67 Franklin K.B.S. Toker
L'église NotreDame de
Montréal, son architec-
ture,son passé
Traduit de l'anglais par
JeanPaul Partensky
Coll. BeauxArts

68 Chantal Hébert
Le burlesque au Québec,
un divertissement populaire
Préface d'Yvon Deschamps
Coll. Ethnologie

69 Robert Harvey
Kamouraska d'Anne
Hébert: Une écriture de la
passion
Coll. Littérature

70 Tardy, Gingras, Legault,
Marcoux
*La politique: un monde
d'hommes?*
Coll. Science politique

71 Gabriel-Pierre Ouellette
Reynald Piché
Coll. Arts d'aujourd'hui

72 Ruth L. White
*LouisJoseph Papineau et
Lamennais. Le chef des
Patriotes canadiens à
Paris 1839-1845*
avec correspondance et
documents inédits
**Coll. Documents
d'histoire**

73 Claude Janelle
*Les Éditions du Jour
Une génération d'écrivains*
Coll. Littérature

74 Marcel Trudel
*Catalogue des immigrants
1632-1662*
Coll. Histoire

75 Marc LeBlanc
*Boscoville: la rééducation
évaluée*
Préface de Gilles Gendreau
Coll. Droit et criminologie

76 Jacqueline Gérols
*Le roman québécois en
France*
Coll. Littérature

77 JeanPaul Brodeur
*La délinquance de l'ordre.
Recherche sur les
commissions d'enquêtes I*
**Coll. Droit et
Criminologie**

78 Philippe Aubert de Gaspé fils
*L'influence d'un livre
Roman historique*
Introduction et notes par
André Sénécal
**Coll. Textes et
Documents littéraires**

79 Laurent Maihot
avec la collaboration de
Benoît Melançon
*Essais québécois
18371983 Anthologie
littéraire*
**Coll. Textes et Documents
littéraires**

80 Victor Teboul
*Le jour Émergence du
libéralisme moderne au
Québec*
Coll. Communications

81 André Brochu
*L'évasion tragique
Essai sur les romans
d'André Langevin*
Coll. Littérature

82 Roland Chagnon
*La Scientologie:
une nouvelle religion de la
puissance*
Coll. Sociologie

83 Thomas R. Berger
Liberté fragile
Traduit de l'anglais par
Marie-Cécile Brasseur
Coll. Science politique

84 Hélène Beauchamp
*Le théâtre pour enfants au
Québec: 1950-1980*
Coll. Littérature

85 Louis Massicotte et André
Bernard
*Le scrutin au Québec: un
miroir déformant*
Coll. Science politique

86 Micheline D'Allaire
*Les dots des religieuses au
Canada français 1639-1800*
Coll. Histoire

87. Louise Bail Milot
*Jean PapineauCouture
La vie, la carrière et l'œuvre*
Coll. Musique

88 Sylvie Depatie, Christian
Dessureault et Mario
Lalancette
*Contributions à l'étude
du Régime seigneurial
canadien*
Coll. Histoire

89 Robert Lahaise
*Guy Delahaye et la
modernité littéraire*
Coll. Littérature

90 Yves Bélanger et
Pierre Fournier
*L'entreprise québécoise:
développement historique
et dynamique contemporaine*
Coll. Science politique

91 George P. Grant
Est-ce la fin du Canada?
Traduit de l'anglais par
Gaston Laurion
Coll. Sociologie

92 Guy Delahaye
*20 Œuvres de Guy
Delahaye*
Présenté par
Robert Lahaise
**Coll. Textes et Documents
littéraires**

93 Denis Martin
*Portraits des héros de la
Nouvelle-France*
Coll. Album

94 Patrick Imbert
*L'objectivité de la presse
Le quatrième pouvoir
en otage*
Coll. Communications

95 *L'Image de la Révolution
française au Québec
1789-1989*
(en collaboration)
Coll. Histoire

96 Minnie Aodla Freeman
Ma vie chez les Qallunaat
Traduit de l'anglais par
Marie-Cécile Brasseur et
Daniel Séguin
**Coll. Cultures
améridiennes**

97 George Monro Grant
Le Québec pittoresque
Traduit de l'anglais par
Pierre DesRuisseaux
Présenté par Robert
Lahaise
Coll. Album

98 Michel Allard et
Suzanne Boucher
Le musée et l'école
Coll. Psychopédagogie

99 François Dollier de Casson
Histoire du Montréal
Nouvelle édition critique
par Marcel Trudel et Marie
Baboyant
Coll. Documents d'histoire

100 Marcel Trudel
Dictionnaire des esclaves et de leurs propriétaires au Canada français
Coll. Histoire

101 Narcisse Henri Édouard Faucher de Saint-Maurice (1844-1897)
La question du jour Resteronsnous Français?
Préface de Camille Laurin
Présenté par Michel Plourde
Coll. Textes et Documents littéraires

102 Lorraine Gadoury
La Noblesse de Nouvelle-France
Coll. Histoire

103 Jacques Rivet en collaboration avec André Forgues et Michel Samson
La Mise en page de presse
Coll. Communications

104 Jean-Pierre Duquette et collaborateurs
Montréal 1642-1992
Coll. Album

105 Denise, Robillard
Paul-Émile Léger: Évolution de sa pensée 1950-1967
Coll. Sociologie

106 Jean-Marc Larrue
Le Monument inattendu: Le Monument-National de Montréal 1893-1993
Coll. Histoire

107 Louis-Edmond Hamelin
Le rang d'habitat: le réel et l'imaginaire
Coll. Géographie

108 Evelyn Kolish
Nationalismes et conflits de droits: le débat du droit privé au Québec 1760-1840
Coll. Histoire

109 Thérèse Hamel
Un siècle de formation des maîtres au Québec 1836-1939
Coll. Psychopédagogie

110 Collectif sous la direction de Robert Lahaise
Le Devoir : reflet du Québec au 20ᵉ siècle
Coll. Communications